Virtualisierung und
Mediatisierung kultureller Räume

Network
Cultural Diversity and New Media
Vol. 20

<Hans-Joachim Petsche /
Julius Erdmann / Antje Zapf (Hg.)>

<Virtualisierung und Mediatisierung kultureller Räume>

<Die Neuen Medien – Gewinne – Verluste – Gefahren>

*<Mit einem Anhang zum 65. Geburtstag
von Hans-Ulrich Schilf
und einer Beigabe zum 80. Geburtstag
von Siegfried Wollgast>*

trafo

Bibliografische Informationen der Deutschen Nationalbibliothek
Die Deutsche Nationalbibliothek verzeichnet diese Publikation
in der Deutschen Nationalbibliografie;
detaillierte bibliografische Daten sind im Internet über
http://dnb.ddb.de abrufbar

Impressum

„Virtualisierung und Mediatisierung kultureller Räume.
Die Neuen Medien - Gewinne - Verluste - Gefahren.
Mit einem Anhang zum 65. Geburtstag von Hans-Ulrich Schilf
und einer Beigabe zum 80. Geburtstag von Siegfried Wollgast"
Hans-Joachim Petsche / Julius Erdmann / Antje Zapf (Hg.)

Reihe: Network.
Cultural Diversity and New Media
Herausgegeben von Gerhard Banse, Andrzej Kiepas, Nicanor Ursua

Vol. 20

1. Auflage, 2015

ISBN 978-3-86464-077-3

trafo Wissenschaftsverlag
Finkenstraße 8, 12621 Berlin
Tel.: 030/612 99 418 Fax: 030/612 99 421
e-Mail: info@trafoberlin.de
Internet: http://www.trafoberlin.de

Satz & Layout: trafo Verlagsgruppe
Umschlaggestaltung: trafo Verlagsgruppe
Druck: SDL oHG, Berlin

Inhalt

Editorial der Herausgeber

Die Reihe *e-Culture* wurde zu Beginn des Jahres 2004 auf Initiative des *European Network of Cultural Diversity and New Media* (CultMedia) begründet. Anliegen des Netzwerks ist die weitergehende Analyse der Veränderungen kultureller Praxen (etwa Nutzungsmuster, Nutzungsmotivationen und Nutzungssituationen), die im Zusammenhang mit der Anwendung der so genannten Neuen Medien, vor allem des Internets stehen. Die Forschung zur netzbasierten Kommunikation hat sich in den letzten Jahren ähnlich rasant entwickelt wie das Internet selbst. Die Relevanz dieses relativ neuen Forschungsfeldes ergibt sich auch aus der großen Bedeutung, die dem Internet für mehrere wichtige gesellschaftliche Trends (wie z. B. die Globalisierung) beigemessen wird. Der Wandel, der aus diesen Trends folgt, wird oft als ein umfassender Kulturwandel eingeschätzt, mit Auswirkungen auf alle Lebensbereiche moderner Gesellschaften.

Infolge seiner disziplinären Zusammensetzung konzentriert sich das Netzwerk in seiner Arbeit auf die philosophische und kulturwissenschaftliche, auf die psychologische und sozialwissenschaftliche sowie auf die kommunikations- und informationswissenschaftliche Ebene. Fokus der Untersuchung ist dabei stets die Frage, wie die Möglichkeiten und Auswirkungen des Internets hinsichtlich neuer Formen der Information, Kommunikation und Kooperation im Bereich der „Kultur des Alltäglichen" einzuschätzen sind.

Die Reihe *e-Culture* dient der Vorstellung von Forschungs- und Arbeitsergebnissen im Bereich Neue Medien und Kultur. Sie soll einen Kristallisationspunkt für auf diesem Gebiet Tätige darstellen – innerhalb wie außerhalb des CultMedia-Netzwerks.

***

Der vorliegende Band *Virtualisierung und Mediatisierung kultureller Räume. Die Neuen Medien – Gewinne, Verluste, Gefahren* ist der nunmehr zwanzigste Band dieser Reihe – innerhalb eines Zeitraums von nur 10 Jahren! Er enthält die Beiträge, die zur CultMedia-Jahrestagung 2013 verfasst wurden. Diese – wie immer – internationale wissenschaftliche Veranstaltung des Netzwerks fand vom 22. bis 25. September 2013 mit dem gleichen Titel wie diese Publikation an der Universität Potsdam statt. Dieser Ort war bewusst gewählt, fand doch dort im Jahre 2003 mit dem Symposium „Kultur und/oder/als Technik – zur frag-würdigen Medialität des Internets" die erste öffentliche Präsentation von Forschungsergebnissen des im Jahre 2002 in Prag, Tschechische Republik, gegründeten *European Network of Cultural Diversity and New Media* statt (die Erträge dieses Symposiums sind im Band 3 dieser Reihe dokumentiert) – ein weiteres denkwürdiges Ereignis. Ich bedanke mich beim „CultMedia-Netzknoten Potsdam" und vor allem bei Herrn Hans-Joachim Petsche für dieses Engagement.

Wie auf den vorangegangenen mehr als 15 Tagungen des CultMedia-Netzwerks lag auch auf dieser Tagung die Frage nach der Verwobenheit von Kultur und Technik im Kontext der Neuen Medien im Fokus des gemeinsamen Forschungsinteresses. Schon am Wandel der Thematik wird aber erkennbar, dass es nicht mehr allein um die Medialität (wie Kulturalität) des Internets, sondern in einem umfassenderen Sinne um die Veränderungen kultureller Räume, um die (untrennbaren) Verbindungen von Realität und Virtualität durch die Neuen Medien geht. Zentral für diesen Band sind die mit den Neuen Medien einhergehenden Veränderungen aus einer topologischen Perspektive. Die sich technikbasiert intensivierenden Verschränkungen von „realer" und „virtueller" Welt, die durch die sogenannten „social networks" erheblich ausgeweitet und beschleunigt werden, werfen die Fragen auf, wie sich die bestehenden kulturellen Räume modifizieren, wie sie an Attraktivität gewinnen oder veröden, wie sie sich ausweiten oder verengen, wie sie durch neuartige, medial gestützte, kulturelle Interaktionsräume ersetzt, abgelöst, bereichert oder infiltriert werden, und vor allem, was das alles mit „dem" Menschen „macht", ihn bereichert oder „verarmt", seine Interaktionsmöglichkeiten erweitert oder einschränkt, seine Kompetenzen herausfordert, zur Ausprägung zwingt oder verkümmern lässt.

Die Beiträge dieses „doppelten" Jubiläums-Bandes sind vier inhaltlichen Schwerpunkten zuordenbar: Neben der Diskussion von Grundsatzfragen, die sich um das Problem der Virtualität, der Mediatisierung und der Modifizierung der kulturellen Räume durch die Neuen Medien ranken, geht es im zweiten Schwerpunkt um die Bedeutung der Visualisierung im Kontext von Virtualisierung und Mediatisierung. Der dritte Schwerpunkt sind Überlegungen zur Zukunft des Menschen in einer Welt des vor allem medial basierten Virtuellen und den vierten bilden Analysen konkreter Fallbeispiele.

Die Beiträge dieses Bandes verweisen zudem – entsprechend dem mit dem Tagungsthema angesprochenen Bereich – auf Erreichtes wie Nicht-Erreichtes sowie auf neue Entwicklungen und Problemsituationen, um damit – zukünftig! – (noch) zu Erreichendes systematisch(er) deutlich zu machen.

Für die Herausgeber
Gerhard Banse

Einführung

Hans-Joachim Petsche, Julius Erdmann, Antje Zapf

Der Band enthält die Beiträge der internationalen wissenschaftlichen Konferenz des CultMedia-Netzwerks, die vom 22. bis 25. September 2013 unter dem Thema: „Virtualisierung und Mediatisierung kultureller Räume. Die Neuen Medien – Gewinne, Verluste, Gefahren" an der Universität Potsdam stattfand. Diese Konferenz wurde nicht ohne Grund in Potsdam durchgeführt: Fiel sie doch auf den 10. Jahrestag der öffentlichen Präsentation der Forschungsergebnisse des Netzwerkes auf dem im Jahre 2003 in Potsdam durchgeführten Symposium zum Thema: „Kultur und/oder/als Technik – zur frag-würdigen Medialität des Internets". „Dieses Symposium war die erste wissenschaftliche Veranstaltung, die im Rahmen des genannten Internationalen CultMedia-Netzwerks stattfand", bemerkte diesbezüglich der Inspirator des Netzwerks, Gerhard Banse. „Mit diesem Symposium stellte sich das Netzwerk erstmals der wissenschaftlichen Öffentlichkeit".[1] Wie auf den vorangegangenen Tagungen des Netzwerks lag auch auf dieser Tagung die Frage nach der Verwobenheit von Kultur und Technik im Kontext der Neuen Medien im Fokus des gemeinsamen Forschungsinteresses. Schon am Wandel der Thematik wird aber erkennbar, dass es nicht mehr allein um die Medialität des Internets, sondern, umfassender, um die Veränderungen kultureller Räume, um die Verspleißung von Realität und Virtualität durch die Neuen Medien geht.

Mit der Schwerpunktsetzung auf kulturelle Räume wurde auf dieser Tagung verstärkt auf eine topologische Perspektive auf die Neuen Medien orientiert. Die sich intensivierende Verschränkung von Realwelt und virtueller Welt, die sich mit der Herausbildung der social networks noch erheblich ausweitet, führte zur Erörterung der Fragen, wie sich bestehende kulturelle Räume modifizieren, wie sie veröden oder sich ausweiten bzw. durch neuartige, medial gestützte, kulturelle Interaktionsräume ersetzt, abgelöst, bereichert oder infiltriert werden. Neben der Diskussion von Grundsatzfragen die sich um das Problem der Virtualität, der Mediatisierung und der Modifizierung der kulturellen Räume durch die Neuen Medien ranken, wurde in einem zweiten Schwerpunkt die Bedeutung der Visualisierung im Kontext der Virtualisierung und der Mediatisierung untersucht. Hieran schlossen sich in einem dritten Schwerpunkt Analysen konkreter Fallbeispiele an. Schließlich wurde in einem vierten

1 Banse, G.. (2005): Editorial der Herausgeber der Reihe. In: Petsche, H.-J.: Kultur und/oder/als Technik – zur frag-würdigen Medialität des Internets. Berlin, 7–8, 7

Schwerpunkt die Frage nach der Zukunft des Menschen in einer Welt des medial getragenen Virtuellen in philosophischer, ethischer, politischer und akteurszentrierter Perspektive erörtert. Im Einzelnen wurden in vier Sektionen die folgenden Schwerpunkte behandelt:

- Virtualisierung und Mediatisierung - Theoretische Ansätze,
- Hirn, Bild, Virtualität,
- Fassetten der Virtualisierung und Mediatisierung kultureller Räume,
- Die Neuen Medien und die Zukunft des Menschen.

1 Virtualisierung und Mediatisierung – Theoretische Ansätze

Der Band wird durch einen Beitrag von Siegfried Wollgast eröffnet. Wollgast diskutiert die Begrifflichkeiten Mediatisierung und Virtualisierung aus philosophiehistorischer Perspektive, ausgehend von einer Betrachtung der Zeit zwischen Verfügbarkeit und Verlust. Die Spannung zwischen beiden Aspekten der Zeit wird durch die Entwicklung der Massenmedien und ihrer Virtualisierungs- und Mediatisierungsprozesse verdeutlicht und intensiviert. Wollgast verweist auf philosophiehistorische Quellen von Platon und Aristoteles, über Kant und Bergson bis hin zu Husserl um aufzuzeigen, inwiefern der Einsatz der Medien zu einem gesteigerten Zeitmangel einerseits, zur Illusion der Gleichzeitigkeit und der Beschleunigung des individuellen Lebens anderseits führt. Diese Entwicklung der Zeitwahrnehmung und ihrer Konsequenzen macht eine Aufklärung für künftige Gesellschaften unmöglich. Dem denkenden Menschen bietet sich nach Wollgast insbesondere ein Ausweg an - die Wiederentdeckung des Eklektizismus und des utopischen Denkens in der Virtualität des Cyberspace.

Aus kulturhistorischer Perspektive nähert sich Heiko Christians den Begrifflichkeiten Mediatisierung und Virtualisierung. Christians arbeitet zunächst Virtualität als gängigen Topos medien- und kulturwissenschaftlicher Reflexionen heraus. Dort verweist Virtualität gemeinhin auf die Eröffnung von Möglichkeitsräumen, welche realen Räumen ähnlich sind. Diese Topik oder vielmehr „Heraldik" jedoch, wie Christians unter Verweis auf Engell, Virilio und Baudrillard aufzeigt, birgt die Gefahr, den virtuellen Raum als künstlich-symbolischen Gegenpart zu ursprünglich realen Räumen zu setzen. Die Virtualität sei demnach ein instabiler Raum, welcher die individuelle Verantwortung für eigenes Handeln reduziert. Virtualität wird damit zum Topos neuer Kulturkritik, welche, unter Betonung der technischen Gemachtheit virtueller Räume, auf militärische, unterhaltungsindustrielle oder kapitalistische Dominanz und die Entfremdung des Individuums abzielt. Dagegen schlägt Christians eine weitere Lesart von Virtualität vor: Virtualität kann in Analogie zur menschlichen Einbildungskraft gelesen werden, als plasmatischer Raum, in dem Szenen und Bilder auftauchen, verarbeitet und verworfen werden. Virtualität steht folglich nicht im Gegensatz zur Realität, sondern der Nutzungsaspekt und die Praktiken innerhalb virtueller Räume gewinnen für realweltliches Handeln zunehmend an Bedeutung.

In einem weiteren grundlegenden Beitrag zur Virtualität geht Hans-Joachim Petsche zunächst auf drei Beobachtungen zur Virtualität ein: Das platonische Höhlengleichnis wird oft als bloßes Denkmodell für Virtualität angeführt. Vergessen wird allerdings, dass der Text Virtualität auch als Surrogat einer Realität thematisiert, die für Menschen medial inszeniert wurde. Weiterhin zeigt Viktor Klemperers LTI, inwiefern Sprache die Möglichkeit bietet, über die Wirklichkeit eine virtuelle Struktur zu legen, wodurch Wirklichkeit selbst zunehmend virtualisiert wird. Die Medialität des Internets wiederum erweist sich vielmehr als eine hybride Wirklichkeit oder Vermischung mehrerer Wirklichkeitsschichten. Insbesondere die Ausbreitung des „Internet of Things“ führt zu einem wirklichkeitsdurchdringenden Internet, wodurch die Grenzen zwischen Virtualität und Realität verschwimmen. Petsche führt diese Reflexionen auf eine Definition von Peirce zurück, in der Virtualität nicht der Realität gegenübergestellt, sondern selbst als Realität des „Als ob“ gefasst wird. Sie kann damit klar von Potentialität, Möglichkeit, Fiktion, Simulation und Modell abgegrenzt werden. Die zunehmende virtuelle Durchdringung der Wirklichkeit muss in dieser Denkrichtung weiter reflektiert werden.

Tomasz Stępieńs Beitrag verfolgt die Interrelationen zwischen Kultur, Medien und Architektur in raumtheoretischer Hinsicht. So kennzeichnen Medientheorien und Architekturdiskurse den Kulturwandel der letzten zwei Dekaden als einen Wandel der räumlichen Konzepte. Dieser Beobachtung steht die Frage vor, inwieweit kultureller Wandel objektiviert werden kann. Dabei beschäftigt sich Stępień zunächst mit dem Unbehagen der Philosophen gegenüber dem Kulturbegriff (vgl. Hilckmann) und mit dem Ringen um eine Kulturdefinition (vgl. Kroeber und Kluckhohn). Die heutige kulturelle Vielfalt und Konfrontation von Kulturen durch die Globalisierung zeigen sich insbesondere in Räumen materialisierter Kultur wie den Formen und Sprachen der Medien und der Architektur. Das Konzept der Räumlichkeit ist jedoch integraler Bestandteil vorherrschender kultureller Diskurse und unterliegt damit auch – wie an den kulturellen Paradigmenwechseln ersichtlich wird – dynamischen Veränderungen. Stępień schlägt deshalb vor, eine Philosophie der Verräumlichung zu begründen, welche unterschiedliche Räumlichkeiten als Ausdruck partikulärer Kultur resp. kulturellen Pluralismus (einschließlich korrespondierender Wandlungsprozesse) betrachtet.

Mit der Nutzung Neuer Medien zwischen Kultur und individueller Identität beschäftigt sich Gerhard Banse. So bezieht sich Banse zunächst auf die Interdependenzen zwischen Neuen Medien, kulturellen Praxen und der Bildung von Identität, um anhand derer die zahlreichen Forschungsergebnisse des CULTMEDIA-Netzwerks der vergangenen Jahre zu resümieren. Hierbei stellt sich die Identitätsbildung im Rahmen kultureller Praxen als durch die Neuen Medien bedingt und geprägt dar. Die eingehendere Untersuchung der einzelnen Schwerpunkte Neue Medien, Kultur bzw. Kulturalismus und Identität führt Banse zur Hervorhebung abgeleiteter Phänomene: U. a. die Beschäftigung mit Medienkonvergenz und Web 2.0-Praxen, die Beachtung von Überlagerungsprozessen zwischen persistenter sozialer Strukturierung und dem Wandel durch Rekombination kultureller Praxen wie auch die Erforschung der Differenzen zwischen Selbstidentifizierung und Identifiziertwerden. Ein weiteres zukünftiges Forschungsfeld umreißt Banse abschließend anhand des Beispiels der „Plagiator-Identität".

Die Mediatisierung der kommunikativen Rationalität (Habermas) in der Kultur der realen Virtualität steht bei Andrzej Kiepas im Vordergrund. Akzeptiert man Kommunikation als Essenz der Kultur, beginnt Kiepas, so setzt man einerseits auch Kommunikationsprozesse als Faktoren kulturellen Wandels und andererseits die Medien als den Rahmen kultureller Entwicklung. Die Rationalität der Kommunikation nach Habermas ist deshalb nicht als eine transzendentale Vernunft zu verstehen, sondern sie realisiert sich unter konkreten kulturellen Bedingungen, wie Weltsichten, Intentionen und akzeptierten Werten. Kiepas Beitrag zeigt daran anschließend, dass die Bildkommunikation der realen Virtualität in mehreren Eigenschaften mit der früheren Sprachkultur übereinstimmt. Abschließend beschäftigt sich Kiepas mit anthropologischen Konsequenzen der Mediatisierung von Kultur durch die Entwicklungsdynamiken der Neuen Medien.

Den theoretischen Schwerpunkt beschließt Tadeusz Miczka mit seinem Beitrag über „Partizipationskultur" im Internet als Basis einer kommunikativen Wende. So erfragt Miczka ausgehend von H. Jenkins Euphorie bezüglich einer Kultur der Partizipation im Internet, welche Folgen die Verschiebung vom Medienrezipienten zum Medienmacher oder Aktivisten für das kulturelle und alltäglich soziale Leben hat. Da die „terra internetica" die realräumliche Welt durchdringt, haben konkrete Erfahrungen zunehmend weniger Gewicht im Verhalten der Mediennutzer. Dementsprechend ist zu fragen, wodurch diese konkreten Erfahrungen ersetzt werden. Miczka argumentiert, dass hier neue Formen kommunikativer Rituale zum Tragen kommen, die negative Konsequenzen wie mediales Multitasking, Daten- und Kontaktexzesse sowie eine Konzentrationskrise mit sich bringen. Andererseits ermöglicht diese Neuausrichtung der Kommunikation die vertiefte Reflexion des eigenen kommunikativen Verhaltens und neue Formen interpersonaler Beziehungen. Miczka fordert eine Veränderung unserer Einstellung zu Medienkonvergenz und Infoaktivismus sowie eine Verbesserung und Anpasssung der Medienbildung an die Erfordernisse neuer Kommunikation.

2 Hirn, Bild, Virtualität

Der zweite Schwerpunkt des Bandes „Hirn, Bild, Virtualität" wird durch Gerd Grüblers Beitrag über Virtualitätskonzepte in den Neurowissenschaften eingeleitet. Darin zeigt Grübler, inwiefern die zunehmende mediale Präsenz neurowissenschaftlicher Themen zu vielfältigen fingierten Vorstellungen des menschlichen Gehirns führt. So wird das Gehirn beispielsweise als Aktant dargestellt, welcher gemäß seiner Pläne intentional handelt, wodurch das Hirn zur dominanten Instanz menschlichen Seins wird. In modernen bildgebenden Verfahren wiederum wird das Hirn als ästhetische Entität behandelt und als Quelle kreativeN Handelns thematisiert. Schließlich nutzen die Neurowissenschaften ein drittes Hirnkonzept: Als Symbol der Suche nach einer höheren Wahrheit wird es zur Chiffre der Transzendenz gemacht. Diese virtuellen Entwürfe des Gehirns in den Neurowissenschaften verweisen auf klassische Problemstellungen der europäischen Metaphysik. Abschließend geht Grübler der Frage nach, welche „Mission" die Neurowissenschaften hinsichtlich der Zukunft des Menschlichen und der Metaphysik verfolgen.

Auch für Bruno Gransche und Dirk Hommrich ist die neurowissenschaftliche Thematik von Bedeutung. In ihrem Beitrag untersuchen sie die Virtualität von Neuropädagogik und Konsumgenetik. Sie gehen dabei von zwei verschiedenen Virtualitätsbegriffen aus, um zu zeigen, dass die Popularisierung und Inszenierung von Technologie und Wissenschaft auf virtuellen Realitäten bzw. virtuellen Aktualitäten basieren. Diese Virtualisierung entsteht nicht nur durch die Nutzung von Software, sondern auch durch eine sprachliche, bildliche, mediale und technische Inszenierung, welche relativ unabhängig von einer ‚Computer-Realität' ist. Gransche und Hommrich beschreiben neurobasierte Pädagogik und Konsumgenetik selbst als virtuelle Projekte, die Wahrnehmungsmöglichkeiten und Zukunftsentwürfe prägen. Da das heutige Technikverständnis vermehrt vom Verständnis solcher virtueller Realitäten abhängt, so folgern Gransche und Hommrich, ist es die Kernaufgabe künftiger Technikbildung, *Virtuality Literacy* als Spielart einer Medienpädagogik zu fördern.

Mariola Sułkowska-Janowska geht in ihrem Beitrag zur Trans-Philosophie der Bilder von Giovanni Sartoris Kritik an der modernen Bilderkultur und dem damit verbundenen Verlust kognitiver Fähigkeiten und des Gedächtnisses aus. Sułkowska-Janowska hingegen schlägt vor, Bildlichkeit als neue Struktur heutigen Denkens zu verstehen und sich deshalb auf die Suche nach einer dem entsprechenden Philosophie zu begeben: der Trans-Philosophie. Diese trägt selbst den Charakter der Bildlichkeit als diagonales, visuelles und gewissermaßen virtuelles Denken in sich. Zudem basiert diese Trans-Philosophie weder auf Meta-Erzählungen, noch auf metaphysischen Axiomen. Ihr Diskurs verläuft entlang einer visuellen Syntax, um der Intentionalität und Virtualität heutigen, bildlichen Denkens gerecht zu werden. Diese Syntax ist multimedial, asynchron, synästhetisch und collage-artig.

Der Beitrag von Annely Rothkegel widmet sich den Bildern innerhalb der internetbasierter Kommunikation. Hierin werden in Wikis, Webseites und sozialen Medien zunehmend textuelle Inhalte durch Bilder ergänzt oder ersetzt. Es erscheint demnach sinnvoll, die Theorie kommunikativen Handelns auf Bilder zu übertragen, um die spezifische Rolle von Bildern in webbasierten Gemeinschaften und insbesondere ihr informatives und emotionales Potential zu untersuchen. So etabliert Rothkegel ein Analyseschema, welches bildliche Kommunikation hinsichtlich ihrer Bildlichkeit (also ihrer Ausdrucksform), ihrer Bildaussage und ihres funktionalen Bildwertes analysiert. Diese Dimensionen des Bildes werden wiederum in ihrer Sichtbarkeit, ihrer Darstellbarkeit und ihrer Betrachtungsmodi aufgeschlüsselt. Rothkegel nutzt dieses Schema, um bildliche Kommunikation in spezifischen Onlinegemeinschaften wie Wissensgemeinschaften, Erlebnisgemeinschaften und Ressourcengemeinschaften auf ihren informativen und emotionalen Gehalt zu prüfen.

Mit dem Fokus auf die Ästhetik von Kunst in den Neuen Medien widmet sich Magdalena Wołek der Opposition zwischen essentialistischen und interpretativen Kunsttheorien. Sie stellt hierbei die Position, dass das Werk durch einen künstlerischen Kern spezifischer Qualitäten zur Kunst wird, der Lesart des Kunstwerks als Ergebnis interpretativer Rezeption gegenüber. Wołek argumentiert mit Verweis auf Michał Ostrowicki, dass beide Elemente des Kunstwerks für sein Verständnis relevant sind. Jedoch – und dies ist insbesondere bei der Darstellung von Kunst in den Neuen Medien der Fall – steht hierbei nicht die Originalität und Eigenart dieser Elemente im Vordergrund. Durch Neue Medien vermittelt, verfügen Kunstwerke nie über eine ontologische Struktur oder eine ursprüngliche Interpretation – sie sind digital und stets Ergebnisse einer Reproduktion. Deshalb müssen Kunstwerke aus Sicht historischer Wahrnehmungsmodelle betrachtet werden. Künstler im Internet verweigern ein geschlossenes Publikum und damit eine konventionelle Wahrnehmung von Kunst. Das Publikum wird in den Neuen Medien zu einer diffusen Menge von Individuen mit einer Vielzahl möglicher Wahrnehmungen des Kunstwerks.

Julius Erdmann legt in seinem abschließenden Beitrag einen Schwerpunkt auf bildliche Zeichen, die von Individuen auf Social Network Sites verbreitet werden, wie z.B. eigene Fotografien, Fotografien anderer Nutzer sowie anderer Institutionen, ferner Grafiken, Karikaturen und Cartoons, die von weiteren Quellen zur Verfügung gestellt werden. Diese Bildzeichen werden zumeist als Quelle, Produkt und Medium individueller Identität und der Konstruktion des Selbst angesehen. Erdmann geht allerdings davon aus, dass hierbei nicht nur die reine Selbstdarstellung im Vordergrund steht, sondern ebenso technische und kollektive Mediatisierungsdimensionen bei der Vermittlung des Selbst eine entscheidende Rolle spielen.

Ausgehend von der Individuationstheorie Gilbert Simondons werden die technischen und kollektiven Dimensionen sowie Bedeutungsebenen anhand der Beispiele von Bitstrips-Cartoons, Internet-Memes und individuellen Fotografien im Social Network Facebook analysiert. Dadurch werden die Überschneidungspunkte zwischen technischen Interfaces, der Gemeinschaft des Netzwerks und den Praktiken des individuellen Mitglieds verdeutlicht.

3 Fassetten der Virtualisierung und Mediatisierung kultureller Räume

Der dritte Schwerpunkt des Bandes wird von einem Beitrag von Antje Zapf und Denny Klauder eröffnet. Darin gehen die Autoren von der theoretischen Neuausrichtung der Raumsoziologie aus, welche sich zunehmend auf die epistemologischen Aspekte der Raumtheorie ausrichtet. Dadurch werden Praktiken der Schaffung sozialer Strukturen nunmehr hinsichtlich der physischen und materiellen Bedingungen des realen und des virtuellen Raumes reflektiert. Zapf und Klauder sehen das Internet in diesem Rahmen als vielfältigen Möglichkeitsraum, der neue, in realsozialen Räumen verloren gegangene Handlungs- und Organisations- und Vernetzungsweisen eröffnet. Der individuelle Umgang mit der Masse an Möglichkeiten birgt einerseits einen Zugewinn an Freiheit, andererseits aber auch individuelle Verunsicherung und Überforderung. Dementsprechend gewinnt der individuelle Rückbezug virtueller Beziehungen bzw. Gemeinschaften auf realweltliche Gegebenheiten an Gewicht – das Virtuelle kann kein Ersatz für die Realwelt sein. Der virtuelle Raum wird damit zu einer Ergänzung des sozialen Raums.

Urszula Żydek-Bednarczuk setzt sich mit Veränderungen im Kommunikationsverhalten innerhalb der Neuen Medien auseinander. Durch die Virtualisierung und Mediatisierung von Kommunikation verschieben sich die Funktionsweisen, der Inhalt und die Form von Äußerungen in sozialen Medien erheblich. Żydek-Bednarczuk hebt hervor, dass es insbesondere der dezentrale Charakter der Kommunikation ist, welcher das Gemeinschaftsgefühl von Nutzern, die globale Kommunikation und den kulturellen Wandel entstehen lässt. Zudem spielt eine neue Form der Taxonomie, die Folksonomy, als subjektive Art der Wissensorganisation im Datenüberfluss des Internets eine große Rolle. Die Folksonomy ermöglicht die Organisation und Strukturierung unbewusster, intersubjektiver und alltäglicher Inhalte. Es wird aus kommunikationstheoretischer Sicht eine Transformation sinnstiftender Dimensionen kommunikativen Verhaltens deutlich. Żydek-Bednarczuk greift daher abschließend de Kerckhoves Konzept der vernetzten Intelligenz auf, um diese Transformationen zu erfassen.

In seinem Beitrag über die Popularisierung von Forschungs- und Entwicklungsergebnissen (R&D) setzt sich Karel Mráček mit den Chancen, Folgen und Problemen ihrer Verbreitung in Neuen Medien auseinander. Die Popularisierung und Mediatisierung von Forschung und Entwicklung orientiert sich an deren gesamtgesellschaftlichen Rahmen, der u. a. auch Finanzierungsprobleme einschließt. Neue Hoffnungen werden mit den Verbreitungs- und Kommunikationsmöglichkeiten der Neuen Medien (Internet, soziale Netzwerke, virales Marketing) verbunden, weshalb ebenso nach neuen Wegen des Forschungsmarketings innerhalb einer Mischung verschiedener Kanäle gesucht wird. Indem Mráček die Potentiale und Risiken der Nutzung Neuer Medien für die Forschungskommunikation abwägt, gelingt ihm anhand des Beispiels tschechischer Initiativen ein umfassender Blick auf die Thematik.

Im folgenden Beitrag stellt Sonja Ruda ihre Forschungen zu Sicherheits- und Risikokommunikation in einem Straßenverkehrsblog vor. Die Verhandlung von Sicherheit und Risiko in heiklen Straßenverkehrssituationen ist nicht nur in sicherheitspädagogischen Programmen oder in der direkten Kommunikation im Straßenverkehr relevant, sondern auch in Kommunikationen über diese Situationen, wie dies in Stellungnahmen und Kommentaren des von Ruda eingerichteten Straßenverkehrssicherheitsblog geschieht. Diese werden von Ruda sprachpragmatisch analysiert, um die Begrifflichkeiten „Sicherheit“, „Risiko“, „heikle Straßenverkehrssituationen“ und „Verkehrskonflikte“ genauer fassen zu können. Abschließend präsentiert die Autorin einen umfassenden Ansatz für ein Analysemodell solcher Sicherheitsbewertungen.

Während sich das Internet, so Marco Lentzsch, Norman Reßut und Irene Krebs in ihrem Beitrag, zunehmend als alltägliches Medium für alle Bevölkerungsschichten etabliert, muss stets die Frage nach dem Zugang zu diesem Medium auch für Menschen, die bestimmter technischer Hilfsmittel bedürfen, gestellt werden. So steht insbesondere in Gesellschaften, die sich in einem umfassenden demographischen Wandel befinden, die Barrierefreiheit des Internets im Vordergrund. Lentzsch, Reßut und Krebs vergleichen verschiedene Zugänge zum Konzept des „Designs für alle“, um die Implikationen an einem eigenen Projekt zu überprüfen. Diesbezüglich stellen sie ihren „Parkführer“ für sehbehinderte und blinde Menschen für den Branitzer Park vor.

4 Die Neuen Medien und die Zukunft des Menschen

Den Schwerpunkt zur Bedeutung der Entwicklung Neuer Medien für die Zukunft des Menschen leitet der Beitrag von Nicanor Ursua ein: Ursua widmet sich hier in pragmatischer Perspektive den futuristischen Visionen hinter den Neuen Medien. Diese Visionen basieren auf dem Ideal der „Converging Technologies", wie sie z.B. bei den NBIC, Nano-, Bio-, Informations- und Kognitionstechnologien, deutlich wird. Die faktische Konvergenz solcher Technologien wirkt sich auf menschliche Denkmuster und damit auf die Zukunft des Menschen aus – eine Zukunft, die einerseits als Erfüllung technik-optimistischer Träume, andererseits in technikkritischer Perspektive als apokalyptischer Albtraum wahrgenommen werden kann. Die Dynamik der konvergenten Technologien und ihrer Einbettung in die menschliche Zukunft bedarf deshalb einer umfassenden Evaluation und kritischen Betrachtung. Ursua verweist abschließend darauf, dass solche philosophischen, epistemologischen, sozialen und ethischen Reflexionen insbesondere auf die visionären Entwürfe, die konvergente Technologien begleiten, zielen müssen.

Bogdan Zeler betrachtet in seinem Beitrag die Veränderung politischer Kommunikation durch das Internet und die neuen Informations- und Kommunikationstechnologien. Insbesondere das Internet wirkt sich gemäß Zeler dezentralisierend und demokratisierend auf politische Kommunikation aus. Damit ist das Internet einerseits zum Instrument politischer Kommunikation, andererseits auch zum Möglichkeits- und Gestaltungsraum für politische Inhalte geworden. So werden insbesondere Blogs für die Erstellung eines politischen Images und die Selbstkreation politischer Gruppen genutzt. Die Plattform Twitter wiederum ermöglicht einen beschleunigten Informationsfluss. In Abgrenzung zu Technikutopismus und Technikpessimismus vertritt Zeler eine technorealistische Position, wonach das Internet bestehende politische Institutionen in demokratischer Führung unterstützt. Dies kann bis zu einer Demokratie 2.0 führen, bei der Bürger noch aktiver in Entscheidungsprozesse eingebunden werden. Dieses demokratische Potential wird allerdings beschränkt durch Monopolstellungen etablierter Internetunternehmen wie Google und Facebook.

Eine interkulturelle Perspektive schlägt Rüdiger Heimgärtner ein, wenn er moralische Aspekte der Internetnutzung thematisiert. Er beschäftigt sich mit der Frage, ob moralisches Verhalten gegenüber anderen Kulturen durch die zunehmende Nutzung des Internets verbessert wurde. Heimgärtner bezieht deshalb zunächst Reflexionen der interkulturellen Philosophie auf das Verhältnis zwischen Kultur und Informationssystemen, um die Notion der kulturellen Vielfalt neu zu etablieren. Aufgrund dieser Vielfalt müssen nicht nur technik- und informationsethische Positionen, sondern auch Aspekte der interkulturellen Ethik bei der Entwicklung von Mensch-Maschine-Systemen eine Rolle spielen. Heimgärtner entwickelt in seinem Beitrag eine solche interkulturelle Ethik des Internets, um abschließend den Einfluss einer solchen Ethik auf die Nutzung des Mediums und auf zukünftige Herausforderungen dieses Schwerpunktes zu diskutieren.

Mariusz Wojewoda behandelt ebenso die ethischen Fassetten der Internetnutzung, jedoch anhand einer genaueren Betrachtung von prominenten Rollenmodellen innerhalb der heutigen Massenmedien. So erschaffen diese Medien nicht nur neue Formen der Kommunikation, sondern auch Räume für den Ausdruck des Selbst und des eigenen Lebens. Dadurch nehmen sie ebenso Einfluss auf soziale Imagination wie auf den öffentlichen Raum. Wojewoda widmet sich deshalb in seinem Beitrag den vorherrschenden sozialen Rollenmodellen in den neuen Massenmedien. Er greift dazu auf die philosophischen Konzepte des „Herkules" und „Narziss" (Emmanuel Mounier), des „Ästheten" und des „Managers" (Alasdair MacIntyre) und des „Flaneurs", des „Vagabunden", des „Touristen" und des „Spielers" (Zygmunt Bauman) zurück, um die Tragweite dieser Rollenkonzepte in den modernen Massenmedien zu untersuchen. Wojewoda schließt mit einer ethischen Betrachtung dieser Modelle und ihrer negativen Auswirkungen auf die soziale Imagination.

In seinem Beitrag versucht Petr Machleidt, die Frage nach Gewinnern und Verlierern in der Virtualität der Neuen Medien anhand der tschechischen SecondLife-Community zu behandeln. Machleidt betrachtet dazu die Funktionsmechanismen der Anwendung SecondLife genauer, die eine virtuelle Welt im Internet zur Verfügung stellt, in der sich Nutzer frei bewegen und interagieren können. So kann die Welt von SecondLife nicht nur als virtuelle Kopie des Realraums betrachtet werden – vielmehr zeigen zahlreiche Beispiele, dass Wirtschaft, Forschung und Bildung sowie die Psychotherapie die virtuelle Welt für ihre Belange nutzen. Die Kommunikationsmöglichkeiten in solchen medial-virtuellen Räumen werden potenziert, während die Loslösung von der Realität allerdings zu unverbindlicherem Handeln führt. Abschließend stellt Machleidt eine SWOT-Untersuchung vor, welche SecondLife aus marketingspezifischer Perspektive betrachtete.

5 Anhang zum 65. Geburtstag von Hans-Ulrich Schilf

Mit seinem Beitrag über politische Bildung und Virtualität widmet sich Bernhard Claußen einem weiteren zentralen Problem dieses Bandes und würdigt damit zugleich den erfahrenen Pädagogen und Dozenten für politische Bildung Hans-Ulrich Schilf anlässlich seines 65. Geburtstags.

Leitend für Claußens Beitrag ist die Frage, ob Online-Medien zur Erweiterung staatsbürgerlicher Entfaltung und didaktischer Attraktivität oder zu einem Verlust von Autonomie und Realitätssinn führen. Gemäß Claußen ist Virtualität ein inhärentes Element der politischen Information und Kommunikation und Bedingung für sinnvolles und allgemeingültiges Verständnis. Chancen und Risiken des Medieneinsatzes, insbesondere für politisches Lernen und ihm entsprechender Didaktik, erfahren unter den Bedingungen der Neuen Medien eine Verdichtung und Zuspitzung, wobei es insbesondere zu einer Eskalation regressiver und repressiver Aspekte kommt. Claußen widmet sich dementsprechend insbesondere diesen negativen Tendenzen, um damit den Blick auf konträre Entwicklungspfade zu eröffnen. Dabei dient ihm eine skeptische Technikschau der besseren Auslotung von kulturellen Tendenzen und Potenzen einer emanzipatorischen Nutzung neuer Medien unter gleichzeitiger Berücksichtigung ihrer widersprüchlichen Dynamik.

6 Beigabe: Siegfried Wollgast zum achtzigsten Geburtstag

Die Tagung nahm den achtzigsten Geburtstag von Siegfried Wollgast zum Anlass, ihn im Rahmen der Tagung zu ehren. Für den Philosophiehistoriker Siegfried Wollgast, dessen eigentliches Spezialgebiet die „Frühaufklärung" ist, ist Philosophiegeschichte stets ein ins heute eingreifendes und auf das Morgen verweisendes Unterfangen. So hat er sich immer wieder, aus der Geschichte schöpfend, in die Arbeit des CultMedia-Netzwerks und des Rationalitätsnetzwerkes eingebracht.[2] Der Initiator beider Netzwerke, Gerhard Banse, nimmt dies zum Anlass, in einer Laudatio auf Siegfried Wollgast, dessen Wirken im Kontext beider Netzwerke, im Kontext seines Gesamtwerkes wie auch aus sehr persönlicher Sicht zu ehren.

Hieran schließt sich die Hommage für Siegfried Wollgast von Hans-Otto Dill an. Dieser betont, dass im Wollgastschen Schaffen stets Personen über Themen und Biographien über Werke überwogen haben. Er fasse Geschichtsschreibung nie als Ontologie, stets als Diskurs, Narration von Geschehnissen auf, die keine vom Subjekt autonome Existenz hätten. Er befleißige sich einer Methode, mit der er der schöpferischen Motivation der geschichtsphilosophierenden Subjekte auf die Schliche zu kommen bestrebt ist. Hierbei entwickele er ein ganzes räumliches, lokales Geflecht, das von Personen, von Subjekten wimmele, die jedoch nicht isoliert, sondern in ihren gegenseitigen Beziehungen dargestellt würden. Subjektivität und Biographie seien indes nur kognitive Präliminarien für Wollgasts Anliegen, mit dem er fast allein auf weiter Flur dastehe: die Wiederentdeckung und Neubewertung verfemter, verleumdeter, aus der Geschichte des Denkens vertriebener oder auch schlicht vergessener Gestalten.

In seinen sehr persönlich gehalten Worten an den zu Ehrenden würdigt Gerhard Zecha Wollgast als einen weisen Denker, der helfe, unser Dasein zu klären (Aufklärung), zu kom-

2 Siehe diesbezüglich auch: Petsche, H.-J. (2010): Topoi der Rationalität. Technizität – Medialität – Kulturalität. Beiträge der internationalen Tagung 26.-28. September 2008 in Potsdam. Berlin

mentieren und zu bereichern. Wollgast sei selbst Aufklärer in unserer Zeit - mit wacher Intelligenz, mit hinreißendem Mut, mit überragendem Wissen. Er schreibe nicht nur über Opposition, er sei selbst leibhaftige Opposition; er verlange nicht nur als Philosoph den kritischen Geist, sondern sei selbst kritischer Geist im 20. und 21. Jahrhundert in unserem Kulturkreis.

7 Danksagung

Die Ausrichtung der Tagung erfolgte in Zusammenarbeit mit

- Gerhard Banse vom Institut für Technikfolgenabschätzung und Systemanalyse (ITAS) in Karlsruhe (Deutschland) und
- Andrzej Kiepas vom Institut für Philosophie der Schlesischen Universität Katowice (Polen).

Ohne die Mitwirkung dieser Kollegen wäre diese internationale und interdisziplinäre Tagung, an der 52 Kolleginnen und Kollegen aus sechs Ländern teilnahmen und auf der ein umfangreiches Spektrum wissenschaftlicher Disziplinen präsent war (Philosophie, Technikwissenschaft, Sprachwissenschaften, Sozial-, Politik-, Wirtschafts- und Kulturwissenschaften), in dieser Form nicht möglich gewesen.

Dank der finanziellen und materiellen Unterstützung der Deutschen Forschungsgemeinschaft, der Universitätsleitung und der Philosophischen Fakultät der Universität Potsdam konnte das anspruchsvolle Programm mit den mehr als 30 Präsentationen und Vorträgen erfolgreich umgesetzt und die Drucklegung dieses Bandes ermöglicht werden.

Für die organisatorische Unterstüzung bei der Durchführung der Konferenz ist ganz besonders Frau Dr. Karin Petsche zu danken, der Herr Marvin Gasser hilfreich zur Seite stand. Ferner ist Herrn Peter Lenke für seine im Rahmen der Konferenz erfolgten Videoproduktionen zu danken. Auch Frau Anna Finzel ist zu erwähnen, die durch ihre akribischen editorischen Zuarbeiten wesentlich zum Gelingen dieses Bandes beitrug.

Last but not least gilt der Dank Herrn Dr. Wolfgang Weist vom trafo Wissenschaftsverlag Berlin für die schon langjährige gute Zusammenarbeit, die sich auch bei der Herausgabe des vorliegenden Bandes erneut vorzüglich bewährte.

I. Virtualisierung und Mediatisierung – Theoretische Ansätze

Mediatisierung und Virtualisierung aus philosophiehistorischer Perspektive

Siegfried Wollgast

Das mir gestellte Thema ist so weit, dass es nicht mehr weiter gefasst werden kann! Es kommt zwar darauf an, was man unter Medien versteht, aber bei den meisten Bestimmungen wird man zustimmen: die Philosophie hat sich schon immer mit Medien befasst! So ist ihre Geschichte zugleich stets ein Bestandteil der Geschichte der Philosophie! Und Geschichte ist stets eingebettet in die Zeit!

Das 20. Jh. zeigte „in der westlichen Welt eine wesentliche Erhöhung der Zeitsensibilität in Einzelwissenschaften, Philosophie, Technik, Arbeit und Lebensalltag. ... Zahlreiche Entwicklungen verlaufen schneller als geahnt oder geplant. Änderungen in Politik und Wirtschaft, in der Technik, den Künsten, der Philosophie und in vielen Lebensgewohnheiten vollziehen sich in einem früher unbekannten Tempo. Die Gliederung und Kontrolle der Zeit sowie die zeitliche Synchronisation ungezählter Abläufe wird immer perfekter und bedeutungsvoller. ... Es kommt zu differenzierten Abwägungen der Zeitmodi Vergangenheit, Gegenwart und Zukunft gegeneinander. Die wirklich freie Verfügung über eine neben der Arbeit verbleibende, sich ständig erweiternde Freizeit wird wesentliches Lebensziel. Die zeitnutzende europäische Kultur wird zunehmend in alle Länder der Welt getragen, und dort macht sich der Anspruch geltend, kurzfristig am westlichen Fortschritt materiell beteiligt zu werden. Völker der dritten Welt mit einem ganz anderen, im Vergleich zum Westen unterentwickelten Zeitbewußtsein möchten mit der westlichen Zivilisation synchronisiert werden, kulturell aber nach Möglichkeit in ihrem Traditionsbereich bleiben." (Wendorff 1985, 455f.)[1] Zudem sind in unserem Zeitbewusstsein „noch unmittelbar spürbar und nachweisbar die Zukunftshoffnung des alten Judentums, die heilsgeschichtlichen und eschatologischen Vorstellungen des Christentums, die eigenmächtige Bewältigung der Zeit durch Selbstbewusstsein des renaissancehaften Impulses, die Entdeckung der Zeit durch das kausale und kontinuierliche Denken der Naturwissenschaften und ihrer Anwendung in der Technik, die Zeitnutzung durch die moderne Wirtschaft und die Erfahrungen mit

1 Ich danke dem Herrn Präsident der Leibniz-Sozietät zu Berlin, Prof. Dr., Prof. eh. Gerhard Banse, für wichtige Literaturhinweise.

der durch Kalender und Uhren gegliederten und aufgewerteten Zeit und die Dynamik des Fortschrittsdenkens der letzten zwei Jahrhunderte." (Wendorff 1985, 617)

Generell wird auch heute über Zeit-Knappheit geklagt. Wieder wird die Sehnsucht nach mehr freier Zeit gedacht und angesprochen, die der vom Naturalismus herkommende, zeitweilig den Sozialisten verbunden Richard Dehmel (1863–1920) im Gedicht „Der Arbeitsmann" ausdrückte:

> „Wir haben ein Bett, wir haben ein Kind, mein Weib!
> Wir haben auch Arbeit, und gar zu zweit,
> und haben die Sonne und Regen und Wind,
> und uns fehlt nur eine Kleinigkeit,
> um so frei zu sein, wie die Vögel sind:
> Nur Zeit.
> Wenn wir sonntags durch die Felder gehn, mein Kind,
> und über den Ähren weit und breit das blaue Schwalbenvolk blitzen sehn:
> o, dann fehlt uns nicht das bißchen Kleid,
> um so schön zu sein, wie die Vögel sind:
> Nur Zeit." (Dehmel 1905, 122)

Die erste zusammenhängende Zeittheorie in unserem Kulturkreis ist von Platon (428/7–348/7 v. u. Z.) überliefert. Der Streit um die objektive oder subjektive Auffassung der Zeit ist gestern wie heute nicht entschieden. Und seit Platon gibt es mindestens drei verschiedene Zeittypen. Seit Platon bzw. seit Homer (zw. 750–650 v. u. Z.) kennen wir die Dreiteilung der Zeit in Vergangenheit, Gegenwart und Zukunft. Für Plato sind „Die Bezeichnungen ‚älter' und ‚jünger' identisch mit ‚früher' oder ‚später'". (Gloy 2008, 55, 98)

> „Wir sprechen in vielfältiger Weise von Zeit. Wir fragen, wie lange etwas dauere, wie viel Zeit vergangen sei oder noch zur Verfügung stehe und wann etwas geschieht; wir konstatieren, ob es zur rechten oder unrechten Zeit geschieht. Manchmal haben wir das Gefühl, daß die Zeit drängt, daß sie verrinnt, ehe wir uns versehen haben, daß sie wie im Flug vergeht oder wie im Schneckentempo dahinkriecht.
>
> Die Schwierigkeit besteht darin, daß wir keinen einheitlichen Oberbegriff von Zeit besitzen, da die zeitlichen Ausdrücke zum wenigsten auf zwei grundverschiedene Frageweisen antworten, zum einen auf die Frage ‚wie lange', also die Frage nach der Zeitspanne, zum anderen auf die Frage nach dem ‚wann', also auf den Zeitpunkt. Im weiteren interessiert ... Ist die Zeit etwas Reales, Wirkliches in der Welt, zumindest

ein reales Konstituens derselben, oder ist sie nur unsere subjektive Vorstellungsweise von der Welt, ... etwas ideelles?

Eine dritte Fragerichtung befaßt sich mit der Morphologie der Zeit, d. h. mit ihren möglichen Ausgestaltungen. Unterschieden werden eine zyklische Zeit, die durch das Bild des Kreises wiedergegeben wird und vor allem aus der Mythologie bekannt ist, eine eschatologische, auf einen Endzustand und Abschluß gerichtete Zeit, wie sie in der jüdisch-christlichen Tradition begegnet, eine gradlinige, einsinnig gerichtete, offene, in die Zukunft sich erstreckende Zeit, die durch den Zeitpfeil repräsentiert wird und uns von Newton bekannt ist, sowie eine vielfältig sich verzweigende Zeit ...

Eine weitere Beschäftigung mit der Zeit befaßt sich mit ihrer Struktur. ... Was gegenwärtig, was vergangen oder was zukünftig ist, entscheidet sich jeweils in bezug auf meine Situation und ist insofern vom Subjekt abhängig." (Gloy 2008, 123f.)

Alles Existierende existiert in der Zeit, nichts außer ihr. Im Umgang des Menschen mit ihr ist sie auch Lebensgefühl und Gestaltungsprinzip. Emotionen, Motivationen, moralisches Verhalten, ästhetische Aneignung der Wirklichkeit sind damit verbunden.

Es ist paradox: Die Menschen leben immer länger, und die Zeit wird ihnen immer knapper. Auch das Geld, die Arbeitsplätze, die fossilen Brennstoffe, selbst das Wasser. Schon der bedeutende antike Mediziner Hippokrates (460–377 v. u. Z.) wusste: „Vita brevis, ars longa". Schon damals gab es soviel Wissen, dass es im kurzen menschlichen Leben nicht anzueignen war. Schon damals bestand die „Zeitschere". Der Mensch sucht in seinem kurzen Leben mit einem Minimum an Mitteln ein Maximum an Wirkung zu erzielen. Das hat sich bis heute nicht geändert, nein, in jüngster Zeit ist die „Zeitschere" noch bedeutend enger geworden. Auch in der Vergangenheit haben denkende Menschen nach Mittel gesucht, den Widerspruch zwischen „Vita brevis" und „ars longa" zu entschärfen. Schon Seneca postuliert, dass der Mensch auch Eigenzeit („tempus suum") hat, eine Zeit der Muße („otium"). Hat er sie heute noch? Dringt der Mensch aus eigenem Interesse heute auch darauf, Zeit nicht zu verschwenden?

Weitgehend herrscht heute darüber Übereinstimmung, dass sich die Massenmedien „in den vergangenen Jahrzehnten zu Schaltzentralen der Meinungs- und Willensbildung moderner Gesellschaften entwickelt haben ... konstitutive Bedeutung für die Demokratie besitzen und ... eine Aufgabe haben, die keine andere Institution erfüllen kann." Dabei wird „das Unbehagen, über die Art und Weise, wie die Massenmedien ihre Aufgabe wahrnehmen" immer größer. Jedenfalls leben wir heute „immer mehr in einer selbst geschaffenen Ereigniswelt, einer künstlichen Realität". (Kepplinger 1992, 7–9)

Nach dem Übergang zu den elektronischen Medien, zur nunmehr vierten medialen Weltveränderung, signalisieren, ja schockieren, Begriffe wie Virtuelle Realität, Simulation von Wirklichkeit, Cyberspace, Auflösung der Grenzen zwischen Wirklichkeit und Fiktion (Hypermedia). Doch wir stehen heute erst am Beginn eines Prozesses, dessen Folgen noch nicht einmal denkbar sind. Zudem sind in der Geschichte der Menschheit schockartige Geisteszustände bei jeder neuen Entwicklungsstufe aufgetreten. Die Medien sind auch heute generell „in der Gesellschaft verwurzelt, und ihre Wechselwirkung mit dem politischen Prozess ist überaus unbestimmt. Sie ist abhängig vom Kontext, von den Strategien der politisch Handelnden und der spezifischen Interaktion zwischen einer ganzen Reihe gesellschaftlicher, kultureller und politischer Erscheinungen." (Castells 2002, 30f.; Faulstich, 2004b, 31f.)

Medien sind meinungsbildend, z. B. Mitteln zur Beeinflussung der Wähler. Medien überhaupt sollten letztlich glaubwürdig sein, was aber im Fernsehen mit der eigenen Position und mit der angestrebten Einschaltquote kaum vereinbar ist. Stets schwingt auch in ihnen der Zeitgeist mit, er widerspiegelt Temporäres, nicht aber Bleibendes. Zudem werden negative Nachrichten viel häufiger dargetan als positive, weil sie viel eher im Gedächtnis bleiben und stärker beeinflussen.

Für alle Formen der Medialität gilt das Wort des Thomas von Aquino (1224–1274) „omne, quod recipitur in aliquo, est in eo per modum recipientis" – Alles was in etwas aufgenommen wird, wird nach Weise des Aufnehmenden in dieses aufgenommen. (Aquino, 1937, 20) Es ist dies kein eigenes Formen, sondern vielmehr ein Geformtwerden. Das beginnt schon mit unseren Sinnen, den primären Medien. Das setzt sich fest und verstärkt sich bei sekundären Medien: bei Träger- und Speichermedien.

Die Massenmedien erzeugen in Kantischer Terminologie gesprochen, „eine transzendentale Illusion." So wird für den normalen Menschen eine fiktive Welt errichtet, von der er glauben soll, dass sie so ist! Hat er keine Weltanschauung oder eine fiktive, so folgt er dem! Wahres interessiert „die Massenmedien nur unter stark limitierenden Bedingungen, die sich von denen wissenschaftlicher Forschung deutlich unterscheiden. Nicht in der Wahrheit liegt deshalb das Problem, sondern in der unvermeidlichen, aber auch gewollten und geregelten Selektivität." (Luhmann 2009, 12, 41) Will ich diese vorgegebene Selektivität oder will ich die Wahrheit? Sie ist für die Vernunft nutzende Menschen unverzichtbar. Zudem stellen sich – auch bei Virtualität und Mediatisierung – eine Reihe von Vereinbarkeitsfragen: „die Frage der Vereinbarkeit von Markt und Moral, die Frage nach den Medien als Wirtschafts- und als Kulturgut, die Frage nach der politischen Funktion von Medien im Rahmen demokratischer Öffentlichkeit." Nach Auffassung einiger Medienkulturtheoretiker sind Fernsehen und die Medien „zentrale Bestandteile heutiger Kultur". (Faulstich 2004a, 80; 2004c, 97)

Neil Postman (1931–2003) formuliert in seinem Buch zur Urteilsbildung im Zeitalter der Unterhaltungsindustrie über die USA: „Wir sind ... zu einem Volk geworden, das im Begriff ist, sich zu Tode zu amüsieren." (Postman 1990, 12, 16f.) Das gilt aber auch für viele Völker der Europäischen Union! Mit der immer größeren Multimedialität sind die Menschen auch mit Informationen übersättigt und damit hat sich gleichzeitig ihre soziale und politische Handlungsfähigkeit verringert. So hat sich „der große Kreislauf der Ohnmacht" entwickelt: „Die Nachrichten entlocken uns eine Vielfalt von Meinungen, mit denen wir nur eines tun können – sie wiederum als Stoff für weitere Nachrichten anbieten, mit denen wir ebenfalls nichts anfangen können." Mit dem Fernsehen wird das zur äußersten Perfektion getrieben. Es hat „den Status eines ‚Mega-Mediums' erlangt – ... ist zu einem Instrument geworden, das nicht nur unser Wissen über die Welt bestimmt, sondern auch unser Wissen darüber, wie man Wissen erlangt." (Postman 1990, 88f., 100) Durch Mediatisierung und Virtualisierung werden solche Aussagen, Prognosen, Situationsschilderungen nicht außer Kraft gesetzt oder widerlegt.

Wahrheit hat stets eine Verbindung zu Zeit!

> Ein Großteil allen Materials für Presse, Hörfunk und Fernsehen „kommt dadurch zustande, dass die Medien sich in sich selbst spiegeln und das wiederum als Ereignis behandeln. Teils werden Leute nach ihren Meinungen gefragt, teils drängen sie sich auf. Immer aber handelt es sich um Ereignisse, die gar nicht stattfinden würden, wenn es die Massenmedien nicht gäbe. Die Welt wird gleichsam zusätzlich mit Geräusch gefüllt, mit Initiativen, Kommentaren, Kritik. Vor den Entscheidungen wird die Prominenz gefragt, was sie fordert oder erwartet; nach den Entscheidungen, wie sie dazu steht. Damit kann das, was ohnehin passiert, akzentuiert werden. Aber auch Kommentare können wiederum Anlaß zu Kritik und Kritik kann Anlaß zu Kommentaren werden. Auf diese Weise können die Massenmedien ihre eigene Sensibilität steigern und sich Veränderungen in der von ihnen selbst produzierten öffentlichen Meinung anpassen. ... die Meinungsäußerung muß aus einer Quelle stammen, die qua Stellung oder qua Person über bemerkenswerte Reputation verfügt. Auch Leserbriefe werden zum Abdruck vorseligiert – zum Teil mit Blick auf Namen und Status des Absenders oder seiner Organisation, aber auch so, daß ... die Sparte Leserbriefe als Ausdruck von Meinungen aus dem Volk gelten kann. ... Realereignisse und Meinungsereignisse werden auf die Weise ständig durchmischt und bilden für das Publikum dann eine zähflüssige Menge, in der man noch Themen, aber nicht mehr die Herkunft der Informationen unterschieden kann." (Postman 1990, 50f.)

Das Fernsehen hat „*den abstrakt-linearen Zeitbegriff unserer Epoche vergegenständlicht*, so daß wir im Umgang mit ihm gleichermaßen die bereichernden wie die beschränkenden Seiten unserer Zeit-Rationalität vor Augen geführt bekommen." Die Fernsehnutzung bietet „ein tägliches Übungsfeld zur Bewältigung von Zeit-Rationalität und Temporausch". (Neverla 1992, 13f.)

Das elektronische Medium Fernsehen „bietet mit seinem ... Programmangebot rund um die Uhr ein Endlosprogramm. Fernsehen transportiert *Endloszeit*". Das gilt für alle elektronischen Geräte, schon für Telefon, Anrufbeantworter, Telex, Telefax. Hinzu kommt die Geräuschberieselung durch Radio und Musik in Geschäften, Büros und Freizeiteinrichtungen, ebenso die Bildberieselung durch Fernsehen, Videorecorder etc. „Doch unserer Wahrnehmungskapazität als Rezipienten ... sind Grenzen gesetzt ... Die elektronischen Medien ... belassen uns kaum Zwischenräume der Wahrnehmung. Sie vernichten Zeit (und Raum). Das Hängenbleiben und Nachsinnen über ein Wort, einen Satz, wie es bei der Lektüre möglich ist, gestatten die immerwährende Kontinuität und das hohe Tempo des audiovisuellen Angebots nicht. Ein Bild reiht sich ans andere, ein Ton an den nächsten. Die Rezipienten müssen sich die Zwischenräume der Wahrnehmung erst neu schaffen. Die Unfähigkeit, sich vom Medium zu lösen ..., verweist immer noch auf die Urkraft der Vernichtung von Zeit, wie sie den elektronischen Medien zu eigen ist." (Neverla 1992, 63, 70f.)

Durch die Beschleunigungskräfte der Elektronik wird im Fernsehen die Zeit als Faktor aus der Produktion eliminiert, was auch im Verbrauch zu extremen Beschleunigungstendenzen führt. „Wir müssen schneller schauen, sollten schneller verarbeiten und wohl auch schneller vergessen. Fernsehbilder sind darüber hinaus in ihrer Geschwindigkeit beliebig manipulierbar. Damit erscheinen auch die in ihnen eingebetteten Handlungen und Ereignisse jederzeit produzierbar, verfügbar und gestaltbar in Dauer, Lokation, Sequenzen und Wiederholungen. Schließlich bietet sich das Fernsehen mit der endlosen Kontinuität seiner Programme als jederzeit zugreifbar an ... Die Diskrepanz zwischen der tendenziellen Nullzeit des Mediums und dem Zeitbedarf menschlicher Kommunikation tritt uns in jeder Gesprächssituation im Fernsehen vor Augen. ... Unsere individuelle Alltagszeit läßt sich selbst bei maximalem Zeitmanagement nicht gänzlich manipulieren. Mindestens treten immer wieder ‚Störfaktoren' durch Zeitstrukturen anderer Menschen auf. Welche Folgen wird es haben, daß im Fernsehprogramm Handlungen und Ereignisse beliebig und extrem verlangsamt oder beschleunigt werden können? ... Werden Erwachsene Geduld und Kraft für Liebesbeziehungen und Freundschaften aufbringen, die nicht von einer Serienfolge zur nächsten dynamisch, flott und meist konstruktiv vorangehen, sondern Wochen und Jahre der Entwicklung bedürfen? ... Wie werden wir die Diskrepanz zwischen der Endlosigkeit des Fernsehprogramms und der Grenzenlosigkeit unserer Bedürfnisse und Wünsche einerseits und der Begrenztheit unserer Lebenszeit andererseits verkraften ... Menschliche Zeit ist eine Ressource, die wir naturhaft vorfinden. ... Sie läßt sich aber nicht produzieren. Wir können sie handhaben, gestalten und nutzen ... aber ... nicht herstellen. ... Nicht nur der individuelle Umgang mit Zeit, wie er in der Fernsehnutzung zum Ausdruck kommt, auch die Zeit der Elektronik und ihr Verhältnis zur menschlichen Zeit ist die Geschichte eines vernünftigen Wahnsinns ... ist die Geschichte einer Epoche, die mit dem Fernsehen ... erst begonnen hat. Ist alles vernünftig, was elektronisch machbar erscheint und ist es Wahnsinn in der Utopie der Eigenzeit festzuhalten?" (Neverla 1992, 224f.)

Immer wieder wurden neue Medien als „Kultur vernichtendes Übel" gesehen: der Rundfunk, dann das Fernsehen, dann der Digitalcomputer, Handys, Laptops usw. haben uns „aufgrund ihrer Allgegenwart und multiplen Netzwerkzugehörigkeit ... in ein flimmerndes Nichts aus Illusion und Virtualität, Simulation und Konstruktion katapultiert." (Völker 2010, 12f.) Sicher hat es die Virtualität stets gegeben! Aber das Leben des Menschen folgte weitgehend der Realität. Durch Netzwerktechnologien werden Raum wie Zeit modifiziert. Der Anfang der Telekommunikation lebte noch ganz in und mit der Realität, so z. B. in der Antike. Schon damals entwickelte Aristoteles (384–322 v. u. Z.) den Gegensatz von Dynamis und Energeia, im Mittelalter dann Thomas von Aquino den von Akt und Potenz, Sein und Wesen, Stoff und Form.

Henri Bergson (1859–1941) hat sich wohl als Erster im 20. Jh. „aus philosophischer Perspektive in relevanter Weise mit dem Virtuellen befaßt". (Völker 2010, 200f.) Er unterscheidet – gleich vielen anderen Philosophen – das Mögliche und das Wirkliche. Für ihn ist aber das Mögliche mehr als das Wirkliche. Das Virtuelle existiert zeitlich vor dem Wirklichen, ist Möglichkeit als Positives. (Bergson 1948, 110–125) In H. Bergsons Philosophie nimmt das Virtuelle einen zentralen Platz ein. Es „ist geistiger Natur, ebenso ist die Methode der Philosophie, die Intuition, virtuelles. Jedoch nicht nur, denn das Virtuelle wird, seinem Sein entsprechend, in Differenz zu einem anderen definiert, zum Möglichen, welches vollkommen anderer Art ist als es. ... das Virtuelle ist wie die Dauer vor und nach dem Jetzt, das Mögliche hingegen wird erst durch die Gegenwart erzeugt und ist daher später als sie. Zudem modifiziert sich das Virtuelle durch das Aktuelle, ist jedoch an sich schon von voller Realität. Während das Mögliche logischer Art ist, ist das Virtuelle ontologischer Art. Das Virtuelle ist, wie die Dauer, zugleich diesseits und jenseits des bestimmten Augenblicks, schwebt also zwischen unmittelbarer Vergangenheit und Zukunft in einem Mittelzustand. Gleich der Unmöglichkeit, den Augenblick als Punkt isoliert zu erfassen, ist es nicht möglich, das Virtuelle als solches zu begreifen, denn es befindet sich in einem fortwährenden Zustand der Dauer, das heißt der Ausdifferenzierung und des Wandels in der Zeit. Daher kann der Prozess der Aktualisierung nicht gedacht werden, das Aktuelle jedoch schon, mit dem zugleich das von ihm abgespaltene Virtuelle in Wirklichkeit ist." In den 80er und 90er Jahren des 20. Jhs. gab es „diverse Mutmaßungen bezüglich der Virtualitäts-Effekte digitaler Medien. Die meisten von ihnen ... konzipieren einen Dualismus von Virtualität und Realität, der ‚digital', ‚simuliert' und ‚virtuell' synonym verwendet und damit Virtualität als eine der materiellen Realität gegenüberstehende Immaterialität konzipiert. Häufig ist in diese Zweiteilung ... pejorativ in Bezug auf Virtualität, die oft als ‚der Realität' gegenüberstehende, künstliche Bilderwelt konzipiert wird. ... Hier wird ‚Virtualität' mit ‚Simulation' oder ‚Virtueller Realität' verwechselt und auf Digitalmedien beschränkt. Aus dieser Perspektive ist Virtualität eine durch den Menschen erzeugte ‚neue, steuerbare Wirklichkeit'. ‚Virtualität und Realität sind komplementär' und generell ist Virtualität ... ein ‚Feld der Möglichkeiten *gegenüber* dem Wirklichen'. Wirklichkeit oder Realität werden durch diese neuartige Welt bedroht'."(Völker 2010, 214f., 316f.) Diese Gegenüberstellung von Realität und Virtualität findet sich verschiedentlich und wird dementsprechend unterschiedlich ausformuliert.

Nicht nur Platon, auch Aristoteles wird zur Begründung des Begriffs „Virtuelle Realität", überhaupt zu „Virtualität" genutzt. Aber in der Antike war „Virtualität" gar nicht bekannt, erst im Mittelalter breitet sich das Substantiv „virtualitas" aus. Bei Aristoteles ist das als „Dynamis" Verstandene darunter zu fassen. (HWdPh 2001, 1062–1068)

Der Gegensatz von Realität und Virtueller Realität ist ein sehr altes philosophisches Problem. Der Streit um die Relation zwischen beiden „ist ein weiterer Kommentar zur Geschichte des Scheins, dessen kritische Erörterung mit im Zentrum von Parmenides Gedicht über das Wesen des Seins und des Seienden steht. Dieses Wesen, so ... Parmenides (um 540–480 v. u. Z. – S. W.), erklärt sich aus einer – zumindest auf den ersten Blick – ebenso schlichten wie einleuchtenden Logik. Das Sein ist *so*, dass es *ist*. Und was nicht nicht *ist*, kann *nicht* sein. Für alles Seiende folgt daraus: ‚Entweder ist es, oder es ist nicht' Diese klare Differenzierung soll es erlauben, die Identität des Seins *eindeutig* zu bestimmen – und eindeutig heißt hier ... zugleich einheitlich, vollkommen und unvergänglich. Nun erfüllt kaum etwas, das es gibt, diese Bedingungen, zu sein. Das hat Parmenides keineswegs übersehen – und so setzt er dem (wahren) Sein ... eine Alternative gegenüber. Was anders ist, ist nichts als Schein; und der ist strenggenommen – nichts. Parmenides strikte Abgrenzung der Wahrheit des Seins gegen das Nichts des Scheins ist eine Ausgrenzung all dessen, was seine Existenzweise der Logik der ontologischen Differenz nicht zu unterwerfen vermag. Auch das Anders-Sein der virtuellen Realität bliebe nach dieser Logik verwiesen in das unwirkliche Schattenreich des Scheins, die Welt des Nichts. Die virtuelle Realität *ist* nicht, lautet die Konsequenz; auch wenn sie sich damit natürlich nicht aus der Welt schaffen lässt." Fazit: „So beliebig es im simulierten Raum wird, *was* etwas ist, so unklar bleibt *wie* etwas ist: als (echtes, weil wirkliches) *Seiendes* - oder (aufgehoben in der Scheinwelt der Simulation) als *Nicht-Sein*." (Münker 2009, 117-119; Parmenides 1986, 18-28, 88-106.)

Es ist „beinahe zum Gemeinplatz geworden, die Medientheorie mit Platons Reflexionen über das Verhältnis von Schrift und Stimme im *Phaidros* beginnen zu lassen." (Lagaay; Lauer 2004, 13; Margreiter 2007, 100-105) Medientheoretiker fragen auch - wie Kant - „nach jenen Strukturen des Geistes, die präformieren, was für uns ‚Realität' ist". (Mahrenholz 2004, 69) „Die These von der Realität als Simulation kann mit der hegelschen Lehre verglichen werden, nach der alles, was wir wirklich und als Wirklichkeit wissen, das Resultat einer Vermittlung ist." (Windgätter 2004, 143) Man nimmt sogar „im empathischen Sinne den Begriff der Aufklärung in Anspruch ... der ansonsten in den Gefilden der Medientheorie nicht eben *en vouge* ist". (Lauer 2004, 244; Hartmann 2008, 25-31) Es gibt in diesem Bereich auch den Aufruf „die pragmatische Dimension der Medientheorie erst zu nehmen". Heute sind zudem in der Mediendebatte „große Teile der aktuellen Diskussion *nur eine in neuem Gewand auftretende Transzendentalphilosophie*, deren Fragen trotz der Wendung auf mediale Konstitutionsverhältnisse nahezu die alten bleiben". (Janzen 2004, 279, 293)

Welche Faktoren lassen eine Gegenstand, einen Seinsbereich, eine Seinsweise wirklich sein oder erscheinen? Auch dieses Problem ist in der Philosophiegeschichte sehr alt. Bei Plato ist das auch am „Höhlengleichnis" abzulesen; bei G. W. Leibniz (1646-1716) ist real, was sich bruchlos in die Reihe der Erscheinungen einfügt, imaginär hingegen, was mit der Serie der Erscheinungen bricht. Für I. Kant (1724-1804) sind 100 wirkliche Taler nicht mehr als 100 mögliche, weil im Begriffsgehalt zwischen dem Möglichen und dem Wirklichen kein Unterschied besteht. Realität bezeichnet den Sach- bzw. Begriffsgehalt, bei Wirklichkeit kommt die Position, die Existenz hinzu. Schon bei Aristoteles realisiert der Handwerker eine im Werkstück bereits vorhandene Möglichkeit. Nach M. Scheler (1874-1928) kommt es jeweils darauf an, was man will; und daß man die gewählte Perspektive nicht für die einzige umfassende und mögliche hält. (Welsch 1998, 186-198) Jedes dieser Modelle ist originell, es ist nicht eines auf ein anderes zu reduzieren.

Platons bekanntes Höhlengleichnis, im 7. Buch seines „Staates" dargelegt, scheint in jüngster Zeit „fast zum Modell für das Leben in einer Mediengesellschaft und für neuere Einsichten in die Funktionsweisen der Erkenntnis geworden zu sein, die davon ausgehen, daß wir keinen direkten Zugang zu einer Objektivität besitzen, sondern daß unser Gehirn als selbstorganisierendes System aufgrund von Irritationen Wirklichkeiten ... projiziert oder simuliert. Damit wird die Zielrichtung gewissermaßen umgedreht, weil die Unterscheidung zwischen Wirklichkeit und Schein keine ontologische mehr sein kann und der Gang aus der Höhle nur in eine andere Höhle führt. ... die Szene des Höhlengleichnisses dient dazu, Wirklichkeit oder das Seiend-Seiende vom Schein bzw. von ontologisch niedriger stehenden

Nachbildungen zu unterscheiden, wobei überdies noch die Unterscheidung zwischen einem Seienden, das vom Menschen nur wahrgenommen werden kann, und einem Künstlichen, das vom Menschen hergestellt wird, kommt. Den Höhlenbewohnern ... wird von Platon unterstellt, daß sie diese Unterscheidung nicht treffen können, sie also keine Ahnung von etwas haben, was außerhalb der Höhle ist, sie nicht einmal wissen, daß sie Höhlenbewohner sind. Gewaltsam und gegen seinen Willen muß also erst ein Höhlenbewohner aus seinen Fesseln befreit und wiederum von anderen Manipulateuren aus der künstlich erleuchteten Höhle ans Tageslicht gezerrt werden, damit er sich einer Wahrnehmung aussetzt, die zunächst dem an das Dunkel Gewöhnten schmerzt." (Rötzer 1993, 83) Ein Kerngedanke des ganzen Höhlengleichnisses ist die Vorgabe verschiedener Seinschichten, wobei die eine sich auf die andere stützt. Platons Höhlengleichnis und seine Interpretation ist *ein* Beispiel dafür, „daß heute philosophische Theorien Hochkonjunktur haben, die der Wirklichkeit ihren Realitätsgehalt absprechen, indem sie sie zu einer Mischung aus interessierter Willkür und physioneurologisch-kognitiver Interpretationsmasse umformulieren, die nicht objektiv erfaßt und über die ... keine wahrheitsfähige Aussage gemacht werden kann. In ihren verschiedenen Schattierungen verficht diese Position eine radikale Gegnerschaft zum Realismus, sei er nun materialistischer, kritischer, transzendentaler oder ontologischer Herkunft." Wir haben also zwei „Aspekte virtueller Realität – die Verdichtung des Virtuellen zu Wirklichem und die Auflösung des Wirklichen zu Virtuellem." Dabei ist „Virtualität die Objektwelt, die Wirklichkeit zu sein verspricht, ohne sie sein zu müssen". (Vaihinger 1997, 21)Aristoteles unterscheidet in seiner „Metaphysik" generell Stoff oder Materie (hýle) und Form (eidos ‚Morphé'). Bei einem Haus ist z. B. der Stoff das Bauholz, die Form der Begriff des Hauses, der Baumeister die bewegende Ursache, das wirkliche Haus der Zweck. Die bewegende Ursache führt den Übergang der Potentialität, der unvollendeten Wirklichkeit, der Möglichkeit, des Vermögens (dýnamis) zur Aktualität (enérgeia, entelécheia) herbei. Viele Generationen in vielen Jahrhunderten sind diesen Begriffen und Idealen des Aristoteles nachgegangen mit höchst verschiedenen Ergebnissen. Jedenfalls gibt es für Aristoteles „ein wahres Sein – die wirkliche Tätigkeit (‚energeia'), die sich zur vollendeten Wirklichkeit (‚entelecheia') bewegt – sowie ein minderwertiges Sein, das dem Vermögen nach ist (‚dynamis'), und zwar verschiedenes zugleich, das Prinzip der Veränderung oder Bewegung. Es bedarf der wirklichen Tätigkeit, damit dieses dem Vermögen nach Seiende in eine Wirklichkeit übergehen kann, mit der sie dann in gegenseitiger Abhängigkeit ist bzw. wird." Diese Vorstellung ist „für eine Betrachtung von ‚Virtualität' im Hinblick auf Mobile Medien vor allem deshalb aufschlussreich, da bis zu ihrer Wirklichkeits-Werdung sowohl Stoff als auch Form nahezu gleichermaßen virtuell scheinen. Im Gegensatz zu anderen antiken Ansichten ... ist das wahre Sein, die Wirklichkeit, nicht mehr nur außerhalb des und zeitlich vor dem sinnlich

Wahrnehmbaren zu finden ..., sondern ist zugleich mit ihm, in der ‚wirklichen Tätigkeit', der Bewegung, die das Vermögen beinhaltet. ... Aristoteles' Vorstellung der ‚dynamis' ... geht also ... von einem Ineinandergreifen von Virtualität und Wirklichkeit aus. ... Wirkliche Tätigkeit gibt es nicht ohne Virtualität. Das gesamte Sein ist damit von zwei Komponenten durchzogen. Und da Veränderung und Bewegung eines Stoffes bedürfen, kann es Stoffloses nicht geben, und damit auch nichts Vermögen-loses. Das Virtuelle ist damit als Vermögen notwendiger Bestandteil einer Verwirklichung." (Völker 2010, 68f.)

Thomas von Aquino integriert des Aristoteles Lehre von Akt und Potenz, von Stoff und Form in seine Metaphysik des Seins. Danach ist die höchste Wirklichkeit „die im Gegensatz zur Potenz stofflos ist und dieser vorausgeht, ... Gott, der das größtenteils aus Stoff und Form zusammengesetzte Sein schafft. Das Wesen der Welt ist stofflos, materielos. Die Wirklichkeit beinhaltet zwar Stoff, ist darüber hinaus jedoch zusammengesetzt aus Stoff und Form. Zwar geht mit dem hier vorliegenden Dualismus eine Wertung einher, jedoch wird keiner der beiden Pole theoretisch auszuklammern versucht, wie dies angesichts digitaler Medien im 20. Jahrhundert geschehen ist, die Teile der Form sind korrelativ. Der Akt hat einen Vorrang vor der stofflichen Potenz und der Einprägung durch die Form, beide Bestandteile von Welt sind jedoch, zumindest für die natürlichen Dinge, existentiell notwendig. ‚Virtualität', als Wirkkraft, ist ein eindeutiger Teil des Wirklichen, denn nur sie verleiht dem Stoff Form und damit Wirklichkeit. Dabei ist sie nicht vorgängig oder realer als der Stoff, sondern nur in Gleichzeitigkeit mit diesem als Bewegung existent." (Völker 2010, 73f.) Entsprechend den Vorgaben ist die Wertung und Nutzung der neueren Philosophie bei den medialen Virtualitätstheoretikern anders: G. W. Leibniz hebt den kategorischen Unterschied zwischen „wirklich" und „imaginär" faktisch auf. „Was wir gewöhnlich für wirklich halten, ist nicht in einem absoluten Sinn als wirklich bestätigt und bestätigbar. Und was wir gewöhnlich für imaginär halten, ist im Prinzip einer gleich guten Bestätigung seines Wirklichkeits-Charakters fähig. Das Wirkliche könnte genausogut imaginär, unser Leben ein Traum sein – eine These, die im Abendland von Pindar und Sophokles über Shakespeare und Calderon bis zu Borges reicht." Nehmen wir Leibniz' Text „Über die Methode, reale Phänomene von imaginären zu unterscheiden". Danach bezeichnet Wirklichkeit „nicht einen Sach-, sondern einen Zusammenhangscharakter. Ist etwas störungsfrei zusammenhängend, so ist es wirklich ... Wir sollten, wenn wir nach Wirklichkeit fragen, unsere gewohnte Blickrichtung verändern: weg von ontologischen Annahmen hin zu Kohärenzprüfung". (Welsch 1998, 189f.)

Jubelnd sprechen und schreiben viele Medientheoretiker von einer neuen Weltanschauung, die alle Probleme zu lösen fähig sein soll. „Und das Spiel ist das Herzstück der Virtualität ... Das Spiel gestattet es, nicht wirklich sterben zu müssen, nicht wirklich zu verlieren." Höre ich mit dem Spiel auf, so bin ich wieder in der Realität mit all ihren auch höchst negativen Erscheinungen. „Im Begriff der virtuellen Realität kommt die Sehnsucht nach Wirklichkeitsbewältigung und der Wunsch nach Kompensation einer als unbewältigbar erfahrenen Wirklichkeit zum Ausdruck." Ja, nach dieser Meinung ist die Realität gar keine solche, sie ist eine gedachte. Dementsprechend hat der Mensch stets – siehe Platons Höhlengleichnis – in einem virtuellen Bereich gelebt. Aber „Wirklichkeit ist nicht Bestandteil, sondern Grundlage der virtuellen Realität." Unbezweifelbar ist z. B.: „Die pure Abfolge von 0/1 Kombinationen ohne dasjenige, wofür sie als Code stehen, sind vollkommen sinnlos." (Vaihinger 1997, 25, 27, 33)

Letztlich sind wir bei Darstellung dessen, was moderne Medien bzw. deren Theoretiker mit Philosophiegeschichte belegen, wieder bei Facetten von schon lange Gedachtem! Es ist nicht neu, wenn überhaupt novum sub sole ist.

Bei Nutzung der Massenmedien wird bei immer mehr Nutzung auch immer mehr Zeit gebraucht. Die immense Ausweitung des Angebots ist dafür die Ursache. Der Zeitfonds eines Menschen ist aber nicht erweiterbar; die Mehrzeit für Mediennutzung muss von irgendwo anders weggenommen werden. Dabei erzeugt die „in der Industriegesellschaft durch gesteigerte Produktionseffektivität frei gesetzte Zeit ... bei großen Teilen der Bevölkerung (bei den Massen – S. W.) vielfach Gefühle des Leerlaufs, der Langeweile, so dass es Angebote der Ablenkung und Sinnstiftung bedarf, ... den gesellschaftlichen Frieden zu erhalten und den Status quo zu sichern." (Hickethier 2002, 117) Massenmedien wie Rundfunk und Fernsehen haben Zeiterleben und Zeiterfahrungen weitgehend vereinheitlicht. Immer bedeutsamer wird: „Das Bedürfnis, ‚in der Zeit zu sein', sich mit der Gesellschaft zu synchronisieren, beschränkt sich für die Individuen nicht nur darauf, das eigene Zeitempfinden mit dem Takt der gesellschaftlichen Zeit in Übereinstimmung zu bringen." Die Medien verstärken dieses Bedürfnis. „Internet, Handy, Anrufbeantworter u. a. dienen vor allem dazu, an die Gesellschaft angeschlossen zu bleiben. (Hickethier 2002, 127)

Heute erfolgt eine grundlegende Veränderung in der Zeitwahrnehmung und im Zeitempfinden durch die Illusion der Gleichzeitigkeit. Die modernen Massenmedien erzeugen diese Illusion. „Das Diktum zur Eile treibt uns. Wir haben keine Zeit mehr. Jede Dauer ist Qual, Stillstand Zeitvergeudung, Verweilen Sünde." (Beuthner 2002, 141) Schon Ende des 20. Jhs. hat man das Fazit gezogen: „Wir haben für unsere effiziente Gesellschaft eindeutig einen hohen Preis zahlen müssen. Wir haben unser Leben beschleunigt, nur um weniger geduldig zu werden. Wir sind organisierter geworden, aber weniger spontan, weniger freudig. Wir sind besser gerüstet, auf die Zukunft zu reagieren, aber weniger fähig, die Gegenwart zu genießen und über die Vergangenheit nachzudenken. Wir haben gelernt wie man Dinge schneller gewinnt und herstellt, aber letzten Endes beuten wir am Arbeitsplatz unsere Zeit und die der anderen aus und entwerten sie, um die Produktivität zu steigern. Die effiziente

Gesellschaft hat die Befriedigung unserer oberflächlichen Bedürfnisse verbessert, aber sie hat uns gezwungen, distanzierter, selbstversunkener und in Beziehungen mit anderen manipulativer zu werden.“ (Rifkin 1988, 21f.)

Der Mangel an Zeit bemisst sich an der Vielzahl von gesellschaftlich geprägten Erwartungen und den Ansprüchen an das eigene Handeln. An diesem Widerspruch gemessen wird die Zeitnot immer größer für den Menschen, das Lebewesen mit endlicher Lebenszeit und unendlichen Wünschen, Erwartungen und Ansprüchen. Auch und gerade durch die Massenmedien gewinnen wir Kenntnis davon, wie anregend und angenehm man seine Zeit verbringen kann. Schon J. W. v. Goethes (1749–1832) Faust will „alle Optionen der Weltzeit auf das Maß seiner Lebenszeit zwingen. Seine Angst, etwas zu verpassen zu können, macht ihn zum Gehetzten, dem stets Eile geboten ist. Und so geht es ... in der Wette mit Mephistopheles genau um dies: Sein Streben solle nie ermatten, nie werde es im Genuss Ruhe und Freude finden, lieber wünsche er sich den Tod, als stillzustehen, zu verweilen. ... somit ist Faustens Weg zwar ein Weg durch die Welt, die er sucht, um seiner Sehnsucht Genüge zu tun, doch da er nie lernt zu entsagen, sich zu beschränken, und dabei seine eigene Kraft überschätzt, scheitert er letztlich.“ (Beuthner 2002, 147f.) Dieser Widerspruch dürfte weder heute noch in der Zukunft lösbar sein.

Immer größere Schnelligkeit erzeugt auch profane Oberflächlichkeit. Wir sollten uns vergegenwärtigen: „Die gesellschaftliche Krankheit des ‚Immer-mehr-wollens-in-immer-weniger-Zeit‘, d. h. die Kürze der Ereignisse und die Gewöhnung durch permanente Wiederholung Immergleichens, führt unweigerlich zu einer emotionalen Mangelerscheinung: So produziert die moderne Zivilisation zwar einen gigantischen Ansturm von Signalen, doch nur wenige greifen davon tatsächlich in den Gefühlshaushalt des Menschen ein. ... Im Zeitalter der digitalen Endlos-Beschleunigung ist Pausenlosigkeit, nimmer endende Aktivitäten das Ideal. Gefüllte statt erfüllte Zeit! ‚Das Dasein in der Moderne scheint keine Gegenwart zu kennen, kein Sein, sondern bloß das Werden ohne Ziel, das die einzelnen Abschnitte eines Weges und die Bereitschaft zu deren Wahrnehmung in Flüchtigkeit auflöst und sie in die Zukunft, ins Nicht-Sein drängt. Das Individuum verausgabt sich, indem es ein Ziel verfolgt, das immer schon um einen Schritt voraus ist.‘... Die Chronokratie mit ihren Wächtern und Antreibern, den Uhren, Zeitplänen, ihrer Zeitdisziplin, ihren vernetzten Systemen der Terminzwänge, ihren durch Informations- und Kommunikationstechnologien aufgeworfenen Illusions-Wogen von Simultaneität und Omnipräsenz, ihrem Geschwindigkeitskult, ihrem Machbarkeits- und Maschinenwahn, wird wohl auch in Zukunft das wesentliche Merkmal dessen bleiben, was wir Zivilisation nennen.“ (Beuthner 2002, 151–153) Wir werden das nicht ändern, auch nicht mit den oder durch die Massenmedien.

I. Kants Aufsatz: „Beantwortung der Frage: Was ist Aufklärung?“ von 1784 bestimmt Aufklärung als *„Ausgang des Menschen aus seiner selbstverschuldeten Unmündigkeit. Unmündigkeit* ist das Unvermögen, sich seines Verstandes ohne Leitung eines anderen zu bedienen. *Selbstverschuldet* ist diese Unmündigkeit, wenn die Ursache derselben nicht am Mangel des Verstandes, sondern der Erschließung und des Mutes liegt, sich seiner ohne Leitung eines andern zu bedienen. Sapere aude! Habe Mut, dich deines *eigenen* Verstandes zu bedienen! ist also der Wahlspruch der Aufklärung.“ Erklärend wird daran direkt anschließend fortgesetzt: „Faulheit und Feigheit sind die Ursachen, warum ein so großer Teil der Menschen, nachdem sie die Natur längst von fremder Leitung freigesprochen ..., dennoch gerne zeitlebens unmündig bleiben; ... Es ist so bequem, unmündig zu sein. ... Ich habe nicht nötig zu denken, wenn ich nur bezahlen kann ...“ (Kant 2004, 9)

„Das Problem der Aufklärung heute ist nicht Informationsmangel wie im 18. Jahrhundert, sondern das der *Desinformation* im Informations*überfluß*, der durchaus geeignet ist, Informationsunterdrückung zu kaschieren. ... Das viel dramatischere Problem aber lautet: Was sind *Fakten* in der Mediengesellschaft? Gibt es sie überhaupt noch, oder ist nicht längst hinter der Informationsfassade die Wirklichkeit unerreichbar geworden oder sogar kollabiert? (Schnädelbach 2004, 88f.)

Massenmedien suchen Menschenmassen zu erreichen. Sie sind eine eigentümliche Menschengruppe. Nach G. Le Bon (1841–1931) leben wir in der *„Ära der Massen“*. Diese sind „unfähig ... zu Meinungen außer jenen, die ihnen eingeflößt wurden“. (Le Bon 2011, 15f, 21) Zur Voraussicht sind sie unfähig. Gemeinhin versteht man „im alltäglichen Sprachgebrauch“ unter Masse „eine große undifferenzierte anonyme Anzahl von Menschen“. (Enzyklopädie Philosophie, Bd. 2, 2010, 1501) Generell ist für Massen die Suggestibilität charakteristisch, d. h. das Individuum in einer Masse ist sich seiner Handlungen nicht mehr bewusst, „es ist ein willenloser Automat geworden.“ Für die Massen sind auch „Impulsivität, Wandelbarkeit und Reizbarkeit“ kennzeichnend. Sie stehen „unter dem Einfluß der Momentanreize, ... sind ebenso unfähig zu einem Dauerwillen wie zum Denken ... stets reizbar und impulsiv, aber in den mannigfachsten Abstufungen.“ Zur Suggestibilität gesellt sich ihre Leichtgläubigkeit: „Für sie existiert das Unwahrscheinliche nicht; ... Die Masse scheidet nicht das Subjektive vom Objektiven; sie betrachtet die in ihrem Bewusstsein auftauchenden Bilder, die sehr oft mit der beobachteten Tatsache nur eine entfernte Ähnlichkeit besitzen, als real.“ (Ebd., 34, 36–41) Massen sind leicht zu folgenreichen Ausschreitungen zu verleiten. Sie sind „ebenso intolerant wie autoritätsgläubig“. (Ebd., 52) Auch dabei gibt es unterschiedliche Stufen. „Brot und Spiele bildeten dereinst für den römischen Plebs das Glücksideal, über das ihm nichts ging. Und dieses Ideal hat sich im Laufe der Zeiten wenig geändert.“ (Ebd., 65) Zu Bildern und Formeln verkommene Worte sind für die Massen leitbildend, Illusionen zudem. Von der Vernunft werden sie nie geleitet. Die Überzeugungen der Massen sind „meist so oberflächlich wie die Mode und wechseln wie diese. Es sind die Wellen, die auf der Oberfläche eines tiefen Sees unaufhörlich kommen und gehen." Es hat sich „eine vollständige Zerbröckelung aller Überzeugungen und dazu die wachsende Indifferenz der Massen gegenüber allem, was ihre Interessen nicht direkt berührt", entwickelt. (Ebd., 133, 142) Ich meine, dass das von G. Le Bon Gesagte für die heutige Situation der Massen in der Massengesellschaft voll zutrifft.

Den denkenden Menschen befriedigt dieser Zustand keineswegs. Es muss darum gehen, die bestehenden Zustände zu beherrschen und nicht von ihnen beherrscht zu werden! Dazu bedarf es der Theorie. Weil es völlig neue Verhältnisse sind, müssen auch die empfohlenen Wege und Mittel neu sein.

Die Eklektik wird durch das Bibelwort „Prüfet aber alles, das Gute behaltet" (1 Thessalonicher 5,21) des Apostel Paulus aus den Jahren 50 oder 51 erklärt, ihre begriffliche Ersterwähnung stammt von Potamon von Alexandrien (1. Jh. v. u. Z.). (Wollgast 2010, 250–253; 2012, 127–135; vgl. Albrecht 1994) Ihren bisherigen Höhepunkt erfährt die Eklektik, der Eklektizismus, in Deutschland im 16. und im letzten Viertel des 17. Jhs. Als seine Hauptvertreter seien Johann Christoph Sturm (1635–1703) in Altdorf bei Nürnberg, Christian Thomasius (1655–1728) in Halle und Johann Franz Budde (Buddeus; 1667–1729) in Jena genannt. Innerhalb der eklektischen Philosophiegeschichte gibt es eine Entwicklung!

Der Jurist wie Philosoph Chr. Thomasius unterschied „sectirische" und „eclectische" Philosophie. Die „sectirische Philosophie" lehnt er ab, da sie dem selbständigen und kritischen Denken enge Grenzen setze, dem Allgemeinwohl aus ihr kein Nutzen erwachse und sie zudem große Unruhe in den Kirchen und im Gemeinwesen verursache. Chr. Thomasius bekennt sich zur eklektischen Philosophie: „Ich nenne aber eine *Eclectische Philosophie* eine solche / welche da erfordert / daß man von dem Munde eines eintzigen *Philosophi* allein nicht *dependiren* / oder denen Worten eines eintzigen Lehr-Meisters sich mit einem Eyde verpflichten soll / sondern aus dem Munde und Schrifft allerley Lehrer / alles und jedes was wahr und gut ist / in die Schatz-Kammer seines Verstandes sammlen müsse / und nicht so wohl auf die *Autorität* des Lehrers R*eflexion* mache / sondern ob dieser oder jener Lehr-Punct wohl gegründet sey / selbst untersuche / auch von dem Seinigen etwas hinzu thue / und also vielmehr mit seinen eigenen Augen als mit andern sehe." (Thomasius 1712/1994, 50f.)

Die Eklektik wurde - und wird - zeitweilig mit Synkretismus identifiziert, was nicht zutrifft. Synkretismus setzt im Unterschied zur Eklektik voraus, dass sich der geistige Ertrag aller Denksysteme vermischen oder verähnlichen lässt; er scheiterte regelmäßig an der Empirie und an der formalen Logik, da sich die verschiedenen Systeme in der Sache nicht auf den gleichen Nenner bringen lassen. Die Eklektik hat in der Wissenschaftsgeschichte einen bleibenden achtbaren Platz errungen, der Synkretismus hingegen nicht. (HWdPh 1998, 799–801)

Für eine kurze, aber dennoch prägnante Bestimmung des Dogmatismus wird immer wieder auch das Wort des römischen Dichters Horaz (65–8 v. u. Z.) genutzt: „nullius addictus iuare in verba magistri ...". (Horaz 1976, 150f.) Er ist in Patristik und Scholastik, überhaupt in religiösen Denksystemen, sehr verbreitet oder prägend. Im 20. Jh. ist er es in marxistischen Doktrinen. Er geht von überlieferten Dogmen (Meinungen, Verfügungen, Lehrsätzen) aus, hält an ihnen als gleichsam ewig und überall gültigen Wahrheiten fest, ohne sie an der konkret gegebenen historischen Situation, an neuen Verhältnissen und praktischen Erfahrungen auf ihren Wahrheitsgehalt und Erkenntniswert zu überprüfen. In der Philosophie, in der Wissenschaftsgeschichte, eigentlich in allen Einzel- oder Sachwissenschaften hat sich der Dogmatismus als weitgehend unbrauchbar erwiesen. Im Alltags- wie im staatsbürgerlichen Verhalten kann er sich z. B. in Gestalt von Vorurteilen äußern. (Vgl. Bergmann 2005, 2)

Auch heute fasst und artikuliert jeder Wissenschaftler einen von ihm behandelten Gegenstand von seiner Weltanschauung, Weltsicht, seinem Lebenskompass her. Denn: Es gibt Sinn- und Sachwissenschaften. Die Zahl der Sachwissenschaften ist in den letzten Jahrzehnten immer mehr gestiegen. Sinnwissenschaften gibt es seit jeher nur zwei: Theologie und Philosophie. Beide suchen den Sinn des menschlichen Lebens zu beantworten, gleichsam I. Kants berühmte Fragen: „1) Was kann ich wissen? 2) Was soll ich tun? 3) Was darf ich hoffen? 4) Was ist der Mensch?" (Kant, Bd. 3, 1981, 448) Diese Fragen umfassen in etwa auch, was man bis heute als Weltanschauung oder als Lebenskompass fasst. Der Begriff Weltanschauung wird zu Unrecht häufig einseitig dogmatischen Systemen zugeordnet.

Jeder Wissenschaftler fasst auch den von ihm behandelten Gegenstand – bewusst oder unbewusst – von seiner Weltanschauung, Weltsicht, seinem Lebenskompass her und artikuliert ihn in derselben! Da sie stets zur Theologie oder Philosophie zählen, werden viele einzelwissenschaftliche Überlegungen zugleich bewusst oder unbewusst zu deren Gegenstand. Daraus ergeben sich auch immer wieder unterschiedliche Positionen. Sie basieren stets auf eklektischen Grundlagen! Mein Ich ist endlich, die Vergangenheit, Gegenwart und Zukunft ist dagegen unendlich, nur über Eklektik fassbar.

Übrigens wurden alle Wissenschaften, nicht nur die Philosophie, im bisherigen Entwicklungsgang auch weitgehend durch Staunen, Entsetzen und Neugier stimuliert. Eine jede Wissenschaft braucht stets Einbildungskraft und Phantasie. (Vgl. Daston 2003, 81, 87, 106, 111, 116f.; Wollgast 2012, 359–361, 378, 386f. u. ö.)

Ich vermag mich nicht allein mit der ratio zu erkennen, z. B. die Fragen zu beantworten: Was bin ich, was kann ich, womit, warum? Die rationale Antwort auf diese Fragen ist nur ein Teil des Sicherkennens und damit haben wir *uns* noch längst nicht erkannt. Natürlich ist auch bei Selbsterkenntnis nach dem Guten zu fragen, dieses ist aber nicht nur mittels Vernunft erschließbar! Wenn ich die Vernunft als Maßstab der Selbsterkenntnis ansehe, so ist *der* Mensch von Wert durch die Stellung, die er in der Gesellschaft ausübt, durch seinen Beitrag zum Wirtschaftsprozess, weil er irgendwie für die Gesellschaft unentbehrlich ist, für ihr effizientes Sein! Was aber sagt Vernunft zu dem Menschen, der einsam, alt, schwer krank, hilflos ist, der vielleicht niemandem mehr je zu nutzen vermag? „Erkenne dich selbst" ist eine ewige Forderung an den Menschen. Er wird ihr nie ganz entsprechen können, aber sollte stets danach streben.

Auch das Denken zu Medien beginnt mit dem Träumen. Es ist (war) zugleich mit Märchen eng verbunden. War das Märchen vom Schlaraffenland allein auf die Vergangenheit und die Märchenwelt gerichtet? Sind nicht viele als Märchen angesetzte Träume in der Realität angekommen? Manche Naturkräfte, die der Mensch inzwischen weitgehend zu beherrschen gelernt hat, traten als Geister, als Phantasmen, als Wunder an. Dass sich darunter auch Quacksalberei, Obskurantismus mischte und mischt, ist bekannt. Und die Grenze von ihnen zur realen Erklärung ist nicht exakt festlegbar! Keine Utopie wird zu keiner Zeit voll realisierbar sein! Utopien sind zudem von Visionen nicht ganz trennbar. Etwa in der Frühen Neuzeit ist Vision auch mit mystischer Erfahrung gleichzusetzen. Sie ist nur im Rahmen ihres konkreten historischen Kontextes sinnvoll erfassbar. (Vgl. Daston 2003, 29–76)

Heute ist „Das Zeitalter des Fortschritts ... dabei, dem Zeitalter der Simulation zu weichen. Die neue, simulierte Zukunftsvision schließt die prometheischen Gelüste des vorigen Zeitalters ein, lehnt aber die Beschränkungen ab, die dieses an das historische Bewußtsein gefesselt haben. Die Geschichte existiert kaum in dem neuen Zukunftsbild. ... Die Zukunft ist ... etwas, das pausenlos neu programmiert wird, um den vorübergehenden Bedürfnissen jeder aufkommenden Realität zu entsprechen. Historische Begriffe wie ‚Schicksal' und ‚Unausweichlichkeit', die das Denken des Fortschrittzeitalters so sehr beherrschten, werden durch psychologische Begriffe wie ‚Entscheidungen' und ‚Szenarien' ersetzt. Das neue Zukunftsbild faßt die Wirklichkeit als riesiges Informationsreservoir auf, das in simulierte Erfahrungen umzuwandeln ist. In der Bibel steht: ‚Am Anfang war das Wort' ... Das neue Zukunftsbild beginnt ebenfalls mit dem Wort. Das Wort ist in codierten Botschaften dargestellt, Informationsstücken, die zusammen ediert werden können, um Gedanken, Ideen und Tätigkeiten zu schaffen. Mit Information können wir Ordnung aus dem Chaos schaffen, Licht aus der Dunkelheit. Wir können neue, selbstgemachte Welten konstruieren. ... Sie sind Simulationen aus reinen Gedanken ... sind die Paradiese unserer eigenen Phantasie. Wir können uns jetzt ein für allemal von den Beschränkungen der bisherigen Schöpfung befreien. Wir haben es jetzt in unserer Macht, Materie auf Energie zu reduzieren und Energie auf Information. Wir können die Schranken niederreißen, die der Wirklichkeit Form und

Substanz gegeben haben, und die Welt neu erdenken als etwas, das nur aus Information besteht, aus Botschaften und Anweisungen. Eine solche Welt ist grenzenlos; sie kann nach Bedarf umgemodelt werden, sie kann dazu programmiert werden, in und aus Formen zu fließen, sie kann in zahllose neue Strukturen ediert werden. Der Mensch ... beginnt nun, neue Welten nach seinem eigenen Bilde zu schaffen. ... simulierte Welten" sind die Utopien der Zukunft!? (Rifkin 1988, 193f.)

Ein Großteil der wissenschaftlichen Ergebnisse wird auch heute von der Utopie gespeist. Affekte, Gefühle wie Glauben, Hoffen, Lust, Freude, Wut, Hass, Trauer, Rührung sind für Sach- wie für Sinnwissenschaften Stimulator. Utopie ist zu jeder Zeit anders. Generell ist die Sehnsucht nach Utopie eine ontologische Grundbefindlichkeit des Menschen. Philosophiegeschichtlich ist der klassische Ursprung der Utopie mit Platon gesetzt, Th. Morus, T. Campanella, J. V. Andreae sind ebenfalls noch in die Klassik der Utopie einzuordnen. Im 20. Jh. sind z. B. Gustav Landauer (1870–1919) und Herbert George Wells (1866–1945) als Utopisten zu fassen. Nach einer Position vom Jahre 2000 gilt: „Unsere heutigen Traumwelten liegen in den Reisebüros, raffiniert maßgeschneidert für eine Kundschaft auf der Suche nach idealem Klima, Naturwundern, Kultur und verbotenem Sex." (Pleij 2000, 13; Wollgast 2007, 293–376) In den Revolutionen war die Utopie stets die stärkste Kraft. Sie setzte Optimismus, basierend auf Glaube und Hoffnung. Der Gegensatz der Utopie, die Dystopie, wird mit Mary Shelleys (1797–1851) „Frankenstein or the modern Prometheus" (1818) begründet. Generell entwickeln die Dystopien statt eines Wunschbildes ein Feindbild.

Alle Utopien und Dystopien waren universell ausgerichtet. Etwa seit den 60er Jahren des 20. Jhs. haben wir stattdessen fokussierende und oft individualisierende Utopien. Zudem stellt der Cyberspace auch Utopietheorien bereit.

Jedenfalls: die Utopien sind noch nicht tot, sind auch nicht gänzlich durch Dystopien ersetzt worden! Zu beachten ist, „dass das Nicht-Kommerzielle heute die Utopie ist ... Die aktuelle Utopie ist die Frage nach der Ausnahme, nicht nach der Regel". Cyberspace steht als Kommunikationsplattform zwischen Tagtraum und Realität – zeitweilig näher an dem einen, zeitweilig an dem anderen. Nicht eindeutig ist, ob Cyberspace kommerziell ist oder nicht, es sein soll oder nicht. „Lebensformen können im Cyberspace ausprobiert ... Unmögliches möglich gemacht werden. Natürlich unterscheiden sich die Rahmenbedingungen von der Realität, aber die Virtualität ... erlaubt Planspiele, wie sie zuvor nie machbar gewesen wären. ... Die ideale Gesellschaft ist längst programmier- und spielbar, sie findet zwar nur im Cyberspace statt, das ist aber wenig bedeutsam, da der Erlebniswert und die Realitätsnähe des Cyberspace kontinuierlich zunehmen. Bereits heute ... kann man online reale Autos kaufen und verkaufen. Jobs und Traumpartner finden oder zum Rufmord aufrufen. All dies ist im Cyberspace möglich und all dies existiert ganz real und relevant. Die Abgrenzung ist nicht mehr so einfach, genauso schwierig ist es, absolut virtuell-isolierte Projekte auszumachen. Welche Spiele finden ausschliesslich im Cyberspace statt? Solange reale Spieler dahinter stehen, ist immer ein Bezug zur Realität gegeben. Solange reale Menschen dahinter stehen, sind die Rollenspiele und die ‚Schachzüge' im Cyberspace immer von der Realität gesteuert und beeinflusst. Und so lange sind sie auch Teil der Realität, auch wenn sie im Cyberspace stattfinden. Insofern sind die künstlichen Welten nicht einfach irrelevante Gebilde, sondern halb-real oder virtuell gewordene Utopien. Ob und wie sie funktionieren, das hängt zum grössten Teil von Entscheiden ab, die in der realen Welt von realen Menschen gefällt werden." (Werder 2009, 183f.)

Seit Jahrzehnten wird Cyberspace auch synonym für Internet verwendet. „Ein Gedankenexperiment hilft, das Wesen des Cyberspace im Hinblick auf utopische Merkmale besser zu erfassen. Der direkte Vergleich ... mit Morus' Utopia zeigt, dass der Cyberspace Utopie und Plattform für Utopien ist. Morus' Utopia hat nie stattgefunden, auch wenn uns die Erzähltechnik etwas anderes suggerieren sollte. Heute können sie das ... Ähnlich den bestehenden Simulationsspielen wäre es problemlos möglich, Utopia zu simulieren. Echte Menschen können als Spieler in Utopia die Funktionsfähigkeit des Entwurfes simulieren: Mit einigen Einschränkungen ist es somit möglich, Utopia zu testen. Eine solche Test-Plattform (der Cyberspace eben) ist per se Utopie – und die Plattform für den Test des optimalen Gesellschaftsentwurfes." Letztlich gilt: „Egal, wie der aktuelle Gesellschaftszustand kritisiert wird und wie seine Optimierung aussieht – Anwendungen im Cyberspace sind virtuelle oder künstliche Sozialutopien, ob sie nun den realen Gesellschaftsentwurf revidieren, kritisieren oder ad absurdum führen." (Werder 2009, 190, 193)

Ohne Eklektik geht jedenfalls heute und morgen gar nichts! Etwa allein mit Rationalismus ist die unausweichlich kommende Globalisierung nicht machbar! Sie bedarf auch der Nutzung der Gefühle und sie ist nur über Eklektik möglich, denn das was in dieser Welt geschah und geschieht ist unendlich, und das Unendliche ist für uns nicht fassbar oder bemerkbar.

Alles kann ich nicht machen. Auch nicht im Bereich der Massenmedien! Mein Verhalten wird stets eklektisch sein, durch eine Weltanschauung, einen Lebenskompass geprägt, schlimmstenfalls durch flache Massenagitation. Denn Kultur wie Technik – wie Medien – sind zu Mode- und Allerweltsbegriffen mutiert, die damit zugleich wissenschaftlich unergiebig zu werden drohen. Ich kann für sie noch nicht einmal Thessalonicher 5,21 anwenden, mein Lebenszeitraum wie mein Wissen reichen nicht dazu! Ich nehme heraus, was ich verstehe, das, von dem ich glaube, dass es mir nutzt. Von manchem glaube ich, es sei wahr. Aber ich kann auch Falsches wie Halbwahres für wahr halten. Und Medien zeitigen stets Wirkungen im kulturellen Umfeld, „korrodieren", beeinflussen und verändern es direkt oder indirekt, in vorhersehbarer wie nicht vorhersehbarer Weise (vgl. z. B. „Wandlungen" von Nutzergewohnheiten, „Anpassung" des Rechtsrahmens oder Initiierung technischer Neuerungen).

Wenn die positive Nutzung und Beobachtung von Eklektik in den letzten Jahrhunderten stark vernachlässigt, sogar negiert wurde, so ist damit die Mahnung und Hoffnung nicht aufgehoben, in Sach- wie in Sinnwissenschaften wieder stark auf sie zu setzen. Sie ist ein unverzichtbares Mittel zur Erkenntnis der Welt.

Literatur

Albrecht, M. (1994): Eklektik. Eine Begriffsgeschichte mit Hinweisen auf die Philosophie- und Wissenschaftsgeschichte, Stuttgart-Bad Cannstatt

Bergmann, W. (2005): Was sind Vorurteile? In: Informationen zur politischen Bildung, Heft 271, Bonn

Bergson, H. (1948): Das Mögliche und das Wirkliche. In: Ders.: Denken und Schöpferisches Werden. Aufsätze und Vorträge, Meisenheim am Glan, 110–125

Beuthner, M. (2002): Die Illusion der Gleichzeitigkeit und das Zeitnot-Paradox. Zentrale Positionen der Kulturdebatte in der Zusammenschau. In: Faulstich, W.; Steininger, Chr.: Zeit in den Medien – Medien in der Zeit, München, 131–155

Castells, M. (2002): Die Macht der Identität. Teil 2 der Trilogie. Das Informationszeitalter, Opladen

Daston, L. (2003): Wunder, Beweise und Tatsachen. Zur Geschichte der Rationalität, 2. Aufl., Frankfurt am Main

Dehmel, R. (1905): Ausgewählte Gedichte, 2. sehr vermehrte Aufl., Berlin

Enzyklopädie Philosophie in drei Bänden (2010). Unter Mitwirkung von Borchers, D.; Regenbogen, A.; Schürmann, V. u. Stekeler-Weithofer, P., hg. von Sandkühler, H. J., Bd. 2, Hamburg, 1501–1504

Faulstich, W. (2004a): Medienethik. In: Faulstich, W. (Hg.): Grundwissen Medien, 5. vollständig überarb. u. deutlich erweit. Aufl., München, 80–89

Faulstich, W. (2004b): Mediengeschichte. In: Faulstich, W. (Hg.): Grundwissen Medien, a. a. O., 21–33

Faulstich, W. (2004c): Medienkultur. In: Faulstich, W. (Hg.): Grundwissen Medien, a. a. O., 95–102

Gloy, K. (2008): Philosophiegeschichte der Zeit, München

Hickethier, K. (2002): Synchron. Gleichzeitigkeit, Vertaktung und Synchronisation der Medien. In: Faulstich, W.; Steininger, Chr. (Hg.): Zeit in den Medien – Medien in der Zeit, München, 111–129

Horaz: Satiren und Episteln. Auf d. Grundlage d. Übers. von J. K. Schönberger. Lateinisch u. Deutsch von Otto Schönberger, Berlin 1976 (Episteln I)

HWdPH (1998): Historisches Wörterbuch der Philosophie, hg. von Ritter, J; Gründer, K.; Gabriel, G. (Hg.), Bd. 10, Basel, Sp. 799–801
HWdPH (2001): Historisches Wörterbuch der Philosophie, hg. von Ritter, J; Gründer, K.; Gabriel, G., Bd. 11, Basel, Sp. 1062–1068
Janzen, J. (2004): Mike Sandbothe – Theorien zu Werkzeugen. In: Lagaay, A.; Lauer, D. (Hg.): Medienphilosophie. Eine philosophische Einführung, a. a. O., 273–295
Kant, I. (1981): Logik. Ein Handbuch zu Vorlesungen. In: Kant, I.: Werke in sechs Bänden, hg. von Weischedel, W., Bd. 3, Darmstadt
Kant, I. (2004): Beantwortung der Frage: Was ist Aufklärung? In: Bahr, E. (Hg.): Was ist Aufklärung? Thesen und Definitionen, Stuttgart, 9–17
Kepplinger, H. M. (1992): Ereignismanagement. Wirklichkeit und Massenmedien, Zürich
Lagaay, A.; Lauer, D. (2004): Einleitung – Medientheorien aus philosophischer Sicht. In: Lagaay, A.; Lauer, D. (Hg.): Medientheorien. Eine philosophische Einführung, Frankfurt am Main – New York, 7–29
Lauer, D.: Hartmut Winkler – Die Dialektik der Medien. In: Lagaay, A.; Lauer, D. (Hg.): Medientheorien. Eine philosophische Einführung, a. a. O., 225–247
Le Bon, G. (2011): Psychologie der Massen, Köln
Luhmann, N. (2009): Die Realität der Massenmedien, 4. Aufl., Wiesbaden
Mahrenholz, S. (2004): Derrick de Kerckhove – Medien als Psychotechnologien. In: Lagaay, A.; Lauer, D. (Hg.): Medientheorien. Eine philosophische Einführung, a. a. O., 69–95
Margreiter, R. (2007): Medienphilosophie. Eine Einführung, Berlin
Münker, St. (2009): Philosophie nach dem „Medial Turn". Beiträge zur Theorie der Mediengesellschaft, Bielefeld
Neverla, I. (1992): Fernseh – Zeit. Zuschauer zwischen Zeitkalkül und Zeitvertreib. Eine Untersuchung zur Fernsehnutzung (Forschungsfeld Kommunikation, Bd. 1), München
Parmenides (1986): Vom Wesen des Seienden. Die Fragmente griechisch und deutsch. Hg., übersetzt u. erläutert von Hölscher, U., Frankfurt am Main
Pleij, H. (2000): Der Traum vom Schlaraffenland, Frankfurt am Main
Postman, N. (1990): Wir amüsieren uns zu Tode. Urteilsbildung im Zeitalter der Unterhaltungsindustrie, 11. Aufl., Frankfurt am Main
Rifkin, J. (1988): Uhrwerk Universum, Die Zeit als Grundkonflikt des Menschen, München
Rötzer, F. (1993): Virtuelle und reale Welten. In: Rötzer, F.; Weibel, P. (Hg.): Cyberspace. Zum medialen Gesamtkunstwerk, München, 81–113
Schnädelbach, H. (2004): Die Zeit der Aufklärung. Christian-Wolff-Vorlesung Marburg 2003. In: Ders.: Analytische und postanalytische Philosophie-Vorträge und Abhandlungen 4, Frankfurt am Main, 66–89
Stuke, H. (1996): Aufklärung.
Thomas von Aquino (1937): Summa theologica. Ungekürzte deutsch-latein. Ausg., hg. vom Kathol. Akademikerverband, Bd. 6: Wesen und Ausstattung des Menschen, Salzburg – Leipzig

Thomasius, Chr. (1712/ 1994): Einleitung zur Hoff=Philosophie, Oder kurtzer Entwurff und die ersten Linien Von der Klugheit zu Bedencken und vernüftig zu schließen, Berlin - Leipzig (Nachdruck Hildesheim - Zürich - New York)

Vaihinger, D. (1997): Virtualität und Realität. Die Fiktionierung der Wirklichkeit und die unendliche Information. In: Krapp, H.; Wägenbaur, Th. (Hg.): Künstliche Paradiese - Virtuelle Realitäten. Künstliche Räume in Literatur-, Sozial- und Naturwissenschaften, München, 19-43

Völker, C. (2010): Mobile Medien. Zur Genealogie des Mobilfunks und zur Ideengeschichte von Virtualität, Bielefeld

Welsch, W. (1998): „Wirklich". Bedeutungsvarianten - Modelle - Wirklichkeit und Virtualität. In: Krämer, S. (Hg.): Medien, Computer, Realität. Wirklichkeitsvorstellungen und Neue Medien, Frankfurt am Main, 169-212

Wendorff, R. (1985): Zeit und Kultur. Geschichte des Zeitbewußtseins in Europa, 3. Aufl., Opladen

Werder, P. R. (2009): Utopien der Gegenwart. Zwischen Tradition, Fokussierung und Virtualität, Zürich

Windgätter, Ch. (2004): Jean Baudrillard - Wie nicht simulieren oder: Gibt es ein Jenseits der Medien? In: Lagaay, A.; Lauer, D. (Hg.): Medientheorien. Eine philosophische Einführung, a. a. O., 127-148

Wollgast, S. (2007): Zur Utopie in Vergangenheit und Gegenwart. In. Ders.: Zur Frühen Neuzeit, zu Patriotismus, Toleranz und Utopie. Gesammelte Aufsätze, Berlin, 293-376

Wollgast, S. (2010): Zu Aspekten der Frühaufklärung, zum Werden der Philosophiegeschichte in Deutschland. In: Ders.: Paralipomena zur Philosophiegeschichte Deutschlands. Zugaben zu meinen philosophiehistorischen Aufsätzen zum 17. bis 20. Jahrhundert, Berlin, 195-260

Wollgast, S. (2012): Eklektik in der Philosophie der Frühen Neuzeit und heute. In: Orbis Linguarum Vol. 38. Ein Gedenkband zum 20. Todestag von Professor Marian Szyrocki, hg. von Białek, E.; Czarnecka, M.; Kavalec, M.; Tomiczek, E., Dresden - Wroclaw, 127-135

Wollgast, S. (2012): Zu Sinn- und Sachwissenschaften. Zu Emotionalität (Glauben) in der Philosophie heute. In: Ders.: Parerga. Zu meinen philosophiehistorischen Aufsätzen zum 16. bis 20. Jahrhundert, Berlin, 335-398

Mediatisierung und Virtualisierung aus kulturhistorischer Perspektive

Heiko Christians

1 Einbildungskraft

Wenn man sich in meiner Zunft, also unter kulturwissenschaftlich ausgerichteten Medienwissenschaftlern, umhört, also genaugenommen unter ehemaligen Philosophen und Germanisten, dann stößt man auf ein spezifisches Verständnis von *Virtualität*. Dieses Verständnis hängt sehr eng mit der neueren Entwicklungsgeschichte technischer Medien und der Einrichtung eines *World Wide Web* zusammen: der technisch neue Möglichkeits-Raum, den man *virtuelle Welt* nennt, stellt dann angeblich vor allem diejenige Technik her oder zur Verfügung, die auf der Basis *digitaler* Datenverarbeitung entwickelt wird. Ein zugehöriger *Gemeinplatz* könnte etwa wie folgt lauten: „Es werden künstliche, der Wirklichkeit täuschend ähnliche Räume aus großen und unvorstellbar schnell verarbeiteten Datenmengen eingerichtet, die zu einer Potenzierung von Möglichkeiten bzw. Optionen beim Subjekt führen."

Gemeinplätze zeichnen sich durch zwei Eigenschaften aus: erstens haben sie keinen Autor. Zweitens sind sie immer in zwei (entgegengesetzte) Richtungen lesbar. Diese an sich positive Vision (*neuer Räume*) von Kulturwissenschaftlern wird folgerichtig von denselben gleichzeitig als Verlustrechnung aufgemacht, als *Gefahr* geschildert.

Die *Gefahr* (als Rückseite der Virtualitätsmedaille) sieht, wenn wir dem Gemeinplatz folgen, so aus: das Subjekt wird zwar in multioptionalen hypertechnisch animierten Räumen leben – als eine Art homo ludens 2.0 –, aber es lebt damit nicht mehr als reiner *homo sapiens* in einer *natürlichen* Umwelt. Die Gefahr besteht in der Ersetzung einer gestalteten Umwelt zu einer Ersatzumwelt aus Bildern und Texten. Eine entsprechende Metamorphose hat der Umwelt-/environment-Begriff längst durchgemacht: seit 1925, seit der Gründung seines Instituts für Umweltforschung in Hamburg, hatte Jakob von Uexkülls Arbeit den *Umwelt-* und *Ökologie*-Begriff so bekannt werden lassen, dass wir ihn heute wie selbstverständlich benutzen und seit langem auch auf mediale Verhältnisse anwenden. Kein geringerer als Neil Postman übernahm das Konzept als *Medienökologie* und gründete zusammen mit Marshall McLuhan 1971 einen gleichnamigen Fachbereich an der New York University (vgl. Hötschl 2005, 176–181).

Gegen solche positiven wie negativen Visionen oder Spekulationen gibt es natürlich immer wieder auch Einsprüche: vor kurzem hat etwa Boris Groys in einem Artikel in der Wochenzeitung „Die Zeit" angemerkt, „dass das Medium des Internets die Elektrizität ist – und die Elektrizitätsversorgung ist endlich. Die Hardware des Internets ist endlich – es gibt nur eine endliche Zahl von Computern, Mobiltelefonen und so weiter. Auch die Software ist endlich, denn die Algorithmen operieren mit diskreten, endlichen und immer nachvollziehbaren Schritten. So wird das Subjekt im Internet nicht aufgelöst, sondern im Gegenteil materialisiert und greifbar gemacht." (Groys 2013)

Die eigentliche Revolution, die Groys ausmachen kann, ist also nicht so sehr eine instabile plasmatisch-künstliche Welt der verführerischen Möglichkeiten aus dem Rechner, sondern die Fixierung einer sogenannten „Blickspur", wie er es nennt, im Internet: es werden durch *anklickbare* Bild-, Ton- und Textdokumente Auszählungen von Blickkontakten, Rekonstruktionen von Blickspuren, Rekonstruktionen von Lektüren möglich. Umgekehrt, so Groys, steige die Sucht beim Subjekt als *user*, genau eine solche Spur anzulegen. Wir denken sofort an massenhafte Freunde-Rekrutierung und Kaufempfehlungen auf Facebook oder an stündliches *Posten* der Befindlichkeit in vergleichbaren sozialen Netzwerken. Die hochgeladenen Fotos, die immer mich selbst beim Zähneputzen, Kochen oder Shoppen zeigen, heißen „selfies".

Aufgehoben wird durch diese neue rechnergestützte Technik des Selbst – laut Groys – eine alte phänomenologische Konstante: die *Spurlosigkeit* des Blicks, die beispielsweise jede Lektüretheorie – heiße sie nun „Leerstellentheorie" nach Iser oder „Dekonstruktion" nach de Man – so schwierig machte. Ich muss sagen: mir leuchtet das ein Stück weit ein. Ich könnte mir den Komplex, den Groys hier thematisiert, auch als Beitrag zur *Geschichte und Theorie der Einbildungskraft* vorstellen. Diese Theorie leidet ja sehr unter ihrer poetischen Vagheit, weil sie völlig im Immateriellen verbleibt oder eben merkwürdig verkürzte neurowissenschaftliche Kausalketten konstruiert.

Jetzt zeichnet sich wenigstens etwas wie eine Rekonstruierbarkeit einer Bahn der visuellen Eindrücke ab: hat jemand erst einmal ausschließlich digitale oder digitalisierte Lektürebestände, dann kann man rekonstruieren, was er gesehen hat, bevor er selbst gestalterisch tätig wurde oder selbst etwas anlegte. Man kann vielleicht rekonstruieren, auf welchen Stellen er wie lange fixiert blieb. Heißt die Umstellung jetzt: Überwachung statt Hermeneutik? Das will differenziert werden: man müsste eben schon noch unterscheiden, wer diese Blickspuren rekonstruiert – die automatische Pattern-Recognition-Software, der Philologe oder der Geheimdienstmitarbeiter.

Das sind wahrscheinlich auch nicht die einzigen Alternativen, aber eines ist immerhin richtig: im Buchzeitalter musste man entweder Exzerpthefte, Lektüretagebücher oder

Anstreichungen in Handbibliotheken bzw. Ausleihzettel von öffentlichen Bibliotheken studieren – von Bildbetrachtungen anlässlich von Museumsbesuchen ganz zu schweigen –, um dem Blick und der Vorstellung per *Einfühlung* auf die Schliche zu kommen. Nun könnte man die Primitivität und Banalität der „selfies", ihre immer gleichen Posen beklagen. Aber man darf nicht vergessen, dass der empfindsame Diskurs des 18. Jahrhunderts von ähnlicher Stereotypie in den Redewendungen gekennzeichnet war. Sein einziger Zweck war ja, das Offiziöse eines gegnerischen Diskurses mit einem neuen Modell der Kontrolle – der Kontrolle der empathetischen Empfindung – zu bekämpfen.

Dass wir immer noch unter Geisteswissenschaftlern sind, merkt man nicht nur an meinen Ausführungen zum „Diskurs der Empfindsamkeit" (N. Wegmann), sondern auch an der folgenden Quelle zur *Virtualität*: es ist ein Band von Germanisten für Germanisten von 1996 mit dem Titel „Literatur im Informationszeitalter", dem ich mein nächstes Zitat entnommen habe, das uns in der Spur der *Virtualität* halten soll. Hier lesen wir eine Definition und eine Anwendung: „Virtuell ist etwas, was unter speziellen Bedingungen Wirkung zeigt oder auftritt, ohne real, d. h. beständig da sein zu müssen. [...] Die globale Vernetzung der Informationsbestände [...] hebt reale Beschränkungen bei der Nutzung von Information auf. [...] Was der Benutzer [...] in einer Problemsituation braucht, ist in einer virtuellen Informationsorganisation vor dem Zeitpunkt der Nutzung noch nicht vorhanden, sondern wird durch Verknüpfung einzelner Einheiten erst in problem time erstellt und möglicherweise nach der Nutzung direkt wieder aufgelöst. Virtuelle Leistungen zielen nicht auf Stabilität ab." (Kuhlen 1996, 116)

Auch diese Passage, die die mangelnde *Stabilität* virtueller Welten konstatiert, lässt mich an *Einbildungskraft* denken. Man könnte sie, die *Einbildungskraft*, nicht besser beschreiben. Oder vielleicht doch? Roger Caillois hat es vor 40 Jahren einmal ganz ohne *Virtualität* geschafft – und kam bei etwas sehr Ähnlichem heraus: „Man kann heute ohne Übertreibung behaupten, die jähe Beliebtheit des Kampfes mit dem Kraken sei weder zufällig noch vorübergehend gewesen. Sie war in der menschlichen Einbildungskraft gleichsam schon vorhanden. Sie erwartete da die Stunde, um an die Oberfläche zu treten: gewissermaßen den Augenblick ihrer Gerinnung." (Caillois 1986, 63)

Die Einbildungskraft wird hier geschildert als spezifisches Vermögen, als Masse oder Raum unendlich vieler Vorstellungen und Szenen, die abgerufen, geformt und wieder vergessen werden. Roger Caillois' Beispiel ist das Motiv und die Fabel vom Kampf des Menschen mit dem Riesenkraken. Das kann man für furchtbar antiquiert erklären. Lassen Sie mich deshalb eine kurze Gegenprobe machen: Ich werfe einen Blick in das Fernsehprogramm von heute: Der Sender „Tele 5" zeigt um 20:15 Uhr den amerikanischen Spielfilm „Deadly Water" von 2006. Hier die ungefähre Handlung zitiert nach der Fernsehzeitschrift „TV-

Today": „Die Meeresbiologin Nicole will einen riesigen Opal aus dem Meer bergen, der dort mit einem Schiff vor 100 Jahren unterging. Doch Seeräuber und ein Riesenkrake machen ihr das Leben schwer."

Caillois' Thema scheint bis heute attraktiv zu sein. Die *Einbildungskraft* als plasmatischer Möglichkeitsraum für Gestalten und Szenen - das ist 1973 eine Art *Virtualität* ohne Rechnerkapazität - ausgedrückt in einer biologistischen Metapher. 2006 ist es das Plot beliebiger Abendunterhaltung. Aufstieg und Abstieg in einem. Die Beschreibungen von *Virtualität* und *Einbildungskraft* gleichen sich jedenfalls. Sie sind (strategische) Diskursäquivalente. Aus dieser Nähe hat vor allem Vilém Flusser die Konsequenzen für die Medienphilosophie gezogen - er unterscheidet die beiden Bereiche in seinem Aufsatz „Digitaler Schein" von 1991 ganz einfach nicht mehr: „Wenn nämlich alles trügt, alles ein digitaler Schein ist - nicht nur das synthetische Bild auf dem Computerschirm, sondern auch diese Schreibmaschine, diese tippenden Finger und diese sich mit den Fingern ausdrückenden Gedanken -, dann ist das Wort Schein bedeutungslos geworden. Übrig bleibt, daß alles digital ist, also daß alles als eine mehr oder weniger dichte Streuung von Punktelementen, von Bits, angesehen werden muß. Dadurch wird es möglich, den Begriff ‚real' in dem Sinne zu relativieren, daß etwas desto realer ist, je dichter die Streuung ist, und desto potentieller, je schütterer sie ist. [...] Was machen diejenigen eigentlich, die vor den Computern sitzen, auf Tasten drücken und Linien, Flächen und Körper erzeugen? Sie verwirklichen Möglichkeiten. Sie raffen Punkte nach exakt formulierten Programmen. Was sie dabei verwirklichen, ist sowohl ein Außen als auch ein Innen: sie verwirklichen alternative Welten und damit sich selber. Sie ‚entwerfen' aus Möglichkeiten Wirklichkeiten, die desto effektiver sind, je dichter sie gerafft werden." (Flusser 1991, 156f.)

2 Räume

Ein anderer Zweig der *Virtualitäts-* - ja, man tut sich schwer, *-theorie* zu sagen - macht das Phänomen am *Raumempfinden* fest, das nun gewissermaßen von den neuesten Medien technisch stimuliert und schließlich ersetzt werden kann: auch hierzu gibt es eine Topik - eine Sammlung von Gemeinplätzen. Allerdings würde ich sie eher als eine Art *Heraldik* beschreiben: zur Topik des Neuen im Zeichen der *Virtualisierung* gehören unausweichlich - eben wie in einer Neuauflage der älteren Heraldik - der *Datenhandschuh* und die *Datenbrille*. Diese werden, genauso unausweichlich wie sie angeführt werden, auch auf einen Ursprung in militärischem Gerät oder in Spielekonsolen der Unterhaltungsindustrie zurückgeführt. Krieg oder Unterhaltungsindustrie sind nämlich seit 30 Jahren die häufigsten Referenzfelder der Virtualitätsdebatte. Hier ein Beispiel: es ist der zwischen 1996 und 1997 dreimal gehaltene Vortrag „Lebensentwurf und virtuelle Welt" des Medienwissenschaftlers Lorenz Engell von der renommierten Bauhaus-Universität, Weimar. Wir lesen: „Gerade die Techniken der Computeranimation und der Virtuellen Realität, bei der ich mit der Videobrille und dem Datenhandschuh ausgestattet bin, werden dazu eingesetzt, Bild- und Bewegungseindrücke hervorzurufen, die den bekannten Wahrnehmungsmustern und den eingespielten Gewohnheiten möglichst nahe kommen sollen. So wird ein Gang durch eine Kathedrale simuliert, ein Drachenkampf in einer Burgruine oder ein Flug mit dem Flugzeug." (Engell 2000, 174)

Ich finde, „Drachenkampf" und „Burgruine" passen ganz gut zu meiner Wiederbelebung der Heraldik. Dieselben Medienkulturwissenschaftler sind im Übrigen auch der Meinung – um die Topik oder Heraldik zu komplettieren –, dass Unterhaltung und Krieg nur zwei Seiten eines einzigen janusköpfigen militärisch-industriellen Komplexes (natürlich US-amerikanischer Provenienz) sind. Warum nur diese schnellen Zuschreibungen und übersichtlichen heraldischen Ordnungsversuche? Nun, das Wort *virtuell* suggeriert in diesem Zusammenhang, dass der Verlust vermeintlich natürlicher *Umwelten*, der Gewinn der Multi-Optionalität hinter Brille und Handschuh auch und vor allem die moralisch-ethische Zurechnungsfähigkeit des Einzelnen abbröckeln lässt.

Am Ende – so die ständig mitlaufende Dystopie – löschen von Unterhaltungsindustrie und/oder Militärmaschinerie irregeleitete Digitalsubjekte wahlweise Mitschüler oder Vertreter kolonialisierter Fremdvölker mit einem Joystick aus. Begründung: das spielerisch leichte, aber tödliche Knöpfe-Drücken in der Virtualität verdrängt komplizierte ethische Reflexionen und Erwägungen. Diese Ethik aber liefert – wie es der Zufall will –, Gott sei Dank, die Medienphilosophie. Damit wird sie gebraucht und kann die Tonhöhe so anheben, dass ihre mangelnde Detailkenntnis nicht weiter ins Gewicht fällt.

Ethik und Technik sind seit jeher schwer verträgliche Diskurse. Die Ethik will und soll potentiell jedem etwas Gleiches, auch Nachvollziehbares, aber auch Anspruchsvoll-Haltbares an die Hand geben. Die Technik aber soll sich einfach permanent und kreativ weiterentwickeln, indem sie immer neue Komplexitäten nicht verständlicher, sondern einfach bedienbarer macht.

3 Kulturkritik

Nun verbirgt sich hinter der Kritik von Ego-Shooter-Konsole oder von Datenhandschuh und Datenbrille ein leicht durchschaubarer kulturkritischer Impuls, der außerdem noch – wie wir gleich sehen werden – mit *Entfremdungsfiguren* herumhantiert. Dieser kulturkritische

Diskurs bemüht die immer gleiche Heraldik und stellt *gefährliche* Übertechnisierung genau da fest – natürlich gleich weltweit –, wo faktisch nur die eigene Mediensozialisation nicht mehr hinreicht, also die Medienkompetenz des Kritikers in der Regel endet. Wer niemals in jungen Jahren an einer Konsole saß, kann ihr in der Regel auch nichts abgewinnen – und ignoriert sie schlicht oder verabscheut sie sogar stellvertretend. Stattdessen propagiert der Kulturkritiker dann das kontrollierte Fernsehen im Kreis der Familie oder die regelmäßige Lektüre überregionaler Zeitungen – in der Papierversion.

Das Ganze kann man natürlich auch geschichtsphilosophisch oder zeichentheoretisch verpacken: Paul Virilio etwa sieht – wie Joachim von Fiore – drei Zeitalter der Logik: eines der „formellen Logik der Malerei oder Gravur", eines der „dialektischen Logik des photographischen Bildes" und eines der „paradoxalen Logik der Infographie". Praktischerweise sind diese Zeitalter identisch mit dem 18., dem 19. und dem 20. bzw. 21. Jahrhundert, sodass die Rede Gewicht bekommt. Was zeichnet nun letztere Epoche einer „Logik der Infographie" bei Virilio aus? Natürlich, muss man sagen, ein *Entfremdungsvorgang* gepaart mit kriegerischem Ursprung: „Der Aktualität des Bildes bzw. jenem Gegenstand, wie er vom Objektiv einer Aufnahmeapparatur eingefangen wird, entspräche dann hier die Virtualität seiner Gegenwart, wie sie von einer regelrechten Überfall-Apparatur im Modus der Echtzeit in Bild und Ton erfasst wird." (Virilio 1990, 436)

Aber es fehlt neben der Überfall-/Kriegs- bzw. Unterhaltungsheraldik und dem Entfremdungsvorwurf noch etwas Drittes in dieser dreigliedrigen Virtualitätskritik; es fehlt noch die altbewährte Konsumkritik. So nehmen wir den folgenden Satz von Virilio noch hinzu: „Dieser gleichsam übergreifende Apparat ermöglicht über das Fernsehspektakel der ausgestellten Objekte hinaus auch die Bildschirmaktion, die Bestellung und den häuslichen Einkauf per Bildschirm."

Paul Virilio ist nicht umsonst berühmt geworden als der Schöpfer des Wortes von der *Sesselhaft*, die die *Sesshaftigkeit* ablöst. Das heißt auf Deutsch: wir haben's – streng nach Virilio – einfach zu bequem. Sloterdijk nennt es „Demokratie in der Komfortzone". Andere nennen es anders. Die Rede von der *Virtualisierung* ist auch eine Rede gegen den Komfort, gegen das „Es-sich-einfach-(zu)-leicht-machen". Die deutsche Philosophietradition tut sich mit dem Leichten schwer, sie macht es sich nicht nur syntaktisch, sondern auch inhaltlich lieber schwer. Sie pflegt den *Ernst* (vgl. Bohrer 2000, 366–385). Sie hat das großartige aristotelische Beispiel für die Beweglichkeit von Topoi einfach überlesen.

„Ferner gilt überhaupt das Schwerere mehr als das Leichtere; denn es ist seltener. Andererseits gilt das Leichtere mehr als das Schwerere; es verhält sich nämlich so, wie wir es wünschen." (Aristoteles)

Der Entfremdungstopos kommt bei Virilio natürlich noch erschwerend hinzu. Den Verlust stellt er so dar: der öffentliche Raum ist jetzt Bildschirmraum und eben nicht mehr einfach Menschentreffpunkt. Zwischen Mensch und Mensch schieben sich nun unendliche viele Schirme als Schnittstellen der *Virtualisierung*. Mein Eindruck verstärkt sich: *Virtualität* ist hier einfach ein Codewort für ***klassische Kulturkritik***. Das ist insofern nicht überraschend, weil Technik einerseits eine kulturelle Errungenschaft ist und in einer wirklich paradoxen Sondersemantik gleichzeitig Kultur von Technik abgegrenzt werden muss. So wird die Formel ganz plausibel, dass Kultur im Kern eben sowieso *Kritik der Kultur* ist, ja, *Kritik der Medienkultur* ist, da hier die technischen Veränderungen über den Gebrauch besonders schnell sichtbar werden.

Mit dieser parodoxen Operation, Medien von Kultur zu trennen, wird etwas konturiert – Kultur nämlich –, was als solches gar nicht bestimmbar wäre. Mit anderen Worten – man kann es nur ex negativo sagen: was nicht dazu gehört, zeigt umso deutlicher, was Kultur ist. Da liegt es auch fast nahe, dass sich diese kulturstiftende Operation an der sogenannten *Virtualität* erneut entzündet. Ausgerechnet im Falle von computertechnisch animierten und simulierten Raumerfahrungen von besonderer *Entfremdungsdrastik* zu reden, ist aber schlicht Unfug. Dass hat Hans-Georg Soeffner schon 2004 klargestellt: „Das Sehen erscheint uns in der ‚natürlichen' Einstellung als ein so unmittelbarer Vorgang, dass wir ‚normalerweise' weder auf seine sozialisatorische, noch auf seine historische und mediale Formung achten: Aus der natürlichen Künstlichkeit wird unter der Hand eine künstliche Natürlichkeit, der man das Künstliche kaum anmerkt. So wird das zunehmend instrumentell-medial geformte und geschulte Sehen ‚unversehens' zum Bestandteil einer ‚zweiten', medialisierten Wahrnehmungsnatur des Menschen, die auf die ‚erste' zurückwirkt und diese überformt: Wir sehen die Welt – nach wie vor nicht ausschließlich, aber immer häufiger – in den Perspektiven und Beleuchtungen jener Medien, mit deren Hilfe wir versucht haben, die Wahrnehmungs-, Schneide- und Gestaltbildungsmöglichkeiten des menschlichen Auges (und seines Blicks) zu simulieren." (Soeffner 2004, 267)

Das heißt für mich einfach, dass wir unsere angebliche virtuelle oder zunehmend virtualisierte Existenz nicht irgendeiner anderen leibhaftigeren Lebensform entgegensetzen können, um etwas über sie zu erfahren: wir müssen vielmehr von einer Skala komplexer Rückkoppelungen der Wahrnehmung und ihrer instrumentellen Verstärkung und Vereinseitigung ab ovo ausgehen. Hierzu passt auch ganz schön, dass *Virtualität* als harter Eintrag in medienwissenschaftlichen Handbüchern und Lexika kaum auftaucht.

Lassen Sie mich abschließend noch kurz an der *Heraldik* der *Virtualisierung* weiterstricken: das zentrale Vehikel des Entfremdungsvorwurfs an die Medien möchte ich an einem weiteren sehr prominenten Beispiel vorführen. Es ist dem Text eines *Veteranen* der

Virtualisierungs-Gefahrenabwehr entnommen: Jean Baudrillard macht diese Gefahren noch gar nicht an der Digitalisierung fest, sondern an der seinerzeit neuesten Medientechnik, an der Videotechnologie, die in den Hausgebrauch übergegangen war. Zentral ist hier – mit Blick auf die Heraldik – nun die Metapher der *Prothese*, die er explizit bei McLuhan entleiht – aber eben ins Negative wendet. Zentral ist auch die Tatsache, dass Baudrillard vorgibt, gerade nicht über Entfremdung zu sprechen: „Heute ist das Subjekt weder entfremdet, noch entzweit, noch zerrissen. Da die Anderen als sexueller und sozialer Horizont praktisch verschwunden sind, beschränkt sich der geistige Horizont des Subjekts auf den Umgang mit seinen Bildern und Bildschirmen. Was sollte da noch Sex und Begehren für es bedeuten? Als minimales Element eines umfassenden Netzwerkes wird es unempfänglich für die anderen und für sich selbst, und seine Gestalt entspricht der Wüstengestalt des Raumes, die aus der Geschwindigkeit entsteht, und der des Sozialen und des Körperlichen, die durch Kommunikation und Information, und der des Körpers, der durch unzählige Körperprothesen verwüstet wird. (...) Nicht einmal mehr unser Gehirn ist uns verblieben, sondern flottiert in den unzähligen Hertzschen Wellen und Vernetzungen, die uns umgeben. (...) Desgleichen die DNS-Helix: sie ist tatsächlich eine Prothese im Innersten jeder einzelnen Zelle, im Innersten des Individuums." (Baudrillard 1988, 252f.)

Mein letzter Gedanke soll dem konkreten Gebrauch gelten. Der Gebrauch entscheidet. Man kann über technische Entwicklungen kaum Prognosen abliefern, man kann nur relativ pauschale Utopien und Dystopien entwickeln. Der Intellektuelle und Medienwissenschaftler ahnt, dass alle Nicht-Intellektuellen und Nicht-Medienwissenschaftler etwas mit der neuesten Medientechnik tun werden – aber man weiß nicht genau was. Genau diesen Tatbestand kann der Intellektuelle seit langem nicht gut aushalten. Er denkt deshalb, um einen möglichst großen prognostischen Mehrwert zu erzielen und auch der politisch-didaktischen Einfachheit halber – als Erzieher und Gesetzgeber sozusagen – in Entgegensetzungen oder polemologisch. Er formt eine spezifisch asymmetrische Gegenbegrifflichkeit aus, wie Koselleck im Anschluss an Carl Schmitt formulierte: in unserem Diskurs heißt diese asymmetrische Gegenbegrifflichkeit seit langem „Virtualität versus natürliche Wahrnehmung" oder Spiel versus Ernst"; etwas feuilletonistischer gewendet: philosophisch genehmigtes „reflexives Subjektsein" gegen „unbefugtes Dämmern oder Herumlungern in der Komfortzone". „So einfach, so dringlich" würde der Kulturkritiker sagen.

Viel eleganter und weniger aufdringlich hatte das schon Friedrich Schiller durchblicken lassen. Ausgerechnet als es um den *Gebrauch* ging, den so schwer zu kontrollierenden, um den Gebrauch, der eigentlich eine Art Abstimmung mit den Füßen über eine technische Neuerung ist, bei der ein Philosoph gerade nicht gefragt wird: „Der Mißbrauch des Schönen und die Anmaßungen der Einbildungskraft, da, wo sie nur die ausübende Gewalt besitzt, auch die gesetzgebende an sich zu reißen, haben sowohl im Leben als in der Wissenschaft so vielen Schaden angerichtet, daß es von nicht geringer Wichtigkeit ist, die Grenzen genau zu bestimmen, die dem Gebrauch schöner Formen gesetzt sind." (Schiller 1795, 409)

Schillers Text erfuhr noch eine Fortsetzung. Sie trug den Titel „Über die Gefahr ästhetischer Sitten" und erschien zwei Monate später – ebenfalls in einer Zeitschrift, dem virtuellen Medium des 18. Jahrhunderts. Zwischen *Gesetzgebung* und jener Abstimmung mit den Füßen (oder mit den Spielkonsolen) namens *Gebrauch* aber klafft bis heute eine Lücke. Diese Lücke konnten und können, wie ich zu zeigen versucht habe, Intellektuelle oder Philosophen für sich ganz gut mit Kulturkritik an der *Virtualisierung* und ihren *Gefahren* schließen.

Literatur

Aristoteles, Rhetorik, 1364

Baudrillard, J. (1988): Videowelt und fraktales Subjekt. In: Barck, K. et al. (Hg.) (1990): Aisthesis. Wahrnehmung heute oder Perspektiven einer anderen Ästhetik. Essais. Leipzig, 252–264

Bohrer, K. H. (2000): Heideggers Ernstfall. In: Bohrer, K. H. (Hg.): Sprachen der Ironie – Sprachen des Ernstes. Frankfurt am Main, 366–385

Caillois, R. (1986): Der Krake. Versuch über die Logik des Imaginativen (1973). München

Engell, L. (2000): Lebensentwurf und virtuelle Welt. In: Engell, L.: Ausfahrt nach Babylon. Essais und Vorträge zur Kritik der Medienkultur. Weimar, 161–182

Flusser, V. (1991): Digitaler Schein. In: Rötzer, F. (Hg.): Digitaler Schein. Ästhetik der elektronischen Medien. Frankfurt am Main, 147–159

Groys, B. (2013): Ausweitung der Kampfzone. In: Die Zeit, 18.07. 2013, Nr. 30

Höltschl, R. (2005): (Art.) Medienökologie. In: Roesler, A.; Stiegler, B. (Hg.): Grundbegriffe der Medientheorie. München, 176–181

Kuhlen, R. (1996): Zur Virtualisierung von Bibliotheken und Büchern. In: Dirk Matejovski/ Friedrich Kittler (Hg.): Literatur im Informationszeitalter. Frankfurt am Main/New York, 112–142

Schiller, F. (1795): Über die notwendigen Grenzen beim Gebrauch schöner Formen. In: ders. (1975): Sämtliche Werke Bd. V. Philosophische Schriften. Vermischte Schriften, hg. v. H. Koopmann. München, 409–432

Soeffner, H.-G. (2004): Sehtechniken. Die Medialisierung des Sehens: Schnitt und Montage als Ästhetisierungsmittel medialer Kommunikation. In: ders.: Auslegung des Alltags – Der Alltag der Auslegung. Zur wissenssoziologischen Konzeption einer sozialwissenschaftlichen Hermeneutik, 2., durchges. u. erg. Aufl. Konstanz, 254–284

Virilio, P. (1990): Die Automatisierung der Wahrnehmung. Über die Zukunft des Krieges und des Bildes. In: Sloterdijk, P. (Hg.): Vor der Jahrtausendwende: Berichte zur Lage der Zukunft. Frankfurt am Main, 427–461

Was eigentlich ist Virtualität?

Hans-Joachim Petsche

1 Zur Phänomenologie der Virtualität

1.1 Das Höhlengleichnis

Virtualität ist kein Phänomen, das erst im neuzeitlichen philosophischen Denken reflektiert wird. Mag der Terminus „Virtualität" auch erst jüngeren Datums sein, so reicht doch die Erörterung des mit ihm Gemeinten bis in die griechische Antike zurück, insbesondere verbunden mit dem Namen Platons. Erneut bestätigt sich die Feststellung North Whiteheads (1987, 91f.): „Die sicherste allgemeine Charakterisierung der philosophischen Tradition Europas lautet, daß sie aus einer Reihe von Fußnoten zu Platon besteht. Damit meine ich nicht das systematische Denkschema [...] Vielmehr spiele ich auf den Reichtum an allgemeinen Ideen an, die sich überall in diesen Schriften finden."

In Publikationen zum Problem der Virtualität wird dementsprechend auch häufig auf das Höhlengleichnis Platons verwiesen (Platon 1923). Es hat jedoch den Anschein, als würde hierbei – im Gegensatz zu den Bemerkungen Whiteheads – in erster Linie auf das „Denkschema" Platons rekurriert: Das Höhlengleichnis wir als ein erkenntnistheoretisches bzw. als ein ontologisches Modell interpretiert (vgl. Rozsenich 1998; Weber 2008, 29ff; Schwarz 2010, 250; Bauer 2011). Gleichwohl ist die Fülle der Ideen, die für das Problem der Virtualität relevant sind, bedeutend umfangreicher.[1] Lassen wir kurz Platon selbst zu Wort kommen:

„*Sokrates.* [...] Stelle dir Menschen vor in einer unterirdischen Wohnstätte mit lang nach aufwärts gestrecktem Eingang, entsprechend der Ausdehnung der Höhle; von Kind auf sind sie in dieser Höhle festgebannt mit Fesseln an Schenkeln und Hals; sie bleiben also immer an der nämlichen Stelle und sehen nur geradeaus vor sich hin, durch die Fesseln gehindert ihren Kopf herumzubewegen; von oben her aber aus der Ferne von rückwärts leuchtet ihnen ein Feuerschein; zwischen dem Feuer aber und den Gefesselten läuft oben ein Weg hin, längs dessen eine niedrige Mauer errichtet ist ähnlich der Schranke, die

1 Zur Ideenfülle des Platonischen Höhlengleichnis vergleiche auch: Freyberg/Petsche/Klein (2003), Petsche (2009).

die Gaukelkünstler vor den Zuschauern errichten, um über sie weg ihre Kunststücke zu zeigen. [...] Längs dieser Mauer – so mußt du dir nun es weiter vorstellen – tragen Menschen allerlei Gerätschaften vorbei, die über die Mauer hinausragen und Bildsäulen und andere steinerne und hölzerne Bilder und Menschenwerk verschiedenster Art, wobei, wie begreiflich, die Vorübertragenden teils reden teils schweigen.

Glaukon. Ein sonderbares Bild, das du da vorführst, und sonderbare Gestalten!

Sokrates. Nichts weiter als unseresgleichen. Denn können denn erstlich solche Gefesselten von sich selbst sowohl wie gegenseitig voneinander etwas anderes gesehen haben als die Schatten, die durch die Wirkung des Feuers auf die ihnen gegenüberliegende Wand der Höhle geworfen werden?

Glaukon. Wie wäre das möglich, wenn sie ihr Lebelang den Kopf unbeweglich halten müssen?

Sokrates. Und ferner: gilt von den vorübergetragenen Gegenständen nicht dasselbe?

Glaukon. Auch von ihnen haben sie nur Schatten gesehen.

Sokrates. Wenn sie nun miteinander reden könnten, glaubst du nicht, daß sie der Meinung wären, die Benennungen, die sie dabei verwenden, kämen den Dingen zu, die sie unmittelbar vor sich sehen?

Glaukon. Notwendig.

[...]

Sokrates. Und wenn sie den, der es etwa versuchte sie zu entfesseln und hinaufzuführen, irgendwie in ihre Hand bekommen und umbringen könnten, so würden sie ihn doch auch umbringen?

Glaukon. Sicherlich." (Platon 1923, 269–273)

Was verdeutlicht das Höhlengleichnis?

1. Virtualisierung erfolgt von Menschen für Menschen mit Hilfe von Mitteln und unter Nutzung von Medien für bestimmte Milieus. Es wird ein Schauspiel wie von Gaukelkünstlern geboten, eine aufwändige mediale Inszenierung, die als Surrogat der Realität fungieren soll.
2. Das Virtuelle ist real! – Schatten sind nichts Eingebildetes.
3. Das Virtuelle ist (für andere) inszeniertes Reales.
4. Das Virtuelle ist Reales, das so inszeniert ist, als ob es anderes Reales wäre.
5. Die Inszenierung kann Auslöser von Gewalt sein und ermöglicht Herrschaft.
6. Virtualisierung ist damit kein neuzeitliches Phänomen.

Abb. 1: Kupferstich „Die platonische Höhle“ von Jan Saenredam (1604) nach dem Ölgemälde von Cornelis van Haarlem

Quelle: http://de.wikipedia.org/wiki/Höhlengleichnis [01.08.2014]

7. Das Virtuelle ist besonders „realitätsmächtig“, wenn es nur der Beobachtung, nicht aber der Interaktion unterliegt. „Gefesselten“ kann man mehr „vormachen“ als „Ungefesselten“ (worin auch immer die Natur der Fesseln bestehen mag).

Es ist die soziale Dimension des Höhlengleichnisses, die für das Problem der Virtualität von besonderer Bedeutung ist. Dies bleibt in den Standardinterpretationen weitgehend unberücksichtigt.

Technisch gesehen ist es interessant, dass heute an die Stelle der Schattenspiele multimediale Bilderwelten getreten sind, die uns die Welt in einer Auflösung und dreidimensionalen Perspektive darbieten, die die unserer Sinne übertrifft: Heute sind die Surrogate der Realität komplexer als es unsere Sinne aufzunehmen vermögen; ein moderner UHD-3D- oder 4K-HD-3D-TV imaginiert uns „Schatten der Welt“ in wahrhaft übersinnlicher Weise.

1.2 Victor Klemperer (1881–1960) und die Neuen Medien

„Es machte mir wieder den ungemeinsten Eindruck, wie sie den Radioapparat anstellten und von London nach Rom, von Rom nach Moskau usw. übersprangen", notiert Klemperer am 9.11.1935 in seinem Tagebuch. „Zeit- und Raumbegriff sind vernichtet. Man muß zum Mystiker werden. Für mich zerstört das Radio jede Religionsform und gibt gleichzeitig Religion. Gibt sie doppelt: a) daß solch Wunder besteht, b) daß der menschliche Geist es findet, erklärt, benutzt. Aber dieser selbe menschliche Geist läßt sich die Regierung Hitler gefallen." (Klemperer 1999b, 58)

Und zur Bedeutung des Radios für die „Sprache des dritten Reiches" vermerkt er bereits im September 1934: „Alles zielt auf Übertäubung des Individuums im Kollektivismus. - Ganz allgemein Rolle des Radio beachten! Nicht wie andere technische Errungenschaften: neue Stoffe, neue Philosophie. Sondern: neuer *Stil*. Gedrucktes verdrängt. *Oratorisch*, mündlich. Primitiv - auf höherer Stufe!" (Klemperer 1999a, 144)

LTI (*Lingua Tertii Imperii*) steht für die detaillierte Analyse der Sprache des dritten Reiches. Klemperer zeigt auf, wie mittels der Sprache des dritten Reiches der Wirklichkeit eine virtuelle Struktur *aufgeprägt* wird, die sich zunehmend dieser Wirklichkeit selbst *einprägt*.

Es geht um Inszenierung, um Herrschaft von Menschen über Menschen, um die Deutungshoheit über eine Wirklichkeit, die diese zu einer Wirklichkeit macht, als ob sie eine andere wäre ... bis sie zu dieser anderen wird. Realität geht durch die Weltbild prägende Potenz der Sprache in ihre eigene Virtualität über.[2]

Tendenziell verdrängt hierbei zunächst Gesprochenes Gedrucktes, später Bildliches Verbales. Rationale Kontrolle wird damit sowohl unterlaufen als auch übertäubt. Reflexion über Gedachtes, das als Geschriebenes präsent ist, wird zunehmend in den Hintergrund gedrängt. Visualisierung ist in diesem Kontext nur die bisher letzte (primitivste) Stufe der Virtualisierung: *Ein Bild prägt mehr als 1000 Worte*.

Mein Fazit, das ich 2001 in einem Beitrag über Klemperer zog, scheint mir heute aktueller denn je und lässt mich zugleich mit einer gewissen Ratlosigkeit zurück:

> „Woran ließe sich heute eine Entartung der Medien, sei sie technologisch, wirtschaftlich oder machtpolitisch bestimmt, erkennen und welche Analogien hätte

2 Wir haben es hier mit einer Art Umkehreffekt der Revolutionierung der Physik durch Galilei zu tun. Während Galilei uns lehrte, die Welt anders zu sehen, als sie sich uns darbietet – der Sonnenuntergang wird zum Verschwinden der Sichtbarkeit der Sonne infolge der Erdrotation –, um der Welt auf den Grund zu gehen, sie zu erklären, wird mit der LTI den Sinnen eine Weltsicht vorgegaukelt, die der Verklärung der Wirklichkeit verpflichtet ist.

sie noch zur LTI? Die vom radikalen Konstruktivismus zugespitzte These von der Konstruktion jeglicher Wirklichkeit in einem autopoietischen Prozess unseres Hirns, das nichts aus der Umwelt erfährt, sondern mit ihr nur strukturell gekoppelt ist, sich ihr nur synchronisiert (vgl. auch Schmidt 1987), erfährt ihre Hypertrophierung durch die Rekreation dieser Umwelt als virtuelle Realität.
Wenn das Hirn aus der Berührung mit der Welt sich seine Pläne zur Konstruktion der Welt generiert, letztere aber bereits fingiert und selbst eine Konstruktion ist, kann der selbstreferenzielle Zirkel die Schranken des Hirns durchbrechen und sich die artifizielle Umwelt mit einverleiben. Die Gefahr eines einzigen traumatischen Leerlaufs erscheint dann nicht mehr ausgeschlossen. Könnten Tagebücher dagegen noch anschreiben?“ (Petsche 2001, 246f.)

1.3 Virtualität und die Frag-Würdigkeit der Medialität des Internets

Bereits 2003 wurde darauf verwiesen, dass eine Sicht auf die Medialität des Internets, die sich auf dessen Bedeutung als Kommunikationsmedium reduziert, zu theoretischen Verwerfungen im Rahmen der Medienphilosophie führt (Petsche 2003, 2005). Leider hat sich diesbezüglich in den letzten Jahren nicht viel verändert (vgl. etwa Schnell 2006; Irrgang 2011; Kloock/Spahr 2012). „Die Verspleißung von kommunikativer, instrumenteller und intrakultureller Medialität im Medium Internet wird mithin medienphilosophisch bisher nicht reflektiert, so dass auch die Konsequenzen der dreifachen Dimension oder Perspektive der Medialität des Internets als Vermittlung, in der Gestalt von Mittel, Medium und Milieu außer Betracht bleiben“, wurde diesbezüglich schon auf der CultMedia-Tagung 2003 festgestellt (Petsche 2005, 32).

Die Charakterisierung des Internets in seiner dreifachen Vermittlungsstruktur[3] als Mittel, Medium und Milieu ist von herausragender Bedeutung für das Verständnis der in der Gegenwart sich abzeichnenden zunehmenden Komplexität des Phänomens der Virtualität:

- Als *Mittel* ist das Internet Technik, „Maschine“, die menschliche Tätigkeiten ersetzt, ergänzt, umstrukturiert oder/und neu kreiert.
- Als *Medium* ist das Internet wesentlich ein Kommunikationsphänomen, fällt unter die Medientheorie und -philosophie.

3 Es sei nur darauf verwiesen, dass „Vermittlung“ eine der zentralen Kategorien in der Dialektik Hegels ist, die dazu dient, (begriffliche) Entwicklungsprozesse zu beschreiben.

- Als *Milieu*[4] schließlich strukturiert das Internet kulturelle Räume, führt es zur intrakulturellen Ausdifferenzierung neuartiger Lebensbezüge. (vgl. Petsche 2005, 32)

Diese dreifache Vermittlungsstruktur des Internets befördert eine Hybridisierung der Wirklichkeit und generiert ein „Arrangement gemischter Wirklichkeiten" (Petsche 2005, 30).

Mit Schlagwörtern wie Internet der Dinge, Ubiquitous Computing, Pervasive Computing, Wearable Computing, Ambient Intelligence, usw. gewinnt diese Seite des Internets, die durch die Beschreibung des Internets als Kommunikationsmedium nicht hinreichend zu erfassen ist, zunehmend an Bedeutung.[5] Die grundsätzliche Entwicklungsrichtung war bereits vor 10 Jahren absehbar:

> „Mit der beginnenden Karriere des *ubiquitären Computing* wird die Vertauschung von Realität und Virtualität auf die Spitze getrieben: Das Märchen von Frau Holle wird zur alltäglichen Realität: Die Äpfel rufen, je nach Reifegrad, lauter oder leiser, sobald man sich dem Baum nähert, dank aufgeklebter Mikrochips zum Unkostenpreis von wenigen Cent, ‚pflücke mich'; das Brot in der Brotmaschine ruft je nach Bräunungsgrad, ‚Zieh mich heraus, ich verbrenne!' [...] Alle Wünsche werden mir von den Augen abgelesen [...]
> Die Dinge reden mit uns, sprechen sich untereinander ab, werden zu dem, was wir ihnen einreden, dass sie uns sagen sollen; handeln koordiniert oder veranlassen uns, zu reagieren.
> Und diese Welt der Real-Virtualität verlangt für ihr reibungsloses Funktionieren, daß die Dinge genauestens über uns und unsere Absichten informiert sind, so daß sie unsere Wünsche optimal erfüllen können.
> Das Paradies verlangt den Überwachungsstaat, billiger ist es nicht zu haben." (Petsche 2005, 31)

Heute wäre zu ergänzen:

Dank der Converging Technologies - NBIC, also Nano-, Bio-, Informations- und Kognitionstechnologien - wird das Internet zu einem alles und jeden durchdringenden unsichtbaren Myzel, das nicht nur universal kommuniziert, sondern handlungsmächtig und

4 Die These vom Internet als soziales Milieu wurde 2003 auf der ersten CultMedia-Tagung in Potsdam erstmals vorgetragen. Im gleichen Jahr wurden LinkedIn und Myspace gegründet. Im Februar 2004 ging Facebook erstmals online.

5 Interessant ist hierbei die Definition von Virtualität von Katherine Hayles, die sich an eine solche Bestimmung des Internets anschmiegt: „Virtuality is the cultural perception that material objects are interpenetrated by information patterns." (Hayles 1999, 14)

gestaltend in die Wirklichkeit eingreift. Die vernetzte Drohne fotografiert nicht nur, sondern vernichtet auch.

> „Das erstaunlichste aber an der Verquickung von Realität und Virtualität ist, daß sie keine ungewöhnlichen Anstrengungen abverlangt, fast unmerklich schleichend sich realisiert (hinter den einzelnen Mega-Events verborgen) und auch immer schon da gewesen ist, in der Geschichte der Menschheit. Daß Welt auf etwas anderes verweist und nur Textur Gottes ist, wie die Textur des Zeichens auf Realität verweist, ja selbst, in Zeichenmagie Realität verheißt, ist altbekannt und eine Grundlage von Kultur überhaupt. Was also ist neu und anders?
> Und noch eines wird deutlich, das von Atavaren (Absicht? Ansonsten „Avataren") bevölkerte und ubiquitär verchipte Netz ist alles andere, als nur ein Kommunikationsmedium!" (Petsche 2005, 31)

Wir stehen noch immer am Anfang, erahnen die Richtung, aber wissen noch immer nur vage, wo die Reise hingeht.

2 Ansätze zu einer Klärung des Begriffs der Virtualität

2.1 Zwei Deutungsansätze für Virtualität

Zum einen kann der Begriff der Virtualität vom optischen Begriff des virtuellen Bildes (Lupe) abgeleitet werden.[6]

In diesem Fall verbleiben wir mehr im Technischen einer gut inszenierten Täuschung der Sinne (Datenhandschuh, Virtual Reality, Second World). Visualisierung steht damit im Zentrum dieses Verständnisses von Virtualität.[7]

Zum anderen kann Virtualität als ein Begriff von philosophischer Reichweite gefasst werden. In diesem Fall geht es eher um ein - zuweilen auch inszeniertes - der Wirklichkeit untergeschobenes, wirkendes Wirklichkeitssurrogat (Dampfrösser, sprechende Äpfel, LTI). Hier geht es um ein „Als ob", verankert im Hirn und/oder in der Welt.

6 Vgl. etwa Esposito (1998, 287), wobei hier – weniger überzeugend – auf das optische Phänomen des Spiegelbildes Bezug genommen wird.

7 Vgl. diesbezüglich auch die Literaturübersicht zum Begriff der Virtualität bei Hrachovec (2002), aus der eine Gleichsetzung von Virtualität und Virtual Reality in den meisten der erörterten Publikationen ersichtlich ist.

Abb. 2: Virtuelles Bild eines Gegenstands, der innerhalb der Brennweite einer Sammellinse steht

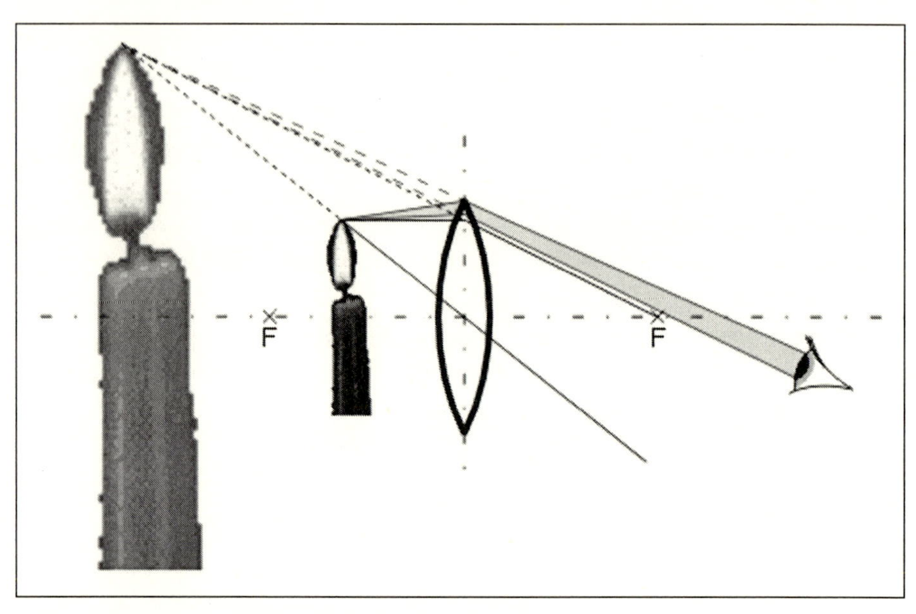

Quelle: http://www.mbaselt.de/licht/linsen.htm [01.08_2014]

Dieser zweite Begriff von Virtualität umfasst den ersten. Im Sinne des radikalen Konstruktivismus leben wir ohnehin schon in einer virtuellen Welt, die unser Hirn für uns entwirft (ohne sich des „Als ob“ bewusst zu sein oder es umgehen zu können).

Die Ableitung von Virtualität aus dem mittelalterlichen Universalienstreit (vgl. etwa Publizistische Kommission der Deutschen Bischofskonferenz 2011, 19) im Sinne einer Potentialität (so auch in Fremdwörterbüchern anzutreffen) oder Möglichkeit geht indes fehl: Virtualität hat (und ist) Realität.

2.2 Definition der Virtualität nach Charles Sanders Peirce (1839–1914)

Bereits 1902 gab Peirce in einem dem Begriff der Virtualität gewidmeten Artikel im Band 2 von Baldwins *Dictionary of philosophy and psychology* eine bemerkenswerte und, wie mir scheint, noch heute tragfähige Definition von Virtualität. Sie lautet:

„A virtual X [...] is something, not an X, which has the efficiency (virtus) of an X. This is the proper meaning of the word; but (2) it has been seriously confounded with

> 'potential' which is almost its contrary. For the potential X is of the nature of X, but is without actual efficiency." (Peirce 1902, 763)

Als deutsche Übersetzung gibt Karl-Otto Apel in einer Fußnote zu Peirces Schrift „Zur Entstehung des Pragmatismus" an:

> „Ein virtuelles X ist etwas, das zwar kein X ist, aber in Wirklichkeit (virtus) ein X hat. Das ist die richtige Bedeutung des Wortes, es wird jedoch weitgehend mit ‚potentiell' verwechselt, was beinahe sein Gegenteil ist. Denn das potentielle X hat die Natur eines X, hat aber keinerlei tatsächliche Wirklichkeit." (Peirce 1967, 228)

Aus dieser Definition ergeben sich eine Reihe von Konsequenzen: Virtualität hat Wirklichkeit, ist weder *Potentialität* noch *Möglichkeit*, noch fällt sie mit *Fiktion* zusammen. Das Fiktionale gewinnt nur über das Hirn, die Einbildungskraft, Wirklichkeit, während das Virtuelle selbst real ist (so ist ein Telefongespräch virtuell im Sinne eines „Als ob" einer Unterhaltung ohne räumliche Trennung). Im Falle von LTI wird über die Fiktion der Sprache die Wirklichkeit selbst zur virtuellen Wirklichkeit. Mithin ist offensichtlich, dass Virtualität und Realität nur ein uneigentliches Gegensatzpaar darstellen.

Der Begriff der Virtualität fällt damit weder mit dem Begriff der *Simulation* noch mit dem Begriff des *Modells* zusammen. Simulation ist eine Form der Virtualität, die auf möglichst getreue Darstellung der simulierten Wirklichkeit abzielt. Sie ist damit ein eingeschränkter Fall des Virtuellen.

Das Modell fungiert als „Stellvertreter" von Wirklichkeit, zum Zwecke der Erkenntnis oder Beherrschung dieser Wirklichkeit. Das Modell ist ein „Um zu", seine Qualität bestimmt sich aus der Adäquatheit in Bezug auf die mit ihm zu erlangenden Erkenntnis-/Herrschaftsziele.

Wie Simulation und Modell unterliegt aber die Virtualisierung einer *Inszenierung*. Alle drei sind inszenierte Realitäten. Virtualisierung ist damit in keiner Weise ein neuzeitliches Phänomen:

- Kleidung als virtuelles Fell,
- Maskenball als Spielwiese virtueller Individualitäten (fortgeführt in Gestalt personalisierter Avatare),
- Tropical Island im Brandenburger Land als virtueller Pazifik-Strand,
- ...

2.3 Virtualisierung – Was ist neu?

> „Wenn es tatsächlich so wäre, dass wir aufgrund von Digitaltechnologien ‚den' Bezug zu ‚der' Realität verlieren und nicht länger wissen würden, was virtuell, was wirklich, was fiktiv und was überhaupt ist", resümiert Clara Völker in ihrer Dissertation zum Thema *Virtualität und mobile Medientechnologien*, „also in einen Zustand von Konfusion und illusionärem Nicht-Wissen abrutschten, hätten uns die in den letzten fünfzehn Jahren populär gewordenen ‚mobilen Medientechnologien' wie Mobiltelefone bzw. ‚Handys', PDAs (‚Personal Digital Assistants') und Laptops aufgrund ihrer Allgegenwart und multiplen Netzwerkzugehörigkeit endgültig in ein flimmerndes Nichts aus Illusion und Virtualität, Simulation und Konstruktion katapultiert. Denn mit ihnen durchdringt jene digitale Virtualität in zunehmendem Maße den realen Raum, ‚Mobiles' oder ‚Mobile Medientechnologien' können digitale Virtualität eingewoben in nicht-digitale Kontexte nahezu jederzeit gegenwärtig werden lassen." (Völker 2009, 9)

Offensichtlich sind wir trotz aller Virtualität noch immer in gewisser Weise in der Lage, uns in der Realität zu orientieren. Sind alle Befürchtungen, die geäußert wurden, also übertrieben?

Was also ist neu und wie ist mit dem Neuen umzugehn? Wir wissen es nicht und ahnen wohl nur einige Tendenzen. Die Converging Technologies (NBIC), die im Verbund des Internets zu einer völlig neuen Qualität des Umbaus der Realität in ihre virtuelle Erscheinungsform führen, sind in ihren konkreten Auswirkungen noch nicht absehbar (vgl. Petsche 2006).

Eine Konzentration auf Visualisierung, auf Kommunikation und Medien greift jedoch mit Sicherheit zu kurz. Worin liegt das Problem, das nur zum Teil ein technologisches ist? Vielleicht ist es so zu fassen:

Wer inszeniert was, mit welchem Ziel und welchem Effekt? Und: Führt das Ganze zu einer nachhaltigen Freiheitserweiterung des Individuums? Wobei Freiheit hier nicht als Wahlfreiheit, sondern als Wahrnehmung und Erweiterung von Gestaltungsmöglichkeiten zu fassen wäre.

Hierauf gibt es keine fertigen Antworten und der Vorhersagbarkeitshorizont zu erwartender Veränderungen der Kultur im Kontext zu erwartender Veränderungen der Technik ist äußerst gering. Zwar gibt es klar erkennbar Entwicklungen, die zu bekämpfen sind:

- allseitige Kontrolle durch NSA et al. und Wirtschaft,
- Cybercrime und Gewaltverherrlichung.
- Manipulation durch gefälschte Authentizität,
- bewaffnete Drohneneinsätze im Hoheitsgebiet anderer Staaten, ...

Viele dieser Fehlentwicklungen werden in einem medienethischen Impulspapier der Deutschen Bischöfe („Virtualität und Inszenierung. Unterwegs in der digitalen Mediengesellschaft“) aus dem Jahre 2011 gegeißelt.[8]

Aber die wirklichen Bedrohungen der Humanität lauern, wie die Erfahrung lehrt, unter einer noch unbekannten Oberfläche technologischer Entwicklung. Was haben wir der Jugend mitzugeben? Die Antwort Italo Calvinos (1987, 119f.) ist lehrreich, wenngleich skeptisch:

> „Die Auflösung des Zusammenhangs zwischen den Generationen kommt aus der Unmöglichkeit, die Erfahrungen weiterzugeben und den anderen die Fehler, die man selbst gemacht hat, zu ersparen. Den wahren Abstand zwischen zwei Generationen bestimmen die Elemente, die sie gemeinsam haben und die zur zyklischen Wiederholung immer derselben Erfahrungen zwingen [...] Die wirklichen Differenzen dagegen, die zwischen uns und ihnen bestehen, sind das Ergebnis der irreversiblen Wandlungen, die jede Epoche mit sich bringt, also abhängig von dem historischen Erbe, das wir ihnen übergeben haben, der wahren Erbschaft, für die wir verantwortlich sind, auch wenn wir es manchmal nicht wissen.
> Darum haben wir ihnen nichts beizubringen: Auf das, was am meisten unseren Erfahrungen ähnelt, können wir keinen Einfluß nehmen; in dem, was unseren Stempel trägt, erkennen wir uns nicht wieder.“

Und was ethische Normative zukünftiger Entwicklung betrifft, so ist deren Reichweite sicher auch sehr kritisch zu sehen. Man bedenke nur, wie treffend schon Friedrich Engels (1981, 83) einst die Zukunft der Geschlechterpraxis sah: Die künftigen Generationen „werden [...] sich den Teufel darum scheren“, vermerkt er, „was man heute glaubt, daß sie tun sollen; sie werden sich ihre eigne Praxis und ihre danach abgemeßne öffentliche Meinung über die Praxis jedes einzelnen selbst machen – Punktum.“

3 Fazit

Martin Heideggers (1976) Aufbäumen gegen die Technisierung des Humanum genus („Nur ein Gott kann uns retten“) und Heiner Müllers (1991, 18) Traum von einer „Hochzeit von Mensch und Maschine“ umreißen die Spannweite des Problems der kulturellen Implikationen moderner Technikentwicklung.

8 Siehe Publizistische Kommission der Deutschen Bischofskonferenz 2011.

Die Virtualisierung der Wirklichkeit hat – trotz zigtausendjähriger Geschichte – eigentlich erst begonnen. Worin sie besteht, lässt sich theoretisch beschreiben. Wohin sie führt, ist offen und auszuhandeln. Halten wir, so weit als eben möglich, die Augen offen und seien wir – wenn nötig – listig widerständig.

Reflexion, mag sie noch so theoretisch daherkommen, ist, bleibt sie auf sich gestellt, ohnmächtig. Die Zukunft muss praktisch erhandelt werden. Nur hierin liegt eine Chance, keine Garantie.

Mit Brecht bleibt wohl zu sagen:

> „Wir stehen selbst enttäuscht und sehn betroffen
> Den Vorhang zu und alle Fragen offen.
> [...]
> Soll es ein andrer Mensch sein? Oder eine andere Welt?
> [...]
> Verehrtes Publikum, los, such dir selbst den Schluss!
> Es muss ein guter da sein, muss, muss, muss!“
> (Brecht 1989, 121)

Literatur

Bauer, H. (2011): Philosophenpunsch. Ein Wiener Kaffeehauskrimi. Meßkirch

Brecht, B. (1989): Der gute Mensch von Sezuan. Wien

Calvino, I. (1987): Herr Palomar. Berlin

Engels, F. (1981): Der Ursprung der Familie, des Privateigentums und des Staats. In: Marx, K.; Engels, F.: Werke, Bd. 21. Berlin, S. 25–173

Esposito, E. (1998): Fiktion und Virtualität. In: Krämer, S. (Hg.): Medien, Computer, Realität. Wirklichkeitsvorstellungen und Neue Medien. Frankfurt am Main, S. 269–296

Freyberg, K.; Petsche, H.-J.; Klein, B. (Hg.) (2003): Knowledge Management and Philosophy 2003. Proceedings of the WM 2003 Workshop on Knowledge Management and Philosophy. Luzern

Hayles, K. (1999): How we became posthuman. Virtual Bodies in Cybernetics, Literature, and Informatics. Chicago/London

Heidegger, M. (1976): „Nur noch ein Gott kann uns retten“. In: Der Spiegel 1976/23, 193–219

Hrachovec, H. (2002): Virtualität. Aktuelle Orientierungspunkte. In: Allgemeine Zeitschrift für Philosophie. H. 3 (2012), 241–256. URL: http://sammelpunkt.philo.at:8080/871/ [April 2014]

Irrgang, B. (2011): Internetethik: Philosophische Versuche zur Kommunikationskultur im Informationszeitalter. Würzburg

Klemperer, V. (1999a): Ich will Zeugnis ablegen bis zum letzten. Tagebücher 1933-1945, Bd. 1. Berlin
Klemperer, V. (1999b): Ich will Zeugnis ablegen bis zum letzten. Tagebücher 1933-1945, Bd. 2. Berlin
Kloock, D.; Spahr, A. (2012): Medientheorien. Eine Einführung. 4. aktualisierte Aufl. Paderborn
Müller, H. (1991): Jenseits der Nation. Berlin
Peirce, C.S. (1902): Virtual. In: Baldwin, J.M. (Hg.): Dictionary of philosophy and psychology, Vol. 2. New York/London, S. 763-764
Peirce, C.S. (1967): Zur Entstehung des Pragmatismus. Mit einer Einführung herausgegeben von Karl-Otto Apel. Frankfurt am Main
Petsche, H.-J. (2001): Victor Klemperer - Ein Mißverständnis? In: Siehr, K.-H. (Hg.): Victor Klemperers Werk. Texte und Materialien für Lehrer. Berlin, S. 244-260
Petsche, H.-J. (2003): Inwiefern es Sinn macht, das Internet als Medium zu betrachten - Ein technikphilosophischer Ansatz. In: Teorie vĕdy / Theory of Science. Journal for theory of sience, technology & communication. H. 1 (2003), 103-118
Petsche, H.-J. (2005): Kultur und/oder/als Technik - Zur fragwürdigen Medialität des Internets. Einführende Betrachtungen. In: Petsche, H.-J. (Hg.): Kultur und/oder/als Technik - Zur frag-würdigen Medialität des Internets. Berlin, S. 17-36
Petsche, H.-J. (2006): „Technologische Konvergenz" und die „Hochzeit von Mensch und Maschine" - (Er)finden wir Utopia. In: Petsche, H.-J.; Bartiková, M.; Kiepas, A. (Hg.): Erdacht, gemacht und in die Welt gestellt: Technik-Konzeptionen zwischen Risiko und Utopie. Berlin, S. 327-347
Petsche, H.-J. (2009): Plato's Cave, Knowledge Management and the internet: Some Theses. In: Ontology Studies, H. 9 (2009), 263-278
Platon (1923): Der Staat. Neu übersetzt von Otto Apelt. 6., der Neuübersetzung 3. Auflage. Leipzig
Publizistische Kommission der Deutschen Bischofskonferenz (Hg.) (2011): Virtualität und Inszenierung. Unterwegs in der digitalen Mediengesellschaft - Ein medienethisches Impulspapier. Bonn
Rozsenich, N. (1998): Alles Vergängliche ist nur ein Gleichnis. In: Magerl, G.; Komarek, K. (Hg.): Virtualität und Realität: Bild und Wirklichkeit der Naturwissenschaften. Wien/ Köln/Weimar, S. 229-250
Schmidt, S.J. (Hg.) (1987): Der Diskurs des Radikalen Konstruktivismus. Frankfurt am Main
Schwarz, G. (2010): Konfliktmanagement. Konflikte erkennen, analysieren, lösen. 8. Aufl. Wiesbaden
Schnell, R. (Hg.) (2006): MedienRevolutionen. Beiträge zur Mediengeschichte der Wahrnehmung. Bielefeld
Völker, C. (2009): Virtualität und mobile Medientechnologien. Dissertation an der Bauhaus Universität. Weimar
Weber, T. (2008): Medialität als Grenzerfahrung. Futurische Medien im Kino der 80er und 90er Jahre. Bielefeld
Whitehead, A.N. (1987): Prozeß und Realität. Entwurf einer Kosmologie. Frankfurt am Main

Medien-Räume und Medien-Theorien: Zwischen Philosophie, Kultur und Architektur

Tomasz Stępień

Die Wandlungen der Kultur – und damit der Gesellschaft – zeigen sich heutzutage vor allem durch die neuen Ansätze des Raumverständnisses und der Raumerfassung. Diese Ansätze werden in zwei Bereichen des kulturellen Diskurses in den letzten zwei Dekaden verdeutlicht: in den Medientheorien und in der Entwicklung von den Gestaltungsformen in der Architektur. Damit wurde ein interdisziplinäres Diskursfeld aufgezeichnet, bei dem als Ausgangspunkt die Bestimmung der Kultur selbst fungiert, weil eben die *Kultur* als das Primäre des Raumes und der Medien erscheint. In diesem Zusammenhang stellt sich die Frage: Inwiefern lassen sich die Gesellschaftswandlungen, die zur Signatur unserer Zeit geworden sind, erfassen und objektivieren? Den Ausgangspunkt der vorgeführten, metatheoretischen Überlegungen bildet das Bestreben nach – oder besser gesagt – das Ringen um eine definitorische Bestimmung des Kulturphänomens und des seit der Neuzeit damit verbundenen *Unbehagens der Philosophen*. Sodann bilden die Kulturdeutungen, erweitert durch die Raumgestaltungpraxen in der heutigen Architektur, die eigentliche Grundlage für die Medientheorie und das dominierende heutige Medienverständnis aus.

1 Die „Kultur" und das Unbehagen der Philosophen

Das Problem einer definitorischen Bestimmung des grundlegenden menschlichen Phänomens – der Kultur – bleibt fortwährend eine der Hauptaufgaben innerhalb der Geisteswissenschaften. Der Stand der Forschung um die Mitte des 20. Jahrhunderts wies über 150 Bestimmungen des Phänomens der Kultur in der Geschichte der Philosophie und der Geisteswissenschaften auf (vgl. Kroeber/Kluckhohn 1952). Heutzutage, nach der Welle des Postmodernismus, nach dem postulierten Ausbruch und Ende der Globalisierung (vgl. James 2001) und schließlich nach einer Sequenz von „Kehren" (die sog. „turns") als Folge der rasanten Technikentwicklung in den letzten Dekaden, wurde die Anzahl der Kulturbestimmungen in einer unüberschaubaren Weise multipliziert. Damit wurde das *Unbehagen der Philosophen* dem Kulturbegriff gegenüber weiter gesteigert.

Anton Hilckman (1900–1970) argumentierte, dass das Unbehagen der Philosophen aus der Selbstverständlichkeit und aus dem alltäglichen Gebrauch des Wortes „Kultur" resultiert. Hilckman betonte, dass es „für Wörter, die Gegebenheiten ausdrücken oder auszudrücken suchen, die der Klärung und der wissenschaftlichen Behandlung noch im höchsten Grade bedürftig sind, [...] niemals gut [ist], wenn sie zu früh in den Sprachgebrauch der Alltage übergehen. Das Unbehagen der Philosophen, denen diese Ausdrücke offenbar als zu vage, zu unbestimmt erscheinen, ist sehr wohl verständlich". Dies charakterisierte die neuzeitlichen philosophischen Kulturdeutungen: „Es wurde in aller Naivität als selbstverständlich vorausgesetzt, dass es sich hier um einen bereits geklärten Begriff handelte, bei dem sich auch alle Menschen das Gleiche dächten" (Hilckman 1967, 6). Damit wurde die „Kultur" (und/oder „Zivilisation" im angelsächsischen Sprachraum) zum festen Bestandteil der wissenschaftlichen Untersuchungen, ohne jedoch weder einen Begriff noch eine Methode zu haben. Hilckman bemerkte an dieser Stelle: „War das wirklich der Fall? War man schon so weit? Wer über Kultur schreiben oder reden will, muss doch mit einem klaren Begriff operieren" (Hilckman 1967, 6).

Die Ursache dafür sah Hilckman im Phänomen der Kultur selbst verankert, d.h. in der Unmittelbarkeit und Erlebbarkeit des Kulturphänomens selbst: „Man mag fragen: woran lag das? Gibt es nicht vielleicht auch einen inneren Grund dafür, dass der Begriff der Kultur erst so spät gefunden wurde? Ich glaube, es gibt tatsächlich einen solchen inneren Grund. Wenn wir versuchen wollen ihn anzugeben, so wird uns kaum das Gefühl erspart bleiben, unsere Antwort sei in sich zwiespältig, ja widersprüchlich. Die Antwort auf die gestellte Frage kann u. E. sowohl lauten, der Begriff der Kultur sei zu ‚einfach', zu ‚selbstverständlich', zu ‚naheliegend', wie auch umgekehrt: er sei zu kompliziert" (Hilckman 1967, 8). Dies bedeutet, dass im Falle der Kultur das „Nahe" doch das „Ferne" im Sinne von Martin Heidegger bleibt. Hilckman betonte hinzu: „Eben das scheint uns die Erklärung dafür zu sein, warum es so lange gedauert hat, bis der Begriff der Kultur überhaupt gefunden wurde; sie ist eben doch etwas wie ein Teil des Menschwesens und zwar etwas, das dem Menschen so wesentlich ist, dass die Versuchung immer und immer wieder naheliegt, sie mit dem Menschenwesen selber gleichzusetzen" (Hilckman 1967, 8).

Deswegen geht es in einer solchen Situation darum, einen *richtigen* und gleichsam *operativen* Zugang zur Kultur, zu den Kulturwelten, zu finden oder auszuarbeiten. Der hier vorgeschlagene Weg geht von der Sprache der Kunst aus, die, so die These, weitgehend kulturell-bedingt ist. Dies betrifft insbesondere die Architektur, ihre Gestaltungsformen und die architektonische Erzeugung von Räumen, sodann die Medienwelt und die Eigentümlichkeit der kulturellen Medienräume, ausgedrückt durch das Verhältnis der Realität gegenüber der Virtualität. Das Ziel der Untersuchung bleibt, die Kulturwelt und die Pluralität der Kulturen fassen zu können, um sodann die kulturtheoretische Frage nach dem Raum in Medien und Architektur stellen zu können. – Mit solchen Voraussetzungen und Annahmen lohnt es sich zunächst zu den Wurzeln des gegenwärtigen philosophischen Kulturverständnisses zurückzukehren und diese selbst mit der heutigen „Kultur" zu konfrontieren. In diesem Zusammenhang bleibt die Beantwortung der Frage nach dem *woher* des philosophischen Unbehagens dem Kulturphänomen gegenüber zu extrapolieren.

Eine besondere Stellung nehmen hierzu die amerikanischen Cultural-Studies ein, die gleichzeitig die Spezifizität von den angelsächsischen Kulturdefinitionen ausdrücken. In ihnen wird das Motiv vom Gestalten einer Gemeinschaft und einer neuen Gesellschaft betont, was auch als Grundlage der Deutung der gegenwärtigen Gesellschaftswandlungen – ausgelöst durch die Informations- und Kommunikationstechnologien und ausgedrückt durch die neuen Praxen der Gemeinschaftsbildung – gelten kann.

2 Die Kulturbestimmungen und das Vergleichen

In ihrem Buch „Culture. A Critical Review of Concepts and Definitions" (1952) versuchten A. L. Kroeber und C. Kluckhohn die Kulturbestimmungen innerhalb der Geisteswissenschaften der ersten Hälfte des 20. Jahrhunderts zu sammeln und zu ordnen. Den Ausgangspunkt bildete hierbei die Analyse der Entwicklung des Kulturbegriffs innerhalb der neuzeitlichen Philosophie, insbesondere die scharfe Gegenüberstellung von Kultur und Zivilisation innerhalb der deutschen Philosophie, die ihren Höhepunkt im Werk von Oswald Spengler finden sollte (vgl. zum Kulturbegriff in der deutschen Philosophie der Neuzeit Niedermann 1941). Sie stellten fest, dass zunächst der Kulturbegriff als die Grundlage der Entwicklung von den modernen Sozialwissenschaften galt und ein Schlüsselbegriff in den damaligen Gesellschaftstheorien war. Dies betrifft vor allem das im steigenden Maße auftretende Phänomen der Vielfalt der Kulturen, einerseits verstanden als die unterschiedlichen Arten und Weisen des gemeinschaftlichen Lebens der Völker („the distinctive life-ways of different peoples"; Kroeber/Kluckhohn 1952, 3). Andererseits ist mit der Affirmation der kulturellen Vielfalt eine spezifische Art der Relativität verbunden. Deswegen zählte B. Malinowski („Review of Six Essays on Culture", 1939) die „Kultur" zu den wichtigsten Problemen der Sozialwissenschaften („the most central problem of all social science") und H. Spencer entwickelte mit der Kultur als die „Summe aller menschlichen Errungenschaften" („Culture is the sum total of human achievement"; Kroeber/Kluckhohn 1952, 3) eine der allgemeinsten Kulturbestimmungen. Die Kultur wurde aber auch im Sinne des nationalen gesellschaftlichen Erbes und damit als die Grundlage der sozialen Bildung verstanden. In diesem Sinne stellte Graham Wallas („Our Social Heritage", 1921) fest: „Our social heritage consists of that part of our 'nurture' which we acquire by the social process of teaching and learning" (zit. nach Kroeber/Kluckhohn 1952, 3–4). In diesem Zusammenhang wenden sich Kroeber und Kluckhohn gegen das Unbehagen in den Geisteswissenschaften gegenüber dem Kulturbegriff: „Possibly it is inevitable and even desirable that representatives of different disciplines should emphasize different criteria and utilize varying shades of meaning. But one thing is clear to us from our survey: it is time for a stock-taking, for a comparing of notes, for conscious awareness of the range of variation. Otherwise the notion that is conveyed to the wider company of educated men will be so loose, so diffuse as to promote confusion rather than clarity" (1952, 4–5).

Dabei haben die theoretischen Kulturbestimmungen gerade in der modernen Gesellschaft direkt praxisorientierte Auswirkungen auf das gesellschaftliche Leben bzw. auf die Gesellschaft schlechthin. Deswegen setzten sich Kroeber und Kluckhohn zum Ziel, den Diskurs um die Kultur zu ordnen und zu kategorisieren. Sie haben zunächst die Hauptthemen bei der Kulturbestimmungen unterschieden: 1) das Wesen der Kultur, 2) die Bestandteile und Bereiche der Kultur, 3) die distinktiven Eigenschaften, 4) die Bestimmung der Kultur gegenüber der Psychologie und der Sprache und schließlich 5) die Behauptung der Kultur gegenüber Gesellschaft, Umwelt und Technik.

Auf dieser Grundlage erarbeiteten sie sechs Definitionstypen von Kultur: 1) beschreibende, 2) historische, 3) normative, 4) psychologische, 5) strukturelle (systemische) und 6) genetische.

Ad 1) Die beschreibenden Kulturdefinitionen weisen auf die Bedeutung von Inhalten, wie z.B. Wissen, Glaube, Recht und Sitten, die die Kultur als eine Ganzheit wiedergeben. Grundlegend hierfür ist die Definition von E.B. Tylor („Primitive Culture", 1871): „Culture, or civilization, [...] is that complex whole which includes knowledge, belief, art, law, morals, custom, and any other capabilities and habits acquired by man as a member of society" (zit. nach Kroeber/Kluckhohn 1952, 43).

Ad 2) Die historischen Definitionen heben die Bedeutung von sozialem und geschichtlichem Erbe und Tradition hervor. Als Beispiel können wir die Definition von E. Sapir („Language", 1921) wählen, nach der Kultur als „socially inherited assemblage of practices and beliefs that determines the texture of our lives" verstanden wird; oder auch B. Malinowski („Culture", 1931): „Culture comprises inherited artifacts, goods, technical processes, ideas, habits, and values" (zit. nach Kroeber/Kluckhohn 1952, 47). Die *historischen* Begriffsbestimmungen der Kultur charakterisieren sich vor allem durch die Hervorhebung der Beharrlichkeit von

Kulturbestandteilen einerseits und die Passivität des Menschen der Kultur gegenüber andererseits. Der Mensch wird demgemäß zum passiven Träger seiner Kultur, die wiederum die Wechselmöglichkeiten, die innere *Mobilität*, negiert. Die Kultur erscheint als ein starres System von Ideen, Werten und Verhaltensmustern.

Ad 3) Die normativen Bestimmungen fokussieren auf die Deutung der Kultur als die allgemeine Lebensweise und Lebenspraxis des Menschen in einer Gemeinschaft, die auf der Übermittlung von Verhaltensmustern zwischen den Generationen (auch als ein geschichtlicher Entwurf und Satz von Verhaltensweisen) basiert. In diesem Zusammenhang stellt R. Linton („Present World Conditions in Cultural Perspective", 1945) fest: „The culture of a society is the way of life of its members; the collection of ideas and habits which they learn, share, and transmit from generation to generation". Und C. Kluckhohn und W.H. Kelly („The Concept of Culture", 1945) unterstrichen: „By culture we mean all those historically created designs for living, explicit and implicit, rational, irrational, and non-rational, which exist at any given time as potential guides for the behavior of men"; in ähnlicher Weise bestimmte Radcliffe-Brown die Kultur „as a set of rules for behavior" (zit. nach Kroeber/Kluckhohn 1952, 50–51). Die normativen Kulturdefinitionen wurden auch hinsichtlich der Werte, sowohl der materiellen als auch der sozialen, erarbeitet, wie bei der von W. I. Thomas („Primitive Behavior", 1937) entwickelten Verhaltenstheorie auf der Grundlage von Kulturdefinition als „the material and social values of any group of people, whether savage or civilized (their institutions, customs, attitudes, behavior reaction" (zit. nach Kroeber/Kluckhohn 1952, 52). In diesem Zusammenhang kommt es zu den ersten soziologischen Deutungen der Kultur, u.a. bei P. Sorokin („Society, Culture and Personality: Their Structure and Dynamics", 1947): „The social aspect of the superorganic universe is made up of the interacting individuals, of the forms of interaction, of unorganized and organized groups, and of the individual and intergroup relationships [...]. The cultural aspect of the superorganic universe consists of meanings, values, norms, their interaction and relationships, their integrated and unintegrated groups (systems and congeries) as they are objectified through overt actions and other vehicles in the empirical sociocultural universe" (zit. nach Kroeber/Kluckhohn 1952, 53).

Ad 4) Im Vergleich zu den normativen unterstreichen die psychologischen Kulturdefinitionen die Bedeutung von Einstellungen aus der Perspektive des Individuums, des Menschen innerhalb einer Kultur. In diesem Zusammenhang stellten D. Katz und R. L. Schanck („Social Psychology", 1938) fest: „It is often confused with culture, the attitudinal relationship between men [...]. Culture is to society what personality is to the organism. Culture sums up the particular institutional content of a society. Culture is what happens to individuals within the context of a particular society, and [...] these happenings are personal changes" (zit. nach Kroeber/Kluckhohn 1952, 60). Die psychologischen Definitionen der Kultur verweisen sodann auf die Kultur als ein Mittel zur Problem- und Konfliktlösung und als ein Faktor der sozialen Integration. Grundlegend in diesem Kontext ist die Definition von W.G. Sumner und A.G. Keller („The Science of Society", 1927): „The sum of men's adjustments to their life-conditions is their culture, or civilization. These adjustments [...] are attained only through the combined action of variation, selection, and transmission"; A. Blumenthal („Views on Definition of Culture", 1941) fasste dies zusammen: „Culture consists of all results (products) of human learned effort at adjustment" (zit. nach Kroeber/Kluckhohn 1952, 55). Die Kultur als Mittel der Problemlösung verstand eindeutig C.S. Ford („Culture and Human Behavior", 1942): „Culture consists of traditional ways of solving problems [...], is composed of responses which have been accepted because they have met with success; in brief, culture consists of learned problem-solutions"; dann sollte man die Bestimmung von G. Lundberg („Foundations of Sociology", 1942) erwähnen, die indirekt auf die heutige Medienwelt verweist: „Through this process of inventing and transmitting symbols and symbolic systems and technologies as well as their non-symbolic counterparts in concrete tools and instruments, man's experience and his adjustment technique become cumulative. This societal behavior, together with its man-made products, in their interaction with other aspects of human environment, creates a constantly changing series of phenomena and situations to which man must continually adjust through the development of further habits achieved by the same process. The concrete manifestations of these processes are usually described by the vague word culture" (zit. nach Kroeber/Kluckhohn 1952, 55–56). Die psychologische Bestimmung der Kultur als Mittel zur Problemlösung verweist direkt auf den Prozess des (zwischenmenschlichen) Lernens, wie z. B. bei A. Davis („Social-Class Influences upon Learning", 1948): „all behavior learned by the individual in conformity with a group", oder bei E. A. Hoebel („Man in the Primitive World", 1949) mit der Kultur als „the sum total of learned behavior patterns which are characteristic of the members of a society and which are, therefore, not the result of biological inheritance"; zusammenfassend stellte R. Benedict („Race, Science and Politics", 1947) fest, dass die Kultur „the sociological term for learned behavior [is], behavior which in man is not given at birth, which is not determined by his germ cells as is the behavior of wasps or the social ants, but must be learned anew from grown people by each new generation" (zit. nach Kroeber/Kluckhohn 1952, 58).

Ad 5) In den strukturellen (systemischen) Bestimmungen wird im Sinne von untereinander korrespondierenden Verhaltensmustern so argumentiert, dass Kultur als die eigentliche

Grundlage des sozialen Lebens gilt, so z.B. bei M. Willey („The Validity of the Culture Concept", 1929) mit der Kultur als „a system of interrelated and interdependent habit patterns of response". Auf diese Art und Weise kann die Kultur aus Institutionen bestehen, die ihrerseits der Sicherung der Grundbedürfnisse des Menschen dienen, was auch W. F. Ogburn und M. F. Nimkoff („Sociology", 1940) verdeutlichten: „A culture consists of inventions, or culture traits, integrated into a system, with varying degrees of correlation between the parts [...]. Both material and non-material traits, organized around the satisfaction of the basic human needs, give us our social institutions, which are the heart of culture. The institutions of a culture are interlinked to form a pattern which is unique for each society"; demgemäß betrachtete H. H. Turney-High („General Anthropology", 1949) die Kultur bestehend aus Verhaltensmustern und Institutionen als eine systemische Ganzheit: „Culture is the working and integrated summation of the non-instinctive activities of human beings. It is the functioning, patterned totality of group-accepted and -transmitted inventions, material and non-material" (zit. nach Kroeber/Kluckhohn 1952, 61). – Die vorgeführten Bestimmungen charakterisieren sich vor allem durch die abstrakten Erfassungsweisen, sodass die Kultur „becomes a conceptual model that must be based on and interpret behavior but which is not behavior itself. [...] Culture is a design or system of designs for living; it is a plan, not the living itself; it is that which selectively channels men's reactions, it is not the reactions themselves. The importance of this is that it extricates culture as such from behavior, abstracts it from human activity; the concept is itself selective" (Kroeber/Kluckhohn 1952, 62). Die strukturelle Definition ersetzte die bisherige Einseitigkeit von Kulturbestimmungen durch abstrakte und vieldeutige Ausdrucke, wie „System", „Organisation" oder „Struktur" und ihre Konfigurationen, was auch auf die innere kulturelle und gleichsam gesellschaftliche Dynamik verweist: „Each culture is [...] a complex of relations, a multiverse of ordered and interrelated parts. Parts do not cause a whole but they comprise a whole, not necessarily in the sense of being perfectly integrated but in the sense of being separable only by abstraction" (Kroeber/Kluckhohn 1952, 63).

Ad 6) Eine besondere Gruppe bilden die genetischen Kulturdefinitionen, auch als Gegensatz zu den strukturellen. Die Kultur wird demgemäß als ein menschliches Produkt und Erzeugnis, als die tragende Idee im gesellschaftlichen Leben und schließlich als Ausdruck von Symbolen erfasst. In den Kulturbestimmungen als Produkt und Erzeugnis wird vor allem die Aktivität des Menschen hervorgehoben, d.h. der Mensch ist nicht nur Geschöpf, sondern Schöpfer der Kultur. Demnach ist die Kultur der durch den Menschen geschaffene Teil seiner eigenen Umwelt, wie M. Willey („Psychology and Culture", 1927) formulierte: „that part of the environment which man has himself created and to which he must adjust himself"; auch bei M.J. Herskovits („Man and his Works", 1948) als „the man-made part of the environment" (zit. nach Kroeber/Kluckhohn 1952, 64). Pitrim Sorokin („Social and Cultural Dynamics", 1937) verdeutlicht in diesem Zusammenhang die Bedeutung von zwischenmenschlicher Kommunikation als die eigentliche Grundlage der Kulturschöpfung, Kulturwandlung und Kulturentwicklung: „In the broadest sense [culture] may mean the sum total of everything which is created or modified by the conscious or unconscious activity of two or more individuals interacting with one another or conditioning one another's behavior"; und darüber hinaus zeichnet sich die Kultur, nach J. Folsom („Social Psychology", 1931) verstanden als menschliche Schöpfung und Erzeugnis, durch Beständigkeit und Dauerhaftigkeit aus, die ihrerseits auf die Geschichtlichkeit der Kultur hinweisen: „It is the sum total of all that man has produced: tools, symbols, most organizations, common activities, attitudes, and beliefs. It includes both physical products and immaterial products. It is everything of a relatively permanent character that we call artificial, everything which is passed down from one generation to the next rather than acquired by each generation for itself: it is, in short, civilization" (zit. nach Kroeber/Kluckhohn 1952, 64–65). Die genetischen Definitionen versuchen die konstitutiven Elemente der Kultur zu erfassen, wie z.B. die zwischenmenschliche Kommunikation, die den Akt der Kulturschöpfung erst ermöglicht, d.h. das Vermögen, die Umwelt zu gestalten.

Die genetische Bestimmung der Kultur verweist nach C. Wissler („Psychological and Historical Interpretations for Culture", 1916), auch auf die Bedeutung von Ideen und Geistesgut mit der Kultur als „a definite association complex of ideas"; demnach, betonte W. Schmidt („Handbuch der Methode der kulturhistorischen Ethnologie", 1937), die Kultur „besteht ihrem tiefsten Wesen nach in der inneren Formung des menschlichen Geistes; in der äußern Formung des Körpers und der Natur insofern, als diese durch den Geist gelenkt ist. Somit ist Kultur, wie alles Geistige, etwas Immanentes, etwas durchaus Innerliches und als solches der äußern Beobachtung direkt nicht zugänglich" (zit. nach Kroeber/Kluckhohn 1952, 66). In diesem Zusammenhang bestimmte A. Blumenthal („The Best Definition of Culture", 1937) die Kultur als das Ideengut, vermittelt durch die Symbole („cultural ideas [...] symbolically-communicable") und C. Osgood („Culture: Its Empirical and Non-Empirical Character", 1946) verwies auf die herausragende Rolle der Kommunikation und Vermittlung: „Culture consists of all ideas concerning human beings which have been communicated to one's mind and of which one is conscious"; schließlich stellte J.A. Ford („Cultural Dating of Prehistoric Sites in Viru Valley Peru", 1949) fest, dass „culture may be briefly defined as a stream of ideas, that passes from individual to individual by means of symbolic action, verbal instruction, or imitation" und H. Becker („Through Values to Social Interpretation", 1950) bestimmt die Kultur als „the relatively constant non-material content transmitted in a society by means of processes of sociation" (zit. nach Kroeber/Kluckhohn 1952, 66). –

In den vorgeführten Bestimmungen wurde versucht, das Phänomen zu fassen, das hinter den materiellen Erzeugnissen des Menschen steht, „[...] that artifacts are not culture [...] that culture is concerned with the way people act. How people make and use artifacts is part of culture; the artifacts themselves are cultural data but not culture. Artifacts stand in the same category of relationship to culture as does environment" (Kroeber/Kluckhohn 1952, 138).

Das Symbol als Markenzeichen der Kultur wird vor allem im Zusammenhang mit den heutigen medienvermittelnden Kommunikationsweisen relevant, was wiederum von der Fähigkeit der Erzeugung und Handhabung von Symbolen abhängt. Dabei kann „Symbol" auch als Wert und/oder Idee verstanden werden, so in der Definition von R. Bain („A Definition of Culture", 1942): „Culture is all behavior mediated by symbols"; dann bei L.A. White („Energy and the Evolution of Culture", 1943): „Culture is an organization of phenomena – material objects, bodily acts, ideas, and sentiments – which consists of or is dependent upon the use of symbols"; und schließlich in der Auffassung von K. Davis („Human Society", 1949): „it [culture] embraces all modes of thought and behavior that are handed down by communicative interaction – i.e. by symbolic transmission – rather than by genetic inheritance" (zit. nach Kroeber/Kluckhohn 1952, 69–70). Kroeber und Kluckhohn schließen ihre Untersuchung mit einer zusammenfassenden Bestimmung der Kultur verstanden als „a product; is historical; includes ideas, patterns, and values; is selective; is learned; is based upon symbols; and is an abstraction from behavior and the products of behavior" (zit. nach Kroeber/Kluckhohn 1952, 157).

Im Rückbezug auf die bei Kroeber und Kluckhohn zusammengestellten Kulturbestimmungen versucht Hilckman einen allgemeinen Kulturbegriff zu entwickeln. Dabei greift er auf das Lateinische zurück, die Kultur wäre demnach „forma vitae universalis" und „formatio humanitatis specifica" (Hilckman 1967, 8). Seine Kulturdefinition berücksichtigt und konzentriert sich vor allem auf das Phänomen der kulturellen Vielfalt und Unterschiedlichkeit, die beim Vergleichen von Gesellschaften untereinander auftreten. Neben der Kultur-Definition suchte Hilckman nach einer adäquaten Methode für die Kulturwissenschaft. Seiner Meinung nach verweist die Vielfalt der Kulturen auf das Vergleichen hin. Er sprach in diesem Zusammenhang von Perlustrierung als die eigentliche Methode der vergleichenden Kulturwissenschaft. Demnach sollten die Kulturen und die einzelnen Bereiche der jeweiligen Kulturen mit dem Ziel untereinander verglichen werden, die Ähnlichkeiten und Unterschiede zwischen ihnen aufzeigen zu können. Eine umfassende Kulturen-Perlustrierung kann somit als Grundlage des zwischenkulturellen Dialogs dienen. Im Allgemeinen charakterisieren sich die Kulturtheorien in der zweiten Hälfte des 20. Jahrhunderts vor allem durch die Ablehnung einer kulturellen Wertung. Im Vergleich zur neuzeitlichen Philosophie wird nicht versucht, die beste oder höchste Kultur zu erkennen, sondern die vorhandenen, bestehenden Kulturen untereinander zu vergleichen und ihre Eigentümlichkeiten hervorzuheben (vgl. Stępień 2013, 126–196).

3 Die „Kehren" („turns") und die Globalisierung

Die Analysen des Kulturbegriffes und Kulturtheorien bei Kroeber und Kluckhohn geben den Stand der Forschung um die Mitte des 20. Jahrhunderts wieder. Die entwickelte wissenschaftlich-theoretische Kategorisierung von Kulturbestimmungen diente als Grundlage für die Entwicklung von Kulturwissenschaften. In diesem Zusammenhang bilden die Kulturtheorie und die Konzeption der vergleichenden Kulturwissenschaft von Anton Hilckman eine Übergangsphase zu den gegenwärtigen Kulturanalysen und Kulturinterpretationen. Vor allem durch das Vergleichen (Perlustrieren) wurde es möglich, die kulturelle Vielfalt der Welt und die auftretenden neuen Kulturphänomene in ihrer Vielfalt und gleichzeitiger kultureller Mehrdeutigkeit zu fassen. Dies erscheint besonders wichtig im Augenblick des dynamischen Zusammentreffens und Aufeinanderprallens von Kulturen in einer global gewordenen Welt. Es betrifft insbesondere die Medien und Kommunikationstechnologien, die zwangsläufig zu einem Hauptraum der Kulturen geworden sind. Neben den Medien als eines der wichtigsten Forschungsfelder tritt die Architektur, verstanden als ein Beispiel der Objektivierung von unterschiedlichen Kulturen.

Als Ausgangspunkt der Analysen erscheint hierbei der Globalisierungsprozess als Konsequenz u.a. der Verbreitung von neuen Kommunikationstechnologien, die ihrerseits in Form von neuen kulturellen Phänomenen im gesellschaftlichen Leben umgesetzt wurden, wie: 1) die Raum-Zeit-Verdichtung oder der -Schwund (vgl. Harvey 1989; vgl. Grossklaus 1995, 80); 2) die neuen Gesellschaftsmodelle, basierend auf den Metaphern des Netzwerkes (vgl. Castells 2001) und der Mobilität (vgl. Urry 2009); 3) die Wandlungen innerhalb der Medienwelt als Ausdruck der Kulturhybridisierung (vgl. Buschauer 2010; vgl. Spielmann 2010) und einer „Medien-Revolution" (Picot/Freyberg 2010, 67). Bezüglich der Medien betrifft dies vor allem den fortschreitenden Prozess der Digitalisierung als die neue Form und die neue Technologie der Medialität: „Im Spannungsfeld von Kulturgeschichte und Mediengeschichte artikuliert sich Medialität als offener Zwischenraum, in dem sich die Formen des Begehrens, Überlieferns und Gestaltens verschieben und Spuren in den jeweiligen Konstellationen von Macht und Medien, Sprache und Sprechen, Diskursen und Dispositiven hinterlassen" (Buschauer 2010, Editorial). Die Wirklichkeit der neuen Medienwelt und deren Analysen umfassen praktisch alle Arten von Medien, „von den klassischen Bild-, Ton- und Textmedien bis zu den Formen und Formaten der zeitgenössischen Hybridkultur" (Buschauer 2010,

Editorial). Die Grundlage dafür bildet eine Abfolge von „Kehren" oder „Wenden", die mit den „linguistic", „cultural" und „spatial turns" am Ende der 60er Jahre des 20 Jahrhunderts begonnen haben.

Im Mittelpunkt steht hier die Frage nach dem Raum, weil „die heutige Unruhe grundlegend den Raum betrifft – jedenfalls viel mehr als die Zeit" (M. Foucault zitiert nach Buschauer 2010, 9). Die Medienentwicklung in den letzten Dekaden des 20 Jahrhunderts führte zu den radikalen Veränderungen von raumzeitlichen Beziehungen innerhalb der Gesellschaft, so dass der Raum „als Gegenstand einer Geschichte der kulturellen Wahrnehmung, der Ordnungen und des Wissens [erscheint], in deren Rahmen auch eine heutige raumbezogene ‚Unruhe' zu sehen ist. Dabei steht Raum den Medien nicht gegenüber, sondern [...] in mehrfacher Weise in Bezug zu medialen Figurationen der Wahrnehmung, Plazierung oder der Imagination" (Buschauer 2010, 13). Sodann wurde ein neues Raumverständnis im Gesellschaftlichen (vgl. Soja 1989, 2009) und z. B. in den Geisteswissenschaften (vgl. Schlögel 2003) entwickelt. Neben der Kultur- und Raum-Kehre weist die Entwicklung von neuen Medien auf die dritte – die technologische Kehre – hin und auf das Phänomen der Technisierung des alltäglichen Leben des Menschen.

Die erkenntnistheoretischen Folgen von den „turns" sind vor allem die sog. „wandernden Theorien" („traveling theories") und die „verschwommenen Arten" („blurred genres"), verstanden als das Aufzeigen von Übergängen von den physischen zu den symbolischen Analogien, als Bestandteile eines interdisziplinären und zwischenkulturellen Theoriespiels (vgl. Bachmann-Medick 2012). Die Metapher der „turns" gilt hier als Chiffre der Kulturwissenschaft und des gesellschaftlichen Modernisierungsprozesses, weil diese „turns" quer durch alle Wissenschaften verlaufen, woraus die Möglichkeit entspringt, neue Forschungsfelder zu öffnen, aber auch die Überschreitung von den bisherigen theoretischen und methodischen Forschungsrahmen zu vollziehen. Aus diesem Grunde wurde das Postulat einer neuen Kartographie von Wissenschaften aber auch Kulturen gestellt. Dies bedeutet eine Wandlung innerhalb der Kulturwissenschaften, weil die Interdisziplinarität und der Kultur-Hybrid eben ein einheitliches Weltbild und die Vorstellung der Kultur als eine Ganzheit ausschließen. Das Kennzeichnen dieser Wandlung ist die Konzeption einer Hybridkultur als Folge der „turns" und der Technologieentwicklung, die im Gegensatz zu den *klassischen* Kulturbestimmungen steht, weil: „Im Hybriden herrscht die verbindende vor der trennenden Kraft in ungleichartigen Konstellationen" (Spielmann 2010, Vorwort).

Im Hinblick auf die Medien und Kulturauffassungen nimmt der sog. „iconic turn" als Ausdruck der radikalen Enträumlichung mittels der neuen Informations- und Kommunikationstechnologien eine besondere Stelle ein: das bisherige Verstehen von Bildern wird durch das Verstehen mittels der Bilder ersetzt. Die Kultur wird als Sehen und Schauen von Bildern, als

Denken in und durch die Bilder erfasst. Der Raum und das Bild wandeln vom Gegenstand zum Kriterium einer medial gewordenen Kultur. Es kommt damit zu einer Synthese von Symbolen und Bilder als die Träger der Kultur, die schon Cassirer vor einem halben Jahrhundert vorweg nahm: „Der Begriff der Vernunft ist höchst ungeeignet, die Formen der Kultur in ihrer Fülle und Mannigfaltigkeit zu erfassen. Alle diese Formen sind symbolische Formen. Deshalb sollten wir den Menschen nicht als *animal rationale*, sondern als *animal symbolicum* definieren. Auf diese Weise können wir seine spezifische Differenz bezeichnen und lernen wir begreifen, welcher neue Weg sich ihm öffnet - der Weg der Zivilisation" (Cassirer 1992, 51).

4 Die Objektivierung der Kultur: Architektur und Medien, Sprache und Ornamentik

Im Falle der Architektur sind die Eckpfeiler des interdisziplinären Diskursfeldes um die Kultur zunächst einerseits die postmoderne Dekonstruktion der architektonischen Gestaltungsmuster (vgl. Habermas 1988; vgl. Welsch 1997) und andererseits das Postulat der Nachhaltigkeit (vgl. Costanza et al. 2007; vgl. Scott et al. 2005). Dabei gelten die architektonischen und ästhetischen Gestaltungsformen als Ausdruck der Kunstauffassung und als die objektivierte, sinnliche und ästhetische Sprache einer Kultur (vgl. Hilckman 1967). Die Architektur und ihre Gestaltungsformen, vor allem die kulturbedingte Ornamentik als *Sprache* einer Kultur, eröffnen die Zugangsmöglichkeiten zur Bestimmung der Kultur selbst, dann zum Aufzeigen der Kulturwandlungen und schließlich zum Vergleich der Kulturen untereinander. Neben der Architektur werden diese Zugangsmöglichkeiten zu den Kulturwelten vor allem in den Medien eröffnet. Die neuen Medientheorien wurden in erster Linie durch die Entwicklung von Kommunikations- und Informationstechnologien ausgelöst und rekurrieren zwangsläufig auf diese selbst. Dies bedeutet, dass ohne die technischen Möglichkeiten der Digitalisierung die sog. „Rev01ution" nicht möglich wäre.

Darüber hinaus zeigt sich die Entwicklung der neuen Technologien (Nano-Bio-Info) als ein Zwischenraum von Medien, Kultur und Wissenschaft. Dies betrifft vor allem die Einschätzung des Einflusses, den die sog. konvergierenden Technologien („converging technologies", Bainbridge/Roco 2005) auf die Medienwelt auslösen. Hierbei handelt es sich einerseits um die neuen Bildvorstellungen und Techniken der Mediatisierung (vgl. Gleiniger/Hilbeck/Scott 2010), sowohl in der Architektur als auch in den Medien (vgl. Spielmann 2010), und andererseits um die Berichterstattung über die neuen Technologien in den Medien selbst, wie z. B. im Falle der Nanotechnologie (vgl. Haslinger et al. 2012). All diese Themen sind ein Ausdruck für die fortschreitende Hybridisierung innerhalb der Wissenschaften.

Die vorgeschlagene Untersuchungsperspektive zeigt die Architektur- und Medienräume als die Art und Weise der Explikation der dynamischen Kulturwelt oder vielmehr einer Pluralität der Kulturwelten von heute und deren Wandlungen. Im Hintergrund dieser Wandlungen und Veränderungen erscheint aber, wie schon oben erwähnt, die grundlegende philosophische Frage nach der Möglichkeit der Bestimmung der Kultur. Diese Bestimmung wird im steigenden Maße mit dem Motiv des Raumes in Zusammenhang gebracht. Damit wird die Reflexion, die durch das vieldimensionale Phänomen der Medien ausgelöst wurde, auf die philosophische Frage nach dem Menschen und seiner Kulturwelt fokussiert. Als Hauptphänomen erscheint die Multidimensionalität der „Verräumlichung" („spatialisation") oder auch „Enträumlichung" (Buschauer 2010, 25), welche praktisch alle Kulturbereiche, u.a. Bildung und Politik, Medien und Kunst, Wissenschaft und Technik, heutzutage betrifft (vgl. Stępień et al. 2013). In diesem Sinne wird es möglich, das Extrapolieren der Koordinaten des Diskurses innerhalb der Geisteswissenschaften, das durch Kultur und Raum, Architektur und Medien geführt wird, durchzuführen.

Vor allem das Phänomen der „Verräumlichung" („spatialisation") weist auf die Notwendigkeit der Herausbildung einer Philosophie des Raumes, verstanden auch als eine Rationalisierung des Diskurses, der zwischen Verankerung und Aufhebung situiert ist. Die Frage nach der Möglichkeit der Objektivierung der Kulturwelt und ihrer Bestandteile, wie die *Sprache* der Architektur, Technik und Medien, führte zur Ausarbeitung eines interdisziplinären Feldes, das in Form einer Philosophie der Architektur und einer Philosophie der Medien aufgefasst wurde. Ein grundlegendes, primäres Phänomen von diesen ist der Raum und die räumliche Dynamik der Wandlungen. Dies verweist aber auf die Notwendigkeit, die philosophische Frage nach dem Raum und die Räumlichkeit synthetisch in Form einer Philosophie des Raumes darzustellen. Eine Grundlage dafür bildet die Notwendigkeit eines rationalen Diskurses um die Kultur und einer rationalen Handhabung der kulturellen Vielfalt im gesellschaftlichen Leben.

Literatur

Bachmann-Medick, D. (2006): Cultural Turns. Neuorientierungen in den Kulturwissenschaften. Reinbeck bei Hamburg

Bainbridge, W. S.; Roco, M. C. (2005): Managing Nano-Bio-Info-Cogno Innovations: Converging Technologies in Society. Berlin

Buschauer, R. (2010): Mobile Räume. Medien- und diskursgeschichtliche Studien zur Tele-Kommunikation. Bielefeld

Cassirer, E. (1992): Versuch über den Menschen. Einführung in eine Philosophie der Kultur. Frankfurt am Main

Castells, M. (2001): The Rise of the Network Society. Oxford

Costanza, R.; Graumlich, L. J.; Steffen, W. (2007): Sustainability or Collapse? An Integrated History and Future of People on Earth. Cambridge Massachusetts

Gleiniger, A.; Hilbeck, A.; Scott, W. (2010): Mediated Environments. Colour Plates. Wien/ New York 2010

Grossklaus, G. (1995): Medien-Zeit, Medien-Raum: Zum Wandel der raumzeitlichen Wahrnehmung in der Moderne. Frankfurt am Main

Habermas, J. (1988): Moderne und postmoderne Architektur. In: Welsch, W. (Hg.): Wege aus der Moderne. Schlüsseltexte der Postmoderne-Diskussion. Weinheim

Harvey, D. (1989): The Condition of Postmodernity. An Enquiry into the Origins of Cultural Change. Oxford/Cambridge

Haslinger, J.; Hauser, Ch.; Hocke, P.; Fiedeler, U. (2012): Ein Teilerfolg der Nanowissenschaften? Eine Inhaltsanalyse zur Nanoberichterstattung in repräsentativen Medien Österreichs, Deutschlands und der Schweiz. Wien 2012

Hilckman, A. (1967): Die Wissenschaft von den Kulturen. Ihre Bedeutung und ihre Aufgaben. Meisenheim am Glan

James, H. (2001): The End of Globalization: Lessons from the Great Depression. Harvard

Kroeber, A. L.; Kluckhohn, C. (1952): Culture. A Critical Review of Concepts and Definitions. Cambridge Massachusetts

Niedermann, J. (1941): Kultur. Werden und Wandlungen des Begriffes und seiner Ersatzbegriffe von Cicero bis Herder. Biblioteca dell'Archivum Romanicum diretta da Giulio Bertoni, Serie I: Storia-Letteratura-Paleografia, Vol. 28; Bibliopolis – Libreria Antiquaria Editrice. Firenze

Picot, A.; Freyberg, A. (2010): Media Reloaded. Mediennutzung im digitalen Zeitalter. Berlin/ Heidelberg

Schlögel, K. (2003): Im Raume lesen wir die Zeit. Über Zivilisationsgeschichte und Geopolitik. München/Wien

Scott, A. (ed.) (2005): Dimensions of Sustainability. London

Soja, Ed. W. (1989): Postmodern Geographies. The Reassertion of Space in Critical Social Theory. London/NY

Soja, Ed. W. (2009): Taking space personally. In: Warf, B.; Arias, S. (eds.): The Spatial Turn: Interdisciplinary Perspectives. London, S. 11–35

Spielmann, Y. (2010): Hybridkultur. Frankfurt am Main

Stępień, T. (2013): Europa wobec cywilizacji. Antona Hilckmana porównawcza nauka o cywilizacjach. Toruń

Stępień, T.; Deschner, A.; Kompara, M.; Merta-Staszczak, A. (2013): Spatialisation of Education. Migrating Languages – Cultural Encounters – Technological Turn. Frankfurt am Main/ Bern

Urry, J. (2009): Sociology beyond Societies. Mobilities for the twenty-first century. London

Welsch, W. (1997): Postmoderne für alle: Die postmoderne Architektur. In: Welsch, W. (Hg.): Unsere postmoderne Moderne. Berlin

Neue Medien, kulturelle Praxen und Identitätsbildung

Gerhard Banse

1 Vorbemerkung

Das gewählte Thema ist zwar fast „allumfassend“ - aber so gewollt: Es bietet (auch) die Möglichkeit (wie die Notwendigkeit) des „Resümierens“, des „Innehaltens“, des sich „Vergewisserns“, bezogen auf Über- und Darlegungen im CultMedia-Netzwerk zu den vielfältigen und verflochtenen („interdependenten“) Beziehungen zwischen Neuen Medien, kulturellen Praxen und Identitätsbildung[1] (siehe Abb. 1).

Abb. 1: Schematische Darstellung der Beziehungen zwischen Neuen Medien, kulturellen Praxen und Identität(en)

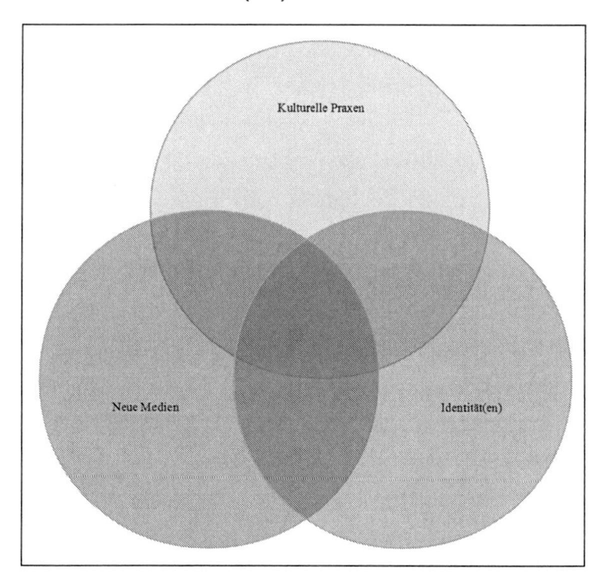

Eigene Darstellung

1 Erstmals hatte im Jahr 2009 Urszula Żydek-Bednarczuk einen Überblick über das im CultMedia-Netzwerk zur Identitätsthematik bzw. -problematik Erreichte bilanziert; vgl. Żydek-Bednarczuk (2011).

Im Folgenden kann und soll es lediglich um das zusammenfassende Darstellen einiger konzeptioneller Voraussetzungen und theoretischer Ergebnisse der Arbeit des CultMedia-Netzwerks als Grundlage für die Weiterarbeit gehen.

2 Rückblicke

Das Forschungsfeld 2 des CultMedia-Netzwerks „Identität und Gemeinschaft" erschließt die sozial-kulturelle Dimension. Die Leitfrage lautet: Was (bzw. wie) verändert sich unter dem Einfluss der Neuen Medien im (bzw. das) Verhältnis von Identität und Gemeinschaft? „Im Zusammenhang von kultureller Diversität und neuen Medien geht es hierbei um sich verändernde Muster individueller Identitätsbildung (im Verhältnis von personaler und sozialer Identität) sowie der Bildung von Gemeinschaften (als Assoziation zusammen lebender, interagierender oder miteinander kommunizierender Personen). Weitere Erkenntnisinteressen sind hierbei auf die Entbindung von raum-zeitlicher Nachbarschaft, auf dadurch veränderte Verhaltensnormen sowie auf veränderte Formen der In- und Exklusion gerichtet, vor allem insoweit diese Folgen für die soziale Differenzierung und die kulturelle Diversität überhaupt auslösen" (Banse/Metzner-Szigeth 2005, 25).

Nachgespürt wurde den (Veränderungen der) Beziehungen von Identität und Gemeinschaft unter den Bedingungen der Neuen Medien in fast allen Tagungen des Netzwerks. Hervorgehoben seien:

- Workshop „Kultur und/oder/als Technik – zur frag-würdigen Medialität des Internets", Potsdam, Deutschland; 23. bis 25. September 2002[2] (vgl. dazu in Petsche 2005a insbesondere die Beiträge Köhler 2005 und Miczka et al. 2005);
- Workshop „Informationsgesellschaft, Kultur, Identität, Globale Kommunikation", Katowice, Polen; 16. Oktober 2003 (vgl. dazu in Kiepas/¤ydek-Bednarczuk 2006 insbesondere die Beiträge Banse 2006a, Kiepas 2006 und Meinberg 2006);
- Workshop „Netzbasierte Kommunikation und das Verhältnis von Identität und Gemeinschaft", Donostia-San Sebastian, Spanien; 22. bis 25. April 2004 (vgl. dazu in Ursua/Metzner-Szigeth 2006 insbesondere die Beiträge Banse 2006b, Galantai 2006, Hauser 2006, Metzner-Szigeth 2006 und Ursua 2006);
- Workshop „Die Zukunft der Informationsgesellschaft. Kulturelle Vielfalt und neue Medien", Klagenfurt, Österreich; 09. bis 11. Dezember 2007 (vgl. dazu in Banse et al. 2009

2 Bei diesem Workshop handelte es sich um den „Auftakt-Workshop" des Netzwerks.

insbesondere die Beiträge Hauser 2009, Petsche 2009, Roth-Ebner 2009, Unger 2009 und Winter 2009);

- Workshop „Pluralität und kulturelle Diversität durch Medien“, Katowice, Polen, 11. bis 12. Juni 2008 (vgl. dazu in Banse et al. 2009 den Beitrag Legomska 2009);
- Workshop (Jahrestagung) „Cultural Diversity and New Media. Ergebnisse - Probleme - Aufgaben“, Cottbus, Deutschland; 28. bis 29. September 2009 (vgl. dazu in Banse/Krebs 2011[3] insbesondere die Beiträge Drosenová 2011, Fobelová/Fobel 2011, Kiepas 2011, Miczka 2011, Zapf/Petsche 2011 und ¤ydek-Bednarczuk 2011);
- Workshop (Jahrestagung) „Von der Informations- zur Wissensgesellschaft: Reloaded. e-Participation - e-Identity - e-Society“, Prag, Tschechische Republik, 15. bis 17. Juni 2011 (vgl. dazu in Banse et al. 2013 insbesondere die Beiträge Fobel/Fobelová 2013, Miczka et al. 2013, Winter 2013 und Wołek 2013).

Zu verweisen ist in diesem Zusammenhang aber auch auf die empirische Untersuchung, die Thomas Köhler, Hans-Joachim Petsche und Antje Zapf im Jahr 2006 mit Unterstützung zahlreicher „Netzknoten“ des Netzwerks durchgeführt haben (vgl. Petsche et al. 2007).

3 Einblicke

Um einige Einblicke darstellen zu können, sei zunächst auf Abb. 2 verwiesen.

Bei A geht es einerseits um die technische Ermöglichung kultureller Praxen, andererseits um die kulturelle Ermöglichung technischer Praxen, d.h. es geht um das Verhältnis von (technischer oder kultureller) Möglichkeit und (technischer oder kultureller) Wirklichkeit bzw. um den Übergang vom Status der (denkbaren) Möglichkeit in den Status der (lebensweltlichen) Wirklichkeit sowohl des Technischen wie des Kulturellen. Mit D wird eine „gelebte“ Identität in dem durch die Neuen Medien konstituierten „kulturellen Raum“ mit Mediatisierung und Virtualisierung erfasst.

Darauf kann hier nicht näher eingegangen werden, denn zu vielfältig sind die damit zusammenhängenden Aspekte, Sichten, Herangehensweisen und Befunde - wie nicht zuletzt die Ergebnisse des gut zehnjährigen Wirkens des CultMedia-Netzwerks belegen. Verdeutlicht werden sollen aber einige konzeptionelle Voraussetzungen.

3 Dieser Band enthält auch Erträge des Workshops „(Technik-)Sicherheit – Sicherheitskommunikation – Sicherheitskulturen“, (Hochschule) Hannover, Deutschland; 09. bis 10. Juli 2009, in dessen thematischen Rahmen „Identität und Gemeinschaft“ jedoch nicht zentral war.

Abb. 2: Schematische Darstellung der „Schnittmengen" in den Beziehungen zwischen Neuen Medien, kulturellen Praxen und Identität(en)

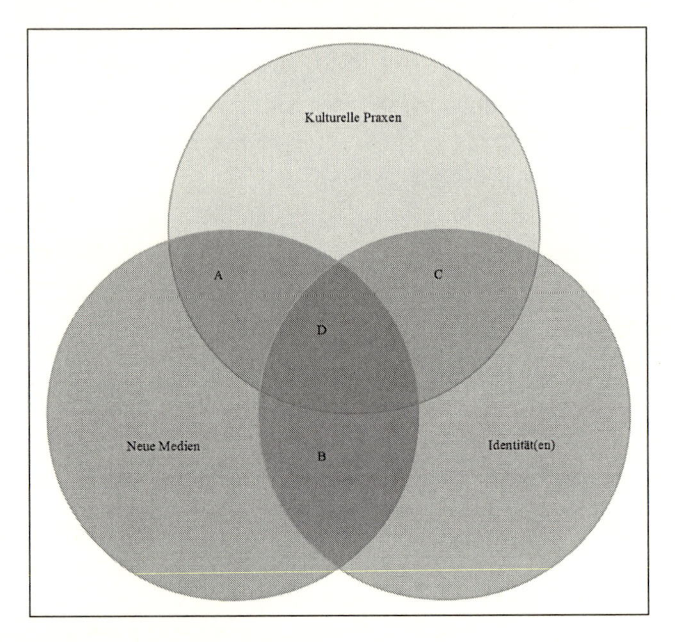

A – „Neue Medien und Kultur" generell;
B – Identität angesichts neuer Medien;
C – „gelebte" Identität generell (kulturelle „Einbettung");
D – „gelebte" Identität (in ihrer kulturellen „Einbettung") angesichts neuer Medien („Kultureller Raum" mit Mediatisierung und Virtualisierung)

Eigene Darstellung

3.1 Neue Medien

Für das Verständnis Neuer Medien ist es von entscheidender Bedeutung, breit und komplex genug angelegt zu sein, um die Einbettung Neuer Medien in kulturelle Prozesse und die Verwobenheit von Neuen Medien und Kultur systematisch bearbeiten zu können, einerseits mit den Auswirkungen des technischen Wandels auf die Kultur und andererseits mit den Einflüssen der Kultur auf die Neuen Medien.[4] Mit diesen Zusammenhängen unlösbar verflochten sind die Bedingungen, unter denen Medien sich entwickeln und ihrerseits wirksam

4 Zum hier unterstellten generellen Verständnis von Technik (bzw. „des Technischen") vgl. Banse (2004).

werden. Ein sich durch die Mediendiskurse ziehender Orientierungsunterschied besteht darin, Medien eher als technische Systeme einerseits oder als sozio-kulturelle Praktiken andererseits zu verstehen. Für das Anliegen von CultMedia kommt es jedoch darauf an, sowohl die technische als auch die sozio-kulturelle Seite der Medien zu sehen. Im Sinne einer Arbeitsdefinition wurden und werden im vorliegenden Zusammenhang unter Medien jene sozio-technischen Systeme und kulturellen Praktiken der Verbreitung und Speicherung von Information verstanden, welche der Gestaltung von Kommunikation und Interaktion dienen und dadurch die kollektive sowie individuelle Wahrnehmung und Erfahrungsbildung in der Lebenswelt mitbestimmen. Dieser breite Ansatz wurde in der konkreten Arbeit des Netzwerks aber eingeschränkt: „Anliegen des Netzwerks ist die weitergehende Analyse der Veränderungen kultureller Praxen [...], die im Zusammenhang mit der Anwendung der so genannten Neuen Medien, vor allem *des Internets* stehen", heißt es im Editorial aller vom „International Network on Cultural Diversity and New Media (CultMedia)" herausgegebenen Bände der Reihe „e-Culture – Network Cultural Diversity and New Media" (H.d.V.; G.B.). Daraus ergibt sich dann, wie es in jedem Editorial weiter heißt: „Fokus der Untersuchung ist dabei stets die Frage, wie die Möglichkeiten und Auswirkungen des Internets hinsichtlich neuer Formen der Information, Kommunikation und Kooperation im Bereich der ‚Kultur des Alltäglichen' einzuschätzen sind." Mit dieser Zielstellung wurde bislang vorrangig das sogenannte „Web 1.0" in den Blick genommen, etwa hinsichtlich Zugang, generelle („nicht-spezifizierte") Nutzung, Hypertext, Spiele und Kunst.

Dabei ist eine wichtige Differenzierung von Hans-Joachim Petsche eingeführt (bzw. vorgeschlagen) worden, nämlich die auf das Internet bezogene Unterscheidung von Mittel, Medium und Milieu: *„Die Verspleißung von kommunikativer, instrumenteller und intrakultureller Medialität im Medium Internet wird* [...] *nicht reflektiert, so dass auch die Konsequenzen der dreifachen Dimension oder Perspektive der Medialität des Internets als Vermittlung, in der Gestalt von Mittel, Medium und Milieu außer Betracht bleiben.* [...] Als *Mittel* ist das Internet Technik, ‚Maschine', die menschliche Tätigkeiten ersetzt, ergänzt, umstrukturiert oder/und neu kreiert. [...] Als *Medium* ist das Internet wesentlich ein Kommunikationsphänomen [...] Als *Milieu* schließlich strukturiert das Internet kulturelle Räume, führt es zur intrakulturellen Ausdifferenzierung neuartiger Lebensbezüge" (Petsche 2005b, 32).[5]

5 Interessant ist, dass Vasco Alexander Schmidt (sicherlich unabhängig von den Überlegungen Petsches) fast eine Dekade später zu einer analogen Differenzierung kommt: „The role of computers as a means, tool and medium" (vgl. Schmidt 2012).

Für die Analyse der „Impacts“ Neuer Medien sollte aber auch Folgendes bedacht werden: „Die neuen Medien eröffnen nicht eine völlig neue mediale Dimension; eher wird man praktisch-technisch viele Züge aus der Gutenberg-Galaxis und den alten elektronischen Medien wiederfinden - nur technisch elaborierter, funktional komplexer und vor allem beschleunigt“ (Müller 1998, 1). Es ist nicht alles neu, auch wenn es so bezeichnet wird...

Für weitere Analysen im Rahmen von CultMedia bieten sich über das oben Genannte weitere Untersuchungsbereiche an:

- „Konvergenztendenzen“ („Smartphone“, TV/Film/Internet, ...);
- „Electronic Business“ (e-commerce, e-banking, ...);
- „Web 2.0“ (bislang nur „Partizipation“, „politischer Aktivismus“, „Paternalismus“, Weblogs).

3.2 Kultur/Kulturelles

In den mit Kultur bzw. Kulturellem befassten Wissenschaften gibt es eine Vielzahl von Konzepten, Sichtweisen und Begriffsexplikationen, die insgesamt nicht „restlos“ ineinander überführbar sind.[6] Dennoch haben alle Kulturverständnisse, so verschieden sie im Detail auch erscheinen, einen kleinsten gemeinsamen Nenner: ihr Ziel ist immer die Erfassung von (menschgemachten) Kontexten, oder genauer: der Rahmenfaktoren, die diese Kontexte bilden (vgl. dazu auch Hauser/Banse 2010; Hubig 2010). Verschieden sind sie deshalb, weil der jeweils zu erfassende konkrete Kontext je nach Betrachtungsebene und Betrachtungsgegenstand stark variiert und meist mehrere Rahmenfaktoren umfasst. Aussageschwach im Hinblick auf empirische Untersuchungen bleiben viele Kulturkonzepte, weil sie erkenntnistheoretisch nicht in der Lage sind, die oft „weichen“, nur implizit wirkenden Rahmenfaktoren, die den Kontext bilden, genauer zu definieren und zwischen den verschiedenen Einflüssen auf den verschiedenen Betrachtungsebenen sowie bezogen auf verschiedene Betrachtungsgegenstände zu differenzieren.

M.E. sind aber begrifflich wie konzeptionell differierende (und differenzierende) Kulturverständnisse je nach

6 Beispielsweise haben bereits im Jahre 1952 Alfred Kroeber und Clyde Kluckhohn rund 164 „Definitionen“ von „Kultur“ zusammengestellt (vgl. Kroeber/Kluckhohn 1952); in den 50 Jahren danach sind noch unzählige hinzugekommen – neben „essentialistischen“ („Kultur ist ...“) gibt es „funktionalistische“ („Kultur hat die Funktion ...“) und „phänomenologische („Kultur zeigt sich in ...“ oder „Kultur wird repräsentiert durch ...“) Fassungen unterschiedlichster Art (wobei häufig auf die „Leitdifferenzen“ „Natur – Kultur“ oder „Kultur – Zivilisation“ Bezug genommen wird; vgl. näher dazu Hubig 2010).

- Untersuchungsziel,
- Untersuchungsgegenstand und
- Untersuchungsmethode

im CultMedia-Netzwerk analytisch nutzbar.

Im Folgenden werden drei Beispiele genannt, die auch in den Untersuchungen von Mitgliedern des Netzwerks genutzt werden.

1. In einem breiten Verständnis umfasst Kultur
   a) die Wertvorstellungen, Überzeugungen, Kognitionen und Normen, die von einer Gruppe von Menschen geteilt werden;
   b) die Verhaltensweisen und Praktiken, die für eine Gruppe von Menschen üblich sind;
   c) vergegenständlichte Artefakte, mit denen das Leben gestaltet wird;
   d) „stillschweigend" vorausgesetzte Handlungs- und Verhaltens„regeln" (d.h. *implizite* „Werte"; vgl. näher dazu etwa Hegmann 2004).[7]

Diese Art der Fassung von „Kultur" bzw. „Kulturellem" mit ihren unterschiedlichen „Elementen" findet sich etwa in den ersten konzeptionellen Überlegungen des CultMedia-Netzwerks (vgl. Banse 2005).

2) Ein etwas eingeschränktes Kulturkonzept basiert auf Überlegungen von Klaus P. Hansen, der von sogenannten kulturellen Standardisierungen auf verschiedenen Ebenen von Gemeinschaften (Makro-, Meso- und Mikroebene) in den Bereichen Kommunikation, Handeln und Verhalten, Denken sowie Fühlen und Empfinden ausgeht (vgl. Hansen 2003; vgl. auch Banse/Hauser 2010, 23ff.). Diese kulturellen Standardisierungen bilden sich im Verlauf der Sozialisation bzw. „Enkulturation" heraus und sind mehr oder weniger stabil. Davon ausgehend kann man unter „Kultur" (mehr oder weniger) stabile „Muster" (*patterns*) und „Praktiken" (*practices*) verstehen, Muster und Praktiken
   a) der Kommunikation (z.B. direkt, durch Briefe, mittels Mobiltelefon oder per SMS oder Email, ...),
   b) des Denkens (z.B. rational/emotional, systematisch/intuitiv, analytisch/ganzheitlich, ...),

7 Es ist ersichtlich, dass unterschiedliche „Verkürzungen" oder „Einengungen" hinsichtlich „Kultur" bzw. „Kulturellem" möglich sind. Wenn allerdings – als anderes Extrem – alles unter das Kulturelle subsumiert, alles zu einem „kulturellen Konstrukt" wird, dann verliert m.E. die Berücksichtigung des Kulturellen (s)eine analytische bzw. unterscheidende, aber auch seine interpretative bzw. erklärende Bedeutung.

c) des Fühlens und Empfindens (z. B. Akzeptanz, Hoffnungen, Ängste, Träume, ...) und
d) des Verhaltens und Handelns (z. B. Tun/Unterlassen, erfahrungsbasiert, spontan, zielorientiert, ...
e) in Relation zu Raum und Zeit.

Das Konzept von Hansen hat insbesondere Robert Hauser für CultMedia-Aktivitäten fruchtbar gemacht (vgl. vor allem Hauser 2010).

3. Fasst man Kultur im Rahmen der „Theorie sozialer Praktiken", dann geht es um kulturell eingefahrene Gepflogenheiten und sozial eingespielte Praktiken: „Das meiste, was wir Alltagsmenschen tun, ist nicht Ergebnis wohlüberlegter intentionaler Entscheidungen, sondern basiert auf einem praktischen Erfahrungswissen und einem interpretativen Können, das wir in häufig wiederholten Handlungszügen eingeübt haben und das uns vieles, wenn nicht das meiste, ohne längeres Überlegen ausführen lässt. [...] Erst im Kontext praktischer Lebenszusammenhänge wird vorhandenes Wissen relevant und wirksam, findet seinen Einsatz und seine Veränderung. Erst wenn sich uns größere Probleme aufdrängen und stören, wenn wir nach konkreten Lösungen suchen und unsere Praktiken ändern müssen oder wollen, werden all die großen Wissensbestände thematisch, über die wir als Mitglieder einer Wissensgesellschaft zwar verfügen, die jedoch meist passiv in uns ruhen" (Hörning 2010, 334f.). Kurz: „Doing culture" (vgl. Hörning/ Reuter 2004a). In diesem Sinne schreiben Karl Heinz Hörning und Julia Reuter: „Kultur ist dynamisch; sie ist in *action*. Immer häufiger richtet sich das Forschungsinteresse nicht auf die Kultur, sondern auf die Vielfalt kulturellen *Wandels*. [...] Treibende Kraft dieses Wandels sind nicht nur ‚objektive' Prozesse der Differenzierung, Virtualisierung oder Globalisierung. Es ist vor allem das Handeln der Akteure, das Kultur bewegt" (Hörning/ Reuter 2004b, 9).

Das Konzeptionieren von Kultur über (alltägliche) Praktiken (etwa der Mediennutzung und -rezeption) wurde vor allem mit dem CultMedia-Workshop im Dezember 2007 in Klagenfurt für das Netzwerk fruchtbar gemacht (vgl. dazu neben dem bereits oben Genannten etwa noch Reichert 2009; Schönberger 2009; Wieser 2009).

Zu bedenken (wie zu beachten!) ist dabei indes der „lange Arm des ‚real life'„, d.h. die Persistenz einerseits und die Re- und Neukombination sozialer Strukturierungen und Praxen andererseits überlagern sich sowohl in räumlichen Interdependenzen wie in zeitlichen Abläufen. Das lässt sich auch gut mittels der sogenannten „Hype-Kurve" von Jackie

Fenn darstellen, die deutlich macht, dass sich (erst) nach überzogenen Erwartungen eine „normale" Nutzung als kulturelle Praxis herausbildet (siehe Abb. 3).[8]

Abb. 3: „Hype-Kurve"

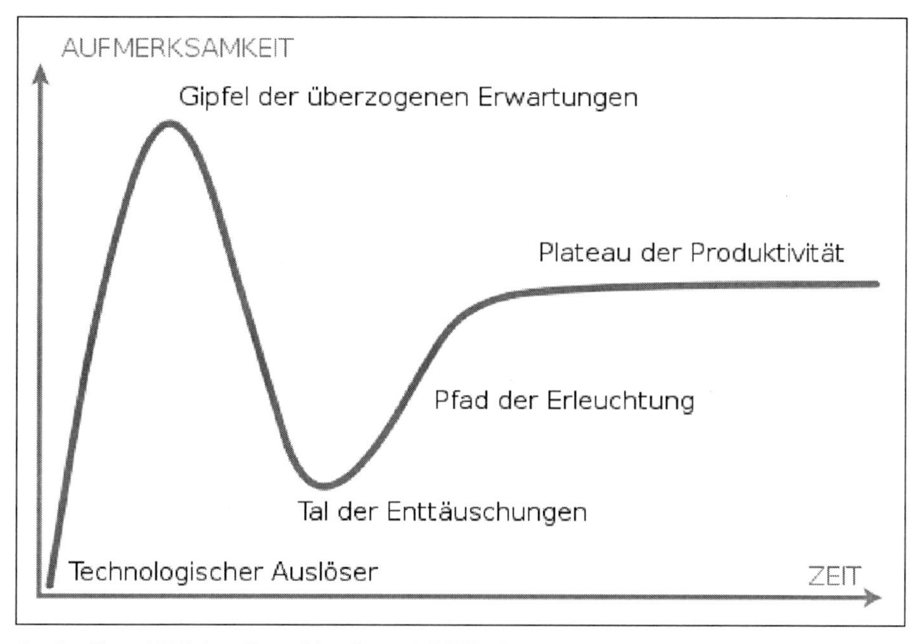

Quelle: Fenn 1995; http://en.wikipedia.org/wiki/File:Gartner_Hype_Cycle.svg [01.08.2014]

3.3 Identität(sbildung)

Hier sei zunächst mit zwei Zitaten an das erinnert, was ich bereits auf dem CultMedia-Workshop im Jahr 2004 in Donostia-San Sebastian ausgeführt hatte (vgl. dazu Banse 2006b): „Es ist für den Leser der rasch wachsenden Literatur zu diesem Thema [kulturelle Identität] nicht leicht zu erkennen, ob die kulturelle Identität deswegen problematisch ist, weil sie allererst zu suchen, zu finden bzw. zu entwickeln ist oder weil sie verlorenzugehen droht" (Graumann 1999, 60). „Identität definiert Individuen über die Zeit und hinsichtlich der Umwelt, ist das

8 Diese „Hype-Kurve", die sich vor allem auf die öffentliche Aufmerksamkeit technischer Entwicklungen und damit verbundener (sozialer, kultureller, …) Praxen bezieht, darf nicht mit der sogenannten „Sättigungskurve" verwechselt werden, die deutlich macht, dass viele Größen (etwa der Besitz von Mobiltelefonen oder die Zugänge zum Internet) nach längerer Zeit einem mehr oder weniger festen Wert entgegenstreben, der Sättigung.

Resultat von Person und Interaktion und Gegenstand von Selbst- und Fremdbeobachtung" (Saxer 1999, 98f.). - Das ist heute nicht anders! Es geht erstens um das Identifizieren des „Selbst", zweitens um das Identifizieren eines „Anderen" und drittens um das Identifizieren mit „Anderen" bzw. „Anderem".

Wird der zentrale Gedanke von René Descartes „Ich denke, also *bin* ich!" bzw. „Ich denke, also bin *ich*!"[9] als Ausgangspunkt der Selbstidentifikation genommen, dann ergibt sich m.E. für das „Web 1.0": „Ich bin online, also *bin* ich!" bzw. „Ich bin online, also bin *ich*!". Für das „Web 2.0" könnte man dann sinngemäß feststellen: „Ich bin in Facebook, also *bin* ich!" bzw. „Ich bin in Facebook, also bin *ich*!". Im Umgang mit diesen neuen Möglichkeiten (im o.g. Sinne von Petsche als Mittel, Medium und Milieu zu differenzieren) zeigen sich typische Identitätsbildungen und „-konstruktionen": gruppen-, rollen-, körper- oder tätigkeitsbezogene Teil-Identitäten („multiple Identität"), „natürliche" und „netzbasierte" Konzepte von Identität, „starke" („essenzielle") und „schwache" Identitäten sowie „Vorgegebensein" („Fremdbestimmung") und „Wahlmöglichkeit" („Selbstbestimmung") hinsichtlich Identität.

Dabei geht es einerseits um Möglichkeiten für Personen, die „es [...] erlauben, sich eine andere Wahrheit, ein anderes Selbst zu erfinden als das, welches [...] immer schon vermittelt wird" (Lembke 2008), andererseits um die Auseinandersetzung mit den (realen) Widerfahrnissen der Lebenswelt im Unterschied zu den mehr „virtuellen" Widerfahrnissen (wenn man sie überhaupt so bezeichnen darf) des Cyberspace: „Könnte es nicht sein, daß sich die künstliche Welt für den Benutzer reizvoller gestaltet als die wirkliche, daß man die Aufgaben, die die eigene Person und die Gesellschaft betreffen, vergißt und sich einen neuen, erfolgverheißenden Wirkungsbereich im Cyberspace sucht?" (Franke/Riedel 1993, 23).

Dass es eine Differenz zwischen Selbstidentifizieren und Identifiziertwerden gibt, zeigen die Beispiele Videoüberwachung, Biometrie und Identitätsdiebstahl (siehe dazu auch Abschnitt 4).

4 Ausblick

Abschließend soll mit einem Beispiel nicht nur die Aktualität der für diesen Beitrag gewählten Thematik verdeutlicht, sondern zugleich ein Bereich aufgewiesen werden, der für das Netzwerk sowohl wegen der „Praxen" als auch wegen der „Kulturalität" und des Bezugs zu Neuen Medien von Interesse ist bzw. sein sollte - die „Plagiator-Identität".

9 Lateinisch „cogito ergo sum"; vgl. näher Descartes (1924, 44).

Mit den „Fällen" Karl-Theodor zu Guttenberg, Silvana Koch-Mehrin und Annette Schavan, d.h. der Aberkennung der Doktortitel hochrangiger Politiker, war das Thema „Plagiarismus" kurzzeitig „in", fand sich in vielen Spitzenmeldungen und Kommentaren in Presse, Rundfunk und Fernsehen sowie Internetforen. Nun ist es in der Öffentlichkeit nicht mehr so vordergründig vertreten. Desto wichtiger ist es indes, die im Plagiarismus deutlich werdenden aktuellen wie historischen Erscheinungen, Zusammenhänge, Differenzierungen, Unterschiedlichkeiten usw., die in der öffentlichen Debatte kaum eine Rolle spielten und spielen – war bzw. ist diese doch vor allem auf Plagiate im Zusammenhang mit wissenschaftlichen Promotionsschriften (Dissertationen) fokussiert –, detaillierter darzustellen. Denn es zeigt sich nämlich, „dass Plagiarismus – wenn er überhaupt als Unrecht erkannt wird – in den verschiedenen gesellschaftlichen Teilbereichen und bei den jeweils betroffenen Menschen ganz unterschiedlich behandelt und verfolgt wird" (Bung et al. 2011b).

Bereits das Projekt „Neue Medien und Kultur", das das Büro für Technikfolgen-Abschätzung beim Deutschen Bundestag (TAB) in den Jahren 2000 und 2001 durchgeführt hat (vgl. Paschen et al. 2002), machte Wandlungen der Akteurskonstellationen im Bereich der Kulturwirtschaft, d.h. bezogen auf Kulturproduzenten, auf Kulturdistribuenten bzw. Kulturvermittler sowie auf Kulturkonsumenten bzw. Kulturrezipienten, deutlich, die – wie in Abb. 4 die Ziffern 4 und 12 belegen – auch Bezüge zum Plagiarismus aufweisen.

„Plagiate" waren das Thema der Frankfurter Jahrestagung der Kritischen Reihe im Jahr 2009 – also noch vor den o.g. „Fällen", und damit die Relevanz und wohl auch Ubiquität des Plagiarismus jenseits derartiger medialer Darstellungen belegend. Diese Tagung, deren Dokumentation vorliegt (vgl. Bung et al. 2011a), lieferte sowohl in historischer als auch in systematischer Hinsicht gewichtige Beiträge auch zur „Plagiator-Identität". Deutlich wird, dass das „Phänomen" des Plagiats sowohl ein historisches (d.h. mit sich wandelnden Bestimmungen, Bewertungen und Verrechtlichungen) als auch ein vielfältiges (d.h. mit je wissenschaftsdisziplin- bzw. fachgebietsspezifischen Ausprägungen) ist.

Nach Teddi Fishman liegt ein Plagiat dann vor, wenn jemand „Wörter, Ideen oder Arbeitsergebnisse verwendet, die einer identifizierbaren Person oder Quelle zugeordnet werden können, ohne die Übernahme sowie die Quelle in geeigneter Form auszuweisen, in einem Zusammenhang, in dem zu erwarten ist, dass eine originäre Autorschaft vorliegt, um einen Nutzen, eine Note oder einen sonstigen Vorteil zu erlangen, der nicht notwendigerweise ein geldwerter sein muss" (Fishman 2009).

Plagiate sind an zahlreiche (historisch wie kulturell wandelbare!) Voraussetzungen gebunden, etwa an ein (autonomes) Individuum oder einen geistigen „Gegenstand", an (geistiges) Privateigentum und Autorschaft, an Authentizität (des Urhebers wie des Werkes) und/oder an Originalität (vgl. Bung et al. 2011c, 11).

Abb. 4: TAB-Projekt „Neue Medien und Kultur“ (2000/2001) – einige Ergebnisse

Kulturbereiche	*Veränderungen in der Wertschöpfung*			*Veränderungen bei den Akteuren*		
	Kulturproduktion	*Kulturdistribution*	*Kulturkonsumtion*	*Kulturproduzenten (Urheber, Hersteller)*	*Kulturdistribuenten (Vermittler)*	*Kulturkonsumenten (Rezipienten)*
Print-Bereich / Literatur		1			2	3
Musik	4 5	6 7		8 9 10	11	8 9 12
Film / Kino	13		14 15	16		

1 – Text-Distribution via Internet kann die Buch-Preisbindung unterlaufen und Verlage umgehen
2 – Umgehen von Filterinstanzen und „Gatekeeper“
3 – Individualisierte Online-News – Verringerung der gemeinsamen Erfahrungsbasis
4 – Gewinnausfall durch (nichtbezahltes) Herunterladen von Musik aus dem Internet
5 – Wertschöpfung bedroht, da weiterhin Kosten anfallen (für Akquisition und Marketing, Künstlertantiemen, Studioaufnahmen u.a.), aber kaum Umsätze generiert werden
6 – Direktvertrieb (Umgehung traditioneller „Vertriebs“wege)
7 – Entstehen neuer orientierungsstiftender Instanzen, die das Suchen und Finden im Netz erleichtern
8 – Aufhebung der Trennung von Musikschaffen und Musikhören
9 – Internet erlaubt, Künstler und Konsumenten unter Umgehung der herkömmlichen Mittler-Instanzen (Talentsucher, Label, Handel) zueinander zu bringen (d.h. Chancen für neue Akteure)
10 – Präsentation kurzer Samples auf Künstler-Homepages zur Kaufanregung
11 – Präsentation kurzer Samples auf Händler-Homepages zur Kaufanregung
12 – Bagatellisierung illegalen Verhaltens
13 – Senkung von Markteintrittsbarrieren – z.B. infolge Senkung der Produktionskosten (Kosten für physisches Filmmaterial, Entwicklung, Schnitt im Studio, Kopieren und Transport)
14 – Flexiblere Spielplan- und Werbeblockgestaltung
15 – Digital via Kabel oder Satellit direkt in Lichtspielhäuser bzw. via Internet direkt zum Endgerät des Endkunden
16 – Neue Freiräume für Kreativität

Eigene Darstellung nach Paschen et al. 2002

So zahlreich wie die Voraussetzungen sind allerdings auch die Formen von Plagiaten. Im Wissenschaftsbereich sind vor allem aufweisbar (vgl. Basak 2011):

- Vollplagiat (etwa studentische Hausarbeiten);
- Teilplagiate (etwa unausgewiesene Zitate);

- Ideen- oder Strukturplagiat (z.B. „Ideenklau");
- nur ausgewiesene Autorenschaft (etwa bei mehreren Autoren);
- Datenklau und Datenfälschung.

Sozusagen als „Blick in die Zukunft" ist darauf zu verweisen, dass es (spätestens) mit den Neuen Medien einerseits immer schwieriger wird, (wenn noch gewollt!) eine originäre Verbindung zwischen Autor und Werk herzustellen bzw. zu erhalten, dass es andererseits immer einfacher wird, Verbindungen der Art „neuer Autor - altes Werk" (also Plagiate) zu erzeugen (wie etwa in den o.g. Fällen). Etwas Trost könnte man vielleicht darin finden, dass mit den Neuen Medien auch effektive Hilfsmittel für das Auffinden derartiger „neuer" Verbindungen generiert wurden und werden (wie die o.g. Fälle ebenfalls belegen).

Literatur

Banse, G. (2004): Der Beitrag der interdisziplinären Technikforschung zur Weiterentwicklung der Allgemeinen Technologie. In: Banse, G.; Reher, E.-O. (Hg.): Fortschritte bei der Herausbildung der Allgemeinen Technologie. Berlin, 35–48

Banse, G. (Hg.) (2005): Neue Kultur(en) durch Neue Medien(?). Das Beispiel Internet. Berlin

Banse, G. (2006a): Identität in der realen Welt und im Cyberspace – Chancen und Gefahren. In: Kiepas, A.; ¤ydek-Bednarczuk, U. (Hg.): Informationsgesellschaft und Kultur. Internet – Globale Kommunikation – Identität. Berlin, 53–66

Banse, G. (2006b): (Kulturelle) Identität, Gemeinschaft und netzbasierte Kommunikation. Anmerkungen zur Diskussion. In: Ursua, N.; Metzner-Szigeth, A. (Hg.): Netzbasierte Kommunikation, Identität und Gemeinschaft. Berlin, 25–42

Banse, G.; Hauser, R. (2010): Technik und Kultur – Ein Überblick. In: Banse, G.; Grunwald, A. (Hg.): Technik und Kultur. Bedingungs- und Beeinflussungsverhältnisse. Karlsruhe, 17–40

Banse, G.; Hauser, R.; Machleidt, P.; Parodi, O. (Hg.) (2013): Von der Informations- zur Wissensgesellschaft. e-Society – e-Partizipation – e-Identität. Berlin

Banse, G.; Krebs, I. (Hg.) (2011): Kulturelle Diversität und Neue Medien. Entwicklungen – Interdependenzen – Resonanzen. Berlin

Banse, G.; Metzner-Szigeth, A. (2005): Veränderungen im Quadrat. Computervermittelte Kommunikation und moderne Gesellschaft. Überlegungen zum Design des europäischen Forschungs-Netzwerks „Kulturelle Diversität und neue Medien". In: Banse, G. (Hg.): Neue Kultur(en) durch Neue Medien(?). Das Beispiel Internet. Berlin, 17–46

Banse, G.; Metzner-Szigeth, A. (2012): Cultural Diversity and New Media – Their Interaction as an Element of European Integration: Elaborating a European Research Network. In: Rothkegel, A.; Ruda, S. (Hg.): Communication on and via Technology. Berlin/Boston, 217–257

Banse, G.; Wieser, M.; Winter, R. (Hg.) (2009): Neue Medien und kulturelle Vielfalt. Konzepte und Praktiken. Berlin

Basak, D. (2011): Vom „geistigen Diebstahl“ zur „akademischen Urkundenfälschung“ – Zum Schutzgut der Regeln für den Umgang mit Plagiaten im akademischen Bereich des Plagiats. In: Bung, J.; Gruber, M.-Chr.; Kühn, S. (Hg.): Plagiate. Fälschungen, Imitate und andere Strategien aus zweiter Hand. Berlin, 177–200

Bung, J.; Gruber, M.-Chr.; Kühn, S. (Hg.) (2011a): Plagiate. Fälschungen, Imitate und andere Strategien aus zweiter Hand. Berlin

Bung, J.; Gruber, M.-Chr.; Kühn, S. (2011b): Vorwort. In: Bung, J.; Gruber, M.-Chr.; Kühn, S. (Hg.): Plagiate. Fälschungen, Imitate und andere Strategien aus zweiter Hand. Berlin, 7

Bung, J.; Gruber, M.; Kühn, S. (2011c): Einleitung. In: Bung, J.; Gruber, M.-Chr.; Kühn, S. (Hg.): Plagiate. Fälschungen, Imitate und andere Strategien aus zweiter Hand. Berlin, 11–18

Descartes, R. (1924): Abhandlung über die Methode, die Vernunft richtig zu gebrauchen und die Wahrheit in den Wissenschaften zu suchen. In: Descartes, R.: Philosophische Abhandlungen. Berlin/Wien, 7–86

Drosenová, W. (2011): Tschechische Identität und Wissenschaft. In: Banse, G.; Krebs, I. (Hg.): Kulturelle Diversität und Neue Medien. Entwicklungen – Interdependenzen – Resonanzen. Berlin, 129–140

Fishman, T. (2009): „We know it when we see it“ is not good enough: Toward a Standard Definition of Plagiarism that Transcends Theft, Fraud, and Copyright. 4th Asia Pacific Conference on Educational Integrity (4APCEI), 28–30 September. University of Wollongong, NSW, Australia. URL: http://www.bmartin.cc/pubs/09-4apcei/4apcei-Fishman.pdf (zit. nach http://de.wikipedia.org/wiki/Plagiat) [September 2013]

Fobel, P.; Fobelová, D. (2013): Gesellschafts- und Wertveränderungen auf dem Weg zur Wissensgesellschaft in der Slowakei. In: Banse, G.; Hauser, R.; Machleidt, P.; Parodi, O. (Hg.): Von der Informations- zur Wissensgesellschaft. e-Society – e-Partizipation – e-Identität. Berlin, 171–181

Fobelová, D.; Fobel, P. (2011): Kulturelle Identität und digitale Ära. In: Banse, G.; Krebs, I. (Hg.): Kulturelle Diversität und Neue Medien. Entwicklungen – Interdependenzen – Resonanzen. Berlin, 93–101

Franke, H. W.; Riedel, O. (1993): Aufbruch in den Cyberspace. In: Steinmüller, K. (Hg.): Wirklichkeitsmaschinen. Cyberspace und die Folgen. Weinheim u.a., 11–24

Galantai, Z. (2006): Virtual Identities: From Avatar to Zombies. In: Ursua, N.; Metzner-Szigeth, A. (Hg.): Netzbasierte Kommunikation, Identität und Gemeinschaft. Berlin, 91–98

Graumann, C. F. (1999): Soziale Identitäten. Manifestation sozialer Differenzierung und Identifikation. In: Viehoff, R.; Segers, R. T. (Hg.): Kultur, Identität, Europa. Über die Schwierigkeiten und Möglichkeiten einer Konstruktion. Frankfurt am Main, 59–74

Hansen, K. P. (2003): Kultur und Kulturwissenschaft. 2. Aufl. Tübingen/Basel

Hauser, R. (2006): Kulturelle Identität in einer globalisierten Welt? In: Ursua, N.; Metzner-Szigeth, A. (Hg.): Netzbasierte Kommunikation, Identität und Gemeinschaft. Berlin, 315–332

Hauser, R. (2009): Cultural Identity in a Globalised Media World? A Theoretical Approach Towards the Concept of Cultural Identity. In: Banse, G.; Wieser, M.; Winter, R. (Hg.): Neue Medien und kulturelle Vielfalt. Konzepte und Praktiken. Berlin, 327–340

Hauser, R. (2010): Technische Kulturen oder kultivierte Technik. Das Internet in Deutschland und Russland. Berlin

Hauser, R.; Banse, G. (2010): Kultur und Kulturalität. Annäherungen an ein vielschichtiges Konzept. In: Parodi, O.; Banse, G.; Schaffer, A. (Hg.): Wechselspiele: Kultur und Nachhaltigkeit. Annäherungen an ein Spannungsfeld. Berlin, 21–41

Hegmann, H. (2004): Implizites Wissen und die Grenzen mikroökonomischer Institutionenanalyse. In: Blümle, G.; Goldschmidt, N.; Klump, R.; Schauenberg, B.; Senger, H. von (Hg.): Perspektiven einer kulturellen Ökonomik. Münster, 11–28

Hörning, K.-H. (2010): Kultur und Nachhaltigkeit im Netz alltäglicher Lebenspraktiken. In: Parodi, O.; Banse, G.; Schaffer, A. (Hg.): Wechselspiele: Kultur und Nachhaltigkeit. Annäherungen an ein Spannungsfeld. Berlin, 333–345

Hörning, K. H.; Reuter, J. (Hg.) (2004a): Doing Culture. Neue Positionen zum Verhältnis von Kultur und sozialer Praxis. Bielefeld

Hörning, K. H.; Reuter, J. (2004b): Doing Culture: Kultur als Praxis. In: Hörning, K. H.; Reuter, J. (Hg.): Doing Culture. Neue Positionen zum Verhältnis von Kultur und sozialer Praxis. Bielefeld, 9–15

Hubig, Chr. (2010): Kulturbegriff – Abgrenzungen, Leitdifferenzen, Perspektiven. In: Banse, G.; Grunwald, A. (Hg.): Technik und Kultur. Bedingungs- und Beeinflussungsverhältnisse. Karlsruhe, 55–71

Kiepas, A. (2011): Das Subjekt in der Kultur der realen Virtualität. In: Banse, G.; Krebs, I. (Hg.): Kulturelle Diversität und Neue Medien. Entwicklungen – Interdependenzen – Resonanzen. Berlin, 111–119

Kiepas; A. (2006): Bedrohungen durch das Internet – eine kulturelle Dimension. In: Kiepas, A.; Żydek-Bednarczuk, U. (Hg.): Informationsgesellschaft und Kultur. Internet – Globale Kommunikation – Identität. Berlin, 43–51

Kiepas, A.; Żydek-Bednarczuk, U. (Hg.) (2006): Informationsgesellschaft und Kultur. Internet – Globale Kommunikation – Identität. Berlin

Köhler, Th. (2005): Virtuelle Identität. In: Petsche, H.-J. (Hg.): Kultur und/oder/als Technik – zur frag-würdigen Medialität des Internets. Berlin, 125–137

Kroeber A. L.; Kluckhohn, C. (1952): Culture. A Critical Review of Concepts and Definitions. New York

Legomska, J. (2009): Das Netzkind – Ein Sein von multipler Identität. In: Banse, G.; Wieser, M.; Winter, R. (Hg.): Neue Medien und kulturelle Vielfalt. Konzepte und Praktiken. Berlin, 317–326

Lembke, R. (2008): Der Mensch als Untertan. Zum Begriff der Subjektivierung bei Michel Foucault. In: Tabula Rasa. Jenenser Zeitschrift für kritisches Denken, 23. URL: http://www.tabularasa.de/23/lembke.php [April 2008]

Meinberg, U. (2006): Der Einfluss der neuen Informationstechnologien auf den Zustand der Gesellschaft und des Menschen. In: Kiepas, A.; Żydek-Bednarczuk, U. (Hg.): Informationsgesellschaft und Kultur. Internet – Globale Kommunikation – Identität. Berlin, 13–21

Metzner-Szigeth, A. (2006): Cyber-Identitäten und Virtuelle Gemeinschaften – Sozial-Psychologische Überlegungen. In: Ursua, N.; Metzner-Szigeth, A. (Hg.): Netzbasierte Kommunikation, Identität und Gemeinschaft. Berlin, 43–89

Miczka, T. (2011): Remarks on Contemporary Political Identity in Perspectives of Internet. In: Banse, G.; Krebs, I. (Hg.): Kulturelle Diversität und Neue Medien. Entwicklungen - Interdependenzen - Resonanzen. Berlin, 103-110

Miczka, T.; Zeler, B.; ¤ydek-Bednarczuk, U. (2005): Chancen und Gefahren für die soziokulturelle Identität (im Internet). In: Petsche, H.-J. (Hg.): Kultur und/oder/als Technik - zur frag-würdigen Medialität des Internets. Berlin, 139-147

Miczka, T.; Zeler, B.; ¤ydek-Bednarczuk, U. (2013): Perspektiven der Teilnahmekultur. Umriss einer Problematik. In: Banse, G.; Hauser, R.; Machleidt, P.; Parodi, O. (Hg.): Von der Informations- zur Wissensgesellschaft. e-Society - e-Partizipation - e-Identität. Berlin, 241-257

Müller, K. (1998): Verdoppelte Realität - virtuelle Wahrheit? Philosophische Erwägungen zu den „Neuen Medien". In: inforum, Nr. 2. URL: http://www.uni-muenster.de/ZIV/inforum /1998-2/a06.html [August 2003]

Paschen, H.; Wingert, B.; Coenen, Chr.; Banse, G. (2002): Kultur - Medien - Märkte. Medienentwicklung und kultureller Wandel. Berlin

Petsche, H.-J. (Hg.) (2005a): Kultur und/oder/als Technik - zur frag-würdigen Medialität des Internets. Berlin

Petsche, H.-J. (2005b): Kultur und/oder/als Technik - zur fragwürdigen Medialität des Internets. Einführende Betrachtungen. In: Petsche, H.-J. (Hg.): Kultur und/oder/als Technik - zur frag-würdigen Medialität des Internets. Berlin, 17-36

Petsche, H.-J. (2009): Studierende im Netz. Ergebnisse und mögliche Perspektiven einer empirisch-vergleichenden CULTMEDIA-Erhebung unter Studierenden aus Deutschland, Polen, Spanien, Tschechien und Ungarn. In: Banse, G.; Wieser, M.; Winter, R. (Hg.): Neue Medien und kulturelle Vielfalt. Konzepte und Praktiken. Berlin, 283-298

Petsche, H.-J.; Zapf, A.; Köhler, Th. (2007): Die Neuen Medien und die kulturelle Vielfalt Europas. Empirisch-vergleichende Erhebung unter Studierenden Deutschlands, Polens, Spaniens, Tschechiens und Ungarn. I. Halbband: Konzeptioneller Ansatz und ausgewählte Ergebnisse; II. Halbband: Vergleichende Darstellung der Erhebungsdaten. Berlin

Reichert, R. (2009): Spielräume der Selbstpraktiken. Zur Medienkultur digitaler Kommunikation. In: Banse, G.; Wieser, M.; Winter, R. (Hg.): Neue Medien und kulturelle Vielfalt. Konzepte und Praktiken. Berlin, 229-269

Roth-Ebner, C. (2009): Starmania - Fans - Kultur. Kulturelle Implikationen bei der Aneignung crossmedialer Inszenierungen. In: Banse, G.; Wieser, M.; Winter, R. (Hg.): Neue Medien und kulturelle Vielfalt. Konzepte und Praktiken. Berlin, 301-316

Rothkegel, A. (2013): Wissen im Web: Themen und Gemeinschaften. In: Banse, G.; Hauser, R.; Machleidt, P.; Parodi, O. (Hg.): Von der Informations- zur Wissensgesellschaft. e-Society - e-Partizipation - e-Identität. Berlin, 63-81

Saxer, U. (1999): Kulturelle Identitätsmuster und Medienkommunikation. In: Viehoff, R.; Segers, R.T. (Hg.): Kultur, Identität, Europa. Über die Schwierigkeiten und Möglichkeiten einer Konstruktion. Frankfurt am Main, 98-119

Schmidt, V.A. (2012): Software documentation: The role of computers as a means, tool and medium. In: Rothkegel, A.; Ruda, S. (Hg.): Communication on and via Technology. Berlin/Boston, 177-201

Schönberger, K. (2009): Doing Gender, kulturelles Kapital und Praktiken des Bloggens. In: Banse, G.; Wieser, M.; Winter, R. (Hg.): Neue Medien und kulturelle Vielfalt. Konzepte und Praktiken. Berlin, 271-282

Unger, A. (2009): Vernetzte Produktion und Kooperation. Neue mediale Praxen und die (Gegen-)Kultur der Informationsgesellschaft. In: Banse, G.; Wieser, M.; Winter, R. (Hg.): Neue Medien und kulturelle Vielfalt. Konzepte und Praktiken. Berlin, 251-269

Ursua, N. (2006): Identität, Gemeinschaft und Nation in der „Netzwerkgesellschaft" - Theoretische Argumente und empirische Befunde. In: Ursua, N.; Metzner-Szigeth, A. (Hg.): Netzbasierte Kommunikation, Identität und Gemeinschaft. Berlin, 161-175

Ursua, N.; Metzner-Szigeth, A. (Hg.) (2006): Netzbasierte Kommunikation, Identität und Gemeinschaft. Berlin

Wieser, M. (2009): Cultural Studies, digitale Medien und darüber hinaus. In: Banse, G.; Wieser, M.; Winter, R. (Hg.): Neue Medien und kulturelle Vielfalt. Konzepte und Praktiken. Berlin, 105-118

Winter, R. (2009): Digitale Medien, kulturelle Kontexte und demokratische Partizipation. In: Banse, G.; Wieser, M.; Winter, R. (Hg.): Neue Medien und kulturelle Vielfalt. Konzepte und Praktiken. Berlin, 121-138

Winter, R. (2013): Kosmopolitische Perspektiven im Netz. Globalisierung, politischer Aktivismus und digitale Medien. In: Banse, G.; Hauser, R.; Machleidt, P.; Parodi, O. (Hg.): Von der Informations- zur Wissensgesellschaft. e-Society - e-Partizipation - e-Identität. Berlin, 275-289

Wołek, M. (2013): Understanding of Human Identity in Discourse on New Media. In: Banse, G.; Hauser, R.; Machleidt, P.; Parodi, O. (Hg.): Von der Informations- zur Wissensgesellschaft. e-Society - e-Partizipation - e-Identität. Berlin, 305-315

Zapf, A.; Petsche, H.-J. (2011): Studierende im Netz. Ergebnisse und mögliche Perspektiven einer empirisch-vergleichenden CultMedia-Erhebung. In: Banse, G.; Krebs, I. (Hg.): Kulturelle Diversität und Neue Medien. Entwicklungen - Interdependenzen - Resonanzen. Berlin, 375-391

Żydek-Bednarczuk, U. (2011): Überblick über bisherige Problemstellungen im CultMedia-Netzwerk hinsichtlich der Identitätsproblematik. In: Banse, G.; Krebs, I. (Hg.): Kulturelle Diversität und Neue Medien. Entwicklungen - Interdependenzen - Resonanzen. Berlin, 85-92

Medialisierung kommunikativer Rationalität in der Kultur der realen Virtualität

Andrzej Kiepas

Man kann die Kultur unterschiedlich verstehen, was sich auch in den Beziehungen und Verhältnissen zwischen dem Menschen und der Kultur ausdrückt. Die heute sehr oft in unterschiedlichen Diskussionen und Publikationen geäußerte Frage nach dem Menschen als Subjekt, betrifft direkt diese Mensch-Kultur-Problematik. Wenn man über die Kultur nachdenkt und diskutiert, werden neben unterschiedlichen Verständnisweisen auf folgende Merkmale der Kultur hingewiesen:

- wird kollektiv gestaltet und bewahrt;
- umfasst symbolische Formen der Expression und unterschiedliche Muster;
- bildet eine relativ stabile Ganzheit und Ordnung, die gleichzeitig nicht völlig unveränderlich, sondern dynamisch bleibt.

Man kann mit der Kultur unterschiedliche Attribute verbinden, die auf die Rolle für den Menschen und auf die Funktionen der Kultur hinweisen. In dieser Hinsicht spielt die Kommunikation, die in der heutigen Kultur ein gewisses Niveau erreicht hat, eine wichtige Rolle. So betont Denis McQuail: „Perhaps the most general and essential attribute of culture is communication, since cultures could not develop, survive, extend and generally succeed without communication." (McQuail 2010, 113)

Die Prozesse der Kommunikation verlaufen im Rahmen der Kultur und sie bleiben gleichzeitig die Faktoren, die die Kultur verändern. Die Kommunikation war immer ein wichtiges Attribut der Kultur und deshalb ist die Veränderung der Kultur von der Veränderung der Kommunikationsweisen abhängig. Die für die Kultur chararakteristischen Kommunikationsweisen bilden andererseits einen relativ stabilen kulturellen Grund, was schließlich:

- die Rolle der Kultur als einen Faktor der Adaptation des Menschen und der Gestaltung seiner Subjektivität bezeichnet;
- dazu führt, dass der Faktor menschlicher Identität als Subjekt bleibt, der gleichzeitig jedoch immer offen und instabil bleibt.

Die Instabilität menschlicher Identität als Subjekt verbindet sich heute mit der Rolle der Kultur, die nicht nur ein Faktor der Anpassung, sondern auch ein Faktor der Entwurzelung bleibt. Die gewachsene Bedeutung der Kommunikationsprozesse in der heutigen

Kultur spielt auch eine gewisse Rolle in Bezug auf die Art und Weise der Lebensgestaltung der Subjekte sowie auf die Äußerung des Subjekts in der kulturellen Kommunikation. Der Mensch war immer und in jeder Kultur ein Subjekt der Kommunikation und in dieser Rolle wurde er auch von den Medien als Kommunikationsmittel abhängig. Die Medien, die für jede Kultur von Bedeutung sind, haben die Prozesse der Kommunikation determiniert. Damit wurden bestimmte Bereiche der Kultur medialisiert, die unter dem Einfluss der Medien geblieben sind, und das in einem solchem Ausmaß, dass man in dieser Hinsicht über die Determinierung durch Medien sprechen kann. Die Kultur blieb immer von den äußeren ökonomischen, gesellschaftlichen und politischen Faktoren abhängig und schließlich auch von den kulturellen (z. B. ästhetischen, moralischen), die ihre innere, eigene Dynamik hatten. Eine bestimmte Rolle spielten in dieser Hinsicht die Medien und die Kommunikationsprozesse, aber diese Rolle war nie so breit und tief wie heute.

Es gab in der Geschichte unterschiedliche Medien der Kommunikation, die auch in den Theorien der Medien reflektiert werden. Unter dem Einfluss der sogenannten „kanadischen Schule"[1] wurde die Entwicklung von Kulturen im Allgemeinen in drei Grundformen gefasst: Die Sprach-, Schrift- und Bilderkultur. Man weist parallel dazu in den Theorien der Medien auf drei Haupttheorien hin. Dieter Mersch (2006) zeigt die drei auf, die in der Geschichte die wichtigste Rolle gespielt haben:

- Erkenntnistheorie (aesthesis): die Medien als etwas, was Erkenntnis (Sehen, Hören usw.) ermöglicht;
- Sprachtheorie: die Theorie der Sprache als ein Mittel der Beschreibung und Erkenntnis der Kultur;
- Techniktheorie: Medien als bestimmte Art von Kommunikationstechnik; diese Einstellung wurde besonders durch die Vertreter der „kanadischen Schule" verbreitet.

Diese Medientheorien und die sich aus ihnen ergebenden Diskussionen haben in dieser Hinsicht bestimmte Merkmale von Medien aufgezeigt. Der Übergang von der Erkenntnistheorie zu den nächsten Theorien bedeutet gleichzeitig das Abgehen von der Materialität und das Übergehen hin zur Funktionalität in der theoretischen Erfassung von Medien. Ein Medium ist in der Mitte zwischen dem Subjekt und dem Objekt und etwas, was für das Subjekt die Erkenntnis vom Objekt ermöglicht. Die Medien bleiben im Prozess der Erkenntnis verborgen, weil sie beim Auftreten des Objekts für das Subjekt verschwinden und gleichzeitig bei ihrem Verschinden erscheinen (vgl. Mersch 2006, 224). Die Medien bleiben in einem solchen Verständnis versteckt, aber sie bleiben wichtig in diesem Muster der Erkenntnis, das die Relationen und Spannungen zwischen dem Subjekt und Objekt bezeichnet. Der ver-

1 Dazu gehörten: J. Innis, M. McLuhan, E. Havelock, W. Ong.

steckte Charakter von Medien bildet jedoch ein Problem, um eine Definition des Begriffs „Medien“ zu formulieren. „Medium“ bleibt im Allgemeinen undefinierbar. Das erfordert eine Verbreiterung der Perspektive, die die Beschreibung und Bezeichnung von Medien ermöglicht. Diese Perspektive umfasst die Rolle der Medien in der Kultur und in den Kommunikationsprozessen. Medium kann man nämlich als Apriori der Kultur verstehen. Wenn man die Kultur als eine Ordnung der Kommunikationsprozesse versteht, dann:

- wird der kulturelle Grund für die Kommunikation mit den bestimmten Medien verbunden;
- verläuft die Kommunikation in dem Rahmen, der durch das Wesen von Medien bezeichnet wird;
- bedeutet das Wesen der Medien gleichzeitig das Apriori der Kultur.

Die Apriori der Kultur setzen auch damit die Rahmen, in welchen die konkreten Prozesse der Kommunikation verlaufen. Diese Apriori bezeichnen jedoch nicht nur die Art und Weise der Kommunikation, sondern nehmen gleichzeitig Bezug darauf, dass die Medien nicht neutral sind. Sie bestimmen den Menschen als Subjekt und zusätzlich die Objekte der Kommunikation sowie die Relationen zwischen beiden. Die Medien bleiben nicht neutral, d. h. sie sind nicht neutral an sich selbst. Der versteckte Charakter von Medien beinflusst die Einstellungen der Medien als neutrale Mittel.

Die Medien:

1. bestimmen die Art und Weise der Kommunikation und gleichzeitig
2. determinieren sie die Struktur des Inhalts der Kommunikation, weil sie die Relationen zwischen dem Subjekt und Objekt festsetzen (vgl. Mersch 2006, 18ff.).

In Verbindung mit den oben gezeigten Theorien von Medien kann man auf zwei Arten der kulturellen Apriori hinweisen: Apriori der Sprache und Apriori der Technik. Im ersten Fall bildete das Wesen der Sprache den Rahmen der Kommunikation und im zweiten Fall wurde dieser Rahmen mit der Technizität verbunden. Die Technizität von Medien bildete den Grund für die Kommunikation, was M. McLuhan in der bekannten Formel, „the medium is the message“ vorgestellt hat (McLuhan 1967). Dieser Formel korrespondiert die Aussage, dass die Medien nicht neutral bleiben, was letztendlich zu einer Vermischung von Technizität und Kulturalität führt. Das „Technopol“ von N. Postman weist auf diese Vermischung hin (vgl. Postman 1992).

Die Schwierigkeiten mit der Definition von „Medien“ haben im Fall der Problematik „Medien und Kultur“ zur Benutzung anderer Begriffe – z. B. Medialität, Medialisierung – geführt, mit welchen man diesen Bereich besser beschreiben und erklären kann. Der Begriff „Medialität“ weist auf unterschiedliche Funktionen von Medien, die sich praktisch auf verschiedene Weise in der kulturellen Kommunikation äußern. Medialität zeigt das Potential von Medien und umfasst unterschiedliche Möglichkeiten, die man durch die Anwendung von Medien erreichen kann. Die Vermittlungsfunktion der Medien lässt sich besonders treffend durch einige Metaphern verdeutlichen (vgl. McQuail 2010, 84ff.):

1. „Fenster":
   die Medien ermöglichen uns eine Erkenntnis der Welt und damit bezeichnen sie auch die Grenzen dieser Erkenntnis; sie vermitteln zwischen bestimmten Subjekten und ermöglichen durch ihre Öffnung die Kommunikation über Welt und zwischen den Menschen;
2. „Spiegel":
   die Medien spiegeln verschiedene Aspekte und Bereiche der Wirklichkeit wider;
3. „Filter":
   die unter 1. und 2. angesprochene Widerspiegelung hat immer auch Grenzen, was schließlich bewirkt, dass die durch die Medien verwirklichte Vermittlung zu einer selektiven Erfassung der Wirklichkeit führt;
4. „Wegweiser, Führer, Dolmetscher":
   diese Metapher zeigt solche Funktionen von Medien auf, die direkt mit den durch die Medien übermittelten Inhalten zusammenhängen; die Medien ergänzen und ersetzen hin und wieder auch die kulturellen und gesellschaftlichen Institutionen, die in dieser Hinsicht eine gewisse Rolle spielen und gespielt haben;
5. „Forum, Plattform":
   ein Platz, auf welchem unterschiedliche Subjekte mit ihren Meinungen und Gedanken zusammentreffen können;
6. „Verbreiter":
   diese Rolle weist auf die Möglichkeit der Übermittlung von bestimmten Inhalten hin; man kann in diesem Fall die Medien als ein „Strömungsraum" verstehen;
7. „Gesprächspartner":
   diese Funktion bedeutet ein bisschen mehr, als nur die Begrenzung der Rolle von Medien zur Verbreitung bestimmter Inhalte; es werden durch diese Verbreitung auch bestimmte Relationen und Fesseln erzeugt; die Vermittlung wird damit zur Vermittlung von Kommunikation.

Alle diese Metaphern der Vermittlung weisen auf die bestimmten Funktionen von Medien hin und bezeichnen damit auch die Medialität von Medien. Es ist bei allen Metaphern zu bemerken, dass die Medien selbst praktisch unübersichtlich bleiben. Sie verstecken sich hinter den bestimmten Funktionen von Medien und schließlich hinter den durch die Medien verbreiteten Inhalten.

Die Verwirklichung der in den Medien versteckten potentiellen Möglichkeiten oder, anders gesagt, die Verwirklichung der Medialität führt zur Medialisierung unterschiedlicher Bereiche des kulturellen, gesellschaftlichen und individuellen Lebens. Die Medialisierung bezeichnet den praktischen Einfluss von Medien auf den Raum der Kommunikation, was unter bestimmten kulturellen Bedingungen erfolgt. Übereinstimmend mit den oben gezeigten Medientheorien können bestimmte Arten der Medialisierung hervorgehoben werden, insbesondere jene, die durch unterschiedliche Apriori gekennzeichnet sind:

1. sprachliche Medialisierung, die mit der Rationalität der Kommunikation verknüpft ist; der Bereich der Medialisierung umfasst in dieser Hinsicht solche Räume der Kultur, die durch die Sprache bestimmt werden;
2. technische Medialisierung, realisiert durch die Verbreitung der technischen Medien und durch die Einflüsse ihrer Technizität in unterschiedlichen Bereichen der Kultur.

Im ersten Fall betrifft die Medialisierung solche Arten der Kommunikation, bei welchen die Sprache als Basis fungiert. Die Theorie des kommunikativen Handelns von J. Habermas kann hierbei als Beispiel dienen (vgl. Habermas 1980). Kommunikative Rationalität wurde als ein Mittel zur Überwindung der seit der Neuzeit in ihrer Bedeutung dominierenden der instrumentalen Rationalität verstanden. Die kommunikative Vernunft wurde hierbei gleichzeitig im Sinne einen transzendentalen Vernunft verstanden (vgl. Buksiński 1997, 131ff.). Kommunikative Rationalität bei J. Habermas hat das Verständnis der bestimmenden Rolle der Sprache und Sprachakte zur Grundlage, das den Rahmen für die kulturelle Kommunikation bildet (vgl. Habermas 1997, 51ff.). Sprache als Medium ist hier gleichzeitig Apriori der Kultur und man kann kommunikative Vernunft aus dieser Sicht als transzendentale Vernunft verstehen. Habermas versucht jedoch die Rolle der Vernunft und damit auch die Medialisierung der kulturellen Bereiche durch die Verbreitung der kommunikativen Rationalität etwas anders zu verstehen (vgl. Habermas 2001). Medialisierung kann nämlich nicht nur einen apriorischen Charakter haben und nur als Apriori der Kultur funktionieren, sondern sie ist gleichzeitig ein bestimmter Grenzfaktor, der den Rahmen der kulturellen Kommunikation bestimmt. Medialität verbindet sich in diesem Falle mit der Sprache und Medialisierung muss auch die Rationalität der Kommunikation betreffen. Die Rationalität der Kommunikation erscheint in je konkreten Situationen und soll deshalb, damit diese Kommunkation effektiv sein kann, folgende drei Momente in ihrer Einheit umfassen: Einheit von Werten, Intentionen und Weltbildern (Anschauungen) (vgl. Habermas 2001, 15ff.). In diesem Fall realisiert die Rationalität der Kommunikation sich unter konkreten kulturellen Bedingungen und man soll deshalb auch die Vernunft nicht nur als transzendentale Vernunft verstehen. Die Rolle der Sprache als Medium der Kommunikation ist grundlegend und es ist daher angezeigt, in dieser Hinsicht mit Habermas übereinzustimmen, dass die

Verbreitung der Kommunikation und der kommunikativen Rationalität auf die Bereiche, in denen früher die instrumentale Rationalität dominierte, nicht neutral ist und gleichgültig gegenüber der Kultur bleibt. Die Medialisierung kultureller Bereiche durch die Verbreitung der kommunikativen Rationalität im Sinne von J. Habermas hat jedoch Grenzen, die mit der Rolle der Sprache verbunden sind. Die Medialisierung der Kultur verläuft nicht nur aufgrund der sprachlichen Apriori, sondern auch die Technik spielt in dieser Hinsicht eine gewisse Rolle. Außerdem versucht man heute die beiden Arten der Medialisierung durch die Sprache und durch die Technik zu überwinden, was auch mit der Entwicklung und Verbreitung der „Neuen Medien" zusammenhängt.

Die Rolle der technischen Apriori in der heutigen Kultur kulminiert in der bekannten Formel von M. McLuhan „The Medium is the Message". „Medium" ist nicht neutral und gegenüber der Message gleichgültig, obwohl dies in konkreten Kommunikationsprozessen verborgen bleibt. Die Technizität in diesem Fall spielt eine ähnliche Rolle wie die Sprache, die sich durch die Medialisierung der Kultur äußert. Die beiden Arten der Medialisierung verbinden sich in den konkreten Medien und schließlich ist die Rolle beider nicht voneinander zu trennen. Die Entwicklung der „Neuen Medien" und die Digitalisierung unterschiedlicher Übermittlungsweisen verursachen jedoch die Verbreitung neuer Arten der Medialisierung, die mit der Virtualisierung zusammenhängen. Die Virtualisierung bedeutet eine bestimmte Art und gleichzeitig eine Stufe der Medialisierung, die auf der Basis der Konvergenz unterschiedlicher Medien verläuft (vgl. Zacher 2013).

Man kann Virtualisierung unterschiedlich verstehen und die Diskussion hat sich in dieser Hinsicht sehr oft auf die Trennung von Realität und Virtualität konzentriert. Pawłowski (2013, 20f.) weist diesbezüglich auf drei Arten der Virtualisierung hin, die heute die größte Rolle spielen:

- Nachahmungsvirtualisierung: die digitale Welt kopiert die reale Welt (z. B.: das Buch und e-book); die Objekte in der digitalen Welt sind denen in der realen Welt ähnlich; sie haben ähnliche Funktionen, wie die Objekte in der realen Welt; es ist jedoch nicht völlig klar, welche Folgen die Verbreitung und Benutzung von digitalen Objekten verursachen kann;
- kreative Virtualisierung: beinhaltet die Gestaltung und Bildung der Objekte, die nur digitalen Charakter haben; die Zahl dieser Objekten vergrößert sich, was man an der Verbreitung von Filmen und Computerspielen sehen kann;
- selbstständige Virtualisierung: bleibt heute noch eine Utopie, aber es ist möglich, dass in der digitalen Welt Prozesse ablaufen werden, die selbstständigen Charakter erreichen und sich selbst determinieren werden.

Die Medialisierung, die durch die Virtualisierung realisiert wird, betrifft alle Bereiche des kulturellen Lebens des Menschen. Die Reichweite heutiger Veränderungen, die durch die Virtualisierung verursacht werden, ist deshalb breiter als die früheren Prozesse der Medialisierung der Kultur. Die Verbreitung der Virtualisierung führt nämlich zu einer Umgestaltung der heutigen Kultur in eine Kultur der „realen Virtualität" (Castells 2004). Die Kultur der realen Virtualität bedeutet: „Es ist ein System, in dem die Wirklichkeit selbst (d.h. die materielle/symbolische Existenz der Menschen) vollständig eingefangen ist, völlig eingetaucht in eine Umgebung virtueller Bilder, in der Welt des Glaubenmachens, in der die Erscheinungen nicht nur bloß auf dem Bildschirm sind, durch den die Erfahrung kommuniziert wird, sondern in der sie die Erfahrung werden" (Castells 2004, 426). Die Kultur der realen Virtualität bedeutet nicht nur die Vermischung des Realen mit dem Virtuellen, sondern auch die Unmöglichkeit der Trennung beider sowie die Unmöglichkeit, die Grenzen zwischen der realen und der digitalen Welt zu bestimmen. Die Kultur der realen Virtualität entwickelt sich in Richtung der Überschreitung von beiden oben genannten Apriori, technischen und sprachlichen, und verbindet sich u.a. mit folgenden charakteristischen Merkmalen:

- das Medium bleibt versteckt und gleichgültig, was auch mit der Verschiebung in Richtung der Mitteilung zusammenhängt; darauf weist die Formel „die Botschaft ist das Medium" hin (Castells 2004, 388);
- das Medium verschwindet und wird durch eine Mitteilung ersetzt; es verbindet sich mit dem multimedialen Charakter der Kommunikation und mit der Verbreitung der Bilder in den Kommunikationsprozessen.

Die heutige Kultur der realen Virtualität basiert noch auf den früheren – sprachlichen und technischen – Gründen, die die Medialität bestimmt haben. Sie charakterisieren jedoch nur teilweise diese Kultur, weil die Entwicklung der Neuen Medien und die Verbreitung der Virtualisierung gleichzeitig die Veränderungen beinhalten, die die Medialität und die Medialisierung betreffen. Die Kultur der realen Virtualität bleibt im Moment eine Kultur ohne Apriori, was sich auch in bestimmten Medientheorien niederschlägt. Man versucht nämlich, beide Paradigmen – sprachliches und technisches – zu überschreiten (vgl. Mersch 2006, 219ff.). Hieraus erwächst nach Mersch eine „negative Theorie" der Medien. „Ihre Basis sind negative Praktiken wie Eingriffe, Störungen, Hindernisse, konträre Konfigurationen. Sie beruhen auf *Strategien der Differenz*." (Mersch 2006, 226) Damit ändert sich die Rolle der Medien in der Kultur, was auch die Beziehung zwischen Medialität und Medialisierung betrifft. Die oben gezeigten Metaphern der Medialität bleiben teilweise weiter bestehen, weil die Prozesse der Medialisierung noch nicht alle Bereiche der Kultur erobert haben. Die heutige Kultur bleibt in dieser Hinsicht eine Mischung der neuen und alten Muster, aber es gibt bereits Kennzeichen, die auf wesentliche kulturelle Veränderungen hinweisen. Die Rolle von Medien in der Kultur besteht in der Bildung, Gestaltung und Konstruierung bestimmter Relationen, die gleichzeitig nur einen relativ begrenzten stabilen Charakter haben. Die Gestaltung führt zur Umgestaltung. Praktisch gibt es nur solche Impulse für den unbeendeten Prozess der Konstruktion und Rekonstruktion. Mediale Apriori werden mit der Ersetzung von Medien durch die Mitteilungen verschüttet, was nicht ohne Folgen bleibt. Diese Folgen betreffen z. B. die Rolle der Kultur als ein Faktor der Adaptation des Menschen. Die Kultur spielte immer die Rolle des Adaptationsfaktors. Sie war eine Sammlung von bestimmten Mustern und Normen, die u. a. für den Menschen die Rolle des Identitätsmusters hatte. Der Grund für diese Rolle der Kultur hing u. a. auch mit der Unterscheidung von Subjekt und Objekt – mit dem, was subjektiv und objektiv ist – zusammen. Diese Unterscheidung, selbst wenn sie noch angetroffen wird, spielt keine so große Rolle wie früher, was sich in den Prozessen der kulturellen Kommunikation äußert.

Die Rolle der Metaphern der Medialität ändert sich. Solchen Metaphern wie z. B. „Fenster" lag die Vorstellung zweier Seiten zugrunde, zwischen denen dieses Fenster lag und die Erkenntnis der Welt ermöglichte. Ähnliche Bedeutung hatte auch die Metapher des „Spiegels", die für die Widerspiegelung bestimmter – im Verhältnis zu den gezeigten Bildern – objektiver Objekte stand. Die Rolle bestimmter Metaphern der Medialität ändert sich mithin unter dem Einfluss der Entwicklung der Neuen Medien. Man kann heute neue Metaphern zur Bezeichnung der Medialität benutzen, z. B. die Metapher vom „Feuerwerk". Sie kann als Bild und als Projektion verstanden werden. Mit dieser Metapher verbindet sich die Rolle der Medien Mittel zur Gestaltung bestimmter Relationen zu werden. Gleichzeitig verliert die Kultur ihre Rolle als ein Faktor der Adaptation des Menschen, weil die Kultur statt als Muster und Norm zu dienen als eine Sammlung von unterschiedlichen Spuren funktioniert, die durch die Medien hinterlassen wurden. Eine jede solche Spur weist auf etwas Menschliches hin, aber ihre Wichtigkeit und ihre Sinnhaftigkeit haben keine objektiven Gründe, die ihre Bedeutung festigen könnten. Die Zahl der Benutzer, Anschauer, Zuhörer ist in dieser Hinsicht kein Maßstab, der die Bedeutung von bestimmten kulturellen Spuren bestätigt. Sie weisen nur die Zahl der Menschen aus, die auf bestimmte kulturelle Spuren reagiert haben. Die Welt von Multimedia wird *„von zwei grundlegend unterschiedlichen Bevölkerungen bewohnt werden: den Interagierenden und den Interagierten*, also diejenigen, die in der Lage sind, für sich unter den in viele Richtungen weisenden Kommunikationskreisläufen auszuwählen, und denjenigen, die sich mit einem eingeschränkten Anteil vorgefertigter Auswahlmöglichkeiten versorgen lassen" (Castells 2004, 424). Damit ist das Problem der Interaktivität verbunden, die durch die Entwicklung von Neuen Medien ermöglicht wurde.

Die Kultur der realen Virtualität bildet keinen objektiven Grund für die Gestaltung menschlicher Identität als Subjekt. Die Kultur in Gestalt einer Sammlung von bestimmten

Spuren kann nur für den Menschen nur bestimmte Möglichkeiten aufzeigen, die für ihn durch das Eintreten in konkrete Relationen, d.h. durch das Eintreten in den „Raum der Ströme" der Netzwerkgesellschaft (Castells 2004, 467ff.) eröffnet werden. In der Kultur der realen Virtualität erreicht die Bildung des Menschen als Subjekt mit konkreter Identität einen reflexiven Charakter. Die Subjektivität und Identität des Menschen leiden unter dem Einfluss des Netzes an einem Überfluss und gewinnen dadurch einen instabilen und fluiden Charakter. Die Teilnahme an einem Netzwerk bedeutet andererseits den Ausschluss von anderen Netzen. In dieser Hinsicht bleiben sowohl die Teilnahme als auch der Ausschluss außerhalb der Reichweite von Kategorien und Kriterien wie wahr-falsch und gut-böse. Zudem werden durch die Medien relativ leichte Möglichkeiten eröffnet, um sich von Netzen, in die man involviert ist, zu lösen – dies ist von subjektiven Wahlen abhängig. Diese Wahlen haben indes nur einen relativen Charakter. Sie bedeuten nämlich nicht, dass der Mensch auf eine bestimmte Art seiner Identität festgelegt ist. Der Mensch muss in sich selbst die Kräfte für die Bildung seiner Identität finden, aber in dieser Hinsicht bleibt er nicht selbstgenügsam. „Man is too insufficient to exist by himself", bemerkt Ch. Delsol, „he must identify with an culture in order to express his humanity." (Delsol 2006, 69) Die Kultur der realen Virtualität bildet spezifische Bedingungen für den Menschen als Subjekt: „The genuine subject is the one who, in his quest for an everelusive truth, inscribes his very existence on the pathway of this indecisive quest. The authentical subject is neither a fanatic nor a nihilist, but a witness." (Delsol 2006, 106) Der Mensch als ein derart Bezeugender bestimmt seine authentische Subjektivität durch die Anerkennung und Akzeptanz der Spuren, die andere Menschen und er selbst in der Kultur hinterlassen haben, also durch die Bildung der Relationen, die mit diesen Spuren vermittelt wurden.

Nach Ch. Taylor (2000, 55ff.) verbindet sich die Ausformung eines authentischen Subjekts mit folgenden Bedingungen:

- mit der Freiheit der Selbstgestaltung: Authentizität muss nicht konkrete Differenzierungen und Verschiedenheiten beseitigen, umso mehr, als die Verschiedenheit an sich selbst kein Wert ist, sondern erst in bestimmten Wertrelationen und Kontexten bedeutsam wird;
- mit der Existenz des Horizonts: das Erreichen von Sinn und Bedeutung verläuft immer in dem bestimmten axiologischen Horizont;
- mit der Herausbildung von Verantwortungsbewußtsein.

Alle diese Bedingungen, die für die Gestaltung des Menschen als Subjekt wichtig und entscheidend sind, stoßen in der Kultur der realen Virtualität auf bestimmte Hindernisse, die besonders den kulturellen und gleichzeitig auch axiologischen Horizont betreffen. Die Prozesse der Medialisierung, die in dieser Kultur durch die Virtualisierung zur Gestaltung bestimmter Möglichkeiten führen, um in die konkreten Relationen einzutreten, bilden jedoch nicht den Wertgrund für eine Verfasstheit des Einzelnen als eines Subjekts, die für Andere ein relativ universales und allgemeines Muster sein könnte.

K. J. Gergen weist darauf hin, dass sich heute ein neues Subjektverständnis entwickelt, das für die postmoderne Perspektive charakteristisch ist (vgl. Gergen 2000). Er zeigt gleichzeitig, dass in der Kultur des 20. Jhs. zwei Vorstellungen des Subjekts dominiert haben, nämlich:

- das romantische Verständnis: das Ich als ein Platz der individuellen, personalen Tiefe, der u. a. Leidenschaft, Kreativität, Seele, als Merkmale des Charakters umfasst und damit die Grundlage für die Gestaltung der gesellschaftlichen Relationen und Beziehungen bildet;
- das moderne Verständnis: die Hauptmerkmale vom Ich liegen nicht in der Tiefe, sondern sie äußern sich in bestimmten rationalen Denkweisen, Wahlen, Entscheidungen und in den bewussten Intentionen der Menschen.

Die Veränderungen, die in der heutigen Kultur unter dem Einfluss von Neuen Medien und durch die spezifische Medialisierung der Kultur geschehen, führen jedoch zu der Situation, in welcher:

1. die beide Traditionen der Vorstellung vom Ich ihre Bedeutung verlieren und sich damit auch
2. die Bedeutung der Begriffe vom „authentischen Ich“ , oder „Selbstsein“ verliert.

Diese Veränderungen verursachen nämlich, dass in der heutigen Kultur viele und gegenseitig inkohärente Muster vom Ich entstehen. Als Resultat ergibt sich: „Selves as possessors of real and identifiable characteristic – such as rationality, emotion, inspiration, and will – are dismantled.“ (Gergen 2000, 7). Die postmoderne Perspektive entwickelt das Verständnis vom relationalen Ich. Das selbstständige und wahrhafte Ich verliert seine Bedeutung und die Person wird ein präsentiertes Bild. Damit verschwindet auch die Unterscheidung von Realem (Authentischem) und Nachgeahmtem. Das Ich ist etwas, was konstruiert wird, aber nicht etwas, was privates Eigentum wäre. Die Impulse für diese Konstruktion kommen von außen, also vom kulturellen Milieu. Der Mensch als Subjekt kann sich als Zeugnis der von ihm hinterlassenen Spuren begreifen. Diese Spuren bilden aber kein inhärentes System und sind gleichzeitig häufig kein Resultat von selbstständigen Wahlenentscheidungen, sondern nur ein Resultat der Teilnahme an bestimmten Strömungen, in welche die Individuen nur einbezogen werden. Das gesättigte Ich bleibt unter dem Einfluss von vielen, schlussendlich jedoch inkohärenten Impulsen, die vom kulturellen Milieu stammen. Es entwickeln sich deshalb Pastiche-Identitäten und mit ihnen verbundene Formen substituierter gesellschaftlicher Beziehungen.

Die Frage nach dem Menschen als Rationalem Wesen verliert auch ihre Bedeutung, weil die heutige, durch die Neuen Medien medialiserte Kultur keine Basis für Rationalität abgibt. Die Rationalität verliert ihren universalen Charakter. Die rationale Ordnung zerfällt und das, was rational oder irrational wäre, erscheint nur als ein Resultat subjektiver Einschätzungen (vgl. Gergen 2000, 126ff.). Zu ähnlichen Schlüssen kommt auch G. Sartori (2007). Der „homo videns" ersetzt nach ihm den „homo sapiens", was mit der Entwicklung und Verbreitung von Neuen Medien in der Kultur zusammenhängt. Die Kultur als ein Bereich der Kommunikation und Medien wird durch die Medialisierung und die heutige Virtualisierung determiniert. Die sich heute entwickelnde Kultur der Bilder (visuelle Kultur) hat zur frühen Kultur der Sprache viele Ähnlichkeiten. Man kann u. a. auf die folgenden hinweisen: Konkretheit, die Begrenzung auf die Gegenwart, Nachahmungscharakter, Subjektivität und der Mangel an der Unterscheidung zwischen dem Subjekt und dem Objekt. Durch die Virtualisierung der Kultur ist der Mensch ein „homo videns" geworden, während „die Fähigkeiten des symbolischen Denkens die Gattung „homo sapiens" von den Tieren unterschied. Die Neigung zum Anschauen nähert den Menschen seiner Urnatur wieder an; er nähert sich den Vertretern jener Gattung, von welcher der Mensch abstammt" (Sartori 2007, 17). Die Entwicklung der Neuen Medien zerstört die Beziehungen zwischen dem Denken und dem Sehen. Die Virtualisierung der kulturellen Bereiche führt zur Verbreitung des „mundus sensibilis", das jedoch nicht die Entwicklung von „mundus intelligibilis" bedeutet (vgl. Sartori 2007, 27). Am Ende des 20. Jhs. steckt der „homo sapiens" in einer ernsthaften Krise – in der Krise des Vernunftverlusts und des Verlusts von Erkenntnisfähigkeiten (vgl. Sartori 2007, 36). Der Mensch verliert damit auch die Fähigkeiten der Unterscheidung des Guten und Bösen und des Wahren und Falschen. Der „homo sapiens" wird durch den „homo insipiens" ersetzt (Sartori 2007, 86ff.) und obwohl „homo insipiens" in immer größerer Anzahl existiert, existiert er in der Zerstreuung. Erst in der Kultur der realen Virtualität hat er die Möglichkeiten bekommen, seine kulturelle Bedeutung zu vergrößern und zu verbreiten. Die Zukunft des Menschen als „homo sapiens" bleibt noch offen, aber die Prozesse der Virtualisierung, die in der heutigen Kultur verlaufen, bilden bestimmte Bedrohungen und Herausforderungen, die sich auf unterschiedliche Weise im kulturellen und individuellen Leben äußern. „The Web provides a convenient and compelling supplement to personal memory, but when we start using the Web as a substitute for personal memory, bypassing the inner processes of consolidation, we risk emptying our minds of their riches. (Carr 2011, 192; vgl. auch Spitzer 2013). Die Bedrohungen sind praktisch viel breiter und tiefer, als es auf dem ersten Blick scheint. Sie betreffen die menschliche Natur, die uns nicht als etwas für immer Unveränderliches gegeben wurde. Die Frage nach dem Menschen bleibt deshalb auch immer offen und man sollte sie stets aufs Neue stellen, um zu schützen und zu bewahren, was wesentlich und wichtig ist.

Literatur

Buksiński, T. (1997): Dwa rozumy filozofii (Zwei Vernünfte der Philosophie). In: Ders. (Hg.): Rozumność i racjonalność (Vernunft und Rationalität). Poznań, 131-202

Carr, N. (2011): The Shallows: What the Internet Is Doing to Our Brains. New York

Castells, M. (2004): Das Informationszeitalter: Wirtschaft; Gesellschaft; Kultur. Teil 1.: Der Aufstieg der Netzwerkgesellschaft. Opladen

Delsol, Ch. (2006): Unlearned Lessons of the Twentieth Century: An Essay on Late Modernity. Wilmington

Gergen, K. J. (2000): The Saturated Self: Dilemmas of Identity in Contemporary Life. New York

Habermas, J. (1980): Theorie des kommunikativen Handelns. Frankfurt am Main

Habermas, J. (1997): Pojęcie racjonalnośćci komunikacyjnej w świetle teorii aktów mowy (Das Verständnis der kommunikativen Rationalität im Lichte der Theorie von Sprachakten). In: Buksiński, T. (Hg.): Rozumność i racjonalność (Vernunft und Rationalität). Poznań, 51-78

Habermas, J. (2001): Kommunikatives Handeln und detranszendentalisierte Vernunft. Stuttgart

McLuhan, M. (1967): The medium is the massage. Inventory of effects. Harmondsworth

McQuail, D. (2010): McQuail's Mass Communication Theory. 6th edition. Los Angeles etc.

Mersch, D. (2006): Medientheorien zur Einführung. Hamburg

Pawłowski, A. (2013): Wirtualizacja - historia i próba rekonstrukcji pojęcia (Virtualisierung - Geschichte und Versuch der Rekonstruktion des Begriffs). In: Zacher, L.W. (Hg.): Wirtualizacja. Problemy, wyzwania, skutki (Virtualisierung. Probleme, Herausforderungen, Folgen). Warszawa, 11-24

Postman, N. (1992): Das Technopol - Die Macht der Technologien und die Entmündigung der Gesellschaft. Frankfurt am Main

Sartori, G. (2007): Homo videns. Telewizja i postmyślenie (Homo videns. Fernsehen und Post-Denken). Warszawa

Spitzer, M. (2012): Digitale Demenz: Wie wir uns und unsere Kinder um den Verstand bringen. München

Taylor, Ch. (2000): The Ethics of Authenticity. Cambridge, Mass. u.a.

Zacher, L. W. (Hg.) (2013): Wirtualizacja. Problemy, wyzwania, skutki (Virtualisierung. Probleme, Herausforderungen, Folgen). Warszawa

Infoactivism as the Basis of Communicational Reversal

Tadeusz Miczka

In numerous memoirs written at the end of the 18th century by travellers visiting Paris, great admiration towards Parisians and their behavior is expressed. All authors found it striking that Parisians seemed to be reading everywhere: in the streets, in shops, parks and cafés. At the same time books were generally growing in popularity, especially with the bourgeoisie, which is why it became a matter of the middle class and also laid the foundation for future mass culture. The culture of reading became a fact in the 19th century when workers, farmers and housewives also began to read and second-rate and third-rate literature began to be published.

In the 20th century reading went through a significant metamorphosis, but still, in spite of the spread of cinema and television, the era of the book was not over. It turned out that reading went quite well with watching the screen. In the development of human civilization a period of symbiosis of verbal and visual language started. It was still common sense that *effective* exchange of information must involve interpersonal communication by means of words and pictures interwoven in complicated relations. Screen readers were nevertheless still reading books, newspapers and magazines, even if their imagination became limited by watching images, which are more definite than written or spoken words. Although their reading activity decreased significantly, their predispositions decided to a great extent about the character of literature, writing and all forms of verbal language.

Reading went through a radical transformation as it became a different and less popular activity when a new medium appeared, a medium that only worked multimedially. With the arrival of a culturally dominant electronic machine called computer, writers, readers and booksellers were offered various network environments, including above all the Internet. The worldwide computer network was a network of networks and it derived from experiences of traditional media, offering at the same time new possibilities of acquiring and processing information. This led to the creation of e-literature so that since the 1990s uncountable e-books have been issued. Furthermore, millions of iPads, Kindle readers, Nook readers and others inform about how often, where and when readers open electronic books. Supposingly, it can be stated that the era of book as the mass carrier of information is just about to end. Instead, networked books are increasingly used to program and personalize the content, for example the *Book for Shaking* created for children by Hindu graphic designer K. K. Raghava in 2010. In this book traditional reading is replaced by *wilfing* (an acronym of the words „What was I looking for?"), which is surfing without a particular purpose. It makes use of light formats such as Japanese novels for mobile phones (*keitaishousetsu*): short forms written on a screen designed for 160 signs and created for reading. Thus, we still read, but less and in a different way[1], and what is more, in colloquial communication, in the workplace and in artistic creation new forms of communicational activity become more and more important.

A range of scholars call this a break-through situation, or simply a communicational reversal. When looking around, the initially mentioned traveller to Paris becomes very alive; one cannot help but admire the fact that today everywhere almost everybody lives in a state of connection and surfs, records, copies, modifies, pastes, retweets, shares, blogs, mails, texts, plays, tweets, updates status and so on.

Rafał Stec describes the change of the reader as follows: „The Internet bred a client with demands other than before or maybe it should be said upgraded. In its spontaneous and not controlled by anybody development the Internet got us accustomed to the fact it is never switched off. [...] *Homo interneticus* 'empties his bowels' without any breaks, in public, without any inhibitions" (Stec 2012, 23). Robert Siewiorek notes about this addiction: „In result we have bred a real epidemic of 'overworking'. It is not industriousness which, as an authentic activity, is beneficial, but 'overworking' when the work itself, although it takes a majority of time, is less important than the fact of manifesting how overworked someone is. That is why when someone is asked 'What's up?' an expected answer is 'Well nothing really, I'm hard at work'" (Siewiorek 2013, 22). Even if we neglect the irony and slightly humorous tone of the author, it is difficult not to agree with him as far as communicational reversal is concerned, a reversal which is also called civilization reversal. It implies activity unprecedented in human history or overactivity of the participants of communicational acts. Since it is connected with downloading, gathering, processing, creating and transmitting the crucial good called information I refer to it as *infoactivity*. In the following I will concentrate on answering the question of what on *terra internetica*[2] replaces human experience since new behaviors of multimedia users cannot be based on their former experience.

1 For example so-called social reading – commenting in the one's own reading and readings of others in the network – or intertextual reading – the reader being refered directly to films, pictures and pieces of music.

2 I.e., in the internet, e.g. by using a smartphone and cloud computing technology.

The most obvious answer to this question is the one given by Henry Jenkins (2006), the author of the lively debated conception of convergence of culture and media. He shows in detail that „people take the media into their own hands“ as they enter more and more into intensive dialogue with the mass media, create their own network communities and new interpersonal relations and learn to think, work and process culture in new ways. In his opinion, we do not talk about interactive media technologies any more. We talk about a mass culture that has never existed before, about a „participatory culture“, so here there is no traditional participation based on the internauts' communicational behavior in culture and other spheres of reality.

To narrow the reflection down to cultural communication, it can be said that hitherto only some people have been genuine co-creators of culture because they have been exceptionally active in social life. In contrast, the vast majority participate in culture rather passively without being creative. Still it is hard to determine precise indicators of quality and quantity of immersion in culture or levels of deep and shallow participation. Most theories about mass culture support the opinion that the majority of cultural participants are passive and follow certain group leaders: respected people, artists, thinkers, creative and charismatic people.

When Jenkins writes that „people take the media into their own hands“ and create „participatory culture“, he announces the dusk of former communicational homogenisation and hierarchism of cultural participation, as well as the birth of individualized communication which enables personification of information transfers. Instead of communication characterized by the phrase „everybody reads“, it is characterized by „everybody participates“. The undertone of optionality however is treacherous: „everybody has to participate“ if they want to avoid exclusion from civilization. I will not discuss the problem of enforcing cultural participation because this first-rate feature of latest culture is obvious and provides conditions for all new human communicational behaviors, the focus of interest in this paper.

Jenkins, like the majority of users of handy electronics[3], is fascinated with the unbridledness which is offered by participatory culture. It is difficult not to share this fascination while we strive for broadening the limits of human freedom and the range of human cognitive abilities. But exaggerated optimism about our future in the cyberworld is hardly justified when we realize what new ways of thinking and processing culture and work replace experience in communication or even life, both material and spiritual.

3 I.e., personal computers, especially smartphones as multifunctional successors of mobile phones and the ephemeral cloud replacing the computer hard disk.

The range of unconstructive or destructive characters in the Internet is broad: there is the newbie (an inexperienced internaut lost in the avalanche of technical novelties offered by high technology), the lurker (90% of multimedia users who do not participate actively in Internet groups), the lamer or luser (loser + user, immature in many aspects in social communication), the ladmin (incompetent administrator of informatics system) and the troll (disturbing other users e.g. in discussion forums). Every one of them, like any flâneur „walking" on the surface of different spaces of mass culture for over one hundred years, has a chance to change, thanks to participatory culture, into a real creator, activist, civic leader, someone who is really involved in the concretisation of different ideas. Their lives resemble the life of a media maniac, for example that of Krishnan Guru-Murthy. He is a Channel 4 news presenter who describes his day as follows: „the majority of my normal work day I spend with some multimedia appliance and I understand it very well why people can get out of every day more 'medial time' than 'real time' (Krishnan 2009). At 6.30 a.m. Guru-Murthy switches on his computer to prepare for work watching morning TV, listening to Radio 4 and browsing informational web portals. While „playing with the iPhone or BlackBerry" he keeps updated on Twitter. He also takes his headphones to the gym and watches „a bit of TV" on the go. On his office desk two computers are switched on all the time, the first one being used for work and the other one to follow Twitter and the news on TV. On his way home from work, Guru-Murthy checks the latest tweets about his programmes on the iPhone and only at 8.45 p.m. he finally spends „about an hour without media". But, as he says in his electronic profile, „if my child doesn't filch my iPhone I use it before sleep to check front pages of newspapers" (Krishnan 2009). Is it true that every flâneur, newbie, lurker, lamer, luser, ladmin, troll, who becomes such an Internet maniac, really „takes media in his own hands"? This is to be doubted as I will show by characterizing infoactivism.

First of all, infoactivism is strongly connected with the culture of excess, based on the forms of distribution of all information taking shape in so-called streaming. Practically, this notion can be treated as a synonym for participatory culture. Stec (2012, 22) states: „Just on YouTube we put 48 hours of material every minute. The amount of data passing over the whole Internet would fill 8.2 million of popular 4 gigabytes USB pen drives which would load 139 lorries. Since the beginning of mankind to 2003 we produced 5 exabytes of information. Today we produce that much every two days and we even accelerate, although we have produced more bytes than stars shining in the universe". The tendency of contemporary cultural development which he points out is confirmed in other sources, as for example the data published by the company Intel suggests: „By 2016 the number of appliances connected to the Internet will have tripled the number of the whole population and it will be 22 billion, every three minutes the amount of information that equals all the films produced by mankind will pass over the Internet, every month only video recordings passing over the Internet will be so numerous that a single person would need 6 million years to watch it. And annual capability of the whole Internet movement will surpass 1.3 zettabytes which is 1.3 sextillion of bytes which is 1 300 000 000 000 000 000 000 (13 and 20 zeros) of bytes" (Stec 2012, 22). Individual participation in such a culture is actually not easier than former immersion in mass culture. The increasing activity of *homo interneticus* seems to bring poor results if former experience does not appear to be useful and participatory culture itself does not reveal individually and socially useful mechanisms of thinking and acting.

Consequently, this type of culture provides us with certain mechanisms that are dangerous, and they are brought upon us by cyberworld, not circumstances, supporting the development of personalities: responsibility, creativity, the ability to think and act innovatively. One of the dominating mechanisms is the so-called filter bubble, i.e. well-known selected information given to the users by a browser. The second common mechanism is the echo chamber which refers to internauts being surrounded by friends who have the same opinions. Another mechanism was established by so-called social media ninjas who built networks which are supposed to prove that they have a common acquaintance with almost all the users. They vie for the number of „likes"on Facebook, subs (subscribed channels on Youtube) or follows (observations on Twitter). Still, the personal relationships of multimedia users are not very strong. According to anthropologist and biologist Robin Dunbar, in network communication we only have three to five people with whom we are strongly connected, about ten people belong to the circle of less strongly connected friends and about 35 even step out further. Thus, the so-called „Dunbar's number" (i.e. 150) is binding in participatory culture; the number indicates the maximum number of people with whom a particular person is able to keep lasting and regular relations (Dunbar 2013). With the help of these mechanisms users may cross some borders of the culture of excess, but certainly they are not more independent discoverers or creators than they were before.

What is more, the feeling of informational and communicational excess characteristic of infoactivism obscures the real range and level of control and supervision that all network users experience. Once again, people cherish the illusion that it is enough to be careful by concealing their real data, configuring privacy settings and keeping intimate pictures private. However, they forget that participatory culture is designed in a way that makes being careful impossible. All the appliances connected to the network constantly observe their users: they locate them, collect information about their purchases and customer preferences, they use digital traces to construct their profiles in various systems and from various points of view.

Secondly, infoactivism is based on medial multitasking, a term recently explained by sociologist Zygmunt Bauman who is particularly concerned with this phenomenon of consumption. It refers to the possibility and ability of „consuming" many goods parallelly at the same time, intensifying experienced pleasures by cumulating them simultaneously and by both accelerating and stretching time – the process also described by Krishnan Guru-Murthy above. Studies of the company Ofcom showed that introducing new smartphones into the market accelerated simultaneous consumption, and forthcoming technological innovations will probably potentiate this tendency. It is known that „young people [...] can reduce over 9.5 hours of media consumption to 6.5 hours of 'real time'", and „half of people over 55 installed broadband line mainly because of multitasking. Watching TV and simultaneous using laptop or smartphone (probably also iPad) became nowadays a common habit for every age group" (Bauman 2012, 318).

As Bauman proves, medial multitasking definitely questions the popular statement that digital technology really guarantees common access to knowledge. In conditions of accelerated and intensified consumption, information can hardly ever be transformed into knowledge. Furthermore, former qualities of learning such as durability are replaced by evanescence. Bauman uses the following words to characterize this aspect of infoactivism: „In the hierarchy of the most useful abilities, the art of surfing replaced the art of penetrating issues. [...] Multitasking is still eagerly welcomed when we expose ourselves to appliances pumping information into our brains not to provide any knowledge [...], but to please us with content offered at the moment and provide entertainment" (Bauman 2012, 318). Hence, although multimedia help to gain control over „unstructured" (i.e. unorganized) time, they provide us with too many instant pleasures and promote shallow, superficial communication which is a poor alternative for our experience.

Thirdly, infoactivism has its source in the crisis of attention (or concentration) and it created numerous hardly solvable problems and almost intractable conflicts. American scholar Nick Carr suggested a radical thesis saying that the new media not only change the habits and abilities of their users, but also change their brains. He mentions a range of hyperlinks which make the Internet the world without undertones, deprived of many oppositions: for and against, not allowing to encompass existing relations among phenomena and processes (Carr 2010). The analyst of network culture Evgeny Morozov supposes that deconcentration is a condition which supports digital control, eventually threatening not only info freedom (Miczka 2011, 188–201), but any freedom of human (Morozov 2011). On the other hand optimists like Clay Shirky (2010) or Cory Doctorow (2012) perceive lowering the level of attention as a price worth paying because of profits which multimedia bring, such as acceleration of grassroots democratization, equal access to all information and neutralization of old hierarchies based on authority and money.

Both information overload and constant multimedial connection enforce the crisis of concentration, which points to the most important communicational behaviors. On the basis of current research concerning participatory culture I will quote only a few examples. They refer to self-consciousness, imagination and creativity.

Active individual participation should help people to deepen their knowledge about themselves and to realize their own development potential. However, quite the opposite can be observed: multimedia users consume above all thoughts, projections, ideas and dreams of other people, infinitely digesting the contents of strangers. The second-hand character of the knowledge acquired by a typical user of network communication is pertinently illustrated by the popular saying: „Stranger's quantity replaces your quality".

What is more, spending time with smartphones and tablets decreases the need of the users of culture to fantasize and use imagination. Researchers emphasize that it is very difficult to inspire the imagination of somebody whose world is built of ready-to-use applications.

With regard to creativity infoactivism winged great hopes concerning the development of individual abilities and expressions. This has not been observed so far. American psychotherapist Nancy Colier states that when we limit contacts with people due to multimedia, we lose the sense of our identity and distinction (Colier 2012). Research carried out in 2010 by Kyung Hee Kim and colleagues comes to a sad conclusion: „It turned out that unlike intelligence quotient (IQ) which in every next generation grows 10 points on average, creativity quotient (CQ) systematically falls down. It has been going on since 1990" (Kim 2011, 285–295). The increase of IQ is caused by the fact that people are more intelligent in richer and more diversified societies. The decrease of creativity is connected with the appearance and spread of personal computers, although their introduction was supposed to achieve the opposite.

There may be yet another scenario. At the moment flâneurs, newbies, lurers, lamers, lusers, ladmins and trolls incompetently replace their former experience with new communicational rituals that do not bring optimistic perspectives for the future of human culture. For the time being – in spite of greater activity than before – interpersonal communication means increasing ignorance of efficient exchange of information. This must be changed. First of all educational programmes are needed, digital schools which would introduce various conceptions of disintegrated human being: people who cannot only use technology but who are also able to evaluate their relation to technology and to results of multimedia communication. As a part of this education but also independently of it, in the widest perspective of human life the process of giving sense to infoactivism should certainly be started with spreading the virtue of moderation, limiting of communicational unbridledness and working on efficient methods of managing the industriousness of multimedia users.

Based on worldwide studies concerning techno-reality it is difficult to answer the question whether the development of technology so far has put it closer to human being, a question I have posed elsewhere in my publications on new pedagogy (Miczka 2013, 334–338). Another question that arises from this is whether technology will thus be adjusted to human being, or if human being will have to adjust to technology. Without doubt, many people's quality of life constantly improves due to „technological revolution", but simultaneously it leads to numerous individual and social crises. This was long predicted in numerous publications by Jean Baudrillard (1988; culture of domination of technical code, which is based on rules of neutralization and indifference), Neil Postman (1992; culture of technopoly changing people into slaves of technology), Paul Virilio (1997; culture based on philosophy of speed, which makes human life similar to the „life of a machine") or Zygmunt Bauman (2000; decomposing everything, „liquid modernity"). Nowadays even the biggest techno enthusiasts admit that techno-reality leads to radical disintegration of former social orders. This process accelerated when culture became more and more network-like and human life became more and more „wired" (Jonscher 1999). According to Derrick de Kerckhove „[n]etwork is an extremely decentralizing force" (Kerckhove 1998, 81). It disperses our society, so we disintegrate ourselves, our personality and our identity as well. It disintegrates more strongly than all other human inventions before, including earlier breakthroughs and technical revolutions.

Finally, it is worth emphasizing that the processes of integration of the personalities of multimedia users into participatory culture will be, to some extent, forms of recomposition through fragmentation. The majority of changes taking place nowadays concern the decomposition of former entities, as well as their recomposition that excludes some old elements and in return attaches new components to new entities. Jerzy Mikułowski-Pomorski develops Robert Jay Lifton's (1999) thoughts on new forms of particular interpersonal ties and characterizes the phenomenon as follows: „Processes of fragmentation burst modern society reaching the end of history. We experience it painfully because the old world that seemed to be safe decomposes into parts and their individual survival seems unlikely. Those fragments create difficulties to understand 'weird' entities [...]. Still human sense of order connects the parts into entities and gives them new character. It is not seen everywhere and not everybody experiences it. But observed phenomena allow to assume that the world which composed itself some time ago decomposes to compose again but in different configuration" (Mikułowski-Pomorski 2006, 31). People in the network face many new experiences which evoke their disintegration. Nevertheless, they can always stay or become integral if they make the effort of developing their technical abilities and their abilities to valuate. However, there is a need to thoroughly change infoactivity, our attitude towards it and towards the convergence of media, as well as a need to work on precise, modern and efficient models of multimedia education if this goal is to be approached.

Literature

Baudrillard, J.; Poster, N. (eds.) (1998): Jean Baudrillard: Selected Writings. Stanford

Bauman, Z. (2000): Liquid Modernity, Cambridge

Bauman, Z. (2012): To nie jest dziennik [This is not A Diary]. Kraków

Carr, N. G. (2010): The Shallows: What the Internet is Doing to Our Brains. New York

Colier, N. (2012): Inviting a Monkey to Tea: Befriending Your Mind and Discovering Lasting Contentment. Kindle Edition

Doctorow, C. (2011): Lockdown: The Coming War on General-Purpose Computing. URL: http://boingboing.net/2012/01/10/lockdown.html [February 2014]

Dunbar, R. (2013): Nowa historia ewolucji człowieka [A New History of Mankind's Evolution]. Kraków

Jenkins, H. (2006): Convergence Culture: Where Old and New Media Collide. New York

Jonscher, Ch. (1999): Wired Life. Who Are We in the Digital Age? London

Kerckhove, D. de (1998): Connected Intelligence. The Arrival of the Web Society. Toronto

Kim, K. H. (2011): The Creativity Crisis: The Decrease in Creative Thinking Scores on the Torrance Tests of Creative Thinking. In: Creativity Research Journal, 23 (4), 285–295

Krishnan, G.-M. (2009): Channel 4 Profile. URL: http://www.channel4.com/programmes/unreported-world/profiles/all/krishnan-guru-murthy [March 2009]

Lifton, R. J. (1999): The Protean Self: Human Resilience in an Age of Fragmentation. Chicago

Miczka, T. (2013): Conception of Integral Person as Basis of Education in the 21st Century. In: Journal of Educational and Social Research, 3 (7), 334–338

Miczka, T. (2011): Czas infowolności. O kontynuacji mitów jednostkowej niezależności i skutecznego prawa społecznego w XXI wieku [The Time of Infofreedom. About the Continuation of the Myths of Individual Independence and the Effective Social Law in the 21st Century]. In: Transformacje. Pismo Interdyscyplinarne [Transformations. Interdisciplinary Journal], 68–69 (1–2), 188–201

Mikułowski-Pomorski, J. (2006): Fragmentaryzacja jako proces ponowoczesny. Rekompozycjaprzezfragmentaryzację [Fragmentation as Postmodern Process. Recomposing Through Fragmentation]. In: Transformacje. Pismo Interdyscyplinarne [Transformations. Interdisciplinary Journal], 47–50 (1–4), 13–34

Morozov, E. (2011): The Net Delusion: The Dark Side of Internet Freedom. New York

Postman, N. (1992): Technopoly. The Surrender of Culture to Technology. New York

Shirky, C. (2010): Cognitive Surplus: Creativity and Generosity in a Connected Age. New York

Siewiorek, R. (2013): Nudne jest ciekawsze [Boring is More Interesting]. In: Gazeta Wyborcza. Magazyn [The Election Gazette. The Magazine], 27–28.04.2013, 22–23

Stec, R. (2012): Jądrocyberciemności [The Heart of Cyberdarkness]. In: Gazeta Wyborcza. Magazyn [The Election Gazette. The Magazine], 1.–2.12.2012, 22–23
Virilio, P. (1997): Pure War. New York

II. Hirn, Bild, Virtualität

Mein Hirn geht auf Sendung

–

Vom Sinn der Mediatisierung des Wirklichen in den Neurowissenschaften

Gerd Grübler

...sehen Sie, in diesen meinen Händen hielt ich sie,
hundert oder auch tausend Stück; manche waren weich,
manche waren hart, alle sehr zerfließlich;
Männer, Weiber, mürbe und voll Blut.
Nun halte ich immer mein eigenes in meinen Händen
und muss immer darnach forschen, was mit mir möglich sei.

Gottfried Benn: Gehirne (1995 [1915], 8)

1 Einleitung

„Frank L. Meshberger hat den ganzen Tag Gehirne seziert. Nun steht ihm der Sinn nach Schönem" (Baukhage/Vašek 2008, 26). Er vertieft sich also in die Gemälde Michelangelos und empfängt eine Botschaft, die zu empfangen man seit 500 Jahren nicht bereit war: das berühmte Fresko „Die Erschaffung Adams" an der Decke der Sixtinischen Kapelle enthält in Wirklichkeit die Darstellung eines Gehirns (vgl. Meshberger 1990). Wie Benns Dr. Rönne kann sich auch Meshberger beim Gang durch die Vatikanischen Sammlungen nicht mehr von den Bildern der aufgeschnittenen Gehirne befreien, ja leitet den Leser seines Aufsatzes über Michelangelos Fresko zunächst durch einen Grundkurs Neuroanatomie, um ihm die entscheidende Assoziation beim Blick auf das Gemälde dann selbst *kommen* zu lassen.

Die *verbale* Ikonografie des Schaurig-Bedeutungsvollen des freigelegten, losgelösten menschlichen Gehirns zeigt dabei eine erstaunliche Konstanz seit einhundert Jahren: wer am offenen Gehirn arbeitet, ist höherer Wahrheit nahe – koste es ihn auch den irdischen

Verstand. Das Hirn ist dabei mehr als ein beliebiger Gegenstand einer boomenden Spezialwissenschaft. Es scheint vielmehr den Totenschädel seit den Wandlungen der Haltung zum Tod im ausgehenden Mittelalter (vgl. Aries 1980) als Symbol menschlichen vergänglichen Wesens auf der Folie des Ewigen abzulösen. Die Subversion gegenüber der geschäftigen Alltäglichkeit mit ihren banalen Wichtigkeiten, die der Schädel vermittelte, geht auf das Gehirn mit seinen hintergründigen Leistungen über.

Es mag hier dahingestellt bleiben, ob die neurologische Interpretation von Michelangelos Fresko an sich richtig sein kann oder nicht. Was mich interessiert, ist eher die Frage, was dazu führt, dass sie aufkommt und für plausibel gehalten wird; wie sich der dazu notwendige Horizont beim Publikum aufbaut und verbreitet; und welches implizite Ziel sich darin verbergen mag.

Das Interesse an den Neurowissenschaften und insbesondere an der Hirnforschung hat in jüngerer Zeit zweifellos einen enormen Aufschwung erfahren, und zwar sowohl im akademischen Bereich als auch in der breiten Öffentlichkeit. Mitunter sprach man sogar von einem Jahrzehnt (den 1990er Jahren) oder gleich Jahrhundert (das 21. Jhd.) des Gehirns, das nun angebrochen sei. Damit einher geht die gesteigerte mediale Präsenz von „Neuro"-Themen und dies sowohl in Medien, die eher dem Forscher zugänglich sind, als auch im Fernsehen sowie in Journalen oder der Tagespresse. Das Gehirn bekommt dabei eine Reihe von – genaugenommen fiktiven – Rollen und Funktionen zugewiesen, von denen einige recht stereotyp wiederkehren. So tritt das Gehirn in seiner medialen Präsenz nicht selten als ein Akteur oder Agent auf, der bestimmte Absichten verfolgt und dazu bestimmte Handlungen, ja auch planerische Aktivitäten an den Tag legt. Das Gehirn wird dann zum eigentlichen Meister der Lebensbewältigung und dabei, je nachdem, zum Vordenker oder auch Widersacher des einzelnen Menschen. Dieser Jargon verbreitet sich durch Medien und wird zu einem veränderten Menschenbild führen – bzw. hat das bereits ansatzweise –, ähnlich dem Wandel durch die Biologisierung des Weltbildes zum Ende des 19. Jhs.

Dass dieser neue Horizont sich aufbaut und sich ausweitet, kann sogar anhand des oben vorgestellten und vielleicht kuriosen Beispiels belegt werden: erst unlängst hat man, ebenfalls in der Sixtinischen Kapelle, nunmehr in der „Scheidung des Lichts von der Finsternis" in Gottes Kehle einen Hirnstamm entdeckt („Die Welt", 23.06.2010). Erneut waren es Hirnforscher, denen das Privileg zufiel, und es waren gewöhnliche Massenmedien, die den Gedanken gerne aufgriffen. Abgesehen von der momentanen Verfolgung des Gedankens wird er auch an die nachfolgenden Generationen an exponierter Stelle medial weitergegeben: die vierte Auflage des Standardwerks universitärer Ausbildung „Biological Psychology" von Rosenzweig, Breedlove und Watson zeigt uns auf dem Cover den Gott im Gehirn aus der *Erschaffung Adams*. Hatte Meshberger noch naiv erklärt, die Bedeutung des Gemäldes liege darin, dass Gott dem Menschen den Verstand (intellect) gegeben habe (vgl. Meshberger 1990, 1841) – was mit oder ohne Gehirndarstellung seit den Orphikern kaum einer bezweifelt hatte –, so weisen Rosenzweig et al. (2005) in ihrer Anmerkung zum Titelbild wesentlich direkter in die Richtung, die Meshbergers Interpretation dem Zeitgeist attraktiv erscheinen lässt: entgegen dem verächtlich zu machenden Alltagsverstand oder auch den Verboten der „all-powerfull Church" ist es *eigentlich* das Gehirn, das die Welt leitet und zusammenhält, ja gewissermaßen erst erschafft: „But it is now clear that our uniquely human qualities – language, reason, emotion, and the rest – are products of the brain" (Rosenzweig et al. 2005 IV.)[1].

Da die Gegenwart eine ganze Reihe von neuen Forschungsparadigmata bereithält, mag die Neuerung im Menschenbild durch die Neurowissenschaften nicht ganz so klar konturiert und uniform vonstattengehen wie frühere. Es soll hier nichts dramatisiert oder totalisiert werden, aber als *eine* relevante Gestalt des mentalen Wandels der Gegenwart ist sie m. E. ganz klar zu bezeichnen, was im Folgenden weiter plausibilisiert werden soll. Die kommenden Abschnitte sollen deutlich machen, welche medialen Rollen das Gehirn heute schon spielt und was daraus evtl. zu folgern ist. Dem Titel gemäß möchte ich den Text analog zu den Konnotationen des Begriffes „Sendung" aufbauen: zunächst geht es um das Gehirn innerhalb verschiedener medialer Sendungen; dann wird es um das Gehirn als den Sender der Wirklichkeit selbst gehen; schließlich möchte ich fragen, welche besondere Sendung in der Verbreitung des neurobiologischen Weltbildes stecken könnte.

2 Das Hirn in der Sendung

2.1 Akteur und Gegenspieler

Schauen wir auf die Rollen, die dem Gehirn (oder manchmal auch nur Teilen davon) in den Medien zugewiesen werden, so ist die entscheidende Beobachtung zunächst diese, dass das Gehirn als ein Akteur auftritt, der handelt und Projekte umsetzt. Dabei lassen sich grob zwei Attitüden unterscheiden: das Gehirn ist zum einen ein Agent im Dienste seines *Besitzers* und andererseits sein Gegenspieler. Um dies zu illustrieren, ziehe ich mehrere Quellen heran, zum einen die zwölf bislang erschienenen Jahrgänge der populärwissenschaftlichen Zeitschrift „Gehirn und Geist" und zum anderen die Schriften diverser „Neuro-Philosophen".

1 In späteren Auflagen ist das Thema ein Teil der Einleitung.

Typisch für den Topos „Hirn als Akteur" sind Formulierungen wie die folgenden: „automatisch analysiert unser Gehirn" („Gehirn und Geist" 3/2013, 54), „das Gehirn macht fortwährend Annahmen über die Umgebung" („Gehirn und Geist" 4/2013, 52), es „greift auf Erfahrungen zurück" (ebd., 54), es „tut" etwas „gegen das Stottern" („Gehirn und Geist" 3/2013, 68), „es generiert Bedeutung dadurch, dass es verschiedene Ereignisse assoziiert und in einen plausiblen Zusammenhang stellt" (Walkowiak 2004, 45), „das weibliche Gehirn greift schneller auf die Wortbedeutung zu" („Gehirn und Geist" 1/2002, 89) usw. Geht es nur um Teile des Gehirns, dann heißt es z.B.: „diese Rolle des frontalen Cortex als Moralwächter" („Gehirn und Geist" 1/2003, 71), „Der Hippocampus ist der Organisator von Lernen und Gedächtnis" (Roth 1997, 209), „Unser Verstand kann als Stab von Experten angesehen werden, dessen sich das verhaltenssteuernde limbische System bedient" (Roth 2003, 495), „Das Stirnhirn kontrolliert jedoch nicht nur unsere Emotionen – es nutzt sie auch" („Gehirn und Geist" 1/2003, 71), „Die allgemeine Funktion des limbischen Systems besteht in der Bewertung dessen, was das Gehirn tut" (Roth 1997, 209).

Das Gehirn (oder einer seiner Teile) ist hier mit planerischen, strategischen, logistischen usw. Aufgaben befasst, die es ähnlich einer Person oder einer gesellschaftlichen Institution ausführt. Die Betonung liegt dabei auf den erstaunlichen, genialen oder auch rätselhaften Leistungen, die das Gehirn vollbringt. Tritt das Gehirn als Gegenspieler auf, dann werden genau diese Leistungen in einen Gegensatz gebracht zum bewussten Erleben einer Person. Dadurch ergibt sich der Eindruck eines pointierten Angriffs auf den Alltagsverstand oder traditionelle Modelle des Menschen in Philosophie oder Religion. Stärker noch als in der *neutralen* Form des Akteurs kommt hier ein implizites „Wir-wissen-es-besser" des Neurowissenschaftlers zum Tragen. Die Betonung liegt nun auf der Autonomie, Eigenständigkeit, ja Selbstherrlichkeit des Gehirns. Dabei tritt das Hirn in die rhetorischen Fußstapfen des Unbewussten in der Psychoanalyse, die den Menschen zurief: „Ihr mögt glauben, nach rationalen und edlen Motiven zu handeln. In Wirklichkeit aber seid ihr alle Getriebene." Dann findet man Formulierungen wie: „Wir sind Halbzombies. Nur ein Teil unserer Gehirntätigkeit geht in unser Bewusstsein" (Linke 2001, 228), „Der Willensakt tritt auf, wenn das Gehirn bereits entschieden hat, welche Bewegung es ausführen wird" (Roth 2003, 523), „Andere Gehirnteile, einige aus den Urzeiten der Evolution, wollen mitbestimmen über Ihr Denken, Fühlen und Entscheiden – und sie sind geübt, Sie glauben zu machen, es wäre Ihre Idee gewesen!" (P.M., „Ist dem Gehirn zu trauen?"), „In Wahrheit erfindet das Gehirn einfach einen halbwegs plausiblen Grund, der ihm gerade in den Kram passt" („Gehirn und Geist" 3/2003, 20).

Formal betrachtet handelt es sich bei all diesen Aussagen und Formulierungen jeweils um Kategorienfehler, d.h. man schreibt einem Seienden, das einer bestimmten Kategorie zugeordnet ist, Eigenschaften oder Fähigkeiten zu, die dieser Kategorie von Seiendem gar nicht zukommen. Noch spezieller lässt sich das als eine Form von Kategorienfehlern kennzeichnen, die auf sogenannten mereologischen Fehlschlüssen aufbauen, bei denen man Eigenschaften des Ganzen einzelnen seiner Teile zuspricht (oder umgekehrt). Allerdings ist die philosophische Analyse dieses Tatbestandes hier nicht wirklich wichtig, denn das eigentlich Interessante ist gerade, dass sich die Denkformen, die zu einer Neurobiologisierung des Menschenbildes führen, in eben diesen eigentlich *illegalen* Sprachspielen verbreiten und dass offenbar genau diese Sprachspiele die Attraktivität dieser Denkformen einerseits ausmachen und andererseits ihre „prima facie"-Plausibilität zugleich bewirken und *einüben*. Das ist nichts Ungewöhnliches: in historischer Perspektive betrachtet scheint ein neues Paradigma stets mittels diverser Übertretungen der korrekten sprachlichen Möglichkeiten popularisiert zu werden. Und es gewinnt dabei stets auch Bedeutung bzw. die Deutungshoheit in Lebensbereichen, die der Wissenschaft im engeren Sinne zwar äußerlich sind, die auf die Wissenschaft dann aber in Form von Vertrauen, Unterstützung, Interesse und Common Sense zurückwirken.[2] Allerdings bedient sich die Diskursformation „Neurobiologisierung" keineswegs ausschließlich solch klarer Übertretungen des korrekten Sprechens. Es drückt sich darin die unterschwellige Sendung nur einmal ganz direkt aus. Wesentlich häufiger sind sprachlich grenzwertige Formulierungen zu finden, die korrekt sein können, beim Empfänger aber gewissermaßen schon ein stilles Einverständnis voraussetzen. Dann sagt man z.B.: es „wäre für das Selbst-Bewusstsein besonders eine erhöhte Aktivität in medialen Cortexarealen und im rechten temporoparietalen Übergangsbereich charakteristisch" („Gehirn und Geist" 2/2003, 59), „der präfrontale Cortex sorgt dafür" („Gehirn und Geist" 3/2003, 16); ebenso die sehr üblichen, hier nicht im Einzelnen zu belegenden Wendungen „ist verantwortlich für", „verarbeitet", „ist an der Kontrolle beteiligt" u.ä. gehören dazu. Auch diese Formulierungen ziehen in eine bestimmte Richtung, überziehen die sprachlichen Möglichkeiten aber weniger stark. Sie verengen lediglich den Kontext, in dem eine Aussage sinnvoll sein kann, etwa so, als wenn ein Orthopäde sagte: „Charakteristisch für Klaviermusik ist eine hohe Aktivität in der Muskulatur der Hände." Das wäre für seinen therapeutischen Rahmen u. U. völlig korrekt, sagte über Klaviermusik aber nur denjenigen Leuten etwas, die diesen Rahmen für den wesentlichen oder letztgültigen halten. Diese Sprache setzt also *nur* auf eine gewisse Komplizenschaft beim Leser.

2.2 Das Gehirn und die Kunst

Wann immer sich bestimmte Forschungsparadigmata zu allgemeinen Menschen- und Weltbildern verbreitern, spiegelt sich das auch in der Kunst bzw. Ästhetik wider. Prototypisch

2 Vgl. ausführlich dazu (Grübler 2014).

lässt sich das anhand der Biologisierung des Weltbildes durch Autoren wie Ernst Haeckel zeigen. Beginnend mit den Darstellungen von Tieren und Pflanzen in biologischen Lehr- und Fachbüchern hat man – in diesem Falle Haeckel selbst (vgl. Haeckel 1904) – in diesen Lebensformen schließlich „Kunstformen der Natur" erblickt und diese entsprechend stilisiert. Im Ganzen hat die Popularität der Biologie wesentlich zur Ausbildung des Jugendstils mit seiner *organischen* Ornamentik beigetragen und so einer ganzen Epoche ein ästhetisches Ideal vorgegeben; Haeckel selbst hat mit seinen „Kunstformen" einige Strömungen des Jugendstils direkt beeinflusst (vgl. Kockerbeck 1986; Mann 1990). Aktuellere Beispiele wären die Ästhetisierung der Doppelhelix oder diejenige der von astronomischen Teleskopen gemachten Aufnahmen. Solche Tendenzen lassen sich auch bereits auf neurowissenschaftlicher Basis erkennen – wenngleich sich natürlich nicht beurteilen lässt, wohin und wie weit das führen wird. Auch hier stehen die zunächst zu Lehr- und Forschungszwecken angefertigten Zeichnungen des Hirns und seiner neuronalen Strukturen am Anfang. Es folgen sodann die Darstellungen, die auf der Grundlage verschiedener Verfahren zur Anfärbung neuronaler Zellstrukturen möglich geworden sind; allen voran die von Santiago Felipe Ramón y Cajal (1852–1934) gezeichneten Blätter, die selbst schon eine gewisse ästhetische Qualität haben, die über den wissenschaftlichen Zweck hinausgeht. Vollends gilt das für die oft geradezu magisch-geheimnisvoll wirkenden Drucke, die als Ergebnis bildgebender Verfahren entstehen, auf denen man z.B. vielfarbige, bizarr geformte Hirnschnitte sieht, die sich von einem tiefschwarzen Grund abheben. Davon inspiriert haben Künstler begonnen, die Gestalt des Hirns bzw. seine Schnitte als ornamentale Gestaltungselemente zu nutzen. Beispiele sind die Arbeiten von Marjorie Taylor und Karen Norberg, die neuronale Ornamentik mittels traditioneller Handarbeitstechniken erstellt haben.[3] Unmittelbar von der Darstellung mikroskopierter neuronaler Strukturen beeinflusst sind einige Bilder Megan Gwaltneys (vgl. Dresler 2009, Tafel III). Sara Asnaghi hat unter dem Titel „What have you got in your head?" offenbar die alte Weisheit, dass man ist, was man isst, dadurch neurobiologisch neu interpretiert, dass sie menschliche Gehirne aus verschiedenen Lebensmitteln nachgeformt und als kalte Platte präsentiert hat.[4]

Jenseits der Darstellung des Gehirns *in* der Kunst hat sich aber auch bereits eine Neuroästhetik im engeren Sinne etabliert, die sich mit der Bedeutung des Hirns *für* die Kunst auseinandersetzt (vgl. Linke 2001; Dresler 2009; Zeki 2010; Herrmann 2011). Dabei interessieren mich nicht so sehr Untersuchungen darüber, welche Hirnteile bei der ästhetischen

3 Vgl. „The Museum of Scientifically Accurate Fabric Brain Art", URL: http://www.neuroscienceart.com [07.07.2014] sowie (Dresler 2009, Tafel I–II).

4 Vgl. URL: http://www.designboom.com/art/sara-asnaghi-what-have-you-got-in-your-head [07.07.2014].

Erfahrung eine besondere Rolle spielen. Vielmehr geht es mir um die Vermischung von Kunst und Wissenschaft und deren gegenseitige Reflexion, wie sie sich z.B. in den Arbeiten des Künstlers Adi Hoesle finden. Hoesle hat 2003 das EEG der Besucher von Ausstellungen während der Kunstbetrachtung aufgezeichnet und dann 2004 diese Wellenformationen als Holzplastiken dargestellt und wiederum ausgestellt. Aus seiner Sicht sicherlich ein „geschlossener Kreislauf" zwischen Kunst und Wissenschaft, in jedem Falle „a first step towards finding creativity where it becomes measurable for the first time: As electrical flows in the brain evoked by external stimuli" (Hoesle 2014). Das Gehirn erscheint hier zwar nicht direkt, ist aber das unsichtbare Zentrum dieses Werkkomplexes. Hoesle war später maßgeblich an der Entwicklung des sogenannten „BrainPainting" beteiligt. Dabei werden mittels einer Gehirn-Computer-Schnittstelle, die sich wiederum das EEG eines Anwenders zunutze macht, einfache farbige Bilder am Computer erstellt. Der Benutzer kann über eine Matrix auf dem Bildschirm einige Auswahloptionen wie z.B. die Farbe, Form und Größe eines Objekts ansteuern, und so nach und nach abstrakte Muster oder einfache figürliche Bilder entstehen lassen. Mittlerweile hat diese Technik bereits eine gewisse Verbreitung erfahren, wurde in Ausstellungen und Performances präsentiert und die Fachzeitschrift „Brain" gestaltete das Titelbild der Juni-Ausgabe des Jahres 2013 mit einem BrainPainting-Bild. Interessant ist nun, wie das Verfahren von seinem Erfinder verstanden und kunsttheoretisch interpretiert wird. Unter dem Motto „Pingo ergo sum. Das Bild fällt aus dem Hirn" (Hoesle 2012) hält Hoesle dafür, dass durch das BrainPainting eine unmittelbarere Kunstproduktion möglich geworden sei, bei der der ästhetische Akt, der im Gehirn entspringt, quasi direkt umgesetzt wird. Damit sieht Hoesle einen alten Traum bzw. – pointierter – das eigentliche Wesen der Kunst verwirklicht: „To engage with Brain Painting means to understand the arts differently, to free oneself from the idea that art is embodied in separate works displaying the ingenious human drive of expression. Here, art is not the destination but the journey, not a singular piece of evidence but a question about the process of becoming" (Hoesle 2014). Da das „Produkt" von BrainPainting an sich keinen Bestand hat, sondern mit dem Abschalten des Gerätes in Nichts zurückfallen könnte, wenn man es nicht als Datei speicherte, findet der eigentliche künstlerische Akt nach Hoesle ausschließlich im Gehirn des Nutzers statt: „Not the EEG lab was the workshop but my brain transformed into the artist's workshop of the third millennium [...]" und „it became clear that the cerebral events and the events at the brain-machine interface *are* the artistic process." (ebd.)

Damit wird die Kunst völlig vom Kunstwerk abgelöst, wird zum freien Prozessieren der Neurone erklärt, die gewissermaßen an sich selbst genug haben. Die Kunst ist nicht von dieser Welt, ist jenseits ihrer Produkte, zu denen sie sich nur kontingenterweise zeitweilig genötigt sieht. Auch hier, in der Kunstszene, wird das Gehirn also zum Akteur, wird zum eigentlichen „Kern der Sache" stilisiert und es erwächst den Protagonisten eine enorme Begeisterung aus dieser Deutung. Erneut kann es nicht darum gehen, diese Interpretationen auf ihre Stimmigkeit oder Zwangsläufigkeit zu untersuchen – selbstverständlich wären wesentlich profanere Beschreibungen des BrainPainting möglich. Entscheidend ist, dass es diese Überhöhung ist, die den Hype und die Popularität trägt, nicht die nüchterne Deskription.

3 Die Realität als Sendung des Hirns

3.1 Neuro-Konstruktivismus als Konsequenz

Schaut man auf die dem Hirn in den Medien, in der Kunst, in der Wissenschaft und Populärwissenschaft zugewiesenen Rollen, dann wird man sich fragen, auf welches Weltmodell diese Neurobiologisierung des Menschen und seiner Unternehmungen hinaus will oder auch hinaus muss. Dabei kann es sich natürlich nur um eine Spielart des Konstruktivismus handeln, der letztlich und konsequent zu Ende gedacht die gesamte uns zugängliche Realität, einschließlich unserer Selbst, zu einem Produkt des Gehirns erklärt. Diese Konsequenz wurde von einigen „Neuro-Philosophen" tatsächlich gezogen: „Die Grundidee besagt, dass der Inhalt des Bewusstseins der Inhalt einer simulierten Wirklichkeit in unserem Gehirn ist und dass das Gefühl des Daseins selbst ein Teil dieser Simulation ist" (Metzinger 2011, 43) oder: „Die Wirklichkeit ist nicht ein Konstrukt meines Ichs, denn ich bin selbst ein Konstrukt. Vielmehr geht ihre Konstruktion durch das Gehirn nach Prinzipien vor sich [...] Diese Prinzipien sind meinem Willen nicht unterworfen. Vielmehr bin ich ihnen unterworfen" (Roth 1997, 330). Nehmen wir diese Konsequenz ernst, dann hat sie ihrerseits Konsequenzen für alle neurowissenschaftlichen und neurophilosophischen Aussagen, nicht zuletzt für jene, die dem Hirn seine Akteursrolle erst zugesprochen hatten. Im Lichte desselben Neurokonstruktivismus betrachtet, an dem sie selbst mitweben, sprechen die Autoren der Neurophilosophie eigentlich über eine Fiktion, die ihnen nur vorgegaukelt wird, nämlich über das uns empirisch zugängliche Gehirn. Dieses kann schließlich gar nicht *dasjenige* Gehirn sein, das die Realität, also uns selbst und die Welt, in der wir mit *unseren* Gehirnen vorkommen, konstruiert; letzteres kann als Sender der Welt nicht selbst Teil dieser Sendung sein. Gerhard Roths älteres Buch „Das Gehirn und seine Wirklichkeit" von – ursprünglich – 1994 ist, was diese Konsequenz betrifft, einzigartig. Denn nachdem hier (wie auch in späteren Publikationen immer wieder) all jene Topoi und Attitüden vom Hirn als eigentlichem Akteur ausgekostet und mit empirischem Material der Hirnforschung unterlegt wurden, kommt der Autor – man hat fast den Eindruck – unfreiwillig zu der Einsicht, dass an dieser Konstellation – zu Ende gedacht – etwas nicht stimmen kann. Er unterscheidet daher konsequent ein wirkliches Gehirn, das uns empirisch zugänglich ist, von einem realen Gehirn, das jenseits der Möglichkeiten unserer Erfahrung liegt und als Ursprung der Wirklichkeit anzusehen ist: „Die Wirklichkeit wird in der Realität durch das reale Gehirn hervorgebracht" (Roth 1997, 325). Der gesamte Komplex der Neurobiologisierung des Menschen kippt an dieser Stelle ins Nichts, denn es wird klar, dass der Ursprung des *Geistes* an der falschen Stelle gesucht wurde. Roth bekennt das in unmissverständlicher Klarheit: „Das Gehirn, welches mir zugänglich ist (das wirkliche Gehirn), bringt gar keinen Geist hervor; und dasjenige Gehirn, welches mitsamt der Wirklichkeit Geist hervorbringt (nämlich das reale Gehirn – so muss ich plausiblerweise annehmen), ist mir unzugänglich" (Roth 1997, 332).

3.2 Das Gehirn – Chiffre der Transzendenz?

An dieser Stelle bekommt die Neurophilosophie eine unvermittelte Tiefe. Sie hört auf, eine flache Naturalisierung (wie man viele kennt) zu sein und verweist stattdessen auf die ältesten Konstellationen europäischen Denkens. Roth hat nolens volens eine sehr erstaunliche Einsicht geliefert, die die Neurobiologisierung des Weltbildes als konservatives Unternehmen kennzeichnet, nämlich als eine weitere Spielart des abendländischen Denkmusters, dass die Wirklichkeit das Produkt, die „Sendung" einer transzendenten Realität ist, die *hinter* allen Dingen steht. Bruchlos lässt sich das z.B. an eine Arbeit Berkeleys von 1713 anschließen, wo es heißt: „Also das Gehirn, von dem du sprichst, ist ein sinnliches Ding und existiert als solches nur im Geist. [...] so ist alles, was wir erkennen oder auffassen, unsere eigene Vorstellung. Wenn du also sagst, dass alle Vorstellungen durch Eindrücke im Gehirn veranlasst werden – stellst du dir nun das Gehirn vor oder nicht? Tust du es, so sprichst du von Vorstellungen, die, in eine Vorstellung eingeprägt, dieselbe Vorstellung verursachen; und das ist sinnlos" (Berkeley 1955, 111). Um dieses Problem zu umgehen werden das Ich und die Welt bei Berkeley als Ideen im Geiste Gottes aufgefasst (vgl. Berkeley 1979). Aber natürlich auch mit dem Kant'schen Ding an sich oder dem Fichte'schen unendlichen Ich, das ein endliches Ich und ein endliches Nicht-Ich setzt, und mit etlichen anderen Entwürfen gibt es hier ganz klare Berührungspunkte. So gesehen stoßen wir in der Hirnforschung auf die alte Frage nach der Transzendenz. Auch dabei zeigt sich historisch ein stabiles Muster (vgl. Grübler 2014): zwar ist die Transzendenz definitionsgemäß nicht erreichbar, aber alle Epochen und früheren Paradigmata haben jeweils versucht, durch die zugängliche Wirklichkeit hindurch Kontakt mit der Transzendenz herzustellen. Diese im Hier und Jetzt wahrgenommenen Schnittstellen kann man mit Jaspers „Chiffren der Transzendenz" nennen (Jaspers 1962). So ist Roths reales Gehirn natürlich kein Gehirn mehr, denn Gehirne sind uns empirisch zugängliche Organe von Lebewesen. Indem es aber aus einer Verlängerung oder Überhöhung der Hirnforschung heraus trotzdem so genannt wird, wird das Gehirn schließlich zu einem Namen, einer Chiffre der Transzendenz. Es wird Symbol oder Metapher für die Suche nach der *eigentlichen*, der *höheren* Wahrheit. Und hiermit erklärt sich auch ein Stück der Begeisterung an der Neurobiologisierung des Menschen.

Ganz ähnlich hat sich bereits Fuchs (2008) unter dem Titel „Neuromythologien" geäußert. Auch er sieht das Gehirn als „Meta-Subjekt" die „Leerstelle Gottes" einnehmen (Fuchs 2008, 319). Allerdings möchte ich dem *ideologiekritischen* Ton seiner Ausführungen nicht folgen. Die Feststellung religiöser Inhalte in Politik oder Wissenschaft trägt oft den Unterton der Polemik an sich. Gern wird dann die Bezeichnung „krypto-religiös" in Anschlag gebracht und man versucht, dem *Gegner* etwas zu *beweisen*. Ich würde die Sache dagegen wesentlich nüchterner betrachten wollen und versuchen aufzuzeigen, wo die Gegenwart ihre religiösen Symbole und Riten realisiert, ohne dem von vornherein die Legitimität abzusprechen. Und mit der Neurowissenschaft und ihrer Gehirn-Rhetorik haben wir offenbar einen solchen Ort gefunden. Damit sollten wir uns auch dem Gedanken öffnen, dass dem Menschen durch die Neurobiologisierung seines Selbstbildes vielleicht gar nicht primär und jedenfalls nicht ausschließlich etwas genommen wird. Vielmehr ist die Hirnforschung – wie vor ihr die Astronomie, die Biologie oder die Informationstheorie – ein Versuch, die Realität hinter den Dingen anzukratzen, ihr nahe zu kommen, sich im Einklang zu fühlen mit Gott, chiffriert als das Gehirn, das Sender der Wirklichkeit ist. Fuchs (2008, 322) spricht hier sehr passend von einer „creatio continua". Dieses religiöse Motiv, das die Beteiligten in dieser Formulierung natürlich weit von sich weisen würden, möchte ich anhand einer Gegenüberstellung noch greifbarer machen. Halten wir einmal eine Hegel'sche Definition gegen einen Auszug aus einem Text der Neurophilosophie:

> Religion ist auf diesem Standpunkt das Bewusstsein des Menschen von einem Höheren, Jenseitigen, außer ihm und über ihm Seienden. Das Bewusstsein findet sich nämlich abhängig, endlich, und in diesem seinem Empfinden ist es insoweit Bewusstsein, dass es ein Anderes voraussetzt, von dem es abhängt und welches ihm als das Wesen gilt, weil es selbst als das Negative, Endliche bestimmt ist.
> (Hegel 1969, Bd.1, 167)

> Wenn ich aber annehme, dass die Wirklichkeit ein Konstrukt des Gehirns ist, so bin ich gleichzeitig gezwungen, eine Welt anzunehmen, in der dieses Gehirn, der Konstrukteur, existiert. Diese Welt wird als ‚objektive', bewusstseinsunabhängige oder transphänomenale Welt bezeichnet. Ich habe sie der Einfachheit halber Realität genannt [...]
> (Roth 1997, 324)

Man sieht, wie diese von Hegel als religiös bestimmte Denkform – eine bestimmte Stufe der Dialektik religiöser Bewusstwerdung – in ihrer Struktur ganz unmittelbar zur Anwendung gebracht wird. Die Welt des Alltäglichen wird zum Schein, der von einer eigentlichen Realität, die dem *naiven* Erleben nicht direkt zugänglich ist, abhängig gedacht wird. Und die Hirnforschung ist dann Arbeit an der Chiffre: sie bietet eine Möglichkeit, das Transzendente doch irgendwie anschaulich zu machen und sie verbreitet und plausibilisiert ihre Anschauungsweise durch metaphorische Sprache. Die Neurophilosophie schließlich ist dann in ihren Konsequenzen genau das, was ihre Attitüden aufs Korn nehmen: metaphysica *as usual*.

4 Die Sendung der Neurowissenschaften und -technik

Was also könnte die „Sendung" der Neurowissenschaften in der Gattungsgeschichte des Menschen sein, wenn wir ihre Tiefendimension mit in den Blick nehmen? Worauf zielen ihre fortgeschrittensten Projekte und was versprechen Sie? Wenn wir so fragen, begeben wir uns in das Gebiet der Spekulation. Diese Spekulation muss allerdings keine wilde und haltlose sein. Heuristischen Wert könnte es haben, sich Projekte und Tendenzen anzuschauen und sich zu fragen, mit welchen Zukunftsperspektiven sie im Einklang zu stehen *scheinen*. Man könnte dann der Gegenwart vor Augen halten, dass sie sich benehme, *als ob* sie diese oder jene Perspektive verfolge. Dieses Vorgehen hat also weniger mit unerschütterlichen Behauptungen über die Zukunft als vielmehr mit unabweisbaren Fragen an das Heute zu tun.

Werfen wir einen Blick auf das größte und teuerste Projekt der Hirnforschung, das Europa hier im Moment zu bieten hat: das „Human-Brain-Project", das für die nächsten zehn Jahre mit 500 Millionen Euro gefördert wird. Zentrales Ziel dieses Projektes ist die Simulation des Gehirns durch Computer. Die Erforschung des Gehirns wird dabei als „one of the greatest challenges facing 21st century science" verstanden, die „fundamental insights into what it means to be human" verspricht und dabei zugleich „would offer enormous benefits for medicine and for future computing technology – indeed for the European economy and European society as a whole"[5]. Bereits im Vorfeld hatte Henry Markram, einer der führenden Köpfe des Projektes, bekundet: „Das ist eine der drei großen Herausforderungen der Menschheit. Wir müssen die Erde verstehen, den Weltraum – und das Gehirn. Wir müssen verstehen, was uns menschlich macht" (Seidler/Briseño 2011). Die Ontologie und Anthropologie dieser Statements implizieren bereits, dass das Verstehen des Gehirns

5 URL: http://www.humanbrainproject.eu/ [07.07.2014]. Siehe auch „The HBP Pilot Report", ebd.

klären wird, was das Menschliche *ist*. Damit ist die Neurobiologisierung des Menschenbildes auf dem höchsten Niveau der Spitzenforschung als Horizont und Legitimationsgrundlage präsent. Das Projekt umgibt sich mit der Aura des Aufspürens *letzter Geheimnisse*, was die Probleme der Menschheit wesentlich zu lösen helfen wird. Schon angesichts der Höhe des Budgets dieser Unternehmung kann man sagen, dass die Neurobiologisierung des Menschen sehr erfolgreich ist, sehr viel Vertrauen mobilisiert und sehr große Hoffnungen anspricht. Hier finden wir also ein unmittelbares, unbestreitbares und keinesfalls marginal zu nennendes Beispiel dessen, was die Gegenwart hinsichtlich der Hirnforschung tut. Was sich dabei anhand der Konvergenz von Neurobiologie und Informationstechnologie zeigt, ist die Perspektive technischer Reduplikation und Kontrolle des Menschlichen durch die Substitution seiner „Hardware". Die Gegenwart agiert, *als ob* diese transhumanistische Perspektive (vgl. Moravec 1990; Kurzweil 1999, 2008) genau ihr systematisch angestrebtes Ziel wäre. Die impliziten Motive müssten dabei jedenfalls nicht lange gesucht werden: ließe sich „das Menschliche" durch Hirnforschung so weit verstehen, dass es durch eine von uns geschaffene Technologie beherrscht - d.h. simuliert und schließlich emuliert (vgl. Sandberg/Bostrom 2008) - werden kann, läge der Schlüssel zur Überwindung des Todes und zu weitreichendster Gestaltung des Kosmos in unseren Händen.

Und welchen impliziten Glauben setzt es voraus, das Gehirn mit den erwarteten Resultaten simulieren zu wollen? Zunächst und vor allem brauchen wir die Neurobiologisierung des Menschenbildes. Und abermals scheint dem Menschen - so betrachtet - damit nichts genommen, sondern eher eine Heilsperspektive gegeben zu werden. Zweitens aber bräuchten wir einen besonderen Glauben an die Wirksamkeit unserer Handlungen über ihre materiellen Grenzen hinaus: angesichts des epistemologischen Grabens, der uns von der Transzendenz trennt, müssten wir offenbar davon überzeugt sein, dass wir mit unserer Technik in der *Wirklichkeit* auch einen privilegierten Zugang zur *Realität* gefunden haben, dass wir also - klassisch gesprochen - durch die Welt der Erscheinungen hindurch das *Ding an sich* (das reale Gehirn, den Gott) zu berühren befähigt sind. Praxen und Rituale, die solche Annahmen ausdrücklich machen, nennt man *religiös*. Warum also nicht in den großen Projekten und denkerischen Dominanten der Gegenwart ihre Religion suchen? Ganz nüchtern und ohne Polemik? Ich denke, es ist ein interessanter Ausgangspunkt und ein universales Gesprächsangebot, dazu aufzufordern, sich vor Augen zu halten, dass sich die Dinge so entwickeln, *als ob* die Gesellschaft, in der wir leben, den beschriebenen Glauben teilte. Und wenn die Akteure der Spitzenforschung vielleicht erklären, dass sie auf einen solchen Glauben für die Details ihrer Arbeit verzichten können, so können sie es doch nicht bei der Legitimation ihres Tuns und beim Einwerben gesellschaftlicher Unterstützung.

5 Schluss

Ausgehend von der Beobachtung, dass das Gehirn und seine Erforschung zu Gegenständen von hoher medialer Präsenz geworden sind, habe ich versucht, die Begeisterung für die Neurobiologisierung des Menschenbildes in einigen Bereichen nachzuvollziehen, zu dokumentieren und interpretierend verständlich zu machen. Wie in früheren Epochen auch, sind dabei wichtige Aspekte die Einübung metaphorischer Sprachspiele, die Ästhetisierung eines bestimmten Gegenstandsbereiches und die Chiffrierung der Transzendenz durch ein jeweils zentrales Objekt der Erfahrung. Die Neurowissenschaft, insofern sie als „Neurophilosophie" zu Fragen der Anthropologie oder der Weltanschauung Stellung nimmt, erweist sich als Erbe klassisch-europäischer Denkformen der Metaphysik, die die erscheinende Wirklichkeit durch eine *hinter* ihr liegende, aber an sich unzugängliche Realität erklären. Das kennzeichnet sie zwar als konservatives Unternehmen, das mit vielen Entwicklungen moderner Philosophie nicht Schritt hält oder halten will, diskreditiert sie jedoch nicht notwendigerweise im Kern. Wesentlich versöhnlicher fällt das Bild aus, wenn man voraussetzt, dass sich in der Neurobiologisierung des Menschenbildes ein religiöses Element der Gegenwart ausspricht, das auf einen impliziten Glauben an bestimmte Möglichkeiten menschlicher Existenz hinweist und das vordergründig *nur* materialistische Forschen und Konstruieren unserer Gegenwart in einen ihr zugehörigen Bezug zur Transzendenz stellt.

Ob diese Aspekte unter dem Label des *Religiösen* geführt werden, oder ob man darauf aus Angst vor Missverständnissen zu Gunsten einer neutraleren Begrifflichkeit verzichtet, mag dahingestellt bleiben. Entscheidend für nicht-polemische und doch aufklärerische Diskurse ist es, diese Dimensionen des faktischen Denkens, Sprechens und Handelns mit in den Blick zu nehmen. Aufgabe bleibt es, sich zu der Sendung, die wir dann empfangen mögen, zu verhalten.

Literatur

Aries, Ph. (1980): Geschichte des Todes. München

Baukhage, M.; Vašek, Th. (2008): Der Code des Michelangelo. In: P.M.-Magazin, 26–34. URL: http://www.pm-magazin.de/r/geschichte/der-code-des-michelangelo [07.07.2014]

Benn, G. ([1915] 1995): Gehirne. In: Benn, G: Gehirne. Novellen. Stuttgart, 3–8

Berkeley, G. (1955): Drei Dialoge zwischen Hylas und Philonous. Berlin

Berkeley, G. (1979): Eine Abhandlung über die Prinzipien der menschlichen Erkenntnis. Hamburg

Dresler, M. (Hg.) (2009): Neuroästhetik. Leipzig

Fuchs, Th. (2008): Neuromythologien. In: Fuchs, Th.: Leib und Lebenswelt. Kusterdingen, 306–327
Grübler, G. (2014): Wissenschaft, Moral und Heil. Über den Horizont moralischer Phänomene und die Arbeit am Vertrauen in die Welt (im Druck).
Haeckel, E. (1904): Kunstformen der Natur. Leipzig/Wien
Hegel, G. W. F. (1969): Vorlesungen über die Philosophie der Religion. 2 Bde. Frankfurt am Main
Herrmann, K. (2011): Neuroästhetik. Kassel
Hoesle, A. (Hg.) (2011): Pingo ergo sum. Das Bild fällt aus dem Hirn (Katalog zu den Ausstellungen in Rostock und Linz). Rostock
Hoesle, A. (2014): Between Neuro-Potentials and Aesthetic Perception. Pingo Ergo Sum. In: Grübler, G.; Hildt, E. (eds.): Brain-Computer-Interfaces in their ethical, social and cultural contexts. Dortrecht
Jaspers, K. (1962): Der philosophische Glaube angesichts der Offenbarung. München
Kockerbeck, Ch. (1986): Ernst Haeckels ‚Kunstformen der Natur' und ihr Einfluß auf die deutsche bildende Kunst der Jahrhundertwende. Studie zum Verhältnis von Kunst und Naturwissenschaft im Wilhelminischen Zeitalter. Frankfurt am Main
Kurzweil, R. (2008): Im Gespräch: Ray Kurzweil. Frankfurter Allgemeine Zeitung, 23.02.2008, Nr. 46, Z6
Kurzweil, R. (1999): Homo s@piens. Leben im 21. Jahrhundert. Köln
Linke, D. B. (2001): Kunst und Gehirn. Die Eroberung des Unsichtbaren. Hamburg
Meshberger, F. L. (1990): An Interpretation of Michelangelo's Creation of Adam Based on Neuroanatomy. JAMA, Jg. 264(14), 1837–1841
Mann, R. (1990): Ernst Haeckel, Zoologie und Jugendstil. Weinheim
Metzinger, Th. (2011): Der Ego-Tunnel. Berlin
Moravec, H. (1990): Mind Children. Der Wettlauf zwischen menschlicher und künstlicher Intelligenz. Hamburg
P.M.: Ist dem Gehirn zu trauen? In: P.M.-Magazin. URL: http://www.pm-magazin.de/a/ist-dem-gehirn-zu-trauen [07.07.2014]
Rosenzweig, M. R.; Breedlove, S. M.; Watson, N. V. (2005): Biological Psychology. An Introduction to Behavioral and Cognitive Neuroscience. 4th Edition. Sunderland
Roth, G. (1997): Das Gehirn und seine Wirklichkeit. Frankfurt am Main
Roth, G. (2003): Fühlen, Denken, Handeln. Wie das Gehirn unser Verhalten steuert; Frankfurt am Main
Sandberg, A.; Bostrom, N. (2008): Whole Brain Emulation: A Roadmap. Technical Report #2008-3, Future of Humanity Institute, Oxford University, 1–130. URL: http://www.fhi.ox.ac.uk/brain-emulation-roadmap-report.pdf [07.07.2014]
Seidler, Ch.; Briseño, C. (2011): Human Brain Project. Forscher basteln an der Hirnmaschine. In: Spiegel Online Wissenschaft, 12.05.2011
Walkowiak, W. (2004): Die Entstehung der Religion in unserem Gehirn. In: Lüke, U. u.a. (Hg.): Darwin und Gott. Darmstadt, 28–46
Zeki, S. (2010): Glanz und Elend des Gehirns. Neurobiologie im Spiegel von Kunst, Musik und Literatur. München

Inszenierte Zukünfte: Zur Virtualität von Neuropädagogik und Konsumgenetik

Bruno Gransche, Dirk Hommrich

Die *mise en scène*, die Inszenierung *setzt in Szene,* was jenseits der ästhetischen Darstellung nicht wissbar oder erfahrbar wäre. Inszenierung stellt etwas mit Effekt zur Schau (Fischer-Lichte 1998). Sie verleiht etwas nicht nur Erscheinung, was ohne die Inszenierung nicht wahrnehmbar wäre, sondern sie verleiht Wirkung, was sonst keine hätte. Inszenieren heißt etwas zur Erfahrung bringen (Iser 1991, 504), etwas in Wirkung setzen. Damit widerfährt dem inszenierten Gegenstand eine *Virtualisierung*.

1 Gehirn und Gen backstage

Der Akt der Inszenierung ist aus dem Bereich des Theatersaals, für den sie ursprünglich entwickelt wurde, ausgebrochen und findet nun in der Welt jenseits des Theaters Anwendung oder verleiht dieser Welt dadurch etwas Theaterhaftes. Es inszenieren nicht mehr nur Regisseure Schauspieler, sondern Schauspieler sich selbst, Politiker sich als Macher und jeder sich als seine eigene Marke, mit ‚USP' (*unique selling proposition)*, mit Imagepflege, ‚Webputation'- und Marketingstrategie. Omnipräsente Inszenierung erreicht uns über die Werbung, die nicht mehr Vorzüge, Nutzen oder Qualitäten eines Produktes in Szene setzt, sondern Anknüpfungsmöglichkeiten an Lebensstile, Lebensgefühle, Rollenmodelle, Wertvorstellungen und Identitätsangebote. Im Gegensatz zu Produkten und tatsächlich vollzogenen Lebensstilen haben die inszenierten Lebensstile keine Existenz jenseits ihrer Darstellung, sie sind nur *als* Inszenierung überhaupt erfahrbar – sie sind nicht real, aber scheinen so, sie sind nicht tatsächlich so, wirken aber so.

Dieser Prozess, etwas nicht Realem Wirkung zu verleihen, kann als Prozess der Virtualisierung verstanden werden. Es lassen sich aktuell in immer mehr Bereichen des Lebens solche Prozesse der Virtualisierung mittels Inszenierung beobachten: Anhand von zwei Beispielen soll in diesem Beitrag hinter den Theatervorhang des *theatrum mundi* geschaut und die Verhältnisse von Sein, Schein, Setzung und Wirkung beleuchtet werden. Dieser Beitrag führt ‚backstage' bei der *mise en scène* von Gehirn und Gen, von Neuropädagogik und Konsumgenetik.

2 Virtuell – wirklich – real

Der Zusammenhang von Inszenierung und Virtualisierung kann mit der Unterscheidung von virtuell, wirklich und real entfaltet werden. Virtualität und sein Adjektiv virtuell ist ein etymologisch wie philosophiehistorisch vieldeutiger Begriff, er soll hier in zwei Varianten gebraucht werden, nämlich in einer engeren und einer weiteren Bedeutung. Dabei trifft die engere Bedeutung die eher alltagssprachliche Verwendung im Kontext von Computertechnologie wie etwa Virtuelles Laufwerk, Virtuelle Avatare, *virtual image* usw. Virtuell im engeren Sinne wird in (virtuellen) Wörterbüchern definiert als: „not physically existing as such but made by software to appear to do so“[1], „vom Computer so dargestellt, dass es fast echt erscheint“[2], „existing or occurring on computers or on the Internet“[3]. Die weitere Bedeutung von virtuell ist nicht auf eine bestimmte Technik bezogen, nämlich: „very close to being something without actually being it“[4], „being such in power, force, or effect, though not actually or expressly such“[5], „having the essence or effect but not the appearance or form of“[6].

Sowohl in der engeren als auch der weiteren Bedeutung lässt sich die Verwandtschaft zur Inszenierung erkennen. Im engeren Sinne ist etwas nicht physisch existent, aber *made to appear so*, etwas bekam also eine Erscheinung verliehen, *als ob* es physisch existent wäre. Oder etwas wird vom Computer so *dargestellt*, *als ob* es echt wäre, so dass es echt *erscheint*. In der weiteren Bedeutung wird die Realitätsdifferenz des Virtuellen noch deutlicher. Diese Differenz ist konstitutiv für Virtuelles wie für Inszeniertes. Egal wie nahe etwas Virtuelles einer Entität kommt - *very close to being something* - oder einer Entität der Kraft, der Wirkung nach gleichkommt - *in power, force, or effect* -, es ist dieses etwas nie tatsächlich - *without actually being it*. Nun ist dasjenige, dem eine Wirkung zukommt und sei es durch Mittel der Inszenierung, eben *wirklich*. Schon Hegel formulierte: „Was wirklich ist, ***kann wirken***, seine Wirklichkeit gibt etwas kund *durch das, was es hervorbringt*.“ (Hegel 1999, 208; Hervorh. i.O.) So soll hier *wirklich* alles das bezeichnen, was eine Wirkung hat, dessen Effekte uns betreffen, und zwar unabhängig davon, ob es *real* ist. Real ist all dasjenige, dem

1 In Oxford Dictionaries auf: URL: http://www.oxforddictionaries.com/definition/english/virtual?q=virtual [Februar 2014].

2 In The Free Dictionary auf: URL: http://de.thefreedictionary.com/virtuellen [Februar 2014].

3 In Merriam-Webster auf: URL: http://www.merriam-webster.com/dictionary/virtual [Februar 2014].

4 In Merriam-Webster auf: URL: http://www.merriam-webster.com/dictionary/virtual [Februar 2014].

5 In Dictionary.com auf: URL: http://dictionary.reference.com/browse/virtual [Februar 2014].

6 Stichwort„virtual“ in: Collins English dictionary. Complete and unabridged (2003).

als Entität Existenz zugeschrieben wird, einschließlich Möglichkeiten und theoretischer Entitäten. Was uns nun von Inszeniertem betrifft, sind dessen Effekte, dessen Wirkungen gerade im Gegensatz zum Existenten. Denn etwas, das seine Wirkung an sich hat, ohne in Szene gesetzt werden zu müssen, ist real *und* wirklich. Etwas, das nur Wirkungen hat, wenn es im Modus des *Als ob* gerade im Unterschied zu seiner Existenz dargestellt wird, ist nicht real, aber wirklich - und das heißt: *virtuell*. Das bedeutet nicht, dass am Virtuellen nichts real wäre: am Virtuellen ist nur per definitionem je etwas anderes real, als es als real darstellt. Die Lichtwellen, der Bildschirm einer Computersimulation sind reale Lichtwellen und es sind reale Flüssigkristalle (LCD) o.ä.; die dargestellten Entitäten - Orks, Flugzeugträger oder Operationsgeräte - sind es nicht und deshalb virtuell. Bereits René Magritte wies mit dem berühmten Satz *Ceci n'est pas une pipe* auf diese Realitätsdifferenz hin. Eine gemalte Pfeife ist eine virtuelle Pfeife und lässt ihr Anblick mich nach meinem Tabak greifen, dann ist sie auch eine wirkliche Pfeife - nie aber ist sie eine reale Pfeife, sondern ein reales Bild.

3 Der Prozess der Virtualisierung

Sowohl Realität als auch Wirklichkeit unterliegen der Tendenz der Virtualisierung, also einer Ausweitung von *virtueller Realität* und *virtueller Wirklichkeit* (Hubig 1999; 2007, 45). *Virtuelle Realitäten* begegnen uns nicht nur in Form der digitalen *virtual realities* von Simulationen und Computerspielen, sondern auch etwa in Erzeugnissen bildgebender Verfahren oder anderer Visualisierungen auf den Displays medizinischer Diagnosegeräte oder ‚mobiler Endgeräte'. Es sind dies Simulakren (Baudrillard 1978), Bilder, die kein wie auch immer medial geprägtes Abbild eines Urbildes sind, sondern die ihre Existenz nur durch ihre Darstellung erhalten. *Virtuelle Wirklichkeiten* (*virtual actualities*) wiederum ergeben sich aus den Effekten unseres Umgangs mit den virtuellen Realitäten. Der Stressschweiß des Piloten im Flugsimulator, der heilende Effekt von zum Zwecke der Traumatherapie durchlebten virtuellen Kriegsszenarien (Mayr 2013) oder die medizinische Entscheidung nach der Konfrontation mit MRT-Simulakren oder mit Statistiken von Genanalysen zeugen von der Wirklichkeit des Virtuellen.

Die Ausweitung der virtuellen Realitäten und Wirklichkeiten hat einerseits eine Veränderung der mit ihnen umgehenden Subjekte zur Folge, da die virtuellen Realitäten die Subjekte ihrerseits als Interaktionsobjekte in Form von (Nutzer-)Stereotypen modellieren. Ein Nutzerstereotyp ist im Gegensatz zu einem Individuum ein ‚virtuelles Subjekt', eines das nur in der Repräsentation wirklich wird, aber daneben nicht real existiert. Technik, die virtuelle Subjekte modelliert, um mit ihnen interagieren zu können, prägt wiederum den

Möglichkeitsraum des realen Subjektes[7] in diesem Umgang; so beeinflussen virtuelle Subjekte reale Subjekte. Andererseits verändert die Ausweitung des Virtuellen die Weltbezüge der Subjekte, etwa indem simulationsbasierte Trainingserfahrungen es ermöglichen, zum ersten Mal in neue Situationen zu geraten und dabei schon virtuelle Vorerfahrungen von dieser Situation zu haben. Ein Pilot kennt den Prozess der virtuellen Landung in- und auswendig, bevor er den Prozess einer echten Landung steuert. Auch hier darf nicht vergessen werden, dass zwischen virtueller und echter Landung eine Realitätsdifferenz besteht und bei aller simulatorischer Perfektionierung immer bestehen bleibt. An diesem Beispiel wird nun eine zusätzliche Verkomplizierung der Ausweitung des Virtuellen deutlich: virtuelle Realität und virtuelle Wirklichkeit verschränken sich über *mixed* und *augmented realities* mit der realen Realität, wodurch zwei Fragen virulent werden. Erstens: Welche virtuellen Realitäten sind oder werden wirklich? Zweitens: Welche virtuellen Wirklichkeiten sind real, beruhen auf existierenden Sachlagen und nicht bloß auf Fiktionen (Hubig 2007, 45)?

Die These dieses Beitrages empfiehlt für beide Fragen einen Rückgriff auf das Konzept der Inszenierung. Zu erstens: Es werden diejenigen virtuellen Realitäten wirklich, denen inszenatorisch Wirkung verliehen wird. Zu zweitens: In einer Inszenierungsgesellschaft ist die virtuelle Wirklichkeit derart maßgeblich, dass die Bereiche, in denen überhaupt ein zugrundeliegendes Reales geltend gemacht werden kann, im Schwinden begriffen sind und gleichzeitig die Frage *real oder nicht real* ersetzt wird mit der Frage *wirklich oder nicht wirklich*? Am Maßstab des Effektes ist die virtuelle Wirkung mindestens so mächtig wie die reale. Mehr noch: Durch die Entwicklung immer avancierterer Inszenierungstechniken und -praktiken bis hin zu inszenatorisch basierten Geltungsregimen überwiegt die Macht virtueller Wirkung zunehmend gegenüber der realen Wirkung. In einer virtualisierten, einer Inszenierungsgesellschaft übertrifft der Schein des zur Darstellung Gebrachten das Sein des Dargestellten, nicht an Realitätsgehalt, aber an Wirkung, an Wirklichkeit. Entscheidend dabei ist weniger, was etwas ‚tatsächlich' ist, denn *als was* es dargestellt und wahrgenommen wird. Entsprechend entbrennt an dieser Stelle ein Ringen um Deutungshoheit: Was gilt als das *rechte Licht*, in das etwas zu rücken ist? Was gehört auf welche Bühne (σκηνή – skene) oder in welche Szene?

Zur Inszenierung gehört, „was in/mit ihr zur Erscheinung gebracht und von anderen wahrgenommen wird, sowie das Ensemble von Techniken und Praktiken, das eingesetzt

7 Das sei nicht neu, das mache jede Technik immer schon, wird gerne eingewandt, auch der Umgang mit Zeitungen oder Küchenmessern ändere meinen Möglichkeitsraum. Solche Immer-schon-Einwände verkennen jedoch, dass Zeitung und Messer ihre Nutzer nicht modellieren, kein Nutzerprofil anlegen und dieses lernend erweitern und ihren Funktionsumfang nicht einer Nutzungserwartung gemäß variieren.

wurde, um es zur Erscheinung zu bringen." (Fischer-Lichte 1998, 89). Dieses Ensemble von Techniken und Praktiken hat stetigen Zuwachs. Seit dem Aufkommen von bildgebenden Verfahren oder Modellen der Wahrscheinlichkeitstheorie, stehen ganz andere Techniken und Praktiken der *mise en scène* und der Visualisierung zur Verfügung als zuvor. Relativ neue Mitglieder dieses Ensembles, die zur Erscheinung bringen, was uns ausschließlich im Modus der Inszenierung zugänglich ist, sollen im Weiteren beschrieben werden. Es sind dies Inszenierungen des Gehirns und des Genoms, denn das virtuelle Gehirn und das virtuelle Genom haben heute große Diskurskraft und daher Wirkmacht. Diese Wirkmacht kann in Form von deutungsbestimmenden Regimes betrachtet werden. Symptomatisch hierfür sind das Phänomen der Neuropädagogik sowie der Konsumgenetik.

4 Theatrum cerebri – Visualisierung und Virtualität des manipulierbaren Gehirns

Das erste Beispielfeld für ein Geltungsregime, mit dem eine Ausweitung virtueller und inszenatorischer Darstellungen einhergeht, betrifft die *Hirnforschung in pädagogischen Kontexten*, auch bekannt als Neuropädagogik (Gransche/Hommrich 2014).[8] Sowohl für das unter dieser Bezeichnung bekannte gehirn-gerechte Lehren und Lernen als auch hinsichtlich der substanz- und technikinduzierten Steigerung kognitiver und emotionaler Vermögen scheint es gegenwärtig weniger umstritten, was der Fall und was real machbar ist (Gransche/Hommrich 2014). Ausschlaggebend für den Hype um den ‚Brückenschlag' zwischen Erziehungswissenschaft und Bildungsforschung einerseits sowie Kognitions- und Neurowissenschaft andererseits scheinen vielmehr Effekte zu sein, die sich vermittels sublimer Gemengelagen aus virtuellen Wirklichkeiten einerseits und Einbildungskraft andererseits einstellen bzw. eingestellt haben und insbesondere per Marketing und Werbung kundgetan werden.[9] Dabei haben die *Inszenierungen der Neuropädagogik* nicht nur eine Veränderung

8 Im Unterschied zu der häufig anzutreffenden (impliziten) Unterscheidung von Neuropädagogik und -didaktik auf der einen Seite (als Kollektivtechnik) und dem ‚Hirndoping' (als Individualtechnik) auf der anderen Seite, betrachte ich (D.H.) beide Themenstränge als Ausprägungen eines bio-bildungspolitischen Feldes, in dem es um die Leistungsverbesserung kognitiver Architekturen und neuronaler Maschinen, vormals Personen, und die ‚Verzukünftigung' des Subjekts geht (Gransche/Hommrich 2014).

9 Zum Verhältnis von Virtualität und Einbildungskraft vgl. Wiesing (2005, 107–124) sowie McGinn (2007).

der Weltbezüge sowie Veränderungen des Selbstbezugs des Subjekts zur Folge.[10] Am Zur-Schau-stellen, an der mise en scène des Humangehirns und dessen vermeintlicher Potentiale zur Effizienzsteigerung und Rationalisierung kognitiv-kortikaler ‚Mechanismen' lässt sich demonstrieren, dass solche Geltungsregimes sich diesseits *und* jenseits des Computers auf medial getragene Virtualitäten stützen. Darüber hinaus lassen sich Neuropädagogik wie auch Konsumgenetik vom Standpunkt einer „Anthropologie des Aktuellen", des Gegenwärtigen, bzw. einer „re-mediatisierenden" Perspektive auf die Bio- und Neurowissenschaften (Rabinow 2004; Bennett/Rabinow 2011), der es um die näheren und nahen Zukünfte (Bennett/Rabinow 2011, 355) zu tun ist, selbst als Treiber der Virtualisierung der Lebenswelt verstehen.

In der Alltagswirklichkeit begegnet uns das Gehirn, seine behaupteten Funktionen für Lernen, Psyche, Arbeitsgedächtnis etc. ausschließlich im Medium der Sprache, des Symbolischen und Zeichenhaften, der Inszenierung. Mit den funktionellen bildgebenden Verfahren, die in der (pädagogischen) Psychologie, kognitiven Neurowissenschaft und der Klinik seit ca. 30 Jahren mit zunehmender raum-zeitlicher Auflösung verfügbar sind, hat sich bereits bis zum heutigen Tag ein Sprachwandel vollzogen. Auf dem Weg in eine ‚Neuro-Kultur' haben sich die Wahrnehmungsweisen psychisch-mentaler Fähigkeiten des Menschen verschoben. Unter *metaphorischen Redeweisen* über Vorgänge und zerebrale Organisationsprinzipien im Kopfinneren haben sich (räumliche und technische) Metaphern des Gehirns (Goschler 2008) und ‚Hirnbilder' gemischt. Käte Meyer-Drawe beschreibt den Wandel von Sprache und Wahrnehmung, Gesellschaft und Kultur, der sich mit der modernen Hirnforschung eingestellt hat, wie folgt: „Das Gehirn, griechisch *enkefalon*, ist das, was im Kopf (*kefalon*) ist. Im Unterschied zur Zunge, die wir mit dem Sprechen verknüpfen, und dem Herz als dem Sitz der Gefühle, beziehen sich die Bilder des Kopfes vor allem auf das Denken und damit auf eine uralte Tradition, in welcher das logische Vermögen im Kopf angesiedelt wurde. Nun wird der Kopf an der Metaphernfront bekämpft durch das Hirn oder Gehirn: Dabei verstehen wir, wenn wir etwas als *Hirngespinst* abwerten oder als *hirnrissig* oder *hirnverbrannt* verspotten. Einige haben etwas vor Augen, wenn sie über den *Hirni* lästern. Auch unter einer Gehirnwäsche stellen wir uns etwas vor. Auffällig ist auf einen ersten Blick, dass diese Bilder zumeist etwas Negatives meinen, also kaum eine Konkurrenz zum Kopf antreten können, weil sie etwa törichtes Verhalten oder gewaltsame Veränderungen des physischen Zustandes meinen. Erst in letzter Zeit werden Redewendungen in zunehmendem Maße üblich, in denen das Gehirn Aufgaben übernimmt, die vorher dem Ich zugeschrieben wurden." (Meyer-Drawe 2008, 72f.)

10 Zur Frage „Technisierung des Menschenbildes?" durch die Hirnforschung vgl. Grunwald (2008, 256–259).

Diese Verbreitung des Themas ,Gehirn' oder des Gehirns als (Kollektiv-)Symbol, Ikone, Logo, ja sogar als mythisches ,Kultobjekt', ist eingebettet in eine Entwicklung, die nur noch mit Einschränkungen mit einem *Public Understanding of Science*[11] verbunden werden sollte. Die Popularisierung der Hirnforschung und ihres namengebenden Erkenntnisobjekts Gehirn findet in einem (wissenschafts)kulturellen Umfeld statt, in dem es weniger um ein nüchtern zu vermittelndes Verständnis zu gehen scheint, also was die Hirnforschung tut, was sie *erklären* und *verstehen* kann (und was auch nicht) oder wie das Gehirn organisiert ist, wie es auf seinen verschiedenen Skalierungsebenen prozessiert und wie seine physiologischen Aktivitäten zu psychisch-mentalen Phänomenen emergieren. In diesem Sinn kann davon gesprochen werden, dass Inszenierungen des Gehirns teilhaben an einer Tendenz, die Eduard Kaeser mit dem Begriff der *Pop Science* auf den Punkt bringt: „Pop Science ist nicht Populärwissenschaft, obwohl sie natürlich deren Tradition entstammt. Und man kann in ihr durchaus Elemente finden, die die populärwissenschaftliche Literatur schon immer ausgezeichnet haben: Belehrung, Bildung, Unterhaltung. [...] Pop Science ist eine Mixtur aus solch ,volkspädagogischer' Tradition und moderner Popkultur, wie wir sie von Musik und Kunst her kennen. Von ,Edutainment' oder gar ,Sciencetainment' ist jetzt die Rede. Und in solchen Wortschöpfungen deutet sich auch schon an, was ich als zeittypisch an der Pop Science betrachte: eine Gewichtsverschiebung von der Aufklärung zur Unterhaltung." (Kaeser 2009, 10). Diese Verschiebung solle allerdings nicht heruntergespielt oder als etwas der ,wahren Wissenschaft' äußerlich Hinzukommendes begriffen werden, so Kaeser. „Es besteht die Neigung, die medialen Inszenierungen von Wissenschaft als Public-Relations-Zauber abzuqualifizieren, der mit ,eigentlicher' Forschung nichts zu tun hat" (Kaeser 2009, 16), aber „[i]m Hintergrund von Pop Science haben wir es mit einem Problem der Wissenslegitimierung zu tun: Was soll all der Aufwand an Forschung, wenn er sich nicht in deutlich sichtbarer – technisch-ökonomisch-politisch-medialer – Dividende auszahlt? Eine solche Frage erstickt die ungebundene Neugier über kurz oder lang. [...] Die Pop Science markiert Tendenzen einer Gesellschaft, die nicht wissen will, sondern zuschauen und lachen und klatschen." (Kaeser 2009, 18)

Zahlreiche Arbeiten der Technik- und Wissenschaftsforschung, der Bildwissenschaften sowie der Technikphilosophie haben in der vergangenen Dekade die *Dominanz des Visuellen* im Diskursfeld der Hirnforschung beobachtet und analysiert. Dabei rückte das ,Bildwissen' der Hirnforschung in den Fokus, die Frage nach der propositionalen, symbolischen und epistemischen Bedeutung technisch-wissenschaftlicher Hirnbilder, und damit

11 Eine Übersicht zum Public Understanding of Science gibt Conein (2004); zum Begriff der Popularisierung Blaseio et al. (2005) sowie Drerup/Keiner (1999).

die Visualisierungstechnologien der Hirnforschung.[12] Es ist detailliert nachzulesen, wie in bildgebenden Verfahren mittels topologischer Operationen *in vivo* am Gehirn sensorisch gemessene (Körper-)Daten in visuelle Produkte ‚übersetzt' werden, deren ‚Selbstevidenz' wiederum Geltung zugesprochen wird.[13] Visualisierte räumlich-temporale Daten werden bspw. ausgehend vom Neuroimaging Center über Cyberinfrastrukturen und Hirnatlanten in Kliniken transferiert (Hommrich 2008).[14] Oder die derart per Computer generierten Datensätze und Forschungsergebnisse nehmen ihren Weg über verschiedene Redaktionen auf die Titelseiten von Wissenschaftsmagazinen am Kiosk, in TV-Sendungen (Wassmann 2007). Bilder vom Gehirn nehmen aber auch virtuell-digitale Wege vom Grafikstudio bis in Computerspiele oder Video-Clips, auf Werbeanzeigen, in Sachbücher für Kinder, in Lehr- und Unterrichtsmaterialien wie Schulbücher und Studienliteratur oder bis zu ihrer Verwendung für diverse Lernsoftware wie bspw. *VoxelMan*. Kurz, bildliche Darstellungen und das mit ihnen transportierte Wissen vom Gehirn gelangen in unterschiedliche sozio-kulturelle Zusammenhänge, in denen die Relevanz, Stichhaltigkeit, Demonstrationskraft, ihr Nachweis-Charakter und Akzeptabilität dieser *Simulakra* allererst ausgehandelt werden müssen.[15]

An dieser Stelle soll nicht diskutiert werden, in welcher Weise die neueren Formen der Populärwissenschaft als *Pop Science* mit Bildlichkeit und *Visualität*, und diese wiederum mit den *Möglichkeiten digitaler Medien* zusammenhängen. Es soll aber hervorgehoben

12 Hagner (2006) hat darauf hingewiesen, dass „[d]ie überbordende Dominanz des Visuellen [...] zu einer Selbstverständlichkeit geführt [hat], bei dem allzuleicht übersehen [wird], daß es sich bei den farbig leuchtenden Hirnregionen um Anreicherungen mittels eines radioaktiven Tracers handelt, die man ebensogut in einer Graphik, die Kurven oder bestimmte Anreicherungen zeigt, darstellen könnte. Nicht, daß es sich bei diesem Visualisierungsprozeß um eine Fälschung handelte, doch es liebt eine Übertreibung vor, für die ein Preis zu entrichten ist." In diesen Bildern würden „Werte, Symbole und Anschauungen transportiert, die weit hinter die Zeit ihrer technischen Herstellbarkeit zurückreichen." (Hagner 2006, 219f.). Zum Normierungspotential von Verbildlichungen des Körpers vgl. Schinzel (2006, 19–23).

13 „Die Bilder gelten, weil wir wissen, wie sie erzeugt sind, aber ihrer Geltung entspricht keine Evidenz im Bildlichen, während es umgekehrt Evidenzeffekte zeitigt, die in Bezug auf die Wissenseffekte bedeutungslos sind." (Mersch 2006, 418)

14 Zu den unterschiedlichen Gebräuchen, die Kliniker einerseits und Forscher andererseits von den Hirnaktivitätsmustern bzw. -bildern machen vgl. Beaulieu (2002).

15 So analysiert Joe Dumit PET-Bilder wie bewegliche Signifikanten, die umstritten sind. PET-Aufnahmen des gesunden, lebenden Humangehirns zeitigen in verschiedenen kulturellen Kontexten unterschiedliche diskursive Effekte. Die Bedeutungen der PET als bildgebendes Verfahren und der PET-Aufnahmen changieren mit dem Gebrauch, der von ihnen in einem spezifischen Zusammenhang gemacht wird. In einem „virtual community diagram" skizziert und verortet Dumit grob unterschiedliche ‚Wissens-Akteure' und ‚Bild-Praktiken', die auf den zwischen zwei Achsen liegenden Viertelflächen verteilt sind, die wiederum (im Uhrzeigersinn, begonnen beim oberen linken Quadranten) der Populärkultur, dem Gesundheitswesen, der politischen Ökonomie und dem Bereich individueller Erfahrung angehören (Dumit 2004, 12).

werden, dass die mediale und *mediatisierte Präsenz von ,Hirnbildern'* verschiedenster Art (literarischer, epistemischer, simulatorischer, fotografischer, illustrativer etc.) an der Virtualisierung der Rede über das Denkorgan teilhat. In diesem Sinn kann gesagt werden, dass der populärwissenschaftliche ,Zerebral-Diskurs' durch zwei Varianten der eingangs beschriebenen Virtualität zur Erscheinung gebracht wird. Im engen Sinn von Virtualität popularisiert sich das Thema Hirnforschung/Gehirn, indem digitale Bilder des nunmehr ,einsehbaren' Kopfs/Gehirns mit Software generiert, inszeniert und sodann verbreitet werden.[16] Im weiten Sinn von Virtualität, die keiner Digitalität des Mediums bedarf, als Inszenierung, die nicht etwa mit grell fluoreszierenden Gehirnbildern oder farblich gestuften Aktivitätsmustern operieren, sondern etwas zur Erscheinung bringen, was es ,real nicht gibt' und was ,nicht gegenständlich zu werden vermag' (W. Iser 1991, 504), allerdings als gegenwärtig dargeboten wird. Die folgenden Beispiele sollen nun verdeutlichen, dass sich die multi- und *intermediale Inszenierung des Gehirns* sowie dessen *Popularisierung* maßgeblich durch diese beide Formen von Virtualität vollzieht.[17] Zwei Bilder zu den vermeintlich

16 Die Popularisierung der Hirnforschung qua Bild-Mächtigkeit und Visualisierung findet darüber hinaus natürlich zu einem kaum zu unterschätzenden Anteil im Internet statt. Nutzerinnen und Nutzer können über die Bildschirmflächen ihrer Geräte ortsungebunden auf das populäre und populärwissenschaftliche Wissen zugreifen, um im ,Global Brain' etwas (oder mehr) über das Denkorgan zu erfahren und ,nachzuschlagen': Neben äußerst professionell gemachten Websites wie bspw. die englischsprachige Genes to Cognition (G2C) Online des Cold Spring Harbor Laboratory oder der deutschen Internet-Plattform www.dasGehirn.info [Januar 2014], einem Gemeinschaftsprojekt der Neurowissenschaftlichen Gesellschaft, der Hertie-Stiftung, dem Zentrum für Kunst und Medien in Karlsruhe sowie diversen Themenpartnern, finden sich im World Wide Web auch unzählige Vortragsaufzeichnungen und Online-Kurse (z.B. Massive Open Online Courses, MOOCs, wie auf www.coursera.org [Januar 2014] sowie die Homepages von Forschungseinrichtungen und Wissenschaftlern, die sich mit Gehirn und Geist beschäftigen und nicht selten Einblicke in ihre Arbeit geben, in Form von Artikeln, Vortragsskripten oder Powerpoint-Präsentationen. Ein semi-professionelles Beispiel für die Neuropädagogik im Internet findet sich unter: URL: http://www.neuropaedagogik.de/ [Januar 2014].

17 Aus Sicht des Pragmatikers wäre diesem medien- und bildtheoretischen Zugang zu Popularisierungsphänomenen hinzuzufügen, dass es die kurativen Erfolge der klinisch-medizinischen, neurologischen und psychiatrischen Praxis (gewesen) seien, die zur großen öffentlichen Aufmerksamkeit gegenüber der Hirnforschung geführt hätten. Allerdings dürfte hier ebenfalls zutreffen, was Peter Janich zum medizinischen Pragmatismus ausgeführt hat: „Ist ein Leidens- oder Problemdruck der Ausgang von Forschung, so reicht es selbstverständlich weder in der Medizin noch in den Natur- und Technikwissenschaften hin, sogleich nach Ursachen als Störungen des materiellen Trägersystems zu suchen. Vielmehr geht es zunächst um Befunde und Differenzierungen der Ausfälle selbst. [...] Der Pragmatismus der Medizin ist immer auch der Pragmatismus des Menschenmöglichen. Aber dies ist mehr als der naturalistische Erklärungsdogmatismus. Er ist nämlich, philosophisch gesehen, ein Verfügen über zuverlässige Beurteilungskriterien. Wo die Erforschung des Gehirns erfolgreiche Strategien und Therapien für die Vermeidung oder Behebung von Erkrankungen des Gehirns leistet,

(u.U. auch durch Normalisierung) steigerbaren kognitiven Potentialen des Gehirns sollen zunächst verdeutlichen, wie Virtualisierung als Inszenierung (und Gegen-Inszenierung) im Ringen um Diskursmacht wirkt, ohne bei der Präsentation nennenswert Digitalität und digitale Techniken ins Spiel zu bringen.

Abb. 1 zeigt ein rezeptfrei erhältliches diätisches Nahrungsergänzungsmittel, das bereits mit seinem Namen **Brain** *Effect* und der hervorgehobenen (fett gesetzten) Typographie, darunter der ebenfalls kindlich-bunte Schriftzug „junior", suggeriert, es habe positive physiologische Auswirkungen auf die Funktionstüchtigkeit des Gehirns bzw. auf die geistige Leistungsfähigkeit von Kindern und Jugendlichen. Der auf der Karton-Verpackung abgebildete Schuljunge ‚strahlt' und lacht den Betrachter fröhlich von der Schulbank an. Das vor ihm aufgeschlagene Buch und seine gute Laune drücken Unbeschwertheit, Spaß und Neugier am Lernen aus. Das Produktlogo zeigt über dem Schriftzug drei nahezu quadratische Rechtecke in unterschiedlichen Proportionen. Jeweils oben links und unten rechts sind die Ecken abgerundet, was den einzelnen Rechtecken ‚Richtung' nach rechts oben verleiht. Die drei Flächen lassen durch ihre zunehmende Größe als auch das ansteigende ‚sattere' Grün an Natur und Wachstum denken. Auch das in Weiß gehaltene Bildelement in den drei grünen Rechtecken – angelehnt möglicherweise an einen Grashalm oder ‚zartes Gewächs', eine Blattader oder einen Weg bzw. eine zum Horizont führende Straße – symbolisiert ein Ansteigen und Vorankommen. Verläuft die Leserichtung (‚unserer' Lesekonvention entsprechend) von links nach rechts, so bewegt sich dieses dynamisierende Bilddetail mit sich abschwächendem Wachstum auf ein Maximum, einen Höhepunkt, eine Sättigung zu und weckt Assoziationen an einen Reifeprozess. Insgesamt kann mit dem Produktlogo eine stufenhafte organische Aufbauleistung in Verbindung gebracht werden. Ebenso lassen sich Natur (die drei Rechtecke als Blätter), Gesundheit, Fortschritt, Leistung oder Optimierung mit dem Logo assoziieren. Die Inszenierung des Logos betont, für die Entwicklung des Gehirns bzw. die „geistige Entwicklung" (siehe Verpackungsaufschrift) auf ganz ‚natürliche' Art und Weise Unterstützung bieten zu können. Die *Stiftung Warentest* hat allerdings hervorgehoben, dass die Bestandteile des Nahrungsergänzungsmittels nicht nennenswert wirksam sind: „Dass der Stoffcocktail zur ‚Unterstützung der geistigen Entwicklung' dient, ist nicht hinlänglich belegt. Der Inhaltsstoff ‚Omega-3-Fettpulver' ist unpräzise. Es fehlen Angaben zum Mindestalter für den Verzehr." (test 02/2013, 89)

mit denen sie als solche charakterisierte Störungen im Bereich des Geistigen vermeiden oder beheben kann, wird man diesen Kausalerklärungen die Zustimmung mit vernünftigen Gründen nicht verweigern können." (Janich 2006, 94f.)

Abb. 1: Werbebild eines Anbieters zur „Unterstützung der geistigen Entwicklung“ von Kindern und Jugendlichen

Quelle: http://static2.brain-effect.com/images/braineffect_junior.png [Januar 2014]

Zur Inszenierung des Produkts gehört ferner, dass Dosenform und Dosen- sowie Verpackungsgestaltung jener von herkömmlichen Medizinpräparaten entsprechen. Die Produkt-Inszenierung ahmt die Warenästhetik evidenzbasierter, klinischer Pharmazeutika nach. Hinzu kommt der Verpackungsaufdruck „Ernährung mit Köpfchen“, womit sich das Produkt in den beschriebenen Sprachwandel vom phänomenal-sichtbaren Kopf zum wissenschaftlich-technisch vermittelten Gehirnbild einreiht bzw. an selbigen anlehnt.[18] Und, **Brain***Effect* hat einen Ver(un)sicherungscharakter. Es wird auf eine Art und Weise beworben und vermarktet, die den Kunden verunsichert und zugleich Sicherheit zu geben verspricht: Fehlt meinem Kind etwas? Kann ich sicher sein, dass sein oder ihr Gehirn, dort, im Kopfinneren alles hat, was es zur optimalen Funktion, zu Dienst nach Vorschrift befähigt?

18 Ausführlicher zum Stellenwert solcher Produkte vor dem Hintergrund von Neuropädagogik und Neuro-Enhancement, auch zum sekundären Enhancement qua Aufmerksamkeitslenkung, vgl. Gransche/Hommrich (2014).

Brain *Effect* spricht die Sorge an, nicht im ‚vollen Maß' selbstbestimmt zu sein und beim ‚lebenslangen Lernen' nicht souverän über die neurophysiologische Verfassung des Gehirns zu verfügen, nicht ‚fit' zu sein. Ob diese Sorge vorwiegend die von Eltern (und Lehrern) oder selbst die von Kindern ist, kann nur spekuliert werden. Allerdings oszilliert die von **Brain** *Effect* beworbene ‚positive Wirkung' auf das Gehirn semiotisch zwischen Kontrollverlust einerseits und einer Kontroll- und Steuerbarkeit andererseits, die durch den Konsum des Nahrungsergänzungsmittels (wieder)herstellbar sei.

Die ‚Gegen-Visualisierung' in Abb. 2 mit der Überschrift „Leere Versprechen" und dem in rot gehaltenen Untertitel „Pillen für die Schule. Kluge Köpfe durch Kapseln und Co." hält im Zeichen des Verbraucherschutzes dagegen und betont, dass Kinder zum Zweck der Leistungssteigerung in der Schule mit Nahrungsergänzungsmitteln bestenfalls pseudomedikalisiert werden, weil sich keine reale Wirkung solcher ‚Mittelchen' nachweisen lässt und die vorgebliche „Unterstützung der geistigen Entwicklung" eine freie Erfindung der Marketing-Abteilung des Herstellers seien. Hier ist ein Kind zu sehen, das von leeren Versprechen wie „So kauen die Schlauen", „Klugstoff für Kinder" und „Gehirnproteine. IQ Junior" umringt wird, und im Begriff ist, eine Pille einzunehmen. Der Artikel des *test*-Magazins der *Stiftung Wartentest* gehört zur Rubrik „Journal Gesundheit". Sein grafischer ‚Aufmacher' ahmt die Auslobungen der bemängelten Produkte nach, vermittelt aber eine gänzlich andere Botschaft. Mit ihrer Aufmerksamkeit erheischenden Gestaltung, mit grell-bunten Farben unterlegten Kreisflächen sowie einer großformatigen Fotoaufnahme ist mit Überschrift und Untertitel des Artikels eine Text-Bild-Komposition zusammengestellt, die man in der Bedeutungs-Kombination ‚Medikalisierung von Kindern' und ‚verfügbare Substanzen der Leistungssteigerung' weder im Diskurs über Hirndoping bzw. Cognitive Enhancement noch über Neuropädagogik finden wird. Der Artikel ruft die Themen „Lernen", „Schule" und „Gehirn" auf und verknüpft sie mit gesundheitlichen Aspekten ebenso wie mit einer generalisierten Output-Orientierung im Sinne der Leistungsverbesserung von Kindern und Jugendlichen auf ihrem Bildungsweg.

Die Verbindung von Output-Orientierung im Zusammenhang mit Bildung und Erziehung einerseits mit einer vermeintlich modifizierbaren ‚natürlichen' Basis von Lernen und Lehren, die als ‚optimierbares Gehirn' vorgestellt wird, zählt dabei zu den unhinterfragten Vorannahmen des *test*-Berichts. Zwar rät der Artikel explizit von den getesteten Produkten ab: „Nahrungsergänzungsmittel für Kinder, die angeblich günstig auf die Gehirnfunktion oder Lernen und Konzentration wirken, **können Sie sich sparen.** Der Nutzen ist nicht ausreichend belegt." (Herv. i.O.) Und auf Seite 2 des Artikels (S. 87 der *test*-Ausgabe) gibt ein Schulpsychologe in einem eigenen Kasten, der mit „Kleine Hilfen" überschrieben ist, Erziehungsratschläge für „sorgenvolle Eltern". Die erteilten Ratschläge beziehen sich alle-

Abb. 2: Seite 1 eines Artikels der Stiftung Warentest über die dürftige Wirksamkeit diätischer Nahrungsergänzungsmittel

test

Leere Versprechen

Pillen für die Schule Kluge Köpfe durch Kapseln und Co. – Idee und Produkte verkaufen sich gut. Nur: Es gibt kaum Belege für die Wirksamkeit.

Lernen ist ein Kinderspiel – mit Nachhilfe per Pille. „So kauen die Schlauen", ermuntert die Firma Doppelherz zum Kauf ihrer Gel-Tabs Omega-3 Junior. Die gleichnamigen Kaupastillen von Hübner helfen angeblich, „den Gehirn-Motor zu schmieren". OM3 junior von Isodisnatura enthält die „spezielle Formel für Ausgeglichenheit und Konzentration". Auch andere Kapseln, Pastillen und Tabletten sollen dem kindlichen Gehirn gut tun. Manche verkünden das schon im Namen: „Concentrix", „Omega IQ junior", „Brain Effect junior".

Viele Versprechen – wenig dahinter. Zu diesem Ergebnis kommt die Stiftung Warentest. Wir haben zwölf Produkte mit angeblich günstigen Effekten auf das Gehirn unter die Lupe genommen. Alle bewerten wir als „wenig geeignet", da ihr Nutzen nicht ausreichend belegt ist *(im Detail S. 88/89)*.

Dünne Datenlage

Der Rotbäckchen Saft „Lernstark" liefert Eisen und B-Vitamine – wovon Kinder meist genug mit der Nahrung aufnehmen, B-Vitamine sogar im Überschuss. Das zeigt die 2007 veröffentlichte „Eskimo"-Studie zur Kinderernährung in Deutschland. Daher finden wir auch Werbung in Apotheken fragwürdig, die Vitamin- und Mineralstoffmangel unterstellt *(siehe test 1/2013, S. 86)*.

Die anderen elf Präparate enthalten Omega-3-Fettsäuren aus Seefisch. Manche bieten zusätzlich Omega-6-Fettsäuren aus Pflanzen und weitere Substanzen: Vitamine, Mineralstoffe, Spurenelemente. Sieben dieser Produkte gelten rechtlich als „Nahrungsergänzungsmittel" und richten sich an die gesunde Bevölkerung. Vier sind „ergänzende bilanzierte Diäten" zum Einsatz bei der kindlichen Aufmerksamkeitsdefizit-Hyperaktivitäts-Störung (ADHS).

Ergänzende bilanzierte Diäten und Nahrungsergänzungsmittel sehen aus wie Arzneimittel. Doch es gibt einen Unterschied: Medikamente müssen, bevor sie auf den deutschen Markt kommen, ihre Wirksamkeit und Sicherheit durch klinische Studien

Unser Rat

Nahrungsergänzungsmittel für Kinder, die angeblich günstig auf die Gehirnfunktion oder Lernen und Konzentration wirken, **können Sie sich sparen.** Der Nutzen ist nicht ausreichend belegt. Das gilt auch für bilanzierte Diäten bei ADHS. Was dem kindlichen Gehirn nachweislich gut tut, ist Bewegung und gesunde Ernährung, unter anderem mit fettem Seefisch. Der liefert wichtige Omega-3-Fettsäuren, ganz natürlich.

86 Journal Gesundheit test 2/2013

Quelle: Zs. *test 02/2013, S. 86.*

samt auf das Erziehungsverhalten der Eltern und Erzieher und lassen mit nach dem Satz „Für Schulerfolg ist Lernen wichtiger als der IQ" am Ende offen, ob die ‚Gehirnmanipulation' qua Enhancement von Schülern und Lernern an der Schwelle von *nature* und *nurture* Thema und Option sein kann und sein sollte. Letztlich darf man vermuten, dass die Experten der *Stiftung Warentest* die Reichweite des effizienzorientierten Bildungsregimes der Neuropädagogik nicht im Blick haben konnten, denn nicht substanzgebundene Modifikationen, bei denen es um durch das Wissen der Hirnforschung begünstigte Lehr- und Lernarrangements geht, erreichen bislang nur zögerlich und langsam den Markt der Bildungsdienstleistungen.[19]

Die beiden Abbildungen 1 und 2 hinterlassen beim Leser und Betrachter den Eindruck, dass a) das Gehirn als materielle ‚Basis' kognitiver Funktionen im Sinne der Leistungssteigerung, Normalisierung und Perfektionierung von Lernleistungen manipulierbar sei, und es b) außer Frage stünde, dass das überhaupt wünschenswert sei.[20] Beide Abbildungen stiften Wirkungen, die durch die spezifische Art des In-Szene-Setzen zustande kommen. *Real* ist an diesen Techniken, dass sie sich an Personen bzw. ‚virtuelle Subjekte' eines zunehmend wettbewerbsorientieren Bildungssystem richten, nicht ihre physiologisch-physikalische Wirkung. Es macht eben gerade keinen Unterschied, ob Produkte wie **Brain** *Effect* konsumiert werden, es sei denn solche virtuelle Realitäten bewirken Haltungs- und Verhaltensänderungen; sei es bei hoch motivierten leistungswilligen Lernern, vorsorgenden Eltern oder auch bei Kritikern eines solchen wissenschaftsgläubigen Lebens-, Gesundheits- und Konsumstils.[21]

19 Die beiden Fachmessen *didacta – Die Bildungsmesse* (Stuttgart) und *Learntec – Lernen mit IT* (Karlsruhe) zeigen ein insgesamt explodierendes Angebot seiner Aussteller. Schon lange etabliert hat sich zudem ein Markt für nachweis- bzw. evidenzorientierte Diagnose- und Test-Verfahren für die unterschiedlichen Phasen ‚lebenslangen Lernens'. Und es nimmt nicht wunder, dass allerlei Lerntrainingskonzepte, Erziehungsratgeber, Übungs- und Unterrichtsmaterialien mit der Ikone Gehirn gleichsam als Gütesiegel werben.

20 Der Artikel in *test* thematisiert ja nicht generell, dass Normalisierung ebenso wie Leistungsverbesserung bzw. -steigerung eine fragwürdige Norm darstellen kann. Zugespitzt formuliert: Wären die Experten der *Stiftung Warentest d'accord*, wenn es nachweisbare Wirkungen der untersuchten Mittel gäbe oder sogleich Pharmazeutika wie *Modafinil* oder *Ritalin* an Heranwachsende verabreicht würden (die durch den *test*-Artikel den Nimbus verheißungsvoller Versprechen nur umso mehr unterstreichen), um diese aufzuputschen? Die Frage der Leistungsverbesserung dürfte nicht allein eine Frage von Produktqualität (Nebenrisiken, Verträglichkeit) und Ethik sein, sondern hat ebenso gesellschafts-, gesundheits- und bildungspolitische Dimensionen und Bedingungen, auf die in *test* nachvollziehbarerweise nicht eigens eingegangen werden kann.

21 Gemeint ist hier nicht die sich sicher auszahlende „technisch-ökonomisch-politisch-mediale Dividende" (Kaeser 2009, 18), sondern die Perspektive des ‚Verbrauchers' bzw. des Rezipienten und Konsumenten.

Beim dritten Beispiel findet die Virtualisierung nun vorwiegend über das digitale Medium, über Software und Internet statt. Dabei handelt es sich um eine englischsprachige, kostenfreie Anwendung für Smartphones und Tablet-Computer, die Grundkenntnisse der Neuroanatomie visualisiert und neurobiologische Forschungsergebnisse vorstellt.[22] Abb. 3 zeigt Screenshots der Applikation *3D Brain* vom *DNA Learning Center* des *Cold Spring Habor Laboratory*, die es seinen Nutzern ermöglicht, *virtuell* die Zytoarchitektur eines modellhaften *(Standard-)Gehirns* zu sichten, sich also seine räumlichen Dimensionen und Strukturen sowie die entsprechenden Zuständigkeiten bzw. „Hirnfunktionen", funktionale Areale in einer (hier nicht selbst animierten oder ‚zoombaren') Simulation anzeigen zu lassen. Der Nutzer kann sich dabei mit der Anwendung verschiedene Informationen über einzelne Hirnareale, Forschungsstudien bzw. -ergebnisse aufrufen und weiterführende Links bzw. Internetseiten anwählen. Durch die *Interaktion* mit den in verschiedene Perspektiven drehbaren Modellen können Nutzer (z.B. Schüler, Studenten oder ‚interessierte Laien') üben und lernen, dass ‚das' Ich gleichsam ‚im' Hirngewebe lokalisierbar und Subjektivität auf das Zerebrum reduzierbar zu sein scheint.[23] Mit dieser App wird zwar (noch) keine individuelle Diagnostik und kein einzigartiger Test beansprucht wie bei der meist von Speichelproben ausgehenden Konsumgenetik. Aber es ist plausibel, hier von einer ersten Bildung normalistischer Gehirn-Stereotype bei den Nutzerinnen und Nutzern zu sprechen.[24] – *Theatrum cerebri*: mit den kurz vorgestellten Beispielen für Inszenierungen des Gehirns und der Hirnforschung werden gewissermaßen virtuelle ‚zerebrale Wirklichkeiten' manifestiert, die allerdings weiter der effektiven neurotechnischen und pharmakologischen Gehirnmanipulation zur Nutzung von ‚Hirnfunktionen' für Bildung und Erziehung harren.

22 Die Rolle der Web 2.0-Kultur in der Wissenschaftsvermittlung beleuchtet der umfassende Sammelband des KIT (Robertson-von Trotha/Morcillo 2012).

23 Hier wird gewissermaßen virtuell verwirklicht und inszeniert, was andernorts von ganz unterschiedlichen ‚theoretischen Schulen' als inkonsistenter und unzulässiger Reduktionismus kritisiert wird, so bspw. von Maxwell Bennett und Peter Hacker, Brigitte Falkenburg, Peter Janich, Petra Gehring, aber auch der interdisziplinäre Forschungszusammenhang Critical Neuroscience. Erst jüngst ist in dem Wissenschaftsmagazin Psychologie heute ein „Memorandum ‚Reflexive Neurowissenschaft'" erschienen, das die Engführungen und blinden Flecken der Neurowissenschaften problematisiert: URL: https://www.psychologie-heute.de/home/lesenswert/memorandum-reflexive-neurowissenschaft/ [Januar 2014].

24 Dumit spricht von „brain types": „Brain-types can stand for the human kind or state as their reality. Brain-types fix, and with imaging show, what ist otherwise difficult to see, contested, or comes and goes. Faced with a brain-type, a person is doubled as both being the brain-type and having it. Brain-types can conversely be said to express themselves in the person and as the person." (Dumit 2004, 163)

Abb. 3: Screenshots der App 3D Brain im Play Store von Google

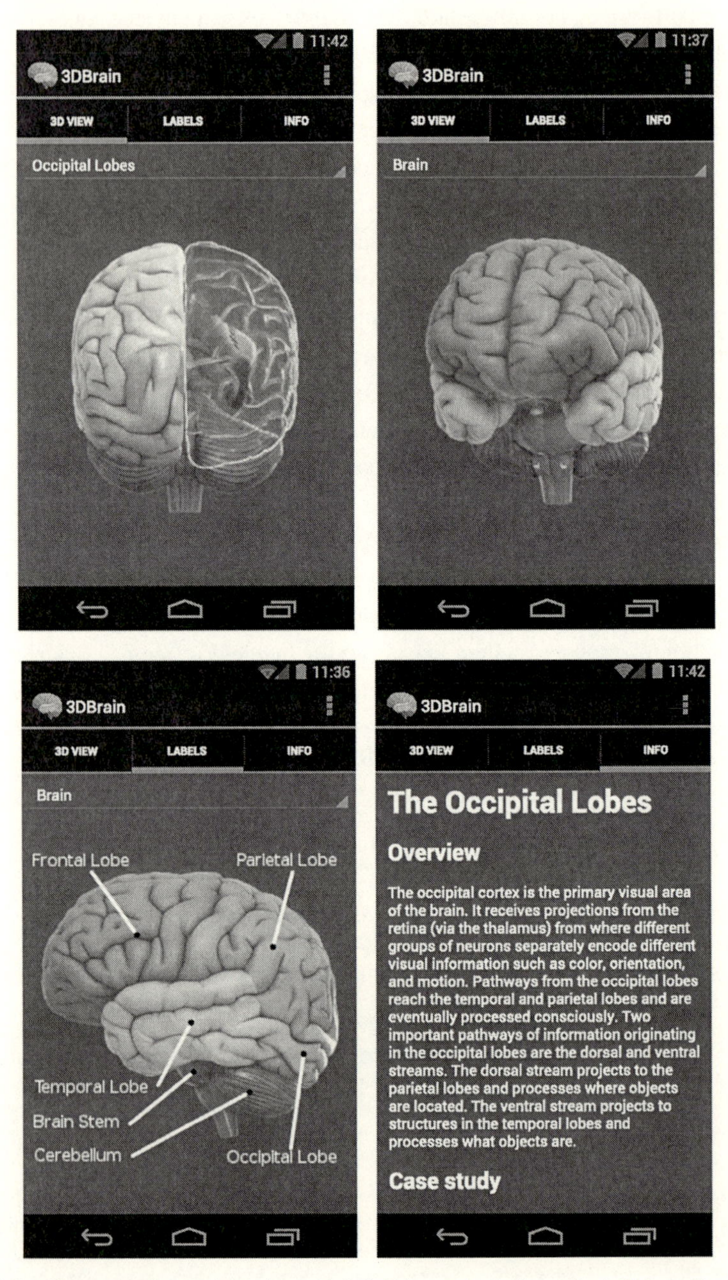

Quelle: https://play.google.com/store/apps/details?id=org.dnalc.threedbrain&hl=de [Januar 2014]

5 Das virtuelle Genom der Konsumgenetik

Ein weiteres Beispiel, an dem sich der Prozess der Virtualisierung durch Praktiken der Inszenierung aktuell zeigt, ist die Vermittlung technisch und medial konstruierter Zusammenhänge von Genen und Krankheiten. Dabei ist nicht die medizinische Gendiagnostik gemeint, die etwa fragliche Symptome anhand von Genanalysen einer genetischen Ursache zuordnet; gemeint ist eine *Konsumgenetik*, die, ähnlich wie diätische Nahrungsergänzungsmittel à la **Brain** *Effect*, außerhalb des Gesundheitssektors beworben und aufwändig inszeniert wird. Mit Konsumgenetik sind zusammenfassend jene Dienstleistungen gemeint, die Genanalysen als Konsumgut vertreiben. So wird etwa angeboten, über *Genmatching* den genetisch optimalen Partner für eine glückliche Partnerschaft und genoptimierte Kinder zu finden.[25] Der Fokus dieses Beitrages soll auf der Inszenierung konsumgenetischer Analysen als Prognose einer ‚zukünftigen Anamnese' liegen. So versprachen etwa Unternehmen wie *23andMe*[26] oder *deCODEme* mittels Gentests Informationen über zukünftige Krankheitsverläufe zu liefern. Der Slogan von *23andMe* lautete noch November 2013: „Genetic Testing for Health, Disease & Ancestry - 23andMe can help you manage risk and make informed decions".[27] Der Konsumgenetik-Dienstleister *deCODEme*, der seit 15.01.2013 seinen Dienst eingestellt hat, warb mit folgendem Slogan: „deCODEme - Empowering prevention. Calculate genetic risk for diseases, DNA research for personal and family health and ancestry".[28] Den gewünschten Zusammenhang inszenierte *deCODEme* auf seiner Website folgendermaßen (vgl. Abb. 4): „Your DNA. Your Health.", „Your DNA is the biggest influence in your life!", „From conception and throughout your life, your genome is in control." Hier wird etwas inszeniert, was sich nicht nur in einer Inszenierungsgesellschaft, sondern aus ontologischen Gründen jedem evidenzbasierten Realitätsabgleich entzieht, nämlich Zukunft. Prognosen, wie alle Vorstellungen und Aussagen über Zukünftiges, sind insofern virtuell, als sie so inszeniert sind, *als ob* sie Zukunft wären; tatsächlich sind sie aber gegenwärtig, nämlich gegenwärtige Aussagen über Zukünftiges. Zukunftsaussagen werden aber in dem Maße, indem sie geltend

25 Genepartner (2007–2013): DNA matching – Love is no coincidence (URL: http://www.genepartner.com/ [Februar 2014]).

26 URL: https://www.23andme.com/ [Januar 2014].

27 Inzwischen wurde die „Gesundheitsdienstleistung" eingestellt mit derzeit folgendem Hinweis: „Changes to our health-related product. At this time, we have suspended our health-related genetic tests to comply with the U.S. Food and Drug Administration's directive to discontinue new consumer access during our regulatory review process. In the future, you may be able to receive health-related results, dependent upon FDA marketing authorization." URL: https://www.23andme.com/health/ [Februar 2014].

28 URL: http://www.decodeme.com/ [November 2012].

Abb. 4: deCODEme Startseite (Stand November 2012)

Quelle: www.decodeme.com [Stand: November 2012]

gemacht und handlungsleitend angenommen werden, wirksam, also wirklich. Gerade der Konnex von Genprognose und Krankheitsverlauf und damit der Konnex eines angeblichen Vorherwissen-Könnens und die Zumutung, auf Basis dieses ‚Wissens' für die kommende Krankheit selbst verantwortlich zu sein, wird im Bereich der Konsumgenetik meisterhaft inszeniert. Die Botschaft übermittelt deCODEme folgendermaßen: „Fixing things, before they need to be fixed." Das Unternehmen inszeniert visuell gleich mit, was es bedeutet, solchermaßen *proaktiv zu genesen bevor man erkrankt* – zwei ‚ordentliche' Kinder, eine ‚hübsche' (WASP-)Mutter, augenscheinlich jung für ihr Alter und offensichtlich ihr eigener Boss, da Salonbesitzerin. Erfolgreich in Beruf und Familie (oder alleinerziehend), gesund, aktiv, attraktiv, wohlhabend, selbstbestimmt – das ist, was die Szene hier kundtut. Ein weiterer Hinweis vermittelt das Bild über die Synopse zweier Generationen: Gene sind ein Erbe und jeder sei genauso dafür verantwortlich, was er aus seinem Erbe macht, wie er dafür verantwortlich sei, welches Erbe er weitergibt. Dies ist ein Zusammenhang, der über die epigenetische Beeinflussung von Genom und Lebensstil bzw. -führung Ratschläge und *Imperative des genoptimalen Lebensvollzuges* vermittelt.[29] In kleiner, grauer, kaum lesbarer Schrift – also gewissermaßen ‚deszeniert' – muss, wohl aus rechtlichen Gründen, folgendes beigestellt werden: „The deCODEme.com website is for informational purposes only and should NOT be used for medical decision making without consulting your physician." (Siehe Abb. 4)

6 Genprognostisch geleitetes proaktives Handeln

Der Zusammenhang von Genexpression und Krankheit oder der von Lebensstil und Genom ist umstritten, wie wir an anderer Stelle ausführlicher dargelegt haben (Gransche/Hommrich 2014). Die virtuelle Wirklichkeit dieser Inszenierung *als ob* man von Genanalysen auf zukünftige Erkrankungen schließen könne, führt jedoch zu sehr realen und teils drastischen Effekten. Aussagen aufgrund von Gentests, die Genexpressionen mit einer Gendatenbank und dort hinterlegten Krankheitsfällen abgleichen, sind immer Aussagen über ‚virtuelle Subjekte', nämlich Gen-Stereotype. Die Dienstleistung, die hinter solchen Genprognosen steht, ist ein einfaches Matching, das mittels großer Datenbestände folgende Frage klärt: Wie viele der Personen in der Datenbank mit bezüglich einer Mutation ähnlichem Genprofil hatten welche Krankheiten? Ausgegeben werden dann einfache Korrelationen. Diese aber mit Kausalitäten gleichzusetzen ist, als würde man behaupten, Ärzte seien tödlich, weil meist, wenn jemand stirbt, ein Arzt anwesend ist. Was in den höchst heterogenen Biodatenbanken von Konsumgenetikanbietern abgeglichen werden kann, bezieht sich *nie* auf ein Individuum, sondern auf Modelle von Trägern von Genexpressionen. Die Inszenierungen des Marketings der Anbieter von Konsumgenetik täuschen über diese wichtige Realitätsdifferenz hinweg. Sie ‚tun so', als ob die Aussagen über virtuelle Subjekte tatsächlich auf reale Subjekte zuträfen. Reale Subjekte handeln unter Einfluss virtueller Wirklichkeit und stellen so eine Situation real *her*, die zuvor nur virtuell *dar*gestellt wurde. Das bedeutet, dass die Tendenz der breitenverfügbaren, popularisierten Konsumgenetik – eine DNA-Analyse bietet 23andME für 99$ an – als ein Treiber der Virtualisierung im weiten Sinne verstanden werden kann und dies – abgesehen von der Online-Werbung – im Prinzip unabhängig von der Virtualisierung im engen Sinne der digitalen Darstellung.

29 Für zwei Beispiele epigenetischer Erkenntnisse zu diesem Zusammenhang bezüglich DNA und Stress vgl. Unternaehrer (2012) bzw. bezüglich fetter Ernährung vgl. Assis (2012, 1053).

Abb. 5: The Angelina Effect

Quelle: The New York Times, 14.05.2013

Zur Inszenierung passend lässt sich für die äußerst realen Effekte der virtuellen Wirklichkeit das Beispiel des Hollywood-Stars Angelina Jolie anführen (Abb. 5). Jolie, als Schauspielerin und Regisseurin eigentlich selbst Inszenierungsprofi, ließ sich ihrerseits durch den in Szene gesetzten Zusammenhang von Genanalyse und Krankheitszukunft inszenatorisch verführen. Ganz im Sinne des proaktiven „Fixing things before they need to be fixed" ließ sie sich nach einem Gentest, der ihr virtuelle 87 Prozent Risiko für Brustkrebs prognostizierte, prophylaktisch beide gesunden Brüste amputieren (double mastectomy) und künstlich re-modellieren. Gerd Gigerenzer (2012) würde dies wohl einen Fall mangelnder Risiko-Kompetenz nennen[30], hier soll dies jedoch als Beleg dafür angeführt werden, wie mächtig virtuelle Wirklichkeiten werden und wie verführerisch deren Inszenierung dargeboten wird. Jolie belässt es nicht bei einer persönlichen medizischen Entscheidung, sondern verbindet mit ihrer Prominenz einen Appell an alle Frauen, die Brustkrebsfälle in der Verwandtschaft haben, sich genetisch testen zu lassen und dann – wie sie – *proaktiv zu handeln*. Damit leistet sie der Macht derjenigen Geltungsregime Vorschub, der sie selbst nachgegeben hat. In einem Artikel in der NY Times vom 14.05.2013 unter dem Titel *My Medical Choice* appellierte sie: „It has got to be a priority to ensure that more women can access gene testing and lifesaving preventive treatment, whatever their means and background, wherever they live. [...] I choose not to keep my story private because there are many women who do not know that they might be living under the shadow of cancer. It is my hope that they, too, will be able to get gene tested, and that if they have a high risk they, too, will know that they have strong options."[31] Dass sich Menschen damit unter das Risiko begeben, bis dato virtuelle, inszenierte Umstände durch ihr Handeln unter virtueller Wirklichkeit ins Reale zu transformieren und so etwa unter den sehr realen Konsequenzen von Fehlprognosen leiden, wie etwa Amputationen, sieht Jolie nicht. Menschen, die solchen Aufrufen folgen, zahlen nicht nur den monetären Preis der Genanalysen – was Ziel und Geschäftsmodell von 23andMe und Co. ist –, sondern sie zahlen mit realen Nachteilen für virtuelle Vorteile. Sie tauschen den tatsächlichen realen Schaden mitunter massiver medizinischer Eingriffe gegen den möglichen virtuellen Vorteil etwas verhindert zu haben, was als Inszenierung wirklich, tatsächlich aber nicht real war.

30 Vgl. dazu bspw. auch www.unstatistik.de.

31 Jolie, Angelina (14.05.2013): My Medical Choice. In: *The New York Times*, S. A25.

7 Virtuelle Wissenschaftswelten zwischen Popularisierung und Inszenierung

Gerhard Banse fasst die Ausweitung dessen, was wir als inszenatorische Dimensionen von Geltungsregimes bezeichnen, wie folgt: „‚Popularisierung' bedeute[t] Übersetzung, Transformation, vereinfachte Darstellung, aber auch andere Art der Darstellung (Hervorhebung), gar ‚Inszenierung'." Er macht darauf aufmerksam, dass bei der Verbreitung von Wissen(schaft) und Technik stets danach zu fragen sei, „welche typischen Technikbilder verwendet, ‚bedient' oder transportiert werden" und betont insbesondere die „Gefahr, dass bei der Technikpopularisierung mittels der sogenannten neuen Medien der Inhalt hinter der Form zurückbleibt. Deshalb ist es für die Popularisierung von Technik stets erforderlich, die Qualität des Inhaltlichen zu sichern."[32] Das Gehirn und das Genom, Neuropädagogik und Konsumgenetik sind hierbei keine Ausnahme. Jedoch sollten sie hier als aktuelle und facettenreiche Beispiele dafür dienen, dass Inszenierung und Virtualität wichtige Dimensionen bei der Etablierung technischer Möglichkeitsräume darstellen, die real wirksam werden. Denn sowohl bei der Neuropädagogik als auch der Konsumgenetik werden ‚Defizite' ‚unseres' Wissens und ‚unserer' technischen Entwicklung in Szene gesetzt, die im Rahmen von Prognose, Prävention und Riskanz als ausgleichbar, verfügbar und perfektionierbar – als für Manipulation attraktiv und wünschenswert erscheinen. Insofern bewirken sie auch so etwas wie die beschriebene machtvolle Virtualisierung des Subjekts: „Das Verfügenkönnen über die Vorstellungen über das Verfügenkönnen zukünftiger Handlungen ist bereits der wahrscheinlich wichtigste Teil des Verfügenkönnens über zukünftige Handlungen." (Röttgers 1990, 494)

Anhand der Neuropädagogik und Konsumgenetik sollte gezeigt werden, dass bei der Popularisierung von Technik zwei Typen von Virtualität wirksam sind: Erstens: Virtualität im engen Sinne von „not physically existing as such but made by software to appear to do so"[33], und zweitens Virtualität als „very close to being something without actually being it"[34]. Neuropädagogik und Konsumgenetik sowie die stellvertretend für sie angeführten Inszenierungen weisen unterschiedliche Grade diagnostisch-prognostischer Individualisierung und realtechnischer Möglichkeiten auf. Jedoch wurden und werden beide Geltungsregime etabliert, ohne vor ihrer Popularisierung bereits real wirksam zu

32 Siehe (Banse/Pichol 2002, 145f.) URL: http://www.tatup-journal.de/tatup031_bans03b.php [Dezember 2013].

33 URL: http://www.oxforddictionaries.com/definition/english/virtual?q=virtual [Februar 2014].

34 URL: http://www.merriam-webster.com/dictionary/virtual [Februar 2014].

sein; sie wirken vielmehr virtuell und verfügen gerade dadurch umso mehr über jenes vorgestellte Verfügenkönnen über zukünftige Handlungen.

Eine Aufklärung über die Zusammenhänge von realem Handeln aufgrund virtueller Wirklichkeiten und Realitätsdifferenzen, wie sie die Inszenierung konstitutiv hervorbringt, wird daher in dem Maße dringlicher, indem die Techniken und Praktiken der Inszenierung bzw. Virtualisierung sich fortentwickeln. Analog zu einem sicher notwendigen Risiko-Alphabetismus, einer Lese- und Verstehensfähigkeit sowohl im Umgang mit Bildern und populärwissenschaftlichen Vereinfachungen als auch mit Statistik und Risikowahrscheinlichkeiten, ist ein die Virtualisierungsausweitung begleitender Virtualitäts-Alphabetismus nötig. So wie die Alphabetisierung im Wortsinne der Lesefähigkeit im Laufe der Gesellschaftsentwicklung notwendig und wichtig war, so ist dies der Fall für eine *Risk Literacy*, eine *Futures Literacy* (Miller 2011) und für eine Spielart von Medien-Kompetenz, einer *Virtuality Literacy*.

Literatur

Assis, S.; Warri, A.; Cruz, M. I.; Laja, O.; Tian, Y.; Zhang, B.; Wang, Y.; Huang, T.H.-M.; Hilakivi-Clark, L. (2012): High-fat or ethinyl-oestradiol intake during pregnancy increases mammary cancer risk in several generations of offspring. In: Nature Communications, H. 3 (2012), 1053

Banse, G.; Pichol, K. (2003): Popularisierung von Technik. Vom Fachwissen zum technischen Allgemeinwissen. Münster, 1.–2. November 2002 (Tagungsbericht). In: Technikfolgenabschätzung – Theorie und Praxis, Nr. 1, 12. Jg. (März 2003), 142–146

Baudrillard, J. (1978): Agonie des Realen. Berlin

Beaulieu, A. (2002): Images are not the (only) truth: Brain mapping, visual knowledge, and iconoclasm. In: Science, Technology & Human Values, H. 1 (2002), 53–86

Bennett, G.; Rabinow, P. (2011): Auf dem Weg zum synthetischen Anthropos: Re-Mediatisierende Konzepte. In: Weiß, M. (Hg.): Bios und Zoë. Die menschliche Natur im Zeitalter ihrer technischen Reproduzierbarkeit. Frankfurt am Main, 330–358

Blaseio, G. (Hg.) (2005): Popularisierung und Popularität. Köln

Conein, S. (2004): Public Understanding of Science. Entwicklung und aktuelle Tendenzen. In: Conein, S.; Schrader, J.; Stadler, M. (Hg.): Erwachsenenbildung und die Popularisierung von Wissenschaft. Probleme und Perspektiven der Vermittlung von Mathematik, Naturwissenschaften und Technik. Bielefeld, 20–34

Drerup, H.; Keiner, E. (Hg.) (1999): Popularisierung wissenschaftlichen Wissens in pädagogischen Feldern. Weinheim

Dumit, J. (2004): Picturing Personhood. Brain Scans and Biomedical Identity. Princeton

Fischer-Lichte, E. (1998): Inszenierung und Theatralität. In: Willems, H. (Hg.): Inszenierungsgesellschaft. Ein einführendes Handbuch. Opladen, 81–90

Gigerenzer, G. (2012): Risk literacy. In: This will make you smarter: New scientific concepts to improve your thinking. New York, 259–261
Goschler, J. (2008): Metaphern für das Gehirn. Eine kognitiv-linguistische Untersuchung. Berlin
Gransche, B.; Hommrich, D. (2014): Akzidenzkultur und Potenzialitätsregime: Konsumgenetik und Neuropädagogik als Symptome der Verzukünftigung. In: Banse, G. et al. (Hg.): Interkulturelle Technik-Kommunikation. Berlin
Grunwald, A. (2008): Technik und Politikberatung. Frankfurt am Main
Hagner, M. (2006): Bilder der Kybernetik: Diagramm und Anthropologie, Schaltung und Nervensystem. In: Hagner, M.: Der Geist bei der Arbeit. Historische Untersuchungen zur Hirnforschung. Göttingen, 195–222
Hegel, G. (1999): Wissenschaft der Logik II. Erster Teil. Die objektive Logik. Zweites Buch. Zweiter Teil. Die subjektive Logik. Frankfurt am Main
Hommrich, D. (2008): Glocal Networks of Brain Research. In: Anderl, R.; Arich-Gerz, B.; Schmiede, R. (Hg.): Technologies of Globalization. International Conference, Proceedings. Darmstadt, 190–196
Hubig, C. (1999): Wirklichkeiten und Virtualitäten. Von der Informations- zur Wissensgesellschaft. In: Jahrbuch Arbeit und Technik, 251–261
Hubig, C. (2007): Die Kunst des Möglichen II. Grundlinien einer dialektischen Philosophie der Technik; Ethik der Technik als provisorische Moral. Bielefeld
Iser, W. (1991): Das Fiktive und das Imaginäre. Perspektiven literarischer Anthropologie. Frankfurt am Main
Janich, P. (2006): Der Streit der Welt- und Menschenbilder in der Hirnforschung. In: Sturma, D. (Hg.): Philosophie und Neurowissenschaften. Frankfurt am Main, 75–96
Kaeser, E. (2009): Pop Science. Essays zur Wissenschaftskultur. Basel
Mayr, S. (2013): Towards a Serious Game for Trauma Treatment. In: Ma, M; Fradinho Oliveira, M.; Petersen, S.; Baalsrud Hauge, J. (Hg.): Serious Games Development and Applications (= Lecture Notes in Computer Science Bd. 8101). Berlin, 64–69
McGinn, C. (2007): Das geistige Auge. Von der Macht der Vorstellungskraft. Darmstadt
Mersch, D. (2006): Naturwissenschaftliches Wissen und bildliche Logik. In: Heßler, M. (Hg.): Konstruierte Sichtbarkeiten. Wissenschafts- und Technikbilder seit der Frühen Neuzeit. München, 405–420
Meyer-Drawe, K. (2008): Diskurse des Lernens. München
Miller, R. (2011): Futures Literacy: Embracing Complexity and Using the Future. In: Ethos 10, 23–28
Rabinow, P. (2004): Was ist Anthropologie? Frankfurt am Main
Robertson-von Trotha, C.; Morcillo, J. M. (Hg.) (2012): Öffentliche Wissenschaft und Neue Medien. Die Rolle der Web 2.0-Kultur in der Wissenschaftsvermittlung. Karlsruhe
Röttgers, K. (1990): Spuren der Macht. Begriffsgeschichte und Systematik. Freiburg; München
Schinzel, B. (2006): Über die Suggestivkraft digitaler medizinischer Bilder und die Verleitung zu voreiligen Schlussfolgerungen. In: FifF-Ko, H. 1 (2006), 19–23

Unternaehrer, E.; Luers, P.; Mill, J.; Dempster, E.; Meyer, A. H.; Staehli, S.; Lieb, R.; Hellhammer, D. H.; Meinlschmidt, G. (2012): Dynamic changes in DNA methylation of stress-associated genes (OXTR, BDNF) after acute psychosocial stress. In: Translational Psychiatry, H. 2 (2012), E150
Wiesing, L. (2005): Artifizielle Präsenz. Studien zur Philosophie des Bildes. Frankfurt am Main

Some Remarks on the Trans-philosophy of Picture

Mariola Sułkowska-Janowska

The eyes are the organic prototype of philosophy.
(Peter Sloterdijk)

It is assumed that one of the most important events in human history is the emergence of literacy which replaced orality (Havelock 1986). It also marked the beginning of Western philosophical tradition and thinking, and consequently the beginning of *homo sapiens*' self-consciousness as well. It seems that today we are facing another turning point. *Homo sapiens* transforms into *homo videns*. When the perception of pictures substituted thinking, the intelligent human being was dethroned by the mindless *telekid* (Sartori 2007). But is the kid mindless indeed? After all, Maurice Merleau-Ponty called for exactly this naïve and childlike way of philosophical thinking. I suggest that here we are thus dealing with a new kind of philosophy, which is potentially a childish one.

I believe that this childish character of philosophy is a consequence of a transformation which we can observe in a widely understood anthroposphere: the transformation from logocentrism into pictocentrism (Taylor/Saarinen 1993). The essence of the latter is *picturality* which characterizes most aspects of our world and generates a peculiar diagonal perspective or trans-perspective. Thus, a new pictural quality of philosophical thinking generates a new pictural state of mind. It is sensible to question the nature of this new pictural philosophy by asking whether recent popular ideas of *anti-philosophy* (Groys 2012) should be involved.

For Boris Groys the anti-status of contemporary philosophy is a result of the phenomenon of mercantilization, i.e. mercantilizing the idea of truth (Groys 2012, 3). Mostly because of its pictural character, truth seems to be 'liquid', commercial, transversal or labile. Hence, for Groys there is no philosophy, but only *anti-philosophy* and he blames picture and picturality for this. I would however suggest that Boris Groys' thesis is too radical and would rather propose the idea of *trans-philosophy* instead.

According to Jean-Jacques Wunenburger ontological and epistemological fluctuations in picturality clearly show that from the very beginning picture itself was one of the most crucial factors in philosophy (Wunenburger 2007). Contemporary philosophy indeed is a consequence of its pictural character. The domination of vision, picture and eye is of course connected with the epistemological crisis of rationality and the cultural increase of the esthetical paradigm (Wunenburger 2007, 227–228). But once again, does this mean that the current reign of picture, this philosophical bastard, consequently entails the total dethronement of philosophy itself? Or should we maybe replace Groys' radical and decadent anti-context with a 'Welscho-Baumanian' liquid trans-perspective?

The above proposed perspective seems to be appropriate for a postmodern world and is mostly determined by abandoning the dualistic logic as well as any type of paradigmatic fundamentalism. On this view trans-philosophy rejects, as Jean-François Lyotard intended (Lyotard 1998), the myth of the meta-narrative. But it also abandons, in the sense of Jean Baudrillard (2001), any form of metaphysics and thus the axiological dualism. Baudrillard points out that although today we try to rehabilitate all traditional values, the biggest problem is that we cannot reconstruct the electric tension between them. Hence, worldly values are equivalent and interchangeable: for the French philosopher they squint at each other.

Apparently, this squinty perspective – being 'a schizoid chaos' (Deleuze/Guattari 1992) from the traditional philosophy point of view – perfectly illustrates the already mentioned transformation from logocentrism into pictocentrism or, in other words, the passage from 'a roots world' to 'a choices world' (Matthews 2005). At the same time it is worth emphasizing that these choices are neither ethical nor existential, but that they first of all concern the wide sphere of picturality. Pictures are what we choose and, what is important here, do, tempted by 'imagologists' (Taylor/Saarinen 1993) – there is no logic of choices. The question is, are we totally irrational in making our choices or merely trans-rational (Welsch 1998)?

Once again, the trans-perspective perfectly expresses the essence of our visualized and mediatized environment, as well as the form of discourse, presumably a pictural one, proposing a suitable syntax for this pictural world. As the latter has rhisomatic structure, the syntax should not be traditional or linear, but rather conurbational in terms of the conurbational and potentially unfinished structure of the Möbius strip. Among others, the most important features of the new language are: a movie, simultaneous punctuation, an intensive and trance-like repetitive way of communication, a lack of any clear hierarchy of plans or pictures, permanent and quick changes just for the sake of changes, etc. (Jarecka 1999, 129–136; Wołek 2010).

Supposedly, this denotes a new form, or rather a new state of mind; apart from the oral (Homeric) and literate (Platonic) states of mind, nowadays there is also the pictural one (Havelock 1986, 45). Like the first two, the new form is also connected with a new kind of communication. „The conclusion from Havelock's disquisitions [...] is a clear one – the arising of Platonic idealism is connected with a change of communicational technology. Let's try to imagine some consequences of the thesis for the history of Western thought. It is even not about an accidentality of the philosophical ideas, which for hundreds of years were supposed to be absolute ones [...] The thing is, that these ideas generate a considerable part of basic intellectual categories that to this day organize European experiencing of the reality. [...] Since Plato's metaphysics is a correlate of a technological change, thus it means that rules of our minds' functioning are given neither by a supernatural power nor a genotype, but rather by fundamental conditions of our culture." (Majewski 2007, 16)

So what are the fundamental qualities of our visual or pictural culture, and why would I thus rather relate to the idea of trans-philosophy instead of the idea of philosophy or anti-philosophy? Moreover, what kind of discourse would be the most suitable in this trans-perspective? Can we afford a certain 'bizarreness' which according to Havelock was also characteristic for colloquial speech in the oral epoch of ancient Greece?

As Erick Havelock (2007) stresses, the ancient world did not distinguish between poetry and prose. That is why we can say that the memory of the Greeks had purely poetic character, an important fact considering the strict connection between memory and colloquial speech. It is exactly this connection that seems to be a source of the bizarreness of everyday speech, but also of a shape of ancient consciousness itself.

I would associate the abovementioned bizarreness with a formal (and thus also visual) aspect of the proposed discourse. In contrast, I would rather not connect it with a negative diagnosis as Giovanni Sartori (2007) did. For him, *homo sapiens* was facing a serious crisis at the end of twentieth century, namely the crisis of an extreme loss of mind as well as of cognitive abilities. Instead, I would rather mitigate the diagnosis and turn to Wolfgang Welsch's solution. For Welsch as we know, *tertium* between rationality and irrationality *est datum*: namely in the form of rhizomatic and, in a sense, disabled trans-rationality.

If we put the question of picturality in this new context, I reinforce the trans-philosophy of picture. The peculiar prefix 'trans-' seems to be determined exactly by the pictural context and a specific status of picture itself. As it turned out, the essence of picture consists of its intentionality. This means for Lambert Wiesing (2012) that people believe to see something in a picture, although at the same time they are convinced of its irreality and its existence in an artificial or virtual way. A picture is therefore a window with a view of a physics-free reality. We actually deal here with a widely understood *tele-phenomenon*.

Hardly anyone today is aware of the etymology of 'television'. At the first glance the term could be a realization of Leon Battista Alberti's metaphor which compares a picture with a window (Alberti 1963). However, the phenomenological analysis of the essence of picture pointed out the problem of the so-called transparency of the window/picture. Indeed, the

TV as an invention of the twentieth century radicalizes Alberti's idea; Paul Nipkow called his invention (a precursor of the TV set) an 'electrical telescope' underlining in his patent letter its ability of 'a vision from a distance' (*Fernsehen*)[1].

In what would the abovementioned radicalization consist, perhaps in the already mentioned tele-phenomenon? After all, when looking through the 'real' window (e.g. TV set, screen) we are seeing the virtual or digital unreal with increasing frequency. For Wiesing this unreal something simply means the „only visible something" which is not subject to the laws of physics (Wiesing 2012, 67).

Thus, the trans-philosophy of picture attempts to broaden traditional philosophy and to involve into its scope a diagonal, 'only visible' and in a sense virtual aspect. Additionally, the new philosophical discourse has obviously to be worked out, so the discourse concomitant with trans-philosophy is characterized by a visual syntax. The latter – due to its pictural character – refrains from the rule of *consecutio* and assumes the form of a clip. Hence, what we are dealing with here is a phenomenon of visualization or iconization of language or, in other words, with the abovementioned transformation from logosphere into pictosphere (Krzysztofek 1999). Though Giovanni Sartori describes this phenomenon in terms of 'post-thinking', a more accurate analysis is made by Giovanni Vattimo (2006), for eventually his vision of 'weak thinking' does at least not necessarily involve an 'amputation of mind' – as it is forecasted by Sartori.

Finally, we have to question the notion of the clip or the *clippy* discourse. As Jarecka states, the „[v]ideo-clip, being an essence of the contemporary visual culture, turns our attention to the visual aspect of culture as well as visuality itself." (Jarecka 1999, 9) Moreover, the form of the clip perfectly realizes postmodern dreams about the synaesthetic sensitivity of *homo aestheticus* and about the rhizomatic, non-linear, non-teleological trans-cultural discourse. Thus, it is video-clip which „[...] has extorted the change of the way of our world's perception." (Jarecka 1999, 276) It seems after all that our world's features, and first of all our perception and experiencing of the world, are made up of simultaneity, quick and unpredictable transformation, intensiveness, fragmentarity or 'lockability'. It is therefore not surprising that „the visual culture generates superficial, passing, glances which do not demand [...] any analysis of what is on the surface." (Jarecka 1999, 276) That is why we are right in the center of the 'eye-centric' culture – or *ocularcentric*, as Martin Jay (1994) calls it – although, to be precise, it is rather not adequate to speak of the center of such a conurbational, diagonal and rhizomatic perspective: „Because of the remarkable range and

1 More or less, the description of the TV reads as follows: an apparatus which makes the object occurring in place A visible in place B. (Wiesing 2012, 116)

variability of visual practices, many commentators have been tempted, in ways that we will examine shortly, to claim certain cultures or ages have been 'ocularcentric' or 'dominated' by vision." (Jay 1994, 3) As it turns out, these features of a pictural, clippy discourse coincide with a new, non-paradigmatic discourse as proposed by Jean Francis-Lyotard. So instead of a schematic, molding[2], actually non-critical and thus in fact limited or retarded discourse, we have a new kind of syntax which is first of all mass- or multi-medial, asynchronical, synaesthetic, cumulative and patchwork-like.

The 'tyranny of visibility' (Didi-Huberman 2011) is an exciting laboratory which reminds us that the Aristotelian concept of *theoria/theorein*, which was supposed to describe his philosophical undertaking, is strictly connected with the process of seeing or watching. Why then did Aristotle choose the verb *theorein* as a metaphor for mental operations? Did he have an inkling of the transformation of thinking? I suppose that Aristotle was perfectly aware of the fundamental difference between a spoken and a written word, and that he might have foreboded the division into visible and audible word.

In the end I would like to go back to the beginning, namely to the statement that „the eyes are the organic prototype of philosophy" which obviously means that picture always accompanies philosophy and thus thinking (Arendt 1978). Although this might be nothing new at all, the crucial notion here is „to accompany". On the one hand we are well accustomed to phenomena (*phainomenon*) such as visual thinking, seeing a problem, a testimony from an eyewitness or immediacy (e.g. Arnheim 1969; Dewey 1988; Sawyer 1964) - all these ideas are somehow founded on the notion of „accompanying". On the other hand, today's situation is quite different, since the perception of pictures has become a substitute for thinking (Krzysztofek 1999). A picture is no longer a companion of reality, e.g. in form of an illustration, a symbol or a sign. It is reality itself.

For Jean Baudrillard the crucial consequence of the new, the 'real' status of picture is the lack of any form of metaphysics - after all, pictures have no points of reference. Thus, our visualized world is „physical entropy and metaphysical entropy" (Baudrillard 2001, 11)[3].

2 Paradigms are like moulds used for shaping cookies (or fragments) from a thinly rolled dough (or from a universe).

3 There are of course some more practical consequences of the domination of visuality, especially if it correlates with the phenomenon of mediatization (e.g. Spitzer 2012; Carr 2010; Small, Vorgan 2008).

Literature

Alberti, L. B. (1963): O malarstwie [On Painting]. Wrocław

Arendt, H. (1978): Life of the Mind. Vol. 1: Thinking. New York

Arnheim, R. (1969): Visual Thinking. Berkeley

Baudrillard, J. (2001): Rozmowy przed końcem. Rozmawia Philippe Petit [Ahead of the End. Interview with Philippe Petit]. Warszawa

Carr, N. (2010): The Shallows: What the Internet Is Doing to Our Brains. New York

Deleuze, G.; Guattari, F. (1992): Thousand Plateaus: Capitalism and Schizophrenia. London

Dewey, J. (1988): Jak myślimy? [How do we think?]. Warszawa

Didi-Huberman, G. (2011): Przed obrazem. Pytanie o cele historii sztuki [In Front of Picture. The Question about Goals of History of Art]. Gdańsk

Groys, B. (2012): Wprowadzenie do antyfilozofii [Introduction to Anti-Philosophy]. Warszawa

Havelock, E. A. (1986): The Muse Learns to Write: Reflections on Orality and Literacy from Antiquity to the Present. New Haven

Havelock, E. A. (2007): Przedmowa do Platona [Preface to Plato]. Warszawa

Jarecka, U. (1999): Świat wideoklipu [The World of Vidioclip]. Warszawa

Krzysztofek, K. (1999): Od logosfery do piktosfery. Czy ikonizacja języka? [From Logosphere to Pictosphere. Iconization of Language?]. In: Suszczyński, Z. (ed.): Słowo w kulturze mediów [Word In Media Culture]. Białystok, 9–19

Lyotard, J.-F. (1998): Odpowiedź na pytanie co to jest postmodernizm [What is Postmodernity.]. In: Idem, Postmodernizm dla dzieci. Korespondencja 1982–1985. [Postmodernism for Children. The 1982–1985 Correspondence]. Warszawa, 7–28

Majewski, P. (2007): Wstęp [Introduction]. In: Havelock, E. A. (ed.): Przedmowa do Platona [Preface to Plato]. Warszawa, 9–24.

Matthews, G. (2005): Supermarket kultury. Kultura globalna a tożsamość jednostki [Global Culture/Individual Identity: Searching for Home in the Cultural Supermarket]. Warszawa

Sartori, G. (2007): Homo videns. Telewizja i postmyślenie. Warszawa

Sawyer, W. W. (1964): Vision in Elementary Mathematics. London

Small, G.; Vorgan, G. (2008): iBrain. Surviving the Technological Alteration of the Modern Mind. New York

Spitzer, M. (2012): Digitale Demenz: Wie wir uns und unsere Kinder um den Verstand bringen. München

Taylor, M. C.; Saarinen E. (1993): Imagologies: Media Philosophy. New York – London

Vattimo, G. (1999): Koniec nowoczesności [The End of Modernity]. Kraków

Welsch, W. (1998): Nasza postmodernistyczna moderna [Our Postmodern Modernity]. Warszawa

Wiesing, L. (2012): Sztuczna obecność. Studia z filozofii obrazu [Artificial Presence. Philosophical Studies in Image Theory]. Warszawa

Wołek, M. (2010): Topoi of Discourse on New Media. In: Petsche, H.-J. (ed.): Topoi der Rationalität. Technizität – Medialität – Kulturalität. Berlin, 111–119

Wunenburger, J. J. (2011): Filozofia obrazów [Philosophy of Pictures], Gdańsk

Bilder in der Netzkommunikation: Information und/oder Emotion?

Annely Rothkegel

1 Einführung[1]

Enthusiasmus einerseits, Skepsis andererseits – beide Haltungen verbinden sich mit der Beobachtung, dass Bilder zunehmend bestimmen, was wir in der uns umgebenden Welt sehen („imaginative Welten", Kemp 2003, 7). Auch die Kommunikation ist mehr und mehr visuell dominiert, verstärkt durch allgegenwärtige Nutzung audiovisueller Medien. Sie ist begünstigt durch technische Unterstützung sowohl für den professionellen Gebrauch als auch für den Massen- und Alltagsgebrauch. Bemerkenswert ist allerdings, dass Bilder – anders als Sprache und Texte – nicht zu den gängigen Bildungsinhalten gehören. Ein Grund mag sein, dass sie einerseits als selbsterklärend gelten, andererseits in ästhetisch-emotionale Schubladen gepackt werden, die sich anscheinend einer objektiven Betrachtung entziehen.[2] Dem gegenüber stehen einzelne Bemühungen in verschiedenen Disziplinen, dem „pictural turn" und dem Gegenstand „Bild" im wissenschaftlichen Sinne Rechnung zu tragen (u.a. Kress/van Leeuwen 2002; 2006; Sachs-Hombach 2005; Frank/Lange 2010; Petersen/Schwender 2011).

In der Linguistik gibt es seit 25 Jahren eine Tradition, Bilder wie Texte als Komponenten der Kommunikation zu betrachten. Die verbreitete Trennung von Text und Bild hat mit dem Stereotyp zu tun, nach dem Texte als Repräsentationen von Wissen und des Realen stehen, während Bilder für Irrationalität und Emotion stehen (entsprechend Wissenschaft vs. Kunst). Dieses Stereotyp soll in diesem Beitrag aufgelöst werden. Er fokussiert Aspekte der visuellen Darstellung von Inhalten und deren Wirkung in der Kommunikation. Ent-

1 Die schriftliche Fassung des Vortrags (23.9.13, CultMedia 13, Potsdam) ist eine Ausarbeitung der dort skizzierten theoretischen Grundlagen. Aus bildrechtlichen Gründen wird auf die Präsentation von Fremdbildern verzichtet. Der Tenor des Vortrags im Sinne von *Sprechen über und mit Bildern* ist hier also modifiziert im Sinne von *Sprechen über Bilder*.

2 In diesem Sinne werden Präsentationen eher negativ als *textlastig* denn als *bildlastig* bewertet.

sprechend werden Bilder im Hinblick auf ihren Zeichencharakter[3] betrachtet und sind daher vergleichbar mit sprachlichen Zeichen. Im Vordergrund der Betrachtung steht das Gebrauchsbild, Aspekte der bildenden Kunst werden nur andeutungsweise eingebracht (Hirner 1997; Kunstverein Hannover 2013), ausgeklammert sind Bewegtbilder (Filme, Videos), für die zusätzliche Eigenschaften gelten.

Ausgangspunkt ist die Frage: Welche verallgemeinerbaren Bildeigenschaften sind relevant für den Bildgebrauch in der Netzkommunikation? Zunächst klären wir, wie sich das Bild als visuell-kommunikativer Gegenstand in den allgemeinen Rahmen der Kommunikation einordnet (Abschnitt 2). Dann geht es um das Bild als semantischer und ästhetischer Gegenstand mit seinen informativen und emotionalen Anteilen (Abschnitt 3). Mit der Zuordnung der ausgewählten Bildeigenschaften zu Wissens-, Erlebnis- und Ressourcengemeinschaften (Abschnitt 4) ergibt sich abschließend (Abschnitt 5) die Möglichkeit einer Bewertung im Hinblick auf die im Netz verstärkten Risiken für die Kommunikation.

2 Visuelle Kommunikation und Netz

2.1 Bilder als Kommunikationsmittel

Bilder sind sichtbare Spuren der Kommunikation. Aicher (1994, 8) sagt es so: „Visuelle Kommunikation ist bildliche Mitteilung in einem kommunikativen Prozess“. Unter linguistisch-pragmatischer Methodik versteht man Mitteilungen als kommunikative Handlungen, die über Ausdrucksform, Inhalt (Bezug auf die Realität) und ein Veränderungspotenzial verfügen.[4] Schmitz (2007) spricht analog zu „Sprechakten“ von „Bildakten“ (vgl. auch Sachs-Hombach 2003). Als Zeichen, d.h. als Zusammenhang von Form, Bedeutung und Funktion/Wirkung, können Bilder ebenfalls als Mitteilungen verstanden werden, die zwischen Menschen hin und her gehen und dabei Bezüge zwischen ihnen aufbauen. So sind sie beteiligt an kommunikativen Aufgaben wie Verständigung, Problemlösung, Selbstdarstellung, Überzeugungsarbeit, Wissensvermittlung, Werbung, Unterhaltung, um nur einige Aspekte der gegenseitigen Einflussnahme auf die an der Kommunikation Beteiligten zu nennen. Dabei handelt es sich – in der Formulierung von Stöckl (2004, 89) – um „Bildermacher“, „Bildbetrachter“ und „Bildverwender“.

3 „Zeichen“ ist hier gemeint im Sinne von Bühler (1999) mit Verweis auf Bedeutungskonstruktion (Darstellung), Symptom und Appell.

4 Vgl. entsprechend Lokution, propositionaler Gehalt und Illokution bzw. Perlokution als Komponenten von Sprechakten (Searle 1971).

2.2 Information und Emotion: die Welt und Ich

Jede Sinneswahrnehmung wie auch jeder vermittelte Inhalt ist mit kognitiven und emotiven Reaktionen verbunden. Im Hinblick auf das Bild bedeutet dies, dass wir beide Dimensionen zu beachten haben, auch wenn die emotive Seite des Bildes in der wissenschaftlichen Auseinandersetzung bislang nur begrenzt die Aufmerksamkeit auf sich gezogen hat.[5] Konsens besteht dagegen darin, dass Mitteilungen die kognitive Dimension ansprechen, insofern Inhalte (Wissen, Informationen) vermittelt werden. Wir gehen nun davon aus, dass Bilder (wie Sprache) über Ausdrucksmittel verfügen, die geeignet sind, Wissen und/oder Informationen zu vermitteln, d.h. als Zeichen im Sinne von *Zeichen für etwas anderes* zu funktionieren. Das Andere, für das die bildlichen Ausdrucksmittel eingesetzt werden, ist die Welt bzw. was wir als Realität der Welt verstehen. In diesem Sinne stellt ein Bild etwas dar und ist verschieden von der Realität des Dargestellten. Selbst hat es seine eigene materielle (Stein, Papier, Leinwand) bzw. digitale Realität (Datensatz und Bildschirm/Display).

Im Hinblick auf den Bereich der Emotion interessiert das Emotionspotenzial und nicht, welche Emotionen im Einzelfall als Reaktionen zu beobachten sind (z.B. Freude, Begeisterung, Ärger). So geht es auch nicht darum, in Frage stehende Klassifikationen zu diskutieren. Wir beschränken uns auf Aspekte von Ich-Beteiligung („involvement"), Stimmung, Spannung, Erlebniswert. Dabei spielt die Ästhetik des Bildes eine hervorgehobene Rolle, insofern sie es ist, die die emotiven Reaktionen bestimmt und zu Bewertungen im Sinne von Gefallen und Nicht-Gefallen führt. Anzumerken ist, dass ästhetische Zuordnungen im Rahmen der Kommunikation unter dem Aspekt des *Schönen* sowohl positiv wie auch negativ konnotiert sind („schöne Verführung"). Insofern es um die Bindung von Aufmerksamkeit geht, kann sie den Wissenstransfer fördern wie auch als Ablenkung vom Dargestellten wirken.[6] Generell gilt, dass ästhetische Zuordnungen kulturell, regional, epochal geprägt sind, als Moden vermarktbar und daher schnell veränderbar und individuell-subjektiv sowie gruppen- und schichtenspezifisch sind.

5 Die Begriffe „Emotion" oder „Gefühl" erscheinen nicht im Sachregister der bildwissenschaftlichen Grundlagenliteratur (Sachs-Hombach 2005; Frank/Lange 2010). Eine Ausnahme bildet der Artikel von Kappas/Müller (2006). Das Thema Sprache und Emotion hat dagegen bisher mehr Aufmerksamkeit gefunden (u.a. Jahr 2000, Schwarz-Friesel 2007). Für die allgemeine Thematik „Medien(nutzung) und Emotion" gibt es wiederum eine relativ große Vielfalt an Publikationen.

6 Vgl. „Welt der schönen Bilder" in (Frank/Lange 2010, 7). Eine entsprechende Gegenüberstellung von „Emotion" und „Information „findet sich bei Schmitz (2011) im Gegenüber von „Blickfang" und „Mitteilung".

2.3 Technisch vermittelte und kontrollierte Kommunikation

Die Netzkommunikation ist technisch geprägt durch unterschiedliche Funktionen des Computers (Hardware, Software), woraus sich spezifische Möglichkeiten des Umgangs mit Bildern ergeben: Computer als Werkzeug, als Präsentationsmedium, als Speichermedium, als Medium der Vernetzung und der Interaktivität (Schmitt 2012).

Als Werkzeug unterstützt er die Akteure bei Produktion, Reproduktion, Recherche, Kopie, Archivierung oder Transfer von Bildern. Aufgrund einer *natürlichen* Anonymität in der technisch vermittelten Kommunikation kann die Authentizität von Autoren und kommunikativen Objekten ein Problem bilden. Bilder (wie Texte) sind technisch manipulierbar, d.h. in Inhalten und Ausführung veränderbar, können beliebig weitergegeben, teilweise oder ganz gelöscht werden. Die Autorenschaft kann unklar bleiben, Plagiate und Fälschungen sind technisch leicht herzustellen.[7]

Als Präsentationsmedium gestattet die Technologie die Sichtbarkeit des Bildes auf dem Bildschirm und eröffnet damit Möglichkeiten für Rezeption bzw. Konsumtion (im Rahmen der zur Verfügung stehenden Mensch-Computer-Schnittstelle (Bildschirm-Interface). Technisch gesehen handelt es sich - anders als bei den auf Papier oder Leinwand fixierten Bildern - um leicht veränderbare Datensätze, die gleichzeitig als Realitätsabbild verstanden werden können. In diesem Sinne spricht man vom Bildschirm als „Fenster zur Welt".

Im Hinblick auf den Computer als Speichermedium ergeben sich weitere Spezifikationen. Erforderlich sind Metadaten und Kriterien für deren Organisation sowie die Modellierung von Prozessen, die Management (z.B. Dokumentationsmanagement), Archivierung oder Retrieval (Wiederauffindbarkeit) von Bildern ermöglichen.

Der Aspekt der Vernetzung von sowohl Daten wie auch von Akteuren, die beide gleichermaßen technisch als „Adressen" behandelt werden, hat zwei Konsequenzen. So wird die „Multimodalität" gefördert, d.h. die Kombination von Bild, Text, Ton, Video, Film. Dies führt zu einer erhöhten Komplexität der kommunikativen Objekte mit erhöhtem Kommunikationsrisiko (Nicht-Verstehen, Miss-Verstehen, „lost in hyperspace"). Dazu kommt die Vernetzung zwischen Mediennutzern auf der Basis der im Management der Interaktion vorgeprägten Dialogmodellierung.

Der Aspekt der Interaktivität bezieht sich auf mögliche Aktionen bzw. Reaktionen zwischen Nutzer und System einerseits und Interaktionen zwischen den Nutzern (z.B. Web

7 In diesem Zusammenhang gibt es unterschiedliche Auffassungen darüber, ob Autorenschaft im Zeitalter des Internet überhaupt eine Rolle spielen soll, wobei der Aspekt der (informativen oder kommunikativen) Qualität leicht vernachlässigt wird. Ein anderes Problem betrifft den Gebrauch von Pseudo-Identitäten.

2.0). Nutzereingaben sind selbst- wie auch fremdproduzierte Objekte, also Bilder, Bilder mit Text, Videos usw., die einerseits Gegenstand der technischen Gestaltung, andererseits Gegenstand der interpersonalen Kommunikation sind.

3 Bilder als visuelle Objekte

3.1 Zugänge zum Bild

Höhlenzeichnungen und in Felsen geritzte Bilder gehören zu den ältesten überlieferten kulturellen Zeugnissen der Menschheit. Wir können uns die alten Zeugnisse anschauen, sie wegen ihrer ästhetischen Qualität bewundern, doch was sie letztlich bedeuten, können wir nicht mit Sicherheit sagen. Das Beispiel zeigt deutlich, dass ein Blick uns in Welten schauen lässt, dass er aber nicht ausreicht, das Geschaute in einen Bedeutungshorizont zu stellen. So stellt sich grundsätzlich die Frage, auf welche Weise wir das Bild als Gegenstand verstehen wollen. In der sich etablierenden Bildwissenschaft (vgl. u.a. Sachs-Hombach 2005; Frank/Lange 2010) ist man dabei, einen konsistenten Bildbegriff zu entwickeln, der über Genres oder Einteilungen gemäß der Herstellung (z.B. Gemälde, Zeichnung, Foto, digitales Bild) hinausgeht. In unserem Zusammenhang interessiert der spezifische Beitrag des Bildes zur Kommunikation. Dazu haben wir ein Analyseschema entwickelt, das mehrere Aspekte einer dazu geeigneten Bildanalyse erfasst. Das Schema, das in Tabelle 1 aufgeführt ist, ist ausgerichtet auf Einsichten über Zusammenhänge zwischen Bildeigenschaften und ausgewählten Perspektiven auf das Bild.

Erfasst werden – analog zur kommunikativen Handlung – die Dimensionen *Bildlichkeit* (Form/Ausdruck), *Bildaussage* (Inhalt) und *Bildwert* (Funktion). Ihnen sind – in paralleler Differenzierung – vier Arten von Perspektiven auf das Bild zugeordnet. Phänomene von Sichtbarkeit bzw. Nicht-Sichtbarkeit/Erschließbarkeit des Dargestellten werden als *Bildebenen* (Oberfläche, transparente Übergangszone, Bildtiefe) unterschieden.[8] Die *Betrachtungsweise* ist differenziert nach Aktionen wie Sehen, Lesen und Interpretieren. Im *Darstellungsmodus* mit Realitätsbezug und der Unterscheidung von Abbildung und Visualisierung geht es um Fragen nach dem WIE (Projektion: Wie ist X dargestellt?), WAS (Referenzbereich: Was wird dargestellt)? und WARUM/WOZU (In welchem Kontext steht

8 Dies geschieht nach einem (ergänzten) Textmodell mit den Textebenen wie Textoberfläche und Texttiefe. Diese in der Textlinguistik gebräuchliche Metapher haben wir ergänzt im Sinne einer *Küsten- oder Ufermetapher* mit einem durch Lichteinwirkung transparenten Schelf als Übergangszone.

das Dargestellte?). Schließlich, in der Perspektive auf das Bild unter *Handlungsaspekten* interessieren die Ausdrucksformen (beschreibbar als Stil und Design), die Inhalte im Sinne von Themen (Aussagen, Fragen) und die Funktionen im Sinne von kommunikativen Zielen. Alle Konfigurationen sind offen für kognitive und emotive Effekte.

Tabelle 1: Bildanalyseschema (Eigene Darstellung)

Bilddimensionen / Perspektiven	Bildlichkeit	Bildaussage	Bildwert
Bildebene (Sichtbarkeit/ Erschließbarkeit)	Oberfläche (sichtbar)	zwischen Sichtbarkeit und Erschließbarkeit	Tiefe (erschließbar)
Betrachtungsweise (Aktionen)	Sehen (Wahrnehmen)	Lesen (Bildelemente identifizieren)	Interpretieren (Verstehen)
Darstellungsmodus / Realitätsbezug	WIE (Projektion)	WAS (Referenzbereich)	WARUM/WOZU (Kontext)
Handlungsaspekte	Ausdrucksform (Stil/Design)	Inhalt (Thema)	Funktion (Ziel)

Eigene Darstellung

3.2 Bildlichkeit

Mit der Dimension der *Bildlichkeit* kommen Aspekte in den Blick, die traditionellerweise als das *Wesentliche des Bildes* verstanden werden. In unserer ganzheitlichen Sicht auf das Bild ist sie einer der Teilaspekte.

Bildebene: Die Bildoberfläche, wie im Wortlaut ausgedrückt, ist als Fläche sichtbar, auf der die Bildelemente innerhalb einer Eingrenzung platziert sind und sich so in ihren Relationen zueinander auf der Gesamtfläche verteilen. Beschreibbar sind Aspekte von Gestalt, Farbigkeit und Textur. Im Sinne der Gestalttheorie (vgl. Fitzek/Salber 1996) werden Vordergrund und Hintergrund, Reihenfolgen und Nachbarschaften unterschieden, womit *Präferenzen*, *Gewichtungen* oder *Zusammengehörigkeit* signalisiert werden. Die Farbgebung ist in Abhängigkeit kultureller Prägungen mit emotiven Zuordnungen verbunden (z.B. freundlich-hell). Die Textur lässt sich durch die Dichte der Elemente differenzieren, was Grade von *Intensität* anzeigt (vgl. Tonfoni/Rothkegel 2007, 29f.). Neben den strukturellen Wirkungen spielt die Ästhetik und hier das Konzept der Präsenz eine hervorgehobene Rolle. So beziehen sich Frank/Lange (2010, 69) - in Anlehnung an den Kunsttheoretiker Gumbrecht - auf die „Produktion von Präsenz", die sich mit einer ästhetischen Erfahrung verbindet und vorrangig auf die Bildoberfläche bezieht. Entsprechend ist die Rede von „Präsenzerlebnissen" (Frank/Lange 2010, 69).[9]

Betrachtungsweise: Auf der unmittelbar zugänglichen Ebene der wahrnehmenden Bilderfassung geht es um das *Sehen* des Bildes. In der Psychologie unterscheidet man eine gestufte Wahrnehmung in drei Schritten (voraufmerksam, aufmerksam, deutend), wobei in der Praxis des Bildgebrauchs häufig nur die erste Stufe als ganzheitliche voraufmerksame Verarbeitung[10] zum Tragen kommt. Hier spielen gerichtete und dabei kulturell geprägte Blickbewegungen eine Rolle (z.B. links-rechts oder umgekehrt, diagonal, oben-unten).[11] Die Beobachtung von Details bildet dann bereits den Übergang zur Stufe des *Lesens* (s. 3.3).

Darstellungsmodus: Mit dem WIE der Darstellung verbindet sich die Sicht auf den Realitätsausschnitt. Hier können wir von Projektionen auf die Realität sprechen. Wichtig sind Aspekte wie *Deutlichkeit*, *Anschaulichkeit*, *Auffälligkeit* und deren Gegenbegriffe.

Handlungsaspekte: Die Ausdrucksform einer Mitteilung bestimmt mit, ob die Mitteilung als Handlung gelingt. In dieser Perspektive spielen Konzepte von *Stil* und *Design* eine Rolle. Stil (als fortgesetzte Verwendung gleicher Darstellungsmittel (vgl. Sandig 2007) hat im Weiteren mit Selbstdarstellung („Stil von") und Einflussnahme („Stil für") zu tun (Rothkegel 2001, 79). Design wird in der Regel gesehen mit Bezug zur geplanten Gestaltung und dabei im Sinne von Stil.

Effekte: Mit den Phänomenen der Bildlichkeit sind sowohl inhaltlich-kognitive wie emotive Reaktionen verbunden. Erstere stehen in Zusammenhang mit vor allem strukturellen Zuordnungen, Letztere mit ästhetischen.

9 Sie sind von hoher Relevanz in Erlebnisgemeinschaften (vgl. 4.3).

10 Auf dieser ersten Stufe findet die Bildkonsumtion statt.

11 Unterschiedliche kulturelle Prägungen können zu Missverständnissen führen, z.B. bei der Darstellung von zeitlichen Abfolgen in Serienbildern.

3.3 Bildaussage

Mit der Dimension der Bildaussage ist der Bedeutungshorizont angesprochen und damit die in diesem Beitrag zentrale Sicht auf das Bild.

Bildebene: Die Bedeutung visueller Merkmale verbindet die Phänomene der Bildoberfläche (Wahrnehmung) und die der Bildtiefe (Verständnis). Im Sinne der Zeichentheorie haben wir es mit Konventionen zu tun, die als Standards für Produktion und Rezeption genutzt werden und so Fachdisziplinen, Branchen oder andere Gemeinschaften als „Zeichenwelten" mit eigenen Inventaren charakterisieren, z.B. Wettersymbole (Robin 1992, 178). Von Interesse sind nicht nur die einzelnen Merkmale, sondern auch ihre kulturelle Einbindung in Gesellschaften, Epochen und Regionen und die damit verbundenen Bedeutungsvarianten.[12] Wichtig sind Kategorien wie *Konsistenz* (im jeweiligen Zeichensystem) und *Konformität* (Anpassung an Normen).

Betrachtungsweise: Dem Sehen auf der voraufmerksamen Wahrnehmungsstufe folgt das aufmerksame *Lesen* des Bildinhalts, bei dem die Bildelemente identifiziert und in einer Art Grammatik zusammengesetzt werden (vgl. Kress/van Leeuwen 2006). In dieser Perspektive ist vorausgesetzt, dass die Betrachter gelernt haben, die Komposition aus Formen und Farben als Ganzheit wiederzuerkennen (analog zur Zusammensetzung von Wörtern in Sätzen und Texten).

Darstellungsmodus: Mit der Frage nach dem WAS konzentrieren wir uns auf den Bildinhalt. Er eröffnet den Referenzbereich und grenzt ihn gegenüber anderen Bildern ab. Der Referenzbereich umfasst *Weltausschnitte* aus realen, fiktiven, virtuellen oder konstruierten Welten. Wir sprechen von *Abbildungen*, wenn Abwesendes, aber mit dem Auge Sichtbares den Bildinhalt bestimmt (z.B. Personenfoto). Von *Visualisierung* ist die Rede, wenn etwas (mit dem Auge) Nicht-Sichtbares sichtbar gemacht wird (z.B. mikroskopische Vergrößerung, durch bildgebende Verfahren erzeugtes Bild) oder wenn eine Realität (Strukturen, Relationen) auf der Basis von Theorien und Daten konstruiert wird (z.B. Diagramm). Visualisierungen finden sich vorrangig im Bereich wissenschaftlicher Darstellungen (vgl. Robin 1992; Kemp 2003; Rothkegel 2010; Ballstaedt 2011).

Abbildungen: Bei der Darstellung von Vorhandenem (abwesend aber prinzipiell sichtbar) unterscheiden wir zwei Spielarten: Realbilder (fester Standort eines fiktiven Betrachters, Realitätsbezug beschränkt, z.B. Foto, gemaltes Bild, Zeichnung) und Realitätsreduzierte Bilder mit zusätzlicher Realitätsreduktion (Strichzeichnungen, Umrissbilder, Karten, Sche-

12 Vgl. die sich über die Jahrhunderte verändernde Bedeutung des Pfeils (Storrer/Wyss 2003).

mabilder wie abbildende Piktogramme[13]). Letztere verlangen in der Regel ein bestimmtes Maß an Professionalität.[14]

Visualisierung (Typ: Nicht-Sichtbares sichtbar machen): Die Darstellung von normalerweise Nicht-Sichtbarem erzeugt neue Sichten auf bekannte Objekte, Sachverhalte und Ereignisse (z.B. Elektrizität). Auch sind es besondere Perspektiven und Schnitte, die innere verdeckte Strukturen auf eine sichtbare Oberfläche treten lassen (z.B. Explosionszeichnungen) oder Methoden der Selbstveranschaulichung (z.B. Teilchenspuren in der Elektronenmikrofotografie, Robin 1992, 143). Die Darstellung von Bewegung oder zeitlichen Abfolgen in Serien verlangt spezifische Darstellungsweisen, die kulturell geprägt sind und erlernte Sehgewohnheiten voraussetzen.

Visualisierung (Typ: Konkretisierung von Abstraktem): Zu den Voraussetzungen gehören Daten und Theorien eines definierten Sachbereichs. Hier geht es um völlige Abstraktionen von normaler Sinneswahrnehmung. Sichtbar gemacht werden Relationen, Strukturen und Prozesse (z.B. Textprozesse in Tonfoni/Rothkegel 2007) mit Informationen zu Verteilungen, Verläufen, Rangfolgen, Anteilen an Ganzheiten, Modellkonstruktionen), die im Rahmen einer Fragestellung oder Theorie Geltung haben (Diagramm, Chart, Netz, Schema, Infografik).

Handlungsaspekte: Als Gegenstand einer kommunikativen Handlung (Mitteilung) kommen zwei Aspekte des Bildinhalts in Betracht: *Verständlichkeit* und *Relevanz*. *Verständlichkeit* hat damit zu tun, dass der Bildinhalt als Ganzheit strukturiert ist. Mit *Relevanz* ist gemeint, dass der Bildinhalt das Bildthema (im Sinne einer Aussage oder Frage) repräsentiert.

Effekte: Kognitive Reaktionen auf die Bildaussage bilden den zentralen Zweck von Abbildungen[15] und Visualisierungen[16]. In ihrem Realitätsbezug können sie an Maßstäben der *Korrektheit* (Daten in Relation zur Aussage), *Genauigkeit* (Maßstabstreue), *Adäquatheit* (Stellt das Bild das dar, was es vorgibt darzustellen?) und *Wahrheit* (Um welche Art von Realität geht es?) gemessen werden. Hinsichtlich der Emotionsebene sind zwei Fälle zu unterscheiden: a) Gefühle bilden den Gegenstand der Darstellung (z.B. lachende Gesichter)

13 Vgl. schematisierte Abbildung eines Schirms als Hinweis für Fundstelle. Dass als Objekt ein Schirm gewählt ist, zeigt die kulturelle Prägung in einer regenreichen Klimazone, wobei der Schirm den Prototypen für ein häufig vergessenes bzw. verloren gegangenes Objekt repräsentiert.

14 Vgl. Mijksenaar/Westendorp (2000) als „Kunst der Gebrauchsanweisung“.

15 Vgl. Bildtitel „Non Information Images“ für eine Serie von Landschaftsdarstellungen von Arno Auer (Herbstausstellung Kunstverein Hannover 2013; Besucherinformation); gemeint ist, dass es bei der künstlerischen Darstellung, z.B. eines Waldes nicht auf die Abbildung ankommt, sondern auf das Bildliche.

16 Visualisierungen, vor allem in den Wissenschaften gebräuchlich, unterstützen die Verständnisbildung (vgl. Ballstaedt 2011).

oder b) Gefühle (werden durch den Bildinhalt evoziert (wozu natürlich auch dargestellte Gefühle gehören). Emotionalisierend können prinzipiell alle Themen sein, insofern sie auf entsprechende Einstellungen oder Erfahrungen der Betrachter stoßen, z.B. Personen, Landschaften, Tiere, Blumen, Technik, Wissenschaft. Eine spezifische Rolle spielen Themen individueller aber für andere nachvollziehbare Erfahrungen mit Erlebniswert.[17]

3.4 Bildwert

Mit dem Begriff des *Bildwerts* verbindet sich der Bezug zum Kontext des Dargestellten. Dabei geht es um Bildverstehen im weiteren Sinne, wobei Zwecke, Ziele sowie Anschluss- und Anwendungsmöglichkeiten zum Tragen kommen.

Bildebene: Die Vorstellung von der Bildtiefe bezieht sich auf das, was nicht sichtbar, aber erschließbar ist aufgrund des Sichtbar-Gemachten. Dies betrifft mögliche Assoziationen (erfahrungsgeleitet) oder Inferenzen (wissensgeleitet).

Betrachtungsweise: Was kann ein Betrachter zur Funktion des Bildes sagen? Dem vorangegangenen Vorgang des Lesens schließt sich nun – wiederum nicht zwangsläufig – das Interpretieren an, das einen Umgang mit Wissen, Sehgewohnheiten und Normen voraussetzt.

Darstellungsmodus: Warum und wozu ein Bild in eine Kommunikationssituation eingebracht wird, kann erst vor dem Hintergrund dieser Situation und möglicherweise eines breiteren Kontextes eingeordnet werden. Zu den relevanten Kategorien gehören u.a. Wissensgenerierung, Weitergabe von Wissen (Erfahrungswissen), Dokumentation (Legitimation, historisches Interesse, Zeugnis für Ereignis) oder einfach, weil es so üblich ist (Standard).

Handlungsaspekte: Welche Absicht der kommunikativen Einwirkung auf Andere wird mit dem Bildinhalt verfolgt? Kommunikative Ziele können sein: Wissensvermittlung (speziell Popularisierung), Einstellungsveränderung, Unterhaltung, Instruktion, Vermarktung, Provokation.

Effekte: In der Dimension des Bildwerts spielt der Einfluss des Kontextes die tragende Rolle, wobei Information und Emotion eine enge Verbindung eingehen. Entsprechende Maßstäbe bilden Aspekte wie *Angemessenheit* (Zielvorstellung, Adressaten, Situation) und *Verhältnismäßigkeit* der Gewichtung bei kontroversen Themen. Letztere sind in der Regel bestimmt durch Konventionen, individuelle und gruppenspezifische Einstellungen und die

17 Beispiele sind derart wie „mein erstes Auto“ oder Ferien- und Heimtierbilder.

sie tragenden Modelle, die letztlich die Selektion der Bildinhalte und deren Darstellungsmodus (Stil) bestimmen.[18]

4 Kommunikationsgemeinschaften im Netz

4.1 Themen und Ziele

Gemeinschaften - im Netz und außerhalb des Netzes - bilden sich in der Kommunikation auf der Grundlage von gemeinsamen Themen und kommunikativen Zielen. Wir greifen drei solcher Ziele heraus, die insbesondere in der Netzkommunikation und in Verbindung mit Bildern eine hervorgehobene Rolle spielen:

1. Wissensgemeinschaften: visuelle Kommunikation zu Themen und Wissen (Fach-Wissen, Erfahrungswissen);
2. Erlebnisgemeinschaften: Kommunikation als Erlebnis und kommunizierte Erlebnisse;
3. Ressourcenkommunikation: Kommunikation mit Bildern (und Texten) als Sammel- und Tauschobjekte.

Bei der Spezifizierung von Kommunikationsgemeinschaften sollte die Rolle von textuellem Material, das auf vielfältige Weise mit dem Bildmaterial verknüpft ist, nicht übersehen werden. Bilder und geschriebene Texte haben Vieles gemeinsam. Als visuelle Objekte verfügen beide über Zugangsmöglichkeiten auf den Ebenen von Oberfläche und Tiefe; als Zeichen haben beide Anteile an repräsentativen Möglichkeiten; als oberflächenbezogene Ausdrucksformen verfügen beide über ästhetische Merkmale. Die Verbindung von Bild und Text in einer Reihe unterschiedlicher Relationen ist eine alte Geschichte. Oft ist es so, dass entweder das Bild den Text oder der Text das Bild (Text im Bild) in den jeweiligen Funktionen unterstützt: additiv, repetitiv, komplementär. Stöckl (2004) hat dazu eine ausführliche Analyse vorgelegt.[19] Das mehrheitliche Vorkommen von Bildern ist danach in einen Textkontext und damit in eine Kommunikationssituation eingebunden, wodurch eine Interpretation erst möglich wird. Auch ist das Bild als Ersatz für einen Text denkbar. Diese Option, die übrigens in den mittelalterlichen kirchlichen Darstellungen üblich war,[20]

18 Vgl. unterschiedliche Darstellungen, wenn Modelle von *Natur* in der Technik (Bionik) oder in der Ökologie vermittelt werden.

19 Überblick über mögliche Kombinationen von Bild- und Textmerkmalen als Bildtexte oder Bild-Text-Gemenge in (Stöckl 2004, 297ff.).

20 Die Bilder erzählen die Heilslehre für Betrachter ohne Lesekompetenz (vgl. Schmitz/Wenzel 2003).

taucht in anderer Motivation und Ausführung interessanterweise in massiver Weise in der modernen Mediennutzung wieder auf (Schmitz 2004).

In den folgenden Skizzen unterstellen wir die mögliche Präsenz von sprachlichen bzw. textlichen Elementen, fokussieren aber auf Bilder und die oben dargestellten Bildeigenschaften.

4.2 Wissensgemeinschaften und Viskurse

Technisch geprägte Vernetzungsstrukturen, die Möglichkeiten zum multimodalen Mix sowie die mit der technischen Interaktivität ermöglichte Partizipation begünstigen Produktion und Weitergabe von traditionellen Darstellungsformen (z.B. Bild und Text im Hypertext, Video, Fotoalben) und gestatten darüber hinaus neue und erweiterte Kompositionsformen (z.B. Multimediaprodukte). In diesem Zusammenhang gewinnen vor allem visuelle Darstellungsformen zunehmend an Bedeutung für kommunikative Ziele der Wissensgenerierung, Wissensverbreitung und Wissensvermittlung. Analog zur sprachlichen Behandlung von Themen in „Diskursen" spricht man von „Viskursen", in denen sich Themen und die sie konstituierenden Gemeinschaften entwickeln (Frank/Lange 2010, 57). Dabei treffen unterschiedliche Systeme aufeinander: disziplinär geordnetes Wissen und individuelles bzw. gruppenspezifisches Erfahrungswissen, Theorie und Praxis, Professionalität und Laientum (z.B. Wikipedia; vgl. Rothkegel 2013).

Die Dimensionen *Bildaussage* und *Bildwert* stehen im Vordergrund. Eigenschaften der Bildlichkeit (Form, Ästhetik) können unterstützend wirken, indem sie die Aufmerksamkeit auf das Bild insgesamt und dann speziell auf den Bildinhalt lenken ohne von ihm abzulenken.[21] Zentral sind Zuordnungen wie *Korrektheit*, *Genauigkeit*, *Deutlichkeit*, *thematische Relevanz*, *Wahrheit* (Zeigt das Bild das, was es vorgibt zu zeigen?). Diese Komponenten gelten für Abbildungen wie für Visualisierungen sowie grafische Konstrukte. In diesem Zusammenhang sind sprachlich-textliche Ergänzungen als Meta-Informationen äußerst wichtig (vgl. Rothkegel 2013).

Neben einer bereits durch die Bildlichkeit evozierten Emotionalisierung sollte die Wirkung des Inhalts in Hinblick auf emotionale Ich-Beteiligung nicht unterschätzt werden. Nicht nur ästhetische Gestaltung, auch Inhalte unterliegen einer emotiven Bewertung, die sich in der Regel auf die gesamte Domäne beziehen (z.B. Sport, Natur, Technik). Diese Bewertung kann durch eine gelungene bzw. nicht-gelungene Anpassung an die oben genannten Anfor-

21 Zur Relation *Bildlichkeit* (Blickfang) und *Bildinhalt* (Mitteilung) in der Werbung vgl. Schmitz 2011.

derungen beeinflusst werden (z.B. Nicht-Akzeptanz des Inhalts bei unkorrekter oder nicht-relevanter Darstellung). Damit sind Kategorien der *Qualität bzw. Konsistenz* angesprochen.

4.3 Erlebnisgemeinschaften

Die technische Interaktivität wird auf spezifische Weise in den sozialen Netzwerken genutzt. Sie ist modelliert als Gruppenkommunikation mit einem spezifischen Gemeinschaftsverständnis (Community). Gemeint sind „Menschen, die sich um eine Seite im Internet scharen, sich eine gewisse Zeit an sie binden, dort Spuren hinterlassen" (Ebersbach/Glaser/Heigl 2011, 195). Ebersbach/Glaser/Heigl (2011, 125) geben auch Auskunft darüber, wie eine Community entsteht. In der typischen Anwendung agieren Nutzer in wechselnden Rollen: als Produzenten, Rezipienten und Bewerter, verschiedentlich auch Rezensenten genannt. Produzenten „veröffentlichen" Inhalte, vor allem Bilder, Fotoalben, Videos, als bereits vorhandenes bzw. selbst erstelltes Material. In der Regel handelt es sich um Abbildungen, weniger um Visualisierungen. Rezipienten werden Bewerter, wenn sie die Beiträge kategorisieren und kommentieren. In der Regel verwenden die Beteiligten einen personalisierten Stil, die Bildung eigener Identitäten ist erwünscht, Selbstdarstellung ist Standard, als dominantes Kommunikationsziel gilt die Zugehörigkeit zu einer Community. Sie bestimmt die Bildauswahl, wobei sich die Bildaussage aus den individuellen Erlebnissen und Erfahrungen der Mitglieder zusammensetzt. Präferiert sind Personenfotos, aber auch andere emotional besetzte Bildthemen wie der beliebte „Katzencontent"[22]. In diesen Rahmen gehören standardisierte Aufgabenmodellierungen wie „Bewerten", „Kommentieren" oder „Erlebnisbericht schreiben". Generell werden positiv bewertete Emotionen bevorzugt.[23] Zu den Risiken gehört, dass sich die Authentizität der Abbildungen zugunsten kreativer Gestaltung verschiebt. Der Verlust über die Kontrolle bei der Distribution ist prinzipiell problematisch.

4.4 Ressourcengemeinschaften

Visuelle Objekte fungieren auch als Sammelobjekte. In diesem Sinne konstituieren sich Gemeinschaften aufgrund der Tatsache, dass die Mitglieder über die gleichen Dinge verfügen. Zu unterscheiden sind öffentliche und private Sphären.

22 Bezieht sich nicht nur auf Fotos der persönlichen Katzenlieblinge, sondern auch auf technisch bearbeitete „Kultfiguren".

23 Bemerkenswert erscheint in diesem Licht die Initiative von Google in Richtung einer „sentiment evaluation", d.h. einer Kontrolle der in den Beiträgen vermittelten Emotionen mit der Konsequenz, emotional negative Beiträge automatisch zu löschen.

In der öffentlichen Sphäre kommen Aspekte in den Blick, die den Umgang mit dem *digitalen kulturellen Erbe* betreffen: Welche Ressourcen gehören zur Kultur einer Gesellschaft? Was ist bewahrenswert in Hinblick auf kommende Generationen? Ist Letzteres überhaupt eine ernsthafte Fragestellung, wenn man auf die digitalen (fast unbegrenzten) Möglichkeiten schaut? Neben dem Aufwand für die inhaltliche (Ordnungssystem) und technische Verwaltung geht es auch darum, inwieweit geeignete Metadaten zur Verfügung stehen.[24]

Im privaten Bereich geht es vorrangig um das Verteilen von Materialien (Bilder, Videos) (z.B. im Netzwerk YouTube; vgl. Ebersbach/Glaser/Heigl 2011, 131). Bilder (häufiger Videos) gelten als Sammelobjekte, für die gleichzeitig ein Service für deren Verwaltung angeboten wird. Der massenhafte Tausch von Videos (und Musikstücken) entspricht dabei eher einer Transfersituation (Social Sharing) als einer interaktionalen personalen Kommunikation (Bühler 1934/1999; Schmidt/Zurstiege 2007). Insofern trifft auf sie das Transport-Modell der technisch verstandenen Kommunikation voll zu.

Im Zusammenhang von Ressourcengemeinschaften spielt die Dimension des Bildwerts (Einordnung in Kontext) die zentrale Rolle, die über die Selektion entscheidet. Dem untergeordnet, aber dennoch mitentscheidend sind Qualitätszuordnungen in den Dimensionen der Bildlichkeit (ästhetischer Anspruch) und der Bildaussage (Relevanz des Themas). Das Verhältnis von Qualität und Quantität kann ein Problem werden, wenn Quantität im Vordergrund steht („Sammelwut"). Ohne Selektionskriterien verwandeln sich *digitales (kulturelles) Erbe* und *sozial geteilte* Daten leicht in „Zivilisations-Müll".

5 Fazit: Bilder als Chancen und Risiken der Kommunikation

Bilder informieren und emotionalisieren. Sie eröffnen Zugänge zum Wissen und sind selbst Gegenstand der Wissensgenerierung und Vermittlung. Mit ihrer Bildlichkeit können sie als Augenöffner den Zugang zum Wissen begünstigen oder ihn als Blickfang versperren. Mit ihrem repräsentativen Anteil sind sie hilfreich, indem sie Nicht-Sichtbares sichtbar machen, Komplexität reduzieren oder Verständnis erleichtern. Als visuelle Kommunikationsmittel mischen sie sich in die Emotionen ihrer Produzenten und Rezipienten ein. Der Einfluss des technischen Mediums auf die Art und Weise der Kommunikation ergibt sich vor allem durch die Kumulation der technischen Optionen. Neben den Chancen durch Angebote wie Ubiqui-

24 Vgl. Dokumentation der Tagung „Technik und Kultur" (Karlsruhe 2011) im ZKM-Audio-Archiv (Karlsruhe).

tät, unbegrenzte Distribution, Partizipation im Mix von Experten und Nicht-Experten sowie solche der erweiterten Produktionsmöglichkeiten für Eigenprodukte und Manipulation von Fremdprodukten haben wir auf drei Arten von Kommunikationsrisiken hingewiesen:

1. Überprüfbarkeit von Korrektheit, Verlässlichkeit und Wahrheitsansprüchen hinsichtlich der Realität bei Abbildungen und Visualisierungen (Wissensgemeinschaften; Fokus auf Bildaussage),
2. Umgang mit Authentizität von Abbildungen und Wahrung von Persönlichkeitsrechten (Erlebnisgemeinschaften; Fokus auf Bildlichkeit),
3. Fragen der Qualität (Ressourcengemeinschaften; Fokus auf Bildwert).

Der Umgang mit Bildmaterial im Netz verteilt sich auf zwei Linien: die Welt der Professionalität und die private bzw. Freizeitwelt. Verlangt Erstere ein Mehr an Bildkompetenz, nicht nur technischer, sondern vor allem kommunikativer Art, erscheint die andere Welt offen für jegliche Kreativität oder Anpassung an Konformitäten, allerdings unter Wahrung kommunikativer Regeln.[25] In Anbetracht des emotional hochbewerteten Images des Netzes und dessen Nutzung auf der Basis von Bildmaterial erscheint es angebracht, dem Bild als Bildungsinhalt mehr Aufmerksamkeit zu schenken.

Literatur

Aicher, O. (1994): Visuelle Kommunikation. Versuch einer Abgrenzung. Vorwort in: Stankowski, Anton; Duschek, K. (Hg.): Visuelle Kommunikation. Ein Design-Handbuch. 2. Aufl. Berlin, 8–10

Ballstaedt, S.-P. (2011): Visualisieren. Bilder in wissenschaftlichen Texten. Konstanz

Bühler, K. (1934): Sprachtheorie. Die Darstellungsfunktion der Sprache. Jena; Neudruck 1999, Stuttgart

Ebersbach, A.; Glaser, M.; Heigl, R. (2011): Social Web. 2. Aufl. Konstanz

Fitzek, H.; Salber, W. (1996): Gestaltpsychologie. Geschichte und Praxis. Darmstadt

Frank, G.; Lange, B. (2010): Einführung in die Bildwissenschaft. Bilder in der visuellen Kultur. Darmstadt

Hirner, R. (Hg.) (1997): Vom Holzschnitt zum Internet. Die Kunst und die Geschichte der Bildmedien von 1450 bis heute. Ostfildern

Jahr, S. (2000): Emotionen und Emotionsstrukturen in Sachtexten. Ein interdisziplinärer Ansatz zur qualitativen und quantitativen Beschreibung der Emotionalität von Texten. Berlin

25 Vgl. „Netikette" als Versuch der sozialen Regulierung unangemessener Kommunikationspraktiken.

Kappas, A.; Müller, M. (2006): Bild und Emotion - ein neues Forschungsfeld: theoretische Ansätze aus Emotionspsychologie, Bildwissenschaft und visueller Kommunikation. In: Vierteljahreshefte für Kommunikationsforschung, Jg. 51, Nr. 1, 3-23

Kemp, M. (2003): Bilderwissen. Die Anschaulichkeit naturwissenschaftlicher Phänomene. Köln

Kress, G.; van Leeuwen, T. (2002): Reading Images: The Grammar of Visual Design. London/New York

Kunstverein Hannover (2013): Besucherinformation. Herbstausstellung 2013. Hannover

Mijksenaar, P.; Westendorp, P. (2000): Hier Öffnen. Die Kunst der Gebrauchsanweisung. Köln

Petersen, T.; Schwender, C. (Hg.) (2011): Die Entschlüsselung der Bilder. Methoden zur Erforschung visueller Kommunikation. Köln

Robin, H. (1992): Die wissenschaftliche Illustration. Von der Höhlenmalerie zur Computergrafik. Basel

Rothkegel, A. (2001): Stil und/oder Design. In: Jakobs, E.-M.; Rothkegel, A. (Hg.): Perspektiven auf Stil. Tübingen

Rothkegel, A. (2010): Technikkommunikation. Produkte - Texte - Bilder. Konstanz

Rothkegel, A. (2013): Wissen im Web: Themen und Gemeinschaften. In: Banse, G.; Hauser, R.; Machleidt, P.; Parodi, O. (Hg.): Von der Informations- zur Wissensgesellschaft. e-Society, e-Partizipation, e-Identität. Berlin, 63-81

Sachs-Hombach, K. (2003): Das Bild als kommunikatives Medium. Elemente einer allgemeinen Bildwissenschaft. Köln

Sachs-Hombach, K. (Hg.) (2005): Bildwissenschaft. Disziplinen, Themen, Methoden. Frankfurt am Main

Sandig, Barbara (2006): Textstilistik des Deutschen. 2. Aufl. Berlin

Schmidt, S.J; Zurstiege, G. (2007): Kommunikationswissenschaft: Systematik und Ziele. Hamburg

Schmitt, V. (2012): Software documentation: The role of computers as a means, tool and medium. In: Rothkegel, A.; Ruda, S. (eds.): Communication on and via Technology. Berlin, 177-201

Schmitz, U.; Wenzel, H. (Hg.) (2003): Wissen und neue Medien. Bilder und Zeichen von 800 bis 2000. Berlin

Schmitz, U. (2007): Bildakte? How to do things with pictures. In: Zeitschrift für germanistisches Linguistik, Heft 35, 286-300

Schmitz, U. (2011): Blickfang und Mitteilung. Zur Arbeitsteilung von Design und Grammatik in der Werbekommunikation. In: Zeitschrift für Angewandte Linguistik, Heft 54, 79-109

Schwarz-Friesel, M. (2007): Sprache und Emotion. 2. Aufl. Tübingen

Searle, J.R. (1971): Sprechakte. Ein sprachphilosophischer Essay. Frankfurt am Main (orig. 1969 Cambridge)

Stöckl, H. (2004): Die Sprache im Bild - Das Bild in der Sprache. Zur Verknüpfung von Sprache und Bild im massenmedialen Text. Berlin

Storrer, A.; Wyss, E.L. (2003): Pfeilzeichen: Formen und Funktionen in alten und neuen Medien. In: Schmitz, U.; Wenzel, H. (Hg.): Wissen und neue Medien. Bilder und Zeichen von 800 bis 2000. Berlin, 159–195

Tonfoni, G.; Rothkegel, A. (2007): Visualisierung von Textprozessen. Wiesbaden

To Decline an Audience

Magdalena Wołek

Pieces of art were traditionally considered as independent of whatever interpretations of them may have occurred subsequently. Moreover, artefacts were „created", „composed", „made", „produced" or „formed" according to their structure. Roughly speaking, the main assumption in past esthetics was that a piece of art has an original core, an initial meaning or a specific set of qualities which to recapture was the viewer's task. Independently from how its structure could be described and regardless of the large amount of esthetic classifications during the centuries, there is for sure one thing that the majority of theories or presumptions about arts have in common. It is called arrangement, composition or structure, substantial form, harmony of elements, etc. I will specify all this with the word „core". The core is considered to be something that exists in the piece of art or that constitutes it. According to traditional theories everything related with its message or ontological property is part of the core, for example esthetic quality, story, narration, light or shadow, group, movement, gothic, sentimental, metonymy, beautifulness, loftiness, dramatic and so on. In one word: every category that can be used to name any property of the artwork. A growing number of theories began stating that „...an art work expresses, embodies, or communicates aesthetic qualities [...], at least implicitly, that the work somehow 'has', 'possesses', or 'contains' the qualities; and when we evaluate or judge the work aesthetically, that is, when we attribute to it terms like 'good', 'sad', 'elegant', or 'graceful' we mean that these and similar epithets refer to the art work, that the work has, in the sense 'possess' or 'own', these qualities." (Mitias 1988, 28)

Opposite to this way of thinking (which has been prevailing since the eighteenth century) there is the interesting and prolific view of the art piece as something that cannot exist without the viewer's interpretation. With Kant's „third Critique" and later Nietzsche's proposal to consider something as a piece of art without describing its structure, the foundation for a new „movement" in art theory was laid. In this paper I do not to refuse this basic assumption, but rather show that the core and its possible parts, elements or qualities can be taken into account as a way of perceiving art.

It was Nietzsche (2010, 15ff.) who interpreted as art of reading art and world and who initiated the movement of doubt. First of all this meant doubt about the original truth, or about the message coded not only in art but in language in general. He famously proclamed that „truths are only illusions we have forgotten that are illusions“, that „truth is a kind of error without which a certain kind of being could not live“ and that there are „no facts but only interpretations“.

Nietzsche's conception of interpretation was certainly quite straightforward. The interpretation of art is art. So even though there is something that the piece of art „says“, the interpretation cannot recall it because the interpretation should say it and we have got to interpret what was said in the interpretation. Even if we assume that the „meaning“ or „message“ could be read and presented by the interpreters, something is still left to their interpretation. The meaning of interpretation should then be discovered or recaptured by an interpretation through re-reading. It is thus difficult to talk about a first and a last interpretation or about origins and ends.

In New Media and contemporary art it does not make sense to speak of ontological structure or original interpretation. The structure is almost always digital and reproduced. Although it is obvious that many traditional strategies[1] reappear in New Media art – including photomontage, collage, readymades, political action and performance – the analysis of their ontological fundament is negligible. It is sufficient to treat collage or photomontage as interpretational categories independently from how the techniques are really made. Technologies in New Media such as file-sharing networks granted artists easy access to images, sounds, texts or other data. This hyperabundance of sources and material, combined with the ubiquitous „copy and paste“ features of computer software, further eroded the idea that creating something from scratch is better than borrowing it.

A deemed composition or a part of it like form, arrangement, structure, meaning – just what makes the substantial core of it – can also serve as a model of its perception. If we take into account such important concepts as color in painting, musical frequencies, grammar and stylistic devices in poetry, etc., we see that they are all primarily connected to the core of the composition. Nevertheless, we use them as general categories of interpretation and understanding. Any structural element of a piece of art can thus as well be seen as a means of perceiving it.

The opposition between core-describing theories and those that define an art piece as the result of an interpretation is apparent. It is not relevant if any element of art is considered possessed by it or not; these elements always serve as a way of understanding, perceiving and describing the piece of art. Various theories try to combine those two general assumptions about art, like for example the one proposed by Michał Ostrowicki. He distinguished the rudimental „physical“ structure of the artwork from its actual structure, the latter being an interpretation.

1 Especially avant-garde strategies deriving from Futurism and Dadaism.

By rudimental structure he understands elements and their relations that represent the physical construction of the piece of art. According to Ostrowicki, its physical structure is subject of the dynamic process of experiencing artwork. This experience changes the rudimental, physical structure into the actual structure „which can be the subject of cognition and is describable.“ (Ostrowicki 1997, 48) Moreover, Ostrowicki claims that the actual structure is not only itself a model of an artwork, but that it represents its rudimental structure and allows to describe it. Ostrowicki's distinction reappears in the noumenon-phenomenon dialectic, where the rudimental structure organizes a piece of art in itself and is unrecognizable. It can appear only in the actual structure of the experience, as the appearance or experience of the piece of art represents or builds a model of its rudimental structure. Its core comes into being by marking off its elements or its functions, which determine the composition and arrangement of its parts. One could write a Greek tragedy in the style of Aeschylus, an ornate novel like Tolstoy or a colorful opera à la Verdi, just as one could compose a piece like Cage's *4'33''* or pattern Duchamp's readymade. Suppose these works came close to their masters' accomplishment in artistic and structural respect, they would still not be a Greek tragedy, a classic novel or a romantic opera. Why? Because the actual structure of experiencing it would probably not enclose elements like „classic“ or „well-known“. Knowing or being able to recognize the structure of ancient tragedy, nineteenth-century novel or opera entails knowing the masterpieces of these genres.

Elements of rudimental structure can be seen only in interpretation, and only in certain perceptional ways. Ancient tragedy and its six essential elements described by Aristotle belong for instance to rudimental structure and form the „eidos“ of tragedy. Elements of eidos also serve as a basis of interpretation. The most popular way of reading prose and watching plays or movies is to follow the plot in order to know what has happened. „But most important of all“ Aristotle notices in his *Poetics*, „is the structure of the incidents. For tragedy is an imitation, not of men, but of an action and of life, and life consists in action, and its end is a mode of action, not a quality“ (Aristotle 1997, 11–12). The plot (mythos) does not only enclose story, but reflects how we order the events one after another. Further examples are character and thought: „[...] thought and character – are the two natural causes from which actions spring, and on actions again all success or failure depends. Hence, the Plot is the imitation of the action: – for by plot I here mean the arrangement of the incidents. By Character I mean that in virtue of which we ascribe certain qualities to the agents. Thought is required wherever a statement is proved, or, it may be, a general truth enunciated.“ (Aristotle 1997, 11). These elements are not only structural necessities of genre, but first of all the criteria of pattern interpretation.

In describing the genre of tragedy Aristotle recapitulates the development of drama from Dionysian ceremonial songs to Attic tragedy with its chorus, theater buildings and declamations. While elucidating the origins of drama, the philosopher illustrates the change of ceremony – from the parade of dancers to performances in a theater building that was divided into a space for spectators and a space for actors. Core changes of tragedy not only involve changes in its perceptional model, but also changes in position and status of the viewer. In other words, the scope of viewer's participation in the parade or in the show determines the structure of tragedy. I.e., in the beginning the viewer was at the utmost a dancer or an actor. At the peak of Athenian tragedy the viewer had become a consumer of the show and in some plays the audience was treated as a mass meeting of polis citizens, e.g. through incorporating Thebans listening to Creon's speech in *Antigone*.The difference between the perception of arts and what could be called „everyday perception" is the role of the observer. In everyday life, the task of the observer is well-defined by the action that the perception supports. As we watch the passing traffic before crossing the road, our perception is directed towards the extraction of useful information such as recognizing a car and estimating its speed. It is more difficult to identify an appropriate task in the perception of arts, or indeed to agree that there is one. The fact is, that while everyday perception uses prior knowledge, art uses conventions. A convention is a set of assumptions inscribed in a tradition, institution and in a piece of art that the viewer needs to recapture or to fulfill in order to „understand" the art.

We can reflect not only upon the different elements of rudimental structures as parts of conventions, but also upon genres, periods and styles. All of these categories both describe the rudimental structure and prescribe a certain manner of reading art and position of the viewer. Polish structuralists even claimed that the „profile" of the potential receiver is always inscribed in the communiqué (Sławiński 2000, 65). This profile is defined by the list of conventions that the receiver should use in order to decode the information. Thus, the audience is yet „inside" the artwork, because every piece of art encloses the ideal profile of the receiver (his/her language, knowledge, education level, heritage, etc.). The virtual viewer of Sophocles' Antigone was a man, a citizen of the polis, well-educated in Theban myths, acquainted with religious traditions and probably familiarized with tyranny. The way he understood tragedy certainly differed from that of a Parisian teenager in the twenty-first century; however, this does not make the ancient way of experiencing tragedy – assuming it was reconstructable – the better one. The convention of reading a piece of art naturally depends on historical conditions and on the circumstances of its consumption.

In the seventeenth century Vermeer's *Astronomer* decorated the room of his protector Pieter van Ruiven; in the twenty-first century it is part of the collection of the Institute of

Arts in Frankfurt. The social context as well as its perceptional structure has changed insofar, as we would not say that Vermeer's *Astronomer* „decorates" the Institute in Frankfurt.

In the era of New Media the consumption of art is mostly mediated by the internet (Sułkowska 2009). Since presumably more people attend concerts on YouTube than in philharmonic halls, we can say that New Media have become a salient part of convention, regardless of what kind of art we are talking about. The perennial debate about the relationship between art, new digital technologies and mainstream art has been moving artists, curators and theorists for almost two decades. In the sense of actual structure the model of participation in art has changed, as its basic property in the era of New Media is to decline the viewer's presence.

Obviously, the basic treatment of art is to use its own category. Perceiving something as art is using the most general conventions to decode the given thing. Depending on how the virtual viewer understands the category of art, the actual structure of the experienced artwork can change. If at his or her discretion the work of art is an old canvas in a museum, the convention used is partly institutional. In contrast, a different convention is used when seeing the artwork as something with a harmonic structure based on the elements' relation to each other or on the similarity of repetitive patterns grouped together. These two rough exemplary conventions - institutional and harmonic - show that experience and the actual structure of the artwork „discover" its rudimental structure or at least some of its qualities (canvas, old, in museum, harmonic relations, etc.). Hence, the piece of art is not only seen through (completely free) convention, but convention as well prescribes its rudimental structure.

Questioning the essence of art does not make sense if conventions let us only read, use or take pleasure in art. Art is a convention, the way in which the audience recognizes something as an object that prescribes a place of the viewer. „If attempts to answer the question 'What is art?' characteristically end in frustration and confusion, perhaps - as so often in philosophy - the question is the wrong one." (Goodman 1977, 57) In order to solve this problem Goodman suggests to apply some results of the study of symbol theory. However, before being able to take into account phenomena of symbolization we somehow find ourselves in the eye of the cyclone because of the symbolic category which paves the way for well-known conventions of understanding art for re-presenting. The dilemma here seems to be a different one. We can on the one hand accept an art-related doctrine as a leading convention. On the other hand every (art) category can be understood as a convention that introduces objects as artifacts in certain interpretations.

Conventions can be analyzed for various factors and interests. Pierre Bordieu for example combines convention with the phenomenon of taste. He describes convention as the taste of class. „Thus, of all of the objects offered for consumers' choice there are none more classifying than legitimate works of art, which, while distinctive in general, enable the production of distinctions ad infinitum by playing on divisions and sub-divisions into genres, periods, styles, authors etc. Within the universe of particular tastes which can be recreated by successive divisions, it is thus possible, still keeping to the major oppositions, to distinguish three zones of taste which roughly correspond to educational levels and social classes." (Bourdieu 2013, 16) Divisions into genres create distinctions of taste. The zones of taste represent models of perceiving art and conventions that enable members of the class to distinguish between good art and pleasurable art. Hence, the convention or actual structure here is the outcome of cultural and social capital.

Even if art is mainly in the eye of the beholder, is there possibly some sort of universal rule or „deep structure", underlying all artistic experience? Although the details may vary from culture to culture and from class to class, influenced by individual upbringing, the corollary is not a genetically specified mechanism – a common denominator on which all types of art are based. The point is that each theory or opinion about art has performative character.

Independently from all possible categories that are capable of creating conventions and of prescribing the position of the viewer towards the object, there is the theory of pure experience of art. Hans-Georg Gadamer notices: „Aesthetic experience is directed towards what is supposed to be the work proper. What it ignores are the extra aesthetic elements that cling to it, such as purpose, function, the significance of its content. These elements may be significant enough inasmuch as they situate the work in its world and thus determine the whole meaningfulness that it originally possessed. But as art work. It practically defines aesthetic consciousness to say that it differentiates what is aesthetically intended from everything that is outside the aesthetic sphere." (Gadamer 2004, 78)

The pure esthetic experience according to Gadamer remains historical: „For inasmuch as aesthetic consciousness makes everything it values simultaneous, it constitutes itself as historical at the same time." (Gadamer 2004, 78) That is why he describes the phenomenon of esthetic leveling in contrast to esthetic differentiation through which „the work loses its place and the world to which it belongs." (Gadamer 2004, 79) While considering pure esthetic experience as a boundary convention, it seems clear that as actual structure it recalls the rudimental one. The esthetic sphere is governed by convention, and rudimental structure that is „discovered" while experiencing a piece of art can be taken as a pure form or pure composition.

The conception of rudimental and actual structure finds a variety of parallels in esthetics. There is a large number of distinctions like external and internal, formal and material, etc., which at first sight seems to respond to many different phenomena, although all oppositions enclose the same dialectical schema. The first group represents the core, ontological properties or the rudimental structure that an artwork „possesses" or „encloses" in itself. The second group represents the interpretation in a wider sense. Important about interpretation is that on the one hand it discovers the rudimental structure, and on the other one the element of rudimental structure can always serve as a thread for understanding. Moreover, every convention, every category creating actual structure refers to many others. Stephen Murray states: „But as the interlocutor describes the work of art he or she will invoke not only what members of the audience can see but also what they cannot see. Thus, the affirmation 'This is a Gothic cathedral' makes sense only when we relate the work of architecture before our eyes to a thousand other such buildings. In the controlled space of the classroom, the teacher contrives juxtaposed images to tell a story. It is the same with a picture: the forms and events depicted, and even the manner of depiction, take on levels of meaning when related to what is 'out there', beyond the frame of the picture." (Murray 2008, 59)

Most esthetic theories have in common that they focus on structure and content of the artwork, as they consider how the work was made and what it entrains, albeit what makes it „ancient" or „classic" does not involve formal features. That is why I would like to see art through the prism of historical models of its perception. For a long time modernist art has entailed two contradicting tendencies: increasing disregard of the audience (especially of its experiences and expectations) on the one hand, and a growing number of communication channels that can be used by artists on the other hand. To decline an audience means to increase the number of conventions by increasing the number of possibilities of experiencing art. In this situation – especially while talking about art in the internet – the audience, which is originally a group that (partly) shares the same convention, seems to be transformed into diffused individuals using any convention. There is no audience any more. There is only the declination of conventions and ways of experiencing art.

Literature

Aristotle (1997): Poetics. Transl. by S. H. Butcher. New York
Bourdieu, P. (1984): Distinction: A Social Critique of the Judgement of Taste. Abingdon
Gadamer, H.-G. (2004): Truth and Method. London/New York
Mitias, M. (1988): Aesthetic Quality and Aesthetic Experience. Amsterdam
Murray, S. (2008): Art History and a New Media Representation and the Production of Humanistic Knowledge. URL: http://www.clir.org/pubs/resources/promoting-digital-scholarship-ii-clir-neh/index.html/murray11_11.pdf [December 2013]
Nietzsche, F. (2010): On Truth and Untruth. New York

Ostrowicki, M. (1997): Dzieło sztuki jako system [Work Art as System]. Kraków
Sławiński, J. (2000): Teksty i teksty [Texts and Texts]. Kraków
Sułkowska, M. (2009): Net.art - Some Philosophical Remarks. In: Banse, G; Wieser, M.; Winter, R. (Hg.): Neue Medien und kulturelle Vielfalt. Berlin, 223-228

Selbstdarstellung, Selbstbehauptung, Selbstkommunikation?

Persönliche Bildzeichen in Social Network Sites als Mittel der visuellen Selbst-Mediatisierung im Internet

Julius Erdmann

1 Virtuell-visuelle Mediatisierung der Persönlichkeit als Herausforderung des Selbstdarstellungsbegriffes

Der Anruf bei einem zukünftigen Arbeitgeber, um sich auf eine Stelle zu bewerben oder der Anruf bei einem geliebten Menschen, um ein romantisches Essen zu vereinbaren – stets ist das Medium Telefon auch Raum für die möglichst gelungene und angemessene Selbstdarstellung. Es ist Schauplatz einer funktionalen und möglichst passgenauen Modellierung und Präsentation des Selbst. Zu dieser Möglichkeit des Zugriffes auf die Mediatisierung des Selbst treten weitere medien- und übermittlungstechnische Aspekte (Qualität der Verbindung, Art der Vorwahl als Ortsangabe). Es liegt am Wesen der Medien, dass Aspekte der Identität des Nutzers hier immer eine Rolle spielen und oftmals Gegenstand einer Inszenierung werden[1].

Medien sind Orte der Selbstinszenierung und der Selbstmarkierung durch Technik- und Zeichengebrauch sowie durch soziale Interaktion. So wird auch über Bildzeichen im Internet das Selbst eines Nutzers verbreitet, konstruiert, geprägt und als verbindlich akzeptiert. Es ist hierbei die Sichtbarkeit der individuellen Selbste im globalen Raum des Internets, welche eine Neuerung darstellt. Diese Zeichen sind heutzutage nicht mehr nur Bestandteile institutioneller, politischer, wirtschaftlicher oder wissenschaftlicher Diskurse, sondern werden ebenso von individuellen Nutzern erstellt und verbreitet.

1 Auch bei Massenmedien spielt die Darstellung des Selbst eine Rolle, solange der Autor als solcher identifiziert wird, beispielhaft hierfür ist der Stil eines bestimmten Feuilletonautoren einer Tageszeitung.

Im Folgenden werden solche visuellen Darstellungen des Selbst in Bezug auf ihre Funktionsprinzipien und -niveaus untersucht, um die Mediatisierung des Selbst auch jenseits eines rein semiotischen Handelns zu fassen. Beachtet man, dass die Veröffentlichung von Bildern in Social Network Sites wie Facebook von technischen Voraussetzungen der Selektion (hinsichtlich der Größe, Auflösung und des Dateityps beispielsweise), der Kontextualisierung (durch textuelle Annotation über Titel und Untertitel sowie durch die Zuordnung zu einem Album) und der Kollektivisierung (durch Verlinken von anderen Personen auf dem Bild und durch Kommentare oder ‚Likes' anderer Nutzer) begleitet werden, so stellt sich die Frage, ob es sich hierbei lediglich um eine einfache Darstellung des Selbst oder vielmehr um eine erweiterte Form der technisch-kollektiven Mediatisierung des Selbst handelt.

2 Über die Mediatisierung von Identität

Aus Sicht des soziokulturellen Konstruktivismus von Siegfried J. Schmidt ist der Begriff der Identität eng verbunden mit dem individuellen Bewusstsein und daran anschließend mit dem Selbstbewusstsein, als eine grundlegende Unterscheidung zwischen Ich und Welt bzw. zwischen dem Ich und dem Anderen. Demnach ist Identität ein prozessuales Konstrukt und keine ontologisch gegebene Essenz (Schmidt 2003, 2f.). Als Konstrukt muss Identität von Anderen anerkannt werden und deshalb kohärent sein mit deren Zuschreibungen. Identität wird folglich nicht nur stets her- sondern auch dargestellt. Die Identitätskonstruktion „als funktionierendes ‚Differenzmanagement'" (Schmidt 2003, 5) ist eng verbunden mit den Erzählungen des Selbst.

Die subjektiven Geschichten (als Sinnzusammenhang von Handlungen eines Selbst) und Diskurse (als Sinnzusammenhang von Kommunikationen des Selbst) dienen der Verbindung zwischen Identitätsherstellung und Identitätsverhandlung mit dem Kollektiv (Schmidt 2003, 7ff.). Die subjektive Identität und ihre Geschichten/Diskurse speisen sich aus der kulturellen Identität einer Gruppe und fügen sich in diese wiederum ein. In dieser Hinsicht wird die Rolle von Medien für die Identitätskonstruktion deutlich: Sie bieten einerseits den Rahmen als Vermittler der Geschichten und Diskurse zwischen Individuum und den Anderen, andererseits sind sie Ressourcen und Archive des kollektiven Gedächtnisses. Sie stellen den Zeichenvorrat zur Verfügung, der für die Konstruktion von Identität benötigt wird (Schmidt 2003, 14ff.).

Folgt man Schmidt, so erscheint die Mediatisierung des Selbst im Internet über veröffentlichte Bildzeichen in einem neuen Licht: Die in sozialen Netzwerken wie Facebook verbreiteten Bilder dienen demnach der Konstruktion und Verhandlung von Identität. Das Internet steht auf einer Ebene mit Telefon und Brief, indem es einerseits Medium für

Diskurse über Identitäten ist und andererseits eine Ressource für Bildzeichen und Modelle der Identitätskonstruktion über Bilder bietet.

Eine Betrachtung der Forschungen von Astheimer et al. (2011) bestätigt diese Sichtweise: In einer breit angelegten Studie stellten sie mehrere Funktionen von Porträtfotografien als Zeichen in Social Networks heraus: So dienen die Fotografien der Nutzer nicht nur als ästhetisches Objekt zur Ausschmückung ihres Profils, sondern sie sind darüber hinaus Körpersubstitute im entkörperlichten Internet. In dieser Funktion werden sie Träger von Macht, Werten, Schönheit und anderer Signifikanten, welche auf das Selbst bezogen werden, und dienen außerdem der Selbstdokumentation des Individuums als Spiegel seines Selbst. In enger Wechselwirkung zwischen Individuum und Gemeinschaft sind die Internetbilder also einerseits Zeichen für Interaktion, andererseits auch Elemente der Selbstreflektion.

Sowohl Schmidt als auch Astheimer et al. betrachten Bilder als Zeichen, die über Kommunikation mit Sinn versehen werden und dadurch auf die stete Konstitution eines kohärenten Ich einwirken. Bilder im Internet sind jedoch auch Produkte eines konkreten Handelns im Internet, wodurch sich auch unabhängig von der bildlichen Zeichenebene 1. Ordnung Interaktionen ergeben, die pragmatische Auswirkungen auf die Bildung eines Selbst haben.

3 Bild – Medium – Identität

So sind nach Hans Belting (2005) Bild und Medium einerseits eine bedeutungsformende Einheit, andererseits aber auch als trennbare Facetten einer Medaille zu reflektieren. Belting betont, dass sich die Medialität der Bilder erstreckt auf deren medial-körperliche Vermitteltheit und darüber hinaus auf die technologischen, körperlichen und symbolischen Bedingungen dieser Mediatisierung. Belting leitet daraus ab, dass Bilder grundsätzlich auch jenseits ihrer technologisch-symbolischen Vermitteltheit zu besprechen sind, in der Trias zwischen Bild - Medium - Körper (Belting 2005, 305ff.).

Die digitale Technologie der Bilderstellung dient heutzutage nicht nur der Bildrezeption durch den Körper, sondern auch seiner eigenen Reflektion. In dieser Hinsicht überschreiten digitale Bilder die Grenze zwischen Visualität und Virtualität, sie werden gesehen und zugleich projiziert (Belting 2005, 309). Technologisch-digitale Bilder dienen demnach der „Mimesis unserer eigenen Imagination" (Belting 2005).

Selbst wenn die Bilder diese Grenze verschwimmen lassen, so ist doch besonders hinsichtlich der technisch-medialen Vermitteltheit des Selbst im Internet eine bemerkenswerte Dopplung der Identitätsfolie erkennbar. Die Identität des Subjekts, welche auf der Aushandlung zwischen Selbst- und Fremdbild über symbolische Interaktion im faktischen

Offline-Raum basiert, wird im digitalen Bild innerhalb des virtuellen Internets noch einmal gespiegelt. Der Vorschlag Beltings, die Frage des mentalen Bildes in den Vordergrund zu rücken, erscheint im Falle der Identität nicht ausreichend. Diese erfordert auch die Analyse der Verschränkung zwischen virtuellem Raum des Internets und faktisch physischem Raum. Über seine digitalen Bilder geht der Internetnutzer ein in eine virtuelle Identität, welche einerseits eng verbunden ist mit der materiellen Identität aus dem Lebensraum, andererseits durch die Als-Ob-Relation der Virtualität in eine unverbindliche, symbolisch-ikonische Form von Identität überführt.

Des Weiteren – und dies wurde bei den technischen Bedingungen zur Veröffentlichung von Bildzeichen zuvor bereits gezeigt – müssen insbesondere hinsichtlich der Entstehung und Verbreitung digitaler Bilder die technologischen Bedingungen dieser Prozesse berücksichtigt werden, da sie im Internet des ‚User generated Contents' einen integralen Bestandteil der bildlichen Medialität ausmachen: Konventionen und Grenzen alltäglicher Mediennutzung prägen die Art und Weise der Veröffentlichung von Bildzeichen. Diese technologischen Strukturen schreiben sich gleichsam als Entstehungsbedingung, Inhaltsvorgabe und ästhetische Rahmung des Bildes in dasselbe ein und wirken sich damit auf die Mediatisierung des Selbst in visuellen Zeichen aus.

In der virtuellen Räumlichkeit des Internets, welches nicht nur semantisches Medium der Kommunikation ist, sondern auch technisches Mittel zur Übertragung von Dateneinheiten und ein soziokultureller Möglichkeitsraum oder virtuelles Milieu (Petsche 2009), wird die Mediatisierung des Selbst realisiert über drei einander bedingende Ebenen:

- Subjektive Sinnangebote über medial-technisches Handeln;
- kollektive Verständigungen und Sinnbildungsprozesse;
- die Relation zwischen der Identität der natürlichen Person und der Virtualität des digitalen Selbst.

Dementsprechend sind folgende Elemente des Bildzeichens bei einer Betrachtung der Selbstmediatisierung einzubeziehen:

- Der semantische Zeicheninhalt des Bildes, welcher Rückschlüsse auf die gewünschte Darstellung des Selbst im Sinne einer Repräsentation hat.
- Die Herausbildung und Entwicklung des Selbst über Manipulation, Verbreitung, Wiederaufgriff und Veränderung des technisch-ästhetischen Objekts (Bild) und durch Zugehörigkeit sowie Austausch mit einer Netzgemeinschaft über dieses Bildzeichen. Dies zielt auf die technische Seite der Bildzeichennutzung im Internet ab.
- Die räumliche Identitätskonstruktion in transmedialer Hinsicht (zwischen Internet und anderen Medien) sowie hinsichtlich der Interaktion zwischen der Virtualität des Internets und materiell-natürlichen Offline-Räumen.

In anderen Worten: Ein verkürzter Identitätsbegriff, welcher nur auf die visuelle, inhaltliche Ebene von Zeichen verweist, reicht nicht aus um die komplexen Ebenen der Mediatisierung des Selbst zu fassen, da er zu sehr auf eine Inszenierung und Darstellung zielt. Es sind jedoch insbesondere die Bereiche des Technikhandelns bzw. der Interaktion zwischen Online- und Offline-Raum, welche sich dem Darstellungskonzept entziehen. So können digitale Bilder im Internet als ein „System menschlich-technischer Performanzen" (Goriuneva 2013, 72) gefasst werden. Es gilt daher, ein weiteres Konzept des Selbst zu entwerfen, welches die Ebenen der Virtualität des Internets als Milieu und der technologischen Vermitteltheit digitaler Bilder besser zu erfassen erlaubt.

4 Gilbert Simondon – Psychosoziale und technische Individuation

Einen dehnbareren Begriff stellt Gilbert Simondon mit seiner Theorie der Individuation auf. Für Simondon ist das Schlüsselproblem nicht mehr die Frage nach dem Individuum, an die sich auch der Identitätsdiskurs anschließen lässt, sondern die Frage nach dem Prozess der Werdung des Individuums, also seiner Individuation ausgehend von einer präindividuellen Realität. Das lebende Individuum ist demnach einerseits Resultat der Individuation, aber andererseits steter „Schauplatz" und Agens erneuter Individuationen (Simondon 2013, 28, 65). Die Individuation verläuft nach dem Prinzip der Transduktion, wodurch sich das Sein, ausgehend von einem Zentrum, innerhalb eines Milieus ausbreitet und dieses strukturiert. Sie ist demnach keine Herstellung einer Einheit, sondern die Individuation stellt ein metastabiles Gleichgewicht her, welches zu Abweichungen und Spannungen innerhalb des Seins zwischen seinen präindividuellen Elementen (dem Zentrum) und den neu individuierten Bereichen führt (Simondon 2013, 33f.).

Simondon zielt mit dem Konzept der Individuation auf eine integrale Theorie der Seinswerdung. So ist die Individuation nicht an das menschliche Subjekt gebunden, sondern ist als funktioneller räumlich-temporärer Prozess auf natürliche und künstliche Objekte, auf Kollektive und Gruppen sowie auf Ideen und die Psyche übertragbar. Die Individuation eines Seins ist nicht ablösbar von seinem konkreten Milieu – während des Prozesses der Transduktion durchdringen sich beide gegenseitig, das Milieu wirkt als Bedingung und Raum auf den Individuationsprozess ein und während seiner Bildung prägt das Individuum dem Milieu und seinen Elementen eine Struktur auf (Simondon 2013, 209). Die Spannungen, die zwischen Präindividuellem und Milieu bestehen, lassen einen Fluss von Energie bzw. Information entstehen, welcher strukturierend und systembildend wirkt (Simondon 2013, 31).

Durch diesen Informationsfluss der Individuation gelingt es dem Subjekt, sich sinnhaft in einem Milieu zu verorten (Simondon 2013, 238). Auf den Menschen bezogen kann der Prozess der vitalen Individuation folglich nicht losgelöst von einer psychischen Individuation betrachtet werden. Die Bildung der Psyche schließt sich an die vitale Individuation des Subjekts an und versteht das Subjekt als Teil und Lösung der Spannung zwischen präindividuellem Selbst und Milieu. Indem das Milieu beim Menschen jedoch nicht nur Umwelt ist, sondern auch durch andere psychosoziale Individuen konstituiert wird, läuft die Individuation der präindividuellen Realität des Subjekts zugleich als eine kollektive Individuation ab (Simondon 2013, 29). Bezogen auf das menschliche Subjekt ist Individuation also ein heterogener Prozess: Der Werdungsprozess des Individuums erstreckt sich auf die vitale (biologische), psychische und kollektive Ebene. Die damit verbundenen Wechselwirkungen zwischen Psyche und Kollektiv ermöglichen erst das sinnhafte Verstehen der Welt. Es ist der gemeinsame „Glauben" (Simondon 2013, 291), also das transindividuell gebildete und kollektiv zur Verfügung gestellte Set an Bedeutungen, welcher eine Verbindung schafft zwischen Subjekt und Welt.

Ein weiterer möglicher Zugang zur Welt jenseits der Gemeinschaft bietet sich laut Simondon nur über das technische Handeln des Menschen (Simondon 2013, 340). Technikhandeln ist ein „Element der Kultur" (Simondon 2013, 342) des Menschen. Die Technik verfügt einerseits über eine Quasi-Autonomie, sie kann sich nicht selbst schaffen, wird aber von Menschen gemäß einem inneren Zwang zur zunehmenden Konkretisierung herausgebildet. Andererseits benötigt der Mensch das technische Objekt als Verbindung zur Welt, die ihm eine Einbettung in raum-zeitliche Kontexte und eine Selbstreflektion als Bestandteil dieser Kontexte ermöglicht (Simondon 2013, 60, 349).

Simondons Theorie der Individuation ist insofern passend, als hier das Konzept der Identität als Prinzip einer subjektbezogenen Stabilität gänzlich verworfen wird. Das Wesen des psycho-sozialen Subjekts liegt in seiner Kapazität der andauernden Individuation und dadurch der steten Transformation. Daraus lassen sich zwei Schlussfolgerungen ziehen: Zunächst kann eine stabile Identität des Subjekts nur anhand eines momentanen Zustands der Einbettung in ein Kollektiv oder anhand der Fixierung in einem technischen Objekt festgestellt werden. In diesem Sinne kann Identität nicht auf Ebene des Individuums, sondern nur auf Ebene des Systems in seiner möglichen Permanenz betrachtet werden (Simondon 2013, 65f.). Was des Weiteren als stabiler Zustand des Subjekts betrachtet wird, z.B. seine Persönlichkeit, ist nur eine relative Stabilität. Sobald innerhalb des Milieus eine Veränderung eintritt, neue Energieflüsse und Individuationsprozesse losgestoßen werden, sobald die relative Stabilität des Individuums den neuen Individuationsprozessen nicht mehr standhalten kann, ändert sich die Persönlichkeit des Subjekts (Simondon 2013, 262).

Im Folgenden soll anhand mehrerer Beispiele einer visuellen Individuation des Selbst nachvollzogen werden, inwiefern die Individuationstheorie Simondons es insbesondere erlaubt, die bisher herausgearbeitete Virtualitäts- und Technikproblematik zu fassen.

5 Avatarbasierte Comics als subjektive Selbsterzählungen

Die seit 2007 existierende und im Oktober 2013 als Facebook-App gestartete Anwendung Bitstrips wird zunehmend genutzt[2], um einfache Comics über Erlebnisse, Stimmungen und Situationen aus dem Alltagsleben der Nutzer zu erstellen. Die Produktion solcher Cartoon-Bilder verläuft über die grafische Oberfläche der in Facebook eingebetteten Anwendung, wobei diese in erster Linie ein relativ umfassendes Arsenal an verschiedenen Elementen zur Erstellung eines eigenen Avatars bietet. Als Rahmen wird von der Anwendung vorgegeben, dass der Nutzer selbst und seine Freunde Protagonisten des Cartoons sein sollen („starring you and your friends"). Ziel der Kreierung des Avatars ist folglich, ein möglichst ähnliches Abbild von sich selbst zu schaffen, sprich das materielle Selbst zu ikonisieren. Es entsteht demnach während der Individuation des technisch induzierten, ästhetischen Ikons ein Abgleich zwischen dem faktischen Aussehen des Selbst und dem gewünschten virtuellen Selbst als Abbild.[3] Mit der Erstellung des virtuellen Avatars erfolgt auch die Individuation eines Elements des virtuellen Selbst, was in ständigem Abgleich zum faktisch körperlichen Selbst steht.

Der Avatar kann in einem zweiten Schritt in verschiedenen Kontexten auftreten und sich über Sprechblasen dazu äußern. Die Situation wird durch Bildunterschriften expliziert. Da Bitstrips bei diesen Geschichten den Akzent auf Situationen, Stimmungen und Ankündigungen setzt, ist es auch hier die Intension, lebensweltlich bedeutsame Erlebnisse wiederzugeben. Während die technischen Möglichkeiten zur Erstellung des Avatars relativ genau sind[4] und einen Schwerpunkt auf die Individuation eines ikonisch-virtuellen Selbst legen, sind die Settings für die Handlung der Geschichte technisch sehr genormt (Abb. 1

2 So fällt neben einer Nutzung unter US-amerikanischen Mitgliedern von Facebook insbesondere das verstärkte Auftreten seit November 2013 im nordafrikanisch arabischen Raum auf. Unter europäischen Nutzern verbreiten sich die Bitstrips-Comics verstärkt seit ca. Beginn 2014.

3 Dies führt so weit, dass man, während man den Avatar erstellt, sicherlich oft in den Spiegel schaut, um das bestmögliche Äquivalent unter den gegebenen Kriterien auszusuchen.

4 Insbesondere die Vorgaben zur Konkretisierung der Gesichtszüge sind erstaunlich detailliert.

und 2) – Hintergrund und weitere im Cartoon vorhandene Objekte können nicht verändert werden, nur der Avatar lässt sich flexibel in den Kontext einfügen.

Die Anwendung suggeriert in erster Linie, eine ludisch-ikonische Selbstdarstellung als Selbsterzählung zu ermöglichen. Dennoch folgen die Darstellungen doch weitestgehend den technischen Normierungen von Bitstrips. Hierdurch entsteht auch auf Ebene der Selbsterzählung eine Interaktion zwischen virtuellem Selbst und real-materieller Lebenswelt: Die Widerständigkeit und Normierung des technischen Interface führt zum Zwang der Selbstreflektion, sprich zu einer Beschränkung auf lebensweltlich entscheidende und zugleich technisch abbildbare Elemente oder Gegebenheiten und damit zu einer Abwägung der Prioritäten. Diese Beschränkung der Individuation ästhetisch-ikonischer Objekte durch den Nutzer wird kaschiert durch eine ironische Distanz zwischen virtuellem und faktischem Selbst, welche wiederum zunächst Produkt der technischen Widerständigkeit der Anwendung ist. Zudem findet eine Distanzierung auch auf ästhetischer Ebene statt, da die individuierten Bilder eben nur Ikone sind und durch die cartooneske Darstellung ironisiert werden.

Abb. 1: Erstellung eines ikonisch-virtuellen Selbst in der Anwendung Bitstrips.

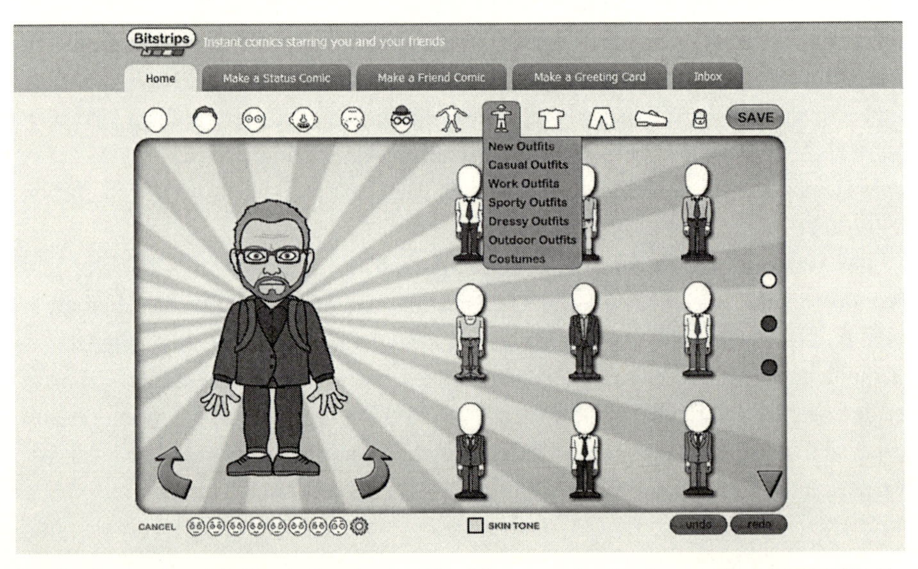

Quelle: Anwendung Bitstrips in Facebook, URL: https:www.facebook.com (Stand 15.02.2014).

Neben dem technischen Aspekt spielt die Gemeinschaft eine herausragende Rolle, indem explizit die Erstellung von Avataren für Freunde bzw. ein Zugriff auf deren bereits erstellte Avatare möglich ist. Das Kollektiv tritt hier ebenso in zweierlei Hinsicht auf: Einer-

Abb. 2: Technisch genormte Einbettung des Avatars in vorgegebene Erzählungen der Anwendung Bitstrips.

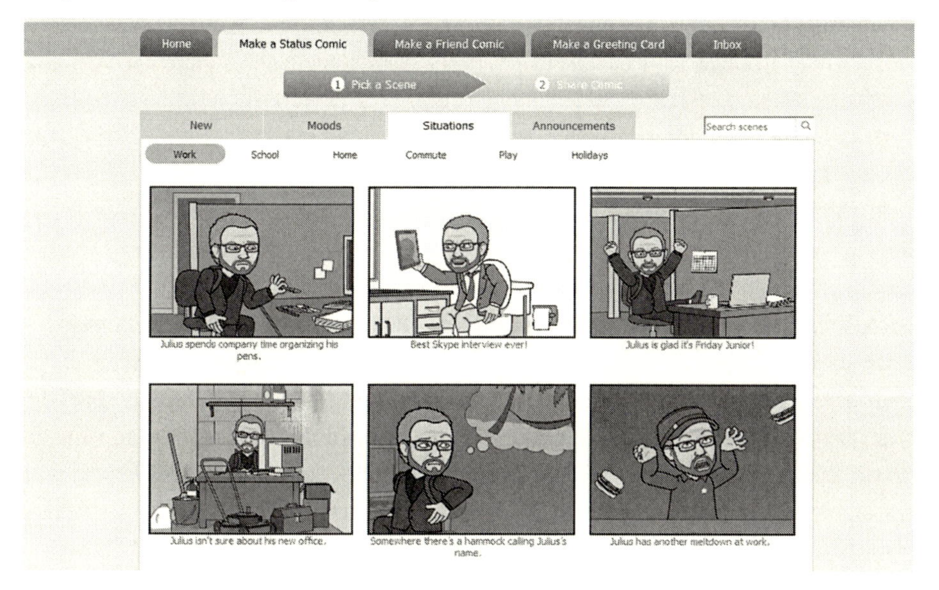

Quelle: Anwendung Bitstrips in Facebook, URL: https:www.facebook.com (Stand 15.02.2014).

seits werden Freunde, die ebenso eine faktisch-materielle Existenz als Individuum haben, über ihre virtuellen Avatare in Nacherzählungen von Offline-Geschichten eingebettet. Die Geschichten werden dadurch greifbarer und verifizierbarer. Zudem führen die Bitstrips-Cartoons zu einer erweiterten Visualisierung von virtuellen Freundschaftsnetzwerken als „In-Groups" im Sinne eines „erweiterten Sozialkörpers" des Individuums (Simondon 2013, 286). Eine solche Visualisierung dient insbesondere der gegenseitigen Versicherung einer Gruppenzugehörigkeit (selbst wenn diese Gruppe nicht als Ganzes erkennbar ist). In den Bitstrips-Erzählungen findet also über technische Vermittlung eine Verschränkung zwischen der virtuellen und faktischen Individuation von Individuen und Gruppen statt.

6 Memes und kollektiv-technische Sinnbildungsprozesse

Während die Comics der Bitstrip-App einen Schwerpunkt auf die Darstellung des Selbst in ironischer Anlehnung an sein materielles Milieu und in Verbindung zu seiner engeren

Kontaktgruppe legen, sind die Internet-Memes Produkte anonym-kollektiven Zeichen- und Technikhandelns. Bei den Memes handelt es sich um digitale Bilder, oftmals Grafiken, Fotos oder Pastiches aus grafischen und fotografischen Schichten, die sich, mit Text überlagert, im Internet nach dem Schneeballprinzip (‚viral‘) ausbreiten. In der weiteren Verbreitung durchlaufen die Memes zahlreiche Mutationen und Umschreibungen (Neuskalierung, Remix, Persiflagen und Parodien auf existierende Memes, Reenactments) (Goriuneva 2013, 71f.).

Ihre Inhalte entnehmen die Memes zumeist anderen Medienformaten – Screenshots aus Fernsehsendungen oder Youtube-Videos, Pressefotografien und Profilbildern von Social Network Sites. Diese werden grafisch verändert, reduziert, ausstaffiert und dann als Vorlage in anonymen Bildforen wie 4chan.org, in Bildarchiven wie imgur.com oder bereits in Meme-Datenbanken wie knowyourmemes.com bereit gehalten. Aufgrund dieser Einbettung in Foren erstreckt sich die Individuierung des Memes, sprich die Ausstattung mit Bildelementen und vor allem mit verschiedensten Texten, auf ein oftmals großes und anonymes Kollektiv. Deshalb betont Goriuneva, dass Memes in erster Linie das Kollektiv, das Transindividuelle an sich sedimentieren. Da sie darüber hinaus aber auch von Individuen angeeignet und transformiert werden, dienen Memes allgemein der „kollektiven und individuellen Selbstversicherung“ (Goriuneva 2013, 78) als Individuation des Subjekts und des Kollektivs.

Während Goriuneva insbesondere die Interaktion zwischen Gemeinschaft und Individuum bei der Erstellung von Memes betrachtet, so ist doch auch zu erfragen, welche Wirkung das Veröffentlichen von solchen Memes auf den individuellen Nutzerprofilen in Facebook und damit für die virtuell-faktische Identität des Individuums hat. Dadurch individuiert sich der Nutzer nicht nur in Hinsicht auf die technisch-kollektive Performanz innerhalb von Bildforen, sondern die Individuation, die mit den Bildzeichen zwischen Techniknutzung, Kollektiv und Individuum einhergeht, findet eine weitere Ebene des Rückbezugs auf das Individuum.

Die semantische Ebene der Bildzeichen spielt hier eine wichtige Rolle. Ihr Ausdrucksgehalt kann von Witzen, über Reflektionen der Alltagswelt und deren Herausforderungen, bis hin zu soziopolitisch kritischen Betrachtungen reichen.[5] Der Nutzer markiert sich durch die Veröffentlichung als Teil einer Kultur, welche in seiner lebensweltlichen, also real-physischen Existenz, eine Rolle spielt. So verweist das in Facebook sehr verbreitete Meme des ‚Sceptical Third World Child‘ beispielsweise auf gängige Fehlentwicklungen ‚westlicher‘ Kulturen, indem er beispielsweise das „Internship“ als Bezeichnung für eine kostenlose Arbeitskraft entlarvt (Abb. 3). Da die veröffentlichenden Facebook-Nutzer in den meisten Fällen selbst

5 Einen Überblick über die höchst heterogenen Semantiken kann man sich auf der Meme-Database knowyourmeme.com verschaffen.

Abb. 3: Meme „Sceptical Third World Child" und implizite Kritik an westlicher Kultur.

Quelle: „Skeptical Third World Child"-Meme, URL: http://www.quickmeme.com/meme/3s89e4 [15.02.2014].

Angehörige von Industriestaaten sind, wirkt es, als würde der Nutzer das Kind seine Kritik der westlichen Welt aussprechen lassen und sie durch die Anbindung an die Herkunft des Kindes in einen humoristischen Rahmen einfügen. Zugleich ironisiert der Nutzer seine kulturelle Identität, geprägt durch westliche Kulturen und der Zugehörigkeit zu einer spezifischen Gruppe innerhalb dieser („Internship"), ohne sie jedoch zu verändern.

Das technische Handeln, welches hier im Kopieren und Veröffentlichen von Bildzeichen auf dem individuellen SNS-Profil besteht, unterstützt diese Mischung aus ironischer Distanz und Affirmation der eigenen Identität: Einerseits markiert sich der Nutzer durch das technische Handeln als aktiver Teilnehmer der Internetkultur. Er bildet eine virtuelle Identität heraus, die zwischen ludischer Selbstdarstellung und humorvoller, nebensächlicher Kommunikation rangiert. Andererseits werden aus der Fülle der Memes nur solche ausgewählt, welche auch in der real-physischen Präsenz des Nutzers eine Bedeutung haben und für die sinnvolle Kommunikation mit den zumeist auch aus dem physischen Raum bekannten

Freunden geeignet sind. Durch Kommunikation des Memes als sinnhafte Einheit scheint das faktische Selbst des Individuums durch.

7 Digitale Fotografien als translokale Individuationsprozesse

Bei selbsterstellten digitalen Fotografien findet im Gegensatz zu den Bitstrip- und Meme-Bildern ein erster Prozess der Individuation des Bildzeichens und darüber hinaus der Selbstkommunikation des dargestellten Individuums bereits im physisch-materiellen Raum statt. In analogen Zeiten war die Fotografietechnik dadurch gekennzeichnet, dass sie durch einen chemisch-physikalischen Prozess ein Bild von einer materiellen Situation festhielt. Bei der digitalen Fototechnik wiederum wird die Aufnahme durch foto-optische Chips erledigt, die das Bild digitalisieren. Das Setting wird jedoch nicht geändert – es bezieht sich immer noch auf eine physisch-materiell gegebene Situation[6]. Diesem Umstand ist geschuldet, dass die Fotografie nach wie vor als Spur eines indexikalischen Zeichens wahrgenommen wird – sie verweist in kausaler Hinsicht auf ein materiell Gewesenes.

Dennoch ist die Individuation des fotografischen Bildes damit nicht abgeschlossen: Es kann des Weiteren über Computerprogramme manipuliert und hinsichtlich seines Inhalts verändert werden. Zudem ist der Veröffentlichungsprozess im Social Network als dritter Moment der Individuation zu sehen: Hier erfährt das Foto eine Einbettung in die semiotisch-kollektive Umgebung der Internet-Community, kann semantisch durch Texte erweitert und durch Verlinkungen in das Kollektiv eingebettet werden.

Bezieht man sich nun auf eine Fotografie, in der der Profilinhaber selbst gezeigt wird, so ergeben sich vielseitige Implikationen für die Kommunikation des Selbst. Es sind vielseitige Techniken in der Individuation des technisch-ästhetischen Objekts eingebunden. Der Nutzer kann während des Aufnahmeprozesses eine Pose einnehmen, auf den Hintergrund einwirken und den Gesichtsausdruck sowie weitere dargestellte Personen und Objekte mitbestimmen. Je nach Art der Fotografie, ob Schnappschuss oder von einem professionellen

6 Der gängige Diskurs, dass digitale Fotografien manipuliert und deshalb keines physisch-materiellen Settings mehr bedürfen, ist zu begegnen, indem man auf bereits existierende Manipulationsmechanismen zur Zeit der analogen Fotografie verweist. Auch ist die Manipulation nicht signifikant einfacher geworden – es gibt Beispiele von Amateuren, die Polaroidfotografien während der Fixierung eingeritzt und dadurch das Foto verändert haben. Nur hat sich die Manipulation des Bildinhaltes in mehrere Arbeitsschritte konkretisiert. Eine digitale Fotografie kann auch im Nachhinein manipuliert werden, da bei ihr die Fixierung des Bildes keinerlei Rolle mehr spielt.

Fotografen erstelltes Bild, ändert sich der Zugriff und damit auch die Selbstinszenierung des Subjekts.[7] Dies bedeutet, dass weitere Faktoren der physisch-materiellen Umwelt Einfluss auf den fotografischen Bildinhalt haben: Physische Rahmenbedingungen (Wetter), die Selbstdarstellung anderer Subjekte, der Autor des Bildes, zeitliche Umstände, kulturell vorherrschende Ästhetiken und letztendlich auch die technischen Möglichkeiten des fotografisch-technischen Dispositivs. Erhält das Individuum einen Zugang zum digitalen Foto, so kann es versuchen, diese physischen Faktoren via Bildbearbeitung zu nivellieren und den eigenen Ausdruck zu optimieren, falls das erforderliche Technikwissen vorhanden ist. Man muss davon ausgehen, dass das Bild, sofern in der Handlungsmacht des Individuums stehend, nur dann von ihm selbst in der Community veröffentlicht wird, wenn es dem Selbstbild entsprechend zuträglich ist.

Aufgrund dieser Veröffentlichungspraxis wird oftmals von einer puren Selbstdarstellung in Social Networks gesprochen. Dies ist jedoch nicht uneingeschränkt tragfähig. Hans Belting unterscheidet bei der Vermittlung von körperlichen Selbsten in eine Vermittlung *in corpore* und eine Vermittlung *in effigie*. Während bei der Vermittlung *in corpore* das Bild des Körpers als über den Körper vermitteltes Bild wirkt, transportiert der in einem Bildzeichen wiedergegebene Körper ein Selbst *in effigie* – also einen bildlichen Stellvertreter des Selbst (Belting 2001). Wird aber beispielsweise eine digitale Fotografie im Internet veröffentlicht, tritt eine dritte Ebene der Darstellung des physischen Selbst hinzu: Der Inhalt der digitalen Fotografie steht in einem interaktiven Referenzbezug einerseits zu dem physischen Selbst und andererseits zu dem virtuellen Selbst.

Das Foto als Bildzeichen, das trotz der Manipulationsmöglichkeiten eine indexikalische Spur in sich trägt, verstärkt die Kopplung zwischen materiellem und virtuellem Selbst, es bildet eine Person in einer gegebenen Situation ab, eingebettet in eine konkrete Lebenswelt. Veröffentlicht auf dem Profil und in Verbindung zu anderen Profilbildern wird intuitiv davon ausgegangen, dass es sich bei der dargestellten Person um den Nutzer handelt, welcher im virtuellen Raum des Netzwerks agiert. Jedoch ist das Foto oft auch Gegenstand zahlreicher manipulativer Eingriffe, die zudem durch vielfältige Anwendungen für Smartphones und Facebook, wie z.B. die digitalen, auf ‚Retro'-Optik zielenden Filter von Instagram, verstärkt werden. Der damit einhergehende Indexikalitätsverlust der Fotografie muss ausgeglichen werden, um das fotografische Zeichen noch als authentifizierende Kopplung zwischen Online- und Offline-Selbst nutzen zu können. An dieser Stelle wird wiederum technisches und

7 Ein Grenzfall des Zugriffs auf den Bildinhalt zum Zeitpunkt der Aufnahme stellt das ‚Selfie' dar, ein Selbstporträt, bei dem der Profilinhaber Fotograf, dargestelltes Subjekt und Herausgeber ist.

kollektives Handeln entscheidend. Wie die in Facebook veröffentlichte Fotografie einer Nutzerin zeigt (Abb. 4), ist es nicht mehr ausreichend, die Fotografie der eigenen Familie als Darstellung des Selbst *in effigie* zu veröffentlichen und als „La familia" zu bezeichnen. Ein solches Foto würde primär das virtuelle Selbst individuieren. Hinzu kommt, dass verschiedene Personen auf der Fotografie markiert werden, einerseits die Mutter, welche selbst nicht Mitglied in der Community ist, andererseits eine weitere Nutzerin, auf deren Facebook-Profil verlinkt wird. Damit werden translokale Verweise auf physisch-materielle (insbesondere die Mutter) aber vor allem auch virtuelle Kollektive verwendet, um die Fotografie zu reindexikalisieren. Einerseits wird dies durch das technische Interface von Facebook unterstützt,[8] andererseits aber durch die virtuelle Gemeinschaft, deren Mitglied man sein muss, bekräftigt. Beispielhaft ist dafür der Kommentar eines weiteren Nutzers, welcher die dargestellte Familie „mag". Jedoch wird hierbei ebenso die reine Darstellung des Selbst aufgegeben, sie ist abhängig von kollektiver Bestätigung und Einbettung in die virtuelle Welt durch technische Mittel. Es kommt demnach zu Interferenzen zwischen Individuationen, indem etwa ein Nutzer in einem Bild verlinkt wird, das seiner Individuation nicht zuträglich ist, aber die Individuation eines anderen Mitglieds der Gruppe bestätigen soll.

In oben genanntem Beispiel tritt die dritte Ebene der Wiedergabe des körperlichen Selbst deutlich zutage: Die Abbildung des Selbst *in corpore* und *in effigie* wird hier zu einer Abbildung *in virtualis* – ein Abbild des Selbst, welches entgegen einer faktischen Wiedergabe nur gemäß seiner Möglichkeit zur Abbildung vorhanden ist. Ermöglicht wird die Abbildung dadurch, dass das Bild technisch individuiert und in ein Kollektiv eingebettet wird.

8 Technisch-kollektive Individuation des Menschen im Internet – Potentiale und Gefahren

Bildzeichen im Internet und deren Nutzung durch Subjekte zur Ausprägung ihres Selbst müssen stets vor dem Hintergrund der Strukturprinzipien der sie vermittelnden Anwendungen betrachtet werden: Im Fall von Social Network Sites wie Facebook bedeutet dies, dass sich die Bilder auch im Spannungsfeld eines Netzwerks als Verbund von miteinander geschalteten Rechnern, der mehreren technischen Codes folgend strukturiert ist, und eines Netzwerks von Individuen, die darüber hinaus Gemeinschaften bilden können, befinden (Boyd 2010).

8 Das Facebook-Interface schlägt inzwischen sogar automatisch die Verlinkung anderer Nutzer auf dem Bild vor.

Abb. 4: Individuelle Markierung von Facebook-Nutzern und kollektive Individuation innerhalb einer Fotografie.

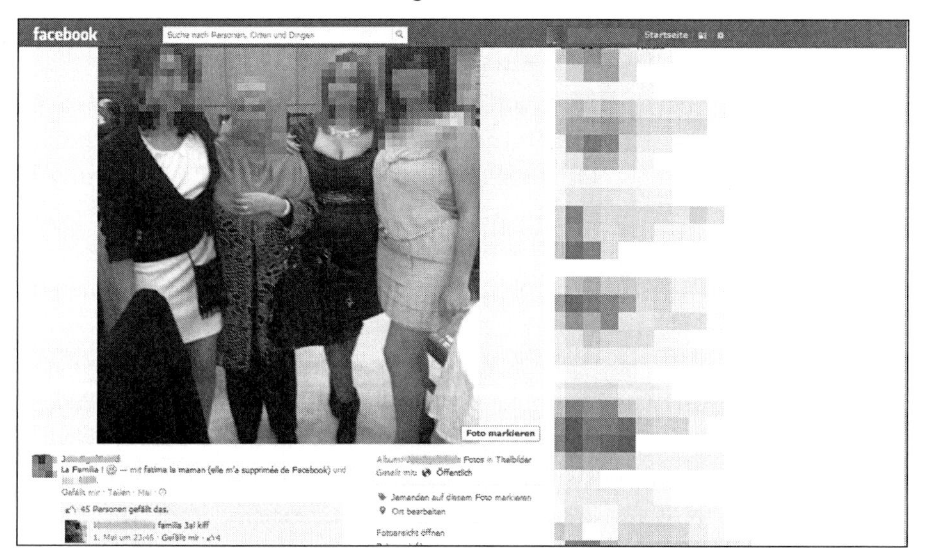

Quelle: Facebook-Profil von Joe Rge'Sand, URL: https://www.facebook.com/JoeRgeSand [15.02.2014].

Somit wird nach Simondon hinsichtlich der Individuation eines Subjekts nicht nur der Umgang mit Zeichen, sondern darüber hinaus auch die Interaktion mit Technik, mit einem Kollektiv und – als spezieller Fall des Mediums Internet – die Interaktion zwischen virtuellem und faktischem Raum bedeutsam. Anhand der Beispiele von Bitstrip-Cartoons, Internet-Memes und persönlichen Fotografien stellt sich heraus, dass im Internet ein hybrides Selbstkonzept zwischen virtueller Identität und faktischem Selbst vorherrscht, welches in den Bildzeichen einerseits die Spiegelung, andererseits aber auch ein handelndes Ausprobieren, ein Spiel, eine Selbstversicherung und Selbstermächtigung sucht. Dabei wird die Interaktion zwischen Virtualität und Faktizität wiederum genutzt, um neue Ebenen der Anerkennung und der Authentifizierung des Selbst zu erreichen, indem Prozesse der semantischen Validierung sowie Aushandlung des Selbst und der Einbettung in die Gemeinschaft an Bedeutsamkeit gewinnen.

Die Nutzung der Technik wirkt sich dabei auf die Heterogenität der Mediatisierung des Selbst aus: Die vermehrte Nutzung vielfältiger Techniken führt zu einer verfeinerten und ausgeprägten Mediatisierung des Selbst. Das Internet als Milieu eines soziokulturellen Kollektivs schlägt sich nieder in dieser Techniknutzung, da Moden und Techniken verbreitet und neue Möglichkeitsräume des technischen Handelns eröffnet werden. Die technischen und virtuellen Strukturen des Internets bieten einen normierten Handlungsrahmen, welcher die Kommunikation der Bildsemantiken orientiert und semiotische Möglichkeitsräume und -bereiche im Bild nutz- und thematisierbar macht.

Durch diese Orientierungs- und Normierungsfunktion technischer und kultureller Codes ergeben sich positive Aspekte der Bildnutzung im Internet. So lässt sich einerseits über die Masse und Qualität der veröffentlichten Bildzeichen eine kreative Auseinandersetzung mit der Semiosphäre einer Kultur (Lotman 1990) und eine kreative Aneignung von Zeichen durch Neuskalierung, Neukontextualisierung, Zeichenrecycling, Ironisierung und Sampling feststellen. Zudem ist der Umgang mit Medien- und Bildtechniken durchaus kreativer und – gegenüber herrschenden pragmatischen Vorgaben – abweichender Art (Erdmann 2012). Man kann deshalb in Anlehnung an Kimminich auch von einer kreativen Selbst(er)findung (Kimminich 2007) sprechen, die durch Prozessieren von Technik, Ausprägung von Bildzeichen und kollektiver Verhandlung verstärkt wird.

Andererseits lassen sich potentielle Einschränkungen im Bereich zwischen individueller, technischer und kollektiver Individuation in den virtuellen Räumen der Social Network Sites erkennen. Auch hinsichtlich der Erstellung und Veröffentlichung von Bildern kommt es zu einer zunehmenden Virtualisierung der natürlichen Umwelt und Hybridisierung zwischen Virtualität und Materialität (Unger 2010). Diese ‚Augmented Reality', welche auch Techniken und Anwendungen der automatisierten bildlichen Archivierung der Alltagswelt hervorbringt, führt zu einem Verlust der Spuren technisch-medialen Prozessierens (Hubig 2006). Smartphones stellen in dieser Logik eine Durchsetzung der Alltagswelt mit einem Dispositiv der möglichen bildlichen Aufzeichnung dar und eine kleine Kamera, wie die Narrative[9], welche, an der Kleidung angebracht, in regelmäßigen Zeitintervallen Fotografien von der Umgebung des Subjekts erstellt um diese anschließend im Internet zu veröffentlichen, realisiert diese mögliche Verbildlichung in Richtung einer Automatisierung. Es stellt sich demnach die Frage, wann das Subjekt gegenüber dieser automatischen Hybridisierung der Steuerung von Grenzsetzungen und der Reflektion von technischen Prozessen noch mächtig ist.

Zuletzt trägt die zunehmende Immersion der Subjekte in kollektiven virtuellen Netzwerken nicht nur zur Entstehung ästhetischer Moden der Bildlichkeit, sondern auch vorherrschender Bildästhetiken und Zwänge der Selbstdarstellung bei. Aufgrund der wirtschaftlichen Struktur des Internets, welche auf das Selbstmanagement seiner Nutzer zielt (Reichert 2009), etablieren sich ästhetische Regimes oder „transnationale bildliche Bewährungsord-

9 www.getnarrative.com (Stand: 15.02.2014).

nungen" (Müller 2013). Diese werden durch die zunehmende technische Normierung des virtuellen Raums verstärkt und wirken sich beschränkend und uniformisierend auf die Darstellungen über Bildzeichen im Internet aus.

Literatur

Astheimer, J.; Neumann-Braun, K.; Schmidt, A. (2011): MyFace: Die Porträtfotografie im Social Web. In: Neumann-Braun, K.; Autenrieth, U. (Hg.): Freundschaft und Gemeinschaft im Social Web. Bildbezogenes Handeln und Peergroup-Kommunikation auf Facebook & Co. Baden-Baden, 79–122

Belting, H. (2001): Bild-Anthropologie. Entwürfe für eine Bildwissenschaft. München

Belting, H. (2005): Image, Medium, Body: A New Approach to Iconology. In: Critical Inquiry, H. 2 (2005), 302–319

Boyd, D. (2010): Social Network Sites as Networked Publics: Affordances, Dynamics, and Implications. In: Papacharissi, Z. (Hg.): Networked Self: Identity, Community, and Culture on Social Network Sites. London, 39–58

Erdmann, J. (2012): Bodies, gasmasks and buttons – Visual photographic forms of protest in social media. In: Lexia – Rivista semestrale di semiotica, Protesta/Protest, H. 2 (2012), 141–160

Goriunova, O. (2013): Die Kraft der digitalen Ästhetik. Über Meme, Hacking und Individuation. In: Zeitschrift für Medienwissenschaft, H. 1 (2013), 70–87

Hubig, C. (2006): Die Kunst des Möglichen I. Grundlinien einer dialektischen Philosophie der Technik. Technikphilosophie als Reflexion der Medialität. Bielefeld

Kimminich, E. (2007): Selbst(er)findung, Selbstgestaltung, Selbstbehauptung: eine Kulturprogrammstörung? In: Kimminich, E.; Rappe, M.; Geuen, H.; Pfänder, S. (Hg.): express-yourself! Europas kulturelle Kreativität zwischen Markt und Underground. Bielefeld, 51–73

Lotman, J. M. (1990): Über die Semiosphäre. In: Zeitschrift für Semiotik, H. 4 (1990), 287–305

Müller, M. R. (2013): Das Selbstbild in der Bilderwelt: zur Soziologie transnationaler Bild- und Bewährungsordnungen. In: Soeffner, H.-G. (Hg.): Transnationale Vergesellschaftungen: Verhandlungen des 35. Kongresses der Deutschen Gesellschaft für Soziologie, Bd. I. Wiesbaden, 323–337

Petsche, H.-J. (2009): Studierende im Netz. Ergebnisse und mögliche Perspektiven einer empirisch-vergleichenden CultMedia-Erhebung unter Studierenden aus Deutschland, Polen, Spanien, Tschechien und Ungarn. In: Banse, G.; Wieser, M.; Winter, R. (Hg.): Neue Medien und kulturelle Vielfalt. Konzepte und Praktiken. Berlin, 283–298

Reichert, R. (2009): Spielräume der Selbstpraktiken. Zur Medienkultur digitaler Kommunikation. In: Banse, G.; Wieser, M.; Winter, R. (Hg.): Neue Medien und kulturelle Vielfalt. Konzepte und Praktiken. Berlin, 229–250

Schmidt, S. J. (2003): Über die Fabrikationen von Identität. In: Kimminich, E. (Hg.): Kulturelle Identität: Konstruktionen und Krisen. (= Welt - Körper - Sprache. Perspektiven kultureller Wahrnehmungs- und Darstellungsformen, Bd. 3). Frankfurt am Main, 1-19

Simondon, G. (1989): L'individuation psychique et collective. Paris

Unger, A. (2010): Virtuelle Räume und die Hybridisierung der Alltagswelt. In: Grell, P.; Marotzki, W.; Schelhowe, H. (Hg.): Neue digitale Kultur- und Bildungsräume. Wiesbaden, 99-117

III. FASSETTEN DER VIRTUALISIERUNG UND MEDIATISIERUNG KULTURELLER RÄUME

Das Internet als Medium zur Gestaltung kultureller Räume

Antje Zapf, Denny Klauder

1 Vorbemerkungen

Vergleicht man einige der Schlagzeilen zur aktuellen Internetnutzung in den Medien miteinander, stellt man schnell fest, wie breit die Palette der Erwartungen und Befürchtungen ist:

Jeder Achte hat Angst vor Belästigungen im Internet. Jeder dritte Schüler wurde bereits Opfer von Online-Mobbing. Internetnutzer werden misstrauisch: Jeder Fünfte vertraut nach PRISM staatlichen Stellen überhaupt nicht mehr. Zwei Drittel halten ihre Daten im Netz für gefährdet. Nur eine Minderheit nutzt Verschlüsselung und Anonymisierungsdienste. Beratung und Hilfe über das Internet gehören heute zum selbstverständlichen Alltag von Menschen. 96% der regelmäßigen Internetnutzer in Deutschland haben privat schon einmal in einem Online-Shop eingekauft. Auf positive Bewertungen anderer Nutzer verlassen sich dabei 80% der Online-Kunden. Zwei Drittel legen Wert darauf, dass der Shop ein Gütesiegel vorweisen kann. 76% der befragten Nutzer sind der Meinung, das Netz verbessert die menschliche Intelligenz. 57% der Onliner forschen in Suchmaschinen nach Informationen von sich selbst. Durch die Nutzung von sozialen Netzwerken werden die realen sozialen Beziehungen gefährdet oder mindestens überformt. Dabei haben sich folgende Handlungstypen herausgebildet:

Die kreativ-engagierte Social-Web-Nutzung auf unterschiedlichen Ebenen – der selbstbewusste, neugierig-kompetente Umgang mit Social-Web-Angeboten; der Akteur erleidet dabei keinen Realitätsverlust.

Der intensive, initiative und kritische, aber konventionelle Umgang mit dem Social Web mit hoher Relevanz für das Beziehungsmanagement – das Internet allgemein wird intensiv zum Informationsmanagement genutzt; der Akteur betreibt ein intensives Beziehungsmanagement und erschließt sich eine Ausdehnung seines alltäglichen Sozialraumes.

Der intensive und kommunikativ-initiative Umgang mit dem Social Web zur Kontaktpflege und Selbstdarstellung; es besteht die Gefahr, dass die Web-Identität von der Realität abweicht (bewusst oder unbewusst) und daraus eine gestörte Selbstwahrnehmung im realen Sozialraum entsteht.

Dabei sein ist alles – das Social Web wird vornehmlich zum Beziehungsmanagement eingesetzt, sonst erweist sich die Social-Web-Nutzung als unauffällig und eher unspezifisch; die aufgebauten Beziehungen sind eher oberflächlich und kurzlebig, ohne Auswirkungen auf den sozialen Status des Akteurs.

Der kritisch-selektive Umgang mit dem Social Web als Mittel zum Zweck – insbesondere zur Beziehungspflege und zur Information; das Web wird als technisches Hilfsmittel zur

Abb. 1: Formen der Kontaktaufnahme zu anderen Internetnutzern

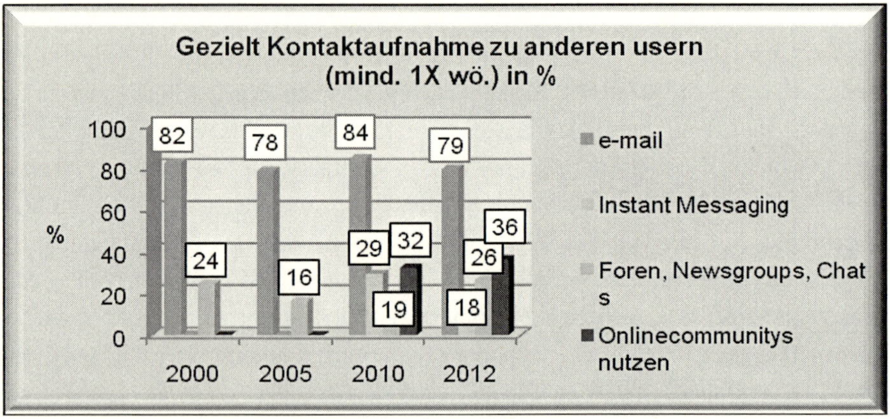

Quelle: ARD/ZDF-Onlinestudie 1999–2012, Autorin A. Zapf.

Abb. 2: Arten der Internetnutzung im Alltag

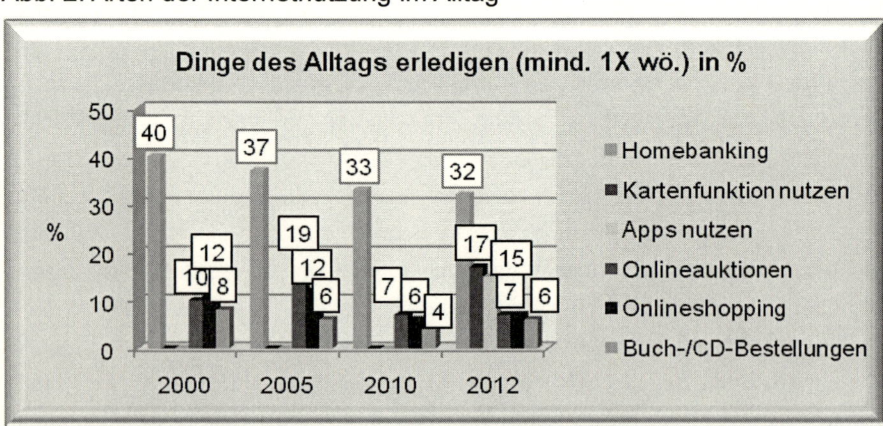

Quelle: ARD/ZDF-Onlinestudie 1999–2012, Autorin A. Zapf.

Abb. 3: Entwicklung der Informationssuche im Internet 2000–2012

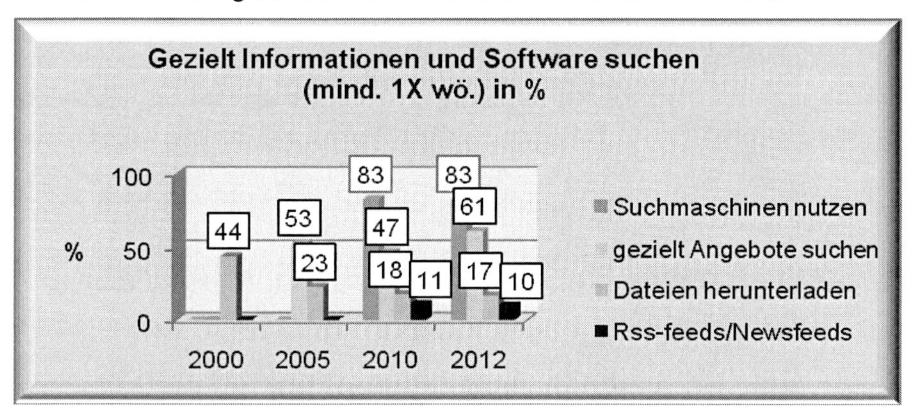

Quelle: ARD/ZDF-Onlinestudie 1999–2012, Autorin A. Zapf.

Abb. 4: Nutzung des Internet für die Freizeitgestaltung

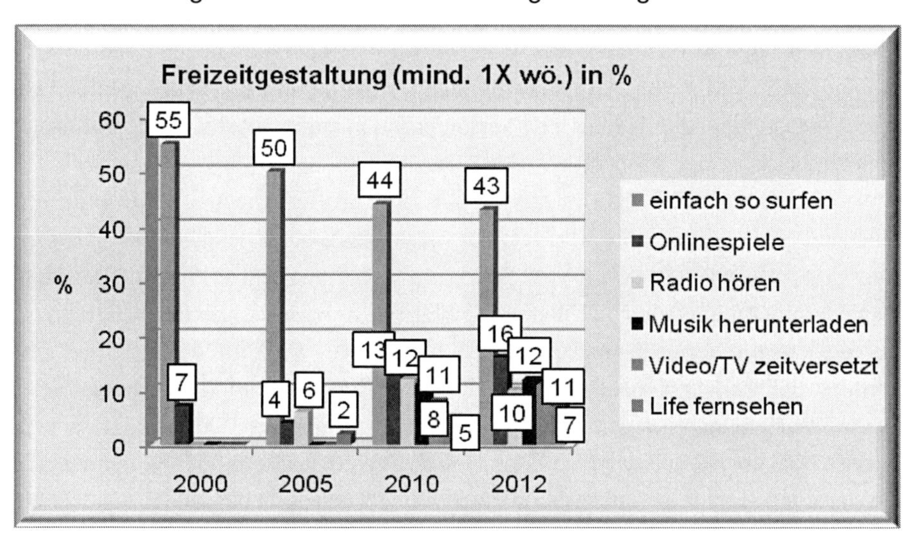

Quelle: ARD/ZDF-Onlinestudie 1999–2012, Autorin A. Zapf.

besseren Bewältigung des Alltags genutzt. Das Handeln im realen Leben wird effizienter, ohne das der Akteur in Abhängigkeit gerät.

Das Social Web zur Kompensation bei sozialen Problemen – die intensive und initiative Nutzung mit hoher Relevanz in einem problembelasteten Alltag.

Von technischen Gefahren, denen die Nutzer sozialer Netzwerke ausgesetzt sind, wird in den Medien immer wieder berichtet. Dazu gehören sogenannte Drive-By-Infektionen mit Schadsoftware (Spyware, Keylogger, Backdoor-Trojaner, etc.). Breit spekuliert wird in den Medien auch darüber, was genau welche Nutzer im Internet tun. Dazu einige Zahlen:

2 Die soziale Konstruktion des Raumes in der Ambivalenz von Globalem und Lokalem

In Bezug auf die Betrachtung des Raumes, der lange Zeit von der Soziologie sehr sträflich behandelt wurde, ist in letzter Zeit eine Rückorientierung von objektivistischen zu epistemologischen Sichtweisen zu bemerken. Das heißt für die soziologischen Veröffentlichungen der letzten 20 Jahre: „In allen Fällen stehen die sozialen Praxen der kategorialen Erschaffung der Sozialwelt zur Diskussion mitsamt ihrem symbolischen Rüstzeug und ihren physisch-materiellen und sozialen Konsequenzen: Statt um Region geht es um „Regionalisierungen", statt um Nation um Prozesse des „nation building", statt um „Globalisierung" um die Frage, wie Menschen kulturelle Formen und Vorstellungen in einer globalen Arena zu lokalen Projekten sozialer Identität verarbeiten." (Bormann 2001, 235)

Es geht also um die soziale Konstruktion des Raumes, die scheinbar widersprüchlich reflektiert wird. In der Soziologie beschäftigt man sich einerseits zunehmend mit Globalisierungsprozessen, andererseits findet zugleich eine Aufwertung des Lokalen statt. Die durch die Modernisierung hervorgebrachten sozialen Tatsachen erzwingen aber eine neue Betrachtung des Raumes auf globaler und gleichzeitig lokaler Ebene. Die Notwendigkeit diese neue Art der soziologischen Diskussion über den Raum wird an vier Erfordernissen festgemacht:

Notwendigkeit der Orientierung: Die Unübersichtlichkeit der Moderne führt zu dem Wunsch nach überschaubaren räumlichen und sozialen Orientierungen. Wie können sich die Menschen sonst trotz Globalisierung verorten? Fliehen sie in virtuelle Räume, die sie sich selbst gestalten können?

Kulturelle Identität bewahren: Die Menschen wehren sich gegen die Novellierung aller kulturellen Unterschiede, gegen die Globalisierung und Universalisierung ihrer Lebensweisen und die zunehmende Beschleunigung aller ihrer Lebensprozesse. Sie wollen ihr Leben selbstbestimmt leben und nicht nur durch die Zwänge der Moderne bestimmt werden. Die Ausprägung und Bewahrung ihrer Identität ist an Lokalität gebunden. Sind virtuelle Identitäten ein Ersatz für den Verlust realer kultureller Identität?

Verlust kompensieren: Verlierer der Modernisierung besinnen sich auf Lokales zurück, um ihre Benachteiligung zu kompensieren. Menschen grenzen sich innerhalb der Modernisierung ab in Lebenswelten mit eigenen Maßstäben und Wertvorstellungen. Schaffen sich Menschen virtuelle Lebenswelten, weil sie ihre Interessen und Wertvorstellungen in ihrer Lebenswelt nicht durchsetzen können?

Konkurrenzfähig sein: Im globalen Wettbewerb gewinnt der „Standortfaktor" zunehmend an Bedeutung. Globale Machtkämpfe werden auf der Grundlage „nahweltlicher Identitäten" ausgefochten. Daraus folgt, dass Raum gleichzeitig global und lokal gedacht werden muss. Muss Raum in diesem Wettbewerb auch virtuell gedacht werden?

Foucault sprach, diesen Zusammenhang ahnend, sogar von einer „Epoche des Raumes". Er formuliert: „Wir sind, glaube ich, in einem Moment, wo sich die Welt weniger als ein großes sich durch die Zeit entwickelndes Leben erfährt, sondern eher als ein Netz, das seine Punkte verknüpft und sein Gewirr durchkreuzt." (Foucault 1991, 66). Das erfordert eine Betrachtung des Raumes als „Ensemble von Relationen", als Konfiguration, als Denkmuster von sich verändernden Relationen.

„Die neue Aufmerksamkeit für die Nahwelt, das Lokale, die spezifischen Orte verdankt sich aber auch der Analyse von Globalisierungsprozessen. Dabei wurde deutlich, dass Interdependenzbeziehungen zwischen lokalen und globalen Vorgängen bestehen, dass das Partikulare und das Universelle in komplexen Wechselwirkungen verbunden sind." (Foucault 1991, 241). Kollektives Handeln in diesem Netz ist koordiniertes Handeln von Individuen mit mehr oder weniger gleichen Zielvorstellungen, mit gemeinsamer Situationsdefinition und ähnlichem kognitivem Handlungsrahmen. Vorausgesetzt sind „kollektive Identitäten", also Beziehungsnetzwerke mit gleicher aktiver Symbolik und Emotionalität, in der sich Individuen als gleichartig definieren, gemeinsame Ziele verfolgen und ihren Alltag strukturieren.

Simmel sieht im Raum eine formale Voraussetzung für jede Interaktion von Menschen, für jegliche Vergesellschaftung. Raum ist nicht Ursache des Handelns, aber Handlungsqualität und Raumqualität stehen in ständiger Wechselwirkung. Als innerste Zone des Raumes sieht er die Welt der Reichweite des Individuums (Simmel 1958). Raum ist für Simmel identitätsstiftend und differenzbestimmend für das Eigene und das Fremde und konstituiert soziale Ordnung. Raum ist ein soziales Produkt und hat gleichzeitig gestaltende Kraft.

Auf der Makroebene sprechen einige Autoren, ausgelöst durch die globale Wirtschaftsentwicklung, von „Deterritorialisierung" und „Enttraditionalisierung" sozialer Beziehungen und Räume, wodurch die Individuen einen Identitätsverlust erleiden. „Raum im Sinne von handlungsrelevanten sozialen Orten ist daher nicht als statische, feste Materialität zu betrachten, sondern als eine variable Sphäre, die permanent symbolisch neu ausgehandelt und definiert wird." (Bormann 2008, 269)

Die Organisation des sozialen Raumes ist an institutionelle Formen gebunden, wodurch Kommunikations- und Beziehungsformen vorgegeben werden, was das Handeln normiert. Raum ist stets gelebte Örtlichkeit, er wird ununterbrochen neu symbolisch ausgehandelt und definiert.

Für die weitere vergleichende Erörterung der soziologischen Diskussion um den sozialen Raum soll Bourdieus Position als Fundament dienen, auch wenn sie nicht in allen Positionen und auch nicht von allen Teilnehmern an der Raumdiskussion geteilt wird. Sozialer Raum, Lebensstil und Habitus sind drei Leitkategorien Bourdieus. An seinen Vorgängern, u.a. den marxistischen Vertretern, kritisiert er vor allem, dass die Subjektivität bei der Konstruktion von Raum in deren Positionen zu kurz kommt und damit die „feinen Unterschiede" (Bourdieu 1996) in modernen bürgerlichen Gesellschaften nicht hinreichend erfasst werden können. Berechtigterweise hält er die Klassen- und Schichtenmodelle für die Abbildung von Sozialstruktur für zu grobmaschig. Auch allein durch Milieus ist die Struktur der modernen bürgerlichen Gesellschaft für ihn nicht abbildbar. Selbst die Betrachtung von Individualisierungs- und Lebensstilisierungsprozessen scheinen ihm nicht hinreichend (Beck 1983). Er sucht eine Vermittlung zwischen dem objektivistischen und dem subjektivistischen Ansatz, indem er objektive Strukturen, deren subjektive Wahrnehmung und die praktische Lebensführung in seinem Konzept vom sozialen Raum zusammendenkt.

Objektiv wird der soziale Raum durch drei Grundelemente konstituiert: die Kapitalstruktur, das Kapitalvolumen und deren Veränderungs- Bewegungs- und Entwicklungsprozesse. Das Kapitalvolumen ist die Gesamtheit „aller effektiv aufwendbaren Ressourcen und Machtpotentiale, also ökonomisches, kulturelles und soziales Kapital" (Bourdieu 1996, 196) über das die Akteure verfügen. Struktur und Volumen des Kapitals bestimmen die Position der Akteure in einem sozialen Raum. „Die zu einem bestimmten Zeitpunkt gegebene Verteilungsstruktur verschiedener Arten und Unterarten von Kapital entspricht der immanenten Struktur der gesellschaftlichen Welt, d. h. der Gemeinsamkeit der ihr innewohnenden Zwänge, durch die das dauerhafte Funktionieren der gesellschaftlichen Wirklichkeit bestimmt und über die Erfolgschancen der Praxis entschieden wird." (Bourdieu 1983, 183). Je mehr Gemeinsamkeiten die Akteure haben, desto näher beieinander positionieren sie sich im Raum. Der Habitus vermittelt zwischen den objektiven sozialen Strukturen des Raumes und der individuellen Lebenspraxis der Akteure. Er ist also objektiv (durch die Position im sozialen Raum) und subjektiv (inkorporierte Handlungs- und Wahrnehmungsmuster, Dispositionen) geprägt. „Der Habitus ist Erzeugungsprinzip objektiv klassifizierbarer Formen von Praxis und Klassifikationssystem [...] dieser Formen. In der Beziehung dieser beiden den Habitus definierenden Leistungen: der Hervorbringung klassifizierbarer Praxisformen und Werke zum einen der Unterscheidung und Bewertung der Formen und Produkte (Geschmack) zum anderen, konstituiert sich die repräsentierte soziale Welt, mit anderen Worten der Raum der Lebensstile." (Bourdieu 1996, 277f.)

Relationalität ist eine wichtige Eigenschaft des Raumes. Unterschiede zwischen Akteuren werden erst sichtbar durch Vergleich ihrer Positionen im Raum. Diese Relation im Raum widerspiegelt sich in entsprechenden Lebensstilen und sozialen Praxen vermittelt durch einen entsprechenden Habitus. So bilden sich die relevanten Distinktionen heraus.

Der soziale Raum ist nie statisch, sondern immer konkret-historisch in Veränderung begriffen. Da Raumpositionen auch Machtpositionen sind, werden sie ausgefochten, verhandelt und erstritten. Sozialer Raum ist somit eine Repräsentationsform von sozialer Welt (Bourdieu 2005, 37).

3 Raumtheoretische Konzepte in der Soziologie der letzten 20 Jahre

Prozesse von Raum-Zeit-Verdichtungen, Mobilisierung, Beschleunigung gesellschaftlicher Prozesse und der Entstehung virtueller Räume im Rahmen der Globalisierung rufen neue Debatten über den Raum auf den Plan.[1] Die Diskussionskultur ist sehr ambivalent.

Edward Soja (1996, 142ff.) charakterisiert drei Qualitäten von Raumvorstellungen:

- *Firstspace Epistemologies* – unterstellen dem Raum Objektivität und Materialität.
- *Secondspace Epistemologies* – konzentrieren sich auf Raumwahrnehmung und Rauminterpretation durch die Akteure.
- *Thirdspace Epistemologies* – umfassen auch die soziale Praxis (abstrakt-konkret, objektiv-subjektiv, materiell-symbolisch) der Gestaltung von Raum. Das ist für Soja die angemessene Form für die soziologische Raumdiskussion.

Moderne Raumdiskussionen sollten sich auf der Ebene der Thirdspace Epistemologies bewegen. Dieser Meinung sind auch andere Autoren, wie folgende Beispiele zeigen:

Erika Spiegel (1998, 43ff.) fasst drei Aspekte der Diskussion, die sie für grundlegend hält, zusammen:

- Der Raum ist für die Soziologie immer gesellschaftlich produziert worden, also Ergebnis der gesellschaftlichen Praxis.

1 Einen sehr ausführlichen und gut kommentierten Literaturbericht über die Diskussionen über den Raum in der Soziologie und einigen Nachbardisziplinen hat Andreas Bürk vorgelegt (vgl. Bürk 2006).

- Er hat verschiedene Dimensionen (mathematisch-physikalisch, physikalisch-materiell, gesellschaftlich) und wird in allen Dimensionen von den Akteuren wahrgenommen, interpretiert und bewertet. Verknüpft mit Gelebtem und Erlebtem orientiert der Akteur daran sein Handeln.
- Handlungstheoretische Ansätze erklären die gesellschaftliche Produktion des Raumes nicht vollständig. Es bleibt die Frage nach der Wechselwirkung von räumlichen und sozialen Strukturen und Prozessen offen.

Für Spiegel wird zu wenig beachtet, dass die materiell-physische Dimension des Raumes der gesellschaftlichen Gestaltung Grenzen setzt und Gestaltungsmöglichkeiten kanalisiert.

Matthiesen (1998, 13ff.) und Keim (1998, 83ff.) gehen einen konsequenteren Weg. Sie leiten aus der Situation zu Beginn des 21. Jahrhundert ab, dass man den Raum „globalokal" betrachten muss. Phänomene auf unterschiedlichen Raumebenen überlagern sich, Politik, Ökonomie und Kultur mischen sich neu, es entstehen Brüche und Umbrüche auf allen Handlungsebenen. Sie fordern, sich dem Milieubegriff zuzuwenden, wenn sozial-räumliche Strukturen untersucht werden sollen.

Matthiesen kritisiert, dass gemeinhin Milieus auf der Mesoebene der Gesellschaft verankert und als Netze mit dichten Kontakten und solidarischen Strukturen verstanden werden. Er selbst sieht Milieus aber nicht als relativ harmonische Kohäsionsformen auf der Mesoebene der Gesellschaft an. Für ihn gibt es eine ganze Bandbreite von Milieuformen. Von traditionellen Milieus über erodierende Milieus bis zu neuen Milieus, die zum Beispiel durch die Neuen Medien geprägt werden. Deshalb knüpft er an Milieus folgende Merkmale: Sie strukturieren die Mesoebene, haben eine erhöhte Binnenkommunikation, relativ klare Angemessenheitsregeln, sie weisen gegenüber anderen Milieus häufig diffuse, unscharfe, ambige, überlappende Strukturen auf, haben keine klaren Grenzen und sind intern segmentiert. Informelle Gestaltbildungen bleiben aber erhalten (Zugehörigkeit, Distinktion, Ähnlichkeit, Identität, Kommunikationstypen, u.a.) (vgl. Matthiesen 1998, 68f.). Diese Milieus bilden sich im Wesentlichen ortskonkret heraus, sind aber „globalokal" überformt. Die materiellen Grundlagen der Milieus kommen hier völlig außer Betracht, die Subjektivität wird überhöht.

Keim (1998, 90f.) geht davon aus, dass im Szenario der zweiten Moderne zwar eine Verflüssigung und Verdampfung räumlicher Bezüge auftritt, aber auch eine Gegentendenz der Erhaltung traditionaler räumlich verankerter Lebensweisen. Trotzdem flexibilisieren sich die Milieustrukturen, sie konstituieren ihren Sinngehalt nicht weiter vorrangig aus sozialen Bindungen. Damit sind Milieus reflexive Gemeinschaften mit gemeinsamen Bedeutungen und Sinnhorizonten, die in unterschiedlichen Qualitäten auftreten: Von Milieus mit starkem Raumbezug (Nischen, Ghettos) über Milieus mit besonderem Raumbezug (Ethnien, Religionsgemeinschaften) bis zu Milieus ohne Raumbezug (rein persönliche Gemeinschaften, z.

B. virtuelle Gemeinschaften). Offen bleibt, ob es bei den unterschiedlichen Raumbezügen der Milieus auch eine unterschiedliche Handlungsqualität der Akteure in ihren Milieus gibt. Es ist auch zu bezweifeln, ob es Milieus ohne Raumbezug gibt.

Mackensen (2000, 38) wählt einen lokaltheoretischen Ansatz und greift die Soziologie wegen deren angeblicher Raumabstinenz an: „Nähe und Distanz, die Positionierung der Akteure im Raum im Verhältnis zu anderen Akteuren und zu den Dingen welche den Raum strukturieren, kommen in der Soziologie gemeinhin nicht vor."

Es treibt ihn die Frage um, welche Bedeutung die lokale Ebene in einer immer weiträumiger organisierten Gesellschaft noch haben kann. Die Technisierung der Kommunikation durch die Neuen Medien hat die räumliche Reichweite unseres kommunikativen Handelns enorm ausgeweitet. Es fragt sich, ob neue Räume entstanden sind, oder ob sich die Bedeutung herkömmlicher Räume geändert hat. Mackensen meint, dass sich durch die Häufigkeit der Beziehungen und Interaktionen mit gleicher räumlicher Weite die Bedeutung bestimmter Räumlichkeit ermessen lässt. Er spricht von der Entstehung sozialer Kohäsion an lokalisierbaren Orten, von der Existenz von Lebenswelten an diesen Orten. Lebenswelten können sich auch raumindifferent entwickeln, sind aber meist raumbezogen und an räumlich induzierte Handlungsroutinen und Ressourcen gebunden. Dennoch: Die Körperlichkeit des Menschen ist örtlich gebunden, auch wenn seine Handlungsreichweite die Örtlichkeit überwindet.

Kuhm (2000, 321ff.) geht von neuen Modi der Erzeugung des Raumes aus. Er sieht Interdependenzen und funktionale Verflechtungen von Lokalem und Globalem und er will Raum als Medium der Kommunikation verstanden wissen. Raum wird seiner Meinung nach als Medium zu einem Informationswert für verschiedene gesellschaftliche Subsysteme (Kuhm 2000, 232f.). Angesichts der Verfügbarkeit von Medien für die lokale und globale Kommunikation ist es nicht mehr nötig, sich an bestimmten Orten aufzuhalten. Daraus folgt für Kuhm, dass der Raum an formgebender Kraft verliert. Deshalb muss Kommunikation im Spannungsverhältnis von Regionalisierung und Globalisierung organisiert werden.

Löw (2001, 15f.) unterscheidet zwischen Raumvorstellung, Raumbild und Raumbegriff. Raumbegriffe sind Verständigungsinstrumente in wissenschaftlichen Diskussionen, Raumbilder sind für sie Konfigurationen von Dingen, Bedeutungen und Lebensstilen und Raumvorstellungen sind Ideen von Räumen die durch Verdichtung von Raumbildern und deren symbolischer Besetzung mit wissenschaftlichen und/oder alltäglichem Wissen über den Raum entstehen. Sie will den sozialen Raum nicht auf relationale Anordnungen, auf Lagerungsverhältnisse, reduziert wissen.

„Indem ich Raum zunächst als bewegte (An)Ordnung von Körpern verstehe, wird die Konstruktionsleistung, die Räume bildet, zu einem wesentlichen Aspekt raumtheoretischer Überlegungen." (Löw 2001, 132)

Um diese Konstruktionsleistung zu analysieren verwendet Löw die Begriffe „Spacing" und „Syntheseleistung". „Als Spacing kann das Plazieren von sozialen Gütern und Menschen bzw. das Positionieren primär symbolischer Markierungen bezeichnet werden. Es dient dazu Ensembles von Gütern und Menschen als solche kenntlich zu machen (zum Beispiel Ortseingangs- und Ortsausgangsschilder) [...] Spacing bezeichnet also das Errichten, Bauen oder Positionieren." (Löw 2001, 158). Als Beispiel für das Spacing führt sie u. a. das Vernetzen von Computern an. Neben dem Spacing ist für die Konstituierung des Raumes auch eine Syntheseleistung der Akteure erforderlich, denn „über Wahrnehmungs-, Vorstellungs- und Erinnerungsprozesse werden Güter und Menschen zu Räumen zusammengefasst." (Löw 2001, 158). Soziale Räume entstehen also nur im Handeln von Akteuren. Es gibt keine Trennung von sozialem und materiellem Raum. Die Handlungen vollziehen sich an Orten, in vorarrangierten Räumen (Löw 2001, 204). Die Chancen Raum zu konstituieren sind in der Gesellschaft durch soziale Ungleichheit geprägt. Sie hängen ab von der Verfügbarkeit über soziale Güter, vom Wissen, von sozialen Positionen und von der Zugehörigkeit zu bestimmten Akteursgruppen.

Im Alltag werden Räume im alltäglichen Handeln konstituiert, in der Regel aus praktischen Notwendigkeiten heraus. Von institutionalisierten Räumen kann dann gesprochen werden, wenn Räume über das individuelle Handeln hinaus wirksam bleiben und in Routinen gesellschaftlichen Handelns konstituiert werden (Löw 2001, 226).

4 Die Neuen Medien und die Re-Konfiguration von Raum

Löw (2001, 93ff.) macht auch Anmerkungen zu virtuellen Räumen. Die Neuen Medien ermöglichen einen neuen reflexiven Umgang mit Raum:

- Man kann mit jemandem kommunizieren, ohne mit ihm die räumliche Einheit zu teilen.
- Man kann handeln, ohne dass das Ergebnis am Handlungsort sichtbar wird.
- Im Cyberspace verwischen die Grenzen von Realität und Illusion.
- Die Datennetze werden selbst als Räume wahrgenommen (Datenautobahn, global village).
- Es entstehen durch das Handeln in virtuellen Räumen neue Raumerfahrungen.
- Man kann sogar ein elektronisches Double von sich selbst handeln lassen.
- Es entsteht eine virtuelle Realität, die über die realen Möglichkeiten der Raumkonstituierung weit hinausgeht.

- Es bilden sich „Piazzi virtuali" heraus, öffentliche virtuelle Plätze der politischen Partizipation.
- Die Simulation wird immer perfekter, sodass sie Realität zu sein scheint. „Der Cyberspace konstituiert den Zweifel an der „Identität" einer Person als systematischen Bestandteil des Handelns." (Löw 2001, 100)
- „Computernetzwerke lassen einen global organisierten Raum entstehen, welcher grenzenlos, permanent veränderbar und nicht mehr örtlich fixiert ist." (Löw 2001, 103)

Tradierte Vorstellungen von Raum verlieren aber nicht an Plausibilität. Reale Räume und virtuelle Räume fließen beide in die Konstitution von Raum ein, die im Computernetz organisierten Synthesen von unterschiedlichen Räumen an einem Ort sind an Spacingprozesse gekoppelt. Das Koppeln von Interneträumen an soziale Räume außerhalb des Netzes ist nicht voraussetzungslos.

„Die Möglichkeiten, Räume zu konstituieren, sind abhängig von den in einer Handlungssituation vorgefundenen symbolischen und materiellen Faktoren, vom Habitus der Handelnden, von den strukturell organisierten Ein- und Ausschlüssen sowie von körperlichen Möglichkeiten." (Löw 2001, 272)

Jan Schmidt folgert, dass entgegen mancher Vermutungen das globale Informations- und Kommunikationsnetzwerk nicht dazu geführt hat, dass der Nahraum an Bedeutung verliert. Stattdessen existiert eine Vielzahl von lokalbezogenen Online-Angeboten, auf die eine große Zahl der Nutzer zugreift.[2] Zwei Formen von Strukturierungsprozessen sind dabei verknüpft: Die Formierung von Netzwerken (Beziehungsstrukturen) sowie die Institutionalisierung von Nutzungsepisoden (Regelstrukturen) (Schmidt 2004, 4).

Die Faszination des „Netz"-Mediums erklärt sich dabei in erheblichem Maße durch seine Fähigkeit, vorgängig bestehende Kommunikations- und Interaktionspraktiken zu inkludieren. Bereits heute modifiziert, ergänzt oder ersetzt das Internet i.d.S. eine Vielzahl historisch gewachsener Kulturtechniken samt den ihnen affinen Einzelmedien. Es vereinigt und rekombiniert in sich u.a. die Eigenschaften eines:

2 Beispiel: Klassifiziert man die Informationsbedürfnisse in vier Stufen – ziellose Informationsbedürfnisse (bloß so im Netz surfen), themen- oder bereichsspezifische Interessen (Fahrpläne, Wahlergebnisse), gruppenbezogene Bedürfnisse (Studieninformationen, Trainingspläne) und problembezogene Bedürfnisse (Sexualität, Schulprobleme, Ausbildungsmöglichkeiten) –, so kann angenommen werden, dass die gruppenbezogenen Bedürfnisse für Jugendliche eine besondere Bedeutung haben; alle Ergebnisse sprechen dafür. Dazu gehören Formen des Online-Gemobbtwerdens oder des Online-Mobbings, Diskriminierung in Hassgruppen, gefährliche Online-Bekanntschaften sowie Datenschutz und Urheberrechtsprobleme beim Herunterladen von Musik, Videos, Literatur und Wissen.

- Individual-Kommunikations-Mediums (Brief, Telegramm, Telefon, Videofon – E-Mail, SMS, Internet-Telefonie, dito nebst Webcam);
- Gruppen-Kommunikations-Mediums („Schwarzes Brett", Flugblatt, Telefonkonferenz, Videokonferenz – Mailboxen, E-Mail, IRC-Chat, dito nebst Webcam, sowie Newsgroups, Online-Spiele, MUDs);
- Massen-Kommunikations-Mediums (Zeitungen, Bücher, Radio, Film, Fernsehen, Websites, E-Books, Internetradio, -video, -fernsehen) (Metzner-Szigeth 2008).

Durch die Verschmelzung verschiedener Wirklichkeitsebenen (reale Wirklichkeit, virtuelle Wirklichkeit, Cyber-Wirklichkeit) ergeben sich völlig neue soziale Wirklichkeitskonstruktionen. Das Neuartige, das von den digitalen Medien hervorgebracht wird, sind die verschiedenen Möglichkeiten, mit Hilfe dieses einen Mediums konvergenter Neuer Medien unterschiedliche Kommunikationsmuster gleichermaßen gut zu realisieren:

- eine Person kommuniziert mit einer einzelnen anderen Person;
- eine Person kann sich an viele Personen wenden;
- viele Personen wenden sich an eine einzelne Person;
- viele Personen wenden sich an viele Personen. (Metzner-Szigeth 2008, 8)

Das Internet „bietet in vielerlei Hinsicht Funktionen, die im ‚realen' Sozialraum Auflösungstendenzen erfahren, wodurch neue Handlungspotentiale erschlossen werden können und der Einzelne im Hinblick auf die an ihn gestellte Forderung nach aktiver Ausgestaltung seiner Lebensentwürfe Unterstützung findet. Das Internet stellt die Grundlage verschiedenartiger und mannigfaltiger Kommunikation und Interaktion dar und fördert darüber hinaus die Ausbildung von Netzwerken und Communities." (Kreß 2013). Jeder User muss für sich die Vielfältigkeit an Möglichkeiten ausloten und eigene, erfolgsversprechende Wege herausarbeiten. Das ist eine Notwendigkeit, die bei Gelingen einen Zugewinn an Freiheit und Offenheit erbringen, oder aber auch verunsichern und überfordern kann.

Interessant sind vor diesem Hintergrund die sich verändernden Muster der Identitätsbildung und der Vergemeinschaftung, der Assoziationsformen zusammen lebender, gemeinsam handelnder und miteinander kommunizierender Personen im Netz. Welche Änderungen sind durch die neuen Kommunikationsformen tatsächlich feststellbar?

- Jeder (sofern er über die Ressourcen und Zugänge verfügt) kann teilnehmen (global), ob gefragt oder ungefragt, ob bekannt oder nicht bekannt, ob sachkundig oder nicht. Der soziale Raum in dem kommuniziert wird ist im Netz nicht klar begrenzt.
- Die Organisation von Gleichgesinnten ist enorm erleichtert und setzt keine reale Bekanntschaft voraus. Sie ist unabhängig vom Ort an dem sich der Teilnehmer aufhält.

- Jedes Thema kann gewählt werden, es werden auch Themen gewählt, die man mit Fremden niemals face to face besprechen würde.
- Es gibt keine Hierarchien der Meinungsäußerung, zumindest ist das am Anfang so. Macht und räumliche Zuordnung sind zunächst irrelevant.
- Die Kommunikation ist nicht geordnet, sie vollzieht sich digital, die Meinungsäußerung hat keine Konsequenzen im realen Leben und auf die räumliche Position im sozialen Raum.
- Die Kommunikationsmoral wird häufig verletzt, der Stil ist oft nicht salonfähig.
- Die Autorenschaft und der Inhalt der Kommunikation sind nicht geschützt.
- Massenkommunikation ist möglich.
- Die Kommunikation ist durch Unverbindlichkeit und freien Umgang mit der eigenen Identität und den Beziehungen zu anderen Teilnehmern gekennzeichnet.
- Die Rollen im Kommunikationsprozess sind relativ frei definierbar.
- Durch die Anonymität dieser Kommunikation werden überproportional viele extreme Meinungen geäußert, sodass die Konsensfindung schwierig ist und es zur Frontenbildung kommt.
- Der Wahrheitsgehalt der ausgetauschten Informationen ist nicht garantiert.

Virtuelle Identitäten sind längst eine sozio-kulturelle Realität. „Wenn dies so ist, kann auch die These vertreten werden, dass sich im Verhältnis zu dieser *Nachfrage* in den Gegenwartsgesellschaften neue Räume etabliert haben, in denen den Individuen das *Angebot* unterbreitet wird, das Netz als (virtuelle) Bühne für bewusste und unbewusste Darstellungen des eigenen Selbst nutzen zu können (‚demand pull'), es also durchaus nicht so ist, dass hier primär durch das Schaffen technisch-medialer Möglichkeiten sekundär ein Terrain für Individualisierungsprozesse und deren Expression entstanden ist (‚technology push')." (Kreß 2013, 22). Die Erwartungen an die Auswirkungen der Neuen Medien in der Gesellschaft sind breit gefächert. Banse (2006, 25) hebt drei idealtypisch formulierte Thesen voneinander ab, die alle Erwartungen und Befürchtungen zu Ausdruck bringen:

- für das weitere Bestehen menschlicher Gemeinschaften stellt der Cyberspace die Rettung dar („community saved");
- im Cyberspace können die Fesseln gesellschaftlicher Normen und Konventionen abgestreift werden („community deliberated");
- im digitalen Raum geht alles Menschliche und Gemeinschaftliche verloren („community lost").

Tabelle 1: Sechs digitale Nutzertypen im Vergleich, Typ 1–3

	Digitale Außenseiter	Gelegenheitsnutzer	Berufsnutzer

Durchschnittsalter	62,5 J.	41,9 J.	42,2 J.
Geschlecht	66% weiblich	55% weiblich	52% männlich
Bildung	überwiegend geringe formale Bildung	Einfache und mittlere formale Bildung	Einfache und mittlere formale Bildung
Berufstätigkeit	74% nicht berufstätig	56% berufstätig	85% berufstätig
Einkommen	Überwiegend unterdurchschnittliches Haushaltseinkommen	Durchschnittliches Haushaltseinkommen	Überdurchschnittliches Haushaltseinkommen
Familienleben	78% Ein- und Zwei-Personen-Haushalte davon 34% Ein-Personen-Haushalte	88% Haushalte mit zwei und mehr Personen	84% Haushalte mit 2 und mehr Personen davon 52% mit 3 und mehr Personen

Quelle: http://viewer.dialogperfect.de/public/ 198f7ec181f01309e49e91cbf2

Tabelle 2: Sechs digitale Nutzertypen im Vergleich, Typ 4–6

6 digitale Nutzertypen im Vergleich – Typ 4-6			
	Trendnutzer	**Digitale Profis**	**Digitale Avantgarde**

Durchschnittsalter	35,9 J.	36,1 J.	30,5 J.
Geschlecht	78% männlich	66% männlich	60% männlich
Bildung	Mittlere formale Bildung 40% Hochschule 13% Schüler	Hohe formale Bildung 40% Hochschule	Hohe formale Bildung 40% Hochschule 9% Schüler
Berufstätigkeit	65 % berufstätig 13% Schüler	81% berufstätig	74% berufstätig
Einkommen	Überdurchschnittliches Haushaltseinkommen	Stark überdurchschnittliches Haushaltseinkommen	Leicht unterdurchschnittliches Haushaltseinkommen
Familienleben	56% mit drei und mehr Personen im Haushalt oder in Partnerschaften	85 % mit zwei und mehr Personen im Haushalt oder in Partnerschaften	Hoher Singleanteil 26%

Quelle: http://viewer.dialogperfect.de/public/ 198f7ec181f01309e49e91cbf2 [15.08.2013].

Aber: Wenn die Akteure nicht ein Bedürfnis nach diesen neuen Möglichkeiten der Kommunikation hätten, würden sie dieses technische Angebot nicht annehmen, zumal es etliche materielle und intellektuelle Aufwendungen erfordert. Insofern kann behauptet werden, dass das Internet in gewisser Weise die realen gesellschaftlichen Verhältnisse widerspiegelt, erweitert durch einen neuen virtuellen Anteil. Ein Blick auf die derzeitigen Nutzergruppen in Deutschland zeigt, dass vorrangig junge Erwachsene Vorreiter der Internetnutzung sind.

Castells bezieht sich auf mehrere empirische Studien und zeigt, dass die Furcht vor negativen Folgen der Internetkommunikation momentan weitgehend unbegründet ist. Die Menschen geben ihre sozialen Bindungen nicht einfach auf. Im Gegenteil, auch folgende Verhaltensweisen wurden festgestellt (Castells 2001, 122):

- wer häufig das Internet nutzt, der telefoniert auch häufiger und sucht häufiger den persönlichen Kontakt zu anderen Internet-Nutzern,
- wer häufig das Internet nutzt, pflegt seine sozialen Beziehungen zur Familie und zu Freunden intensiver als andere Menschen,
- wer gut im Internet vernetzt ist, der ist auch in der Gesellschaft vielfältig vernetzt,
- wer im realen Leben seine Identität adäquat einschätzt, der lügt auch wenig bei der Kreation seiner virtuellen Identität.

Das zeigt, wenn Menschen sich in virtuellen Gemeinschaften organisieren, wenn sie eine virtuelle Identität annehmen, dann geschieht das innerhalb des realen Vergesellschaftungsprozesses und nicht in Absonderung zu diesem. Aber: Die neuen Vernetzungen lassen es angeraten sein, Netzwerkbeziehungen über die sozialräumlichen Grenzen hinaus zu betrachten. Der einzelne Akteur muss den sozialen Kitt in dieser weiten Vernetzung zunehmend selbst erarbeiten und auch pflegen.

„Benke bezeichnet virtuelle Räume als Quasi-Ersatzräume der Realgesellschaft. Er spricht sich dafür aus, das Internet nicht ausschließlich unter den Gesichtspunkten von Oberflächlichkeit, Distanz und Abstraktion zu betrachten, sondern das Netz als einen sozialen Raum zu erkennen, welcher durch Interaktion, Kommunikation, Emotion und dem Ausdifferenzieren von persönlicher Nähe und Distanz gekennzeichnet ist." (Kreß 2013). Daraus folgt: „Das Internet bildet nicht nur eigene Räume aus, sondern hat auch einen erheblichen Einfluss auf den bestehenden Sozialraum. Die Funktionen, welcher der Sozialraum innehat, werden [...] durch internetbezogene Anwendungen erweitert oder sogar ein Stück weit ersetzt. Dadurch ergibt sich eine Wechselbeziehung zwischen dem realen Sozialraum und dem Internet. Beide Komponenten beeinflussen sich gegenseitig, was entsprechende Wandlungsprozesse zur Folge hat." (Kreß 2013)

Dennoch: Wenn sie ihre Lebenswelt gestalten wollen, müssen die Menschen in die reale Welt zurückkehren. Das Abtauchen in die virtuelle Welt ersetzt nicht das praktische Leben.

Der soziale Raum löst sich nicht auf, er ergänzt sich nur durch eine virtuelle Facette. Die Körper der Akteure bleiben im sozialen Raum verhaftet, auch wenn sie immer häufiger in virtuelle Welten abtauchen und sich dort manchmal selbst neu erfinden. In Anlehnung an die elfte These über Feuerbach von Karl Marx könnte man formulieren: Die Akteure in den virtuellen Welten haben sich und diese Welten zwar neu erdacht, es kommt aber darauf an, das wirkliche soziale Leben zu leben und zu verändern.

Literatur

Banse, G. (2006): (Kulturelle) Identität, Gemeinschaft und netzbasierte Kommunikation – Anmerkungen zur Diskussion. In: Ursua, N.; Metzner-Szigeth, A. (Hg.): Netzbasierte Kommunikation, Identität und Gemeinschaft. Berlin

Beck, U. (1983): Jenseits von Klasse und Stand? Soziale Ungleichheiten, gesellschaftliche Individualisierungsprozesse und die Entstehung neuer sozialer Formationen und Identitäten. In: Kreckel, R. (Hg.): Soziale Ungleichheiten. Göttingen

Bourdieu, P. (1983): Ökonomisches Kapital, kulturelles Kapital, soziales Kapital. In: Kreckel, R. (Hg.): Soziale Ungleichheiten. Soziale Welt, Sonderband 2. Göttingen, 183–198

Bourdieu, P. (1986): Forms of Capital. In: Richardson, J.R. (Hg.): Handbook of Theory and Research for the Sociology of Education. Westport, 241–260

Bourdieu, P. (1991): Sozialer Raum und Klassen. Lecon sur la Lecon. Zwei Vorlesungen. Frankfurt am Main

Bourdieu, P. (1996): Die feinen Unterschiede. Kritik der gesellschaftlichen Urteilskraft. Frankfurt am Main

Bourdieu, P. (2005): Die verborgenen Mechanismen der Macht, hrsg. von M. Steinrücke. Hamburg

Bormann, R. (2001): Raum, Zeit, Identität. Sozialtheoretische Verortungen kultureller Prozesse. Opladen

Bürk, A. (2006): Raumtheoretische Positionen in angloamerikanischen und deutschsprachigen sozial- und kulturwissenschaftlichen Publikationen seit 1997. Ein Literaturbericht. Berlin

Castells, M. (2001): The Internet Galaxy – Reflections on the Internet, Business, and Society. Oxford

Foucault, M. (1991): Andere Räume. In: Wenz, M. (Hg.): Stadt-Räume. Frankfurt am Main/ New York

Bundesverband Interaktive Unterhaltungssoftware e. V. (2011): Gamer in Deutschland. Berlin, URL: http://www.biu-online.de/fileadmin/user_upload/pdf/ BIU_Profilstudie_Gamer_in_Deutschland_2011.pdf [April 2014]

Groebel, J.; Gehrke, G. (Hg.) (2003): Internet 2002: Deutschland und die digitale Welt. Internetnutzung und Medieneinschätzung in Deutschland und Nordrhein-Westfalen im internationalen Vergleich. Opladen

Heinritz, G. (Hg.) (1998): Sozialgeographie und Soziologie. Dialog der Disziplinen. Passau
Keim, K.-D. (1998): Sozial-räumliche Milieus in der zweiten Moderne. In: Matthiesen, U. (Hg.): Die Räume der Milieus. Berlin, 83–97
Kreß, J. (2010): Zum Funktionswandel des Sozialraums durch das Internet. URL: http://www.sozialraum.de/zum-funktionswandel-des-sozialraums-durch-das-internet.php [August 2013]
Kubicek, H. (2002): Vor einer „digitalen" Spaltung? Chancengleicher Zugang zu den neuen Medien als gesellschafts- und wirtschaftspolitische Herausforderung. In: Baacke, E.; Frech, S.; Ruprecht, G. (Hg.): Virtuelle (Lern)Welten. Herausforderungen für die politische Bildung. Stuttgart, 53–65
Kuhm, K. (2000): Raum als Medium gesellschaftlicher Kommunikation. In: Soziale Systeme. Zeitschrift für Theorie 6, H. 2, 321–348
Kutscher, N. (2003): Onlinenutzung und soziodemographische Differenzen von Jugendlichen. URL: http://www.kib-bielefeld.de/externelinks2005/sozialeungleichheit.pdf [April 2014]
Kutscher, N.; Otto, H.-U. (2004): Qualität von informeller Bildung im Onlinebereich unter der Perspektive sozialer Ausdifferenzierung. In: Otto, H.-U.; Kutscher, N. (Hg.): Informelle Bildung online. Perspektiven für Bildung, Jugendarbeit und Medienpädagogik. Weinheim
Löw, M. (2001): Raumsoziologie. Frankfurt am Main
Mackensen, R. (2000): Handlung und Umwelt. Beiträge zur soziologischen Lokaltheorie. Opladen
Matthiesen, U. (1998): Milieus in Transformationen. Positionen und Anschlüsse. In: Matthiesen, U. (Hg.): Die Räume der Milieus. Berlin, 13–83
Meyen, M. (2004): Mediennutzung. Mediaforschung, Medienfunktionen, Nutzungsmuster. Konstanz
Metzner-Szigeth, A. (2008): Von Cyber-Identitäten, virtuellen Gemeinschaften und vernetzter Individualisierung – Sozialpsychologische Überlegungen. In: Sic et Non. Zeitschrift für Philosophie und Kultur. Im Netz. Heft 9 (2008), 1–35
Misoch, S. (2006): Online-Kommunikation. Konstanz
Otto, H.-U.; Kutscher, N.; Klein, A.; Iske, S. (2004): Soziale Ungleichheit im virtuellen Raum: Wie nutzen Jugendliche das Internet? Erste Ergebnisse einer empirischen Untersuchung zu Online-Nutzungsdifferenzen und Aneignungsstrukturen von Jugendlichen. Publikation im Rahmen der Bundesinitiative Jugend ans Netz. URL: http://www.bmfsfj.de/Kategorien/Forschungsnetz/forschungsberichte,did=14282.html [August 2013]
Paschen, H.; Wingert, B.; Coenen, C.; Banse, G. (2002): Kultur – Medien – Märkte. Medienentwicklung und kultureller Wandel. Studien des Büros für Technikfolgen-Abschätzung beim Deutschen Bundestag, Heft 12. Berlin
Schmidt, J. (2004): Der virtuelle lokale Raum. Zur Institutionalisierung lokalbezogener Online-Nutzungsepisoden. Reihe @internetresearch, Band 19. München
Schulze, G. (1992): Die Erlebnisgesellschaft. Kultursoziologie der Gegenwart. Frankfurt am Main/New York
Simmel, G. (1958): Soziologie. Untersuchungen über die Formen der Vergesellschaftung. 4. Aufl. Berlin

Soja, E. (1996): Thirdspace. Journeys to Los Angeles and Other Real and Imagined Places. Malden; Oxford

Spiegel, E. (1998): „...doch hart im Raum stoßen sich die Sachen“ – Zur Aktualität eines Schiller-Zitates im Grenzbereich zwischen Soziologie und Sozialgeographie. In: Heinritz, G.; Helbrecht, I. (Hg.): Sozialgeographie und Soziologie. Münchner Geographische Hefte 78. Passau

Veränderungen im Kommunikationsverhalten in den neuen Medien

Urszula Żydek-Bednarczuk

1 Einleitung

„Neue Medien sind Techniken, Technologien wie auch Institutionen, die der Kommunikation dienen und bei Aufnahme, Speicherung, Datenaufbewahrung, Erstellen und Übertragen der Medien von den digitalen Methoden Gebrauch machen. Bei Übertragungen zeichnen sich die Neuen Medien durch eine vorhandene Hypertextstruktur, sowie durch Möglichkeit der Programmierung (...), der Interaktivität, der Anhäufung, einer globalen Reichweite und gleichzeitig durch eine individualisierte Reichweite aus" (vgl. Bauer 2007, 45). Ähnlich definiert Lev Manovich (vgl. 2006, 18-61) die Neuen Medien. Bei der Mehrheit der Definitionen liegen die Akzente auf dem Digitalen, das heißt auf einem digitalisierten Zusammenwirken der Menschen in den traditionellen Massenmedien; erst hieraus entspringt eine neue Kommunikationsqualität die einen Kommunikationsraum aufspannt, welcher von den Nutzern neue Verhaltensweisen erfordert. Die Konsequenzen betreffen sowohl wissenschaftliches wie Alltagsbewußtsein; sie bewirken eine veränderte Denkweise und im Endeffekt auch eine neue Kommunikationsart mit allen damit verbundenen Folgen.

Das Ziel des vorliegenden Beitrages ist es, den Gründen des veränderten Kommunikationsverhaltens nachzugehen. Hierzu gehören unter anderen Virtualisierung und Mediatisierung der Medien. Das Kommunikationsverhalten in den Neuen Medien ist eng mit Begriffen verbunden, wie *Globalhood, Folksonomie, Sharism, Wikis, Multitasking* und *Tactile Graphics Design*.

Der dezentralisierte Charakter der Kommunikation wird von einem Gefühl der Zusammengehörigkeit zu einer globalen Gemeinschaft der Internetnutzer getragen, das zur Entstehung der globalen Emotionalität der *globalhood* führt (McLuhan 1964; Maj 2009), was wiederum bei der sich vollziehenden Kulturevolution von grundlegender Bedeutung ist. Aus der Sicht der Medienanthropologie und der Kulturanalyse soll darauf hingewiesen werden, dass die Kommunikation im Netz einerseits eine phatische, unterhaltende und emotionale Funktion erfüllt und dass andererseits soziale Netzwerke (MySpace, FaceBook, YouTube, Flicker) nicht nur den Ort für eine derartige Kommunikation bieten, sondern zugleich auch gesellschaftliche Interaktionen implizieren, die zur Entstehung sozialer Beziehungen aufgrund ähnlicher psychologischer Profile, ähnlicher Vorlieben und Interessensgebiete beitragen.

2 Web.2.0 – Transformationen im Kommunikationsverhalten

Zu den wichtigsten Fragen im Kontext der Entstehung der neuen Medien zählt die Frage nach den Transformationen und den Veränderungen im Kommunikationsverhalten nicht nur bei einzelnen Nutzern, sondern auch bei Nutzergemeinschaften, die als soziale Netzwerke fungieren. Als ein Phänomen, das darüber hinaus zu einer neuen Auffassung der Virtualität führt, ist die Entwicklung des Web 2.0 anzusehen..

„Web 2.0 ist ein Schlagwort, das für eine Reihe interaktiver und kollaborativer Elemente des Internets, speziell des World Wide Webs, verwendet wird. Hierbei konsumiert der Nutzer nicht nur den Inhalt, er stellt als Prosument selbst Inhalt zur Verfügung. Der Begriff postuliert in Anlehnung an die Versionsnummern von Softwareprodukten eine neue Generation des Webs und grenzt diese von früheren Nutzungsarten ab. Die Verwendung des Begriffs nimmt jedoch zugunsten des Begriffs Social Media ab."[1] Web 2.0 ist eine technische Neuheit, die dank der Firma O´Reilly Media popularisiert wurde. Web 2.0 ermöglicht die Nutzung des Wiki-Mechanismus, umfasst Blogs und schließt ein XML-Schnittstelle ein, die wiederum den anderen Homepages und Anwendungen eine freie Nutzung der Web-2.0-Dateien und -Technologien ermöglicht, sowie der Inhaltsgenerierung durch die Nutzer (user-generated content), der Anwendung der Folksonomie, der Herausbildung neuer Gemeinschaften, der Erweiterung der Möglichkeit zur Kontaktaufnahme, der Nutzung der Netzeffekte sowie des Rückgriffs auf eine kollektive Intelligenz dient. Obgleich die Aufzählung aller dieser Möglichkeiten Schwierigkeiten bereitet, erleben sie doch eine Blütem die entscheidenden Einfluss auf die sozialen Netzwerke und auf die Blogersphäre hat. Dank dieses technischen Potentials ist der Nutzer von den Fesseln der klassischen Kommunikationskultur befreit und kannt das Angebot einer Teilnahmekultur zur Mitarbeit, zum kreativen Schaffen und zur Informationsverarbeitung wahrnehmen.

Neue Technologien verwischen die Grenzen zwischen den Netznutzern und den Netzautoren. Der klassische Zusammenhang zwischen Sender und Empfänger und einer darauf

1 Artikel Web 2.0 in der deutschen Wikipedia unter: URL: http://de.wikipedia.org/wiki/Web_2.0 [23.07.2014].

beruhenden Rückkoppellung besteht derzeit nicht mehr. Die Abgrenzung von Sender und Empfänger hat bekonnen sich zu verwischen, unsichtbar zu werden. Jeder einen Inhalt erzeugende Nutzer wird zu dessen Autor. Verwischt werden die Sphären von Privatem und Öffentlichen; lokale Bestände gelten somit als „Eigentum des Netzes" (vgl. Battelle 2006; Kerres 2006). Hieraus resultiert die Entstehung einer Teilnahmekultur (vgl. Jenkins 2006), die zu neuen Kommunikationsbedingungen führt. Eine Teilnahmekultur bleibt demokratisch, jeder kann sie mitbestimmen. Sie besteht zugleich in einem bestimmten technologischen Kontext.

„Das Netz der neuen Generation ist ein Informationsnetz mit wechselseitigen Verbindungen. Die alltägliche Erfahrung des Nutzers wird gekennzeichnet sein durch *Unverzüglichkeit*, weil neue Informationen dank der Automatisierung ununterbrochen dargeboten werden; durch *Offenheit*, mit einem nahezu universellen Zugang zu den von Nutzern im Netz bereitgestellten Informationen und durch *Gemeinschaftlichkeit*, weil zahlreiche Dienstleistungen und Applikationen nur für Nutzergruppen, nicht aber für individuelle Nutzer konzipiert werden" (Rudnicka 2009, 175). Die Aktivität der Nutzer, die im Sammeln von Information und deren Verfügbarkeit zum Vorschein kommt, ist für die zeitgenössische Kultur kennzeichnend. Der Mensch bringt bei den Interaktionen im Netz, getragen von Emotionalität und Engagement, seine Position in der Gesellschaft zum Ausdruck. Gleichzeitig hinterlässt er seine Spuren in der offenen Struktur der sozialen Netzwerke. „Obwohl das Bewusstsein über den dezentralisierten Charakter dieser Struktur überwiegt, so bildet sich doch ein Zugehörigkeitsgefühl zu einer Gemeinschaft der Netznutzer heraus und schafft eine G*lobalhood*" (Maj 2009, 147). Diese Erscheinung kommt bei sozialen Netzwerken, wie FaceBook, Twitter und bei anderen zum Vorschein, die nicht nur einem Informationsaustausch dienen, sondern auch zu Interaktionen auffordern, indem sie neue Beziehungen aufbauen. Diese Beziehungen bleiben aber locker und bei der Kommunikation kommen eine phatische und unterhaltende, statt einer informativen Funktion zur Geltung. Das belegen die in wissenschaftlichen Institutionen durchgeführten Untersuchungen (vgl. RIN 2010; Conole/Alevizou 2010; Buchem/Hamelmann 2011) Die Untersuchungsergebnisse belegen die Wirkung und die Beständigkeit der Interaktionen in sozialen Netzwerken. Die durchgeführten Untersuchungen führten zu Schlussfolgerungen:

- Vielfalt der Kontakte und Bekanntschaften, zugleich Oberflächlichkeit der Kontakte – von 740 Bekannten wurden 30 bewertet,[2] die der Benutzer anerkannt hatte. Es zählen ein großer Bekanntenkreis und Popularität – Informativität wird durch Interaktivität ersetzt;

2 Vgl. Serwis www.ngo.pl 2005.

- bei einem Facebook-Profil können Einträge von fremden Personen genutzt werden. Fotos werden aufbewahrt und lassen sich kaum löschen, obwohl man einen Löschantrag stellen kann. Somit besteht die Möglichkeit einer Datenmissbrauchs und einer Datenmanipulierung;
- bei einem wissenschaftlichen Experiment wurden Bekannte aus der virtuellen in die reale Welt eingeladen. Nur sehr wenige Personen kamen wirklich zu einer für den virtuellen Prominenten veranstalteten Ausstellung. Dabei waren es Personen, die in Realität bekannt waren;
- die Abhängigkeit vom Internet und das Fehlen einer Verständigung durch das Telefon. Die Nutzer verständigen sich in sozialen Netzwerken, und reagieren nicht auf ein klingende Telefone;
- stundenlanges Surfen im Internet – Abhängigkeit von diesem Medium;
- eine Karriere auf Facebook und in realer Welt – Künstler, Maler, Sänger mit einer riesigen Zahl der Fans auf Facebook sind in der realen Welt nahezu unbekannt.

Die Transformation vollzog sich auch auf der Stufe des Wissens, die man bei allen Wiki-Projekten finden kann, vor allem bei dem Vorzeigeprodukt, einer Internetenzyklopädie – Wikipedia. In Wikimedia Foundation finden wir außer der Wikipedia ihre Schwesterprojekte, wie Commons (Graphikdateien), Wikinews (Nachrichten), Wikiquote (Zitate), Wikisource (Quellen), Wikibooks (Lehrbücher) und andere (vgl. Bauer 2009, 258–259). Darüber hinaus hat jede Gemeinschaft einen Zugang zu Informationsportalen. Die semantischen Wiki-Schwesterprojekte beziehen sich somit auf das Wissen. Dabei sind an dieser Stelle zwei Fragen nach der Wissensqualität und nach ihrem Begreifen stellen. Ist das ein klares Wissen, das sich mit dem Wissen in der Realität vergleichen kann? Oder handelt es sich dabei um eine andere Wissensart – um ein Medienwissen? Ich gehe davon aus, dass die Medien die im Kopf eines Empfängers verankerte, kulturell verfestigte Realitätssichten modifizieren. Ich vertrete den Standpunkt von Teun van Dijk, (vgl. 2002, 18), der voraussetzt, dass in einer jeweiligen Gemeinschaft ein gemeinsames Allgemeinwissen vorhanden ist, das man als eine „gemeinsame kulturelle Basis“ bezeichnen kann. Sie basiert auf einem realen, wissenschaftlichen Wissen wie auch auf dem Alltagswissen und der Teilnahmekultur, die auf dem Common Sense aufsetzt. „Die Common Sense Rationalität untermauert ein in der Gesellschaft fungierendes gemeinsames Zeichengebilde von sprachlichen Strukturen, Vorstellungen und Ansichten. Die Konzeptualisierungen des Common Sense werden durch Antropozentriertheit, Konkretheit und einem mit gesundem Menschenverstand verbundenen Praktizismus bestimmt“ (Tokarski 1991, 146). Eine entsprechende Verbindung der Bestandteile der Alltagsrationalität mit denen der wissenschaftlichen Rationalität führt beim Übergang in die Neuen Medien zur Herausbildung einer neuen Art des Medienwissens, (vgl. Pleszczyński 2009, 293–303), die in sozialen Netzwerken und in der Wikipedia zum Vorschein kommt.

3 Wikipedia – Taxonomie oder Folksonomie

Die Wikipedia, gegründet nach dem Muster der Britischen Enzyklopädie, wird durch Netzgemeinschaften erstellt - seit ihren Anfängen steht somit die Frage nach der Qualität sowie der Zuverlässigkeit ihrer einzelnen Beiträge. Sie befindet sich in ständiger Umgestaltung, an der jeder teilnehmen kann, der ihre grundlegenden Prinzipien anerkennt.[3] Ist das in dieser Internetenzyklopädie versammelte Wissen als eine zuverlässige Wissensquelle aufzufassen oder haben wir eher mit „dem Bau einer Gemeinschaft zu tun, die einem vorgegebnenen Ziel verpflichtet ist?“ (Bauer 2009, 260). Sollte man Wikipedia in Kategorien der Anthropologie und der Alltagssoziologie beschreiben, und nicht nach Wissens- und Wissenschaftskategorien? Doch sie dient der Wissensgewinnung. Jaron Lanier (2006) warf der Wikipedia vor, dass sie die Bedeutung eines kollektiven Schaffens zum Fetisch erhebt, ohne Rücksicht darauf, was eigentlich geschaffen wird. Dies führt zu einer Wandlung der Bedeutung von Ursache und Folge bei der Subjektbeschreibung und selbst beim Beschreibungsprozess. Laniers Essay wirft für die zeitgenössische Kultur zentrale Fragen nach Verhältnis eines vernetzten Individuums zu einer vernetzten Gemeinschaft auf, hinterfragt die Chancen individuellen Denkens in einer Welt voll von im Netz verbreiteten Schemata. Wer macht von der Wikipedia heute nicht Gebrauch? Vom Schüler und Studenten, über den Wissenschaftler bis hin zum Alltagsnutzer: wir alle greifen auf die Dateien der sogenannten Gemeinfreiheit (*Public Domain*) zu. Die Daten werden kopiert und nach Belieben wieder zusammengefügt nach dem „Copy-and-Paste-Prinzip“. Diese Verhaltensweise der Nutzer Neuer Medien wurde zu einem gängigen Verfahren. Im umfangreichen Untersuchungsbericht der österreichischen Forscher aus Graz (vgl. Maurer et al. 2007) über Folgen der Nutzung von Google-ähnlichen Suchmaschinen wird oftmals auf Wikipedia hingewiesen. Die Wissenschaftler machen hierbei auf ein Google-Syndrom - „Copy-and-Paste“ - und auf das Phänomen einer gegoogelten Realität aufmerksam.

Diese Bezeichnungen veranschaulichen einen Prozess der Wissens- und Informationsgewinnung bei Studenten, Wissenschaftlern und Journalisten. Aus der Kreuzung von Google und Wikipedia ergibt sich ein gegoogeltes Wissen, mit den jewiligen negativen wie positiven Konsequenzen. Aus dem Gegensatz eines wirklichen, klassischen und eines gegoogelten

3 Vgl. Wikipedia – URL: http://de.wikipedia.org/wiki/Wikipedia.

Wissen entspringt eine weitere Transformation von Taxonomie und Folksonomie. Die Taxonomie setzt eine hierarchische Ordnung und eine Auszeichnung einer höheren Stufe innerhalb der Wissensordnung voraus – einer übergeordneten, allgemeinen Stufe wie auch einer untergeordneten Stufe, die spezifizierte Begriffe umfasst. Somit gilt die Taxonomie als eine ordnungsschaffende Struktur. Sie schafft ein mit Selektion und Rangordnungsbestimmung verbundenes Verfahren und weist einen speizifischen kulturellen Charakter auf (vgl. Weinberger 2005, 76). In den Neuen Medien tritt uns die Folksonomie entgegen, die dank unbewusster, intersubjektiver Prinzipien unter Inhalten Ordnung herstellen kann, gleichzeitig aber auch von der mittleren Stufe der für Alltäglichkeit und Common Sense relevanten Taxonomie Gebrauch macht. Man hat den Eindruck, dass der epistemische Rand des medialen Wissens von geringer Bedeutung ist. Viel wichtiger bleibt, wer das Wissen vermittelt und welche Intentionen er hat. Von Interesse bleiben nützliche (pragmatische) Werte und keine Erfahrungswerte, deren Bedeutung sich in konkreten Existenzsituationen entscheidet. Unterschiedliche Empfänger brauchen in unterschiedlichen Momenten Wissen. Dabei erfüllen die Medien die Rolle der Lieferanten. Die Folksonomie (vgl. Stępień 2010) stellt eine Erweiterung des Common Sense und der im Bildungsprozess erworbenen Kategorien dar. Anhand der kognitiven Schemata und der Wissensordnung kommt es – in einer für Benutzer intuitiv plausiblen Art und Weise – zur Herausbildung von neuen Wissensbereichen, sowohl auf einem privaten wie auch auf einem sozialen Niveau. Neue Bedeutungen werden Sachverhalten mittels verschiedener Aushandlungsmethoden in einer Art sozialem Spiel zugeschrieben. Die Nutzer verfügen über ähnliche Erkenntniskategorien aber auch über einen begrenzten Spielraum von ordnungsschaffenden Strategien im Bezug auf Sachen und Informationen. Das Wiki-Wissen verdrängt langsam das klare, klassische Wissen. Dies wird bei Arbeiten der Schüler und Studenten sichtbar, aber auch bei Veränderungen innerhalb der akademischen Diskurse.

4 Sharism, Multi Touch, Multitasking

Eine weitere Veränderung im Kommunikationsverhalten betrifft den Zwang zur globalen Mitwirkung und Teilung von Informationen, aber auch zum Austausch materieller Güter unter Verbrauchern. Die Sharism-Idee wurde zur Leitidee der CeBIT Messe 2013. Sharism (vgl. Mao 2007) wird zu einer Zeremonie, die in einer neuen Ideologie, einem ökonomischen, sozialen und kulturellen Spiel mündet und zu Veränderungen sowohl in der Kommunikation wie auch in der Kultur führt. Begleitet von stets auftretenden neuen Gadgets aktiviert sie alle unsere Sinnesorgane. Wolfgang Welsch behauptet: „Die Karten der Sinnlichkeit wurden neu gemischt." (Welsch 2003, 15). Die Gesten und der Tastsinn schaffen „eine neue Hülle" der Kultur, tragen zur Entstehung von neuen Kommunikationsverhalten bei, bringen Körper, Medium und Welt in eine Einheit. Nach Derrick de Kerkhove Ansicht wird eine neue Taktilität entwickelt. Anhand der Oralität entsteht *Multi-Touch* als neue Form eines „neuen Dialogs" (de Kerckhoves 2009, 46). In der Kommunikation unterliegt der Tastsinn einer Synchronisation mit anderen Sinnen. Gleichzeitig ist er bestrebt eine Kommunikation anzufangen. Gerade der Tastsinn, die Gesten und die Stimme gelten als Grundlagen von Handlungen mit neuen Gadgets. So können wir Elemente auf dem Display nach oben und unten schieben oder streichen, drücken, spreizen (um zu zoomen) mit dem Finger Kreise zeichnen, Handbewegungen machen, wobei unser elektronisches Gadget Aktivitätszeichen von sich gibt. Die Vielfalt von *Multi-Touch* gewinnt in der Kommunikation an einer neuen Bedeutung. „Die Hand wird zum Werkzeug, die auf einer gläsernen Oberfläche über dem elektrischen Feld Gesten vollführt, die einem Vorhaben oder einem Wunsch entspringen; ein menschliches Verlangen wird in einem Gerät erfasst, in einen Tanz der elektronischen Impulse umgewandelt und als Bild und Information dargestellt" (vgl. Orzeł 2012, 146). Das Neo-Schrifttum in der Form der Technik gilt als Folge eines neuen Kommunikationsverhaltens und als Auslöser für kulturelle Veränderungen.

Eine weitere Umwandlung betrifft die mentalen Prozesse, die sich bei der Medienkommunikation in einem Menschen vollziehen. Unsere Gegenwart wird durch Smartphones, Tablets, iPod und andere mobile taktile Medien nach einem „hier und jetzt"-Prinzip definiert. Unser Umgang mit neuen Medien ist sehr persönlich und betrifft die alltägliche Handhabung der Gerätschaften. „Wir fangen an zu denken und zu sprechen nach den von den Maschinen vorgeschlagenen Kategorien" (Bolter 1990, 43). „Die neue digitale Technologie beeinflusst nicht nur unser Denken, sondern auch die Art, wie wir fühlen, wie wir uns verhalten und wie unser Gehirn arbeitet." (Small/Vorgan 2009, 10). An dieser Stelle möchte auf jene Handlungen näher eingehen, die meines Erachtens die Veränderungen in Kommunikationsverhalten wesentlich beeinflussen. Dazu gehören: gleichzeitiges Abarbeiten mehrerer Aufgaben (*mulitasking*), Informationsverwaltung (*curation*), Aktualisieren und Handlungsschnelligkeit (*update*).

Multitasking kommt in unserer Medienumwelt alltäglich zum Vorschein. Doch man sollte eingehender bedenken, welche Folgen Multitasking für unsere Denk- und Handlungsweise hat. „Viele Menschen ersetzen gedankliche Tiefe und Subtilität durch rasch abrufbare mentale Fakten, die möglicherweise nur an der Oberfläche kratzen. Das Durcheinander, der Lärm und die häufigen Unterbrechungen, die auf uns einstürmen, fördern zusätzlich diese hektische Art zu denken." (Small/Vorgan 2009, 102). Fragmentierung,

Schnelligkeit, Oberflächlichkeit werden zu Eigenschaften dieser Handlungsweise. Die Verfasserin des Beitrages mit dem Titel *Skoncentruj się!* [Konzentriere dich!] zieht aus den wissenschaftlichen Untersuchungen folgende Schlussfolgerung: „Je mehr Sachen wir gleichzeitig machen, um so schwieriger ist es für uns, sich auf eine einzige Aufgabe zu konzentrieren, wir sind überfordert und entwickeln ein schwächeres Gedächtnis. Am schlimmsten ist aber das, dass wir bei der Konzentrationsverteilung oftmals viele Fehler begehen" (Zaraska 2011, 87). Die Technologie hat unsere Gehirne verkabelt (Rischel 2010), gleichzeitig führen wir zahlreiche Handlungen durch und unterliegen einem medialen ADHS- Syndrom, bei dem sich unser Gehirn den Anforderungen der neuen Medien unterordnet. Die Multitasking wird von einer unaufhörlichen Flut an Texten und Informationen begleitet. Ein überdimensionaler Überfluss der in Gang gesetzten Inhalte, ihre falsch durchgeführte Auslese und daraus resultierende Gefühle - Leere, Unsicherheit, Ambivalenz - wie auch Störungen im Informationsmetabolismus (Informationenüberfluss überflutet einen Menschen bei gleichzeitiger Ebbe bei Informationssenden) verursachen, dass der Mensch zur Informationsverwaltung gezwungen ist. Wir führen eine Selektion der Informationen durch, wählen die aus, die uns nützlich erscheinen; wir folgen dem *Cut-and-Paste*-Prinzip, wir modifizieren Informationen gemäß unserer Ansprüche, aber die Informationen strömen weiter auf uns ein, ununterbrochen und ungeordnet. Wir sind nicht imstande das klare, epistemische Wissen zu aktivieren, es gelingt uns nur unser unzusammenhängendes Alltagswissen zu aktivieren. Somit kommt es zu Verschiebungen, Transformationen innerhalb der klassischen Kommunikationsverhaltensweisen, die „im Endeffekt zu einer Änderung in der Lektüre führen, die durch eine aktive Interpretation, eine auf Navigieren basierende Dekonstruktion, ersetzt wird" (vgl. Miczka 2002, 123). Der Nutzer schafft einen offenen Text, der in jeder Minute aktualisiert wird, einen Text von scheinbarer Stabilität, welcher keinesfalls einer normalen Lektüre aber einem neuen Interpretationstyp (Navigieren) unterliegt, die einer Abzweigung der Denkprozesse nahe steht. Diese neue Schaffens- und Nutzungsart eines Textes deckt sich mit einer neuen Art von Lesen und Begreifen. Eine Lektüre bleibt zerrissen und fragmentarisch, wobei Überschriften bevorzugt werden. In einem letzten Schritt wird eine solche Art des Wissens mithilfe von E-Mail, Facebook oder anderen Kanälen geteilt (*sharism*). Nur so kann der Text im Umlauf gehalten werden. Dieser Tofflerische Sockel (Toffler 1983) wird zum A und O der Kommunikation. Dabei werden die den Neuen Medien angepassten Kommunikationsformen verwendet.

5 Fazit

Die im Beitrag erörterten Veränderungen werden von einer Geschwindigkeit des Internets, der Übertragung, der Alltäglichkeit begleitet. Schlussfolgernd soll Neil Postman zitiert werden, der feststellt: „Keine Kultur kommt umhin, sich, sei es auf vernüftige oder auf unvernünftige Weise, mit der Technik auseinanderzusetzen. Es wird ein Handel abgeschlossen, bei dem die Technik gibt und nimmt." (Postman 1992, 13). Auch Small und Vorgan (2011) berichten über eine Anpassung des menschlichen Gehirns an die Kommunikationsveränderungen. Es vollzieht sich eine Art von Softwareaktualisierung, die Veränderungen im Kommunikationsverhalten der einzelnen Nutzer bewirkt. Mails, Googeln, Verfassen von Einträgen, führen zur Schärfung unserer Wahrnehmungsfertigkeiten. Sie zeichnen sich im Vergleich zu der klassischen Kommunikation aber durch eine andere Qualität aus. Die alltägliche Dateienflut, der wir ständig ausgesetzt sind, schafft eine Art des Aufmerksamkeitsdefizits, wobei unser Gehirn nicht imstande ist, sich auf eine schnelle Informationsverarbeitung umzustellen. Das Common-Sense-Wissen und die für die Wahl einer Information verantwortlichen kognitiven Schemata verstärken die Fähigkeiten unseres Gehirns. Sie bringen uns neue Prozeduren bei und stellen eine neue Intelligenzart her. Derrick de Kerckhove macht auf eine neue Art offener Intelligenz aufmerksam (vgl. de Kerckhove 1997). Die Applikationen modifizieren die Wahrnehmung alltäglicher Begebenheiten. Wir verbinden die reale Welt mit der virtuellen. Als Beispiel könnte eine Werbung über Mediennutzung dienen, in der jeder Mensch navigiert, seine Bekannten benachrichtigt und Beleuchtung, Strom, Öffnen und Schließen des eigenen Hauses selbst verwalten kann. Das Leben ohne Neue Medien ist heutzutage unvorstellbar, doch wir alle spüren deren sowohl positive wie auch negative Folgen und Auswirkungen.

Literatur

Battelle, J. (2006): The search: How Google and its rivals rewrote the rules of business and transformed our culture. New York u.a.

Bauer, Z. (2007): Nowe media [Neue Medien]. In: Chludzi¤ski, E. (Hg.): Słownik wiedzy o mediach. [Wörterbuch des Wissens über die Medien]. Warszawa/Bielsko-Biała, 42–66

Bauer, Z. (2009): Dziennikarstwo wobec nowych mediów. Historia. Teoria. Praktyka [Journalismus gegenüber den neuen Medien. Geschichte. Theorie. Praxis]. Kraków

Bolter, J. D. (1990): Człowiek Turinga. Kultura zachodu w wieku komputera [Turing's Man. Western Culture in the Computer Age]. Übers. von T. Goban-Klas, Warszawa

Buchem I.; Hamelmann, H. (2011): Developing 21st century skills: Web 2.0 in higher education – A Case Study. URL: http://www.openeducationeuropa.eu/de/download/file/fid/22297 [28.07.2014]

Conole, G.; Alevizou, P. (2010): A literature review of the use of Web 2.0 tools in Higher Education. URL: http://www.heacademy.ac.uk/assets/EvidenceNet/Conole_Alevizou_2010.pdf [28.07.2014]

Dijk van, T. A. (2002): Political discourse and Ideology. In: Lorda, C. U.; Ribas, M. (eds.): Anàlisi del discurs polític. Barcelona, 15–34. Auch unter: URL: http://www.discourses.org/OldArticles/Political%20Discourse%20and%20Ideology.pdf [28.07.2014]

Jenkins, H. (2006): Convergence Culture. Where Old and New Media Collide. New York

Kerckhove de, D. (1997): Connected Intelligence: The Arrival of the Web Society. London

Kerckhove de, D. (2009): Umysł dotyku. Obraz, ciało, taktylność, fotografia. [Geist des Gefühlsinns. Bild, Körper, Tactile, Fotografie], In: Maj, A.: Derda-Nowakowski, M. (Hg.): Kody McLuhana. Topografia nowych mediów. [Mc Luhans Code. Topographie der neuen Medien]. Katowice, 45–51

Kerres, M. (2006): Potenziale von Web 2.0 nutzen. In: Hohenstein, E.; Wilbers, K. (Hg.): Handbuch E-Learning. München

Lanier, J. (2006): Digital maoism. The Hazards of the New Online Collectivism. Edge. The Third Culture. URL: http://www.edge.org/3rd_culture/lanier06/lanier06_index.html [28.07.2014]

Maj, A. (2009): Wikifikacja wiedzy, Travel 2.0 i globalhood. [Wikifizierung des Wissens, Travel 2.0 und globalhood]. In: Maj, A.; Derda-Nowakowski, M. (Hg.): Kody McLuhana. Topografia nowych mediów. [Mc Luhans Code. Topographie der neuen Medien]. Katowice, 143–168

Manovich, L. (2002): The Language of New Media. Cambridge/Mass.

Mao, I. (2007): Sharizm is not Communism, not Socialism. URL: http://www.isaacmao.com/meta/2007/09/sharism-is-not-communism-nor-socialism.html [28.07.2014].

Maurer, H. et al. (2007): Report on Dangers and Opportunities Posed by Large Search Engines Particularly Google, September 30, 2007. URL: http://www.iicm.tugraz.at/iicm_papers/dangers_google.pdf [28.07.2014]

McLuhan, M. (1964): Understanding media: the extensions of man. New York u.a.

Miczka, T. (2001): O zmianie zachowań komunikacyjnych. Konsumenci w nowych sytuacjach audiowizualnych. [Über Veränderungen im Kommunikationsverhalten. Die Verbraucher in neuen audiovisuellen Situationen]. Katowice

Orzeł, B. 2012, „Appleizacja“ kultury. Zmiana zachowań komunikacyjnych w kontekście nowych mediów. [„Appleisierung“ der Kultur. Veränderungen des Kommunikationsverhaltens im Kontext der neuen Medien]. Magisterarbeit im Institut für Kulturwissenschaften und Interdisziplinäre Studien INoKiSI, Schlesische Universität in Katowice

Pleszczyński, J. (2009): Wiedza medialna i jej status. [Medienwissen und ihr Rang], In: Hofman, I.; Kepa-Figura, D. (Hg.): Współczesne media. Status. Aksjologia, Funkcjonowanie [Zeitgenössische Medien. Rang, Axiologie, Vorhandensein]. Lublin

Postman, N. (1992): Das Technopol. Die Macht der Technologien und die Entmündigung der Gesellschaft. Frankfurt am Main

RIN (2010): If you build it, will they come? How researchers perceive and use web 2.0. URL: http://www.rin.ac.uk/system/files/attachments/web_2.0_screen.pdf [28.07.2014]

Rischel, M. (2010): Attached to Technology and Paying a Price. In: The New York Times, June 6. 2010 (URL: http://www.nytimes.com/2010/06/07/technology/07brain.html [28.07.2014])

Rudnicka, P. (2009): Psychologiczne właściwości środowiska Web 2.0 [Psychologische Eigenschaften des Web 2.0 Umwelts]. In: Maj, A.; Derda-Nowakowski, M. (Hg.): Kody McLuhana. Topografia nowych mediów. [Mc Luhans Code. Topographie der neuen Medien], Katowice, 169-186

Serwis www. ngo. pl (2005), URL: http://files.gemius.pl/Case_Studies/NGO_gemius Profile_2005.pdf [28.07.2014]

Small, G.; Vorgan, G. (2009): iBrain. Wie die neue Medienwelt Gehirn und Seele unserer Kinder verändern. Stuttgart

Stępień, K. (2010): Folksonomie czyli społecznościowe opisywanie treści. [Folksonomien oder gemeinschaftliche Inhaltsbeschreibung]. Warszawa

Toffler, A. (1983): Die dritte Welle - Zukunftschance: Perspektiven für die Gesellschaft des 21. Jahrhunderts. München

Tokarski, R. (1991): Wartościowanie człowieka w metaforach językowych. [Menschenwertung in sprachlichen Metaphern], „Pamiętnik Literacki" LXXXII, 1991, H. 1, 144-157

Weinberger, D. (2005): When Things Aren't What They Are. In: Schöpf, Ch.; Stocker, G. Cantz, H. (eds.): Hybrid - Living in Paradox. Ars Electronica 2005. Linz, 76-88 (siehe auch: URL: http://90.146.8.18/en/archives/festival_archive/festival_catalogs/festival_artikel.asp?iProjectID=13271 [28.07.2014])

Welsch, W. (2003): Ästhetik außerhalb der Ästhetik. Für eine neue Form der Disziplin. In: Action, Criticism & Theory for Music Education. Vol. 2, No. 2, 1-40 URL: http://act.maydaygroup.org/articles/Welsch2_2Deutsch.pdf [28.07.2014]

Zaraska, M. (2011): Skoncentruj się! [Konzentriere dich!], „Newsweek" 2011, Nr. 48, 86-89

Popularisation of R&D Results in New Media: Opportunities, Effects and Problems

Karel Mráček

In recent years scientific and research institutions have put a stronger focus on the popularisation and promotion of their results and activities. The expectations in the field of popularisation of research results and PR are - especially with respect to certain target groups - often associated with new media (Internet, social networks). Their activities are then motivated to a large extent by the need to find and secure sufficient funding for research and development. This makes it necessary to convince government authorities and enterprises that the resources spent on research programmes are useful, but also to convince the general public (i.e. taxpayers) that science and research are beneficial to society. However, there is more to it than just mere financial thinking; the future of science is unthinkable without attracting talented young people for professional scientific careers.

1 Communication as a tool of research marketing

The popularisation of research results and PR is a task of of communication which represents an important marketing tool, and as such it has to be understood in the broader context of marketing.

The possible connection between marketing and academic science appears to be mainly in focusing on the promotion and popularisation of science and scientific results to the general public. In this connection, the desired co-operation between academic and application (entrepreneurial) sphere obtains a new context, although this co-operation clashes with the cultural diversity of these spheres. Problems with mutual understanding and relationships between the academic and entrepreneurial sphere are mainly but not exclusively the result of differences in their basic motivation - *publish or perish* versus *innovate or die*.

More options and more room for the use of marketing can be found in the field of applied research and development (R&D). If a company's R&D is to create value, it must be primarily tied to market needs. Very frequently, researchers are enthusiastic about their new technical solutions, forgetting that the lack of commercial use might cause problems.

Foreign and domestic experience has shown that product-related commercial failures and market risks caused by research and development solutions are much more frequent than any potential technical risks.

Problems with the interconnection between R&D and market knowledge, especially with good knowledge of the clients' needs, cannot be solved unilaterally. Instead, there should be a combination of two aspects biasing the creation of research and innovation incentives, so-called „demand pull" and „technology push". Demand pull (or market pull) stands for looking for the best way to meet the needs of existing customers or newly emerging customer demands. This approach leads primarily to the improvement of existing products and technologies, i.e. to products and process innovations at lower levels. The risk here may lie in the gradual loss of competitiveness. Technology push in contrast enhances the development of competitive applications for new products profiting from research and development processes, as well as it generates new markets for conceptually new and different products. This often results in revolutionary and radical innovations. They are naturally associated with a higher risk, but on the other hand they also create a potential for high returns and profits. What is essential for technology push is the creation of new needs of potential customers, but it also requires well-developed and effective marketing, especially with regard to its communication mix.

General principles for the effective use of marketing also apply to research. In this area, marketing cannot be reduced to mere advertising or other research-supporting communication tools such as a few eye-catching promotions. Promotion and popularisation of R&D facilitate to achieve objectives which vary in individual segments and whose starting is the product. As a result, other product-based tools of marketing mix are used including those representing communications. Marketing is not about the tools as such, but first of all about their use. Generally, the product can then be anything that might be offered to the market or to society.

Market segmentation plays a very important role in marketing. The following social domains and their objectives can be identified both for research organisations and corporate research[1]:

- *Government sector* (government authorities or politicians): Suitable marketing contributes to obtaining research funds from public funds.

1 If need be they can be further specified more closely and/or divided with respect to the requirements of a specific institution.

- *Application sphere* (industrial and other companies): Marketing efforts addressed to this sphere have financial effects through successful sales of developed technologies, cultivated varieties or pieces of knowledge.
- *University and high school students* (youth): Promotion of research and its results in order to attract skilled young people to research.
- *Public*: Promotion of beneficial R&D results to show taxpayers that investments into this sector were meaningful.

With respect to target groups there are some differences, for example between public research institutions that deliberately aim marketing mainly at the government sector, at students or at the general public. On the other hand there is also corporate R&D whose main target segment belongs to the application domain. Individual marketing mix tools (including communication mix tools) should be used adequately by taking into account characteristics of the target segments.

It was observed that with regard to communication mix it is distinctly useful for a research organisation to create an integrated marketing communication with the surrounding world. There is an increased usage of different communication tools (i.e. websites, promotional materials, presentations, videos, newsletters, profiles on social networks, blogs) including a growing proportion of visual communication with the aim to promote and popularise R&D, but the force of their interaction is usually neglected. The concept of integrated marketing communication is based on the fact that individual instruments and forms of communication should not operate separately and independently of each other, but that they should be linked up to benefit from all the synergies and cost savings. Integrated marketing communication means to ensure that brand position, product characteristics and the required communication message is systematically included in every element of communication and handed down within the framework of a consistent communication strategy. Reasons for pushing ahead integrated marketing communications primarily lay

- in the weakened confidence in media advertising (caused by media space fragmentation and associated with growing competition),
- in the increasing importance of more precisely targeted communication (conditioned by the development of the Internet and new communication technologies),
- in increasing demands for services of communication agencies (the number of agencies combining PR and other forms of communication mix has been booming)
- and also in a shift towards global marketing communication.

Although the communication effect of research results can be significantly influenced by a medially present scientific personality, research organisations in the Czech Republic rarely make use of this strategy. It is presumably possible that top researchers and innovators publicly act as opinion leaders by replacing sportsmen and other so-called celebrities. However, the fact that their mediatisation should revolve around their story leads to several difficulties since not everyone has enough public appeal to communicate research results to the audience in a generally acceptable way. Therefore, it is necessary to select and systematically prepare appropriate people who have the ability to look beyond their field of specialisation.

In recent years the communication of research results with the help of new media has been significantly enforced. It is important to note that the Internet and social networks are an integral part of different channels and platforms of communication; they do not exist as a separate and independent section disconnected from offline communication in the framework of integrated marketing communications or from the general marketing strategy of an institution or company. But at the same time, the Internet provides specific options to achieve established communication goals. In this sense, it is crucial to keep in mind that „to have a website" or „to be on Facebook" is not the goal, as it only represents an instrument to achieve the goal.

2 Differences in communication of basic and applied research

There are thousands of sites, blogs, Facebook profiles and links on the Internet, aiming at the popularisation of science and/or the results of basic research. Much less can be found with regard to the popularisation of applied research. The explanation probably lies in different communication objectives set by organisations which carry out basic and applied research.

The obvious and primary goal is to recruit students and young skilled people for professional scientific careers. This applies especially to public institutions, in the Czech Republic for example represented by the *Academy of Sciences of the Czech Republic*, by universities and colleges and by research institutes founded by government authorities[2]. Another reason for basic research communication is the financing model of these institutions. This model requires securing the „publicity" of a research project and its results. Furthermore, it is also essential to convince the general public (i.e. taxpayers)

2 The *Academy of Sciences of the Czech Republic* has for example a department for the popularisation of science and marketing, a department for medial communication and a council for the popularisation of science as an advisory body. It organises events like the „Week of Science and Technology", the „Open Science" project or science cafes to attract the youth and the public.

of the benefits of science for society. And finally, the communication of achievements in scientific research is part of national political and institutional agendas in order to dissociate from foreign countries.

The situation in the field of applied research is different, especially if research is carried out by commercial entities. The main objective here is to find the interconnection between research results and their potential commercial users. The goal of communication carried out by institutions and companies of applied research are not only to attract customers, new partners and employees, but also to acquire public and private research funding as well as external know-how and capacities.

3 Specific properties of communication on the Internet and promotion of research results

When popularising research results on the Internet, its specific properties must not be overlooked. Communication through the Internet offers numerous benefits for science and research, but at the same time it also bears some disadvantages and risks. Firstly, there is the aspect of the durability and traceability of older pieces of information or articles, of discussions about research topics, accomplishments or scientific institutions. Unlike with traditional media, Internet users obtain fast and easy overviews via online search of a particular research area. This includes information about what was written when on the topic in the media and about personal opinions in chats and blogs. Online contents and communication are therefore not „lost". However, apart from objective and constructive information, inaccurate and biased statements are also not lost.

Information on the web can be found by users anywhere in the world, as it essentially entails global coverage. This is different from printed media whose scope is decisive (e.g. local, regional, national or international). Still, the language of communication may constitute a restriction for users around the world.

Associated with quick and easy access to online information on research results and projects is the negligibility to visit libraries or information centres, to search catalogues and professional journals. Interested parties can get the desired information by one or several clicks. This is certainly an advantage. On the other hand, this is also a maliciousness of the Internet as people may leave the page or profile in the same way and go elsewhere. That happens if they fail to find the respective information quickly. Thus, evaluable data like the mean time of a website visit and the bounce rate of the page is very important for tools like Google Analytics.

Unlike traditional media, the Internet enables communication in both directions. Users are often not only passive recipients of messages; they expect mutual communication by responding to threads, making comments and interviews or requesting additional information as they come with their own experience. Successful communication in the new media requires to be prepared for real dialogue which can be a stimulating aspect for researchers. Nevertheless, this interactivity generates new temporal requirements and costs. Online communication can therefore not be considered as a cheap way of promoting and popularising research results.

The interactivity also bears risks because most online contents such as blogs, reviews or videos are created by users which might result in a loss of control. It is impossible to distinguish relevant content which is correct from that which is untrue or distorted. For example, unfair and biased article discussions in online periodicals are inevitable, as well as it is also difficult to manage comments and contributions in institutional social network profiles. Different from printed journals, there is no way to judge and check user-generated content in advance, but only to monitor and respond to it.

However, the Internet also offers a new option, since so-called crowdfunding denotes an additional source to support research. This phenomenon has been booming in the last few years, particularly in the U.S., and it has also reached the world of science. Especially young researchers obtain targeted support for their specific projects from the public. They create websites on which they present their projects and plans (e.g. in a video clip) and ask keen visitors to support them financially. This form of donating signifies a certain alternative for research financing.

In this sense, there has recently been started a lively discussion about viral effects and viral marketing, a phenomenon which I will explain more thoroughly in the following.

4 Viral marketing

„People interact with each other. Nothing for them has such an impact as a recommendation from a person whom they know well“ (cf. Rostecký 2012). These are reputedly by Czech Internet sources the words of Mark Zuckerberg, the founder of the social network Facebook, from 2007. As a matter of fact, he did not say anything new. Marketing experts knew much earlier that indirect advertising for a product or service in form of a positive appreciation and favourable recommendation from someone you know personally is much more effective than an official advertisement. Indirect advertising thus has a much stronger effect than direct advertising and therefore plays an irreplaceable role. Likewise effective is a critique of the negative aspects of a particular product or service.

In addition, there was an oversaturation of traditional advertising, so advertising and PR agencies had to find new ways of captivating target groups and of highlighting a company, institution, product or service. At the same time marketing got into an economic „fire“ in terms of cost reduction. So-called viral marketing constituted a new possibility to solve this problem by making use of the rapid development of information and communication technologies (ICTs).

Driven by the abovementioned oversaturation and cost reduction, viral marketing takes advantage of the indirect effects of advertising by propagating e.g. commercial messages via Internet and social networks. It is a planned activity that by its nature encourages a recipient to disseminate. The prerequisite is an original and novel idea that attracts attention. It must engage and entertain the addressee so far that he or she decides to share the message with others. Eventually, the initiator of the advertisement is found out often surprisingly. In research PR viral marketing can be used in terms of an interesting and witty statement on an aspect or the achievement of a particular research project.

Given the proper selection of its distributors, viral marketing can be used as a communication tool for most individuals, companies or institutions, including various target segments of R&D. The suitability of its use is usually determined by an initial creative input (an idea that catches the eye), by the proper content of the communication on research and on its relevance for interested persons rather than by a specific brand. It is crucial that viral marketing is most effective in combination with other tools (i.e. communication mix) and that it rarely works successfully as a standalone tool.

In summary, viral marketing has the following general features that are also applicable to R&D:

- The use of social links in combination with the Internet and mobile technologies (i.e. using the possibilities of new media);
- the possibility of marketing communication (i.e. how to attract the target group and highlight the product, company, organisation, or brand);
- its essence is presented in an online message or report that is so catchy that Internet users distribute it immediately;
- this secures its success;
- all this rests on the assumption that the best advertising is a recommendation by close acquaintances (i.e. indirect advertising).
- These are the benefits of viral marketing:

- The chance to reach relatively many potential customers with the offered products due to messages being duplicated, recorded, sent or shared millionfold (this can be therefore considered as a good opportunity for the communication of research results);
- its attractive form of communication about research and development;
- relatively low costs (compared to the costs of classic advertising in traditional media).
- The disadvantages of viral marketing include the following:
- It can be hardly envisaged which form and sort of message (e.g. video, report or image) will stimulate viral propagation;
- frequent viral spread of negative, unverified, biased or even false information;
- minimal control over the distribution of a given message;
- relatively poor feedback.

5 The use of new media in the Czech Republic

In 2012, 70 % of the Czech population over the age of sixteen used the Internet. In general, it is still true that the Internet is used more frequently by men than by women, by younger than by older people and by individuals with higher education. Compared to the EU the number of Internet users among the adult population ranges to EU-28 average, but in the group of students and university graduates the use is not different from the same population groups in western and northern European countries. The Czech population most frequently visits the Internet for communication, information procurement and also for entertainment. (cf. Czech Statistical Office 2013/1).

A huge growth of social networks has been registered in the last years. Before all others Facebook is the dominant player in this field worldwide. In 2012, the number of monthly active Facebook users reached one billion. Other popular social networks include Twitter, LinkedIn, YouTube, Google+ and numerous blogs. About 30 % of the population of the Czech Republic was on Facebook in 2012 with the number of active users having increased more than five times in three years. While e-mail is a device spanning all age groups, social networks are clearly prevalent among younger people and students, although a further expansion into other age groups is expected. It is mainly for entertainment that the young generation spends time for on Facebook; only 9 % of its users in the Czech Republic use it for professional purposes, as opposed to a large amount of insignificant and even useless contributions often assessed by so-called likes (cf. Czech Statistical Office 2013/1). In the context of science the question arises to what extent it could be an appropriate and effective communication platform. However, the generation of specialised Facebook sites shall not be the focus of attention here.

Social networks in the Czech Republic are experiencing considerable dynamic growth. In contrast and according to the last survey by the Czech Statistical Office (2013), Facebook et al. are not very successful in the corporate sector. In January 2012, eight out of ten Czech enterprises maintained websites which is the eighth highest rate in the EU. Compared to the year 2000 when 40 % of businesses had their own websites, the share has doubled. At the same time there has been a dramatic change in the appearance and content of the homepages. Today one third of enterprises have their website in another language besides Czech.

While early in 2013 nearly every company had online presence, social media were used by less than 17 % of companies with more than 10 employees. There were 27 % of large companies using them compared to 15 % of small enterprises. The leading sector here was information and communication (46 %). Most popular was the social network on which 15 % of enterprises had their own account. Significantly fewer were engaged in corporate blogs (3.5 %) or shared multimedia content on websites (5.6 %) (cf. Czech Statistical Office 2013/2).

6 The use of social networks in popularisation of science and research

The usage of social networks for science and research would have to take into account the possible combination of popularisation with a particular target group. The role of social networks in general and in relation to research popularisation should not be overrated. Exaggeratedly, platforms like Facebook often resemble non-binding „pub talks“ in a modern electronic world. Both pubs and social networks are frequented in order to seek distraction and conversations. The web may have changed the means of conversation technically, but behavioural patterns remain the same.

One of the traps a research institute might walk into is for example the misconception that lots of people are very easily addressed via social networks. But how does the distribution of information really work? First of all a person must find the profile of the organisation, for example on Facebook. This network is glutted with thousands of profiles of commercial companies, non-profit organisations, schools, political parties, clubs and so on, all vying for the attention of the potential user. In this environment there is relatively little chance of being noticed and talked about, especially with regard to the abovementioned entertaining purpose of social networks. Additionally, attracting the attention by developing advertisements is linked to extra costs, but it can also be attracted by a catchy page title.

Moreover, awareness of the existence of the page is not enough. Users must become fans of it and add it to their favourite sites; science has to be offered in a fun package. Still, the fans will mainly be people who are interested in the respective scientific discipline. Social networks are a mass phenomenon, but it is evident that they will never be a mass means of communication to promote science. In this sense there is no „trawling“ but only „angling“. A good strategy for science in social networks is thus the gradual and patient search in order to bring together young enthusiasts with a deeper interest in the scientific field. Specialised pages with an attractive design can help accomplish this goal.

Popular Czech science profiles usually have a couple of hundred fans, but the number of fans of some of them is significantly growing. The Academy of Sciences of the Czech Republic has not yet an official Facebook profile, though about one third of its institutes have their own profiles. Growing attention to social networks is paid by universities and colleges, and recently also by applied research. Overall, in 2013 most research organisations in the Czech Republic did not make communicative use of the networks, but they all used websites. Compared to other developed countries social networks in the Czech Republic are used less to popularise science and the number of users and fans is also significantly lower.

Potentials of social networking:

The potential of social networks lies in the possibility of fast and inexpensive dissemination of information together with the chance to create space for mutual dialogue. Social networks unlike traditional media allow two-way communication. Their users can immediately edit contents, comment on them, share and communicate them within the whole network. Information can thus be spread rapidly both in a national and international scale. In this context it is necessary to consider what the promotion of research results through social networks is supposed to achieve and whether the target group is seen from the right perspective.

Social networks can be used to promote and present products and innovations. With a young audience it is advisable to combine this with entertainment like for example quizzes. The presentation can also be divided into specialised sections. At the same time social networks may help to create brand awareness. An indispensable advantage of mutual dialogue is also the possibility to collect incentives and obtain feedback. New opportunities as well grant communication about activities in the context of social responsibility. The discussion is actively manageable by responding to negative reactions, but this imposes considerable conditions like the constant monitoring of social networks.

Risks of social networking:
Whereas the strength of social networks consists of rapid dissemination of information and communication, it also bears in itself an obvious threat. In the same way, any deliberately negative and unverified information can be quickly and uncontrollably spread throughout the web. Networks are potentially targets of misuse in order to destroy the reputation and position of a subject. Furthermore, there are risks of misuse of personal data as warnings about identity theft show. Other cases also illustrate these risks. In order to prevent this continuous monitoring of social networking and active PR is necessary, but this comes along with additional costs.

7 Conclusion

New media have turned out to be the next stage in the development and propagation of ICT. We have seen a decade with a dominant Facebook culminating in commercial success by reaching the record level of the price of its shares. Naturally this raises the question how social networks will develop in the future. In the Czech Republic they are still on the rise. Elsewhere however there are signs of a certain decrease of teenage interest. Technical improvements such as new mobile phone platforms might displace them in the course of time. Only recently new media have brought forward an interesting benefit for science, namely community funding or crowdfunding (cf. Benderly 2013). The *Science Magazine* states that the main impact of this may be drawing public attention to research and evoking interest in problems of science and research. Moreover in times of curtailed public funding, visualised research in new media increases the awareness of the need and usefulness of research for human knowledge; it also fosters relationships between scientists and non-scientists. It is therefore not inappropriate to ask if we are standing at the beginning of something perceptionally revolutionary with regard to the promotion of science and research in society.

Literature

Benderly, B. L. (2013): Going Online for Research Funding. June 2013 URL: http://sciencecarrers.sciencemag.org/career_magazine/previous_issues/articles/2013
Český statistický úřad [Czech Statistical Office] (2013) / 1: Informační společnost v číslech [Information society in figures]. Praha 2013 URL: http://www.czso.cz/csu/2013edicniplan.nsf/publ/9705-13-r_2013 [February 2013]

Český statistický úřad [Czech Statistical Office] (2013) / 2: Informační a komunikační technologie v podnikatelském sektoru za rok 2013 [Information and communication technologies in entrepreneurial sector in year 2013] Praha 2013 URL: http://www.czso.cz/csu/2013edicniplan.nsf/publ/9702-13-r_2013 [March 2013]
Rostecký, J. (2012): Virální marketing: co to je + příklady. [Viral marketing what is it + examples] 15.2.2012 [online]. URL: http://mladypodnikatel.cz/co-to-jeviralni-marketing-t892 (in Czech)

Kommunikation über Sicherheit und Risiko in heiklen Straßenverkehrssituationen.

Stellungnahmen in einem Blog

Sonja Ruda

1 Einleitung

Die Kommunikation über Sicherheit und Risiko im Straßenverkehr ist in der Gesellschaft äußerst relevant und wird entsprechend oft ausgeführt wie in der Verkehrserziehung, in den Medien und zwischen Straßenverkehrsteilnehmern. Obwohl es Regeln und Maßnahmen zur Sicherheit gibt, entstehen zwischen Straßenverkehrsteilnehmern immer wieder heikle Situationen, die zu einem Verkehrskonflikt führen können. Anhand einer pragmalinguistischen Analyse von Blog-Kommentaren über heikle Straßenverkehrssituationen sollen die Begriffe „Sicherheit" und „Risiko" näher betrachtet werden. Ziel ist der Entwurf eines Modells zur Sicherheitskommunikation für den Straßenverkehr.

Im folgenden Abschnitt zwei werden zunächst die Definitionen der Begriffe „Risiko", „Sicherheit" und „heikle Straßenverkehrssituationen" beschrieben. Im Abschnitt drei wird der StraßenverkehrssicherheitsBlog über (mögliche) heikle Straßenverkehrssituationen vorgestellt. Anschließend werden im Abschnitt vier die Stellungnahmen bzw. Kommentare der Blog-Teilnehmer sprachpragmatisch analysiert. Abschnitt fünf beinhaltet eine nähere Betrachtung der Begriffe „Sicherheit", „Risiko" und „heikle Straßenverkehrssituationen"/" Verkehrskonflikte" anhand der Blog-Kommentare. Schließlich wird im Abschnitt sechs der Ansatz zu einem Kommunikationsmodell skizziert.

2 Definitionen der Begriffe „Risiko", „Sicherheit" und „heikle Straßenverkehrssituationen"

Die Begriffe „Risiko" und „Sicherheit" treten im allgemeinen Sprachgebrauch wie folgt auf: „Risiko" wird im Deutschen Universalwörterbuch von Duden (2007, 1400) beschrieben als „möglicher negativer Ausgang bei einer Unternehmung, mit dem Nachteile, Verlust, Schäden verbunden sind; mit einem Vorhaben, Unternehmen o. Ä. verbundenes Wagnis". „Sicherheit" heißt „Zustand des Sicherseins, Geschütztseins vor Gefahr od. Schaden; höchstmögliches Freisein von Gefährdungen" (Duden 2007, 1539).

In der Fachsprache sind die Begriffe „Risiko" und „Sicherheit" eng miteinander verbunden (vgl. Rothkegel 2010, 66–69). Beim Begriff „Sicherheit" wird unterschieden zwischen „aktiver" und „passiver Sicherheit": in der Automobilindustrie versteht man unter „aktiver Sicherheit" alle Schutzmaßnahmen, die der Verhinderung von Unfällen dienen. Sie betreffen die Prävention, die Risikominderung, die Fahrsicherheit und beziehen sich auf die Konstruktion sowie den Betrieb des Gesamtprodukts und von Produktteilen (vgl. Rothkegel 2010, 67f.). „Passive Sicherheit" umfasst Maßnahmen der Verhinderung bzw. Verminderung von Unfallfolgen, d.h. die Reaktionen während eines Unfallereignisses (vgl. Rothkegel 2010, 69). „Passive Sicherheit" wiederum wird unterteilt in „innere" und „äußere passive Sicherheit": „innere passive Sicherheit" bezieht sich auf den Schutz der Insassen wie über Gurte und Airbags. „Äußere passive Sicherheit" meint Maßnahmen außerhalb des Fahrzeugs, die bei einem Unfall zur Minimierung des Verletzungsrisikos anderer Verkehrsteilnehmer dienen wie eine tief gezogene Vorderkarosserie (vgl. Rothkegel 2010, 69).

Außerdem wird „Sicherheit" in „safety" und „security" eingeteilt: „Safety" beinhaltet Maßnahmen für „nicht intendierte, aber vorhersehbare Gefährdungen, z. B. [...] plötzlicher Nebel beim Autofahren, den spezielle Nebelscheinwerfer doch durchdringen können" (Rothkegel 2010, 69). „Security" sind Maßnahmen, „die auf intendierte Bedrohungen reagieren, z. B. die mit krimineller Absicht durchgeführte Einschleusung von Viren im Computernetz" (Rothkegel 2010, 69).

„Heikle Straßenverkehrssituationen" sind Situationen, die zu einem *Beinahe-Unfall* führen können. In der Straßenverkehrstechnik spricht man von einem „Verkehrskonflikt". Ein „Verkehrskonflikt" ist „eine beobachtete Gefahrensituation, in der sich mindestens 2 Verkehrsteilnehmer räumlich oder zeitlich so annähern, dass eine erhöhte Kollisionsgefahr besteht. Der Konflikt ist durch kritische Manöver erkennbar, um eine Kollision zu vermeiden. Kritische Fahr- und Bewegungsmanöver von Fahrzeugführern sind Bremsen, Beschleunigen, Ausweichen sowie plötzliches Stehenbleiben und Rückwärtsgehen von Fußgängern" (Schnabel/Lohse 2011, 576f.).

3 StraßenverkehrssicherheitsBlog

Der StraßenverkehrssicherheitsBlog enthält kurze Videosequenzen, in denen reale Straßenverkehrssituationen gezeigt werden, die einen Verkehrskonflikt aufweisen (können bzw. könnten). Die Videosequenzen wurden in die Kategorien „Landstraße“, „Autobahn“ und „im Ort“ eingeordnet.

Studierende der Technikkommunikation und Angewandten Sprachwissenschaft an der Technischen Universität Chemnitz wurden gebeten, die Videosequenzen zu kommentieren bzw. dazu Stellung zu beziehen (vgl. Abb. 1). Zur Unterstützung erhielten sie zuvor folgende Fragen:

- Finden Sie das Verhalten der Straßenverkehrsteilnehmer in Ordnung?
- Welche Gründe könnten für das Verhalten der Straßenverkehrsteilnehmer vorliegen?
- Was könnte man in solchen Situationen verbessern?
- ...

Abb.1: StraßenverkehrssicherheitsBlog – „Landstraße“: An einer Kreuzung

4 Stellungnahmen im StraßenverkehrssicherheitsBlog

Mit den Blog-Kommentaren schrieben die Teilnehmer Stellungnahmen zu den gezeigten Straßenverkehrssituationen. Im Folgenden soll ermittelt werden, welche Auffassungen die Blog-Teilnehmer zu den vorgestellten Situationen im Straßenverkehr vertreten. Zudem dienen die Blog-Kommentare zur Ermittlung der Auffassung von Kultur.

Es soll versucht werden, u. a. folgende Fragen zu beantworten:

- Wie äußern Blog-Teilnehmer ihre Meinungen über diese bestimmten Straßenverkehrssituationen?
- Wie interpretieren sie „Sicherheit“ und „Risiko“?
- Wie werden Risiken sowie Sicherheit und Techniksicherheit (über z. B. Regeln) kommuniziert?

Die Ermittlung dieser Sprachhandlungen erfolgt über die Sprechakttheorie nach Austin (1962) und Searle (1969/2007), die im Folgenden kurz vorgestellt wird.

4.1 Sprechakttheorie

Äußert im vorliegenden Fall ein Blog-Teilnehmer: „Alles ist sehr chaotisch und eng“, vollzieht er damit folgende Teilhandlungen (vgl. Austin 1962 und Searle 1969/2007):

- Im Äußerungsakt äußert sich der Blog-Teilnehmer in Form eines schriftlichen Kommentars mit einem Satz, mit Wörtern.
- Im propositionalen Akt (bestehend aus Referenz- und Prädikationsakt) bezieht sich der Blog-Teilnehmer auf die Videosequenz, in der eine bestimmte Straßenverkehrssituation gezeigt wird (Referenzakt), und schreibt dazu/sagt darüber aus, dass *alles sehr chaotisch und eng ist* (Prädikationsakt).
- Der wesentliche Teilakt einer Sprachhandlung ist der Illokutionsakt: der Blog-Teilnehmer BEHAUPTET, dass die in der Videosequenz gezeigte Situation *sehr chaotisch und eng ist*; zudem BEWERTET er diese Situation.
- Die Perlokution, der Bewirkungsversuch, wird kritisch betrachtet, denn ob der Versuch gelingt, ist nicht gewiss. Somit kann der Handlungscharakter bezweifelt werden (vgl. von Polenz 1988, 209–212). Holly (1979) unterscheidet deswegen zwischen dem „Bewirkungsziel“, dem „Bewirkungsversuch“ und den „tatsächlichen Folgen“.

Für die folgende Analyse wird der Illokutionsakt betrachtet.

4.2 Sprachhandlungen der Blog-Teilnehmer

Folgende Sprachhandlungen/Illokutionen nehmen die Blog-Teilnehmer vor: Sie

BESCHREIBEN

FEHLER IN DER SITUATION:

„*Rechts überholt, über mehrere durchgezogene Linien, in einem Bereich, wo eigentlich keiner fahren darf...*"

ANDERE ÄHNLICHE SITUATION(EN):

„*Das ist* leider *eine oft zu beobachtende Situation* an solchen Auffahrt-/Abfahrt stellen. *Meist* lässt sich diese dichte und spontane Fahrweise dort nicht verhindern, wenn man rechtzeitig die richtige Spur erwischen will. Zögert man zu lange, ist auf dieser kurzen Strecke kein Wechsel mehr möglich, da sich dann schon Autos direkt neben einem befinden."

BESSERE/RICHTIGE FAHRERHANDLUNG(EN):

„Der ausparkende PKW *sollte beim Ausparken direkt auf die rechte Spur wechseln.*"

EIGENE FAHRERHANDLUNG(EN):

„Das ist oft nicht leicht bei dichterem Verkehr. *Man kann sich nur noch entschei den zwischen* enormer Beschleunigung, um auf der linken Spur mithalten zu können, oder Runterbremsen, um ihn nicht rechts verbotenerweise zu überholen."

VERMUTEN

HANDLUNG(EN)/SICHTWEISEN DES FAHRERS/SITUATION(EN), die man in den Videosequenzen nicht sehen kann:

„*Vielleicht* kam dem Kurvenschneider auf der Gegenspur ein Auto entgegen."

„*Aber wer weiß, vielleicht* wurde von hinten gedrängelt?"

BEGRÜNDEN

AUS SICHT DES FAHRERS/AUS EIGENER SICHT:

„So etwas stört *mich* auf Autobahnen immer sehr, *denn* sie zwingen einen, wie hier passiert, einen Wechsel über beide Spuren zu machen."

AUS SICHT DER ANDEREN VERKEHRSTEILNEHMER:

„Es verwirrt *andere Verkehrsteilnehmer*, wenn man sich mit seinem Auto auf der falschen Straßenseite aufhält."

DAS ENTSTEHEN SOLCHER SITUATIONEN:

„Manchmal sind solche Kreuzungen aber auch gefährlich und man *verschätzt sich schnell* beim Kurvenfahren. *Verträumtheit oder bei zu energischem Fahren* können solche Situationen ja auch entstehen, denk ich. Hier auf jeden Fall *sieht es doch eher nach Eile aus.*"

HINWEISEN AUF FEHLER DURCH

ANDERE FAHRER:

„*Sie haben anscheinend noch nie etwas vom Rechtsfahrgebot gehört.*"

BESCHILDERUNG/FAHRBAHNMARKIERUNGEN:

„Man beachte, dass hier *keine Mittellinie* vorliegt, die hier auf die Gegenverkehrssituation hinweisen könnte. Bei genauerer Betrachtung stellt sich hier die Frage, *warum die durchgezogene Linie sich dort so lang erstreckt.*"

„Das ist eine ziemlich *ungünstige Stelle für einen Zebrastreifen*, so direkt nach einer Seitenstraße."

HINWEISEN AUF

KORREKTE HANDLUNG(EN),

EIGENE ERFAHRUNGEN,

ANDERE ÄHNLICHE SITUATIONEN,

(MÖGLICHE) GEFAHR(EN) (DURCH ANDERE)/WARNEN:

„Den *würde ich nur mit gehöriger Vorsicht überholen – vorsichtig überholen* und freuen, dass man die Gefahr jetzt hinter sich hat."

KONSEQUENZ/STRAFE:

„*Eine Verwarnung* wäre wohl angebracht."

MÖGLICHE GEFAHR(EN) DURCH ANDERE bzw. WARNEN/APPELLIEREN ZUR ACHTSAMKEIT:

„Aber *damit sollte man rechnen*, gerade bei Fahranfängern und in einer Zone mit vielen Parkplätzen und geringer Geschwindigkeit."

„Ansonsten hilft in der Situation tatsächlich nur, *aufmerksam zu bleiben und zu beobachten*, was die Vorausfahrenden zu tun versuchen..."

STELLEN FRAGE(N) AN ANDERE BLOG-TEILNEHMER:

„Übrigens: *da war doch ein Zwingpfeil, oder?* Theoretisch hätte der LKW also blinken müssen, als er auffuhr."

STELLEN REGELUNG(EN) IN FRAGE:

„Bei genauerer Betrachtung *stellt sich hier die Frage, warum die durchgezogene Linie sich dort so lang erstreckt. Gerade bei Autobahnauffahrten ist man ja oft gewillt, nach links auszuweichen und dem Verkehr von rechts die Auffahrt flüssig zu ermöglichen. Dies ist hier auf längerer Strecke nicht möglich, wenn man die Linie beachtet.*"

ANTWORTEN AUF

VIDEOSEQUENZ,

BLOG-TEILNEHMER-KOMMENTARE:

„Ja, die durchgezogene Linie bereitet mir auch Kopfzerbrechen, zumal sie *(wie schon durch [...] bemerkt)* ein Ausweichen auf eine andere Spur zugunsten des auffahrenden Verkehrs behindert."

SCHLIESSEN SICH DEN KOMMENTAREN AN:

„Geschieht dieser Fehler jedoch auf viel befahrenen Straßen oder in Innenstädten, *schließe ich mich dem ersten Kommentar an, dass [...]*"

STELLEN NEUE FRAGE(N):

„Bei genauerer Betrachtung *stellt sich hier die Frage, warum* die durchgezogene Linie sich dort so lang erstreckt."

BEWERTEN

SITUATION ALS NEGATIV:

„Alles ist sehr chaotisch und eng."

FAHRERHANDLUNG(EN) ALS GEFÄHRLICH/MONIEREN (emotional):

„So etwas stört mich auf Autobahnen immer sehr. Denn sie zwingen einen, wie hier passiert, einen Wechsel über beide Spuren zu machen."

„Fazit: Nervige Zeitgenossen, die einen unnötig zu gefährlichen Entscheidungen zwingen können."

„Solche Leute sind doch wahnsinnig."

FAHRERHANDLUNG ALS NICHT IN ORDNUNG/KRITISCH:

„Eine knappe Angelegenheit, wie das abbiegende Auto die Kurve schneidet."

FAHRERHANDLUNG ALS DOCH NOCH HINNEHMBAR:

„In Zonen mit sehr geringem Verkehrsaufkommen, wie in dieser zu sehen, wiegt dies sicherlich nicht allzu schwer."

„Das silberne Auto vor uns zieht wenige Sekunden zu früh auf die mittlere Spur. Hier war die Linie noch durchgezogen. Aber das sehe ich nicht als zu extrem schlimm/gefährlich an."

ALS KORREKT:

„In keinem Moment ist eine gefährliche Situation erkennbar. Sicherheitsabstände werden während des gesamten Films eingehalten."

LOBEN:

„Und *die Autofahrer fahren vorausschauend*."

Die Kommentare/Stellungnahmen erfolgen aus Sicht

- des Fahrenden
    - indirekt:
      „Schlimmer ist da das Auto auf der ganz linken Spur: Der hat dort nichts zu su chen mit so einer niedrigen Geschwindigkeit"
    - direkt:
      „Das silberne Auto vor ***uns*** [...]"
      „***Wir*** werden von einem blauen Auto überholt"
- der anderen beteiligten Fahrer:
      „da muss man schon ordentlich abbremsen"
- der potentiellen weiteren Fahrer:
      „Lass mal jemand von hinten mit 190 ankommen [...]."

5 Die Begriffe „Sicherheit", „Risiko" und „heikle Straßenverkehrssituationen"/„Verkehrskonflikte" im StraßenverkehrssicherheitsBlog

Zunächst werden die Sprachhandlungen der Blog-Teilnehmer den Begriffen „Sicherheit" und „Risiko" zugeordnet (5.1). Die Sprachhandlung BEWERTEN spielt in den Blog-Kommentaren eine besondere Rolle und soll somit genauer betrachtet werden (5.2). Wesentlich in den Kommentaren ist zudem die Problem-Bearbeitung (5.3). Anschließend werden Kategorien von Verkehrskonflikten der Straßenverkehrstechnik genannt und über die nähere Betrachtung der Blog-Kommentare weitere Kategorien ermittelt (5.4). Schließlich wird kurz auf die Relation zwischen Technik und Kultur eingegangen (5.5).

5.1 Zuordnung von Sprachhandlungen

Folgende Sprachhandlungen können unter „Sicherheit“ geordnet werden:

BESCHREIBEN
BESSERE/RICHTIGE FAHRERHANDLUNG(EN),
EIGENE FAHRERHANDLUNG(EN).

HINWEISEN AUF
KORREKTE HANDLUNG(EN),
EIGENE ERFAHRUNGEN,
ANDERE ÄHNLICHE SITUATIONEN.

STELLEN FRAGE(N) AN ANDERE BLOG-TEILNEHMER.

STELLEN REGELUNG(EN) IN FRAGE.

ANTWORTEN.

BEWERTEN
ALS KORREKT,
LOBEN.

Weitaus mehr Sprachhandlungen können unter „Risiko“ geordnet werden:
BESCHREIBEN
FEHLER IN DER SITUATION,
ANDERE ÄHNLICHE SITUATION(EN).

VERMUTEN
HANDLUNG(EN)/SICHTWEISEN DES FAHRERS/SITUATION(EN), die man in den Videosequenzen nicht sehen kann.

BEGRÜNDEN
AUS SICHT DES FAHRERS/AUS EIGENER SICHT,
AUS SICHT DER ANDEREN VERKEHRSTEILNEHMER,
DAS ENTSTEHEN SOLCHER SITUATIONEN.

HINWEISEN AUF
FEHLER DURCH
ANDERE FAHRER,
BESCHILDERUNG/FAHRBAHNMARKIERUNGEN;
EIGENE ERFAHRUNGEN,
(MÖGLICHE) GEFAHR(EN) (DURCH ANDERE)/WARNEN/APPELLIEREN ZUR ACHT SAMKEIT,
KONSEQUENZ/STRAFE.

STELLEN FRAGE(N) AN ANDERE BLOG-TEILNEHMER.

STELLEN REGELUNG(EN) IN FRAGE, ANTWORTEN.

BEWERTEN
SITUATION ALS NEGATIV,
FAHRERHANDLUNG(EN) ALS GEFÄHRLICH/MONIEREN (emotional) und im vagen Bewertungsbereich,
FAHRERHANDLUNG ALS NICHT IN ORDNUNG/KRITISCH,
FAHRERHANDLUNG ALS DOCH NOCH HINNEHMBAR.

5.2 Die Sprachhandlung BEWERTEN

Bei der Sprachhandlung BEWERTEN wird einem Referenzobjekt ein Prädikat zugeschrieben, mit dem ein Sprecher seine Einstellung zu diesem bekundet und bei dem der Vergleich mit anderen bewertbaren Objekten impliziert ist (vgl. Holly 1982, 59; vgl. Sandig 1991, 229). Dadurch wird ein Bewertungsmaßstab aufgebaut, d.h. „ein Wissenskomplex mit in charakteristischer Weise relationierten mentalen Elementen und mit konventionellen sprachlichen Ausdrucksmöglichkeiten" (Sandig 1991, 227).

Ein Bewertungsmaßstab enthält nach Sandig (2004, 186 f.; 1994, 561, 584) zwei Stufen:

1. Stufe: ein Aspekt wird hinsichtlich seiner Wichtigkeit hierarchisch gemessen; im vorliegenden Fall: bestimmte Handlungen/bestimmtes Verhalten der Straßenverkehrsteilnehmer.
2. Stufe: dem Aspekt der Stufe 1 wird ein Wert einer Skala zugeordnet; im vorliegenden Fall:
   - *richtig – falsch*: gemäß den Regeln aus der Fahrschule, der Straßenverkehrsord nung sowie nach dem gesunden Menschenverstand, bzw.

- *positiv – negativ*, wobei die negativen Bewertungen meist emotional erfolgen
- zwischen *positiv* und *negativ* stehen die vagen Werte ***kritisch*** und n*icht in Ordnung, aber hier nicht schlimm*

Die Blog-Teilnehmer erkannten problematische Straßenverkehrssituationen, worauf im folgenden Abschnitt kurz eingegangen werden soll.

5.3 Problem-Bearbeitung

Ein Problem hat nach Dörner (1987, 10) drei Komponenten:

- einen unerwünschten Anfangszustand s_α,
- einen erwünschten Endzustand s_ω und
- eine Barriere, die die Transformation von s_α in s_ω im Moment verhindert.

Anhand der Blog-Kommentare kann hierzu folgendes Beispiel aufgeführt werden:

- Unerwünschter Anfangszustand s_α: Autobahnauffahrt, die zugleich eine Autobahnabfahrt ist, mit vielen Straßenverkehrsteilnehmern.
- Erwünschter Endzustand s_α: sicheres Erreichen der gewünschten Spur.
- Barriere, die die Transformation von s_α in s_ω im Moment verhindert: aufgrund der vielen Straßenverkehrsteilnehmer erscheint einem Blog-Teilnehmer „alles sehr chaotisch und eng“, wodurch ein Wechsel der Fahrspur nicht einfach erscheint.

Ein Blog-Teilnehmer führt eine Lösungsmöglichkeit an: ABWÄGEN und AUF EINE LÜCKE und DIE AUFMERKSAMKEIT DER ANDEREN FAHRER HOFFEN: „Zögert man zu lange, ist auf dieser kurzen Strecke kein Wechsel mehr möglich, da sich dann schon Autos direkt neben einem befinden. Da sollte man auf eine Lücke und die Aufmerksamkeit der anderen Fahrer hoffen“, womit der Blog-Teilnehmer außerdem auf EIGENE ERFAHRUNGEN HINWEIST.

5.4 Heikle Straßenverkehrssituationen/Verkehrskonflikte

Nach den Blog-Kommentaren lassen sich folgende drei Typen von heiklen Straßenverkehrssituationen bzw. Verkehrskonflikten bestimmen: heikle Straßenverkehrssituationen/ Verkehrskonflikte, die

- gefährlich geworden sind, aber entschärft wurden, z. B. durch Abbremsen oder „gute Auflösung“,
- gefährlich werden könnten, wenn z. B. weitere Verkehrsteilnehmer erscheinen,
- hier aber niemanden betreffen bzw. niemanden stören und somit in dieser Situation nicht gefährlich sind, wie z. B. kleinere Fahrfehler.

In der Straßenverkehrstechnik werden Verkehrskonflikte differenziert nach Konflikttypen, den beteiligten Verkehrsteilnehmern, nach der Konfliktschwere (von folgenlosen Konflikten bis zur Kollision), nach Beobachtungsräumen und Zeitintervallen (vgl. Schnabel/ Lohse 2011, 577).

Schnabel/Lohse (2011, 578) führen folgende Typen von Verkehrskonflikten auf:

- „Spurwechselkonflikt",
  d.h. ein „kritisches Fahrmanöver infolge Spurwechsel mit gegenseitiger Behinderung. Erläuterung der zugehörigen sicheren Begegnung: parallel abfließende Fahrzeuge".
- „Linksabbiegerkonflikt",
  d.h. ein „kritisches Fahrmanöver infolge Nichtbeachtung der Vorfahrt entgegenkommender Geradeausfahrer durch ein nach links abbiegendes [Fahrzeug, S.R.]. Erläuterung der zugehörigen sicheren Begegnung: aufeinanderfolgende Befahrung der Konfliktfläche durch Geradeausfahrer und Linksabbieger".
- „Räumkonflikt",
  d.h. ein „kritisches Fahrmanöver durch in den Knoten einfahrende Fahrzeuge, in dem sich noch räumende Fahrzeuge der bisher freigegebenen Richtung befinden. Erläuterung der zugehörigen sicheren Begegnung: aufeinanderfolgende Befahrung der Konfliktfläche durch Fahrzeuge zweier ‚feindlicher' Richtungen".
- „Fußgängerkonflikt",
  d.h. „kritische Reaktionen infolge falschen Verhaltens von Fahrzeugen gegenüber Fußgängern an Fußgängerfurten. Erläuterung der zugehörigen sicheren Begegnung: Befahrung der Konfliktfläche durch Fahrzeuge, die sich beim Queren in unmittelbarer Sichtbeziehung zum Fußgänger befinden".

Nach dem StraßenverkehrssicherheitsBlog können außerdem folgende Typen von Verkehrskonflikten genannt werden:

- Fußgängerkonflikt a,
  d.h. kritische Reaktionen infolge falschen Verhaltens von Fußgängern gegenüber Fahrzeugen an/auf der Straße.
- Fahrradfahrerkonflikt,
  d.h. kritische Reaktionen infolge falschen Verhaltens von Fahrzeugen gegenüber Fahrradfahrern an Fußgängerüberwegen, auf der Straße, auf Radwegen, Fußwegen.
- Fahrradfahrerkonflikt a,
  d.h. kritische Reaktionen infolge falschen Verhaltens von Fahrradfahrern gegenüber Fahrzeugen an Fußgängerüberwegen, auf der Straße, auf Radwegen, Fußwegen.

- Geschwindigkeitskonflikt,
  d.h. kritische Reaktionen infolge falscher Geschwindigkeiten.
- Vorfahrtskonflikt,
  d.h. kritische Reaktionen infolge Nichtbeachtung der Vorfahrtsregelung/falscher Einschätzung der Geschwindigkeit des weiteren Fahrzeugs (vgl. Geschwindigkeitskonflikt).
- Abstandskonflikt,
  d.h. kritische Reaktionen infolge zu geringen Abstands zwischen Fahrzeugen.

Nach dem StraßenverkehrssicherheitsBlog können Verkehrskonflikte zudem wie folgt eingeteilt werden: Verkehrskonflikte, die entstehen durch

1. Verkehrsteilnehmer:
   a) unabsichtliche Nichtbeachtung der Straßenverkehrssituation mit Verkehrsregeln und anderen Verkehrsteilnehmern (z. B. durch Ablenkung, vgl. auch 2),
   b) absichtliche Nichtbeachtung der Straßenverkehrssituation mit Verkehrsregeln und anderen Verkehrsteilnehmern, z. B. durch Eile.
2. Verkehrszeichen:
   a) technische Anlagen (z. B. ungünstige Schaltung der Lichtsignale),
   B9 Schilder/Fahrbahnmarkierungen, die nicht (durch Bäume)gesehen werden können bzw. unverstanden/missverstanden werden.

Ob die Begriffe „heikle Straßenverkehrssituationen“ und „Verkehrskonflikte“ tatsächlich immer identisch sind, soll in weiteren Analysen ermittelt werden.

5.5 Relation zwischen Technik und Kultur

Zwischen Technik und Kultur besteht ein enger Zusammenhang, ein gegenseitiges Bedingen. „Technik“ wird aufgefasst „als Konstruktion und Produktion von Artefakten“ (Rothkegel 2008, 49; s. auch Banse/Hauser 2008, 66 f.) und „Kultur“ als „Form von (tradierten) Werten oder Normen menschlichen Verhaltens“ (Banse/Hauser 2008, 69; s. auch Hansen 2003; Hauser 2010). „Kultur“ wird nach den VerkehrssicherheitsBlog-Kommentaren als selbstverständlich angesehen (s. auch Rothkegel 2008, 49; 2010, 245) und nicht explizit erwähnt wie beim BESCHREIBEN und BEWERTEN von Fahrerhandlungen. Es wird VOR RISIKEN GEWARNT und AUF RICHTIGES, SICHERES VERHALTEN HINGEWIESEN. Es werden VERMUTUNGEN ÜBER FALSCHES, RISKANTES VERHALTEN MITGETEILT.

Es gilt, diese Kommunikation, dieses Handeln/Verhalten, Denken und Fühlen/Empfinden in Bezug auf Technik, Techniksicherheit (vgl. dazu Banse/Hauser 2008, 74) und Risiko im Straßenverkehr näher zu untersuchen und die Fragen zu klären, wie die Technik des Automobils und des Straßenverkehrs die Kultur der Straßenverkehrsteilnehmer beeinflusst und umgekehrt.

6 Ansatz zu einem Kommunikationsmodell

Im Folgenden soll ein Ansatz zu einem Kommunikationsmodell über heikle Straßenverkehrssituationen/Verkehrskonflikte skizziert werden. Es umfasst folgende Parameter:

- die Beteiligten,
  d.h. Verkehrsteilnehmer sowie auch diejenigen, die sich mit der unmittelbaren Beobachtung des Straßenverkehrs und der Schaltung von technischen Anlagen wie von Wechselverkehrszeichen befassen, z. B. Ingenieure, Techniker
- die Situation
  mit Verkehrsteilnehmern, Fahrzeugen, Technikausstattung, mit der Umgebung und damit die Konstellation
- es erfolgen folgende mögliche HANDLUNGEN und REAKTIONEN auf eine bestimmte Straßenverkehrssituation:
  - BEWERTUNG:
    Der Fahrer bewertet die Situation und gegebenenfalls sich selbst. Mitarbeiter der Verkehrsleitzentrale bewerten die Straßenverkehrslage. Nach dem StraßenverkehrssicherheitsBlog (und nach Analysen von Zeitungsartikeln, vgl. Ruda demnächst) treten folgende Kategorien der Bewertung auf, wobei im vorliegenden Fall der *vage Bereich* von besonderem Interesse ist: *gut/vorbildlich normal/üblich (wenn auch nicht vollkommen in Ordnung) ggf. konfliktär konfliktär gefährlich Kollision/ Unfall.*
  - Handlungen und Interaktionen:
    - Verkehrsteilnehmer untereinander:
      hupen, Gestik, Mimik, (Worte),
    - Fahrer mit Fahrzeug:
      abbremsen, beschleunigen, ausweichen, hupen, ...,
    - Fahrzeug mit Fahrer:
      Signale, z.B. wegen Glättegefahr,
    - Verkehrsleitzentrale mit Fahrer:
      ANZEIGEN auf Verkehrsschildern (z. B. WARNUNG und damit entsprechende Geschwindigkeitsanzeigen),

- Verkehrsleitzentrale/Umgebung mit Fahrzeug und
- Fahrzeug mit Fahrzeug („Car to Car"-/„Car to X"-Kommunikation).

◦ Die Zeichen,
d.h. Verkehrszeichen, Teilnehmerzeichen, bloße Anwesenheit von Straßenverkehrsteilnehmern und Gegenständen (vgl. Watzlawicks Axiom „Man kann nicht nicht kommunizieren", Watzlawick/Beavin/Jackson 1969, 51).

◦ Die Zeichen sind visuell oder/und auditiv.

◦ Die Wahrnehmung erfolgt nach: *ja/nein – ja, aber keine (gute) Reaktion*.

Es stellen sich folgende Fragen:
- Welche Verständigungsprobleme treten auf?
- Welche Lösungsmöglichkeiten gibt es? Welche Reaktionen (s.o. und welche weiteren) werden ausgeführt?

Die Über- und Vermittlungsmöglichkeiten erfolgen über Straßenverkehrstechniker und Straßenverkehrsplaner, über Automobilingenieure, Verkehrspsychologen sowie über Zeichen der Beteiligten – und in der Zukunft über die Kommunikation zwischen der Umgebung und dem Fahrzeug und zwischen Fahrzeug und Fahrzeug.

Dieser Ansatz ist lediglich ein Entwurf und wird mit Analysen von u.a. Zeitungsartikeln weiter bearbeitet.

Literatur

Austin, J. L. (1962): How to Do Things with Words. Cambridge u.a.

Banse, G.; Hauser, R. (2008): Technik und Kultur. Das Beispiel Sicherheit und Sicherheitskultur(en). In: Rösch, O. (Hg.): Technik und Kultur. Berlin, 61–83

Car 2 Car Communication Consortium (2013): Car 2 Car Communication Consortium. – URL: http://www.car-to-car.org [19. November 2013]

Dörner, D. (1987): Problemlösen als Informationsverarbeitung. Stuttgart u.a.

Duden (2007): Deutsches Universalwörterbuch. 6., überarb. und erweit. Aufl. Hrsg. Dudenredaktion. Mannheim u.a.

Hansen, K. P. (2003): Kultur und Kulturwissenschaft. Eine Einführung. 3., durchges. Aufl. Tübingen u.a.

Hauser, R. (2010): Technische Kulturen oder kultivierte Technik. Das Internet in Deutschland und Russland. Berlin

Holly, W. (1979): Zum Begriff der Perlokution. Diskussion, Vorschläge und ein Textbeispiel. In: Deutsche Sprache 7, H. 1, 1–27

Holly, W. (1982): Sind Bewertungen ansteckend? Bemerkungen zu Sagers Aufsatz über Bewertungen (in diesem Heft). In: Zeitschrift für germanistische Linguistik 10, H. 1, 58–62

Polenz, P. v. (1988): Deutsche Satzsemantik. Grundbegriffe des Zwischen-den-Zeilen-Lesens. 2., durchges. Aufl. Berlin u.a.

Rothkegel, A. (2008): Wissenssysteme und ihre konzeptuellen Transformationen in der Experten/Nichtexperten-Kommunikation: Technikkommunikation in kultureller Perspektive. In: Rösch, O. (Hg.): Technik und Kultur. Berlin, 48–60

Rothkegel, A. (2010): Technikkommunikation. Produkte – Texte – Bilder. Wien

Ruda, S.: Straßenverkehrskommunikation: Kommunikation über Sicherheit und Techniksicherheit – Kommunikation der Kulturen. In: Banse, G. u.a. (Hg.): Interkulturelle Technik-Kommunikation. Protokollband der IV. Tagung Technik und Kultur an der Hochschule Hannover, 29.–30. November 2012. Berlin (im Druck)

Sandig, B. (1991): Formeln des Bewertens. In: Palm, C. (Hg.): EUROPHRAS 90. Akten der internationalen Tagung zur germanistischen Phraseologieforschung, Aske/Schweden, 12.–15. Juni 1990. Stockholm, 225–252

Sandig, B. (1994): Zu Konzeptualisierungen des Bewertens, anhand phraseologischer Einheiten. In: Sandig, B. (Hg.): EUROPHRAS 92. Tendenzen der Phraseologieforschung. Bochum, 549–596

Sandig, B. (2004): Bewertungstexte. In: Albrecht, J.; Gerzymisch-Arbogast, H.; Rothfuß-Bastian, D. (Hg.): Übersetzung – Translation – Traduction. Neuere Forschungsfragen in der Diskussion. Festschrift für Werner Koller. Tübingen, 185–201

Schnabel, W.; Lohse, D. (2011): Grundlagen der Straßenverkehrstechnik und der Verkehrsplanung. Band 1: Straßenverkehrstechnik. Unter Mitarbeit von T. Knote, J. Korn und L. Lätzsch. 3., vollst. überarb. Aufl. Hrsg. vom Deutschen Institut für Normung e.V. Berlin u.a.

Searle, J. R. (1969/2007): Speech Acts. An Essay in the Philosophy of Language. Cambridge: 1969 – Sprechakte. Ein philosophischer Essay. Übersetzt von R. und R. Wiggershaus. Frankfurt am Main 2007

Spehr, M. (2013): „Car to X"-Kommunikation. Abschied von der Zukunft, zurück zur Telematik. In: faz.net – Frankfurter Allgemeine Zeitung. Technik & Motor, 17.08.2013. – URL: http://www.faz.net/aktuell/technik-motor/auto-verkehr/car-to-x-kommunikation-abschied-von-der-zukunft-zurueck-zur-telematik-12514670.html [19. November 2013]

Watzlawick, P.; Beavin, J. H.; Jackson, D. W. (1969): Menschliche Kommunikation. Formen, Störungen, Paradoxien. Bern u.a.

Vernetztes Leben – Erweiterung der kulturellen Teilhabe für sehbehinderte und blinde Menschen

Marco Lentzsch, Norman Reßut, Irene Krebs

1 Einleitung

Seit mehr als drei Jahrzehnten besteht das Engagement individuell Betroffener darin, Diskrepanzen zwischen Selbstverständnis bzw. Bedürfnissen behinderter Menschen und ihrem gesellschaftlichen Umgang aufzuzeigen. Bis in die 1980er Jahre bestand die Auffassung, dass Behinderung äquivalent zu Krankheit sei und somit ein Pendant zur Normalität bildet. Jedoch sind sowohl Behinderung als auch Normalität nur eine Frage der Perspektive und der Definition. Dadurch werden Menschen mit seelischen, körperlichen oder geistigen Beeinträchtigungen erst durch die gesellschaftlichen Umstände zu „behinderten Menschen" gemacht. Ferner werden jegliche Zugänglichkeiten vorwiegend der Normalität angepasst, welche Betroffene wiederum als Barrieren wahrnehmen. Somit produziert die Gesellschaft Barrieren, die von funktional eingeschränkten Menschen kaum beziehungsweise nicht zu bewältigen sind, sei es im Bau-, Verkehrs- oder Informationswesen. (Dienel/Heinickel 2001, 25)

Des Weiteren werden alte Verhaltensweisen durch immer neue verdrängt beziehungsweise ersetzt, die auf Basis moderner Technologien unser Leben mehr und mehr erleichtern sollen. Hierzu zählt auch das beispiellose Aufstreben des „World Wide Webs". Was zu Beginn der 1990er Jahre nur für einen geringen privilegierten Teil der Bevölkerung bestimmt war, entwickelte sich rasant zum Medium des alltäglichen Gebrauchs für jedermann. Die dadurch entstandenen vielfältigen Nutzungsmöglichkeiten von Information, Kommunikation, Business und Entertainment sind heute kaum mehr wegzudenken. Folglich gibt es nichts, was es nicht zu finden gibt, da die Nachfrage das Angebot bestimmt – man lebt online (Faulstich 2004, 433–436). Dennoch stellt sich immer wieder die Frage, wie der Zugang zu diesem Medium realisiert wird, da für jeden Menschen unterschiedlichsten Wissensstandes und heterogener technischer Voraussetzung das Netz „offen" sein soll. Bei der Weiterentwicklung dieses Angebots werden jedoch häufig Bevölkerungsgruppen vergessen, welche auf besondere technische Hilfsmittel sowie speziell bei der Art des Datenempfangs auf ein besonderes Entgegenkommen angewiesen sind. Mit der Prämisse, die gleichberechtigte

Teilhabe von Menschen einer Gesellschaft zu ermöglichen und gleichzeitig die allgemeine Lebensqualität aller zu erhöhen, ist die Barrierefreiheit eine wichtige Voraussetzung für die Teilnahme am wirtschaftlichen, sozialen und kulturellen Leben.

2 Was bedeutet Barrierefreiheit?

Das Prinzip der Barrierefreiheit wird fälschlicherweise meist nur auf die Zielgruppe behinderter Menschen bezogen, jedoch können auch andere Personengruppen benachteiligt sein wie beispielsweise Senioren oder Kinder. Deutschland- und europaweite Berichte sowie Gutachten kommen weitestgehend immer zu dem Ergebnis, dass die Herstellung von Barrierefreiheit im Interesse aller Menschen der Gesellschaft und nicht nur auf eine bestimmte Personengruppe mit besonderen Anforderungen bezogen ist. Ferner kann gesagt werden, dass eine barrierefrei zugängliche Umwelt für etwa 10% der Bevölkerung zwingend erforderlich, für etwa 30–40% notwendig und für 100% komfortabel sei (Bundesministerium für Wirtschaft und Technologie 2004, 13). Somit kann Barrierefreiheit im engeren und im weiteren Sinn gesehen werden. Im engeren Sinne wird von Barrierefreiheit gesprochen, wenn für alle Menschen einer Gesellschaft die gleichberechtigte Teilhabe am Leben ermöglicht ist (Bundeskompetenzzentrum Barrierefreiheit e.V. o.J.). Hierzu wurde in §4 des Behindertengleichstellungsgesetzes (BGG) „Barrierefreiheit“ wie folgt definiert:

> „Barrierefrei sind bauliche und sonstige Anlagen, Verkehrsmittel, technische Gebrauchsgegenstände, Systeme der Informationsverarbeitung, akustische und visuelle Informationsquellen und Kommunikationseinrichtungen sowie andere gestaltete Lebensbereiche, wenn sie für behinderte Menschen in der allgemein üblichen Weise, ohne besondere Erschwernis und grundsätzlich ohne fremde Hilfe zugänglich und nutzbar sind.“ (Bundesministerium der Justiz 2007, §4 BGG)

Dies zielt besonders auf Menschen mit körperlichen Einschränkungen (wie geh- oder greifbehinderte Personen und Rollstuhlfahrer), sensorisch- oder sinnesbehinderte (z.B. blinde/ sehbehinderte oder ertaubte/hörbehinderte Personen) sowie geistig und lernbehinderte Personen und Menschen mit chronischen Erkrankungen.

Im weiteren Sinne beabsichtigt das Prinzip der Barrierefreiheit die Einbeziehung aller Personen, um die Umwelt so zu gestalten, dass die Bedürfnisse aller Menschen Berücksichtigung finden. Somit sind beispielsweise Personen mit vorübergehenden Unfallfolgen, Eltern mit Kinderwagen, Reisende mit schwerem Gepäck sowie Familien mit kleinen Kindern oder auch ältere Menschen miteinzubeziehen. Dabei wird folglich nicht zwischen einzelnen Personengruppen unterschieden, welche aufgrund einer bestimmten Gestaltung von der Nutzung ausgeschlossen werden. Dieses Verständnis der Barrierefreiheit wird auch als „Design für alle“ oder „universelles Design“ benannt (Bundeskompetenzzentrum Barrierefreiheit e.V. o.J.).

3 Auswirkungen des demografischen Wandels

Durch wirtschaftliche, soziale, aber auch medizinische Fortschritte des letzten Jahrhunderts steigt die Lebenserwartung der Menschen zunehmend an. Dieser steigende Anteil älterer Menschen in einer Gesellschaft wird als demografische Alterung bezeichnet (Sachverständigenrat 2011, 1–3). Somit kommt älteren Menschen weltweit, aber auch besonders in Deutschland in der Wirtschaft und Gesellschaft zukünftig eine besondere Rolle zu.

Abb. 1: Bevölkerungsentwicklung und Altersstruktur bis 2060

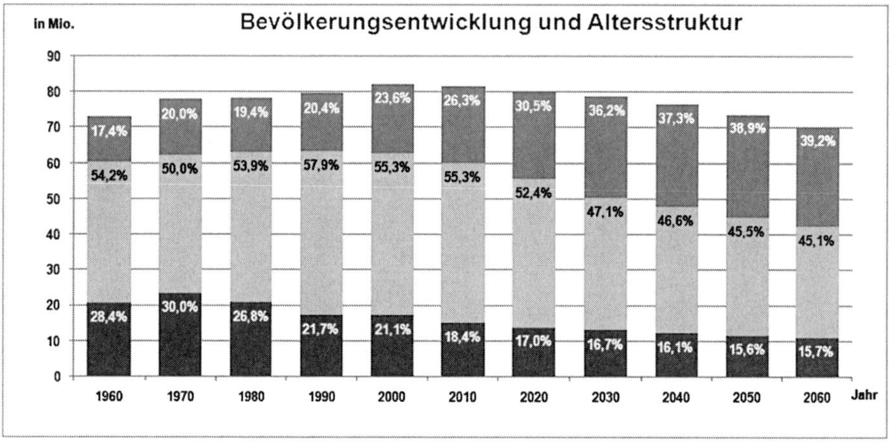

(Quelle: Eigene Darstellung in Anlehnung an Bundeszentrale für politische Bildung 2012)

In Abb. 1 ist Bezug nehmend auf Daten des statistischen Bundesamtes der prozentuale Anteil an unter 20-Jährigen, 20- bis 60-Jährigen und über 60-Jährigen von 1960 bis 2060 in Deutschland dargestellt. Hierbei wird deutlich, wie das deutsche Bevölkerungswachstum um 2000 seinen Zenit erreicht hat und in den kommenden Jahren ein Bevölkerungsrückgang mit einem steigenden Anteil älterer Menschen einhergeht. Somit wird einerseits die Zahl älterer Personen um zirka die Hälfte steigen, was einen Anstieg von 26,3% auf 39,2% der gesamten Bevölkerung ausmacht. Andererseits kommt es zu einem Rückgang bei den unter 20-Jährigen um zirka 15% und bei den 20- bis 60-Jährigen um zirka 20%. Der Präsident des Statistischen Bundesamtes Roderich Egeler verdeutlichte diese Entwicklung noch einmal in der Pressekonferenz zur 12. koordinierten Bevölkerungsvorausberechnung. Er führte an, dass 2008 zirka vier Millionen 80-Jährige und Ältere in Deutschland lebten, was 5% der Bundesbevölkerung ausmachte. Diese Zahl wird wahrscheinlich in den kommenden fünfzig Jahren auf 14% steigen. Somit würde jeder Siebente 80 Jahre oder älter sein und dadurch einen annähernd gleich großen Anteil wie die unter 20-Jährigen erreichen (Egeler 2009, 10). Zudem ist das Alter nach Neubert und Cloerkes als eine spezielle Form der Behinderung anzusehen, da ein hohes Alter meist eine vermehrte Anzahl bestimmter Arten von Einschränkungen und Problemen wie beispielsweise Schwerhörigkeit, Sehschwächen, begrenzte motorische Fähigkeiten und verringerte geistige Leistungsfähigkeit mit sich bringt (Neubert/Cloerkes 1987, 46). Durch den Anstieg der alternden Bevölkerung steigt somit trotz des medizinischen Fortschritts auch die Wahrscheinlichkeit des Auftretens von Behinderungen bei den Bürgern. Die Folgen des Alterns werden zwar zwangsläufig nicht immer mit einer Schwerbehinderung einhergehen, dennoch aber mit einer nachlassenden gesundheitlichen Verfassung aufgrund altersbedingter Krankheiten. Dementsprechend unterscheiden sich die Bedürfnisse und Probleme älterer Menschen nur gering bis kaum von denen behinderter Personen, wodurch beide Gruppen von einem barrierefreien Umfeld profitieren können (Fricke/Gräbner 2002, 22).

Um dies zu berücksichtigen, bedeutet es vor allem für Politik und Wirtschaft, die zwingend notwendigen Voraussetzungen zu schaffen, um allen Menschen die Möglichkeit zu bieten, so lange wie möglich aktiv und selbstständig in der Gesellschaft mitzuwirken (Neumann 2008, 10).

4 Design für alle

Die Entwicklung der Altersstruktur der Bevölkerung führt in Deutschland, Europa und weltweit in den kommenden Jahren zu einem massiven Anstieg der „60plus-Generation". Dies bedeutet, dass die heutige Generation gefordert wird, die bisherigen Planungsgrundsätze in den Richtungen Barrierefreiheit, barrierefreies Bauen und Produktgestaltungen hinsichtlich eines „Universaldesigns" grundsätzlich zu überdenken und darüber hinaus voranzutreiben. Nur durch die Umsetzung neuer integraler Planungskriterien ist es möglich, auf die veränderten Bedürfnisse der Menschen zu reagieren. Dadurch kann eine bauliche

Umwelt geschaffen werden, in der Menschen ein weitestgehend selbstbestimmtes Leben führen können, ganz besonders ältere Menschen sowie Menschen mit Behinderungen (Klenovec 2006, 24f.). Somit geht es nicht um Speziallösungen für wenige Menschen, sondern um Erleichterungen für alle.

Zu dem Begriff „Design for All", welcher hier gleichbedeutend mit „Universal Design" zu verstehen ist, sind in der Literatur verschiedene Definitionen zu finden. Eine einheitliche, umfassende Definition existiert dahingehend noch nicht, da verschiedene Verfasser unterschiedliche Prioritäten und Kriterien mit diesem Begriff assoziieren. Zum einen wird es als „Bewegung, welche die Gestaltung der Umwelt nähert definiert, um Produkte und die Kommunikation dem breitesten Spektrum von Anwendern zugänglich zu machen" gesehen (Barnes 2011, 68). Zum anderen gilt es als Entwurf zur sozialen Eingliederung aller Menschen, gleich, ob mit oder ohne Behinderung. Hierbei soll es das Ziel sein, die physische und soziale Umwelt der Menschen zu verbessern und daher die Notwendigkeit zu begründen, „besondere" Bereitstellungen „assistiver" Technologien zu reduzieren (Barnes 2011, 68).

Einen anderen Zugang zum beschriebenen Begriff findet Mitrasinovic: „Universal Design ist kein spezieller Sektor der DesignPraxis, sondern eher ein bestimmter Zugang, eine Einstellung zum Design, die zu der Überlegung geführt hat, dass gestaltete Objekte, Systeme, Umgebungen und Dienstleistungen einer größtmöglichen Anzahl von Menschen zugänglich und für diese erfahrbar sein sollen." (Mitrasinovic 2008, 418f.)

Da „Design for All" eine globale Aufgabe darstellt, beschäftigen sich Experten weltweit mit der Entwicklung neuer Lösungen. Um diese schließlich auch bewerten zu können, wurden vom Zentrum für Universal Design an der North Carolina State University sieben Prinzipien erstellt, welche wie folgt lauten:

- Breite Nutzbarkeit
- Flexibilität im Gebrauch
- Einfache und intuitive Handhabung
- Sensorische Wahrnehmbarkeit von Informationen
- Fehlertoleranz
- Geringe körperliche Anstrengung
- Erreichbarkeit und Zugänglichkeit.

Diese Prinzipien gelten als Ideale, die von bestimmten Richtlinien und Designempfehlungen umrahmt werden. Weiterhin sind sie recht allgemein gehalten und nicht in Zahlen auszudrücken. Der Vorteil hierbei ist, Produktdesigner in die richtige Richtung zu lenken, ihnen aber keinesfalls Lösungen für spezifische Situationen zu bieten. Dabei stellt sich jedoch die Frage bezüglich der Aussage der einzelnen Prinzipien (Preiser 2008, 27). Dahingehend sollten sich Entwickler mit der gegenwärtigen sozialen und demografischen Lage auseinandersetzen, um entsprechende Produkte zu gestalten, die den ergonomischen Anforderungen ebenso wie den Vorstellungen und Erwartungen der meisten Menschen mit den einfachsten Mitteln genügen. „Was nutzt es, wenn der Zugang zum Geldautomaten barrierefrei ist, aber der Automat selbst nicht verstanden wird?“ (universal design e.V. 2007, 20).

5 Ein Praxisbeispiel – Der „Parkführer“ für sehbehinderte und blinde Menschen

Anknüpfend an das „Design for All“ entstand ein barrierefreier Parkführer für den Besuch des Branitzer Pückler-Parks in Cottbus. Der Branitzer Park ist ein vom Landschaftsarchitekten und Schriftsteller Herrmann Fürst von Pückler-Muskau (1785–1871) angelegter Landschaftsgarten im südöstlichen Teil der brandenburgischen Stadt Cottbus. Die Eindrücke, welche Fürst Pückler auf seinen zahlreich ausgedehnten Reisen sammelte, spiegeln sich auf über 600 Hektar der ab 1846 geschaffenen Gartenanlage wider. Angelegt wurde diese nach dem Zonenprinzip aus dem „Äußeren Park“, wozu Wald-, Wiesen- und Agrarflächen sowie einschließlich der heutige Tier- und Spreeauenpark gehören, und dem „Inneren Park“ mit Gärtnerei, Gutsökonomie, Parkschmiede und dem Schloss. Erdmodellierungen sowie künstlich erschaffene Seen und Wasserläufe durchziehen die komplette Anlage, wobei das touristische Augenmerk auf den beiden Pyramiden (Land- und Seepyramide), welche dadurch nicht nur eine Besonderheit, sondern vielmehr das Alleinstellungsmerkmal des Parks bildet. (Pückler Museum 2013b) Im Inneren des Schlosses wiederum befindet sich heute das Museum, welches über Leben und Werk des Künstlers Auskunft gibt sowie private Einblicke in sein Leben, unter anderem in die Wohnräume, gewährt (Pückler Museum 2013a).

Der Parkführer, welcher insgesamt 13 Seiten umfasst, beginnt mit den einleitenden Worten Gert Streidts, dem Direktor der Stiftung Fürst-Pückler-Museum Park und Schloss Branitz, sowie des Geschäftsführers des Blinden-und-Sehbehinderten-Verbandes Brandenburg e.V. Joachim Haar (Branitz Stiftung 2012). Nachfolgend werden einzelne Stationen und Sehenswürdigkeiten des Parks detailliert beschrieben wie beispielsweise die Parkschmiede, verschiedene Statuen, Büsten und die Seepyramide sowie das Schloss. Zudem befindet sich auf dem Cover des Parkführers ein Übersichtsplan, welcher den Aufbau vom „Inneren Teil“ des Parks vermittelt. Der gesamte Parkführer ist so gestaltet, dass zum einen jeweils ein informativer Text und zum anderen Fotos mit darüberliegendem Reliefdruck der jeweiligen Sehenswürdigkeit zu sehen sind. Des Weiteren ist jeder einzelne Text für Personen mit Sehschwächen in großer Schrift gedruckt sowie mit einer darüberliegenden, durchsichtigen Relieffolie, in welcher derselbe Text in Brailleschrift eingelassen ist, ausgestattet. Somit sind alle Formulierungen des Parkführers auch für blinde Menschen zugänglich. Die Fotos sind ähnlich gestaltet. Hierbei handelt es sich um Reliefbilder aus durchsichtiger Folie, welche mit einer dahinterliegenden Farbdruck-Seite kombiniert sind, um die Darstellung für Blinde und Sehende gleichermaßen attraktiv und zugänglich zu gestalten. Reliefbilder müssen erhaben dargestellt werden, d.h. die Linien und Flächen eines Druckbildes sind im Relief unterschiedlich hoch und somit verschieden tastbar. Die Darstellungen werden auf das Wesentlichste beschränkt. Da beispielsweise bei Winterbildern keine Konturen im Schnee erkannt werden, sind diese Bilder für Blinde ungeeignet. Somit müssen Farbdruckbilder erst in Schwarzdruckbilder umgewandelt werden, um zu erkennen, ob genügend ertastbare Konturen für Blinde vorhanden sind. Des Weiteren gibt es verschiedene Darstellungsmerkmale, welche bei Bildern für Blinde immer wiederkehren. Einerseits ist Wasser in Form von dichten parallelen Linien, andererseits sind Bäume mit vielen kleinen unebenen sowie unregelmäßigen Strukturen darzustellen (Branitz Stiftung 2012). Dabei können Reliefs aus verschiedenen Materialien bestehen. Punktreliefs, zum Beispiel, entstehen auf Papier, wobei die Punkte hierbei, wie bei der Brailleschrift, in das Papier geprägt werden. Für den Parkführer wurden jedoch Reliefs mit Hilfe von PVC-Folien verarbeitet. Dieses Material ist gut tast- sowie lange haltbar. Die Folie wird dabei auf eine zuvor angefertigte Matrize gelegt und mit Hilfe des Vakuumtiefziehverfahrens in ihre entsprechende Form „gezogen". Jedoch ist die Matrizenfertigung sehr zeit- und kostenintensiv, weshalb für einzeln zu druckende Bilder der Aufwand enorm hoch ist (Eberenz 2008, 36f.). Abschließend sollte an dieser Stelle gesagt werden, dass der Parkführer nicht allein für blinde und sehbehinderte Menschen gedacht ist, bietet er doch auch für Nichtbetroffene zusammenfassende Informationen sowie ausdrucksstarke Bilder des Branitzer Parks.

6 Fazit

In den letzten Jahren ist ein steigendes Bewusstsein für die Entwicklung und Gestaltung barrierefreier Räume zu verzeichnen. Dieses spiegelt sich in den Gesetzgebungen, national wie international, und in neuen Technologien wider. Zudem entstehen immer neue Ansprüche an Technik und Umwelt hinsichtlich einer mobilen und freien Lebensweise. Jedoch haben einfache Hilfsmittel für sehbehinderte und blinde Menschen, wie der Blindenstock oder Lupen, keineswegs ausgedient, sondern werden fortlaufend modernisiert. Dabei sollte auch die demografische Entwicklung nicht außer Acht gelassen werden, da ein steigendes Alter mit einem steigenden Bedürfnis an Hilfsmitteln einhergehen wird und somit für Industrie und Wirtschaft neue Zweige öffnet. Jedoch gibt es Barrierefreiheit nicht allein für bedürftige

Zielgruppen, wie alte oder behinderte Menschen, vielmehr kommt in Zukunft der Begriff „Design for All" in der Gesellschaft zum Tragen. Die Spezialisierung auf einzelne Gruppen hinsichtlich Entwicklungen und Anpassungen wird dem breitgefächerten Spektrum der Allgemeinheit geöffnet. Neue Produkte, Gebäude, etc. sollten demzufolge generations- und zielgruppenübergreifenden Nutzungen entsprechen.

Literatur

Barnes, C. (2011): Understanding Disability and the importance of Design for All. In: Journal of Accessibility and Design for All, H. 1 (2011), 55–80

Branitz Stiftung (2012): Parkführer für blinde und sehbehinderte Menschen, Park und Schloss Branitz. Erfurt

Bundeskompetenzzentrum Barrierefreiheit e.V. (o. J.): Barrierefreiheit. URL: http://www.barrierefreiheit.de/barrierefreiheit.html [April 2013]

Bundesministerium der Justiz (2007): Gesetz zur Gleichstellung behinderter Menschen. URL: http://www.gesetze-im-internet.de/bgg [Mai 2012]

Bundesministerium für Wirtschaft und Technologie (2004): Ökonomische Impulse eines barrierefreien Tourismus für alle. Eine Untersuchung im Auftrag des Bundesministeriums für Wirtschaft und Technologie, 2. Aufl., Nr. 526. Berlin

Bundeszentrale für politische Bildung (2012): Demografischer Wandel, Bevölkerungsentwicklung und Altersstruktur. URL: http://www.bpb.de/nachschlagen/ zahlen-und-fakten/soziale-situation-in-deutschland/61541/altersstruktur [April 2013]

Dienel, H. L.; Heinickel, G. (2001): Mobilitäts- und Verkehrsforschung. Neuere empirische Methoden im Vergleich. Berlin

Eberenz, K. (2008): Lesen mit Händen und Ohren. Punktschriftbücher und Hörbücher für Blinde und Sehbehinderte. München

Egeler, R. (2009): Pressekonferenz „Bevölkerungsentwicklung in Deutschland bis 2060". URL: https://www.destatis.de/DE/PresseService/Presse/Pressekonferenzen/2009/ Bevoelkerung/Statement_Egeler_PDF.pdf?__blob=publicationFile [April 2014]

Faulstich, W.(2004): Grundwissen Medien, 5. Aufl. München

Fricke, A.; Gräbner, M. (2002): „Tourismus für Alle": Handbuch barrierefreier Tourismus in Sachsen-Anhalt. Magdeburg

Klenovec, M. A. (2006): (Universal) Design for All – Ein innovativer Planungsansatz für morgen? In: Glocalist Magazine, H. 5 (2006), 24–25

Mitrasinovic, M. (2008): Universal Design. In: Erlhoff, M.; Marshall, T. (Hg.): Wörterbuch Design – Begriffliche Perspektiven des Designs. Basel, 418–421

Neubert, G.; Cloerkes, D. (1987): Behinderung und Behinderte in verschiedenen Kulturen. Eine vergleichende Analyse ethnologischer Studien. Heidelberg

Neumann, P. (2008): Barrierefreier Tourismus für Alle in Deutschland. Erfolgsfaktoren und Maßnahmen zur Qualitätssteigerung. Berlin

Preiser, W. F. E. (2008): Von der Richtlinie des Universal Designs zur Praxis- und Bewertungsforschung. In: Claus, S.; Züllich, P. (Hg.): Universal Design. Unsere Zukunft gestalten. Berlin, 21–29

Pückler Museum (2013a): Park und Schloss. URL: http://www.pueckler-museum.de/park-und-schloss/schloss.html [April 2013]

Pückler Museum (2013b): Park. URL: http://www.pueckler-museum.de/park-und-schloss/park.html [April 2013]

Sachverständigenrat (2011): Herausforderungen des demografischen Wandels, Expertiseauftrag der Bundesregierung. Wiesbaden

universal design e.V. (2007): Universal Design im globalen demographischen Wandel. Ein Forschungsprojekt des universal design e.V. und dem Lehrstuhls für Industrial Design der Technischen Universität München. Hannover

IV. DIE NEUEN MEDIEN UND DIE ZUKUNFT DES MENSCHEN

Futuristische Visionen und wünschenswerte Zukünfte: Pragmatische Perspektiven

Nicanor Ursua

1 Einführung

Über die Zukunft oder über mögliche Zukünfte nachzudenken mag einem lächerlich erscheinen, wenn man in der Gegenwart lebt, zumal die Zukunft erst durch unsere jetzigen Taten kreiert wird. Demnach könnte man sagen, dass die einzige Zeit, in der man wirklich handeln kann, die gegenwärtige Zeit ist. Die Aussagen darüber, was wir in der Zukunft werden wollen, basieren in der Regel auf Voraussagen darüber, wie Zukunft sein wird. Prognosen über die Zukunft können sich als falsch erweisen, denn es ist schwierig alle bedeutenden Veränderungen zu identifizieren, die stattfinden werden.

Dennoch basieren die meisten unserer Entscheidungen auf unseren Erwartungen, wie die Zukunft sein wird. Wie R. L. Ackoff (2010, 2) sagt, beziehen sich Prognosen auf Wahrscheinlichkeiten, während sich unsere Vermutungen auf Möglichkeiten beziehen. Aus diesem Grund macht es einen Unterschied, ob man sich mit zukünftigen Wahrscheinlichkeiten oder mit zukünftigen Möglichkeiten beschäftigt. Laut R. L. Ackoff gibt es zwei Herangehensweisen, um mit Wahrscheinlichkeiten zu arbeiten, die sich nicht ausschließen, nämlich die „kontingente Planung" und die „verantwortliche Entwicklung".

Wenn man kontingent plant, identifiziert man eine (möglichst vollständige) Gruppe von Wahrscheinlichkeiten, deren Nichtbeachtung sehr kostspielig werden könnte, wenn diese auftreten. Man entwirft einen Plan, um möglichst früh Wahrscheinlichkeiten zu identifizieren und ggf. auf diese zu reagieren. Personen und Organisationen müssen in der Regel schnell und effektiv auf nicht Erwartetes reagieren, da man nicht alle Wahrscheinlichkeiten, die auftreten können, identifizieren kann. An dieser Stelle ist die Antizipierung von größter Wichtigkeit.

Obwohl man nicht alle relevanten Aspekte bezüglich der Zukunft steuern kann, kann man einige entscheidende Aspekte *kontrollieren*. Man kann in Anlehnung an R. L. Ackoff (2010, 3, 5, 8) festhalten, dass zwei allgemeine Formen der Kontrolle stattfinden: die Kontrolle der Ursachen und die Kontrolle der Folgen (siehe auch Ackoff 1974).

Die „verantwortungsvolle Entwicklung" könnte im Kontext der futuristischen Forschung als ein Prozess verstanden werden, der dazu tendieren sollte, die eigene Kompetenz zu erweitern bzw. die Fähigkeit zu erweitern, eigene und fremde Bedürfnisse zu befriedigen.

Eine Möglichkeit, die Zukunft aus philosophischer Perspektive zu betrachten, könnte darin bestehen, die Gegenwart zu analysieren und so zu handeln, dass sich die Kluft zwischen dem, was wir sind und wo wir sind, und dem, was wir werden wollen und worauf wir *idealerweise* zusteuern, schließt. Dies setzt Denken und praktisches Handeln voraus. Aber sind wir dafür bereit?

2 Studien über die Zukunft

In der angelsächsischen Welt wird der Ausdruck „Future Studies" für ein besonderes Studienfeld verwendet, das mit anderen Studien nicht zu vergleichen und auch nicht zu verwechseln ist, obwohl es sich mit vielen existierenden akademischen Disziplinen überschneidet: interdisziplinäre Studien, Umweltstudien, Gender Studies, feministische Studien, ethnische Studien, Studien über den Frieden, Global Studies, Studien über Nachhaltigkeit und weitere existierende Studienfelder gehören laut ihren Vertretern nicht zu den „Future Studies".

Man muss, wie oben angesprochen, hervorheben, dass die Zukunft *unvorhersehbar ist*. Prognostizieren oder Voraussehen führt nicht zu zuverlässigen Vorhersagen. Kein Mensch auf dieser Welt weiß, wie die Zukunft sein wird, denn wir leben in einem ziemlich ungewissen und inkohärenten gesellschaftlichen Umfeld. Die Unwissenheit umringt uns überall. Dennoch: obwohl die Zukunft unvorhersehbar ist, ist dies kein ausreichender Grund, um sich dem Glücksrad, dem Schicksal oder der Spiritualität hinzugeben.

Aus kritisch-philosophischer Perspektive bedeutet das, eine geeignete und aktive Haltung zum Nutzen einer oder mehrerer „erwünschter, präferierter oder sogar alternativer Zukünfte" einzunehmen, wie das von C. Bezold, A. Toffler und J. Dator 1977 gegründete „Institute for Alternative Futures" (IAF) vorschlägt.

Eine geeignete Haltung im Hinblick auf die Zukunft einzunehmen, bedeutet laut J. Dator (1993, 3ff.), Experte für „Studien über die Zukunft" zu werden und das Sichtbarwerden der Zukunft zu untersuchen, das durch die Interaktion von vier grundlegenden Komponenten gekennzeichnet ist, nämlich von „Ereignissen, Tendenzen, Bildern und Handlungen". In diesem Fall ist die Voraussicht nicht nur ein wissenschaftliches, technisches und sogar professionelles, sondern auch ein politisches, ethisches und ästhetisches Thema. Einige Autoren, darunter A. Toffler, C. Bezold, haben diese Tätigkeit „antizipative Demokratie" genannt (Dator 1993, 5). Als Leitmotiv und in Anlehnung an J. Dator kann man zustimmend sagen: „Mache keine Voraussagen über die Zukunft, prognostiziere alternative Zukünfte, erfinde präferierte Zukünfte."

Wenden wir uns der Identifizierung und kurzen Analyse der vier erwähnten grundlegenden Komponenten zu, die in das Sichtbarwerden der Zukunft involviert sind.

2.1 Ereignisse

Ereignisse scheinen unabhängig von unseren Gedanken, Wünschen und Handlungen zu geschehen. Dinge geschehen und das war's. Dies bringt uns dazu, an der Wirksamkeit unseres Nachdenkens über die Zukunft zu zweifeln. Ereignisse geschehen und müssen geschehen, dabei wissen wir weder wann noch wo. Warum sollten wir uns angesichts dieser Tatsache, Gedanken über die Zukunft machen? Machen wir uns lieber Gedanken über die Gegenwart. Es besteht kein Zweifel daran, dass wir einen theoretischen Rahmen für Stabilität und Veränderung und eine Methodologie zur Erstellung von Zukunftskonzepten benötigen.

2.2 Tendenzen

Andererseits *planen wir Kontingenz* wie weiter oben erwähnt, und wir glauben, dass es möglich ist, die Zukunft auf unsere Art und Weise zu beeinflussen und dass wir sie sogar effektiv planen können. In diesem Kontext kann man drei Tendenz-Typen hervorheben:

- Es gibt Tendenzen, welche die Gegenwart und die Vergangenheit fortzusetzen scheinen. Deswegen konzentrieren wir uns auf die Geschichte und auf unsere eigenen Erfahrungen, um die Gegenwart zu kennen und die Zukunft vorauszusagen.
- Es gibt wiederkehrende Tendenzen. Selbst wenn wir es zu Lebzeiten nicht unbedingt erleben, stellen wir Zyklen fest, die in Dokumenten und Traditionen festgehalten wurden. Diese helfen uns die Zukunft zu antizipieren. Die Zyklen, die wir nicht erlebt haben, können uns aber auch hinsichtlich der (Voraussage der) Zukunft irreführen, wenn wir sie aus dem Zusammenhang reißen.
- Es geschieht auch, dass sich völlig neue Entwicklungen ergeben, zu denen wir weder Erfahrungen noch Wissen haben. Man kann behaupten, dass diese aus futuristischer Perspektive, die interessantesten, aber auch die am schwersten zu analysierenden sind.

2.3 Bilder und Handlungen

Die dritte und vierte grundlegende Komponente hinsichtlich der Zukunft wird jeweils durch die *Bilder*, die wir von der Zukunft haben, und die *Handlungen*, die wir auf Grund dieser Bilder durchführen, gebildet.

Die Debatte um die „Natur der Bilder", die seit den Ursprüngen der westlichen Philosophie immer vorhanden war, war bereits Gegenstand wissenschaftlicher Analysen (vgl. Aguirre/Ceberio/González 2009). Obwohl wir zunächst Erben der schriftlichen Kultur sind, sind wir auch - und vor allem heutzutage - Erben einer ikonographischen Kultur.

Laut J. Dator (1993, 4) besteht eine der wichtigsten Funktionen von „Studien über die Zukunft" darin, Menschen dabei zu helfen, ihre Bilder über die Zukunft zu analysieren und zu klären, d. h. ihre Ideen, Ängste, Hoffnungen und Befürchtungen über die Zukunft zu klären, so dass sie die Qualität ihrer Entscheidungen verbessern und auf ihre Zukunft Einfluss nehmen können. Es soll ihnen auch dabei helfen, mit der passiven Betrachtung der Zukunft aufzuhören, positive Visionen über die Zukunft zu entwickeln und ihre Handlungen auf Grund von Prognosen zu planen. Zusammengefasst soll es ihnen helfen, erwünschte und präferierte Zukünfte zu kreieren und ihre Handlungen mithilfe dieser Zukünfte zu planen, wie es der österreichische Zukunftsforscher Robert Jungk, einer der Gründer der „World Futures Studies Federation" und des „Institute for Social Inventions" in London, in seinem, gemeinsam mit Norbert Mullert verfassten Werk „Futures workshops: How to create desiderable futures" (1987) formulierte.

3 Notwendige grundlegende Komponenten für den Prozess der Veraussage von Zukunft- oder Zukünften

Man muss zunächst hervorheben, dass der Prozess der Zukunftsprognose der betreffenden Person oder Firma dabei helfen kann und soll, ihre Absicht und Mission in Lebens- und Organisationskontexten zu konzipieren, zu überdenken, zu klären und sogar zu vereinheitlichen.

In diesem Kontext hat J. Dator (2009, 2-3) folgende Komponenten in folgender Reihenfolge identifiziert.

- „Die Vergangenheit schätzen". Die Geschichte der Gruppe und der Gemeinschaft aus ihren Anfängen heraus verstehen.
- „Die Gegenwart verstehen". Man muss über die gegenwärtigen Probleme und Möglichkeiten diskutieren.
- „Aspekte hinsichtlich der Zukunft oder der Zukünfte voraussehen". Herausforderungen und Chancen der Zukunft diskutieren. Wissen, wie es weitergeht und was *neu* ist.
- „Alternative Zukünfte" erfahren. Mit verschiedenen Zukünften und ihren Tendenzen sowie ihren auftretenden Themen und Chancen experimentieren, die auf unterschiedlichen Ideen darüber basieren, wie die Welt in Zukunft funktionieren wird.

- „Zukünfte voraussagen". Die Voraussage von präferierten Zukünften ist eine gute Übung, für Jedermann. Diese Übung basiert auf der Vergangenheit, der Gegenwart und der Zukunft. Es ist notwendig präferierte Zukünfte vorauszusagen.
- „Zukünfte kreieren". Festlegen, was in welcher Reihenfolge zu tun ist, so dass man die Gruppe oder Gemeinschaft in eine bevorzugte Zukunft führen kann.
- „Institutionalisierung der Forschung zum Thema Zukunft oder Zukünfte". Studien innerhalb des Bildungssystems.

Laut R. Somerville (1995, 4-5) führt der Zukunftsforscher S. Inayatullah, bekannt für seine von der „World Futures Studies Federation" (mit UNESCO-Geldern) finanzierten Seminare in Europa und Pazifik-Asien, aus, dass er im Gegensatz zu R. Amara, der die Zukunftsszenarien aus der Perspektive des Präferierten, des Wahrscheinlichen und des Möglichen berücksichtigt, folgende Aspekte in Betracht zieht:
- Das „Voraussagbare": Kontrolle oder Beherrschung der Zukunft, um das Ungewisse weniger bedrohlich zu machen.
- Das „Interpretative": Dies bezieht sich in diesem Fall nicht auf die Voraussage der Zukunft, sondern auf das Verständnis der Bedeutungen, die wir der Zukunft geben. Die Zukunft wird je nach Kultur unterschiedlich konstruiert; die Aufgabe besteht darin, den Bereich der alternativen Zukünfte zu erforschen.
- Das „Kritisierbare": Untersuchungen darüber, wie ein Aspekt der Zukunft bestimmte „Episteme" (historische Grenzen der Erkenntnis) privilegiert und das Privatinteresse einer Gruppe oder einer Klasse favorisiert. Was kennen wir von dem, was gemacht werden kann?

In diesem Kontext glaubt S. Inayatulla laut R. Sommerville (1995, 5), dass sich die Szenarien in strategische textuelle Werkzeuge verwandeln, um uns von der Gegenwart zu distanzieren und eine neue Perspektive auf die verschiedenen Kulturen zu gewinnen, obwohl die Geschichte und die Struktur uns leiten sollten, wenn auch, ohne uns an unsere Erkundungen der Zukunft festzubinden.

4 Forschungsreise in die Zukunft

Es besteht kein Zweifel daran, dass zu den wichtigsten gestaltenden Kräfte der gegenwärtigen Welt - ohne andere Kräfte wie das menschliche Verhalten und die soziale Organisation hier ausschließen zu wollen - die Wissenschaft und die Technologie zählen. Diese haben einen großen Einfluss auf die Personen und die Gesellschaft. Die „Science, Technology and Society Studies" (STS) richten den Fokus auf die Aufmerksamkeit der Wissenschaftler/-innen auf eine komplexe Interaktion zwischen Wissenschaft, Technologie und Gesellschaft. In diesem Forschungsgebiet gibt es drei theoretische Rahmen: die Wissenschaft und die Technologie bilden die Gesellschaft (was als „technologischer Determinismus" bekannt ist, 1950–1960); die Gesellschaft bildet die Wissenschaft und die Technologie („sozialer Determinismus", 1970–1980) und die interaktionistische Perspektive („Ko-Evolutionismus", seit 1990).

Die neuen Technologien, die nun strategische Bedeutung erlangt haben, regen ihrerseits Visionen und Bilder über die Zukunft an, die laut einigen zwischen utopischen Träumen und apokalyptischen Alpträumen, laut anderen zwischen Euphorie und Phobie vor der Zukunft polarisiert werden.

Etwas klassischer formuliert: wir erleben gerade die „janusköpfige" Wahrnehmung der technisch-wissenschaftlichen Forschung.

Wie H. Schwarz (2008, 3) sagt: „Ob es um den/die Chemiker/in geht, der/die über neue Verbindungen arbeitet, oder um den/die Historiker/in, der/die nach den Ursachen für vergangene Konflikte sucht, oder um den/in Astrophysiker/in, der/die kosmische Rätsel zu entziffern versucht [...], der Sinn ihrer Forschungen besteht darin, Kenntnisse zu gewinnen, die jetzt, in der Zukunft oder vielleicht aber auch niemals nützlich sein werden. In diesem Sinne ist der/die Wissenschaftler/in immer ein/e Forscher/in über die Zukunft, selbst wenn nur ein Bruchteil der Forschenden sich als ‚Futurologen' bezeichnen würde." Dennoch: Was man von der Forschung erwartet, sind zuverlässige Prognosen. In diese Richtung fungieren auch die demoskopischen Studien sowie die Frühwarnsysteme für Tsunamis, Zyklonen oder Erdbeben. Man denke z. B. an die Zukunftsvisionen der Forschung im Bereich der Raumfahrt, die früher glänzender als heute waren oder man denke an die Fortschritte in der Medizin, in der Robotik, in den neuen Formen der Mobilität oder in der Umwandlung von Energie. Wenn man die Bilder aufmerksam betrachtet, die uns in Verbindung mit diesem Thema einfallen, erkennt man viele Motive, die aus der Science Fiction stammen, wo Wissenschaft und Fantasie sich gegenseitig beflügeln.

Dieser Aufsatz versucht mithilfe einer Reise in die Zukunft eine wichtige, wenn auch nicht vollständige Reihe von Fragen und Gedanken/Ideen zu erläutern, die angesichts zukünftiger Herausforderungen, unmittelbar bevorstehen. Dabei wird berücksichtigt, dass viele Zukunftsprognosen, insbesondere nach dem Auftreten der „Konvergenz von Technologien" (CT), in der Forschung sehr schnell wahr werden.

Fragen wir uns, wie die Welt in 20 Jahren und unser durch Technologie beeinflusstes Leben aussehen wird. Erinnern wir uns an Jules Verne und an die Bilder von Jean Marc Côtè aus seinen Schriften aus dem Jahr 1899, in denen er die Welt im Jahr 2000 beschreibt.

Als der Futurologe K. Kelly nach A. Lowenthals (1995) Zukunftsvision gefragt wurde, beschrieb er vier mögliche Szenarien:

- *Künstliches Leben*: In der Zukunft wird es Formen des künstlichen Lebens geben.
- *Kollaps*: Die Gesellschaft wird sich dem Verfall und dem sozialen Kollaps nähern. Die Nationalstaaten und die multinationalen Konzerne werden nicht mehr fähig sein, die technologische Entwicklung zu finanzieren und diese wird zum Stillstand kommen. Dies wird Anlass für eine chaotische Lage und für den Wiederaufstieg der Stammesmentalität geben, die die entstandene Lücke schließen wird.
- *Ökotopia*: Die Umwelttechnologien werden die Technologie retten. In diesem Sinne wird z. B. das Alltagsleben ein gesunder Prozess sein, der keine Umweltzerstörung voraussetzen wird, um soziale Bedürfnisse zu befriedigen. Alte und unschöne Gebäude werden durch ästhetischere Bauten ersetzt.
- *Cyberspace*: In der Zukunft werden die Realität und der Cyberspace zusammenwachsen und sie werden Einfluss auf die Gesellschaft haben. Die Menschen werden die meiste Zeit vor dem Computer verbringen, so dass eine weltweite Verbindung zustande kommen wird. Aber ausgerechnet aus diesem Grund werden die Menschen sich nach persönlichen und gemeinschaftlichen Zusammentreffen sehnen.

Lassen wir nun die Beobachtungen des Futurologen K. Kelly (und anderer Visionäre) beiseite und konzentrieren uns auf unsere *Zukunftsexpedition* aus der Perspektive der heutigen techno-wissenschaftlichen Forschung, d. h. in Bezug auf die Herausforderung der „Konvergenz der neuen Technologien" (Nano-Bio-Info-Kogno, Akronym: NBIC). Im Kern dieses Konzeptes befinden sich interaktiven Beziehungen und Synergien, die durch den Zusammenschluss von großen Forschungs- und Entwicklungsbereichen entstehen, wie z.B.: die Nanowissenschaft und die Nanotechnologie, die Biotechnologie und die Lebenswissenschaften, die Biomedizin einschließlich der Gentechnik, die Informations- und Kommunikationstechnik, die Robotik und die künstliche Intelligenz, die Kognitionswissenschaften, die Neurowissenschaften und die Neurotechnologie. Sie bestimmen die Debatte über die Konvergenz der Technologien als „Forum zur Erforschung der zukünftigen Auswirkung der Wissenschaft und der Technologien".

Als Ausgangspunkt für die Debatte über die CT wird die „Initiative für Politik, Forschung und Technologie" der Vereinigten Staaten von Amerika aus dem Jahr 2001 angesehen (vgl. diesbezüglich Roco/Bainbridge 2003). Die Forscher dieser Initiative waren die ersten, die den Begriff CT verwendet haben. Der Begriff wird bildlich als das „NBIC-Tetrahedron“ beschrieben (Roco/Bainbridge 2003, 2). Man redet von der „NBIC-Initiative“ (Nano-Bio-Info-Kogno, 1), oder von der „NBIC-Konvergenz“, die sehr unterschiedliche Einsatzbereiche hat, z. B. soziotechnische Systeme (Ernährung, Wohnung, Transport, Kommunikation, Tourismus, Sicherheit, Erziehung, Freizeit, etc.), Dienstleistungen, vor allem diejenigen, die einen hohen Mehrwert benötigen, d. h. bei denen die Produktionsfunktion einen hohes Maß an Wissen und Kreativität („Wissensarbeiter“) voraussetzt, und im Hochtechnologiesektor, der sich nicht auf Handarbeit sondern auf die vermehrte Einbeziehung von Wissen stützen.

Die „NBIC-Konvergenz“ ist v. a. aus einer ethisch-philosophischen Perspektive interessant: ein Grund dafür sind die Auswirkungen des Konzeptes und die Umsetzung von „improving human performance“ und das Thema „human enhancement“ („technische Verbesserung des Menschen“), d. h. die technologische Steigerung oder die „technische Verbesserung“ der menschlichen Fähigkeiten und die Modifizierung des Körpers und des menschlichen Intellekts. Wie man in (Roco/Bainbridge 2003, 24) lesen kann, empfehlen die Workshop-Teilnehmer „a national R&D priority area on converging technologies focused on enhancing human performance“.

Mit dieser Fahrkarte werden wir nun in den *Wissenschaftsexpress* einsteigen und in Begleitung der Expedition des „Deutschen Wissenschaftsjahres 2009“ in die Zukunft reisen. Diese Veranstaltung, die vom Bundesministerium für Bildung und Forschung gesponsert wurde und unter der akademischen Obhut der Max-Planck-Gesellschaft (MPG) stattfand, versucht zu zeigen, wie die Forschung und die Technologie unser Leben in den nächsten Jahren verändern werden.

Das Projekt „Expedition Zukunft“, das in mehr als 60 deutschen Städten zu Gast war, wurde mit der Unterstützung großer deutschen Forschungseinrichtungen sowie Firmen und Universitäten realisiert. Das berühmte Magazin für Wissenschaftsvermittlung „Spektrum der Wissenschaft“ (SdW) bereitete eine kurze Einführung für jeden Block dieser Ausstellung auf und widmete, in Zusammenarbeit mit dem MPG-Team, jener Ausstellung im April 2009 eine Sonderausgabe, die im Wissenschaftszug erhältlich war. Die Expedition kostete 15 Millionen Euro und gewann im Mai 2010 den „Deutschen Preis für Wirtschaftskommunikation“ (DPWK).

Die Zukunftsexpedition bestand aus mehreren Waggons, die wir im Folgenden kurz beschreiben. Ziel der Ausstellung war es, Menschen dazu zu inspirieren, über die Zukunft der Gesellschaft nachzudenken.

- Der Waggon Nummer 1 heißt „expedition zukunft“ und versucht zu erreichen, dass wir uns Fragen stellen, wie z.B.: Was kommt heute auf uns zu und was wird uns die Zukunft bringen? Heute werden die Weichen dafür gestellt, wie wir künftig leben und arbeiten, wie alt wir werden, wie gesund wir bleiben oder welche Produkte und Leistungen wir nutzen können. All das wird nur möglich sein, wenn man sich bemüht, eine führende Nation in der globalisierten Wissensgesellschaft zu werden. Die Bedingung „sine qua non" ist ein massives Engagement in die Produktion neuen Wissens und innovativer Technologien, deren Anwendung und Verwertung. Das Ziel dieser Ausstellung ist, den Bürgerinnen und Bürgern und insbesondere auch jungen Menschen, ein Grundverständnis für die sehr dynamischen und vielversprechenden Forschungsthemen zu vermitteln, die gerade auf internationaler Ebene bearbeitet werden, sowie für die Art und Weise, wie diese Themen auf unser Leben in den nächsten Jahren Einfluss nehmen werden. Die Ausstellung versucht die anstehenden Herausforderungen zu klären sowie Antworten auf globale Fragen zu suchen: Wie werden wir mit dem Klimawandel leben? Woher werden wir in der Zukunft Energie beziehen? Bestimmen unsere Gene die Zukunft? Werden Computer in der Zukunft wie Menschen denken? Werden Roboter unseren Haushalt führen? Werden wir imstande sein, die vernetzte Welt zu bewältigen?

- Der Waggon zwei trägt den Titel „woher + wohin: Die Suche nach den Ursprüngen". Das Universum scheint für uns gemacht zu sein. Wären die Naturkonstanten leicht anders gewesen, wäre das menschliche Leben womöglich nie entstanden. Dies bringt uns dazu, über unsere Herkunft nachzudenken. Das Leben auf der Erde begann vor 3,5 Milliarden Jahren. Alles begann mit der Asche von Sternen, die längst erloschen sind. Aufgrund von astronomischen Beobachtungen, Modellrechnungen und komplizierten Experimenten kennen wir die wichtigsten Bestandteile der Materie. Ausgehend von Beobachtungen und Experimenten kennen wir die Elementarteilchen und wir wissen, welche Kräfte zwischen ihnen wirken. Aber diese „gewöhnliche Materie" macht nur 4 % des Universums aus. Woraus besteht der Rest? Die Kosmologen sagen uns, dass es viermal mehr Materie geben muss, als man sehen kann. Diese Materie nennen sie „Dunkle Materie". Die beschleunigte Ausdehnung des Universums erklärt sich durch die Wirkung der „Dunklen Energie des Universums", worüber wir nur spekulieren können. Ebenso gibt es keine Antwort auf die Frage: wohin gehen wir?

- Der Waggon drei heißt „bio + nano". Es geht darum, die Konvergenz der Bio- und Nanowissenschaften aufzuzeigen. Heute können wir physische, chemische und biologische Prozesse in der Natur bis hin zur Atomstruktur verstehen. Wir fangen an, Materialien und Lebensbausteine auf einer winzigen Skala zu manipulieren. Die Nanowissenschaften ermöglichen eine extreme Miniaturisierung der Technik, sie erlauben die Herstellung von Produkten mit höchster Präzision. Komplexe Systeme werden immer kleiner, aber es gibt nach wie vor Raum für eine weitere Reduzierung: die kleinsten Bausteine des Universums wurden noch nicht erreicht. Die kleinen Baueinheiten der Nanowelt sind immer noch größer als die der Atom- oder der Molekülwelt. Wahr ist aber, dass die Nanotechnologie bereits in unser Leben eingedrungen ist: Sonnencreme mit extrem feinen Titandioxid-Nanoteilchen, langanhaltende Lippenstifte mit Zinkoxid-Nanoteilchen, etc. Die Beschreibung lebender Systeme ist ihrerseits immer detaillierter und komplexer geworden. Die molekularen Codes vieler Organismen wurden inzwischen entziffert. Wissenschaftler wollen in unmittelbarer Zukunft das Verhalten einfacher Organismen voraussagen und Bakterien mit neuen Eigenschaften bauen. Nano-Ingenieure lassen sich gerade von den eleganten Ideen der Evolution inspirieren. Damit verwischen sich die Grenzen zwischen belebter und unbelebter Natur. Integrierte Schaltkreise kommunizieren mit lebenden Zellen und stellen Computern Daten zur Verfügung und umgekehrt. Die „Konvergenz" zwischen den Nano- und den Biowissenschaften macht große Fortschritte. Die synthetische Biologie kann nach M. Schmidt (2008, 1) so definiert werden: „Künstlicher Einsatz von Molekülen, um das emergierende Verhalten der Naturbiologie mit dem Ziel zu reproduzieren, künstliches Leben zu schaffen oder austauschbare biologische Teile zu suchen, um diese zu Artefakten und Systemen zusammenzufügen, die anders als Natursysteme funktionieren". Die synthetische Biologie gehört in den Kontext der emergenten Technowissenschaften und hat laut ihrer Vertreter revolutionäre Auswirkungen und ein immenses Potenzial, so dass sie neue Lebensformen schafft oder schaffen wird, was laut Coenen/Hennen/Link (2009, 82–87) eine ethische, eine rechtliche und eine soziale Untersuchung voraussetzt. In diese Richtung arbeitet auch das von der EU finanzierte „SYNTH-ETHICS"-Projekt (englisch ELSA für „ethical, legal and social aspects"). Auch die zehnte Österreichische TA-Konferenz der Österreichischen Akademie der Wissenschaften im Mai 2010 in Wien hat sich dafür ausgesprochen: dort wurde die „Ethisierung der Technik und deren Bedeutung für die Evaluierung von Technologien entworfen (Mader/Kamp 2010). Es ist also notwendig eine Evaluation der Technowissenschaften durchzuführen, wie sie A. Grunwald (2010) in seinem überarbeiteten und erweiterten Werk vorgeschlagen hat, in dem er – zusätzlich zu der Diagnose der Technik und der Technisierung sowie zusätzlich zu deren Folgen für die Gesellschaft und für die soziale Nachfrage nach einer Evaluation der Technologie – die Evaluation der Technologie einerseits mit der Ethik, andererseits mit der Forschung über Innovation sowie mit der Entstehung des Netzes in der Evaluation von Technologien in Verbindung bringt.

- Der Waggon vier wurde als „info + kogno" bezeichnet. Das Gehirn – ein intelligenter Rechner? Dank neuer wissenschaftlicher Methoden verstehen wir heute immer besser, wie unser Gehirn funktioniert. Wir können sowohl die Aktivitäten ganzer Gehirnbereiche als auch die Funktionen von besonderen Neurorezeptoren oder den ionischen Kanälen verstehen. Es ist sehr wahrscheinlich, dass wir heute fundamentale Fragen beantworten können, wie z. B. wie unser Gehirn Informationen verarbeitet, wenn auch die wichtigste Fragestellung auf dem Verständnis der Verbindung zwischen mikro- und makroskopischen Funktionen im Gehirn beruht. Die Neurowissenschaften eröffnen in letzter Zeit mit erweiterten Methoden und Forschungen neue Einblicke in die Arbeitsweise unseres Gehirns und neue bislang nicht gekannte Eingriffsmöglichkeiten. In diesem fruchtbaren Forschungsfeld werden neue Möglichkeiten zutage gefördert, nicht nur um Krankheiten besser behandeln zu können, sondern auch um mit Hilfe von Medikamenten die Gehirnfunktionen zu beeinflussen und die Entwicklung von Gehirn-Maschine-Interfaces zu ermöglichen, so dass hierdurch die Fähigkeiten des Menschen verbessert und erweitert werden. Dies kann wiederum Einfluss auf unsere Selbstempfindung als freie und verantwortliche Menschen haben. Vor diesem Hintergrund können wir uns Folgendes fragen: Sind mentale Prozesse nur ein Abbild des neuronalen Geschehens? Wird man den freien Willen, das Mitgefühl, die moralische Verantwortung, die Entscheidungsfindung oder das Verliebtsein anhand von biochemischen Prozessen in den Nervenzellen vollständig erklären können? Wird ein künstliches Gehirn je möglich sein? Wird es Simulationen von Wahrnehmungen, vom Lernen, logischen Denken, von der Entscheidungsfindung, der Kommunikation und vom Handeln enthalten? Die computergestützte Technologie der Zukunft wird technische Systeme ermöglichen, die, dem Menschen ähnelnd, imstande sein werden, Informationen zu verarbeiten und autonom zu handeln. Damit wird Robotern angeblich Leben eingehaucht. Die Biocomputer, die Produkte der avancierten computergestützten Technologie sind, nutzen Erbsubstanz als Speicher- und Verarbeitungsmedium und Quantencomputer können massive Datenmengen parallel verarbeiten. Laut Experten befinden wir uns vor dem „radikalen Sprung" zur „künstlichen Intelligenz". Die enge Beziehung zwischen der Gehirnforschung und der computergestützten Technologie geht in die von der CT und der Debatte über „human enhancement" geprägte Richtung, d. h. es geht um die Verbesserung und um die technologische und pharmakologische Erweiterung der menschlichen Fähigkeiten. In der Sonderausgabe von SdW geht es um das „cognitive enhancement". D.h. um die Verbesserung und Erweiterung der menschlichen Fähigkeiten mithilfe der Anwendung von neurowissenschaftlichen Kenntnissen, wie z. B. der Gehirn-Computer-Schnittstelle, der Neurologie, der Neurochirurgie, der Gentechnologie, der Informationstechnologie und der Neurotechnologie. Dabei wird der Fokus auf die Gehirn-Computer-Schnittstelle und auf die kosmetische Neurologie (vgl. Chatterjee 2004) gelegt. Ein Themenkomplex innerhalb des ‚cognitive enhancement' dreht sich auch um das sogenannte „Gehirn-Doping" durch Psychopharmaka. Einige Experten behaupten, dass Gehirn-Doping mit besseren und pharmakologisch nützlicheren Produkten etwas Normales in unserem Leben werden könnte. Der Biochemiker und Nobelpreisträger E. Kandel, der über die genetische Steuerung der Erinnerung arbeitet, forscht gerade über eine Substanz, welche die selektive und spezifische Löschung von Erinnerungen ermöglicht. Diese Substanz könnte z. B. Patienten helfen, die an Traumata enorm leiden, denn die Erinnerungen, die negativ auf ihnen lasten, sind in ihren Gehirnen auf Molekularebene kodiert. Das kann (im positiven Sinne) phantastisch sein, aber man kann diese Substanzen auch missbrauchen. Wie der Chemieexperte H. Schwarz (2008, 28, 30) anmerkt, spiegelt dies den Janusköpfigkeit der modernen Forschung deutlich wider, denn wir können nicht die Möglichkeit völlig ausschließen, dass neu entwickelte Substanzen missbraucht werden oder unerwünschte Kollateralschäden anrichten. Wir müssen mit der Idee leben, dass der Gebrauch und der Missbrauch wie siamesische Zwillinge ko-existieren, was uns wiederum nicht an der Suche nach Substanzen für die Zukunft hindern sollte. Wenn man diesen Waggon durchläuft, kann man schließen, dass die Organisatoren eine große Faszination für die „Starke Künstliche Intelligenz" (starke AI) sowie für die Schaffung eines künstlichen Gehirns empfinden. Während man den Waggon eins als Vorspann der Expedition ansehen kann, können die Waggons zwei bis vier als Ausstellung der Grundlagenforschung verstanden werden, die alle anderen Forschungsgebiete antreibt und deren Anwendung in den Waggons fünf bis zehn thematisiert wird: Wie wir in Kürze sehen werden, werden hier Weltvisionen von morgen angeboten, die durch wissenschaftlich-technologische Anwendungen unseren Alltag beeinflussen. Wenn wir andererseits die Waggons drei („nano + bio") und vier („info + kogno") in Verbindung bringen, erhalten wir das Akronym zur Debatte über CT, nämlich NBIC, wenn auch in diesem Fall das relativ neue Tema der synthetischen Biologie hinzugefügt wird.

- Der Waggon fünf heißt „vernetzt + global" und hat als Unterüberschrift: „Auf dem Weg in eine digitale Gesellschaft". Die Computerarbeit ist in alle Bereiche unserer Welt eingedrungen, schnelle Datennetze umspannen den Globus und dies wiederum verändert unsere Art zu leben, unsere Arbeit und die Art und Weise, wie wir kommunizieren. Es entsteht gerade eine digitale Welt, in der sich Kreativität und Innovation auf eine völlig neue Art und Weise entfalten können. Das *digitale Netz der Vielen* steigert die individuelle Kreativität. Heute, im Zeitalter der Geschwindigkeit, sind wir Zeuge einer großen

Explosion menschlicher Kreativität. Dank der massiven Investitionen in F+E (Forschung und Entwicklung), ihrer großen Wettbewerbsfähigkeit, aber auch der intensiven Kooperation ermöglicht die CT den Nano-, Bio-, Info- und Neurotechnologien die Entwicklung neuer Methoden und Anwendungen. Wissen wird – neben Boden, Kapital und Arbeit – zum entscheidenden Faktor für den menschlichen Wohlstand und für die Lösung globaler Probleme, vor denen wir heute bereits stehen. Dank der globalen Vernetzung, die immer leistungsfähiger und umfangreicher wird, werden ein globales Gehirn, ein Topos und ein technofuturistischer Traum entstehen, der auch von der NBIC-Initiative in Betracht gezogen wurde. In diesem Waggon spürt man den Geist der NBIC-Initiative, hier wird das Internet anhand von Begriffen wie Globalisierung, Vernetzung, Geschwindigkeit, Virtualisierung, etc. thematisiert und eine NBIC-Konvergenz mit radikalen innovativen Effekten in Aussicht gestellt. Es wird zweifellos entscheidend sein, zu wissen, inwieweit die Gesellschaft für das Neue offen ist und nach welchen Bedürfnissen und Werten sich die Menschen richten.

- Der Waggon sechs heißt „intelligent + virtuell". Die Unterüberschrift lautet: „Innovative Materialien und die Fabrik der Zukunft". Man kann behaupten, dass das menschliche Verständnis der atomaren und der molekularen Konstruktion der Materie rasant vorankommt. Viele der Materialien, die uns zur Verfügung stehen, sind synthetisch: Man findet sie in der Natur nicht in der gleichen Form. Die Forscherinnen und Forscher lassen sich von biologischen Prinzipien inspirieren, wenn sie vorhaben, herkömmliche Materialien zu verbessern oder neue Materialien zu entwickeln. Im Spannungsfeld zwischen Miniaturisierung, Funktionalität, Design und Umweltschutz entstehen intelligente, individuelle und umweltfreundliche Produkte der Zukunft. Die digitale Fabrik der Zukunft vereint alle Phasen des Lebenszyklus eines Produkts, somit wird eine flexible Fertigung möglich. Viele Unternehmen nutzen Innovationsmanagementtechniken, um konkurrenzfähig zu sein. Flexibilität, Nachhaltigkeit, Integration von Produkten und Dienstleistungen, Kooperationsmanagement und Nanotechnologien kennzeichnen heutzutage wichtige Tendenzen.

- Der Waggon sieben nennt sich „wirksam + individuell". Dieser Waggon trägt die überraschende und interessante Unterüberschrift: „Wird es eine Welt ohne Krankheiten geben?" Die Lebenswissenschaften werden einen entscheidenden Einfluss auf unser Jahrhundert haben. Neue fundamentale Erkenntnisse eröffnen bislang ungeahnte Möglichkeiten, um Krankheitsauslöser frühzeitig zu entdecken und neue Therapien zu entwickeln. Dennoch gibt es heute immer noch ansteckende Krankheiten wie die

Malaria, Tuberkulose und AIDS, abgesehen von komplexen, chronischen Krankheiten wie Diabetes, Herz- und Lungenleiden sowie Krebs. Alzheimer-Erkrankungen und Depressionen nehmen auf Grund des Lebenswandels und der Altersstruktur zu. Durch die Genomforschung bricht ein neues Zeitalter der Medizin an. Unsere eigenen Gene bergen das Geheimnis, welche Krankheiten jeden Einzelnen in Zukunft erwarten. Durch die Entzifferung des Genoms werden immer mehr genetische Mutationen entdeckt und neue Methoden entwickelt, um unser genetisches Material direkt zu behandeln. Die Medizin-Technologie von morgen beschränkt sich nicht auf innovative Apparate, die einzelne Krebszellen im Körper erkennen oder dem Chirurgen den Operationsfortschritt in Echtzeit auf einem Bildschirm wiedergeben. Wenn man eines Tages z. B. einen Zahnersatz oder ein neues Herz braucht, könnten medizinisch-biologisch gefertigte Gewebe oder intelligente Prothesen mit modernster Technik dazu beitragen, wieder gesund und munter zu werden. Die Stammzellen sind, laut Biotechnologie-Experten, der Schlüssel zur Wiederherstellung von menschlichem Gewebe, wie Nervenzellen und Herzmuskeln. Nach der Meinung des Biotechnologen J. Bhattacharya (2008, 16) werden Neuroimplantate in diesem Sinne z. B. Patienten mit der Parkinson-Erkrankung helfen. Seiner Meinung nach besteht eine der Aufgaben in diesem Bereich in der Entwicklung von Bio-Chips, die man in den menschlichen Körper für medizinische Zwecke implantieren kann. Laut dem Chemie-Experten H. Schwarz (2008, 28) stehen heute ca. 1500 künstliche Ersatzteile für den menschlichen Körper zur Verfügung. Mit den Möglichkeiten, die uns das neue medizinische Potenzial bietet, müssen wir verantwortungsvoll umgehen.

- Der Waggon acht nennt sich „gesund + produktiv". Wie werden wir neun Milliarden Menschen ernähren? Die Landwirtschaft und die Tierzucht bildeten einen Wendepunkt in der Geschichte der Menschheit. Unsere Vorfahren wurden sesshaft. Seitdem wächst die Weltbevölkerung pausenlos und nun befinden wir uns vor der großen Herausforderung, noch einige Milliarden Menschen mehr zu ernähren. Das Wasser, die Erde und das Klima sind Faktoren, mit denen die Landwirtschaft unabdingbar verbunden ist. Der Klimawechsel verändert sich schnell und schädigt unser lang eingespieltes System. Die grüne Revolution der sechziger Jahre hat die Landwirtschaft produktiver gemacht. Dennoch: Die effizientere Produktion und die herkömmliche Tierzucht können aus eigenen Mitteln alleine nicht alle Möglichkeiten ausschöpfen, um dem Menschen hochwertige Nahrungsmittel zu bieten, ohne der Erde noch weitere Anbauflächen abzuringen und bereits genutzte Flächen übermäßig zu belasten. Die Molekularbiologie bietet den Agrarwissenschaftlern neue biotechnologische Werkzeuge, um die Welternährung zu sichern. Mithilfe der Biotechnologie wird man verschiede Sorten von nahrhafteren und dürreresistenten Pflanzen realisieren können. Doch noch wissen wir nicht alles über die Wechselwirkungen von gentechnisch veränderten Organismen und ihrer Umwelt. In den Industrieländern bestehen große Vorbehalte gegenüber der grünen Gentechnik. Dennoch: ihre Anwendung ist schneller als ihre ethisch-moralische Integration. In puncto Welternährung wird das Thema in Zukunft nicht nur auf das *wie* sondern auch auf das *was* fokussiert. Im Zeitalter der Gentechnik sind wir dafür sensibilisiert, dass unsere eigene genetische Disposition durch das bedingt wird, was für uns gesund ist. In der Zukunft werden bestimmte Krankheiten durch eine individuell abgestimmte Ernährung mit maßgeschneiderten Lebensmitteln vermieden oder gar geheilt werden. Gentechnisch veränderte Pflanzen müssen den lokalen Bedingungen angepasst werden, was die Kooperation der sozialen Institutionen voraussetzt. Sind wir für die grüne Revolution bereit?

- Der Waggon neun weist sich als „nachhaltig + effizient" aus: „In Kreisläufen denken – Ressourcen schonen". Wissenschaftliche Beobachtungen erhöhen unser Verständnis der Welt. Wir wissen heute, dass die menschliche Aktivität auf das Klima Einfluss nimmt und dass die zukünftige Energieversorgung nicht gesichert ist. Wir müssen nun also lernen, Energie effizienter zu nutzen, sie nur zu nutzen, wenn wir sie wirklich brauchen und wir müssen auch lernen, in Kreisläufen (bzw. zyklisch) zu denken, um das empfindliche Gleichgewicht unseres Planeten nicht zu beschädigen. Erneuerbare Energien sind andererseits problematisch, wenn es um die Energieversorgung geht, denn die Energieproduktion hängt von der Tageszeit und vom Wetter ab und es ist recht schwierig, die gewonnene Energie für den nächsten Tag zu speichern. Obwohl alternative Formen der Energieproduktion durchaus existieren, sind wir immer noch – und wahrscheinlich noch für eine beträchtliche Zeit – vom effizienten Gebrauch herkömmlicher Energiequellen abhängig. Die Atomkraftwerke – laut der „World Nuclear Association" werden bis 2030 weltweit ca. 237 Atomreaktoren gebaut worden sein – haben ein Problem mit radioaktiven Abfällen. Die Reaktoren der vierten Generation werden diese Abfälle vermindern können, da die von ihnen produzierten Abfälle viel schneller zerfallen. Selbstverständlich existieren auch internationale Organisationen für Atomsicherheit, wie z. B.: IAEO (Internationale Atomenergie-Organisation), UNSCEAR (United Nations Scientific Committee on the Effects of Atomic Radiation), ICRP (International Commission on Radiological Protection) und NEA (Nuclear Energy Agency). Sauberes Wasser, saubere Luft und bessere natürliche Lebensräume zu schaffen, muss unser Ziel für eine nachhaltige Nutzung und Bewirtschaftung unserer Erde sein. Es reicht heute nicht mehr aus, den *status quo* aufrecht zu erhalten, um die Grundlagen des menschlichen Daseins in der Zukunft zu schützen.

- Der Waggon zehn heißt „flexibel + digital: Unterwegs Zuhause: Mobilität und modernes Leben". Unsere Gesellschaft wird immer urbaner: Mehr und mehr Menschen leben in immer größeren Städten. Vor allem Schwellenländer stehen vor der Herausforderung, diese Megastädte angemessen und umweltverträglich mit Gütern, Infrastruktur und Wohnungen zu versorgen. Durch intelligente Planung und Design können heute unnötige Wege vermieden, Energie gespart und Naturressourcen geschont werden. Es besteht kein Zweifel, dass das Verkehrsaufkommen in den kommenden Jahren weiter zunehmen wird. Die zunehmende Vernetzung der Weltwirtschaft und die verstärkte Arbeitsteilung verlangen weltweit nach mehr Mobilität von Personen und Gütern. Das Auto ist und bleibt das zentrale Fortbewegungsmittel – auch in Zeiten hoher Benzinpreise. Innovationen in der Automobiltechnik machen Fahrzeuge sicherer, sparsamer und umweltfreundlicher. Bessere Motoren verbrauchen weniger Treibstoff, Katalysatoren reinigen Abgase und Sensoren unterstützen und überwachen die Steuerung des Fahrzeugs. Es ist notwendig, Maschinen und Treibstoffe nach der Grundlage neuer Prinzipien oder mit effizienteren Kriterien nach energetischen Gesichtspunkten zu entwickeln. Wie lange wird es noch dauern, bis unsere Autos eigenständig fahren und sich im Dialog mit anderen Fahrzeugen selbst den besten, schnellsten und sichersten Weg suchen? Auch in Wohnungen wird avancierte Technologie angewendet; die Wohnung ist heute mehr als nur ein Dach über dem Kopf. Viele hochentwickelte Geräte sorgen für Sicherheit, Behaglichkeit und Unterhaltung. Intelligentes Management während der Konstruktion, wie z.B. bei der Dämmung von Wänden, hilft, Energie und Zeit zu sparen. Die größte Herausforderung besteht darin, eine große Vielfalt an verschiedenen Systemen drahtlos zu verbinden, um die Möglichkeiten der Automation im eigenen Heim zu schaffen.

- Der Waggon elf nennt sich „natürlich. künstlich: Die Zukunft des Menschen". Das menschliche Bewusstsein ist das Ergebnis des natürlichen bio-evolutionären Prozesses, dem wir Menschen unterworfen sind. Der Mensch setzt diesen evolutiven Prozess mit den künstlichen Mitteln der Wissenschaft und Technik fort. Einige Experten reden von der Nanotechnologie, als wäre diese eine neue Form der Evolution. Dies wirkt sich auf spätere Entwicklungen und auf unsere eigene Identität sowie auf unser Denken aus. Die CT beziehungsweise die NBIC ermöglichen direkte Eingriffe in die zukünftige Entwicklung des Menschen, die u.a. technische, soziale und ethische Implikationen haben. Wissenserwerb und Bildung des Einzelnen, aber auch der Gesellschaft werden sich ändern. Die

Gentechnik trägt zur Klärung der Menschheitsgeschichte bei und stellt bald jedem das Wissen über sein Genom zur Verfügung. Die Reproduktionsmedizin verhilft Menschen, die keinen Nachwuchs bekommen können, diesen Wunsch zu erfüllen. Der Mensch bedient sich intelligenter technischer Artefakte, die natürliche Grenzen durchbrechen. Aber welche Möglichkeiten bietet die Zukunft und wo sind die ethischen Grenzen? Kann man mit alltäglicher Moral die Vorzüge des *Natürlichen* gegenüber dem *Künstlichen* begründen? Welche Schöpfungen der Natur sind es wert beschützt zu werden? Wie weit dürfen wir unsere natürliche individuelle Kontingenz verändern? Was bedeutet heute „menschliche Natur"? (Birnbacher 2006). Wir können uns viele Fragen stellen, Fragen, die heute ohne Antwort bleiben, um eine Zukunft vorauszusehen, die wir gewissenhaft untersuchen müssen, um nicht dem Aberglauben, *viel versprechenden Technofuturismen* à la K. Eric Drexler (1986; 2006) und R. Kurzweil (1999; 2006) oder nanofuturistischen und technofuturistischen Denkern zu verfallen.

5 Einige kurze Überlegungen über die „Expedition Zukunft" und die Notwendigkeit einer *Evaluation von Zukunftsvisionen*

Nachdem man die Waggons der „Expedition Zukunft" durchschritten und gesichtet hat, und wenn man zudem die begleitende Sonderausgabe des Magazins „Spektrum der Wissenschaft" (SdW) liest, kann man schlussfolgern, dass diese Ausstellung in Einklang mit dem Diskurs der CT ist. Man spürt den Hintergrund der technisch-futuristischen Philosophie und die Vision des Transhumanismus, der einen radikalen Wandel der ‚conditio humana' durch Wissenschaft und Technologie öffentlich proklamiert. Mit der transhumanistischen Philosophie kommt eine technokratisch-eschatologische *Weltanschauung*, die uns, laut ihrer Vertreter, in eine „posthumane Epoche" hinüberführt. Diese Weltanschauung enthält auch eine *extreme Ideologie des technologischen Fortschritts* sowie eine *Rettungsideologie*. Der Posthumanismus versucht mithilfe der Wissenschaft und der Technologie die Kontrolle über die menschliche Evolution zu erlangen, die möglicherweise in eine neue posthumane, menschliche Spezies führen soll.

Eine fundamentale Aufgabe der zukünftigen Philosophie wird die kritische und lebensnahe Analyse von visionären Stellungnahmen sein, um zu verhindern, dass Wissenschaft und Technologie in eine Rettungsreligion oder auf Grund menschlicher Irrtümer in etwas Erschreckendes transformiert werden. Die Suche nach Wissen und nach Wahrheit muss das

Ziel der Philosophie, der Wissenschaft und der Technologie sein, sie ist kein bloßes vorübergehendes Beiwerk auf dem Markt der techno-futuristischen Visionen.

Alle futuristischen Visionen verlangen zweifelsohne nach einer *Evaluation* (*Bewertung von Visionen*; *Vision Assessment*).

Eine ethische Reflexion über die Technologie und eine Evaluation der Sicherheit sowie die Regulierung dieser Forschungsgebiete werden nötig sein. Wie J. Habermas (2009, 38) schrieb, „mit Wolfgang van den Daele können wir über den Versuch einer ‚Moralisierung der menschlichen Natur' reden: Was durch Wissenschaft technisch disponibel geworden ist, soll durch moralische Kontrolle normativ wieder unverfügbar gemacht werden."

6 Welche Eigenschaften muss ein/e Futurologe/in haben?

Wenn wir den Beitrag des Experten in „Zukunftsstudien" J. Dator (1993, 5-7) fortsetzen und vervollständigen, können wir behaupten, dass ein guter Student oder eine Studentin oder ein praktizierende/r Futurologe/in ein möglichst breites Wissen der Geschichte und der gegenwärtigen Umstände aller Kulturen und Zivilisationen haben muss; er/sie muss auch ein möglichst breites Wissen über folgende Themen haben: Sozialwissenschaften in ihren verschiedenen Aspekten, die Entwicklungen der Naturwissenschaften und aller ihrer Unterdisziplinen und entstehender Transdisziplinen; Kenntnisse über Ingenieurwesen, Architektur, Weltraumforschung, selbstverständlich auch über Philosophie, Ethik, Religion, Recht, Planung, Ästhetik (und diese in allen Lebensbereichen), etc., etc. Er/Sie muss Vorstellungskraft haben und kreativ sein: Den energischen Willen haben - diese antreibende Kraft und dieser Schlüsselfaktor unserer Wissensgesellschaft -, neu zu denken, Neugierde und Kombinationsfähigkeit entwickeln, bereit sein, lächerlich gemacht zu werden, bereit sein, zu lachen, auch über sich selbst, die Fähigkeit haben, Folgen zu antizipieren, bevor man handelt, Synthesefähigkeit besitzen, den Wille aufbringen, eine bessere Welt zu schaffen oder zu erfinden, optimistisch sein, kritisch sein, Kritik provozieren und stets von allen Personen und Situationen lernen, um eine präferierte, erwünschte und realisierbare Welt zu projizieren und zu realisieren.

Last but not least muss man auf die moralische Entwicklung der Menschheit nachdrücklich bestehen, denn diese, die mit der Erziehung und der Kommunikation zwischen Menschen auf unserem Planeten eng verbunden ist, entscheidet, ob wir eine präferierte Zukunft realisieren können.

Literatur

Ackoff, R. L. (2010): Thinking about the future. URL: http://ackoffcenter.blogs.com/ackoff_center_weblog/files/ackoffstallbergtalk.pdf [18.12.2013]

Ackoff, R. L. (1974): Redisigning the Future. New York

Aguirre, J.; Ceberio, I.; González, O. (eds.) (2009): Racionalidad, visión, imagen. Plaza y Valdés. Madrid

Alonso, A.; Ayestarán, I.; Ursua, N. (1996): Para comprender Ciencia, Tecnología y Sociedad. Ed. V. Divino. Estella

Bhattacharya, J. (2008): Neuroimplantate werden Parkinsonpatienten helfen können. In: Humboldt Cosmos. Das Magazin der Alexander von Humboldt Stiftung. Reisen in die Zukunft. Nr. 92, 2008, 16–17

Bezold, C. (ed.) (1978): Anticipatory Democracy. New York

Boeing, N.; Wolf, P.; Herdt, D. (Hg.) (2007): Nanotechnologie, Gentechnologie, moderne Hirnforschung – Machbarkeit und Verantwortung. Berlin

Birnbacher, D. (2006): Natürlichkeit. Berlin

Buarque, C. (1998): La cortina de oro. Los temores del nuevo milenio y un sueño por realizar. Buenos Aires/México

Chatterjee, A. (2004): Cosmetic neurology: the controversy over enhancing movement, mentation, and mood. In: Neurology, 63, 968–974

Coenen, Ch. (2006): Der posthumanistiche Technofuturismus in den Debatten über Nanotechnologie und Converging Technologies. In: Nordmann, A.; Schummer, J.; Schwarz, A. (Hg.): Nanotechnologien im Kontext: Philosophische, ethische und gesellschaftliche Perspektiven. Berlin, 195–222

Coenen, Ch. (2008): Konvergierende Technologien und Wissenschaften. Der Stand der Debatte und politischen Aktivitäten zu ‚Converging Technologies'. In: TAB-Hintergrundpapier Nr. 16 (März). Büro für Technikfolgen-Abschätzung beim Deutschen Bundestag, Berlin. (Siehe auch: URL: http://www.tab-beim-bundestag.de/de/publikationen/berichte/hp016.html [18.12.2013])

Coenen, Ch. (2009): Zauberwort Konvergenz. In: Technikfolgenabschätzung – Theorie und Praxis. Institut für Technikfolgenabschätzung und Systemanalyse. Forschungszentrum Karlsruhe. Nr. 2, 18. Jahrgang – September 2009, 44–50

Coenen, Ch.; Hennen, L.; Link, H.-J. (2009): The Ethics of Synthetic Biology. Contours of an Emerging Discourse. In: Technikfolgenabschätzung. Theorie und Praxis. Institut für Technikfolgenabschätzung und Systemanalyse. Forschungszentrum Kalsruhe. Nr. 2, 18. Jahrgang –September 2009, 82–87

Coenen, Ch.; Gammel, St.; Heil, R.; Woyke, A. (Hg.) (2010): Die Debatte über „Human Enhancement". Historische, philosophische und ethische Aspekte der technologischen Verbesserung des Menschen. Bielefeld

Dator, J. (1993): Futures Studies and Sustainable Community Development. In: „Hawaii Research Center for Futures Studies", vol. 1: URL: http://www.futures.hawaii.edu/publications/futures-studies/FSAndFuturistAttributes1993.pdf [18.12.2013]

Dator, J. (2009): Alternative Futures at the Manoa School. In: „Journal of Futures Studies", November, 14 (2), 1-18. URL: http://www.jfs.tku.edu.tw/14-2/A01.pdf [18.12.2013]

Drexler, K. E. (1986/2006): Engines of Creation 2.0: The Coming Era of Nanotechnology. New York

EOI, (2005): El desafío de las nuevas tecnologías (Nano-Bio-Info-Cogno). Escuela de Organización Industrial. Programa Desafíos. Madrid

Expedition Zukunft, Science Express (2009). URL: http://de.expedition-zukunft.org/alias/Ausstellung/977986.html) [18.12.2013]

Fuglsang, L. (2001): Three Perspectives in STS in the Policy Context. In: Cutcliffe, St.; Mitcham, C. (eds.): Visions of STS. Counterpoints in Science, Technology, and Society. New York, 35-49

Galert, Th. et al. (2009): Das optimierte Gehirn. Ein Memorandum zu Chanzen und Risiken des Neuroenhancements. In: Gehirn und Geist, 11 (2009), 40-48. (siehe auch: URL: http://www.gehirn-und-geist.de/artikel/1004864 [18.12.2013])

Galert, Th. (2010): Das optimierte Gehirn. In: Technikfolgenabschätzung. Theorie und Praxis. Institut für Technikfolgenabschätzung und Systemanalyse. Karlsruhe Institut für Technologie. 19. Jahrgang, Heft 1 - April 2010, 67-70

Geppert, A. (2008): Früher war die Zukunft bunter. In: Humboldt Cosmos. Das Magazin der Alexander von Humboldt Stiftung. Reisen in die Zukunft. Nr. 92, 2008, 22-27

Gesang, B. (2007): Perfektionierung des Menschen. Berlin

Grunwald, A. (2004): Vision Assessment as a new element of the Technology Future Analysis Toolbox. In: Proceedings of the EU-US Scientific Seminar: New Technology Forsihgt, Forecasting and Assessment Methods. Sevilla, Mayo 13-14, 2004, 53-67 (URL: http://foresight.jrc.ec.europa.eu/fta/papers/Session%204%20What's%20the%20Use/Vision%20Assessment%20as%20a%20new%20element%20of%20the%20FTA%20toolbox.pdf [18.12.2013])

Grunwald, A. (2006): Nanotechnologie als Chiffre der Zukunft. In: Nordman, A.; Schummer, J.; Schwarz, A. (Hg.): Nanotechnologien im Kontext: Philosophische, ethische und gesellschaftliche Perspektiven. Berlin, 49-80

Grunwald, A. (2007): Kann, soll oder darf man den Menschen technisch verbessern? Neue wissenschaftliche Visionen und ethische Fragen. In: Boeing, N.; Wolf, Ph.; Herdt, D. (Hg.) (2007): Nanotechnologie, Gentechnologie, moderne Hirnforschung - Machbarkeit und Verantwortung. Berlin, 71-93

Grunwald, A. (2008): Auf dem Weg in eine nonotechnologische Zukunft. Freiburg/München, 227-311

Grunwald, A. (2010): Technikfolgenabschätzung. Eine Einführung. Berlin.

Gurrutxaga, A.; Echeverría, J. (2010): La luz de la luciérnaga. Diálogos de innovación social. Zarautz

Habermas, J. (2009): El futuro de la naturaleza humana. ¿Hacia una eugenesia liberal? Barcelona

Hennen, L.; Grünwald, R.; Revermann, Ch.; Sauter, A. (Hg.) (2008): Einsichten und Eingriffe in das Gehirn. Die Herausforderung der Gesellschaft durch die Neurowissenschaften. Berlin

HLEG, (2004): Converging Technologies. Shaping the Future of European Societies. A Report from the High Level Expert Group on „Foresighting the New Technology Wave". Rapporteur Alfred Nordmann. Bruselas. URL: http://ec.europa.eu/research/conferences/2004/ntw/pdf/final_report_en.pdf [18.12.2013]
Humboldt Cosmos. Das Magazin der Alexander von Humboldt Stiftung. Reisen in die Zukunft. Nr. 92, 2008
Jungk, R.; Mullert, N. (1987): Futures worshops: How to create desirable futures. London
Karafyllis, N. C. (2009). Facts or Fiction? Methodological and Ethical Problems of Vision Assessment. In: Düwell, M.; Sollie, P. (eds.): Evaluating New Technologies. Methodological Problems for the Ethical Assessment of Technologic Developments. Library of Ethics and Applied Philosophy. Berlin/New York, 93–116
Kurzweil, R. (1999): The Age of Spiritual Machines. Penguin Books. New York
Kurzweil, R. (2006): The Singularity is near: When Humans trascend Biology. New York
Lowenthal, A. (1995): A Tale of Three Futurists. In: Hawaii Research Center for Futures Studies, vol. 7
URL: http://www.futures.hawaii.edu/j7/Lowenthal.pdf [13.8.2010]
Mader, K.; Kamp, G. (2010): Die Ethisierung der Technik und ihre Bedeutung für die Technikfolgenabschätzung. Theorie und Praxis. Institut für Technikfolgenabschätzung und Systemanalyse. Karlsruhe Institut für Technologie. 19. Jahrgang, Heft 2 -Juli 2010, 101–104
O´Mathúna, D. P. (2009): Nanoethics. Big ethical issues with small tecnology. London
Roco, M. C.; Bainbridge, W. S. (eds.) (2003): Converging Technologies for Improving Human Performance: Nanotechnology, Biotechnology, Information Technology and Cognitive Science. Dordrecht/Boston/London
Saage, R. (2006): Konvergenztechnologischen Zukunftvisionen und der klassische Utopiediskurs. In: Nordman, A.; Schummer, J.; Schwarz, A. (Hg.): Nanotechnologien im Kontext: Philosophische, ethische und gesellschaftliche Perspektiven. Berlin, 179–194
Saniotis, A. (2009): Present and Future Developments in Cognitive Enhancement Technologies. In: Journal of Futures Studies, August 2009, 14 (1), 27–38. (URL: http://www.jfs.tku.edu.tw/14-1/A02.pdf [18.12.2013])
Sanmartín, J.; Ortí, Á. (1992): Evaluación de tecnologías. ¿Qué es? ¿En qué contribuye a clarificar las realaciones entre tecnología y sociedad? ¿Cuáles son sus limitaciones? ¿Hay alternativas? In: Sanmartín, J.; Cutcliffe, St. H.; Goldman, St. L; Medina, M. (eds.): Estudios sobre sociedad y tecnología. Barcelona, 42–66
Schmidt, M. (2008): „Diffusion of Synthetic Biology: a Challenge to Biosafety". In: Systems and Synthetic Biology 2/1–2 (2008), 1–6
Schwarz, H. (2008): Editorial – Wir erleben die Janusköpfigkeit moderner Forschung. In: Humboldt Cosmos. Das Magazin der Alexander von Humboldt Stiftung. Nr. 92, 3 u. 28–31
Somerville, R. (1995): Three Futurists. Profiles of Sohail Inayatullah, Tony Stevenson and Richard Somerville. In: Hawaii Research Center for Futures Studies, vol. 7: URL: http://www.meta-future.org/uploads/7/7/3/2/7732993/somerville.pdf [18.12.2013]
Spektrum der Wissenschaft (SdW): (2009): Expedition Zukunft. April, 2009. URL: http://www.spektrum.de/alias/expedition-zukunft-wissenschaft-unterwegs/1003309 [18.12.2013]

STOA (Science and Technology Options Assessment) (May, 2009): Human Enhancement. Study. (IPOL/A/STOA/2007-13. PE 417.483). URL: http://www.itas.fzk.de/deu/lit/2009/coua09a.pdf [18.12.2013]

Ursua, N. (2010): ¿Tendrá la 'Convergencia de Tecnonologías' (CT) y la 'mejora técnica del ser humano' un impacto similar al darwinismo?: (Implicaciones y consideraciones filosóficas)". In: Endoxa: Series Filosóficas. Nº 24 (2010), 311–329

Neue Medien – Neue Politik

Bogdan Zeler

Im zeitgenössischen Kommunikationsraum werden immer mehr Veränderungen sichtbar, die in der politischen Kommunikation unter dem Einfluss des Internets und der neuen Informations- und Kommunikationstechnologien (ICT) stattfinden. Sie stehen in einem engen Zusammenhang mit dem freien Zugang zu Informationen und ihrem Schutz. Die sozialen Medien führen zu einer neuen Qualität der Kommunikation. Dabei werden sie zu Schauplätzen, auf denen neue Beziehungen zwischen Politikern und der Gesellschaft entstehen und wo nicht selten auch Politik gemacht wird.

Die politische Kommunikation weist bis zum Beginn des Zeitalters des Internets einen vertikalen Charakter entlang der Oben-Unten-Achse auf. Die wichtigsten Entscheidungen wurden auf einer höchsten Stufe unter den erstrangigen Politikern gefällt und angenommen. Die untergeordneten Politiker wurden nur darüber in Kenntnis gesetzt und dienten als Informationsvermittler.

Dies kann man als *Matthäus-Effekt* bezeichnen – ein allgemeines soziologisches Prinzip, das sich auf das Evangelium des Matthäus bezieht: „Denn jedem, der hat, wird gegeben, und er wird im Überfluss haben; wer aber nicht hat, dem wird auch das, was er hat, genommen werden." (Mt. 25, 29)[1] Dieser von Robert Merton popularisierte Effekt, betrifft nicht nur die Ökonomie, er bezieht sich auf den Bereich von Macht, Einflüssen, Popularität und was besonders von Interesse ist, auch auf den Zugang zu Informationen.

Heutzutage folgt man eher einem Prinzip *von unten nach oben* statt des *Oben-Unten-Prinzips*. Signifikant wird die Dezentralisierung der Politik, die Verstärkung der Rolle von örtlichen Politikern, die Schwächung des Einflusses der Parteivorstände. Die Politiker können dank der neuen Medien eine direkte Kommunikation mit den Wählern führen, auf eine unmittelbare Weise auf geäußerte Meinungen antworten. Die Stimme der Gesellschaft wird erhört und gewinnt an Gewicht, wie auch die Stimme der einzelnen Politiker gegenüber der gleichzeitig geschwächten politischen *Zentrale*. Diese neue Kommunikationssituation stellt einen Politiker und einen Wähler auf dasselbe Niveau. Jeder Bürger, der von der Netzkommunikation Gebrauch macht, verfügt über die Möglichkeit, seine eigene Meinung oder seine

1 Siehe: URL: http://www.bibelwissen.bibelthemen.eu/wiki/index.php/Mt_25:29 [07.07.2014].

Unzufriedenheit frei zu äußern, seinen Standpunkt zu vertreten, eine Diskussion zu führen, über eigene Wünsche und die örtlichen Gemeinschaft zu sprechen.

Das Auftreten der neuen Medien, besonders der Sozialmedien Web 2.0, bewirkte, dass sie von den Politikern sowohl zu ihren Werkzeugen als auch zum Raum für die Gestaltung des gewünschten politischen Bildes wurden. Ein Politiker, der im Netz über eine ausgebaute Zielgrupe verfügt, gewinnt an Attraktivität und an Bedeutung. Bei der Erstellung solch eines Bildes werden immer mehr Blogs verwendet. Ein politischer Blog dient einerseits zur Darstellung der alltäglichen Handlung eines Politikers, andererseits dient er zum Kommentieren von aktuellen Ereignissen. Doch all das unterliegt einem obersten Prinzip, das besagt, dass ähnlich wie bei anderen von den Politikern verfassten Texten „ein politischer Blog zu einem Werkzeug im Kampf um Kulturvorherrschaft und Hegemonie" wird. (Jezi¤ski 2009, 182).

Unter den dem Blog zugeschriebenen Funktionen tritt die Funktion der Selbstkreation in den Vordergrund, welche im allgemeinen Denken einer breiten Sozialgruppe vorhanden ist, die aus Wählern und Internetnutzern besteht. Der politische Blog übt darüber hinaus eine ausdrucksemotionale Funktion aus, denn er mobilisiert zum Handeln und weckt das Gefühl der Zugehörigkeit zu einer Gemeinschaft, die in der Unterstützung einer gewählten politischen Option münden sollte. Ein Blog weckt jedoch unterschiedliche Emotionen. Er prangert zum Beispiel seine Gegner an und verbannt Menschen anderer politischer Ansichten. Ein politischer Blog wird zu einem Podium überbordender Überredungskunst, der die Rezipienten zur Annahme einer bestimmten Weltvision verleitet, die dem Autor und seiner politischen Veranlagung korrespondiert.

Immer öfter passiert es, dass Informationen von politischem Inhalt früher in einer Infosphäre aufgeführt werden als in den Services von Informationsmedien. Einen besonderen Platz nimmt hier Twitter ein. Das Vorauseilen gegenüber den klassischen Informationsdiensten umfasst in der Regel nur ein paar Sekunden, bewirkt aber auch häufig, dass in den Sozialnetzwerken Nachrichten früher auftreten als in den klassischen Medien. So erreichte die Nachricht über die Festnahme von Goran Hadzic Twitter schon 21 Minuten und 4 Sekunden vor ihrer Bekanntmachung durch die Informationsagenturen. Twitter gilt als Ort für Veröffentlichungen von Informationen, die an einem anderen Orte niemals ans Licht kommen könnten. Diese Kommunikationsart wird auch von den Politikern verwendet. Oft wird Twitter zur „Politikgestaltung" genutzt, als Ort einer kontrollierten Informationsvermittlung. Diesen Charakter besitzen zum Beispiel Einträge des polnischen Außenministers Radosław Sikorski bei Twitter. David Cameron, der englische Ministerpräsident, machte bei Twitter, nachdem das britische Parlament den Militäreinsatz in Syrien abgelehnt hatte, einen Eintrag für die Politik des US-Präsidenten Obama: „I understand and support Barack Obama`s position on Syria".

Politiker versuchen aber nicht nur sich durch ihr politisches Auftreten eine große Bekanntheit im Netz zu sichern. Aufsehen erregte in der letzten Zeit der Fall eines polnischen Politikers, dessen Profil bei Twitter zunächst von etwa 27.000 Personen verfolgt wurde. In den nächsten zwei Tagen hatte er aber bereits über 100.000 Fans. Es besteht der Verdacht, dass der Politiker eine Menge von Followern mit Geld gekauft hatte.

Somit fing ein neuer Abschnitt im Zeitalter der politischen Kommunikation an, der von einigen Forschern dieser Erscheinung als „Demokratie 2.0" aufgefasst wurde. Diese Veränderungen tragen zu unterschiedlichen Reaktionen unter den Teilnehmern – Politiker des weit verstandenen Publikums, aber auch Forscher der beobachteten Erscheinungen – derartigen Kommunikationsaustausches bei. Die Handlungen lassen sich in Gestalt von drei Modellen erfassen: Ein optimistisches, ein pessimistisches und ein ausgeglichenes, charakterisiert durch Begriffe „Neo-Futurismus", „Dystopie" und „Technorealismus" (vgl. Sadlok 2009, 219–221):

Neo-Futurismus – gilt als Haltung, die Möglichkeiten einer Realitätsschaffung im Netz optimistisch bewertet. Die Neo-Futuristen vertreten die Meinung, dass neue Technologien imstande sind, die bestehenden Systemprobleme zu meistern. Ferner tragen sie zur erhöhten Aktivität der Bürger bei, die das öffentliche Leben zu gestalten versuchen. Es melden sich auch Minderheitsgruppen zu Wort. Die Zukunft der Demokratie zeigt sich in der Abschaffung der traditionellen Wahlformen, welche durch Online-Wahlen, durch das sogenannte E-Voting, ersetzt werden. Dies soll wiederum zur Verbesserung der Demokratie führen, denn jeder, der über einen Zugang zu PC und Internet verfügt, könnte seine Stimme abgeben. Eine ständige Aufsicht über die Kandidaten sollte zur Verstärkung des Verantwortungsgefühls gegenüber ihren Wählern führen. Die Neo-Futuristen unterstreichen, dass der leichte und ungehemmte Zugang zum Internet eine größere Kenntnis des jeweiligen politischen Themen impliziert. Die Abschaffung der Rassen- oder Kulturunterschiede würde dazu beitragen, dass alle Menschen über die gleichen Chancen verfügen. Das könnte einen positiven Einfluss auf die Wählerquote sowie das Interesse an Politik haben. Ein anderer Plusfaktor einer virtuellen Demokratie sind die niedrigen Kosten der Selbstdarstellung: das Netz bieten den Kandidaten unbegrenzte Möglichkeiten zur Selbstdarstellung oder der Präsentation der politischen Partei.

Dystopie – die Vertreter dieser Strömung weisen auf Probleme hin, welche sich für die Demokratie aus der Nutzung des Internets ergeben können. Das Hauptaugenmerk liegt auf einer unzureichenden Netzabdeckung. Ein weiteres Problem ist das Auftreten von Personen, die als *Internet-Analphabeten* aufzufassen sind. Ferner wird auf die sogenannte *Informationsüberlastung* verwiesen. Das schließt zugleich ein, dass eine enorm große Informationsmenge, die im Internet vorhanden ist, fingiert oder schlechthin falsch ist. Viele Nutzer seien aber unfähig, die wahren Informationen und Nachrichten von den erfundenen und unwahren zu trennen. Dabei wird die Spaltung innerhalb der Gesellschaft in zwei Gruppen immer mehr sichtbar. Sie betrifft die Gruppe die über einen Zugang zum Internet verfügt und die vom Internet ausgeschlossene Gruppe. Diese Polarität schafft kein Gleichgewicht. Vielmehr wird sie die bestehenden sozialen Gegensätze stärken.

Technorealismus – ist eine Haltung, die behutsam und mit einem gefesselten Enthusiasmus den neuen Technologien begegnet. Die Technorealisten vertreten einstimmig die Ansicht, dass zahlreiche Erfindungen im Bereich der Informatik und der Kommunikation wesentlich zur Entwicklung der Ökonomie beitragen werden. Sie unterstreichen, dass das Internet für die Politik immer verlässlicher wird. Gleichzeitig hegen sie tiefe Angst um die Zukunft des Netzes. Der Technorealismus hebt den uneingeschränkten Zugang zu Informationen hervor, sowohl für die Zwecke ihrer Überprüfung als auch ihrer Veränderung, was wiederum zu einer gefährlichen Mischung von Realität und Fiktion, Wahrheit und Lüge führt. Die Vertreter dieser Strömung vertreten den Standpunkt, dass selbst das Internet nicht imstande ist, die Probleme der Demokratie zu lösen. Es ist nur dazu fähig, die bestehenden politischen Institutionen in ihrer traditionellen Form zu unterstützen.

Worin besteht das Wesen der grundlegenden Veränderungen in der politischen Kommunikation, die man heutzutage beobachten kann? Worin liegt die Zukunft der politischen Auseinandersetzungen in der Kommunikationssphäre der Neuen Medien?

Das amerikanische Institute for Electronic Government, IBM, wies auf vier Stützpfeiler bei der Entstehung der interaktiven Kommunikation im Netz hin. (Caldwell 2004, 5). Der erste Stützpfeiler beruht darauf, dass Regierungen, Parlamente und politische Parteien Informationen über die eigene Tätigkeit im Internet veröffentlichen. Der zweite auferlegt öffentlichen Institutionen eine Pflicht zur Benachrichtigung der Bürger über gefällte Entscheidungen und unternommenen Aktivitäten und führt die Möglichkeit zu Umfragen in einer Online-Version ein. Der dritte Pfeiler umfasst die Aufsicht über die Informationen, finanzielle Transaktionen und die Einführung einer elektronischen Wahl. Der vierte gilt als vollendete Form der „Demokratie 2.0“, bei der die Bürger die Rolle der Urheber politischen Handelns übernehmen, im Internet ihre Forderungen und Vorschläge darbieten und über die Arbeit der Regierung Aufsicht führen. (Sadlok 2009, 224–225).

Ein sich stets erhöhendes Niveau der Diskussion über die Demokratie im Netz machte sich in den letzten Jahren bemerkbar. Die zunehmenden Auseinandersetzungen um die Zukunft der Demokratie sind auf Ereignisse zurückzuführen wie die Veröffentlichung der geheimen Dokumentee durch Julian Assange und die sogenannte „WikiLeaks-Affäre“, ferner auf ein weiteres Ereignis im Netz wie die Veröffentlichung der Information über das Programm der Netzüberwachung PRISM. In diesen Bereich bettet sich auch die weit angelegte Kampagne, die aus dem Streit um ACTA hervorgegangen ist. Sie sieht sich als Beschützerin der Freiheit der im Internet dargebotenen Informationen, des Verbots der Zensur im Netz und des uneingeschränkten Austausches von Internetbeständen. Bei dieser Diskussion beobachten wir einerseits die Haltungen der Politiker, die auf Geheimhaltung und Beschränkung des Zugangs zu derartigen Informationen abzielen, andererseits die Haltungen der *Cyberpunk*-Bewegung, einer Gruppe von Aktivisten, die eine massive Nutzung von starker Kryptographie fordern. Diese diene einer Sicherung der grundlegenden Freiheiten gegenüber den Gelüsten der politischen Gremien, das Internet als einen Raum für totalitäre Haltungen auszubauen. Die Internet-Aktivisten unterstreichen, dass das Netz ein besonders anfälliger Ort für autoritäre Systeme sei, die darauf ausgerichtet sind, zu entscheiden, was die Menschen erfahren und mit wem sie kommunizieren dürfen. Diese autoritären Systeme zielen im Internet auf Verbreitung eines Angstgefühls ab, dass sich aus einer Bedrohung durch zahlreiche Gefahren entspringe.

Somit entsteht auf diese Art und Weise eine Reihe von Begrenzungen im Zugang zu Informationen, die vor den Angstszenarien leicht eine allgemeine persönliche Zustimmung der Internetnutzer finden. Google und Facebook wird so die Möglichkeit gegeben, darüber zu entscheiden, welche Informationen zu uns gelangen und was mit den von uns gesendeten Inhalten geschieht: „We have Facebook completely centralized. Twitter completely centralized. Google completely centralized. All in the United States; all controllable by whoever controls coercive force." - schlussfolgert Julian Assange (Assange et al. 2012, 76)

Diese gegen die Demokratie ausgerichtete Haltung wird durch das technische Ausmaß der Netzkommunikation unterstützt. Große soziale Netzwerke wie Facebook und Twitter führen die in die Kommunikation einbezogenen Personen in Versuchung leichtgläubig mit Daten umzugehen, wodurch diesen Netzwerken der Zugang zu den persönlichen Daten der Nutzer ermöglicht wird. Eine ähnliche Bedeutung hat die Datenaufbewahrung in Cloud-Diensten. Alle diese Vereinfachungen und Erleichterungen sollten unserem Gedankenaustausch und der Demokratisierung der Gesellschaften dienen, doch sie schaffen die Möglichkeit zur Überwachung und Einschränkung des Informationszugangs. Diese Haltungen werden auch von der Architektur des Netzes unterstützt, die Anhäufung der bedeutenden Server in Korporationen und bei Großunternehmern. Demgegenüber betonen die Vertreter der *Cyberpunk*-Bewegung: „It's not about a political vanguard, it's about channeling through the political system this new ability to express ourselves that we all have between our hands, to share our thoughts, to participate in the sharing of knowledge without being a member of a political party, of a media company, or of whatever centralized structure you needed in the past in order to be able to express yourself." (Assange et al. 2012, 85)

Wir sind Beobachter der Entstehung der „Demokratie 2.0". Ihr Wesen wird bestimmt von großen Internetspielern, Politikern, aber auch durchschnittlichen Internetnutzern. Die Frage nach ihrer Gestalt in der Zukunft bleibt jedoch offen.

Literatur

Assange, J.; Appelbaum, J.; Müller-Maguhn, A.; Zimmermann, J. (2012): Cyberpunks. Freedom and the Future of the Internet. New York/London

Caldow, J: e-Demokracy. Putting Down Global Roots. Institute for Electronic Government, IBM. URL: https://www.ibm.com/industries/government/ieg/pdf/e-democracy%20putting%20down%20roots.pdf [10.08.2014].

Jeziński, M. (2009): Funkcje blogów politycznych [Funktionen der politischen Blogs]. In: Jeziński, M. (Hg.): Nowe media i polityka. Internet, demokracja, kampanie wyborcze [Neue Medien und Politik. Internet, Demokratie, Wahlkampanien]. Toruń

Sadlok, M. (2009): Demokracja 2.0, czyli wpływ mediów interaktywnych na kształtowanie nowej rzeczywistości politycznej [Demokratie 2.0 oder der Einfluss von interaktiven Medien auf die Gestaltung der neuen politischen Realität]. In: Kolczyński, M.; Mazur, M.; Michalczyk, S. (Hg.): Mediatyzacja kampanii politycznych [Mediatisierung politischer Kampanien]. Katowice

Moralische Aspekte im Kontext des Internets – Reflektionen über die Auswirkungen kultureller Horizonte und ethischer Traditionen auf die Internet-Nutzung

Rüdiger Heimgärtner

1 Einführung

Mit der Globalisierung und der damit verbundenen Nutzung des Internets sollte eine Zunahme des kulturellen Bewusstseins einhergehen. In diesem Beitrag wird der Frage nachgegangen, ob damit auch die moralische Einstellung bei der Benutzung des Internets zunimmt. Anhand der Darstellung von Aspekten zur Erledigung dieser Aufgabe entsteht ein mosaikartiges Bild, das als Grundlage zur Beantwortung obiger Frage herangezogen werden kann. Zunächst wird das Verhältnis zwischen Kultur und Informationssystemen analysiert. Kultur wird in diesem Zusammenhang als ein Abbild gemeinsamer Werte, Denk- und Handlungsweisen einer Gruppe von Individuen, die zur Bildung und Formung dieser Gemeinschaft beitragen, betrachtet, das die Interaktion mit anderen Individuen sowie die Interaktion mit technischen Geräten beeinflusst (vgl. Röse 2002). Bei der Berücksichtigung kultureller Aspekte in der Gestaltung von Mensch-Computer-Systemen wie dem Internet spielen informationsethische Aspekte eine Rolle. Zur Bewältigung des moralischen Kontextes und der kulturellen Vielfalt wird die interkulturelle Philosophie bemüht. Nach grundlegenden Überlegungen zu ethischen Aspekten in der Informationsgesellschaft erfolgt die Darstellung der interkulturellen Informationsethik im Kontext des Internets, um schließlich die Auswirkungen kulturell geprägter Ethik auf die Internet-Nutzung näher beleuchten zu können. Die Ergebnisse werden anhand von Beispielen aus dem Internet exemplifiziert und diskutiert. Abschließend wird auf künftige Herausforderungen und Ideen eingegangen.

2 Notwendigkeit kulturellen und ethischen Bewusstseins

Globalisierung fordert kulturelles Bewusstsein: immer mehr ProduktdesignernInnen wurde klar, dass es auch andere Kulturen als die eigene gibt, die in der Gestaltung von Produkten berücksichtigt werden müssen. Ein stark treibender Faktor dafür ist nach wie vor der globale Markt und der damit verbundene wachsende weltweite Export von Informationstechnologie. Die Nachfrage nach Gestaltungsrichtlinien für das interkulturelle Produktdesign führte auch zu einem Anstieg der Forschung in diesem Bereich. Das Durchsuchen der ACM Digital Library mit den Schlüsselwörtern „cross-cultural HCI“ zeigt einen exponentiellen Anstieg der Veröffentlichungen in diesem Bereich seit 2000 und bestätigt auch die Einschätzung von Annett Kralisch hinsichtlich Kultur und Informationssystemen: „Interkulturelle Forschung in Information Systems ist ein relativ neues Forschungsgebiet, das zunehmend an Bedeutung gewonnen hat in den letzten Jahren [..]“ (Kralisch 2006, 17). Damit verbunden ist eine Zunahme der kulturorientierten Forschung.[1] Zugenommen haben bei der Berücksichtigung kultureller Aspekte in der Gestaltung von Mensch-Maschine-Systemen auch informationsethische Aspekte. Insbesondere das Verlassen ethnozentrierter Untersuchungsmethoden führte dazu, dass Forscher und Entwickler auf andere Kulturen zugegangen und eingegangen sind. Dabei sind neben emphatischen Fähigkeiten auch eine ethische Grundgesinnung und eine moralische Umsetzung erforderlich (vgl. Heimgärtner/Tiede/Windl 2011).

3 Grundlegende ethische Aspekte in der Informationsgesellschaft

Ethik stellt als Teil der praktischen Philosophie die Wissenschaft von *Moral* dar. *Moral* umfasst einen Komplex von Regeln und Normen, die das Handeln des Menschen bestimmen (vgl. Homann/Lütge 2004). *Ethik* befasst sich u.a. mit den Prinzipien der Moral, dem Zusammenhang von Normen und deren Begründung sowie mit Prioritätsregelungen für Handlungen für verschiedene Disziplinen und Kulturen basierend auf unterschiedlichen ethischen Traditionen (vgl. Singer 1993). Während Moral das Ergebnis der Praxis aus der

1 'Culture' has received revived attention in the last decade by scholars around the world – our lives and identities are culturally grounded and the global interactions certainly have quite an impact on our cultural development.“ (Localizing the Internet – Ethical aspects in intercultural perspective 2007, URL: http://icie.zkm.de/ICIEbooksVol4 [15.07.2013]).

faktischen Ebene darstellt, reflektiert die philosophische Disziplin der Ethik dies wissenschaftlich (vgl. Banse/Kiepas/Fobel 2001). Eine der führenden Stimmen in den USA zum Thema „Journalistische Standards und Ethik“ ist die „Society of Professional Journalists“.[2] Sie fordert sachliche Berichterstattung („Suche die Wahrheit und berichte sie“), Vermeidung von Verleumdung („Unabhängiges Handeln“), Schadensbeschränkung („Schaden minimieren“) und angemessene Präsentation („Rechtschaffenheit“). Man kann diese grundlegenden Prinzipien für Informationsgesellschaften durchaus an Kant anlehnen: „Handle nach der Maxime, die sich selbst zugleich zum allgemeinen Gesetze machen kann.“ bzw. „Handle nach Maximen, die sich selbst zugleich als allgemeine Naturgesetze zum Gegenstand haben können.“ (Schönecker/Wood 2002, 39 FN). Das Problem bei diesen Maximen ist allerdings, dass man keine Zeit für die vollständige Analyse und Abwägung aller Auswirkungen in der jeweiligen Handlungssituation hat, um alle Handlungsmöglichkeiten zu durchdenken und die beste zu finden. Dies ist gerade in der schnelllebigen Zeit unserer Informationsgesellschaft der Fall, in der Datenflut und eine potentielle Informationsflut einen regelrecht zu erschlagen scheint, d.h. man ist in einer solchen Situation nicht ausreichend entscheidungsfähig: bis man sich letztlich entschieden hat, ob und wie man jemanden aus dem Wasser retten soll, ist derjenige bereits ertrunken. Möglicherweise ist deshalb eine Verkürzung nötig auf „Handle so, wie Du behandelt werden willst“, also: „Ich will gerettet werden, wenn ich als Nicht-Schwimmer ins Wasser falle.“ Möglicherweise muss also das Ziel der Ethik noch einfacher gefasst werden, um anwendbar zu sein – nämlich einfach das Gute tun: „the final goal of ethics is not just to speak about the good but to do the good, and, we could add, to dream about it“ (Carbo/Smith 2008, 1115). Allerdings muss man da bereits im Vorfeld wissen, was gut und was schlecht ist. In diesem Sinne ist ein vorheriges Lesen des „Code of Ethics“ und entsprechender anderer ethischer Grundsätze oder Vorschriften für Autoren in der Informationsgesellschaft nötig.

2 Die Präambel zu ihrem „Code of Ethics“ lautet: „[..] public enlightenment is the forerunner of justice and the foundation of democracy. The duty of the journalist is to further those ends by seeking truth and providing a fair and comprehensive account of events and issues. Conscientious journalists from all media and specialties strive to serve the public with thoroughness and honesty. Professional integrity is the cornerstone of a journalist's credibility.“ (URL: http://www.spj.org/ethicscode.asp [15.07.2013]).

4 Interkulturelle Informationsethik im Kontext des Internet

Die laufende Debatte über die Auswirkungen des Internets ist der Kern der heutigen und morgigen globalen und lokalen politischen Entscheidungsprozesse in einer Welt, die mehr und mehr zusammenwächst - und sich spaltet (vgl. dazu auch das Phänomen der gleichzeitigen Konvergenz und der Divergenz im Bereich der Informationstechnologien, Heimgärtner 2013).[3] Gemäß Rafael Capurro (2008) sind Fragen der Anonymität, des universellen Zugangs zu Wissen und der digitalen Überwachung grundlegend für alle Gesellschaften. Aus einer interkulturellen Perspektive ist daher die führende Frage in der interkulturellen Informationsethik folgende: „Wie können menschliche Kulturen lokal in einem globalen digitalen Umfeld gedeihen?" Außerdem: „Welche Veränderungen erfahren traditionelle Medien, literarische Kulturen und Informations- und Kommunikationstechnologien durch das Internet?" (Capurro 2008). Einzelpersonen, Gruppen und ganze Gesellschaften sind heutzutage nicht nur Empfänger, sondern auch Sender von Nachrichten (vgl. Wikipedia, Facebook, Twitter, Flickr und Co im „Web 3.0"). Unser Alltag verändert sich durch mobile Kommunikationstechnologien, aber „werden sie auch die kulturellen Praktiken der individuellen und sozialen Selbst-Pflege zurückbringen - wie die Kunst des Schweigens angesichts der Wortfülle oder die Kunst des Lachens im Angesicht der Angst?" (Capurro 2008). Diese Praktiken finden innerhalb unterschiedlicher kultureller Horizonte und moralischer Traditionen statt, welche mittels der interkulturellen Informationsethik kritisch beobachtet werden sollten. Interkulturelle Informationsethik und ihre Aufgaben werden zum Beispiel von Charles Ess beschrieben mit dem Ziel des „Bridging the digital divide by fostering Cultural Diversity". Die Antwort auf diese Frage liegt in der Abarbeitung der Aufgaben der interkulturellen Informationsethik. Eine Teilaufgabe könnte die Untersuchung kulturell geprägter Ethik auf die Nutzung des Internet lauten: „[...] comparative philosophers need to contribute to a computer ethic for a global communications media such as the Internet and the Web that endorses both global/universal values and decision-making procedures and the distinctive practices and values of local cultures." (Ess 2002, 337–338).

3 "It's not as activists used to say, 'think globally, act locally.' No, no, Think locally – link to your interest environment – and act globally – because if you don't act globally in a system in which the powers are global, you make no difference in the power system." (Castells 2001), (URL: http://globetrotter.berkeley.edu/people/Castells/castells-con5.html [15.07.2013]).

5 Auswirkungen der kulturellen Vielfalt auf Ethik und Moral

Diese Herausforderungen wurden auf Nachfrage der UNESCO auf dem Weltgipfel über die Informationsgesellschaft durch die Berücksichtigung, Erforschung und Erhaltung der kulturellen Vielfalt angegangen. Kulturelle Vielfalt ist eine Voraussetzung für individuelle und soziale Entwicklung. Das daraus entstehende Wissen ist Erbe und Eigentum der Menschheit und frei verfügbar mit entsprechenden Auswirkungen auf die moralische Einstellung der Menschen und ihrer wissenschaftlichen Interpretation, die Ethik.[4]

Um kulturelle Unterschiede analysieren zu können, muss eine kulturelle Gemeinsamkeit vorliegen. Für die Lösung von Missverständnissen insbesondere in dialogorientierten Kontexten gibt es konkrete Handlungsanweisungen. Folgende Kriterien müssen erfüllt sein, um Missverständnissen vorzubeugen bzw. diese auszuräumen (vgl. Wimmer 2004, 147ff):

- Rationalitätsregel (Logikregel)
- Zweckrationalitätsregel (Funktionalitätsregel)
- Menschlichkeitsregel (Natürlichkeitsregel)
- Nos-quoque-Regel („Auch-wir"-Regel)
- Vos-quoque-Regel („Auch-ihr"-Regel)
- Anti-Kryptorassismus-Regel
- Personalitätsregel
- Subjektivitätsregel
- Ontologie-Deontologie-Regel („Ist-Zustand/Soll-Zustand"-Regel)
- Entpolarisierungsregel (Anti-Kulturdualismus-Regel)
- Inhomogenitätsregel
- Agnostizismus-Regel

Kulturelle und philosophische Vielfalt hat sowohl Auswirkungen auf die Entstehung ethischer Traditionen als auch auf das Ausleben moralischer Einstellungen (vgl. Singer 1993).[5] Daher hat sich die Kulturethik entwickelt (vgl. Schweitzer 1996; Lyotard 1984), welche auch moderne kulturelle Entwicklungen mit berücksichtigt (vgl. Taylor/Lambert

4 Vgl. URL: http://www.internetsociety.org/wsis [31.12.2013].

5 Vgl. auch UNESCO 2003: „The defense of cultural diversity is an ethical imperative, inseparable from respect for human dignity. It implies a commitment to human rights and fundamental freedoms, in particular the rights of persons belonging to minorities and those of indigenous peoples. No one may invoke cultural diversity to infringe upon human rights guaranteed by international law, nor to limit their scope." (URL: http://www.unesco.org/confgen/press_rel/021101_clt_diversity.shtml [15.07.2013]).

2006). Moralische Vorstellungen sind ein zentraler Wesenszug der Kultur. Hier spielen z.B. auch die Multikulturalitätsproblematik (vgl. Baumann 1996) und die Angst einer kulturellen Verwestlichung aufgrund der Globalisierung (vgl. Maybury-Lewis 1992) eine Rolle. Die interkulturelle Philosophie beschäftigt sich mit diesen Herausforderungen unserer Zeit. Ihre Methoden können zur Bewältigung kultureller Vielfalt herangezogen werden. In diesem Sinne bietet die interkulturelle Philosophie, Kulturethik und interkulturelle Informationsethik einen Rahmen, um unterschiedliche Ansichten über Moral im Internet weltweit zu untersuchen. Es gibt dabei mehrere Überlegungen, die die Diskussionen um die Auswirkungen der Kultur auf die moralischen Einstellungen und den Stil der Nutzung dieser neuen Medien wie das Internet bzw. das World Wide Web auf der ganzen Welt bestimmen: „In contrast with the apparent dichotomy between a global but homogenous computer ethic vs. a local but ‚disconnected' computer ethic (i.e., one reflecting solely specific cultural values and preferences) [...] Hongladarom's model for a middle ground between homogeneity and diversity suggests rather a 'both-and' ethic, i.e., one that serves both a global computer ethics and local values as expressed in specific traditions, policies, etc. That is: in order to avoid the ethical equivalent of 'Jihad vs. McWorld,' comparative philosophers need to contribute to a computer ethic for a global communications media such as the Internet and the Web that endorses both global/universal values and decision-making procedures and the distinctive practices and values of local cultures.“ (Ess 2002, 337–338). Offen bleibt bisher jedoch die Frage nach dem moralischen Bewusstsein in den interkulturellen Beziehungen im realen Verknüpfungsraum des Internets.

6 Kulturelle Unterschiede in der Bedienung von IT-Systemen

Um die moralischen Aspekte der Internetnutzung aus kultureller Sicht zu ermitteln, ist zunächst der Einfluss der Kultur auf die Nutzung des Internets zu untersuchen, um einen vielfältigen Eindruck zu erlangen, wie und warum die kulturellen Aspekte die Mensch-Maschine-Interaktion und insbesondere die Entwicklung interkultureller Benutzerschnittstellen beeinflussen. Das Internet wird z.B. über Websites im World Wide Web bedienbar (z.B. über http-Dienst und Browser). Websites stellen Benutzungsschnittstellen (User Interfaces) dar. User Interfaces (UI) dienen zur Ausführung der Mensch-Maschine-Interaktion (MMI). Der Nutzung des Internets liegen in diesem Sinne die Prinzipien der MMI zugrunde. Das Internet wird von Millionen von Menschen unterschiedlichster kultureller Prägung weltweit verwendet. In diesem Zusammenhang spielt der Einfluss der Kultur auf die Informationssysteme, die die Internetnutzung ermöglichen eine große Rolle (vgl. Banse 2010; Belyová et al. 2011). Informationssysteme bzw. Software-Systeme werden von Menschen benutzt. Dabei spielen kognitive Aspekte eine herausragende Rolle bezüglich der Effektivität der Arbeit der Benutzer mit dem System. Warum ist ein System verstehbarer oder benutzerfreundlicherer als ein anderes? Die Entwicklung von Benutzerschnittstellen erfordert mehr als nur die Größe und das Platzieren von Knöpfen und Menüs. Es müssen vielmehr Aspekte menschlicher Faktoren berücksichtigt werden, welche relevant für die Entwicklung interaktiver Systeme sind.[6] Darüber hinaus hat Kultur Einfluss auf die Interaktion des Benutzers mit dem Computer aufgrund des Bewegens des Benutzers in einem kulturellen Umfeld (vgl. Röse 2002). Ausgehend vom soziotechnischen Hintergrund von Mensch-Maschine-Systemen ergeben sich entsprechende Dreiecksbeziehungen (Aufgabe, Mensch, Umgebung). Kulturelle Prägung, Analyse und Gestaltung gehen einher mit Normen, User Interface und Aufgaben. Um diese Anforderungen zu meistern, sind ***interkulturelle UI-Designer*** mit interkultureller Handlungskompetenz und fundierten Internationalisierungs- und Lokalisierungskenntnissen gefragt. Diese Kompetenzen erfordern Kenntnis über die jeweiligen kognitiven Strukturen und Philosophien in den Zielkulturen (vgl. „holistic research methods", Cahvan/Gaffney 2006).[7] Moralische Einstellungen werden durch unterschiedliche kulturelle Horizonte und unterschiedliche kulturelle Einstellungen aufgrund unterschiedlicher Philosophien, Weltanschauungen und Religionen wie dem Konfuzianismus, Christentum, Islam oder dem Buddhismus bedingt (vgl. Deutsch et al. 1997). Dies führt zu unterschiedlichen kulturellen Orientierungssystemen und entsprechenden Verhaltensweisen, die sich auch in der Bedienung von Informationssystemen wie dem Internet widerspiegeln. Kulturstandards (vgl. Thomas/Kinast/Schroll-Machl 2010) und Kulturdimensionen (vgl. Hofstede/Hofstede/Minkov 2010; Hall 2006) dienen der Beschreibung der Charakteristiken von Kulturen. Anhand ihnen lässt sich in Assessment-Centern auch der Grad des kulturellen Bewusstseins ermitteln (vgl. Thomas et al. 2010). Trotz der Kritik an Kulturmodellen dienen diese als Möglichkeit einer strukturierten und systematischen Herangehensweise an die kulturellen Eigenschaften einer fremden Kultur, um erste tendenzielle Gestaltungsrichtlinien für neue IT-Systeme zu generieren. Insbesondere sind Kulturdimensionen für spezielle Anwendungsbereiche und Methodenframeworks nutzbar. Aufgrund der hohen Anzahl von Onlinenutzern sind Kulturdimensionen einsetzbar, die besonders auf große Gruppen (Kollektive) reagieren, z.B. „Individualismus vs. Kollektivismus" oder „Unsicherheitsvermeidung". Triandis et al. unterscheiden dabei zwischen „horizontalem" und „vertikalem" „Individualismus" bzw.

6 Vgl. URL: http://www.se.uni-hannover.de/ [31.12.2013].

7 Vgl. auch URL: http://www.humanfactors.com/home/usability.asp [31.12.2013].

„Kollektivismus" (Triandis 1995). Würtz verwendet „High vs. Low Context" innerhalb eines analytischen Rahmens für graphische Designansätze in High-Context- und Low-Context-Kulturen (Würtz 2005). Lee ordnet die Kulturdimension „Monochrony vs. Polychrony" der Kulturdimension „Linearity vs. Non-linearity" zu. Halls und Hofstedes Ansätze dienen als Framework zur Vorhersage und zur Analyse der interkulturellen Onlinekommunikation. Weitere Ansätze zur Eruierung kultureller Unterschiede in der IT-Bedienung sind die Heranziehung von Benutzungsschnittstellencharakteristiken (vgl. Marcus 2001), der Einsatz von kulturellen Variablen für die MMI-Gestaltung (vgl. Röse 2002) sowie die Nutzung von MMI-Dimensionen zur kulturellen Typisierung von Informationsrezeption und Interaktion innerhalb des MMI-Stils (vgl. Heimgärtner 2012).

7 Bewältigung der kulturellen Vielfalt durch interkulturelle Philosophie

Die interkulturelle Philosophie versucht, unterschiedliche Philosophien der Welt zu berücksichtigen. Interkulturelle Philosophie wird verstanden als das Bemühen, den vielen philosophischen Stimmen und ihren entsprechenden kulturellen Kontexten Ausdruck zu verleihen, um so eine gemeinsame Diskussionsbasis zu schaffen, auf der gleiche Rechte für alle garantiert werden können.[8] Web Design ist geprägt von kognitiven Prozessen und Stilen als Kulturprodukten (vgl. Vygotsky et al. 2012; Nisbett/Norenzayan 2002). Die Wiege aller kognitiven Strukturen bzw. Denkmuster ist die Entwicklung des Menschen repräsentiert in der Philosophie. So sind alle Wissenschaften aus der Philosophie hervorgegangen – von den Naturwissenschaften wie Mathematik und Physik bis hin zu den Geisteswissenschaften wie Anthropologie, Psychologie und Soziologie. Aber auch Metaphysik, Wissenschaftstheorie, Ethik – letztere zum Beispiel beeinflusst stark die Rechtswissenschaften oder die Genetik –

8 "We understand intercultural philosophy as the endeavor to give expression to the many voices of philosophy in their respective cultural contexts and thereby to generate a shared, fruitful discussion granting equal rights to all. In intercultural philosophy we see above all a new orientation and new practice of philosophy – of a philosophy that requires an attitude of mutual respect, listening, and learning. It entails a new orientation because, in acknowledgment of the cultural situatedness of philosophy, claims must prove themselves interculturally, and culture and cultures must be consciously kept in view as the context of philosophizing. It entails a new practice because this consciousness demands a departure from an individual, mono-cultural production of philosophy and seeks instead a dialogical, process-oriented, fundamentally open polyphony of cultures and disciplines." (Forum für interkulturelle Philosophie (Polylog 2004), (URL: http://text-design-code.de/2004/02/08/polylog-forum-fuer-interkulturelles-philosophieren/ [15.07.2013]).

unterliegen stark philosophischen Grundansichten. Philosophien werden von den ältesten Denkmustern der Menschheit bestimmt, welche weltweit sehr unterschiedlich ausfallen. Auch Janich (2006) erläutert einige kulturelle Universalien in „Kultur und Methode“ und detailliert den Einsatz dieser Methoden zur Erlangung von Kultur in einer wissenschaftlich geprägten Welt. Solche Denkstrategien ergeben sich aus dem Muster der Verknüpfung von kognitiven Stilen. Kognitive Stile (Denkstile) beschreiben die für ein Individuum typische Art und Weise, wie Informationen verarbeitet werden und wie mit solchen umgegangen wird. Es handelt sich dabei um eine relativ stabile und situationsübergreifende Persönlichkeitseigenschaft. Kognitive Stile sind bei kognitiven Fertigkeiten wie z.B. dem Wahrnehmen und Denken involviert. In der differentiellen Psychologie werden beispielsweise folgende kognitive Stile identifiziert:

- Feldabhängigkeit (vgl. Witkin 1954)
- Reflexivität vs. Impulsivität (vgl. Kagan 1965)
- Analytisch vs. Funktionaler Stil (vgl. Kagan/Moss 1983)
- Leveling vs. Sharpening
- Scanning vs. Nonscanning
- Interferenzneigung (vgl. Hörmann 1960)

In der interkulturellen Philosophieforschung werden zwei Hauptrichtungen unterschieden: östliche und westliche Philosophie. Viele Philosophien (z.B. in Indien und im Islam) sind religiös motiviert und werden daher unter Zuhilfenahme der Religionsphilosophie analysiert, welche Metaphysik, Epistemologie und Ethik kombiniert, um Religionen schaffen und analysieren zu können (Yandell 1999, 17). In der östlichen Philosophie werden insbesondere die chinesische, indische, buddhistische und islamische Tradition unterschieden (vgl. Deutsch/ Bontekoe/Weiming 1997; Komischke et al. 2003). In den verschiedenen Kulturen sind diese kognitiven Stile tendenziell verschieden stark ausgeprägt, wodurch sich verschiedenartige Denkstrategien ergeben. Dies wirkt sich in den jeweiligen Kulturen auch in unterschiedlichen Formen der Weltanschauung und Herangehensweisen an die Wirklichkeit aus. Die Wege zur Weisheit (Philosophien) sind entsprechend verschieden. Es gibt daher verschiedene Arten von Denkstrategien, welche sich in unterschiedlichem logischen Fluss und Denkprozessen ausdrücken. Wissenschaftler, Theologen und Philosophen denken in Konzepten. Sie erstellen Konzepte anhand von Theorien und Postulaten. Diese Denkweise ist im Westen (z.B. Amerika, Europa) sehr verbreitet. Mystiker und möglicherweise Erfinder erlangen ihr Wissen eher intuitiv, aus innerer Erfahrung oder Visionen. Solche intuitiven, auf psychischer Erfahrung beruhenden Denkstrategien finden zum Beispiel in Indien Anwendung. Konkret relationale Denkstrategien, welche die Wirklichkeit als aktive emotionale

Relationen in konkreten Situationen erfassen, werden eher von Künstlern und Schauspielern praktiziert. Ähnliche Denkstrategien finden sich zum Beispiel in China wieder.

8 Moralische Entwicklung im Kulturvergleich

Jede Gemeinschaft wird durch Normen, welche kulturellen oder religiösen Traditionen entstammen, geprägt. Die Legitimität von Normen unterscheidet sich jedoch im Kulturvergleich. Während bestimmte Normen in einer bestimmten Kulturen gelten, werden diese in anderen Kulturgemeinschaften abgelehnt. Es gibt also kulturspezifische moralische Normen (vgl. Oerter/Montada, 2002, 619f.). Moralität geht der Kultur dabei immer voraus. Dies liegt an der frühen moralischen Bewusstwerdung des Menschen. Bereits Kinder sind in der Lage zwischen Moral und Konventionen zu unterscheiden. In den westlichen Kulturen konnte festgestellt werden, dass schon Kinder im Alter zwischen zweieinhalb und fünf Jahren zwischen moralischen Regeln, welche auf dem Verständnis von Gerechtigkeit beruhen und Konventionen, welche bei Zugeständnis aller Beteiligten geändert werden dürfen, unterscheiden können (vgl. Mietzel 2002, 286f.). So bejahen Kinder beispielsweise das Essen mit den Fingern, wenn alle Beteiligten damit einverstanden sind, verneinen aber das Schlagen anderer Menschen, auch wenn dieses nicht verboten wäre (vgl. Nucci 2008). Dies ist auf das Verhalten der Eltern, welche moralischen Werte besonderen Nachdruck verleihen, zurückzuführen (vgl. Nucci 2008). Die moralischen Werte zwischen den Kulturgemeinschaften unterscheiden sich, da diese vom gesellschaftlichen Kontext mitbestimmt werden. Was nun beispielsweise von in Europa lebenden Kindern als unmoralisch abgelehnt wird, wird in anderen Ländern von gleichaltrigen Kindern nicht als moralisch falsch aufgefasst (vgl. Mietzel 2002, 287f.). Unterschiede in den Kulturen begründen somit auch Unterschiede in den moralischen Normen. Individualistische Kulturen, wie es vor allem die westlichen Kulturen sind, werden durch die moralischen Rechte auf Selbstbestimmung sowie individuelle Freiheiten gekennzeichnet, was sich in der Bedeutung von Verträgen und Konventionen widerspiegelt. (vgl. Shweder 2012). Im Gegensatz dazu sind kollektivistische Kulturen, wie diese in Asien, dem mittleren Osten, Afrika und Lateinamerika vertreten sind, durch eine gegenseitige Abhängigkeit sowie die Verpflichtung gegenüber der Gemeinschaft geprägt (vgl. Markus/Kitayama 2010). Moralische Normen unterscheiden sich jedoch nicht nur kulturspezifisch, sondern auch hinsichtlich der Rechte und Pflichten der Geschlechter (vgl. Oerter/Montada 2002, 620).

9 Interkulturelle Ethik und kulturell geprägte moralische Werte

Eine Möglichkeit, diese Problematik zu analysieren, stellt aus Sicht des Autors die Verknüpfung der MMI mit kulturell geprägter Moral mittels Kulturdimensionen dar (vgl. Heimgärtner 2012).[9] Einer der grundlegendsten Ausgangspunkte im Vergleich zwischen östlichen und westlichen Kulturen ist die kulturelle Dimension „Individualismus vs. Kollektivismus" (vgl. Hofstede/Hofstede 2010), welche ebenso relevant für das interkulturelle User Interface Design ist (vgl. Kralisch 2006). Diese Kulturdimension wird von Miller et al. im östlichen und westlichen Selbstkonzept angewandt und eingehend analysiert (vgl. Miller/Brown/Cullen 2000). Es ist auffallend, dass große, stabile und relativ bedeutsame „typische" Unterschiede in der Konstruktion des Selbstkonzeptes zwischen unterschiedlichen Kulturen zu bestehen scheinen. Im fundamentalen Unterschied zwischen westlichem und östlichem Selbstverständnis liegt der Schlüssel zu einem differenzierteren Verständnis im Studium daraus abgeleiteter interkultureller Unterschiede. Konsequenzen des kulturgebundenen Selbstkonzeptes für menschliche Moralvorstellungen werden ausgedrückt im Moralkonzept. Vor allem in westlichen Gesellschaften ist das individualistische *westliche* Selbstkonzept offenbar sehr stark vertreten. In vielen *östlichen* Gesellschaften werden monistische, kollektivistische, *östliche* Selbstkonzeptionen vertreten. Östliche Gesellschaften sehen das Selbst stärker im situativen Kontext, in welchen es untrennbar eingebunden ist. Diese östlichen Konzepte sind oft aus der jeweiligen Religion abgeleitet, z.B. der hinduistischen (welche gleichzeitig einen umfangreichen Kanon sozialer und philosophischer Vorstellungen beinhaltet und transportiert). Nach Miller folgt aus dem westlichen Selbstkonzept ein individuumszentriertes Moralkonzept. Individuumszentriert ist jedoch in diesem Sinne nicht als Euphemismus für Egoismus zu verstehen, sondern lediglich als Ausdruck einer Betonung der Bedürfnisse, Absichten und Werte des Individuums. In diesen individuumszentrierten Gesellschaften kommt den individuellen Rechten höchste politische und soziale Priorität zu. Die moralischen Pflichten leiten sich aus höheren Wertvorstellungen und Prinzipien ab, nicht aus den Situationen oder Sachzwängen selbst. Im Gegensatz dazu haben kollektivistische, östliche Gesellschaften (welche im Einzelnen allerdings noch wesentlich differenzierter zu betrachten sind) andere Vorstellungen von moralischen Verpflichtungen, was sich im kollektivistischen Moralkonzept ausdrückt: diese moralischen Verpflichtungen sind in diesen Gesellschaften naturgegeben, obligatorisch und resultieren direkt aus der

9 Siehe dazu auch das tentative Modell einer kulturübergreifenden Ethik von Wines & Napier, 1992.

jeweiligen Situation. Empirische Befunde bestätigen und untermauern die Hypothese, dass qualitative interkulturelle Unterschiede hinsichtlich des moralischen Urteils bestehen. Diese Unterschiede sind durchaus systematisch und wurden von den bisherigen psychologischen Theoriesystemen zur Moral zu wenig berücksichtigt: „The third dimension of national culture, which is highly relevant to international ethical guidelines, especially for auditors, is Individualism, and its opposite, Collectivism. This dimension describes the relationship between the individual and the collectivity which prevails in a given society [..] Because they are tied to value systems shared by the majority, issues of collectivism versus individualism carry strong moral overtones" (Hofstede 1980, 213).

10 Auswirkungen kulturell geprägter Moral auf die Nutzung des Internet

Das Internet enthält Beispiele, die darauf hindeuten, dass in den USA die Websites erfolg-, nutzen- und gewinnorientiert sind, d.h. ich-zentriert bzw. egozentrisch bzw. überschwenglich wirtschaftlich orientiert unter Ausklammerung humaner Aspekte.[10] Dahingegen sind die Websites in China kollektivistisch geprägt und versuchen die Gemeinschaft zu fördern, Einzelpersonen nicht in den Vordergrund zu stellen und andere nicht zu benachteiligen.[11] Durch die starke Zunahme sozialer Medien gibt es den Hang zur Kultur des Vertrauens im Internet (vgl. auch Capurro/Frühbauer/Hausmanninger 2007). Dazu ist es wichtig, die Eigenschaften des Internets zu kennen. Das Internet besitzt eine Reihe erstaunlicher Eigenschaften. Es ist sofortig, unmittelbar, weltweit, dezentralisiert, interaktiv, unendlich erweiterbar in seinem Inhalt und seiner Ausdehnung und in beachtlichem Maße flexibel und anpassbar. Es ist egalitär in dem Sinne, dass jeder Mensch mit dem erforderlichen technischen Gerät und eher begrenzter technischer Gewandtheit eine aktive Präsenz im Cyberspace sein, seine oder ihre Botschaft vor der Welt darlegen und Gehör fordern kann. Es ermöglicht den Personen, ihre Anonymität zu wahren, in eine (andere) Rolle zu schlüpfen, in Phantasiewelten auszuweichen, aber auch Kontakt zu anderen herzustellen und die eigenen Gedanken zu teilen, z.B. Unsicherheitsvermeidung: „A consequence for ethics of a difference in rule-orientation would be the difference in acceptability of obedience to un-

10 Vgl. z.B. Website von Siemens in USA, URL: http://www.usa.siemens.com/answers/en/ [31.12.2013].

11 Vgl. z.B. Website von Siemens in China, URL: http://www.siemens.com/answers/cn/en/ [31.12.2013].

ethical work rules; members of a strong-uncertainty-avoidance culture might be less likely to question or take action against unethical (e.g., discriminatory) work practices." (Cohen 1999, 691). Die Auswirkungen kulturell geprägter Ethik auf die Nutzung des Internet kann auch am Beispiel der Siemens-Websiten für die USA und Japan[12] veranschaulicht werden, z.B. hinsichtlich der Kulturdimensionen „Individualism vs. Collectivism" bzw. „Face-Saving": „A Japanese individual would be much more likely than an American to understate the importance of his or her own efforts in order to promote group harmony. This difference in cultural values has consequences for ethical behavior. For example pressure on a subordinate to cover up a supervisor's illegal action, such as accepting tribes, might be evaluated differently by Japanese than Americans because of cultural influences. While an American may interpret this pressure as coercion, a Japanese may willingly participate in a cover-up for communitarian motives – to save face and protect the reputation of the group." (Cohen 1999, 691). Es gibt nicht nur Auswirkungen der kulturell verschiedenen Moralvorstellungen auf die Bedienung von Benutzungsschnittstellen, sondern auch hinsichtlich des Datenschutzes und des Urheberrechts. Im Vergleich zu Deutschland ist in China plagiieren positiv besetzt: „[..] the highest compliment one can be paid is to be copied. [..] This is in contrast to the belief held by individualist societies, where emphasis is placed on protecting the artist or writer by establishing copyright and patent laws" (Swinyard et al. 1990, 657). Als weitere Beispiele im Internet können Veröffentlichungen im Internet zum kostenlosen Download, öffentliche Fotogalerien (Flickr), Veröffentlichungen eigener Überzeugungen, Einstellungen, Wünsche und Lebensereignisse (Facebook und Twitter) angeführt werden.

11 Anregungen, offene Punkte und Herausforderungen

Gibt es eine internationale Ethik bzw. eine international standardisierte „ISO"-Ethik? Es gibt zwar eine ISO 26000-2010 für soziale Verantwortung, welche aber die ethischen Herausforderungen der e-Gesellschaft nicht erfüllt (vgl. Zecha 2013). Behrman (1988) identifiziert beispielsweise drei Hauptprobleme hinsichtlich internationaler Ethikvorgaben: Gerichtsbarkeit, Strafübereinkunft und Uneinigkeiten hinsichtlich der Umsetzung des Rechts. Hier ist noch Forschungsbedarf im kulturellen Kontext. Weitere Ideen, um bereits im Vorfeld die Weichen hoher informationsethischer Grundsätze und moralischer Umsetzung in Bezug auf

12 Vgl. z.B. Website von Siemens in Japan, URL: http://www.siemens.com/answers/jp/ja/ [31.12.2013].

Technik und Kultur im Allgemeinen und im Umgang mit dem Internet zu stellen, ist z.B. einen Erziehungsführerschein einzuführen, um Ethikdirektiven als Kind von klein auf während der frühesten Erziehungsphase bereits persönlich vermittelt zu bekommen (Wertevermittlung) (vgl. Rothbucher/Zecha 2012). Eine weitere, allerdings wesentlich weniger effektive, da lediglich symptom-bekämpfende Möglichkeit ist die Aufnahme von ethischen Direktiven in die Lizenz-/Nutzungsbestimmungen von Informationssystemen.

12 Fazit und Ausblick

Die Analyse des Zusammenhangs zwischen kulturell geprägter Moral und Internetnutzung/ Nutzung von Informationssystemen steht noch am Anfang und lässt noch keine abschließende Antwort zu. Die angefangene Sammlung aktueller Beispiele und Mosaikbausteine in diesem Beitrag könnte als Basis für eine Modellbildung dienen. Wichtige weitere Schritte sind die terminologische Überarbeitung und das Erarbeiten eines Modells für das interkulturelle User Interface Design unter Berücksichtigung kulturell bedingter moralischer Unterschiede mit anschließender Verifikation des Modells sowie der Ableitung von Designrichtlinien und Handlungsanleitungen und einem Modell interkultureller Variablen. Weitere Forschungsarbeit in diesem Bereich wäre daher von größtem Wert.[13]

Literatur

Banse, G. (2010): Technik und Kultur: Bedingungs- und Beeinflussungsverhältnisse. Karlsruhe

Banse, G.; Kiepas, A.; Fobel, P. (2001): Ethik und Informationsgesellschaft. Banská Bystrica

Baumann, G. (1996): Contesting Culture: Discourses of Identity in Multi-ethnic London. Cambridge

Belyová, L.; Hermeking, M.; Banse, G.; Krebs, I. (2011): Kulturelle Diversität und Neue Medien: Entwicklungen – Interdependenzen – Resonanzen. Berlin

Cahvan, A. L.; Gaffney, G. (2006): Design in India: An interview with Apala Lahiri Chavan. Information & Design. Retrieved December 2006, from URL: http://www.infodesign.com.au/uxpod

Capurro, R. (2008): Intercultural Information Ethics. In: Himma, K. E.; Tavani, H. T. (eds.): The handbook of information and computer ethics. Hoboken, 639–665

13 Danksagung: Ich danke Hr. Prof. Banse und Hr. Prof. Zecha sehr herzlich für inspirierende Gespräche und ihr wertvolles Feedback zu diesem Beitrag.

Capurro, R.; Frühbauer, J.; Hausmanninger, T. (eds.) (2007): Localizing the Internet: Ethical Aspects in Intercultural Perspective. München
Carbo, T.; Smith, M. (2008): Perspectives on Global Information Ethics. Journal of the American Society for Information Science and Technology (59), 1109–1183
Castells, M. (2001): The Internet Galaxy. New York
Cohen, M. (1999): 101 philosophy problems. New York
Deutsch, E.; Bontekoe, R.; Weiming, T. (1997): A companion to world philosophies. Malden/Mass.
Ess, C. (2002): Electronic Global Village or McWorld? The Paradoxes of Computer-mediated Cosmopolitanism and the Quest for Universal Values. In: Elberfeld, R.; Wohlfart, G. (Hg.): Komparative Ethik. Das gute Leben zwischen den Kulturen. Köln, 319–342
Hall, E. T. (2006): The silent language. New York
Heimgärtner, R. (2012): Cultural Differences in Human-Computer Interaction. Vol. 1. Berlin/Heidelberg/New York
Heimgärtner, R.; Tiede, L.-W.; Windl, H. (2011): Empathy as Key Factor for Successful Intercultural HCI Design. Paper presented at the Proceedings of 14th International Conference on Human-Computer Interaction. Orlando
Hofstede, G. (1980): Culture's consequence: Comparing values, behaviors, institutions and organizations across nations. London
Hofstede, G.; Hofstede, G. J. (2010): Cultures and organizations: Software of the mind. New York
Hofstede, G. H.; Hofstede, G. J.; Minkov, M. (2010): Cultures and organizations: Software of the mind. Maidenhead
Homann, K.; Lütge, C. (2004): Einführung in die Wirtschaftsethik. Münster
Hörmann, H. (1960): Konflikt und Entscheidung: Experimentelle Untersuchungen über das Interferenzphänomen. Göttingen
Janich, P. (2006): Kultur und Methode: Philosophie in einer wissenschaftlich geprägten Welt. Frankfurt am Main
Kagan, J. (1965): Impulsive and reflective children: Significance of conceptual tempo. In: Krumboltz, J. D. (ed.). Learning and educational process. Chicago, 133–161
Kagan, J.; Moss, H. A. (1983): Birth to maturity: A study in psychological development. New Haven u.a.
Komischke, T.; McGee, A.; Wang, N.; Wissmann, K. (2003): Mobile Phone Usability and Cultural Dimensions: China, Germany & USA. In: Mühlbach, L. (ed.): Human Factors in Telecommunication. Proceedings of the 19th International Symposium on Human Factors in Telecommunication (HFT 03). Berlin
Kralisch, A. (2006): The Impact of Culture and Language on the Use of the Internet Empirical Analyses of Behaviour and Attitudes. (Diss.), Humboldt Universität. Berlin
Lyotard, J. F. (1984): The Postmodern Condition: A Report on Knowledge. Minnesota
Marcus, A. (2001): International and intercultural user interfaces. In: Stephanidis, C. (ed.): User Interfaces for All: Concepts, Methods, and Tools. Lawrence Erlbaum Associates. Mahwah/New York, 47–63

Markus, H. R.; Kitayama, S. (2010). Cultures and Selves A Cycle of Mutual Constitution. Perspectives on Psychological Science, 5(4), 420–430
Maybury-Lewis, D. (1992): Millennium: Tribal wisdom and the modern world. Alexandria. (PBS Video)
Mietzel, G. (2002): Wege in die Entwicklungspsychologie. Kindheit und Jugend. Weinheim
Miller, A. R.; Brown, J. M.; Cullen, C. D. (2000): Global Graphics: Symbols: Designing with Symbols for an International Market. Beverly/MA
Nisbett, R. E.; Norenzayan, A. (2002): Culture and cognition. Stevens' handbook of experimental psychology. New York
Nucci, L. P.; Krettenauer, T.; Narvaez, D. (eds.) (2008): Handbook of moral and character education. New York
Oerter, R.; Montada, L. (2002): Entwicklungspsychologie. Weinheim
Röse, K. (2002): Methodik zur Gestaltung interkultureller Mensch-Maschine-Systeme in der Produktionstechnik. Bd. 5. Kaiserslautern
Rothbucher, M.; Zecha, G. (2012): Karl Wolf: Biopädagogik. Reden, Aufsätze, Abhandlungen. Münster/Wien/Zürich
Schönecker, D.; Wood, A. W. (2002): Immanuel Kant „Grundlegung zur Metaphysik der Sitten": Ein einführender Kommentar. Paderborn
Schweitzer, A. (1996): Kultur und Ethik. München
Shweder, R. A. (2012): Relativism and universalism. A companion to moral anthropology. Oxford
Singer, P. (1993): A Companion to Ethics. New York
Taylor, V. E.; Lambert, G. (2006): Jean Francois Lyotard. New York
Thomas, A.; Kinast, E.-U.; Schroll-Machl, S. (2010): Handbook of intercultural communication and cooperation. Basics and areas of application. Göttingen
Triandis, H. C. (1995): Individualism and collectivism. Boulder
Vygotsky, L. S.; Hanfmann, E.; Vakar, G.; Kozulin, A. (2012): Thought and Language. Cambridge/MA
Wimmer, F. M. (2004): Interkulturelle Philosophie: Eine Einführung. Wien
Wines, W.; Napier, N. (1992): Toward an understanding of cross-cultural ethics: A tentative model. In: Journal of Business Ethics, 11, 831–841
Witkin, H. A. (1954): Personality through perception, an experimental and clinical study. New York
Würtz, E. (2005): Intercultural Communication on Web sites: A Cross-Cultural Analysis of Web sites from High-Context Cultures and Low-Context Cultures. In: Journal of Computer-Mediated Communication, 11, 274–299
Yandell, K. E. (1999): Philosophy of religion: a contemporary introduction. London/New York
Zecha, G. (2013): Soziale Verantwortung im A4-Format? Eine kritische Diskussion von ISO 26000-2010: Guidance on social responsibility. In: Psihologie şi Ştiinţele Educaţiei, An. Inst. de Ist. „G. Bariţiu" din Cluj-Napoca, Series Humanistica, tom. XI, 93–105

Role Models in Mass Media – An Ethical Reflection

Mariusz Wojewoda

Nowadays, mass media have a variety of specific functions: they are informative, opinion-forming, controlling, educational, communicative, and they shape social relationships – they create social networks, provide social entertainment, serve to express social protests, encourage mobilizing social activity, etc. Nevertheless, the primary function of the media is their public function, which guarantees equal access to mass media to various social groups that represent different ways of understanding reality (Jensen 2008).

The transformation of mass media leads to new forms of communication, and for millions of users it is not only a space to receive information, but also a place to express their views and lifestyles. The impact of mass media on social imagination changes the way people understand public space itself. Interactivity, speed and convenient communication, globalization and individualization make the media a set of dispersed pictures of the world. Since it is quite difficult to move in this social network, people need „guides“ who interpret it for them. However, there are no recognized authorities and the lack of trust in politicians and government institutions make role models compete for social preferences and imagination.

In such a vast area of various forms of media and market personalities, guides can help filter and interpret information properly. There is a lack of recognized authorities, accompanied by mistrust in politicians and in traditional institutions of public life. The consequence is that the role of the guide is realized by pattern role models, often with very random patterns: singers, actors, journalists, politicians, businessmen, it girls and bon vivants – they are our contemporary celebrities.

I will analyze the importance of some role models in mass media. Particularly, I touch upon the philosophical concept of role models as pointed out by Emmanuel Mounier (Hercules, Narcissus), Alasdair MacIntyre (aesthete, leader-manager, therapist) and Zygmunt Bauman (walker, vagabond, tourist and player) in order to see how these models exist in modern mass media. Ethical reflection allows for critical assessment of the destructive effects of these models on social imagination.

1 Public opinion

„Public" is a term describing collective social beliefs that are fixed by collective opinions. The media modify collective beliefs. Martin Heidegger understands „the public" as something superficial and indifferent. According to him, public opinion governs the interpretation of the world and has been right about everything. It creates and perpetuates vague interpretations of events and situations, and at the same time makes them generally available to all (Heidegger 1994, 181). The media reveal lifestyles characteristic of people who are in a way special (e.g. the rich, geniuses, aristocrats, etc.), and the strategies can be selected individually.

Our perception of reality often relies on mass mediated images. Walter Lipmann wrote in his classical work *Public Opinion* that factual features of the world have relation to perception. He believes that the depiction of events in the press create the images of reality – „pictures in our heads". For Lipmann, a common focus of communication was to look for the public perception of reality as based on mass mediated contents and images, such as crime, wealth, careers, professions, job, and sex role. Relations between public opinion and media have a normative, socio-cultural, economic and political dimension (Lipmann 1922, 34–56). The media are essentially concerned with the creation and distribution of information about the world.

The media are not only a tool for communication, but also an active participant in the communication process. Exchange of information is a profit to both sides, as knowledge on any subject is not lost to broadcasters when being passed on. Instead, the recipient benefits from the additional knowledge about the world and people. It is however difficult for the recipients of mass media to distinguish reliable information from conscious manipulation, e.g. with the purpose of creating artificial needs of the consumer. In contrast to former times of censorship, today we do not suffer from a lack of information, but from its excess. This excess of information leads to increasing difficulties with combining all the information into a meaningful whole. Thus, there is a need to interpret and filter all that reaches the recipient. We need somebody to trust, whose views improves our understanding of political events and social behavior (Tubbs 1991, 34–36).

In *McQuail's Mass Communication Theory*, the author distinguishes different types of network communication:

1. Intrapersonal communication, involves the processing of information by the individual. Within this area are issues of perception, memory, learning, and the formation of beliefs, preference and the personal identity.

2. Interpersonal communication, the codes for existing information within the group. Models of conversation here in force within the group, social norms, and norms of cooperation within the group.
3. Communication between groups or collectives, represented by local communities.
4. Communication between groups and institutions.
5. Communicate general social sense – mass communication (McQuail 2005, 124–126).

The five-levels division suggests that these areas are separated. It is characteristic of the image of reality created by the new media, that language of mass communication has become a universal language to describe various ways of communication. Mass media determine contemporary codes for the description of a picture of the world.

The language of communication is connected with the language of signs, gestures, metaphors, symbolic forms and linguistic meanings. These elements define the context for communication. In this sense, theory of communication is related to a broader dimension of social relations, namely the social imagination. Here I refer to the concept of contemporary Canadian philosopher Charles Taylor, who wrote in *Modern Social Imaginaries*:

„I adopt the term imaginary:

- My focus is on the way ordinary people „imagine“ their social surroundings, and this is often not expressed in theoretical terms, but is carried in images, stories, and legends.
- Theory is often the possession of a small minority, where what is interesting in the social imaginary is that it is shared by large groups of people, if not the whole society.
- The social imaginary is that common understanding that makes possible common practices and a widely shared sense of legitimacy“ (Taylor 2004, 33–34).

The social imaginary is a more elusive set of self-understanding, background practices and horizons of common expectations that are not always explicitly articulated, but that give people a sense of sharing a group life. Modern social imaginaries are expressed in three central forms of social imaginary: economy, the understanding of the public sphere and popular culture. The reflection on the social imaginary allows finding the archetypical basis of social behavior.

In the opinion of modern mass communication researchers Joachim Klaus and Merten Westerbarkey's, a human point of view on reality is subjective, which is why individuals need to constantly reaffirm their view of the world. This is done either by:

- the orientation on the other – the public,
- creating images of principles guiding the reality (Klaus/Westerbarkey 1994, 188–211).

The media create a modern mental and social imagination. In general, we realize that this is fictional, and still our behavior is adapted to it. It was discovered that this fictionality creates social facts; opinions influence behavior, shaping not only the preferences and attitudes, but also our picture of reality and forms of realizing personal identity (Carr 2010, 201–203). Media took over axiological and cultural content of the collective imagination. Their influence is so obvious that it is imperceptible for the users.

Modern electronic forms of mass communication have more power to influence our view of reality. The media offer a continuous stream of facts and impressions about the world to every viewer. The image of reality is a mix of information, fiction and journalistic interpretation. Medial reality is not only a source of information for people, but can be used to experience places, situations and actions (Weimann 2008, 76–78). Two aspects of the communication process have to be distinguished: „to communicate" and „communication". In the classical view of communication, the role of the sender and the receiver was clearly defined. The sender was the creator of information and the recipient received the information – „to communicate". In the modern view of communication the recipient is also the sender of information which is in turn forwarded to others and multiplied repeatedly. Nowadays, information and communication obtain a crucial role. They are central and strategic to almost everything we do, from business transactions through leisure pursuits to government activity. People are reduced to pure relationships, their status is transformed from *homo sapiens* into *homo communicans*. Speaking people fill the place of conversation with impersonal information - message is speaking with message. (Webster 2006, 263–265).

The media create the belief that we can freely change our identity. However, this is a false belief. The media personality market offers the opportunity to change the identity into a more fashionable one, one that attracts greater admiration and interest (Lisicki 2008, 88–91). Taboos like sex, violence, power and sexual preferences slowly cease to be part of „another" sphere. We all move in the same sphere for an exchange of information.

The new media are a container for various ideas, whether extreme or moderate. The existence of such radical ideas in online media gives us the impression of anonymity, because otherwise the author would not have published them. However, we have recently learnt through the Edward Snowden case that anonymity is indeed an illusion as U.S. government professionals have been and are still reading private correspondence. Another example is the use of search engine data for creating consumer profiles, for which all clicks and queries are recorded. Hence, individual offers can be made to the respective person via inbound marketing, and social networks, blogs and micro blogs are a fruitful source for this purpose. This phenomenon is known as Search Engine Optimization (SEO). In a communication process with a potential customer, a soft way of interaction is used which is based on associations, stereotypes and influential role models in mass culture (Biały 2012, 79–90). This forbids freedom of choice with regard to the product and deprives the consumer of independent decisions. Due to the subtleness of this impact, the absence of the freedom of choice becomes really problematic.

In this context, claims for privacy reflect the desire to control the access to what is considered personal. At the same time, there are several well-known ethical risks that are inherent in new media: privacy and vulnerability versus connectivity and access, digital devices, diffusion contrary to digital copyright and transparency of information (Sánchez/ Asenjo 2012). It has become difficult to protect private information. Broad availability and easy use of modern means of communication influence the global dimension.

Media shape and broaden the canon of socially accepted behavior, and thus the way we understand reality largely depends on the impact of mass media. The analysis of imaginations about meaningful life shaped by social media is an interesting aspect of contemporary culture, as mass media change the way of understanding social activity.

2 Role models

In this article I concentrate on how the social imaginary of role models works in mass media. The concept of the role model encompasses two elements: 1) a model (e.g. a person) with specific characteristics and specific behavior, 2) which is subject of imitation or subject of reference (Kwiatkowski 2000, 10–13). The role model may be a real person, but it can also be a fictional, mythical or legendary person. Polish author Maria Ossowska claims that the „role model for an individual or a group is a human person, who should be or is actually for the individual or the group subject of aspiration" (Ossowska 1986, 9). This is a useful approach to the problem when analyzing the presence of role models in mass media. At the level of scientific description it relates to a role model of personality traits which is reference point for benchmarking and evaluation of the actions and dispositions of individuals of a particular community. It conforms to the community's normative function and the regulatory function of socially and culturally accepted behavior.

There are some criteria for the classification of role models (Kwiatkowski 2000, 17–19; Jasińska-Kania & Siemińska 1975):

With regard to their relationship to the community; we distinguish positive and negative role models. Positive ones refer to values that are socially acceptable (e.g. justice, honesty, responsibility), negative ones refer to values that are socially unacceptable (e.g. injustice, dishonesty, irresponsibility). It can happen that in mass media negative values become subject of public admiration (e.g. breaking moral principles).

- With regard to their degree of generality; some role models refer to the whole community, other role models relate to selected social groups (targets).
- With regard to their conception of a person; some describe the whole personality, others refer to a selected activity (e.g. operability, flexibility, competence in networking with others).
- With regard to their origin; the source of a role model can be ideological, religious, traditional, social or mass medial.
- With regard to their acceptability; role models can be postulated, internalized and realized in practice. In the socialization process role models are an expression of affirming, offsetting or balancing the attitudes of children and adolescents. The postulated model contains a set of attributes that the group projects on its members, the realized model reflects actual repetitive behavior. Historically, role models in the nineteenth century were for example the school director, the traveller, the engineer, the officer or the university professor. Today's role models are primarily created by the mass media.

An important feature of the role model is its imitative function. Through its concretization in a specific person it becomes the embodiment of cherished values and forms of behavior. This embodiment, materialization of principles, standards and assessments gives the impression of a facilitated accessibility and affordability. A role model might be historical or literary, a fictional, a dead or a living person. With respect to its definition it is irrelevant whether the person really exists. The models' impact depends on the social imagination in which these models function, and on values – each model represents a superior value and the more precisely this is defined, the more successful is its impact. Indeed, values are deeply inscribed into their nature, they constitute their strength and their attraction (Femiak/Rymarczyk 2010, 1–6).

German phenomenologist Max Scheler listed five role models which refer to specific values. The *artist* represents hedonistic values as he or she seeks the pleasures of life. A *leader* is a model of utilitarian values, a *hero* one of vital values. A *genius* stands for spiritual values and a *saint* for sacred values. These models transfer their content via three factors: blood heritage, tradition and imitation (Scheler 2004, 216). Nowadays, their impact is mainly controlled by mass media. Scheler placed role models in the *a priori*, treating them as trans-historical and trans-cultural ideas.

Other philosophers turn towards historical and cultural aspects of role models. The social function of a specific social image is implemented as a particular way of life. Role models are also associated with a particular tradition and culture. They create a code of conduct which becomes socially valid and acceptable, as they influence social life through books, gossip, films, commercials and online news. The development of technology and communication grounds the impact of role models on social imagination, an interaction that may be analyzed in moral categories.

Currently, it is mostly the negative aspect of role models on social imagination that is considered. Role models in the media are close to unrealizable for the recipients, and even if they succeed, this does not result in fulfillment or increased significance. A role model is the idea of a desirable set of characteristics which an individual aspires.

American philosopher Alasdair MacIntyre describes three fictional role models that are characteristic for contemporary culture: the *aesthete*, the *leader-manager* and the *therapist* (MacIntyre 1996, 147). He characterizes them as moral fictions. For the aesthete, life is consuming for pleasure. The aesthete obtains lots of leisure time without being bound to a job. When getting tired, new pleasures have to be found. The media – popular press, TV, blogs, social networks – provide many examples of this kind of celebrities. The second role model, the leader-manager, is proficient in managing groups of people. The efficiency of this type is demanded in the world of politics and in business. Thirdly, the therapist mitigates the negative effects of technological progress and cures civilization anxiety. The therapist is a counsellor, a personal coach, who contemplates the meaning of life with the patients.

Emmanuel Mounier's theory of alienation can serve as an orientation for the analysis of moral fiction in mass media. To illustrate the concept of alienation, Mounier refers to two symbolic figures: *Hercules* and *Narcissus* (Mounier 1960, 200–210). The modern Hercules is a hero, a hard worker, he is resourceful and not bound to physical laws. He distances himself from his own emotions, being short-tempered, easily upset, sometimes in uncontrolled frenzy. He communicates with other people by using directive and regulatory language. Hercules lives in an environment of things: physical objects, machines, computers, the Internet. He produces things, uses them and replaces broken items with others. He is present in social networks, without the need for physical meetings with his online friends, seeing the others as things. The modern Hercules cannot realize his full potential under the conditions of daily life, like work or family care, since these seem too prosaic to him. Instead, he longs for extreme experiences, reinforced by the belief to be watched by everyone. Hercules is a type of superman; a metaphor for human consumer culture.

The second example of alienation according to Mounier is the alienation of Narcissus. This mythical figure is associated with self-centeredness and self-love. The modern Narcissus is antisocial, making no effort to meet with others due to a lack of social skills. His emotional experiences are unique and unrepeatable. Narcissus does not bond with anyone, but is delighted by his own argument. He merely speaks to verify the impression of his comments on others. A modern Narcissus prefers monologues, his aim is not to listen, but to be listened to in order to make an impression on the audience (Pleszczyński 2013, 67–76).

Polish philosopher and sociologist Zygmunt Bauman suggests four types of role models: the *walker*, the *vagabond*, the *tourist* and the *player*. These can also be applied to modern media.

The concept of the walker (*flâneur*) derives from Walter Benjamin and the urban culture of the late nineteenth and early twentieth century. Benjamin was inspired by a depiction of the writer Charles Baudelaire as a walker in a painting by Constantine Guy. For the walker the world is a theatre, a film, a media event in which it is difficult to distinguish the truth from fiction. The stage stands for success; one can temporarily play the role of someone else. In the online space there is someone who manages us. Being a walker is an attitude, a state of mind. The walker can walk the streets of the city, as well as navigate through the Internet or TV channels. Today, the notion has changed. The walker is looking for entertainment, commercial offers, interesting meetings, deals and sales, therefore moving from one place to another. The distance in time and space does not constitute any obstacle.

Another role model is the vagabond. In the nineteenth century vagrancy was something reprehensible. Nowadays it is different. The modern vagabond has an expensive car, a credit card, often changes jobs and the place of residence. Effortless mobility causes instable relationships. When an employer wants to keep a good worker, he gives him loans, privileges and a company car. Relationships in the Internet are characterized by randomness and instability. A large number of online friends does not necessarily mean closeness, but hints to the importance of the contact as such. Of less importance is the information that is provided. The internet vagabond pursues a variety of forms of life. Changing the identity in the Internet is much easier than in reality.

The tourist is the third example of a role model. When on holiday, he is looking for interesting and special sensations. The tourist feels safe; he is not an immigrant or a political refugee. While looking for customs and spies, he superficially perceives the countries visited as simplistic. In Europe and elsewhere in the world, in places that live from the tourism industry, everything is prepared especially for the tourist. The way of experiencing pleasure is directed, and since the tourist cannot remember the places he has visited, he takes photographs of them. The „artificial eye" of the camera replaces the individual perception.

Finally, there is the role model of the player. Ready to take risks and competitive, he makes fun of the game itself and of the tension associated with the uncertain fate of winning. The game is not about who understands its principles better, but about who is outsmarted. The foundation of the game is competition. To the player, a world without competition is boring, tasteless and lacks originality (Bauman 1994, 21–36).

A theoretical approach to the role model was also made by American sociologists Penelope Brown and Stephen Levinson who described the impact of role models on public opinion.

In this theory, the attribution – the so-called face to each personal model – is defined as a „public self-image that every member wants to claim for himself" (Brown/Levinson 1987, 61). It consists of two aspects, namely the *negative face* and the *positive face*.

- Negative face: the basic claim for territories, personal preserves, right to non-distraction – for example freedom of action and freedom from imposition.
- Positive face: the positive consistent self-image or 'personality' (crucially including the desire that this self-image be appreciated and approved of) claimed by relationship (Brown/Levinson 1987, 61–62).

In this conception, the negative and positive face rather encompass wants than norms or rights. Social consciousness consists of rational agents, equipped with certain mental and cultural capacities. All relationships we know from the face reveal the wants related to social expectations. The best way to satisfy the wants of one's own face is to share the wants of the face of the other people (Wojtaszek 2011, 70–74). In Brown and Levinson's model the term 'face' means a specific person, but also points to the anticipated behavior and expected virtues and vices of the character. These are not necessarily the types of behavior that are assessed positive and worth imitating. The face that evokes a feeling of trust can be used for promotion strategies and product sale. The feeling of sympathy or antipathy towards the face is an instrument of influence on customers.

Today role models are creatively made by the media. Celebrities create fictions of direct access to goods that are usually beyond reach of normal persons. Celebrities as particular embodiments are part of social expectations and perceptions, and they create these specific images. The media gain social confidence through technological measures and knowledge of the techniques of social influence.

3 Media in the context of virtue ethics

I suggest that critical assessment of role models contained in mass culture creates distance and counteracts their influence. There must be an awareness of the differences between positive and negative role models in order to preserve individuality, so that this awareness enables us to disassociate from the negative ones in the media. Like Alasdair MacIntyre, I propose that moral fictions enable us to realize external goods (recognition, social acceptance), but not to realize internal goods (moral qualities, virtues and social skills).

External goods are the subject of competition for fame, wealth, admiration and popularity in the media. In contrast, internal advantages arise from the development of our own character. Internal goods emerge from being active, from working on one's personality and from daily practices (job, social activity, family life). The separation of external goods from internal goods in practice leads to moral individualism. If moral individualism is to be avoided, the internal good (moral qualities) must be developed in the context of specific practices. Their realization involves recognizing positive role models (e.g. an honest businessman, a diligent worker, a decent politician, a good father). Participation in some practices entails the exchange with other persons. In this sense, personal authorities introduce young adults into cultural tradition (MacIntyre 1984, 191–193).

MacIntyre wrote in *After Virtue. A Study in Moral Theory*: „A practice involves standards of excellence and obedience to rules as well as the achievement of goods. To enter into a practice is to accept the authority of those standards and inadequacy of my own performance as judged by them. It is to subject my own attitudes, choices, preferences and tastes to the standards which currently and partially define the practice. Practice of course, as I have just noticed, have a history: games, sciences, and arts all have histories. Thus the standards are not themselves immune from criticism, but nonetheless we cannot be initiated into a practice without accepting the authority of the best standards realized so far. [...] In the realm of practices the authority of both goods and standards operates in such a way as to rule out all subjectivist and emotivist analyses of judgment" (MacIntyre 1984, 190).

We cannot stop using media. However, thanks to them we gain certain benefits: the extension of our knowledge, communication with others, the discovery of new information, etc. These opportunities result from technological development and from changes in the awareness of the user with respect to new technologies. From the ethical point of view a key concern is the ability to use the basic functions of media. Some suggestions are made in the ethics of virtue (ethics of character) and social skills. The contemporary human being must constantly make choices, always filled with doubts and aware that realizing what is good for oneself does not mean that it is good for others as well. The ethics of virtue presupposes individual freedom if humans are aware of the consequences of their own actions. Moral qualities develop in the context of everyday work practices. Role models (e.g. authorities) are ideal realizations of good practice, and thus positive role models, as good practice presents it in the media, are an important element of change in social imagination.

The crucial aspect of ethical thinking is a critical reflection on the impact of mass cultural role models on social imagination. The models that exist in culture and media do not exempt us from personal responsibility.

Literature

Bauman, Z. (1994): Dwa szkice o moralności ponowoczesnej. Warszawa

Biały, F. (2012): Media Ethic in Content Farming Age. In: Pawlak, P.; Strzelecki, W.; Morias da Costa, G.J. (eds.): Kultura - Media - Etyka. Media w perspektywie etycznej i kulturowej w kontekście rewolucji teleinformatycznej. Poznań/Gniezno, 79–90

Brown, P.; Levinson, S. (1987): Politeness. Some Universals in Language in Usage. Cambridge

Carr, N. (2010): The Shallows: What the Internet Is Doing to Our Brains. London/New York

Femiak, J.; Rymarczyk, P. (2010): Sport as a source of model personalities or idols? Between reality and medial illusion. In: Polish Journal of Sport and Tourism, 17 (1) 2010, 1–6

Heidegger, M. (1994): Bycie i czas. Warszawa

Jasińska-Kania, A.; Siemińska, R. (1975): Wzory osobowe socjalizmu. Warszawa

Jensen, K.B. (2008): Media. In: Donsbach, W. (ed.): The International Encyclopaedia of Communication. Malden/Oxford/Carlton, 2811–2817

Klaus, J.; Westerbarkey, M. (1994): Public Opinion und Public Relations. In: Merten, K.; Schmidt, S. J.; Weischenberg, S. (Hg.): Die Wirklichkeit der Medien. Eine Einführung und die Kommunikationswissenschaft. Opladen, 188–211

Kwiatkowski, M. (2000): Człowiek sukcesu ekonomicznego jako wzór osobowy w pierwszych latach transformacji systemowej w Polsce. Studium z socjologii moralności. Zielona Góra

Lipmann, W. (1922): Public Opinion. New York

Lisicki, P. (2008): Ile prawdy jest w mediach. In: Laskowska, E.; Kuziński, M. (eds.): Etyka w mediach w dobie globalizacji. Wyzwania i zagrożenia. Bydgoszcz, 88–91

MacDonald, B.; Petherman, M. (1998): Key guide to Information Sources in Media Ethics. London/Washington

MacIntyre, A. (1984): After Virtue. A Study in Moral Theory. Notre Dame

McQuail, D. (2005): McQuail's Mass Communication Theory. New Delhi

Mersch, D. (2010): Teorie mediów. Warszawa

Moore, A.D. (ed.) (2005): Information Ethics. Privacy, Property, and Power. Seattle/London

Mounier, E. (1960): Dwie alienacje. In: Mounier, E. (ed.): Co to jest personalizm? oraz wybór innych prac. Kraków

Ossowska, M. (1986): Ethos rycerski i jego odmiany. Warszawa

Pawlik, G. (2004): Konsekwencje kreowanych i rozpowszechnianych postaw, zachowań i wartości w środkach masowego przekazu. Katowice

Pleszczyński, J. (2013): Epistemologia komunikacji medialnej. Perspektywa ewolucyjna. Lublin

Sadri, H. A.; Flammia, M. (2011): Intercultural Communication. A New Approach to International Relations and Global Challenges. New York/London

Sánchez, A. N.; Asenjo, P. B. (2012): New Information and Communication Technologies and Society: a Review of Some Ethical Dilemmas as Privacy and Access. In: Pawlak, P.; Strzelecki, W.; Morias da Costa, G. J. (eds.): Kultura - Media - Etyka. Media w perspektywie etycznej i kulturowej w kontekście rewolucji teleinformatycznej. Poznań/Gniezno, 17–24

Scheler, M. (2004): Wolność, miłość, świętość. Pisma wybrane z filozofii religii. Kraków

Taylor, C. (2004): Modern Social Imaginaries. Durham
Tubbs, S. L.; Moss, S. (1991): Human Communication. New York
Webster, F. (2006): Theories of the Information Society. London/New York
Weimann, G. (2008): Entertainment Content and Reality Perception. In: Donsbach, W. (ed.): The International Encyclopaedia of Communication. Hong Kong, 1543–1547
Wojtaszek, A. (2011): Theoretical Frameworks in the study of Polish, British and Chinese Perspective. Katowice

Second Life in Tschechien: Wer ist Gewinner und wer Verlierer in der virtuellen Welt der Neuen Medien?

Petr Machleidt

SL „ist eine Online-3D-Infrastruktur für von Benutzern gestaltete virtuelle Welten, in der Menschen durch Avatare interagieren, spielen, Handel betreiben und anderweitig kommunizieren können. Das seit 2003 verfügbare System hat rund 36 Millionen registrierte Benutzerkonten, rund um die Uhr sind meist 30.000 bis 65.000 Nutzer gleichzeitig in das System eingeloggt."[1]

Virtuelle Welten werden als von der realen Welt abgetrennte Phantasieorte aufgefasst, doch die Grenzen zwischen realer und virtueller Welt sind durchlässiger geworden. Die Teilnehmer an Second Life kommen aus der realen Welt mit ihren Eigenarten im Verhalten und mit Gewohnheiten, die nicht von ihrer Interaktion in der virtuellen Welt getrennt werden können. Second Life ist ein System, das zum Zweck der sozialen Interaktion und Kommunikation geschaffen wurde. Man kann sich in dieser Welt völlig unentgeltlich registrieren lassen, zur aktiven Nutzung reicht es aus, das Programm Second Life Viewer herunterzuladen. Danach kann man dort mit anderen Bewohnern kommunizieren, kann neue Freunde treffen, Häuser bauen, durch die Welt reisen, man kann sich sogar fortbilden, reale Vorlesungen besuchen u.ä.

Second Life (SL) ist auch ein wirkungsvolles Marketinginstrument für Firmen, die hier eine reale virtuelle Zweigstelle einrichten, Produkte anbieten und reales Geld verdienen wollen. Viele Gesellschaften und Organisationen nehmen die virtuellen Welten als eine neue Reklameform wahr. Bei Sun Microsystems wurde eine Insel im Umfeld von SL geschaffen, die ausschließlich für ihre Angestellten bestimmt ist. Die Menschen können hier Hilfe suchen, neue Ideen diskutieren oder für ein neues Produkt werben. Es gibt viele Arten der Nutzung dieser kommerziellen Methoden. Ein Beispiel ist die Firma Apple, die ein Online-Geschäft in SL gegründet hat, welches es Interessenten ermöglicht, über neue und innovative Produkte auf dem Laufenden gehalten zu werden. Faktisch kann man dort zwar keine Ware einkaufen,

1 Zitiert aus dem Artikel „Second Life" der deutschen Wikipedia: URL: http://de.wikipedia.org/wiki/Second_Life [01.08.2014].

aber es werden Zugänge zu unterschiedlichen Klienten und Kunden auf der ganzen Welt generiert. Auf eBay und anderen Auktionsseiten kann man diverse Artefakte aus SL für reales Geld kaufen und verkaufen, und das zu Beträgen, die ökonomisch von Bedeutung sind. Somit ist SL für viele Menschen zur einzigen Einnahmequelle geworden.

Auch die Existenz der Fachzeitschrift „Journal of Virtual Worlds Research", die seit 2008 herausgegeben wird und sich vollständig der Erforschung des virtuellen Umfeldes widmet, belegt unter anderem die Faszination der Wissenschaft für das beachtenswerte Phänomen der virtuellen Welten. Die Verknüpfung von SL mit Forschung und Bildung ist heute keine Ausnahme mehr, da virtuelle Welten ein neues Medium für Unterricht und Bildung darstellen. Insbesondere die Möglichkeit der ununterbrochenen sozialen Interaktion kann als Grundlage für gegenseitige Fortbildung dienen. Die Anwendung virtueller Welten gibt Lehrenden die Gelegenheit, ein höheres Maß an studentischer Einbindung zu erreichen. Sie ermöglicht den Nutzern Aufgaben zu erfüllen, die in der realen Welt nur schwer durchführbar sind. Virtuelle Welten haben die Fähigkeit zu wachsen und sich unterschiedlichen Bedürfnissen der Anwender anzupassen, zum Beispiel durch deren Einsatz direkt im Klassenzimmer. Diese Welten stellen somit ein wirkungsvolles Instrument der Rückkopplung (Feedback) von Seiten der Anwender dar. Virtuelle Welten können des Weiteren auch als eine virtuelle Unterrichtsumgebung eingesetzt werden, so wie im Falle des Projektes Sloodle, dessen Ziel darin besteht, SL mit der Lernplattform Moodle zu verbinden.

Es zeigt sich in vielen Fällen, dass eine wachsende Anzahl von Hochschulen und weiteren Bildungsinstitutionen die Nutzung virtueller Welten als Plattform für die Erweiterung ihres Angebotes für Studenten testet. Ein Beispiel eines solchen Projekts ist AWEDU[2], über das derzeit in virtuellen Welten wie beispielsweise SL diskutiert wird. Auch die britische Open University ist sehr präsent in SL, indem sie dort Hinweise für Studenten und Lehrende bereitstellt[3].

Einen sehr interessanten und aussichtsreichen Anwendungsbereich virtueller Welten stellt der Bereich der Medizin dar. Wie man festgestellt hat, können virtuelle Welten psychisch kranken Kindern wirkungsvoll helfen, indem ihnen dort eine angenehme und sichere Umgebung geschaffen wird. In dieser virtuellen Umgebung können sie Kenntnisse erwerben und Erfahrungen sammeln, was ihnen in der wirklichen Welt unmöglich ist oder erschwert wird. Das wird zum Beispiel von der Stiftung Starlight, die an Autismus leidenden Kindern hilft, genutzt. Virtuelle Welten ermöglichen diesen Kindern so zu handeln, wie es ihnen ihre

2 Siehe dazu auch: URL: http://www.inflow.cz/projekty-vzdelavani-v-muves [10.08.2014].

3 Siehe dazu auch: URL: http://secondlifegrid.net.s3.amazonaws.com/docs/Second_Life_Case_OpenU_EN.pdf [10.08.2014].

Krankheit in der Realität nicht erlaubt und unterstützt sie dadurch dabei, ihren Stress und ihre Frustration abzubauen.[4] Auch gesundheitlich beeinträchtigte oder invalide Menschen jeglichen Alters haben die Möglichkeit, psychische und emotionale Freiheit zu genießen, indem sie vorübergehend ihre Behinderung in der realen Welt zurücklassen können. Mit Hilfe ihrer Avatare sind sie fähig wie gesunde Menschen zu gehen, zu laufen, zu tanzen, zu schwimmen, zu surfen, zu fliegen, Ski zu fahren und weitere physische Aktivitäten auszuüben, an denen sie ihre Krankheit oder Behinderung im realen Leben hindert. Sie bekommen die Möglichkeit, sehr viel einfacher Beziehungen aufzubauen und Freundschaften zu schließen und damit Stigmatisierungen und andere Hindernisse zu umgehen, die ihnen unter realen Umständen aufgrund ihrer gesundheitlichen Beeinträchtigung Probleme bereiten würden. Als Wechselwirkung kann sich das Üben sozialer Fertigkeiten in der virtuellen Welt mittels Avataren wiederum in der Sozialisierung und Interaktion im realen Leben äußern.

Des Weiteren führt die Virtualisierung des Raums zu effektiverer Kommunikation, wobei jedoch ein wesentlicher Bestandteil der zwischenmenschlichen Kommunikation abgebaut wird, nämlich die physische Anwesenheit in einem gemeinsamen öffentlichen Raum. Der Avatar ist nur ein Beispiel eines entkörperten Produkts in der virtuellen Welt. Das macht ihn aber nicht gleich zu einem vertrauenswürdigen Objekt, dem wir unser komplettes Leben und Handeln überschreiben sollten, gerade im Hinblick auf reale Freundschaften. Man kann sich an ein Leben in virtuellen Welten gewöhnen, wo der wirkliche Wert einer Freundschaft außer Acht gelassen werden kann, doch zu ihren Bestandteilen gehören auch Mut und Vertrauen. Ohne diese Fähigkeiten werden die Menschen nicht in der Lage sein, sich selbst in realen Beziehungen Risiken auszusetzen und sich nicht als Beziehungsersatz in virtuellen Träumen zu verstecken. Beeinflusst somit die virtuelle soziale Welt die Fähigkeit zum Knüpfen zwischenmenschlicher Beziehungen, oder ist sie gar ein Ersatz? Die Antwort auf Letzteres ist sicher nein, denn im realen Leben hat Freundschaft eine andere Bedeutung, nämlich die, Freude zu teilen und Hilfe in der Not zu leisten.

In der virtuellen tschechischen Stadt *Bohemia* wurde im SL die Zweigstelle der Agentur CzechTourism in Bohemia eröffnet (siehe Abb.1). Auch der Tschechische Rundfunk hat dort seinen Sitz, es gibt ein virtuelles Studio und einen Hörsaal. Zu weiteren Unternehmen, die ihre virtuellen Filialen im SL aufbauen, gehört zum Beispiel die tschechische Telefónica O_2. Ihre Zweigstelle in Bohemia ist eine Kopie des echten Gebäudes der Prager Zentrale. Für durstige Avatare stellt außerdem die Bierbrauerei Staropramen in Bohemia Erfrischungen bereit; auf dem zentralen Platz hat sie eine eigene Gaststätte eröffnet.

4 Siehe dazu: URL: http://www.utdallas.edu/news/2007/11/18-003.html [10.08.2014].

Abb.1: Zweigstelle der Agentur Czech Tourism in Bohemia, Altplatz No. 1

Interessant an SL ist sein ökonomisches Modell, denn Handel zu betreiben wie in der realen Welt ist im Grunde genommen ein unerlässlicher Projektbestandteil. Im virtuellen Rahmen werden sogenannte „Linden Dollars“ benutzt. Diese können gegen reales Geld frei getauscht werden (wobei der Kurs ungefähr 270 L$ zu 1 USD beträgt). Die Grundregistrierung in SL ist kostenlos, dabei bleibt der Besucher aber lediglich ein Beobachter. Zum eigentlichen Schaffen ist es notwendig ein Grundstück zu besitzen und dafür muss bereits gezahlt werden. Auf dem eigenen Gelände kann man sich dann etwas aufbauen und gegebenenfalls versuchen Geld zu verdienen (virtuell und real). Das Programm Second Life Viewer, das zur Nutzung von SL installiert werden muss, ermöglicht den Einwohnern, miteinander mit Hilfe ihrer Avatare zu interagieren.

Ein deutlicher Vorteil von SL ist der unproblematische Einsatz von Multimedia. So ist es z.B. möglich, ein virtuelles Kino zu modellieren und dort ein Video zu streamen. SL ist sogar so populär, dass gelegentlich auch Konzerte bekannter Künstler stattfinden. Man kann auch einen virtuellen Hörsaal errichten und dort Vorlesungen jeglicher Art streamen – entweder als Aufzeichnung oder live in Echtzeit. Die Gründe für den Erfolg des Projektes SL sind offenkundig: Es ist eine umfangreiche Simulation der Welt mit schier unbegrenzten Möglichkeiten dank Integration verschiedener interaktiver Online-Dienste in einer Applikation. Für diejenigen, die willens sind, das Potential von SL auszunutzen, wird das Projekt zu einem äußerst interessanten Raum für ihre Kreativität. Es ist damit ein außergewöhnliches Experiment im Bereich der virtuellen Welt.

Die sogenannte SWOT-Analyse (Strengths, Weaknesses, Opportunities, Threats) ist ein wirkungsvolles Instrument für eine schnelle und übersichtliche Orientierung in den neuen Technologien, einschließlich derer, die virtuelle Welten miteinschließen. Nachfolgend werden einige Punkte der SWOT-Analyse vorgestellt, die in „Komunikace virtuálně – Masarykova univerzita a Second Life (SL)“[5] herausgearbeitet werden (Havlena 2009). Diese Arbeit enstand im Fach Marketing an der Fakultät für Wirtschaft und Verwaltung der Masaryk-Universität. Ihr Ziel war die Ausarbeitung eines Marketingplanes für die Einbindung der Masaryk-Universität in SL und der dabei nötig werdenden virtuellen Werbung.

Die Vorteile laut SWOT-Analyse sind:
- effektive und einfache Kommunikation;
- einfache Erstellung virtueller Produkte;
- niedrige Werbungskosten;
- Eigentumsrecht auf erstellte Produkte;
- hohe Kreativität und Flexibilität;
- ständiger Anstieg der Zahl der registrierten Nutzer;
- keine geografischen Barrieren;
- einfache Bedienung;
- großes Nachfrage nach einem Studium in SL.

Die Nachteile laut SWOT-Analyse sind
- wenige aktive Nutzer aus Tschechien und der Slowakei;
- in der Zahl der registrierten Nutzer sind nichtaktive Konten verdeckt;
- in der Stadt Bohemia bewegen sich täglich nur 15 bis 40 angemeldete Nutzer;
- gelegentliche Ausfälle;
- Unmöglichkeit der Speicherung der erstellten Arbeit außerhalb von SL;
- hohe Hardwareansprüche;
- Notwendigkeit eines schnellen Internetanschlusses.

Folgende Chancen erwähnt die SWOT-Analyse:
- relativ niedrige Präsentationskosten in SL;
- Durchführung von Marktforschungen;
- Ausnutzung von SL für Distanzunterrichtsformen;
- Erstellung von 3D-Gebäudemodellen;

5 „Virtuelle Kommunikation – Masaryk-Universität und Second Life (SL)“.

- Streamen von Vorlesungen;
- Ausnutzung einer virtuellen Tafel;
- Anteilnahme an Dokumenten;
- hohes Potential für Bildung.

Dies geht jedoch einher mit einigen Risiken:
- Ungewissheit im Hinblick auf die zukünftige Entwicklung von SL;
- eine relativ geringe Anzahl aktiver Nutzer;
- alle realen Geschäftsmodelle müssen nicht automatisch in SL funktionieren;
- unterschiedliches Verhalten der Avatare gegenüber dem realen Leben;
- Verlust sämtlicher Daten bei einer Serverstörung von Linden Lab;
- Verzögerung des Wachstumstrends von SL;
- Verlust eingelegter Investionen bei Misserfolg von SL.

Was die weitere Entwicklung sozialer virtueller 3D-Welten betrifft, können in den entsprechenden Fachdiskussionen folgende Orientierungen und Prädiktionen gefunden werden:
Entfaltung der kommerziellen Sphäre;
interaktiver Real-Time-Inhalt;
- Verbindung mit Internetdiensten und Datenbanken;
- Verknüpfung einzelner 3D-Welten;
- Aufsuchen quer durch die einzelnen Welten;
- semantische Objektbeschreibungen;
- Entwicklung eines Rechtsystems in der virtuellen Welt;
- Verstärkung der Bedeutung geistigen Eigentums;
- konsequente Besteuerung von Einnahmen;
- alternative Methode der Steuerung von Avataren.

Literatur

Havlena, O. (2009): Komunikace virtuálně – Masarykova univerzita a Second Life (SL) [Die virtuelle Kommunikation – Masaryk-Universität und Second Life (SL)]. URL: http://www.havlena.net/ekonomie/masarykova-univerzita-v-second-life-marketingovy-plan/ [April 2014]

Rylich, J. (2007): Second Life – život ve virtuální realitě [Second Life – das Leben in der virtuellen Realität]. URL: http://www.lupa.cz/clanky/second-life-8211-zivot-ve-virtualni-realite/ [April 2014]

V. ANHANG

Politisches Lernen und die Macht der Virtualität

Mit Online-Medien der Information und Kommunikation zur Erweiterung staatsbürgerlicher Entfaltung und didaktischer Attraktivität oder zum repressiven Verlust von Realitätssinn und Autonomie?

– Für Hans-Ulrich Schilf zum 65. Geburtstag –

Bernhard Claußen

»Der Glaube, daß es computerisierbare Lösungen für alle Probleme der Welt gibt, (...) hat viele Facetten, einige tragen ›Open‹ im Namen wie ein Banner des Fortschritts« (Borchers 2013, 7). – »Lange ... galt das Internet als ... Instrument der Demokratisierung und Liberalisierung« (Greenwald 2014, 47). – »Im Entstehen ist ein ... gigantischer ... Apparat, der durch Big Data den analysierbaren Menschen mit dem manipulierbaren verknüpft. (...) Die neue Macht ... funktioniert als ... kalkulierte ... Ökonomie (...); ihre (...) Disziplinierung ist tendenziell unkörperlich, ... aber beständig, tiefgehend und ... anpassungsfähig. (...) Souverän ist, wer über (...) (d)as totalitäre Potential ... aus der Vorhersagbarkeit und Beherrschung menschlichen Verhaltens ... (verfügt)« (Rheinberg 2014, 118f.). – »Machtausdehnung wird ... damit eingeleitet, daß man den Menschen weismacht, sie beträfe nur eine bestimmte, eng begrenzte Gruppe. (...) Gleichgültigkeit oder ... Unterstützung durch jene, die sich selbst gegen ... Mißbrauch ... gefeit glauben, führt dazu, daß sich die Macht weit über ihre ursprünglichen Ziele hinaus ausdehnt, bis sie nicht mehr zu kontrollieren ist. (...) Überwachung ... beschädigt die Gesellschaft und die politische Freiheit« (Greenwald 2014, 57f.). – »Der (...) ›Solutionismus‹ ..., der mit der Digitalisierung des Alltags ... herrschende Ideologie geworden ist, (...) behindert gesellschaftlichen Fortschritt. Das Internet ist eine konservative Technologie, die konservative Lösungen produziert (...) oder gar neue Ungerechtigkeiten« (Borchers 2013, 7). – »Computergestützte Automatisierung löst den Zusammengang zwischen Zweck und Mittel. Sie verhilft uns leichter zum Gewünschten ..., ... entfremdet uns jedoch ... dem Gewußt-Wie. (...) Gründet unser Wesen noch in dem, was wir wissen, oder begnügen wir uns künftig damit, daß ... Wünsche uns definieren?« (Carr 2014, 55). – »Das Internet ... führt nicht zu einer stärkeren Politisierung ... Es ist keine ›liberation technology‹« (Nosselt 2013, 274). – »Eine Welt, in der das Wissen nur noch in elektronischen Kommunikationsformen vorliegt, die zentral kontrolliert werden ..., ist historisch greifbar ... (u)nd ... eine ..., in der ... Kontrolle das Wissen selbst ergreift und manipuliert, ohne daß dieses noch Notiz davon nehmen könnte oder dies gar zu kritisieren in der Lage wäre« (Cubela 2014, 198). – »Der neue Humanismus behauptet, es ist richtig zu glauben, daß Menschen etwas Besonderes sind, nämlich daß Menschen mehr sind als Maschinen und Algorithmen. Es ist eine Behauptung, die in Tech-Kreisen zu rüdem Spott führen kann« (Lanier 2014b, 58).

I.

Politisches Lernen – als beiläufig-funktionale Sozialisation im Rahmen oder am Rande von Alltagsroutinen in Lebenswelt und System sowie als pädagogisch angeleiteter, günstigenfalls in Bildung kultivierter Prozeß – gründet sich auf verschiedene, in sinnlich-konkreten und geistigen Erfahrungen kulminierenden Erlebnisse mit primären und sekundären *Wahrnehmungs-, Wissens-, Erkenntnis- und Erörterungsquellen* von kognitiver, emotionaler und konativer Relevanz. Seinen *herrschaftsbezogenen Gegenstandsbereich* macht ein historisch und sozio-ökonomisch geprägter eigentümlicher *Sinn-, Ordnungs- und Handlungszusammenhang* aus. Er ist als Ganzes und in vielen Einzelheiten den Staatsbürgern in unterschiedlichen Graden und Dimensionen, in denen sich Defizite und Aussichten demokratischer Realverfassung ausdrücken, *nie in allen Details komplett unmittelbar zugänglich* und hat aufgrund tatsächlicher oder vermeintlicher Unübersichtlichkeit seiner vielfältig-differenzierten objektiven Beschaffenheit und aus artifizieller Separierung erwachsender Transparenzmängel *keine allzeit unvermittelt aufzeigende Kraft* für die Subjekte in Privatheit und Öffentlichkeit.

Aufzuspüren, in Sach- und Werturteilen zu entschlüsseln und beeinflußbar sind die Politik und das Politische samt der sie definierenden und charakterisierenden Kategorien mit ihrer Einmündung in chiffrenbezogene Auslegungsmuster nur durch eine mit einigen mitstrukturierend als suprakognitiv-kommentierend erhellend oder verschattend fungierenden Flankierungen in fachgebietlicher Spezialisierung stattfindende *kontroversenreiche Kommunikation über im engeren wie weiteren Sinne politisches Geschehen* mit seinen abhängigen und unabhängigen Variablen. Zur ihr gehören die unter Beteiligten und Betroffenen internen, von ihnen nach außen dringenden oder gerichteten *Darlegungen, Erörterungen, Verlautbarungen und Stellungnahmen* sowie die nachrichtliche und evaluative *Berichterstattung* und/oder sonstige geistig-moralische *Verarbeitung* chronistisch-sachlicher, dokumentarisch-nüchterner oder standpunktfester wie indifferenter polemischer und unterhaltender Art in breit gefächerter journalistischer, wissenschaftlicher und künstlerischer *Aufbereitung* aus unterschiedlich untersetztem, seinerseits eminent *politischen Interesse* mit (zuweilen in Didaktisierung für Belehrung oder Selbstaktivität) informatorischer, erschließender oder desorientierender Absicht. Möglich sind diese nur unter *Einsatz und Inbeziehungsetzung personaler und apersonaler Medien*. Deren in unterschiedlichen Ausprägungen notgedrungen *symbolisch-symbolisierende Repräsentation* des politischen Sinn-, Ordnungs- und Handlungszusammenhangs kann selbst bei äußerstem Korrektheitsbemühen und erst recht im Falle ungenügender Recherchen oder manipulativer

Intentionen *keine Kongruenz* zwischen verbaler wie ikonischer, vielleicht modellhaft zuspitzender bzw. elementarisierender Realabbildung und abgebildeter tatsächlich-vorhandener Realität bieten.

Mithin hat *politische Kommunikation* – als unter- wie außerunterrichtlicher Sozialisationsfaktor und wesentliches Element dessen, wovon sie handelt – generell und speziell im Zuge von Komplexitätsreduktion sowie im Kontext der tendenziellen *Eigendynamik der Medialität* vor allem perspektivierend-inszenierter *Selbstdarstellung und Darstellung* von Akteuren, Vorgängen, Umständen und Reaktionen seitens direkt wie indirekt Beobachtender unter Beachtung oder Vernachlässigung von offensichtlichen oder verstellten Hintergründen, Ereignissen, Funktionen, Wirkungen und Folgen mit ihren Explikations-, Aufdeckungs-, Akzentuierungs- oder Verhüllungsneigungen unausweichlich *Virtualitätscharakter*. Nach Form und Inhalt sind dessen Thematisierungen indes *nicht eo ipso eine Entität als Gegenteil von Realität*, sondern lassen diese mit der kaum je uneingeschränkt faßlichen Echtheit ihres objektiv-vorgegebenen Vorhandenseins in nur mehr oder minder sachadäquat möglicher zeichensprachlich-selektiver Repräsentation von charakteristischen Details und Essenzen *bloß materiell nicht komplett gegenwärtig* sein.

II.

Grundsätzlich besteht für Virtualisierungen – mit Ausnahme der Verbreitung von Lügen und Fehlinformationen freilich nur bei wenigstens *approximativ-wahrhaftiger Wirklichkeits- und Bedeutungsangemessenheit* ihrer Substanz – *tatsächlicher Bedarf* bei Individuum und Gesellschaft: Ohne sie wäre ein in Beschreibung, Klassifikation, Analyse, Interpretation, Abwägung und Uneinigkeit oder Übereinkunft *theoretisierendes und trans-subjektiv tragfähiges Begreifen des faktisch Herrschenden* (in seinen direkten wie indirekten Facetten und Widersprüchen von Wesen und Erscheinung) im Sinne einer Reflexivität von Verstehen und Verständigung sowie eines problemsensiblen gedanklichen Heranwagens an die Konstellationenhaftigkeit des politischen Daseins und dessen geistiger Durchdringung zur gattungsgemäß, zivilisatorisch und kulturell unerläßlichen *Befriedigung existentiell wichtiger epistemischer Neugier* (in praktischer, technischer und emanzipatorischer Strebung, Haltung und Performanz) über eventuelle fragmentarisch-instinktresthafte Intuitionen hinaus unmöglich.

Allerdings sind selbst gehaltvoll-aufschlußreiche und esprithaft-stimulierende Virtualisierungen des Seins der Politik und des Politischen (mit Auswirkungen auf Bewußtseinsbildung, Affektstruktur und Handlungsvermögen) nicht immer trennscharf von *Trug-*

bildern, Phantasmen, Wahnvorstellungen, Fiktionen, Surrealismen, Verfremdungen oder anderen Wahrnehmungsartikulationen in etwa szenarienhaft, hypothetisch und karikaturartig realitätsverzerrender, -kondensierender, -überspitzender und -transzendierender Absicht unterscheidbar. Zudem bewegen sie sich in fließenden Übergängen zu *will- und unwillkürlichen, positiven oder negativen Realitätsskizzen voluntaristischer, antizipatorischer, visionärer oder utopischer Art* mit vielfältiger Rückbezüglichkeit zu empirisch-materiellen Gegebenheiten und ideellen Werten oder Projekten für Metainteressen des systemischen Gemeinwesens. Vermittels dessen gerät Virtualität ihrerseits zu einem *originären Realitätssegment relativen Eigenrangs*, das als bedingter und mitbedingender Teil der politischen Lern- und Existenzverhältnisse je nach Beschaffenheits-, Absichten-, Perzeptions- und Resonanzgüte objektive Gegebenheiten und Zusammenhänge subjektiv und inter-subjektiv in Dilemmatagewahrung und Perspektivengewinnung sozialintegrativ zu durchschauen und zu fixieren oder den Blick für deren wahre Beschaffenheit entpersonalisierend-kollektivistisch zugunsten partikularer Begünstigungen zu trüben vermag.

Zwecks *Vermeidung von fatalen Monismen oder gefährlicher Beliebigkeit* von politischer Daseinsdeutung mit Bezügen zur Daseinsbeherrschung in Vergangenheit, Gegenwart und Zukunft ist deshalb *Virtualisierung im Plural und in Konkurrenzverhältnissen* geboten, um im formallogischen wie inhaltlich-argumenteprüfenden Abgleich ihrer Quellen, Aussagen, Proponenteninteressen und Implikationen, in schöpferischer Distanz zu ihnen und mit Geltendmachung von Korrekturen, Kontrasten zu Objektivationen und Anschauungen sowie problematisierenden Infragestellungen nicht blind ihren Verführungs- und Überredungsmechanismen und deren hierarchisierend-hegemonialer Anmaßung von Deutungshoheit aufzusitzen. Erst in *(kompetenzen)erweiternder Kommunikation auf Metaebenen* kann es gelingen, tendenzielle Destruktivität von irreal-irrelevanten Virtualisierungen abzuwehren, ihr etwaiges Potential freizulegen und aus ihnen wie aus den in ihnen gespiegelten stofflichen Gegebenheiten auf Zeit besser geeignete Möglichkeiten einer in freiheitlicher Gerechtigkeit sozial und ökologisch verträglichen Realitätsbeherrschung zu erarbeiten. Auf ihrer Basis können *Multivirtualität* qualitativ hochwertiger politischer Kommunikation und einvernehmlich-einigungsorientierte tiefschürfende Realitätsvergegenwärtigung allerdings sogar den *Ansprüchen sublimer Demokratieformen in deliberativer Gestalt* konvenieren, die mit (system)realitätsgenerierender, -gestaltender, -variierender und -transformierender Potenz als zeitgemäße reformerische Alternative zu diktatorischem Autoritarismus und klassenverfestigendem Parlamentarismus unerläßlich sind.

III.

Während der Zivilisationsgeschichte der Produktionsverhältnisse und -mittel sind mit zunehmender Diversifikation (z.B. in Ausprägung von verbaler Sprachkultur mit Rhetorikvarianten bzw. Modalitäten der Verschriftlichung und Visualisierung) *Instrumente und Techniken virtualitätsträchtig-kommunikativer Thematisierungen von Politik und Politischem* hervorgebracht worden. Unter den stets in ökonomisch vermittelten Klassenantagonismen epochetypischen Ungleichheits- und Ungerechtigkeitsverhältnissen sind diese jedoch in der *Verfügungsgewalt von Machtträgern, Privilegierten und Etablierten* überwiegend der Rechtfertigung, Akzeptanz und Reproduktion von irrationaler Herrschaft *mißbräuchlich-einseitig* als wichtiges Moment ihrer Handlungsspielräume zugutegekommen. Um deretwillen *absichtlich tendenziöse Virtualisierungen* vermochten in loyalitätsheischend-bewußtseinsvernebelnder, unmut- und unruhedämpfender, einordnender und exkludierender wie scheinintegrativer Funktionsmechanik zusammen mit physisch und psychisch, also mehr als nur symbolisch wirksamen Ritualen, Sanktionen und Androhungen von Unterdrückung nahezu jegliches Aufbegehren als Limitierung der staatsbürgerlichen Selbständigkeit vor allem in den unteren Sozialschichten zu unterbinden.

Ihnen eigene, *als realitätsgerecht ausgegebene reale Zerrbilder der zu verschweigen gesuchten Herrschaftsrealität* (sowie ihrer Umstände, Begleiterscheinungen und Zuschreibungen) sind, zumal angesichts *elitär-affirmativer Handhabung* von Unterricht und Erziehung, weit über die Vormoderne hinaus gängiges Muster von Vorteilstradierung und Problemabwälzung geblieben. Gleichwohl immer schon widerständige, aber in der Mehrheit minderheitlich stattfindende Vergewisserungen der erklärlichen Faktizität von Rechtlosigkeit, Ausbeutung, Elend und Umsturzansinnen haben indes seit dem *Zeitalter der Aufklärung* sowohl in zeittypischer Anknüpfung an vorgängige *idealistisch-projektive* Politikvorstellungen aus der Antike als auch wissenschaftlich methodisierter *materialistischer* Durchdringung der vorfindlichen politisch-gesellschaftlichen Lebensverhältnisse formale wie materiale Unterstützung erhalten. Überdies haben sie zu *Korrekturen monopolistisch üblicher Virtualitätsmuster*, freilich eher in Intellektuellenzirkeln als bei der Masse der Bevölkerung, beitragen können. Immerhin ist so im Zuge der *bürgerlichen Emanzipationsprozesse* neben der wiederholt autoritaristischen Vormachtstellung der Bourgeoisie auch die Idee der Ausbildung und Stärkung einer vitalen systemkritischen Citoyenität liberalen wie sozialistischen Typs gereift und als demokratischer Sozialcharakter für Volkssouveränität in Kraft zu setzen versucht worden. Das war und ist ohne Verbreitung von Debattenkultur, Verständigung über und in sozialen Organisationen oder Bewegungen und deren wirksame

Artikulation mit Versinnbildlichungen von womöglich auratischer Unverfälschtheitsevidenz in der Öffentlichkeit nicht möglich.

Im teils evolutionär und teils revolutionär herauskristallisierten *bürokratisch-modernen Staat der Neuzeit* und seiner meist *großgesellschaftlichen Differenziertheit* stehen als Resultat aus ökonomischem Nützlichkeitsdenken *forcierten technischen Innovationen* längst in Reichhaltigkeit visuelle, auditive und audio-visuelle *Massenmedien wie Presse, Literatur, Funk, Fotografie, Film, Tonträger, Fernsehen, Bildgeber und Mammutspektakel* für die virtualisierende politische Kommunikation *neue, inzwischen fest etablierte Möglichkeiten* dafür mit zunehmender Verschränkung und Multiplikation unter Anwendung analoger und digitaler Techniken bereit. Doch erst in der (indes meist weitgehend nur formal-repräsentativen) *Demokratie* hat, wenn auch unzulänglich und fragil, das Erfordernis normativen und realen Verfassungsrang erlangen können, daß *Meinungs-, Presse-, Informations-, Versammlungs-, Äußerungs- und Koalitionsfreiheit* notwendige, jedoch keineswegs schon hinreichende Voraussetzungen für eine *unumschränkte* politische Kommunikation zur *Herstellung und Ausschöpfung von Multivirtualität* sind. Ohne deren Anerkennung oder gar mit deren Außerkraftsetzung geraten die Massenmedien vorzugsweise zu einem meinungs-, einstellungs- und verhaltensprägenden technologischen Komplex der allein *systemhörig-propagandistischen* Schaffung, Steuerung, Vereinheitlichung, Differenzierung, Anpassung und Veränderung des Kollektivbewußtseins als manipulativ-quasikonditionierende Instrumentalisierung der Menschen für *Zwecke der herrschenden Optionen, Zustände, Verhältnisse und Eliten*.

IV.

Tatsächlich fungieren in (nicht bloß den erziehungsstaatlichen Einrichtungen von) *autoritären und totalitären Systemen* bis hinein in die heutige Spätmoderne mit ihrem allmählichen Demokratieverfall *Massenmedien* bei *Kaschierung* brutaler Unzulänglichkeiten und *Vorgaukelung* der Existenz ihres Gegenteils als *Repressionsinstrumente* gegenüber der Bevölkerung und besonders der Opposition, die ihrerseits nur materialiter wie formaliter subversiv intern sich verständigen und Einfluß nach außen ausüben kann, weil sie keinen Zugriff auf die Mittel der öffentlichen Kommunikation hat oder dort der Zensur unterliegt. Gewiß sind, unter anderem aufgrund von *Gewaltenteilung und Grundrechtsgarantien*, im strukturkonservativ- oder sozial-liberalen und neo-liberalistischen *Parlamentarismus* radikale Kritik, fundamentaler Widerspruch, ziviler Widerstand und dezidiertes Streben nach humaner Systemtransformation weitaus weniger (in Öffentlichkeit und Qualifikationswesen) bedroht. Dennoch bestehen bei ihm – zusammen mit sozio-ökonomischen Verwerfungen, neofaschismusnahen Hierarchien, Lücken der Partizipationsinfrastrukturen sowie Folgen von Bildungsungerechtigkeit und Halbbildung – aufgrund der Allgemeinwohlbedarfe überlagernden regulären Parteilichkeit des Staates sowie der ihn tragenden Organe und Leitungskader für die herrschende Klasse etliche (mehr im- als explizite) *Restriktionen für eine basisorientiert-materiale Demokratisierung* im Interesse der Bewahrung von Rechts- und Sozialstaatlichkeit bis hin zur Durchsetzung einer sozial und ökologisch wirklich verträglichen Daseinsordnung.

Unter dem Druck einer in kapitalistischer Determination als *systemübergreifende Internationalisierung des Ökonomismus* erfolgenden Globalisierung ist massenmediale politische gemeinsam mit politisch relevanter sonstiger Kommunikation weltweit, in mannigfachen Härte- und Erträglichkeitsgraden, als gegängeltes Organ der Regime oder zur Vierten Gewalt mutierte verfassungsmäßige Wertschätzung als unabhängig-katalysatorischer Ort der Austragung und Begleitung der politischen Auseinandersetzungen zu einer *eigendynamisch-systemimmanenten Instanz der Kryptoexekution jeweils geltender Systemimperative* (unter anderem von der sinnentleert-spielregelhaften Funktionserhaltung von Parteien- oder Zuschauerdemokratie und dominanter Wirtschaftsordnung über die Beschaffung von mentaler Akzeptanz und konsumbürgerschaftlichem Support für Regierungsarbeit und Bündnisverpflichtungen bis zur blinden Unterordnung unter zeitgeistige Political Correctness, einfältige Doktrinen, oligarchische Organisationen oder Führerfiguren) geraten. Ihre *kultur- und bewußtseinsindustriellen Praktiken* dienen – wobei Ausnahmen Alibifunktion haben oder zu paralysieren getrachtet und gegenteilige Debatten, Investigativrecherchen und Alternativenpflege mit ökonomischen Pressionen erschwert werden – in erster Linie der nicht einmal immer subtil bleibenden *Verbreitung von Ideologien*: als einschläfernde Rechtfertigungslehre, falsches Bewußtsein, inhaltsleer-verlogene oder hetzerische Weltanschauung, populistische Scheinprogrammatik, pseudorationale Denkschablone, biedere Beschwichtigung oder triviale Furchterzeugung zur gezielten Ablenkung und Zerstreuung.

Sensationalistisch aufgeladen wird so explizit oder subkutan ein *schöner Schein von Wirklichkeit* erzeugt, der genauer Prüfung nicht standhalten würde und *im Kontext des Warencharakters* von Nachrichten und Kommentaren wie auch aller anderen Gehalte von politischer Kommunikation mit zunehmender *Infotainmentneigung* (bis zum *Edutainment* selbst in Schulen und Fortbildungsstätten hinein) befangen ist. Unterstützt noch durch seine für Elementarisierung gehaltene trivialisierende Reproduktion in reservierten Unterrichtsmedien gerät dessen Virtualisierungstyp darüber zur *Ausblendung und Hypostasierung von Realität* in einem: Es werden sowohl durch eine apathisierende Einschleifung des strukturell Immergleichen über positivistisch bleibender Detailvariation *wahre objektive Gesamtzusammenhänge mit ihren Hintergründen sakrosanktionierend verschleiert* als auch zugleich der *unhaltbare Eindruck einer umfassend funktionstüchtigen Streitkultur in einer beweihräucherungswert-vitalen Normaldemokratie* von relativer Optimalitätsgüte mit unterstellter befriedigender Behandlung aller relevanten Gegenwartsprobleme geweckt.

V.

In der (oftmals schmierenhaften) *Theatralität der zeitgenössischen Politikvermittlung* zeigt sich bei einseitig-linearer Kommunikation (seitens individueller Imagepflege, institutionalisierter Öffentlichkeitsarbeit sowie privatwirtschaftlicher und öffentlich-rechtlicher Publizistik) der *entmündigende* Substanzverlust einer *Degradierung der Medialisierung und Mediatisierung zum bloß vordergründigen Showereignis*. In ihm werden die soliden Leistungen noch immer vorhandener Qualitätsjournalistik oder seriöser Diskursanstrengungen in Teilen von Wissenschaft und Kunst oder Bildungsveranstaltungen als prononcierte Systemkritik beim Aufwerfen von Grund- und Zeitfragen minimalisiert bis verdrängt.

Eben damit wird aber bei verheerenden *Ausfällen im politischen Lernen* die gebotene (Garantie, Herstellung und Ausschöpfung von) *Multivirtualität massiv unterlaufen*, die gerade *in der etablierten Politpädagogik* mit ihrer Abwendung von den Essenzen des Politischen, Einübung in allenfalls randständig-mikrodemokratische Betätigungen, abirrenden Bevorzugung inhaltsbeliebig-indifferenter Concept Maps für Politik-, Gesellschafts- und Weltbilder oder für ausreichend gehaltenen Instruktion in Neo-Institutionenkunde und Zuflucht bei spielerisch-aktionalen Simulationen von Handlungsvollzügen, Prozeßabläufen und Organisationsmustern mit visuell aufgewertetem Banalisierungseffekt nicht kompensiert wird. Immer häufiger funktionieren *Bebilderungen* nicht als aufdeckende Berücksichtigung der *Ästhetik der Politik* und der in ihr sich als Virtualität ausdrückenden Symbolisierungen, sondern als eine *Ästhetisierung der politischen Kommunikation*, mit welcher überwiegend deren Virtualitätscharakter erweitert und verdeckt wird, weil ihre Verfremdungen meist nicht auf Provokation von Distanz und Innehalten der Betrachtung, sondern auf Überhöhung, Autoritätsaufwertung und Ablenkung zielen.

Der (auf pseudo-konkrete Verniedlichung von Dilemmata und Einebnung von Vielschichtigkeit anstelle einer Informationsmengen sortierend-verkleinernd durchdringenden Konzentration auf Bedeutsam-Allgemeines hinauslaufende) *pädagogische Reduktionismus der Mainstream-Politikdidaktik* schafft lediglich *artifiziell-eigene Virtualisierungen* als unoriginell-verstärkende Ergänzungen jener materialreich vorhandenen subjektivistischen *mentalen Wirklichkeitsverfehlungen*, die dem auch zum zeitgenössischen autoritären Sozialcharakter gehörigen *Realitätsverlust in der gängigen politischen Sozialisation* aufgrund von defensiven Lernstrategien mit regressiver, allenfalls stagnativer Verarbeitung von wirklichen Widersprüchen und widersprüchlicher Wirklichkeit gespenstisch-trefflich korrespondiert und betriebslinde Scheinzufriedenheit oder auf Randgruppen übertragenen pathologischen Widerwillen ohne Produktivität hervorbringt. Gerne *als Bürgerleitbild plakativ verfochtene Subjektmündigkeit* ist daher schon nicht einmal mehr nur als systemgemäßes Funktionieren in allen staatstragenden Organen noch zu erwarten, zumal die medialisierte Polit-PR mit ihrer Fortsetzung in seichten Talkshows und liebedienerischer Interviewunkultur die schon durch die Abgehobenheit und Problem- wie Bürgerferne des politischen Prozesses und seiner Protagonisten gemeinsam mit der partikularisierenden Vereinsamung der Individuen in ihrer vorzugsweise *auf den Konsummenschen oder seine Arbeitskraft reduzierten Citizenship* als Aspekt weitreichender Alienation im Erwerbsleben erheblich *fortgeschrittene politische Entfremdung* noch zuspitzt, scheinlegitimiert und ausdehnt.

Darüber sind mit blitzlichtartiger Einsicht in gefährlich-absurde Entwicklungen aus lebensweltlichen Primärerlebnissen, unvermeidlichen Einblicken in einzelne Systemungereimtheiten und revoltierungsfähig verbliebenen Lebenstrieben immer wieder aufkommende *Restbedürfnisse nach Transparenz, Auskunft, Diskussion, Teilhabe, Mitwirkung, Wirklichkeitsnähe und Anerkennung* allerdings noch nicht total desavouiert und gefesselt. Ihre partizipatorisch-formale und agenda-materiale *Expression in zivilgesellschaftlichen Begehren und Aktivitäten* wird von der schon die taktische Kurzatmigkeit und strategische Stimmenumwerbung bestimmenden Furcht der Repräsentanten des Parlamentarismus um ihre Reputation, Pfründe, Entlastung und Wiederwahl aus im ebenso *gönnerhaften wie utilitaristischen Zugeständnis* einer vom vermeintlich aktivierenden Staat geforderten und geförderten oder nur versprochenen *Bürgergesellschaft* aufgegriffen – und sogleich *systemfunktional zugerichtet*.

In eben deren relativ engen Grenzen (einer vornehmlichen Vernutzung von Freiwilligenarbeit und Selbsthilfe oder Aufwertung von bourgeoisnahen Stiftungen und unternehmerfreundlicher Corporate Citizenship) steht freilich *keine verändernd-wirksame Einflußnahme auf die Gestaltung, Umgestaltung oder gar Überwindung der Defizite und Defekte der Systemwirklichkeit* im Rahmen einer tiefgreifenden materialen und fundamentalen Demokratisierung zu erwarten. Sie beläßt denn auch mancherlei Engagement (ohnehin hauptsächlich seitens der Mittel- und Oberschicht) bei ornamentalen Ausbesserungen, führt in resignative Frustrationen, vergrößert die Schere zwischen Arm und Reich – oder weckt zuweilen noch die *Sehnsucht nach besseren Möglichkeiten der glaubwürdigen Wahr-Nehmung* der öffentlichen Angelegenheiten nach Maßgabe verallgemeinerungsfähiger humaner Interessen jenseits von Klasse, Stand, Ethnie, Kultur, Religion, Wohnort und Nation.

VI.

Zwar müßte man mit einigem Vorbehalt wissen können, daß die *Computerisierung* im allgemeinen, das *Internet* im besonderen und der ihnen wie noch vielen weiteren Verrichtungen und Apparaten zugrundeliegende *Digitalismus* nicht wirklich wertneutral oder selbstzweckhaft und ihre vertretbare Nutzung keine Frage nur guten Willens sind, sondern der *kapitalistisch-systemimmanenten einfachen Modernisierung mit zweckrational-ökonomistischer Verwertung* angehören. Doch ist es erklärlich, daß sich in der durch ermäßigte Demokratie-, Rechts- und Sozialstaatlichkeit mit rudimentär noch immer um Elitenmacht und Gleichheitspotenz kreisenden Verteilungskämpfen für Hegemoniegewinn gekennzeichneten Gegenwartssituation gegenüber den realen Gegebenheiten überproportional große und manchmal verzweifelt anmutende *Erwartungen an die Information und Kommunikation vermittels elektronischer Medien* der jeweils jüngsten Generation für einen Zugewinn an redlicher Offenbarung wie Autonomie knüpfen und sozusagen lagermäßig differenzieren.

Einerseits setzen (nicht nur als gutmenschliche Idealisten und gewitzte Nerds, sondern mehr und mehr als sogenannte Normal- und Durchschnittsbürger infolge des Trends zur selbstverständlichen Digitalisierung aller Alltäglichkeiten) *realistisch-fortschrittlich* sich wähnende Zeitgenossen als technikaffine Mitläufer mit Gleichheitsvorstellungen, vielfach leider *weitgehend illusionär*, auf die Tragfähigkeit der von Produzenten, Managern, Propagandisten, intern Zuarbeitenden und ideologiepolitisch als wachstumsversessene Modeapostel tätigen Zeitgeistphilosophen euphorisch, behauptungsweise und heilsproklamatorisch *in Aussicht gestellten Segnungen* einer zumindest tentativ-tendenziell in jeder Hinsicht grenzenlosen und unbeschränkt für jeden zugänglichen Informationsfülle in unendlicher Pluralität, hochwertigen und trivialen Umsonstkultur, weltumspannenden Partizipationsinfrastruktur sowie unabhängigen Selbstverwirklichung und geborgenen Mitbestimmung in ebenso verzweigten wie issuezentrierten Netzwerken zur vernünftigen Verständigung und crowdartigen Gegenmachtausübung zur Befreiung aus allen Zwängen und Herrschaftsanmaßungen. *Andererseits* nutzen (einschließlich reaktionär-verschworener Kreise) *affirmativ* am Erhalt (ihrer vorhandenen oder erstrebten Anteile an) elitär-etablierter ökonomischer und politischer Herrschaft Interessierte, viel zu oft leider *in kalkulatorischer Taktikkühle und strategischer Unbarmherzigkeit*, die für die manipulierbare Masse verführerisch als Konsumgut angebotene *Oberflächenattraktivität* der elektronischen Medien und mit ihnen möglichen Information wie Kommunikation für eine *Konsolidierung und Ausdehnung* ihrer Einflüsse und Handlungsspielräume zugunsten der vorwiegend eigenen Unabhängigkeit nützlichen *Effektivitätssteigerung machtverfestigender und zunehmend ineinandergrei-*

fender technologisch-bürokratischer Abläufe in Produktion, Distribution, Arbeits- und Freizeitwelt wie Öffentlichkeit, Privatheit, Geheimnisfeldern und Intimsphären.

Von beiden Positionen aus wird konzeptlos-abstrakt, aber praktisch weitreichend die Unerläßlichkeit einer entsprechenden *technologischen Aufrüstung der Stätten Politischer Bildung* (mit vermeintlich uneigennütziger Hilfe der Industrie) gefordert, um letztlich *blinde Anpassung an die Infrastruktur gewandelter Lebenswelten* (nicht selten als lernsubjektorientiert verbrämte, nicht aber in Aufarbeitung bedrängender Existenzverhältnisse übergehende) *Anbiederung* bei Jugendlichen zur *Bindung oder Faszination einer zunehmend bildungs- und politikunwilligen Klientel* zu vollziehen. Das kommt den meisten ihrer Befürworter wie ein vertrauenswürdiger Grundkonsens und somit als Absegnung vor. Die beiderseits *traumtänzerische Fortschrittsgläubigkeit* verspleißt – in ihrer *gutmütig-hintersinnigen Abstraktion* von problematischen Grundsatz- wie Detailimplikationen, von Hintergründen, Nebenwirkungen und Folgekosten sowie von den realen Disparitäten in und zwischen den Apologetenkreisen, den in ihnen exemplifizierten Klassengegensätzen und den weltweiten Krisen- wie Konfliktformationen – brave Naivität, kommerzialisiertes Modeverhalten als Variante obrigkeitshöriger Willfährigkeit und zynisches Profitdenken zu einem mehr und mehr in Adaptation und Unterwerfung entpersönlichend-subjektivierten *Entwurf, Konzept und Vollzug eines Daseins aus zweiter Hand* selbst da, wo noch Face-to-Face-Begegnungen stattfinden und Individualität nicht in partikularistischer Vereinzelung verkommt.

VII.

Hier wie dort wird die *onlinebasiert-medialisierte Virtualität* der elektronischen Information und Kommunikation als Ausdruck einer *Überwindung raum-zeitlicher Einengungen* gesehen und oft als *Bewältigung der darin bereits unzureichend repräsentierten Realprobleme* genommen. Unterdessen wird in der wie vorauseilender Gehorsam insinuierten *Hypothetisierung* quasi-paradiesischer Zustände oder der bloß erbötig- und selbstüberheblich-apathischen *Hinnahme* der Wandlung, Umwidmung und Neuerfindung der Artikulations- und Betätigungsarenen eine *unvergleichliche bewahrend-restaurative Qualität von Megavirtualität* konstruiert und in Entsprechung mit der ökonomistischen Globalisierung wie ein *imperialer Kolonialismus* nach innen und außen universalisiert: in alle Lebensbereiche und Betätigungsfelder exportiert sowie mit leichtfertiger, aber Freiwilligkeit hypnotisierender Internalisierung massenhaft in die Persönlichkeitsstruktur der Individuen inkorporiert.

Dabei werden maschinelle *Formalabläufe als gemutmaßte Inhaltlichkeit zur eigentlichen Wirklichkeit* der multimedialen Symboliken deklariert oder stilisiert und verfestigt, dem elektronifizierten Medienkomplex *als genuine neutrale Existenzgüte unterschoben* – und auf deren sach- wie werturteilende *Rezeption* prospektiv-zweckoptimistisch oder im Verweigerungsfalle notfalls sachzwangdiktatorisch-fatalistisch statt analytisch-abwägend und ausgereift-argumentativ *übertragen*. Das kann nicht ohne *fragwürdig-destruktive Folgen für politisches Lernen* generell und bei der Auswertung der medialen Virtualisierung ihrer angestammter- wie unabdingbarerweise eigentlich vorrangigen Thematisierungen sein, die aber zunehmend peripherisiert, überlagert und gegen Belanglosigkeiten ausgetauscht werden.

Selbstredend ist zum einen gerade bei Einschätzungen, die *realistisch* genannt werden möchten, nicht zu leugnen, daß *mithilfe* der neuen elektronischen Informations- und Kommunikationsmedien für (zumindest systemfunktional-multiple) politische Zwecke *werkzeugartige Hilfestellungen sowie in enormer Fülle Material zur Betrachtung oder Anhörung, Speicherung, Duplikation in Printversion oder anderen Speichermedien und Kommentierung* präsent sind, wie es sie niemals zuvor in derart großer Menge oder Reichhaltig- und Erreichbarkeit gegeben hat, ohne daß darin allerdings ein Wert an sich oder ein Optimum zu sehen wäre. Mit ihnen werden auf dematerialisierend-materielle Art *telekommunikative Möglichkeiten erweitert*, mit freilich nicht geringer Zerfallsgefahr früher schon vorhandene *Informationsbestände unvergleichlich archiviert und nutzbar* sowie überdies andere als gewohnte *Informationsvorräte originaliter* geschaffen, aufbereitet, vorgehalten und auswertbar.

Bei variabler Hardware mit Software- und sachgebietlich-fachlichen Dateien unterschiedlichster Art beginnt die *Spannweite* dessen beim Großrechner und stationären wie mobilen PC zur Durchführung statistischer und anderer medieninterner, -kontaktierender und -verknüpfender *Operationen* der Präsentation, Variation und Simulation von Auskünften über virtualisierte reale Politik und wirklich wie virtuell politisch Gedachtes. Sie setzt sich fort über zahllose inhaltlich-suchmaschinengängige *Angebote zum Auffinden, Anschauen und Herunterladen* von erstmals und in typischer Weise auf eigentümlich produzierten Websites mit eigenen Struktur- und Ästhetikmerkmalen lokalisierten oder durch Einscannen reproduzierten Daten, Wissensbeständen, Anschauungen, Hinweisen, Ankündigungen, Privatmeinungen, öffentlichen Verlautbarungen von Organisationen und Dienststellen, Dokumentationen und Synopsen von kontroversen Thematisierungen sowie unbekannten, verschollenen oder verstreuten Quellen mit direkter wie indirekter politischer Relevanz kon- und nonkonformistischen Rangs. Sie reicht bis zu Zeitzonen-, geographischen, gebäudlichen, mentalen und sozialen *Grenzen überschreitenden, etikettenschwindlerisch interaktiv genannten Kontakt- und Austauschforen oder Plattformen* wie You Tube, Facebook, Blogs, Threema, Tweets, Whatsapp u.ä.m. zur Darlegung wie Zurkenntnisnahme und Annotation von selbst intimster Privatheit für thematisch gebundene und ungebundene öffentliche Chats zwischen Staatsbürgern unterschiedlicher Statuszugehörigkeit zuweilen über lineare oder wechselseitig-lineare Mitteilungen und per Skype über die Usancen traditionellen Telefonierens hinaus.

Unbestreitbar befindet sich unter dieser kleinen und nur erst einen Anfang markierenden Auswahl vieles, was *nützlich für die kon- und unkonventionelle Politikvermittlung* mit und ohne Verwertbarkeit für staatsbürgerliche Lernprozesse oder Gemeinschaftsaktivitäten im lokalen, kommunalen, regionalen, nationalen und internationalen Raum sein kann bzw. *Ressourcen* bereithält, die früher nicht existierten und von niemandem oder bloß privilegierten Interessenten in großer Mühsal besuch-, nutz-, handhab- und herstellbar waren. Die bedarfsweise *Ausübung des Grundrechts auf freie Meinungsbildung und -äußerung* bis hin zur etwaigen Beteiligung an der Willens- und Entscheidungsfindung wird dadurch unterstützt. Doch gibt es *markante grundsätzliche Problemfelder*, die es nicht gestatten, Vor- und Nachteile dieses *Reservoirs der Möglichkeiten, Gelegenheiten, Objekte und Tools* nur ganz einfach gegeneinander aufzurechnen – oder deren Ausgewogenheit zu vermuten bzw. gar einen Überhang der Vorteile zu konstatieren, um deretwillen die Nachteile tolerabel genannt werden könnten.

VIII.

Im sogenannten Word Wide Web sind *keineswegs überall, andauernd und von jedermensch alle Informationen* oder wenigstens deren Katalogisierung unumschränkt abrufbar, wie sie in öffentlichen und privaten Bibliotheken, Archiven und andernorts schon vorhanden sind. Ihre komplette Erfassung würde unerreichbarerweise für Säkula eine Riesenschar gar nicht bezahlbarer Digitalisierungsfachleute beschäftigen, während die parallel zusätzlich produzierten Informationsmengen mehrmals multipliziert würden. Das häufig *betriebs-blinde Vertrauen* auf umfassende Auskünfte im Internet hält jedoch oft von Recherchen an anderen Stellen ab und verleiht den Funden eine *überproportionale Sachgerechtigkeits- und Glaubwürdigkeits-Reputation*, über der leicht Prüfungen, Relativierungen und Ergänzungsbemühungen unterbleiben.

Gemeinsam mit der Zunahme elektronisch übermittelter Newsletter, Dossiers, Magazine und anderen Online-Publikationen mit lauter Verweisen auf Anhänge und Referenzsites verleitet die anwachsende Zahl der Apps zu der trügerischen Impression einer Annäherung an die Vollständigkeit real vorhandener Informationen und Zugangsmöglichkeiten. Sie lenkt darüber aber verpackungslogisch über sich verselbständigenden design-technischen Outfits und operativen Mätzchen von gehaltreichen Inhalten überhaupt und erst recht von häufigen Defiziten oder Irrelevanzen ab. Ohnehin halten auch ihre Kapazitäten mit der Ausweitung des Informationsvolumens keineswegs Schritt, treiben jedoch die Aufforstung eines Datendschungels voran, der eher *desorientierende Unübersichtlichkeit mit Sehnsucht nach bedenklichen Vereinfachungen* nach sich zieht.

Diesbezüglich mag beruhigen, daß die Schnellebigkeit, Flüchtigkeit und Ablegung der Suche und Rezeption von Informationen mit kurzer Aktualitäts- oder Bedeutungs-Halbwertzeit so entstehende Lücken und Scheingewißheiten sich nicht tief absetzen und besonders virulent werden lassen. Doch gilt damit ebenso, daß neben den unwesentlichen auch wesentliche Informationen übersprungen, unzureichend ausgeschöpft und rasch vergessen werden. Das führt allenfalls zu einer *Aufschüttung von selektivem Oberflächenwissen mit ungenauer Realitätsergründung*, dessen *mangelnde Integration* wegen der bloß akkumulierend wahrgenommenen Datenflut bei meist fehlender Auseinandersetzung schwerer wiegt als beim früheren zeitintensiv-sorgfältigeren Umgang mit nicht-digitalen oder digital aufbereiteten Medien in nicht-virtuellen Kommunikationsgemeinschaften und Informationsträgern.

Derartige Einschränkungen könnten vielleicht nur Bildungsschichten mit Geübtheit in Vergleich und Quellenkritik oder Vertrautheit mit dem Denken in Zusammenhängen betreffen, während andere schon ehedem über keine ausreichenden Kompetenzen der Informationsverarbeitung verfügten und jetzt wenigstens ohne Hemmschwellen Äquivalente für Konversationslexika und allgemeinverständliches Spezialwissen abrufen können. Doch zum einen geraten auch sie nun, wo das Internet *omnipräsentes Leit- oder Alleinmedium* wird, zunehmend in den Sog unstrukturiert-additiver Rezeption mit Korrektheitsvermutung. Zum anderen kann diese Situation der *normativen Vorstellung einer empirischen Verbreiterung von Hochwertkompetenzen für politische Kommunikation* nicht genügen. Die angebliche Demokratisierung der z.B. *wikimäßigen Generierung von Wissensrepräsentanz*, mit der eine Erweiterung von Urheberkreisen schon für verläßliche Abbildung von Vielfalt und Minderheitenpositionen gehalten wird, bietet keinen Ersatz für ansonsten unzureichende gesellschaftliche Teilhabe, sondern nährt bloß Zugehörigkeits- und Selbstwirksamkeitsvorstellungen in partikularen Handlungsfeldern, begünstigt Vorgebildete und Zusammentragen von Wissen mehr als dessen durchdringende Übersteigung.

Für eine Kompensation des Ausbleibens des Erwerbs angemessener Fähigkeiten andernorts bedürfte es – wegen zunehmender gesellschaftlicher Segregation, Vergrößerung der Komplexion der Politik und Multiplikation unverbundener Wissensmengen dazu – einer *zeitgemäßen Allgemeinbildung* mehr denn je, die anderes umfaßt als bloße Informiertheit und Parlieren in Oberflächlichkeit oder Expertise in Subthemenbereichen. Eben sie, die sich zumal nach den der Dialektik der Aufklärung geschuldeten Katastrophen der Zivilisations- und Politikgeschichte in den geistig und substantiell bewährten Kriterien, Kategorien, Maßgaben und Maßnahmen einer *Bildung aller Menschen für alle humanen Entfaltungspotenzen im Medium der alle als etwas Allgemeinbedeutsames angehenden, mithin öffentlichen Angelegenheiten* zu erweisen hätte, ist indes inzwischen generell (auch außerhalb, aber mit erheblicher Untersetzung der Medien der digitalen Zivilisation) weitgehend auf behavioristische Partialqualifikation geschrumpft. Als solche findet sie *im Rahmen ökonomistischer Verwertungslogiken* der einseitig-dominanten Ausrichtung auf pekuniär ausdrückbare Mehrwertproduktion, technizistische Ablauf- und Ergebniseffizienz, systemreproduktive und -verfestigende Funktionstüchtigkeit und Vermeidung von Störfaktoren genannter Fundamentalkritik statt.

Aufgewertet werden dadurch – überdies für die Nachweise von Informationen, die nicht aus vorhandenen Quellen stammen, sondern eigens aktuell fürs Netz produziert werden – die *Funktionen von Suchmaschinen* wie meistens Google über unterschiedliche kompatible Browser. Von denen ist aber bekannt, daß sie viel zu oft nicht zu den wichtigsten und einander ergänzenden Websites führen, sondern Blicklenkungen im Interesse von Werbekunden und auf mehrheitliche Bevorzugungen präferieren, mithin *bestimmte Anbieter begünstigen und nachteilige Auswahl vornehmen*. Dabei schieben sich *populistisch anmutende Angebots- und Nutzungsmuster mit nur geringer Minderheitenbedienung* in den Vordergrund, die noch dadurch problematischer werden, daß die Mehrzahl der User ohnehin kaum im Sinne einer anspruchsvollen politischen Kommunikation auf die Suche geht und entweder nur deren boulevardeske Variante oder unverfänglich aussehende Sites aufgreifen, die indes durchaus unerkannt bleibende politische Implikationen für die staatsbürgerliche Habitusbildung haben.

Der unterdessen im allgemeinen Bewußtsein *positiv bewertete hohe Bedeutungsrang* des Internets als unverzichtbare Informationsquelle verführt in Kopplung mit dem zum *Must-Have-Imperativ* gehörigen *Statussymbol-Charakter* der Modernität beim Gerätebesitz und der Verwendung seiner Möglichkeiten nach den *in Zeitgeist oder bei Peers angesagten Standardisierungsmaßstäben* sowie *äußerlich gefälligen Apparate- und Websitedesigns* zu einer Einschätzung der aufgesuchten politischen und politisch relevanten Informationen samt ihrer Placierung und deren Umfeld als *eine Art unbedingter Autorität*. Daß die Recherchen zumeist zwar mit einiger *Fingerfertigkeit und Kombinationsgabe*, aber selten (im lebensweltlichen Alltag wie im didaktisch angeleiteten Politik-Unterricht) nach Modalitäten forschend-entdeckenden Lernens stattfinden, sondern den Sofortness-Wünschen eines *sprunghaft-akkumulativen Konsumismus* folgen, macht das nicht besser. Wenn die (Betreiber der) elektronischen Medien so etwas nicht von vornherein intendieren und kalkulieren, was bezweifelbar ist, unterstützen sie es doch mit Eigennutz. Das wiegt umso schwerer, als es sonst in der Gesellschaft und selbst in den meisten Einrichtungen der staatlichen Politischen Bildung *kaum mehr kontrastive Programme, Gelegenheiten und Verfahren* der Erarbeitung von Fähigkeiten und Fertigkeiten der Investigation, des dialektisch-synthetisierenden Denkens, der diskursiven Auseinandersetzung, der Ideologiekritik oder wenigstens einer Quellenprüfung gibt.

IX.

Beobachtbar ist die allmähliche Umwandlung (stets schon seltenen) anspruchsvoll-gehaltreichen Politik-Unterrichts und der Ausbildung für ihn in *E-Learning* (als Lektüre an Bildschirmen und Abhören von Podcasts oder in Pathwaygestalt zur Verfolgung von präfabrizierten Informationspisten) mit selbstverkäuferischer *Power-Point-Präsentation* der Ergebnisse für Zwecke der *Verwertung in standardisierten Tests als Nachweis von vorgestanzten Kompetenzen*, die nicht erst im *Embedded Learning oder Webinare* (modularisiert gesteuerte Verbindung von gern verkürzten Präsenz- und überbetonten Onlinephasen oder virtuelle Seminare und Kurse) einem *eingeschränkten Adressaten- und Bürgerleitbild* anhängen. Dieses begnügt sich mit *vordergründigen Formalfähigkeiten* zur überredungstechnisch der Produktwerbung ähnlichen Zustimmungsgewinnung oder Darbietung von Faktenwissen und Ausübung von Wahlrecht auf der alleinigen Basis von verständiger Lektüre praktizistisch-popularisierter Fachliteratur, Boulevard-Zeitungen und -Websites, Off- und Online-Verfolgung von Nachrichten unterhalb des Tagesschau-Niveaus und Wiedererkennung von Politprominenz auf Homepages oder in Unterhaltungsformaten.

Manchen nicht gerade unmaßgeblichen Verantwortlichen in Gesellschaftspolitik und Bildungsadministration sowie in Theorie und Praxis der Pädagogik gilt solche Anteilnahme bereits als *Ausdruck einer Demokratisierung*, wenigstens aber als ausreichend für die ihnen wichtige *Prolongierung der Partizipationsgüte stereotyp-repräsentativer Demokratie*. Entsprechend wird darin eine *Anknüpfung an Massenbedürfnisse* auf Lernendenseite, *Anpassung an lebensweltliche Routinen und Fortschrittsbeschwörungen* sowie *Gewinnung von Loyalität* gegenüber Mindesterfordernissen des Parlamentarismus bei bildungsunwillig und politikverdrossen genannten Angehörigen sozialer Minderheiten für gewährleistet gehalten.

Diese Sicht liegt auf derselben Staatbürgerverständnis-Linie, mit der im Internet Partizipation durch die *Verteilung von Likes und Dislikes oder Legitimation, Beliebtheit und Nach-*

fragewünschen von bestsellerartigen Websites durch Anklickhäufigkeiten verbürgt sein sollen. Wo das nicht genügt und zivilgesellschaftliche Ambitionen verflachend-versatzstückhaft bedient sein wollen, gelten Social Media im allgemeinen und spezielle Informationsportale oder Kommunikationsräume – etwa zur Bezeichnung, Einschätzung und Verständigung politischer Probleme, die Organisation von Protest, Widerstand und Öffentlichkeitsarbeit für alternative Projekte, die Klärung grundlegender Theorie- und Praxisfragen des Gemeinwesens und laufende Vorgänge in den schon gängigen konventionellen bürgergesellschaftlichen Arenen – als *Ausdruck und Mittel von Möglichkeiten der Vernetzung* von Gleichgesinnten und *Ansprache* von Gefolgsleuten, Sympathisanten und Sponsoren. Das darin gewähnte *partizipatorische Potential* – für die Etablierung von Selbstbestimmung kleiner Sozialgebilde, Mitbestimmungsinfrastrukturen auf kommunaler und regionaler Ebene oder gar einer außerparlamentarischen Opposition zur Kritik, Korrektur und Stimulanz nationaler Regierungspolitik, wenn nicht deren Unterfütterung für außenpolitische Interventionen bis hin zur grenzüberschreitenden Solidarität in womöglich gemeinschaftlichen Aktionen mit Dissidenten und Verfolgten in entlegenen Teilen der Welt – eröffnet sicher neue Horizonte einer zuweilen praktisch folgenreichen politischen Kommunikation.

Was deren *erwartbare Erfolge* betrifft, wird gerne auf die nachvollziehbare *aufklärungs- und organisationspolitische Bedeutung* des Internets während des Arabischen Frühlings und bei häufiger werdenden Unruhen, Aufständen und Revolten in anderen Teilen der Welt verwiesen. Jedoch wird dabei *mehrerlei übersehen*: Erstens sind die entsprechenden rebellischen Proteste, Bewegungen und Umstürze ganz überwiegend *nicht in wirklich bessere Systeme gemündet*, sondern haben neue Regime ins Amt gebracht, die nun mithilfe digitaler Instrumente und zensorischer Diktatur gegen alte und neue Oppositionelle vorgehen. Zweitens war die Teilhabe an den Veränderungsprozessen oder bloß den vorgängigen Kontakten und Austauschbeziehungen zugunsten einer Minimaldemokratisierung mit Parlamentarismus und Rechtsstaatlichkeit *nur einer kleinen Schicht gebildeter Wut- und anderer Aktivbürger vorbehalten* und hat Ausschreitungen des Mobs nicht verhindern können. Drittens waren die Aktivitäten *zu wenig bedacht auf die Notwendigkeit einer wirtschaftlichen Basis* der breiten Masse zur Mitwirkung bei der Politikgestaltung und womöglich *auf falscher Fährte mit Adaptationen der partiell verbrauchten Demokratie-Modelle* westlich-industriekapitalistischer Länder, zumal ausgerechnet seitens dieser externen Vorbilder wirksame Unterstützung ausgeblieben ist und eher eine Bereitschaft zur Kooperation mit autoritären Machthabern und aus einem Primat eigennützig-ökonomischer Interessen besteht.

Erst recht weil viele Entwicklungen noch nicht abgeschlossen sind oder andernorts noch nicht einmal begonnen haben, kann und darf deswegen die *wünschenswerte kooperative*

Vernetzung auf nationaler und internationaler Ebene zugunsten der Beflügelung von moralischem und handlungspraktischem Elan für überfällig-legitime Demokratisierung, soziale Gerechtigkeit und Überwindung wirtschaftlichen Elends, Bewältigung ökologischer Krisen und Verhinderung oder Beseitigung von Krieg, die wohl als vordringliche Aufgaben und Herausforderungen der Staatengemeinschaft und ihrer Zivilbevölkerungen anzusehen sind, nicht diskreditiert werden. Doch ist künftighin nicht nur Resignation aufgrund weiterer desillusionierender Mißerfolge zu begegnen, was schon dringend voraussetzt, daß sich jegliches Aufbegehren von vornherein um ganz anderes Informations-, Kommunikations- und Aktionsverhalten noch bemühen muß sowie zudem einer vollwertigen Politischen Bildung mit Breitenwirkung bedarf, um nicht radikalen Wandel Fiktion bleiben oder nur in virtuellen Räumen als Gedankenspiel ohne Materialisierung sich ereignen zu lassen.

Nüchtern und konstruktiv-kritisch zu sehen ist außerdem die *Paralysierung oder Depotenzierung* internationaler zivilgesellschaftlicher Kontakte durch Verfolgung ihrer Mitwirkenden, rigide Zensurmaßnahmen, Schikanen und vor allem wohl die machtvoll-effektive Nutzung des internetisierten Digitalismus durch gegenpropagandistische Manipulateure in Demokratien oder Demokraturen und anderen Hybridsystemen, mehr noch durch Machthaber und ihre Helfershelfer in brutalen Diktaturen aller Art sowie fundamentalistisch-terroristische Bewegungen oder Agitateure und die Internationale des Finanzkapitals im Bankenwesen an dessen bislang dürftiger Regulation vorbei. Zivilgesellschaftliches Bemühen über funktionale Ehrenämter hinaus sollte daher auf eine *Usurpation des Digitalismus und der Internetmodi für emanzipatorische Anliegen mit Aussicht auf autoritarismuskritisches Citizen-Empowerment* ganz generell nicht und nicht unbedingt bzw. zumindest nicht abstrakt-überschwenglich, in jeder Hinsicht und bedingungslos setzen.

X.

Für tiefgreifende Transformationsprozesse wird die Anpeilung, Geltendmachung und Durchsetzung einer *kommunikativ-reflexiven Gegenmacht zur exekutorisch-apparativen Macht des High-Tech-Kapitalismus* im Vorfeld, als Begleitung und im Nachgang der Benutzung brüchig und unzuverlässig lediglich virtuell bleibender Räume der Partizipation benötigt. Eben diese sind als Praxis einer Bewahrung (Rettung, Emporführung und Transzendenz) *aufgeklärt-sublimer bürgerlicher Aggregations- und Diskursgüte* zugunsten des Offenhaltens oder Wiedereröffnens der *Option für eine postkapitalistisch-freiheitliche Zivilisations-, Herrschafts- und Sozialisationsordnung* jenseits von Technokratie und Bürokratismus in Staat, Wirtschaft, Gesellschaft und Kultur als Vorschuß auf Mündigkeit und mit Vermeidung eines Verrats der Zwecke in den Mitteln *nicht instrumentalistisch-zweckrational*, nämlich nach auszuhandelnden Erfordernissen humaner Bedürfnisse und Vernünftigkeit anzulegen. Zur metakognitiven Relativierung und Überwindung ihrer eigenen Defizite, Fehler und Irrwege sind von ihr deshalb *politische Lernprozesse von Bildungsrang* auf der Basis einer Wiederaufwertung (der geistigen Ressourcen) analoger Medien und Kulturtechniken ausdrücklich vorzusehen und einzuschließen.

In all ihren Dimensionen und Grundlagen liefert sie ohnehin für außerhalb ihrer eigenen Prozeduren, in spezifischen Einrichtungen stattfindende authentische Realbegegnung zur unmittelbaren sprachlich-metakommunikativen Verständigung als kategorial bestimmte streitbar-argumentative und intransitive Auseinandersetzung *Themen, Verfahren und Fluchtpunkte für alternative Entwicklungspfade*. Mit deren Durcharbeitung kann *leibhaftige Präsenz handelnd sich wortmächtig und wirkungsvoll artikulierender Einzelsubjekte und solidarischer Gruppen* in oder nahe den zuständigen Instanzen bzw. zu verpflichtenden und in Verantwortung zu nehmenden Organen der förmlich-offiziellen Anbahnung politischer Entscheidungen vorbereitet werden.

Die Substanzen online möglicher Information bezeugen ungeachtet ihrer grundrechtlichen Zulässigkeit und fallweise sachlichen Angemessenheit, über die freilich selbst im juristischen Zweifel noch kommunikativ zu befinden ist, die *Resistenz von Virtualisierungsgefahren* einer massiv verfälschenden Abbildung von politischer Realität, wie sie auch der Kommunikation mit vorhergehenden, alten, oft pejorativ als veraltet bezeichneten Medien schon eigen waren. Sie reproduzieren und erweitern diese aber ohne kongeniale Protektion ihrer genuinen Potenzen für eine Aufklärung (auch der Aufklärung selber) noch immens durch die andauernd-rasanten, im wörtlichen wie übertragenen Sinne besinnungslosen Aufbereitungsmodi unter Digitalisierungsbedingungen, was z.B. Plagiate, visuelle Täuschungen, Verbreitung von falschen Daten mit Reklame als Wirklichkeitsersatz, unsinnig-fiktionale Verirrungen der Beschreibung, Interpretation und Bewertung oder eine totale Verdrängung der politischen Gehalte des Daseins im Zeitenlauf und Weltgeschehen betrifft. Zugleich wird durch die exponentielle *Verselbstverständlichung der Online-Information und -Kommunikation im geläufigen Alltag* durch E-Mail- und Smartphone-Verkehr oder Arbeits- wie Hobbyverrichtungen an Monitoren mit Auslagerung von Speichern in Cloudsysteme u.a.m. die Aussicht erschwert, daß die Nutzer selbst sich um einen intersubjektiven Zugang zu Multivirtualisierungen oder gar einen sicheren Zugriff auf primär adäquat-bewährte Virtualisierungen bemühen, indem sie allenfalls synthetisch-lustvolle Bestätigung für bereits Gewußtes oder aktuelle Stimmungen und Ersatz für fehlende menschliche Zuwendungen und ausgebliebene zwischengeschöpfliche Begegnungen suchen und ungenügend antreffen können.

Kritische Politische Bildung hätte dafür vermittels eines Vertrautwerdens mit Kriterienentwicklung, Begriffsbildung, Bezugstheorien, Tiefenanalyse im Diskurs ohne Kontroversitätsscheu, mit Vergleichsarbeit, Quellenprüfung und Ideologiekritik am Maßstab plausibler Zukunftsentwürfe für material- und fundamentaldemokratische Politik von unmittelbar anwesenden Menschen aus Fleisch und Blut zu befähigen. Bei ihr müßten Computer, Internet und Digitalismus ohne fundamentalistisch-plumpe Bilderstürmerei zur Disposition stehen, doch ist sie als solche überhaupt längst *ins Abseits gedrängt* worden. Sie ist sogar der massiven Gefahr einer *Substitution durch eine minimalistische und apolitisch-desintegrierte ökonomische Grundbildung* ausgesetzt, welche der Rettung und Ausweitung des Kapitalismus im allgemeinen und der Gewöhnung an die ihm dienstbare Internetzivilisation im besonderen zugutekommt sowie nach deren Optionen, Taktung und Verhaltenslogik erfolgt. Allenthalben eingeforderte *Medienpädagogik* erschöpft sich meist in einer Ausrichtung auf eine *Apparatebedienungskompetenz* im ständig-rastlosen Anschlußgewinn an die neuesten Techniken und Designs *ohne Aufarbeitung der wirtschaftlichen Umstände und politischen Folgen* ihrer Erfindung, Implementation und Wertabschöpfung sowie ohne eine Entdeckung oder Destillation konträrer Entwicklungsaussichten.

Darüber gerät die *Kommunikation in den notgedrungen virtuell bleibenden Social Media* zur Online-Vernetzung politischer Ideen, Aktionen und Protagonisten zu einer *Eigen- und Kunstwelt nicht selten abseits der in permanenter Gefährdung tatsächlichen demokratischen Prozeduren*. Ihre Varianten genügen sich in ihren durch psychische Abwesenheit, Anonymität oder imaginierte Teilnehmernamen und fingierte Aussagen *entkräfteten Kontakten* ohne wirkliche tiefgehende Identitätsbildung und vitale Zusammenkunft selbstreferentiell. Obendrein sind sie mit hochgradiger *Instabilität und Mitgliederfluktuation* meist bei einer Beschränkung auf längst im Grundsatz schon *geeinte Gesinnungs- und Insidergemeinschaften* in einer oft sich *verzettelnden Vielzahl und Fraktionierung* interniert. Für die Herausarbeitung der Notwendigkeit einer merklichen Agenda-Mitbestimmung, koordinierten Einfädelung in die Diskurse und Aktivitäten konkurrierend-benachbarter Netzwerke oder gar die Erarbeitung einer Verallgemeinerungsfähigkeit ihrer Interessen und Programme für Maßgaben und Maßnahmen weit über die Szene der eigenen Mitglieder bis in Milieus ohne Affinität zu politischen Fragen unter den Online-Nutzern und absichtlich außerhalb der als Ersatz für lebhaft-direktes Gemeindeleben bestehende Netz-Communities kommunizierenden Staatsbürger hinaus und jenseits bestenfalls unverbindlich-seismographischer Stimmungsbilder sind in ihren Aktivitäten und Programmen *noch keine tragfähigen Ansätze* zu erkennen.

Mainstreamdidaktik hat diesbezüglich wenig Unterstützung, Aufklärung und Ermutigung zu bieten, ist sie doch traditionellerweise nur an *konventionell-etatistischen Po-*

litikformen oder *sandkastenartiger Spielregel- und Planspiel-Demokratie* orientiert. Um deretwillen *instrumentalisiert* sie allerdings das Internet, nicht erst bei Bevorzugung digitaltechnisch situierten Lernens, in affirmativer Weise – etwa mit dem simulativ angelegten Wahl-O-Mat, Bürgerhaushalts-Barometer, Politiker-Check und Abgeordneten-Watch von jeweils mäßiger Informationsgüte unter Verzicht auf Einblickgewährung in größere Zusammenhänge und Eröffnung gravierender Partizipationsfolgen – für eine *Perpetuierung nur des Parlamentarismus* ohne Bearbeitung seiner Defekte und Antizipation weitergehender Demokratisierung. Von tiefschürfender Herrschaftskritik im allgemeinen und konzentriert-geordneten Politics-, Polity- und Policy-Bezügen sowie von politökonomisch-gesellschaftskritischer Verankerung im besonderen abgekoppelt, hantiert daneben eine *mehr praktizistische als erhaben-pragmatische Demokratiepädagogik* im Eigentlichkeitsjargon. Unter gleichfalls *systemfunktionalem Rückgriff auf die Online-Medien* der Information und Kommunikation favorisiert sie beschäftigungstherapeutisch anmutende Partialpartizipation im mikrosozialen Nahbereich der Lernenden und hält anstelle ihr wichtiger aktionaler Vorbereitung auf Freiwilligenarbeit in einem kommunalisierten Service Learning überregionale und transnationale Kommunikation in den Social Media wohl bereits für verwegen, besonders dann, wenn sie nicht bloß apolitische, sondern politisierte Herstellung von Gegenöffentlichkeit mit zuweilen weltweiter Resonanz durch Organisation von publizistischen Proteststürmen oder Flashmobs als Ausdruck demonstrativer Bürgerpräsenz bedeuten.

XI.

In ihrer eigenen *Mediendidaktik* wäre emanzipatorisch interessierte Politische Bildung gut beraten, das *Internet als Unterrichtsmittel nur in dosierten Ausmaßen* zu verwenden und vorzugsweise eine *Multivirtualität exemplarisch* mithilfe vergleichend-ideologiekritischer Analysen unter Hinzuziehung der Klassiker der Fundierung politischer Kommunikation und Klärung ihres Gegenstands aus der Kulturgeschichte von Wissenschaft, Literatur, Bildender Kunst in traditionellen, mithin eben auch analogen Unikat- wie Massen-Medien und deren evaluativer Supervision zu entwickeln und auszuwerten. Sie müßte dabei das alltagsgewöhnliche rezeptive Lernen zugunsten *selbstaktiv-kollektiver Erarbeitungsprozesse in (nach)forschend-entdeckendem Vorgehen und Begegnungen unter authentischen Menschen* in *personaler Kommunikation* von der Qualität metakommunikativ-diskursiver Gehalte und an den sinnlich-konkreten Orten politischen Geschehens überwinden oder zumindest erheblich ergänzen. Nur so kann sie das affirmativ übliche, auf einfache positivistisch-eklektische Informationsaneignung hinauslaufende politische Lernen in Lebenswelt und System sich selbst in Richtung auf *progressive Erkenntnistätigkeit, Affektkultivierung und Gewinn von reflektierter Handlungsfähigkeit für offensives politisches Lernen* korrigieren lassen. In ihm liegen Voraussetzungen für die *Antizipation und Auskleidung eines Rückgewinns autonomer Subjektidentität* zur Ausbalancierung von Es- und Überich-Strebungen sowie personintern wie intersubjektiv und transkulturell interessenvermittelnde Synthesebildung bei disparaten Anschauungen für ein fundamentaldemokratisches Gemeinwesen, also die Aufwertung der *Bürger als Souverän des Staates und der Politik* überhaupt.

All dies macht nur Sinn, wenn die Computerzivilisation des Internetzeitalters mit ihren Online-Medien der Information und Kommunikation in reflektiert-zielgerichteter statt stereotypisiert-mechanischer oder gar monomedial-monistischer Verwendung mit strikter Hilfsmittelfunktion als bildungsgehaltvoller Lerngegenstand *ertragreichen Problematisierungen zugeführt wird*. Das setzt voraus, daß sie als *Exemplifikation* existentiell bedeutsamer Epochesignaturen zeitanalytisch-gegenwartsnah und perspektivenentwickelnd ausgelotet, nicht bloß als Lieferanten und Organe der politischen Kommunikation, sondern als ein zentrales Element, Instrument und Ziel des Herrschaftswesens angesehen sowie ihrerseits *exemplarisch* anhand von Erfahrungswelten der Lernenden und des Aufgreifens systemskeptisch orientierter Debatten zugunsten schlüssiger Realitätsdurchdringung und realistischer Zukunftsentwürfe er- und aufgeschlossen werden. Dabei ist wenigstens zweierlei noch vordringlich eruierend in *virtualitätskritisch-multivirtualisierender Herangehensweise* zu berücksichtigen, die nicht auf postmoderne Beliebigkeit hinausläuft, sondern in intersubjektiver Verständigung auf Zeit einen *Vorgriff auf Deliberationstauglichkeit* für eine *selbstbewußte und selbstwirksame Teilhabe an der Demokratie* anstelle einer Degradierung der Menschen zu lethargischen Abstimmungspuppen im Dauerstreß für die mehr privat-wirtschaftsbürgerliche als staatsbürgerlich-gesellschaftliche Selbstverwirklichung und Aufzehrung durch irrelevant-ruhelose, aber disziplinierende Schein- oder nebensächliche Entscheidungen im Arbeits-, Konsum- und Freizeitleben wagt.

XII.

Etliche internetspezifische Defizite und Dilemmata wirken sich erst dadurch folgenreich aus, daß sich die meisten User ihrer ganz überwiegend nicht bewußt sind und ihnen ebenso hemmungs- wie bedenkenlos hingeben, jedoch durch die *Nutzungsroutinen von Operationsmodalitäten* vereinnahmt, gelenkt und für die dominante technische Seite der Zivilisation im raubbautreibend-ungerechten Industrialismus sozialisiert werden. Sie geraten zu einer eindimensionalen *Formatierung der Inhalte der Online-Kommunikation und ihrer Perzeption*, mit der klassisch-bewährte gattungstypische Kapazitäten der Subjekte als widerstandsfähig-originelle Autoren und subversiv-widerspruchsstarke Wesen über technisches Know How, prophanisiertes Kreationsvermögen und seriell-partikulares Kanonwissen hinweg überlagert werden, wenn nicht schließlich abhandenkommen.

Gemeint ist damit nicht allein die *bis zum Verlust reichende Einschränkung* allgemeiner Aufmerksamkeits-, Gedulds- und Konzentrations-, Begriffsbildungs-, Ausdrucks-, Schreib- oder Merk- und Verknüpfungs- sowie Lese-, Decodierungs-, Sinnerschließungs- und Distinktionsfähigkeit beim Umgang mit Sachtexten und inhaltlich wie ästhetisch anspruchsvollen Cross-Media-Erzeugnissen voller ikonischer Anteile durch die häufige, bis zum quasi-asozialen Suchtverhalten tendierende und zunehmend realzeitaufwendige statt etwa -sparende Arbeit an Lap- oder Desktop, Display, Monitor, Terminal, Tastatur und Mouse. Mit *Entpolitisierung* durch das Aufgreifen geistig unbrauchbarer, aber gefällig aussehender Einschätzungsmuster oder/und Präferenz abseitiger Themenstellungen in den Netzangeboten verleitet sie zur additiven Verwendung von *Informationsmengen als Wegwerfware*, die nicht primär nachdenklich, abwägend und synoptisch oder synthetisierend bewältigt, sondern nur an verschiedenen Speicherplätzen zur Gedächtnisberuhigung oder eventuell späterhin steinbruchartig-beliebigen Kombination für unzureichend abgeglichene Zwecke in maschinell montierten Collagenwerken nach postmoderner Beliebigkeit gelagert wird.

Im geläufigen *Surf-, Zapp- und Konnektionsverhalten* besteht neben einer zufälligen und vergleichsweise geringen Aussicht auf rasche Teilübersichten und Kontrastwahrnehmungen nicht geringe Gefahr einer individuell-unkommunizierbar bleibenden und primär in Unterbewußtsein und Nervensystem sich einschreibenden *unwillkürlichen Supervirtualität von pseudokonkret-suprarealem Fiktionscharakter*. Mit ihr entstehen – nicht erst nach Beteiligung an brutalen, militaristischen und gewalttätigen Computerspielen, die eine letztlich immergleiche Fantasy World kreieren und deren Menschen- oder Weltbild der Realität als Modell anempfehlen – *bis zu Halluzinationen reichende Wirklichkeitsvorstellungen*, deren Beschaffenheit kaum ertragreich ist für die Durchmusterung der Herrschaftswelten oder für die Invention von Alternativen zu ihnen, sondern höchstens weitere Zerstreuung in Beliebigkeiten verschafft und in Indifferenz abklingt.

Rasch nacheinander eingeführte *Updates von Software und Datensätzen* bis hinein in die Nachrichtenübermittlung und Ereigniskommentierung wecken den Anschein eines Zugangs zu Wissen auf aktuellem und bestmöglichem Stand, halten aber vorwiegend eine *geist- und atemlose Hektik* beim Aufspüren von Reinforcementwert oder von Neuigkeiten als

Wert an sich auf Betriebstemperatur. Mit ihr gerät *das verbrauchs- und verschleißbezogene Surfen oder sonstige Hantieren im Netz* ebenso wie damit verwickelte *permanente oder unzählig-interruptive Handy-Kontakte* zu langanhaltender *Dauertätigkeit als Signum des integrierten modernen Zeitgenossen*, der freilich nur scheinbar an Freiheit (und sei es auch nur durch Entlastung von Aufwendungen) gewinnt, jedoch zusehends in bestenfalls bloß automaten- und utensilienbezogene Abhängigkeit mit Zwängen zur permanenten Erreichbarkeit oder Entzugserscheinungen bei Unzugehörigkeitsbefürchtungen im personalisierten Stand-By-Modus gerät.

Das funktionsversessene Agieren im Netz genügt viel zu selten methodisierter Erkenntnistätigkeit, sondern wird als Eigentlichkeit des Daseins von tendenziös-selektiv vorgeschlagenen Websites mit ihren oft gar nicht als solche erkennbaren Werbeanzeigen oder nahegelegten Links *überlagert oder steuerungstechnisch strukturiert*. Das sieht *angesichts durchaus professionell hergestellter äußerlicher Attraktivität verführerisch* nach Zugang zu unendlich vielfältig aussehenden vielzähligen Informationen und Kommunikationspartnern aus, der mit dem Anstieg von Bedienfertigkeiten und -geschwindigkeiten zwanghafte *Omnipotenzgefühle und Wiederholungsbegierde* aufkommen läßt. Doch beinhaltet es zusammen mit ihrerseits gängelnd-einflüsternden Inhaltssubstanzen eine – souveräne Autonomieausübung enorm basal ver- oder behindernde, suspendierende oder abtrainierende – *fremdbestimmte Lenkung für klandestine Zwecke*. Deren willfährige Akzeptanz wird bei gar nicht oder dem Anschein nach optimaler Ausrüstung mit befriedigenden Informationen und Kommunikationskontakten in positiver Verhaltensverstärkung sanktioniert, perpetuiert, beschleunigt und in *psycho-politische Tiefenschichten* wie ein als Wertschätzung sich gebendes und empfundenes Feedback durch Anerkennung der Person eingelagert und für quasi-soziale, wenn nicht krypto-libidinös besetzte Bindungen an die Apparaturen massiv vernutzt.

Mit der *Transformation analoger Daten* in digitale Informationen und *originären computerbasierten Inhaltsangeboten* geht unter den Bedingungen kommerzieller Nützlichkeitserwägungen eine merkliche Veränderung der *Produktion geistiger Objekte und der Berücksichtigung von Konsumenteninteressen* einher. Denn optimale Platzausnutzung und Kostenkalkulation führen gerade in den politikbezogenen Genres und Sparten zur regressiven Einebnung komplexer Textgestalten etwa beim Online-Auftritt von Tageszeitungen, Wochenschriften und Monatsblättern durch *verknappende Kurzfassungen in SMS-Manier und routinemäßig dysfunktionale Bebilderungen* für eine Buntheit oder Auflockerung um ihrer selbst oder ums Eye-Catching und subkutan angelegter Kommentierungen willen. Gesteigert wird das noch durch das Tempo der medientypischen Berichterstattung mit einem Hang zur *Verkürzung, Vereinfachung und Infantilisierung in Schwarz-Weiß-Schemata*, mit denen bei Spekulation auf große Mengen an Anklickzahlen die auf Kurzzeiten begrenzte Aufmerksamkeit des auf schnellen Wechsel von optischen Reizen getrimmten *dispersen Adressatenkreises* bedient werden sein will.

Das schlägt auf die Produktion der Printmedien zurück und geht nicht ohne *Reduktion von Gründlichkeit, Genauigkeit, Mehrdimensionalität oder Qualität von Beschreibung, Analyse, Erklärung, Einordnung, Schlußfolgerung, Annotation und Belegführung* ab. Für die Beschaffenheit der immer stärker mit Stimulanz von Erwartungshaltungen nachgefragten *Echtzeitreportagen*, für die Live-Streams im Internet ohne informative Authentizitätssteigerung eine wichtige Rolle spielen, gilt das mit Abstrichen bei Distanzeinnahme in ähnlicher oder noch dramatischerer Weise, wobei in jedem Falle neben Streß und Anbiederung die Arbeits- und Honorierungsbedingungen der Journalisten mit (Gefahren einer) Einmündung in *opportunistische und utilitaristische Selbstzensur und Selbstverleugnung* meistenteils immer schlechter werden und die Degradierung zum Eventcharakter subtile Bedeutungsauslotungen verdrängt.

XIII.

Zumal die digitale Erfassung und Aufbereitung oder Produktion und Darbietungsweise über das Pressewesen weit hinausreicht, erfolgt mit der *Herstellung von Internetgeeignetheit und dadurch verkaufsträchtiger Eingängigkeit der Angebote* letztlich ganz generell trotz und mit der Informationsexplosion, im Einklang mit Auraverlust und Enteignung der Sinne, eine *sachfremd-instrumentalistische Zurichtung, Umwertung, Neuordnung, Rückbildung und Einschränkung des politikbezogenen Wissens*. Dieses büßt so infolge der *intellektuellen Nivellierung durch quantitative Verbreiterung* erheblich an Instruktions-, Subversivitäts- und Korrektivpotential ein. *Transformation* im Zuge von technischer Reproduktion und technikkonformer Konstruktion läßt die medialiter versprochene *unbeschränkt-freie Flotation und Abschöpfung* der zu Wissensbeständen geronnenen und erst recht interkulturell changierenden kognitiven Ordnungen analoger Medien- und Kommunikationskultur in allgemeiner Publizistik und spezieller Wissenschaft für unterschiedliche Nutznießungen in einer demgegenüber strikteren *wissenspolitischen Steuerung der politischen Daseinsdeutung* seitens ihrerseits in enger Vernetzung sich vorteilhaft abstimmender Privilegierter mit einer herrschaftsaffinen Ausbeutung von Geschmack und Neigungen in der Massengesellschaft in einer Weise zer- und zusammenfließen, in der latent und manifest semantische Gehalte umgewidmet, argumentative Akzente verschoben, Fokussierungen unterlaufen und Blickwendungen umgelenkt werden.

Die dafür übliche *Begründung mit digitalisiert erhobenen Simplizitätswünschen und Belastbarkeitsgrenzen* der Rezipienten, deren Aufnahmevermögen allerdings einmal mehr bloß in einem Wust von (eindimensionalen) Stimulanzen verschlissen wird und mit der (Über-)Sättigung von optischer Lust in Ermüdungen gerät, welche die kritische Awareness und Bewältigung zugunsten unangefochtener Verlängerung oder Repetition des Konsumverhaltens kanalisiert, ist fadenscheinig. Die Deklaration der Würdigung von Verlangen und Selbstbestimmung der Nutzer mutiert so in die Einschleifung systemfunktional nützlicher Darstellungs- und Verwendungsmodi.

Die solchermaßen an Herrschaftsinteressen gebundenen Momente der Eigenlogik, Leistungsversprechen und Performanzpraxis der Online-Medien entfalten mindestens mittelbar und tendenziell *sozialisatorische Kraft zugunsten der Konstitution eines neoautoritären Sozialcharakters eigenen Typs*. Das geschieht, indem sie die Mechanismen der in der Adressierung an große Mengen und letztlich alle Menschen in gleichwohl elitärer Art ökonomistisch und machtreproduktiv zu- und ausgerichteten technischen Optionen, Mittel und Vollzugsformen als partikulare *objektive Zivilisationsbestände in das Persönlichkeitsgefüge der Subjekte und deren Kollektive* sowie ihr unmittelbares wie medial intermittiertes, reales wie virtuelles intersubjektives Reagieren und Agieren übertragen. Im eigentlichen kommt es dabei zur *Verfestigung und Multiplikation der Wesenhaftigkeit des maschinellen Funktionierens* vorrangig in seiner *Determination der Motivationen, Strukturen und Operationen des Denkens, Empfindens und Handelns*. Das gilt insbesondere bei der Akzeptanzbeschaffung für die technisch-apparative Lösung oder bloße Verwaltung technisch-apparativ entstandener Probleme *in den Mustern binärer Codes und der Algorithmisierung* jeglicher Expressionen von Geist und Materie in Subjekt- und Objektwelt, die schließlich auf *pure Technokratie* hinausläuft.

Schlaglichtartig evident wird das am Stellenwert und an der Reichweite der im Zentrum stehenden medialisierten Virtualisierungen von Information und Kommunikation. Die im Trend monistische oder überwältigend übermäßige *Akzentuierung des E-Learnings in der neuen Lernkultur* im Umgang mit Politik und Politischem paßt sich deterministisch und determiniert an die *Imperative zum individualisierten Lernen* nach Maßgabe einer *Orientierung an persönlicher Nützlichkeit für eine egoistische Karriere auf der Basis effizient-systemfunktionaler Leistungserbringung für Zwecke der Verwirtschaftlichung des Menschen und der ihn umgebenden Institutionen* an. Damit ist sie dem ordinären Neoliberalismus, dessen Weltbild und Ordnungsvorstellungen sie entspringt, von vornherein auch affin. Währenddessen liefert die Digitalisierung des Alltags nicht nur via Internet, sondern überdies in der Ausrüstung nahezu aller als unausweichlich ausgegebenen Hilfsmittel für Produktion, Verwaltung, Distribution, Transport, Vergnügen, Gesundheitsfürsorge und interindividuelle Verkehrsformen dafür zuweilen durchaus plausibel anmutende Vorbilder, Rechtfertigungen, Beispiele, Matrices und Folien.

Auf diese Weise werden sogar noch Virtualisierungen zusätzlich dergestalt virtualisiert, daß sie nicht mehr ausreichend Realität symbolisiert repräsentieren und Metavirtualisierung bieten, sondern Räume und Betätigungsweisen für *Megavirtualisierung* schaffen, in denen teil- bis ganzweltliche Wirklichkeitssubstitute realisiert werden. *Soziale Lernphasen* sind dann nicht eigenberechtigte Ergänzungen und Mäßigungen egomanischer Anflüge in der apparativen Individualisierung, sondern *Kitt und Schmiermittel* für deren Erträglichkeit oder bloße Verleugnung ihrer Solipsismusneigung zum politischen Autismus. Zugleich überbrücken sie mehr verfahrenstechnisch als reflexiv die *Differenz zwischen Virtuellem und Realem*, deren Grenzen sich im andauernden Medienkonsum für viele Betrachter allerdings ohnehin schon dergestalt verwischen, daß sie die Territorien oder Domänen diesseits wie jenseits von ihnen für identisch, gleichwertig und unhinterfragbar richtig oder wahrhaftig halten, sie also weder intern noch miteinander komparativ-kritisch, nachfragend, skeptisch und dynamisch in Beziehung setzen.

XIV.

Impliziert ist damit eine *Konstitution des Menschen weg vom selbstbestimmend-relationalen Kulturwesen zum präformiert-gelenkten Artefeakt* – als enttheologisierter Neofatalismus in partikularsozialer Nützlichkeit extrem materialisiert in virtuellen Sexualbeziehungen, Mensch-Maschine-Hybriden für Robotikerfordernisse, digitalisierter Fremdsteuerung des Gehirns nach Herzschrittmachermethode und Einrichtung von Computersoftware mit Chips für künstliche Intelligenz nach neurologisch verkürzter humanoider Leistungsfähigkeit zum Zwecke kostengünstig-aseptischer Ausbeutung in profitabilitätszentrischen Wirtschaftlichkeitserwägungen zur System- und Herrschaftssicherung. Deren Dialektik mündet statt in Ausweitung von künstlicher Intelligenz leicht *in künstliche Idiotie*, deren apparative Ausprägungen (mit Unterstützung sich selbst entlastender marktführender Stiftungen aus der Medien- und Technikbranche) als gemeinnützig aufgewertete *Instrumente der Identitätspolitik* Abweichungen des Menschen gegenüber dem Maßstab technischer Prämissen und Standards als Wahnsinn fixieren, dessen Erscheinungen in sozialpsychisch extremisierter Unvernunft jedoch noch überbieten. Sie steht im Zusammenhang mit der abstrakt-defensiven Ableugnung, Schmälerung und Vernachlässigung der Bedeutung (schon von Fragen nach der Möglichkeit) objektiver Realität im nicht nur radikalen, sondern auch mit besonderer Fatalität als Light-Version lernpsychologisch-pädagogischen *Konstruktivis-*

mus unterschiedlicher Schattierungen und Lesarten, den seinerseits eine - meist unausgesprochen bleibende - *eigene Virtualitätsbezüglichkeit* kennzeichnet.

Er nämlich unterstellt für politisches Lernen (in Variation der Konstruktionsakribie seiner Begründer und Anhänger als individuelle Mitglieder einer ersatzreligiös-sozialen Glaubensgemeinschaft) das Zustandekommen von Vorstellungen über die (als überhaupt bzw. bewußtseinsunabhängig nicht gegeben oder im Bewußtsein von Sein nicht erfaßbar angesehenen) Wirklichkeiten der Welt ein nur *subjektivistisches und mithin im Grunde unerhebliches Wohlmeinen*. Als Basis für dessen Zustandekommen gelten in erster Linie *allein personinterne - sinnesphysiologische, neuronale und kognitive - Prozesse zur Schaffung einer nur individuellen Repräsentation der Welt der Politik und des Politischen*. Die politische Wirklichkeit selber erscheint dadurch als eine - in Vielzahl weder in Summierung aufgehende noch in Superzeichen-Aggregaten integrierte - bloße *subjektivistische Konstruktion* ungeachtet ihrer Qualitäten, Häufigkeiten, Plausibilitäten und Differenzen. Bestritten werden damit *sozialkognitive Möglichkeiten* einer mit Reflexions- und Verständigungsanteilen in Kommunikationsvorgängen untersetzten belehrungsförmigen Wissensvermittlung oder intersubjektiv-informatorisch zu gewinnender Erkenntnisse über objektive Gegebenheiten ebenso wie deren Zustandekommen in sozio-ökonomischer Konstruktion in geistiger Transfer- und Transformationsproduktivität interagierender Menschen unter dem Vorhandensein von Machtkonstellationen.

Als isoliert bleibender Konstrukteur von Realität und/oder Realitätsvorstellungen wird der Mensch als autopoietisch-monadisches Wesen betrachtet, das in der internen Verschränkung von Sinnesreizen mit Gedächtnisleistungen, bestenfalls als Modellierungsverfeinerung, immer nur imstande ist zu einer *Anknüpfung an schon vorhandene innerpersonale Informationsbestände und Schemata politikbezogener Art* (ungeachtet deren wohl unerklärlichen oder vielleicht als genetisch gegeben angesehenen oder durch biochemische Hirnvorgänge für erzwungen gehaltenen Zustandekommens). Auf diesem Wege und allenfalls noch mit dergestalt auch erfolgender Aneignung gesellschaftlicher Setzungen als katalysatorische Widersprüche zur disziplinwahrenden Stimulanz von genehmen subjektivistischen Konstruktionen oder individuell und fakultativ bleibenden Rekonstruktion kultureller Wirklichkeitskonstruktionen, wie sie in den für plural gehaltenen Angeboten vermeintlich unverbindlicher Lernumgebungen insbesondere beim E-Learning enthalten sind, soll *Viabilität als empirische Unausweichlichkeit und gattungseigene Notwendigkeit* gewährleistet sein. Sie aber bedeutet eine unabdingbare *polit-psychische Anpassung an die selbstreferentielle Systemgestalt einer bedrängenden Umgebungspolitik*, deren *Legitimation und Güte* aus bloßem Sosein, Funktionstüchtigkeit, Effizienz oder Hinnahme erwächst und daher an und für sich *selbsterhaltungsberechtigt und -tauglich* mit höchstens

Detailvarianzen innerhalb einer sich aus sich selbst heraus stabilisierenden Grundstruktur sein kann und sein soll.

Werden aber außersubjektiv existente als intersubjektiv einsehbare Gegebenheiten überhaupt oder deren materieller sozio-ökonomische Kern verleugnet, liegt in den *Virtualitäten der subjektivistischen Konstruktionen* letztlich eine *Ausweg- oder gar Aussichtslosigkeit für demokratisch-politische Partizipation* insofern, als auch diese nur als individuell variierendes Konstrukt über subjektive Betätigungen sich zu ereignen imstande ist, die sich auf gemeinschaftlich in Sachangemessenheit und Problemgerechtigkeit erarbeitete anerkannte Gewißheiten, wenigstens zeit- oder bereichsweise gültige Wissensbestände oder bewährte Erkenntnisse über die Variabilität der staatsbürgerlichen Existenz nicht stützen können. Die als neutral-multivalent und ebenso nur als eine sich selbst genügend gedeutete digitale *Binnensystemwelt des Internets und seiner digitaltechnischen Kontexte* kann dafür mit seinen Virtualisierungen lediglich Angebote in einem medialen Environment unterbreiten, die zwar nicht inhaltslos sind und sein müssen, aber inhaltsbeliebig sein können und sollen.

Sie forciert folglich in ihrer als gerechtfertigt geschützten Benutzung die *Konstruktion von Konstruktivismen*, aus deren in politikdidaktisch-methodischen Verabsolutierungen erwachsenenden hypostaserealisierenden Vergegenständlichung von fragwürdigen Annahmen sie legitimationssteigernde und reputationsaufwertende Nachfragen und Zuneigungen gewinnt. *Selbstreferentialität wird damit potenziert sowie auf gemeinsame Systemlinie und Umgebungskurs gebracht.* Was das unter den obwaltenden Bedingungen der etablierten Besitz- und Eigentumsverhältnisse mit ihren selbst in repräsentativen Demokratien nur modifizierten Herr-Knecht-Beziehungen in den Inklusions-Exklusions-Relationen von Vorteilen für politökonomisch Begünstigte bedeutet, läßt sich unschwer denken.

XV.

Aus der Notwendigkeit (der metakognitiven Prüfung) der von (Konstrukteuren als einzelnen Subjekten und von Produktionskollektiven geschaffenen) medialen Vorräte an Virtualisierungen für die politisch-materielle Erarbeitung von handlungsleitender Bewußtseinsgemeinschaft in Kommunikationsvorgängen, die durchaus zur Verwerfung einzelner oder vieler ihrer Varianten führen kann und Grundlage für eine gesellschaftliche, also im sozialen Zusammenwirken von Menschen zu erwirkende materielle Konstruktion von (Veränderungen oder Transformationen der) Herrschaftsrealität als reflektierte Interessenverwirklichung bei der Bewältigung der durch Wirklichkeitsableugnung ja keineswegs suspendierten Existenzprobleme abgeben, wird so unversehens eine *Behauptungsvirtua-*

lität über eine Konstruktion von eigentlich nicht objektiv möglicher und nur ausgemalter Realität in pseudodemokratisch-beliebiger Offenheit für individuelle Virtualisierungen. Indem diese ungeachtet der Ausblendung radikal-kontrastiver Positionen konzeptlogisch als gleichrangig gewertet werden müssen, wird jedoch *kollektiv-interessenidentitäre politische Bewältigung des Daseins für unmöglich, irrelevant oder unnütz erklärt*, was sich daraus zu rechtfertigen versucht, daß deren Realität ohnehin nur als günstigstenfalls schimärenhaft annehmbar sowie in systemtheoretischer Sicht reproduktionsbegabt und -tauglich aus sich selbst heraus gilt.

In absichtsvoller Indifferenz unangetastet bleiben oder für unantastbar gehalten werden damit in letzter Konsequenz *Unrechtsverhältnisse aller Art*: Selbst in der Materialität zahlreicher Ermordeter objektivierte Genozide – die zu leugnen immerhin vernünftigerweise partiell unter Strafandrohung steht, sich aber wohl nach eigentümlich subjektivistischer Konstruktion mutmaßlich nie ereignet haben können – müßten demnach nur als (wenn auch anscheinend massenhafte) *Einbildungen von Subjekten* stattgefunden haben, so daß die Verdrängungen der Täter als ebenbürtig mit den Erinnerungen der Opfer gelten dürften. Zwar wird solch zynischer Übergang von Ideokratieneigungen zur Idiokratie in der *Bereitstellung von Tools und Materialien für die Animation subjektiver Konstruktionen*, in denen unterschiedslos das vorgehalten wird, was vermeintlich nur andersartigen Konstruktionen entspringt, vielleicht gerade noch abgebogen oder gemildert. Doch bedient auch sie *keine Durchdringung von Virtualisierungen auf sachverhaltsklärenden und handlungsanleitenden Metaebenen*. Sie meint bloß die *Mehrung der abstrakt zum Proprium der Demokratie erkorenen Pluralität* von selbstzweckhaften Ansichten und Standpunkten *sowie der abstrakt als Allgemeininteresse entworfenen Vielzahl der darin gespiegelten privaten Einzelinteressen* ohne Antizipation integrativ-vermittelnder Konsequenzen für prüfend-verändernde Eingriffe in die Systemgestalt von politischer Persönlichkeit, politikdidaktischem Unterrichtskonstrukt und gouvernementaler Weltverfassung über affirmative Strukturverfestigungen in der Variation eingeschliffener Muster hinaus.

Das mag dem *Selbsterhaltungsinteresse der Herrschaftsordnung* und ihren Nutznießern entgegenkommen und *qualifiziert Mainstreamdidaktik*, in der man derartige Empfehlungsentwürfe antrifft, als *hochgradig konservative Programmatik in selbstgerecht-eigener Konstruktionslogik*. Beigetragen wird dazu indes auch in den *Medien der Online-Information und -Kommunikation*, die *systemgemäß keine institutionalisierten Anstalten zur Anstiftung von Metakognition* machen, diese oder Forderungen nach ihr allenfalls teilweise in spezifischen, meist allerdings in *nachrangig vorgehaltenen Deutungsangeboten* repräsentieren oder dem Zufall überlassen. Zwar kann ihnen schon aus Image- und Verkäuflichkeitsgründen an einer *neutral aussehenden Vorrätigkeit* aller möglichen, zumindest strafrechtlich unbedenklichen *Konstruktionsbeispiele als Virtualitätenspiegelung* gelegen sein. Mit ihr wird denn auch die zur Förderung technischer Pioniertaten oder Unumschränktheit von Verbreitung, Reichweite und Informationsvolumen geforderte *Entlastung der Netzbetreiber* von Rechtsansprüchen auf externer Urheberseite, von Mitbestimmungsansprüchen des eigenen Personals oder von Auflagen durch Aufsichtsbehörden auch seitens organisierter Nutzer kommunikationsstark unterstützt. Doch stehen dem bereits die *internettypischen Mechanismen der algorithmisierten Selektion und Steuerung* von Angebot und Nachfrage entgegen.

Auch weil gleichwohl ungeachtet der systemparteilichen eigennützig-kommerziellen Interessen etwa der Server und Provider und der Unvollständigkeit ihrer Leistungen eine breite Palette von Grundpositionen und Detailaussagen zu politischen Fragen und Sachverhalten zugänglich ist, bleibt das Netz *offen für die Einstellung und Abbildung eines breiten Spektrums an Virtualisierungen*. Dennoch bedeuten diesbezügliche Open Sources weder automatisch Herstellung von großer Öffentlichkeit, noch sind sie wirklich allen Menschen überhaupt oder kostenfrei zugänglich, da ja zuweilen gebührenpflichtig sowie in jedem Fall mit Preisgabe persönlicher Daten und Anbindung ans Netz bezahlt, die der Amortisierung von Investitionen dienen und sonstwie lukrativ sind. Für die *Palettenbreite* der Vorhaltung disparater politischer Anschauungen ist das gleichwohl relativ vorteilhaft, auch wenn die Chancen zur Selbstrepräsentanz von Positionen, Individuen, Gruppen und Organisationen angesichts z.B. des etwaigen Fehlens von Mitteln für größere Anzeigenkampagnen oder andere Webaufritte limitiert sind.

XVI.

Dem Internetwesen generell einen absichtsvoll-inhärenten Hang zur Verbreitung materialiter spezifizierter totalitärer Ideologien zu attestieren, nur weil trotz der Zugangsbeschränkungen in seinem Rahmen auch *Extremismen und Fundamentalismen* aller Art zum Ausdruck kommen oder *Mobbing und Cyberkriminalität* großen Ausmaßes bis zur globalen Bedrohung von Individuen, Sozialgebilden und Staatswesen möglich werden können, ist gleichwohl unberechtigt und schon wegen der vorhandenen Infrastrukturen für Kontroversenanmeldung, Diskussion in Chaträumen und Konterkarierungen durch Publikation gegenteiliger Statements nicht belegbar. Hingegen besteht eine andere, keineswegs geringere Gefahr darin, daß der technologisch-informationelle und -kommunikatorische Komplex (der Selbstverständnisbasis) des Internets *in der Gesamtheit der Verifikation seines techniktypischen Immanenzcharakters als Mittel des Eindringens in Virtualisie-*

rungen, Virtualisierungsmedium und virtuelles Milieu inhärent-funktional Ideologie ersten Ranges ist.

Er ist nämlich in selbstverständlich gewordener Existenz und Teilhabe an seiner Nutzung *Ausdruck einer informations- und kommunikationstechnischen Weltanschauung, globalmentalen Exekution der Denkungsart des Digitalismus sowie Rechtfertigung und weiträumigen Exemplifikation eines neuen Stadiums der Mathematisierung der Welt in all ihren Belangen* zugleich. Daß das weite Teile der Menschheit sich schon zueigengemacht haben und viele Teilnehmende das in inhaltlich ausformulierten Beiträgen belobigen oder verteidigen, drückt unbeschadet darin auch liegender formalpartizipativer Momente seine *autoritativ-fundamentale Struktur und Wirkung* aus. Deren ihrerseits *systemkonservativer Gehalt* kommt nicht trotz, sondern gerade wegen der eigentümlichen (Implikationen der) technischen und mentalen Revolutionierung von Informations- und Kommunikationsmodi zustande – nicht etwa bloß in ihrer Virtualisierungskraft, sondern äußerst *real als Macht ihrer inhaltsabstrakt-ureigenen Virtualität.*

Konservierung erfährt das System der in den Vermittlungsprozessen der Weltmarktökonmie auch vor- oder unkapitalistische Gesellschaften erfassende *Spätkapitalismus* in der Phase seiner neo-liberalistisch insinuierten brutalen Erneuerung, Aufrüstung im militärischen wie nichtmilitärischen Sinne und in fast allen Hinsichten schier grenzenlosen Expansion. Ihm entstammt und konveniert das *Digitalismus-Geflecht als ein Subsystem*, das in zunehmender Verselbständigung zum *Strukturierungs-, Steuerungs- und Entfaltungsorgan bürgerlich-kapitalistischer Herrschaft* emporsteigt und längst selbst regulations- und vereinnahmungsmächtig originäre Herrschaftsgestalt geworden ist. Ablesbar ist das vor allem nicht zuletzt daran, daß die Stützung der kapitalistischen Wirtschaftsordnung in computerzentrischen *Wirtschaftsunternehmen von Weltkonzernrang mit einer megamonopolistischen Grundtendenz* der Zusammenführung vieler funktionsspezifischer Einzel- oder Großunternehmen und Zulieferer durch nicht einmal immer nur friedliche Übernahme sowie des Vordringens in viele Produktions- und Dienstleistungsbereiche zur Rationalisierung genannten Ausschaltung von Konkurrenz, Ausdehnung der neuen Informations- und Kommunikationstechnologien mit Gewinnung von Oberhand über ökonomische Macht zur indirekten und direkten Einflußnahme auf legale politische Herrschaft und deren subpolitische Ausübung unterhalb und oberhalb der Ebene von Verfassungsorganen erfolgt.

Die darin liegende *Totalisierungsentwicklung* findet überdies Ausdruck in oligarchisch-autoritaristischen Vorstellungen und Bestrebungen (prominenter Vertreter) maßgeblicher IT-Konzerne zur *exterritorialen Auslagerung und Ansiedlung* ihrer Produktions- und Forschungsstätten sowie Verwaltungs- und Wohnsitze weit außerhalb von Rechts- und

Sozialstaaten. Angedacht dafür und in detaillierter Computersimulation der Architektonik bereits entworfen sind *luxusghettohaft-künstliche Inseln mit durchdigitalisiertem Eigenstaatscharakter für die IT-Elite:* als selbsternannte Gemeinschaft der Besten wohl mit dem Nimbus als Avantgarde-Astronauten und Admirale im Cyber-Spaceship am Technikhimmel auf dem Weg zu den Sternen für einen Sturm auf den Gipfel des störungsfreien Perfektionismus oder als unumschränkt-oberbefehlshaberische Think-Tank-Leader im Ideen-Treibhaus für den Paradiesgarten schlechthin. Wollte man der Gründergeneration noch nur lautere Motive unterstellen wollen, sind doch diese nach Besitzerwechsel keineswegs mehr selbstverständlich.

Das verbindet sich mit dem *messianisch-eitlen Anspruch*, dort durch nichts und niemanden von außerhalb kritisiert und kontrolliert zu werden – in einer privilegierten Existenz ohne weltöffentliche Rechtfertigungs- und Transparenzpflicht oder gar Inverantwortungnahme des Agierens. Dieser wird ganz unverblümt damit begründet, daß die derzeit (noch, in faktisch allerdings großzügigen Grenzen mit etlichen Gesetzeslücken) seitens der Länder der Firmenstandorte dem Digitalismus auferlegten Regulationen ihrer als *einzige oder beste Garantie wahrhaft-menschheitsbeglückender Innovationen von Globus und Gattung* für exponiert wichtig gehaltene Unternehmerfreiheit und Kreativität entwicklungshemmend im Wege stehen würden. Dabei gilt in den leitenden Überzeugungen der Betreiber als ausgemacht, daß die für sozio-ökonomischen Fortschritt einstmals nützliche und nur insofern noch anerkennenswerte *Demokratie mit ihren Grundrechten komplett verwirklicht und inzwischen verbraucht* sei, weshalb sie durch eine (nur leerformelhaft-vage auf allgemeinen Wohlstand und weltweiten Frieden gerichtete) *technische Optimierung des Menschen, der Gesellschaft und aller Realitäten* ersetzt werden müsse.

Denn es dürfe, so lautet das pseudoprogressiv-atavistische Credo weiter, nicht länger mehr um die Bewältigung der Probleme von Mensch, Gesellschaft und Realität gehen, sondern diese selbst seien in ihrer Unzulänglichkeit und Unfertigkeit das eigentliche Problem von Vergangenheit, Gegenwart und Zukunft, dem man nur in Algorithmisierung ihrer jeweiligen inneren und vernetzten Systemgestalten zur Schaffung bürdefreier Zustände beikommen könne. Darin allerdings liegen die *Grund- und Bausteine für eine völlige Entmachtung der Menschen* als Subjekte der Gestaltung ihrer Selbstverwirklichung und ihrer Lebensumstände. Zugute kommt sie allerdings der *Machtsicherung der über die Instrumente der technischen Optimierung Verfügenden*, welche sich einer *Begründungshilfe für Optimierungen durch Technik* im Menschenbild des Konstruktivismus bedienen können, wonach selbstbestimmungsfähig-glückliche Subjekte, gerecht-funktionstüchtige Gesellschaften und demokratisch-humane Realitäten doch allein aufgrund der Mängel immer nur bruchstückhaft möglicher und virtuell bleibender individueller Konstruktionen von den Menschen mit der ihnen biologisch gegebenen Ausstattung gar nicht geschaffen werden könnten.

XVII.

Impliziert ist in der über bloße Szenariohaftigkeit oder Prophetie hinausweisenden *Virtualisierung der näheren Zukunft* nicht nur übergangsweise eine *Übertragung von Herrschaft nominell auf den Digitalismus* mit seinen Automaten und anderen Maschinen der Informationstechnologie und elektronischen Kommunikationsweise, in Wahrheit nämlich auf dessen *Produzenten, Eigentümer und Betreiber* – vor allem, wenn diese sogar über *Megacomputer zur monopolitischen Konzentration ihrer Datensammlungen* für detaillierte Prognosen etwa von Kauf- oder Protestverhalten verfügen. Das wird ebenso verschleiert oder dreist abgeleugnet wie die am Ende der Entwicklung systemlogikimmanent zu erwartende und vorhersagbare virtuelle wie reale *Abschaffung vielleicht nicht sogleich der Spezies Mensch insgesamt*, aber doch all derjenigen ihrer Angehörigen, die in großer Zahl der technischen Optimierung sich widersetzen oder diese nicht erfolgreich überstehen oder als ungeeignet für sie nicht dazugehören sollen und daher sozialtechnokratisch ausgegrenzt werden. Damit wird der *Anspruch des Digitalismus auf Dienstbarkeit für den Menschen als Hilfsmittel aufgegeben* und in ein *Programm der Indienstnahme des Menschen als Objekt und Mittel der Vollendung technischer Zivilisation* in deren sich selbst (und ihrer Herren Exkulpierung) genügender Eigenvervollkommnung verwandelt.

Die darin ideologisch-instrumentell angelegte *rigide Selektionsmechanik* verfängt sich jetzt schon in ihren längst vorfindlichen *Identifizierungs- und Identitätszwängen* im Virtualitätenhorizont des Internetzeitalters zu einer radikalen *Transformation* (oder basalen Vermeidung, Schädigung und Elimination) dessen, was – wenn auch nie ungefährdet oder ohne sozialstrukturell bedingte Differenzen und nur selten verwirklichtes Möglichkeits-Gegenmodell zum dominanten Typus der traditionell-autoritären Persönlichkeit als Grundmuster archaisch-faschistoider Vergesellschaftungsformen – lange Zeit in Vormoderne und Moderne unter den Insignien von geläutert-bürgerlicher und humansozialistischer Liberalität tentativ-potentiell den einen demokratisch-konfliktfähigen Sozialcharakter kennzeichnenden *Kern der Subjektstrukturen* ausmachen konnte: Ich-Autonomie als Fluchtpunkt der Selbstschöpfung durch introspektiv-reflektierte Ausbalancierung von Es- und Überich-Strebungen auf der Basis produktiv-aufgeklärt verarbeiteter Existenzumstände widersprüchlich-konflikthafter Art in Lebenswelt und System.

Früher speiste sich solche Identität aus der reflexiv-konfliktbearbeitenden Selbstfindung in Auseinandersetzung mit den eigenen Triebwünschen und den in den mesosozialaktivierenden Resonanzräumen der mikro- und makrosozialen Bezüge formulierten Sicherheiten, Zumutungen, Anforderungen und in Aussicht stehenden Bindungs-, Solidaritäts-, Geborgenheits- und Entfaltungschancen. Nach deren Funktionsverlust und Auflösung muß sie heute der im Digitalismus in einfacher Modernisierung der Verstetigung technischer Entwicklungspfade spezifizierten Zivilisationsweise des Spätkapitalismus genügen und sich ausliefern. Wirkungsmächtig wird damit ein in den medialen Vorbildern der apersonalen Information und virtualisiert-personalen Kommunikation unter Abwesenden als imaginäres Gegenüber sich generierender Erwartungsdruck an eine in maschinellen Operationen vermittelte und sich artikulierende *Inklusionsmystik*: Zugehörigkeit mit Aussicht auf (gleichwohl keineswegs garantierte) persönliche Ankerkennung, Berufskarriere, Freizeitgenuß, Regeneration und minimale Teilhabe sind nicht länger (postuliertes oder kodifiziertes) allgemeines Menschenrecht. Hingegen sind sie immer stärker abhängig von einer *systemimmanent ausgerichteten und gelingenden Selbstdarstellung, -disziplinierung und -vermarktung* vermittels der Benutzung der neuen Technologien der Information und Kommunikation, gemäß der ihnen inhärenten Zeitgeistprogramme und der Einfügung in die Social Media.

Tangiert, strukturiert und materialisiert wird damit auch *Kollektividentität als ein inkohärenter und fragiler soziopsychischer Korpus* in wachsender Gefahr von Kraftlosigkeit und Resistenzschwund. Die partikularistische Vereinzelung gibt in der Individualisierung keinen Raum mehr für Resilienzartikulation und -stärkung. Denn sie entfremdet gegenüber einer Fokussierung auf das Allgemeine etwa in gemeinschaftlicher Aktivität, Konzentration auf transindividuell wichtige Belange des nicht bloß qua Zugehörigkeit zum World Wide Web internationalen Zusammenlebens, ohne die wuchtige *Gewalt des in Gesetzen, Konventionen und Imperativen herrschenden Allgemeinen in Gestalt machtvoller Strukturkomplexe* der Vergesellschaftung, ökonomischen Existenz, Zivilisationsprimate, Gouvernementalitätspraktiken und Selbstbeherrschungserwartungen abmildern oder gar brechen zu können.

Die bis zur Narzißmus-Volte reichende *a-soziale Selbstentäußerung* reicht von *Selbstanpreisung* in websitemäßigen Portfolios und Bewerbungen per E-Mail über das Aufsuchen von Chaträumen als Prothese oder zur Absprache von Dates bis zur Präsentation von biographischen Details, besonderen Vorlieben und Bildmaterial zur Person in computerisierten Kontakt- und Auskunftsbörsen. Damit aber gewinnen technische Mechanismen und die Feedbacks der virtuellen Communities zusammen mit den übrigen Bedingungen fehlender Partizpationsräume im wirklichen Leben, des Konsumismus und der Existenzrisiken mit mancherlei Pseudoidylle und Frustrationen die *Oberhand über die Definition und Formung der Persönlichkeit*. Zur *Entfremdung* von Natur, Erwerbsarbeit, Selbst und sinnlich-vitalen Sozialkontakten kommt die *Fremdbestimmung* durch häufig anonyme, wechselnde und notgedrungen oberflächliche oder auch in abstrakter Weise virtuelle Andere in flockig-fluiden Rückmeldungen hinzu.

Mit deren Reaktionen auf Selbstbildaufdrängung durch Outfits, Apparatebesitz, Szenebesuche und vor allem Preisgabe von sensiblen Vertraulichkeiten werden als freiwillig zu erbringende *Profilschilderungen* provokant aufgenötigt und mit ihrer Bekanntgabe sowie durch weitere Kommentierungen meist bewertender Art *multiplikatorisch-unauslöschlich öffentlich*. Der Einzelne wird selbst in freiwilliger Duldung dessen seiner *Intimität beraubt*, und die flüchtigen Beziehungen vermittels Kommunikation in SMS- und anderen Kürzeln reichen an die meditative Kraft einst eindringlich denkbarer ausgiebiger Versenkung in die eventuelle Intensität brieflicher Korrespondenzen, persönlicher Gespräche unter vier Augen und auseinandersetzungszentrische Beschäftigung mit argumentationsreichen Texten nicht heran.

Die *Betriebshektik* der alltäglichen Verrichtungen, mit dem Switching zwischen den Medien oder Codes und beim Aufenthalt in privaten oder öffentlichen realen und virtuellen Räumen, leistet ein übriges zum Aufbau von Zerrissenheit angesichts interruptiver Wahrnehmungen und Kontakte. Ganz ähnlich wirkt die Vielzahl der individuellen *Montagetechniken*, mit denen beim Durchstöbern der Sender-, Website- und Spartenangebote, anders als mit dem Verweilverhalten bei der Lektüre von Printerzeugnissen, Eindrücke aus der Präsentation disparater Themen, Ereignisse, Zeiten und Aufbereitungen zu intersubjektiv weder nachvollzieh- noch vermittelbaren *Patchwork-Realitäten* abenteuerlichster Art gerinnen, bei der unverzichtbare Bebilderungen in aufdringlichen Selfies als Platitude von Portraitkunst sich ausdrücken. Sie sehen wie eine platte Bestätigung für behaupteten Konstruktivismus aus, der aber tatsächlich medial wie eine sich selbst erfüllende Prophezeiung gleichsam aufgenötigt wird, weil es an Hilfen für Durchlüftungen des subjektiven Alltagsverstands zugunsten von realistischem Ortungs- wie Unterscheidungsvermögen und Selbstprüfungen der Betrachtungen und Deutungen mangelt. Und durch beständiges Posten werden aus unterhaltungsbedürftigen Informationssuchenden Lieferanten von mannigfachen Nachrichten. Deren unüberschaubare Menge und meist totale Überflüssigkeit vermischen sich als ungefilterte Intimitätstyrannei zum Zeitvertreib mit relevanter Berichterstattung über politische Ereignisse und anderen Darbietungen zu einem privatistisch geprägten beliebigen Weltbild und gehen im Alltagsjargon von Eigentlichkeit in meist strukturloser Unerheblichkeit beschäftigungstherapeutisch-kräftezehrend unter.

Nicht nur lastet in solchem Rahmen *Verwertungsdruck* auf den Subjekten als Arbeitskraft-Ware, sondern auch auf ihrer *Sinnbestimmung, Fremd- und Selbstwertschätzung, Planung von Lebensentwürfen, Heimatfindung und Selbstantizipation*. Das führt zu regelrechten Eskalationen oft eher phantasierter als realistischer *Narrationen zur eigenen Existenz*, für deren Anregung prominente Kunstfiguren (als Sieger- und Verliererfiguren mit rasch wechselndem Auf- und Abstieg) fragwürdige Beispiele liefern und denen gleichfalls mit fiktionalen Selbstbelobigungen begegnet wird. Die Furcht vor Zustimmungsverlusten oder öffentlicher Diskreditierung und anderen Bestrafungserlebnissen steigert Anstrengungen zur Beliebtheitsgewinnung in sich verselbständigend-dominierenden *Virtualisierungsneigungen und Attitüden massiver Selbstzensur* zur Vermeidung von Ablehnung. Selbst prophane berechtigte Kritik an einzelnen Leistungen und Verhaltensweisen vermag dann schon Identitätskrisen bis hin zu suizidalen Neigungen auszulösen.

So kommt es zur beständigen *Authentizitätsverleugnung*, die dank der digitalen Mittel zur semi-professionellen Vortäuschung von Ersatzauthentizität und geschickt-reflexhafter Anpassung in raschem Objektwechsel gerät. Diese können aber nur überzeugend vertreten werden, wenn sie von ihren Erzeugern selbst angenommen und geglaubt werden – bis hin zum Streß, dem erfundenen Profil hinterherzulaufen sowie mit ihm bzw. dem inszeniertem Unterwerfungsverhalten verschmelzen zu müssen und die als Schutz entstandenen, nun jedoch nötigenden *Virtualisierungen real ausleben* zu wollen. Bei alledem sind die vordergründig wie voluntativ aussehenden Eigenbeiträge alles andere als autonom und mithin die *massenhaft-unbedarfte Mitmachmentalität* kein Ausdruck wirklich demokratischer Verkehrsformen oder gar von Selbstbestimmung. Ohnehin sind sie von den relevanten Problemen politischer Demokratie enorm weit entfernt, was sie für Manipulationen durch Machtapparaturen noch anfälliger macht, deren honorige Repräsentanten, fragwürdigen Rädelsführer oder kriecherischen Adepten und Gefolgsleute selbst aber in der politischen Kommunikation auf imagebildende Profilzeichnungen aus sind und zu ihnen anstelle substanzenreicher Statements und Erörterungen auch nolens volens sich verleiten lassen.

XVIII.

Unter solchen Zivilisationsumständen kommt es in zunehmendem Maße zu Persönlichkeitsmustern *multipler Identität*: im doppelten Sinne einer – recht gern als Pluralitätsexistenz oder -kompetenz zur Verdrängung der zivilisatorischen Uniformität mißverstandenen – Vielzahl in den Äußerlichkeiten der mehrpolaren und vielwertigen Expressionsformen konkurrierender oder bloß funktionalistisch kooperierender Einzelner sowie einer Gespaltenheit oder Zerrissenheit der inneren Subjektmerkmale und -kapazitäten, die jeweilige Besonderheiten in einer Allgemeinheit der ihnen *ähnlichen Struktureigenschaften* aufgehen und Unverwechselbarkeit auf optische Differenz schrumpfen lassen, um sie zugleich in essentieller Angleichung zu nivellieren. Weil damit der kapitalismusbedingte Triumph der Verpackung über das Verpackte und der Minderung der Waren- und Dienstleistungsqualität durch profitorientierte wie armutsbedingte Kosten-Nutzen-Kalkulation zunehmend die Sozialbeziehungen selbst im Privatleben und erst recht am Arbeitsplatz und in der Öffentlichkeit bestimmt, nimmt das *Projekt- und Real-Ich* massiv Schaden. Es steht gar nicht mehr im Mittelpunkt oder auch nur noch zur Wahl, weil es den Subjekten, zumal bei zweifelhaften Daseinsaussichten, nicht darum gehen kann und darf, wer sie sind, woher sie kommen, was sie können und was sie wollen, sondern wie sie gemäß fremdverfügt-adaptierter Erwartungen *funktionieren und ankommen* – in des Wortes zweifacher Bedeutung. Darin ist die persönliche und gesellschaftliche *mechanistische Ausrichtung auf die apparativ-maschinelle Optimierung (von Geist, Körper und Seele) des Menschen* nicht mehr nur Menetekel unheilvoller Zukunft, sondern deutlich angelegt und in gradueller Inkarnation verwirklicht.

Denn zusammen mit den *kalkulatorischen Rollenspielen* im virtuellen Raum und der vorsichtig-mutlosen oder neo-chauvinistischen Einrichtung in Political Correctness und anderen Zeitgeistansagen, mit denen man sich als Staatsbürger mit Selbstintegrationsabsicht teils unauffällig-bedeckt hält oder teils plakativ-anbiedernd austobt, kommt es, unterstützt und vorangetrieben durch ein riesiges Angebot der digitaltechnischen Geräte- und Videoindustrie, zur Etablierung eines wiederkehrenden oder andauernden *Self-Quantifying* zur Messung von Leistungsfähigkeiten, Einstellungen, körperlichen Attributen und Tauglich- oder Anfälligkeiten und Funktionseinschränkungen aller Art. Der in Zerstückelung multiplen Persönlichkeit auf dem Weg zur personifizierten *Corporate Identity als digitales Ich* nicht eines wirklich vielseitigen, sondern bloß für beliebige Zweckerfüllungen im Ökonomismus flexibilisierten Menschen ist folglich ein Zwang und Hang *zum Optimize Yourself* eigen – als *Element opportunistischer Mobilität*: auf unabsehbarem Berufsweg, für raschen Wechsel von Freundschaften, Wohnorten und Meinungen. Diese treiben wie die *Veranlassung zur Ich-AG und andere Formen des unternehmerischen Selbst* das *entsubjektivierte Ideologem der Individualisierung* auf die Spitze, mit der den Staatsbürgern auf grobe Weise die totale Selbstfürsorge jenseits von Solidarität und Subsidiarität in den mikrosozialen Gebilden und in staatlicher Verantwortung aufgebürdet und als anthropologische Unentrinnbarkeit verkauft wird, auf daß sie schließlich *uneingeschränkt maschinenkompatibel* werden.

In ihrem Umfeld werden (ursprünglich sogar mit dem Fortschrittsoptimismus der Computerzivilisation verbundene) humanistisch-linke Kategorien z.B. der Liberalität, des Glücks, der Gerechtigkeit, des Wohlstands – wie die prominente Forderung nach marktkonformer Demokratie oder die Fassung von Freiheit als Unternehmerspielraum oder Abwesenheit von DDR – deutlich zeigt, in *Semantiken eines inhuman-rechten Staatswesens nach Orwellscher Negativutopie* verwandelt, zerredet und diskreditiert. Daß dessen Formulierung in all seinen Konsequenzen und Kontexten nicht als Virtualisierung Skizze eines Möglichkeitsmodells ist, sondern inzwischen eine dieses überbietende handfeste Eigenwelt umfaßt, belegt die Entwicklungsgeschichte des Digitalismus in den neuen Informations- und Kommunikationstechnologen recht deutlich und anschaulich.

Mit ihnen sind *Scoring und Ranking oder Sammeln von Credit-Points für Monitoringprozeduren* im Schul-, Berufs- und Privatleben zu individuellen Angelegenheiten und Haltungsrelikten geworden, mit welcher als *Auto- und Auftrags-Demoskopie über das Ich und das Selbst* die variablenisolierend-quantitative Umfrageforschung zur umgehungs-, anbiederungs- oder populismusgeneigten Auskundschaftung von schwankenden Konsumenten- und Wählerstimmungen weit mehr als -wünschen und -kritik Übertragung auf die Personebene und Ausdehnung nach dem Primat der *Nutzenmaximierung für unmittelbare wirtschaftliche und politische Zwecke* findet. Verbunden ist ihr die notabene wiederum und weiterhin vernetzungslogisch im Selektionsparadigma stehende Einleitung und Ausführung der Substitution des Umgangs mit Menschen nach Konzepten ganzheitlich elaborierter anthropo-logischer, sozial-philosophischer, polit-psychologischer und demokratie-theoretischer Ethik der Würdigung unantastbar-würdevoller Subjekt-Einmaligkeit als vernunftbegabtes Wesen, wie sie zu den zentralen Errungenschaften des aufgeklärten Abendlandes sowie aller Weltreligionen, Hochkulturen sowie Erwägungen für Reformgesellschaften und Reformpädagogik zählt, in einer *Fata Morgana des durchökonomisierten Homo Digitalis*.

Sie favorisiert und exekutiert nämlich eine – für das System kostengünstig-nützliche – innere und zugleich kollektivierende *persönlichkeitsamputative Selbstzurichtung der Individuen* nach den Maßgaben und Maßnahmen einer techno-optimistischen Doktrin vom Ausmaß eines digital-utopistischen Optimismus zum Behufe der Vergrößerung von Disponibilität mit Preis-Leistungs-Passung für Rentabilität. Nicht zuletzt die empiristische Bildungsforschung mit ihrer kühlen Austestung des Menschen als Ressource von Humankapital und deren Einmündung in qualitativ und quantitativ partikulare Standardisierungen von politischem Lernerfolg, dessen Denomination Kompetenzenorientierung verblassen läßt, trägt dazu mit vorauseilendem Gehorsam und mancherlei Gratifikationen für die Selbstausbeutung der Individuen in Ausbildung, Studium, Berufswelt und staatsentlastendem bürgerschaftlich-ehrenamtlichen Engagement für einige externalisierte öffentliche Angelegenheiten bei.

XIX.

Aufgrund dessen wird eine weitere Virtualisierung evident und realisiert: das *Modell einer Megamathematisierung des Menschen und der Welt* zugunsten und vermittels einer unablässig-uneingeschränkten Vermessung des Realen. Dieses war – wie in romanhaften und wissenschaftlichen Biographien oder Werk- und Wirkungsanalysen großer Geister erkennbar – ursprünglich ein zwar *durchaus aufklärerisch zu nennendes Projekt der Überwindung irrationaler, unzureichender und repressiver Befangenheiten in der Virtualität* einseitig mystischer Vorstellungen und Grundzüge von Aberglauben. Es wurde aber selbst in Verbindung mit Instrumentalismus alsbald in die Dialektik der Aufklärung verstrickt und *mitverantwortlich für (die Blickverengung auf) verkürzte Menschenbilder*, in denen andere als *biologistisch-vernutzungspragmatistische Sichtweisen* keinen Platz mehr haben sollten, obwohl doch mit der Messung allein meßbare bzw. nur vorhandenen Meßinstrumenten zugängliche Dimensionen der Welt erschlossen werden können und vorwiegend lediglich Durchschnittswerte Bedeutung zur bescheidenheitsversessenen Mediokritätserfassung oder/und privilegierenden Aussonderung von Hochbegabungen erlangen.

Nicht als Perversion, sondern als nüchtern logische Konsequenz dessen ist das in eine *maßlose Apotheose derjenigen Vermessenheit* gemündet, welche Menschen im Rahmen der Klassenverhältnisse qua Technik und Ideologie bzw. Technik als Ideologie und Ideologie der Technik zu Gebietern über Leben und Tod akkreditieren, die sich als Technikeigentümer geradezu anmaßen, mit weiteren subsidiären Techniken z.B. der Genforschung unverfroren in die Schöpfung einzugreifen und den *Menschen nach Kriterien der technischen Perfektionierung umzumodeln und zu kreieren*: Computer Aided Design und 3D-Druck in äußerster Perfektion? Aufgrund dessen sind die *Implikationen des Anliegens der Vermessung* – schon auf den Vorstufen der gegenwärtigen Eskalation besonders kraß in der effizienzfetischistischen Separierung von Leistungsgruppen in Schule und Industrie, Taylorisierung der Arbeitsvollzüge und rassistisch-tödlicher Selektion in Vernichtungslagern, ohne Vermeidung von Gefahren der Wiederholung der schlimmsten Exzesse – zu einem *allgemeinen ubiquitären Daseinsprinzip mit Alleinvertretungsanspruch* geraten. Das geht so weit, daß ihr *kybernetisch-totalitärer Grundton*, der mit seiner aus der bürgerlichen Kälte kommenden Quantifizierungslogik das lebendige *Subjekt als Störgröße im Regelkreis des Optimierungswahns* um- und abwertet, auf konkurrierende Weltbilder vom Menschen als zwar instinktarmes, jedoch vielseitig kapables, auch metaphysisches, spirituell begabtes und intuitives sowie selbst in seinen Unzulänglichkeiten potenzenreich-wandelbares Wesen im Blick auf ein demokratisches Miteinander gar nicht mehr bezogen oder rückgekoppelt wird, sondern diese ebenfalls als Hemmschuh der Evolution diskreditiert.

Inzwischen ist darüber das Internet mit seinen adäquat koordinierten Peripherien wie ein Hauptmedium der Vermittlung des *Digitalismus als Dispositiv der Optimierung der Technik* zu einem *Paralleluniversum vom Range eines gegengesellschaftlichen Makrokosmos* mit Weltersatzneigung geraten. In dessen virtueller Gestalt ereignen sich die existentiell zentralen mikro- und makrokosmischen psycho-sozialen, sozio-ökomischen und polit-kulturellen Vorgänge, und mit dessen Virtualität wird das gesamte reale Leben unterwandert, neu formatiert und schließlich in eine *apparativ konfigurierte Assoziation von Homunkuli in maschineller Verfassung* transformiert. Dabei wird aus den technischen (Hilfs-)Mitteln, die für die bessere befreiende Beherrschung der materiellen Existenzumstände durch den Menschen ersonnen gewesen sein mochten, partiell tauglich sein könnten oder bloß propagiert wurden, *ein Gigakomplex der letztlich destruktiven und unterdrückenden Beherrschung des Menschen*. Bewegen sich die Menschen erst einmal als konsumierend-betriebsblinde Akteure im elektronisch gesponnenen Netz, sind sie rasch zappelnd, hypnotisiert oder wie gelähmt im Netzwerk seines multimediatisierten Expansionsdrangs gefangen: durch die Qualität der Individualisierung kollektiviert und durch die Mechanismen der Kollektivierung ihrer Individualität beraubt.

Molochartig wird der Gigakomplex als eine eigenmächtige *Fünfte Gewalt im Staate und in der Weltgesellschaft ohne Verfassungsrang und ausreichende Bindung an demokratische Legitimation* nicht nur von Legislative, Exekutive, Judikative und medialisierter Öffentlichkeit selbst genutzt, die allerdings vermittels der Hard- und Software-Abhängigkeit unversehens in die Fänge der Industrie und der Kaste ihrer Designer oder Programmierer geraten, was zur ohnehin ungebändigten Macht des Finanzwesens noch hinzukommt. Denn auch durchdringt er diese *ohne Einhaltung oder Neujustierung der Checks and Balances* und schickt sich an, tendenziell alle ihre Funktionen zu übernehmen und auszuüben oder notfalls zu paralysieren. Die Menschen werden darin als wiederkehrende Informationssuchende zu andauernden *Informationslieferanten*, weil sie mit ihrer Teilnahme an der Abrufung von Informationen und der Kommunikation in den Social Media im Netz permanent-automatisch Daten dergestalt über sich selbst abliefern, daß sie für alle möglichen Verwendungsbedarfe fremder Mächte durchsichtig und einsehbar werden – ohne mit reziproker Transparenz oder sonstigen Symmetrieleistungen rechnen zu können: dauerbeobachtet, -ausgezählt, -rubriziert, -verlinkt, -dokumentiert und -archiviert, weil das Internet vom Instrument der (behauptet-vorgesehenen) Führung durch legitimierte Subjekte zum (praktischen) *Mittel der illegitimen Führung* der Subjekte (schlechthin-hierarchisch) sich gewandelt hat – auf dem Wege zum programmgesteuert-gestylten Menschen.

Die Einrichtungen des Digitalismus – allen voran die Informations- und Kommunikationsportale des Internets in ihrem Verbund, doch mehr noch der Zusammenhang aus der mit ihm erfolgenden Ergänzung und Beschleunigung der Medialisierung der Gesellschaft sowie ihrer allumfassenden poly- und transmedialen Durchsetzung als individuelles und soziales Existenzmuster zur fundamentalen Prägung der Hauptprämisse, Strukturierung, Bedingung und Ausdrucksform von Gesellschaft, kulturellen Praktiken und Verkehrsformen – erweisen sich damit als eine *Greedy Institution in Hyperform*, welche die Konsumenten digitaler Angebote und Infrastrukturen zur *Konsumware* nach ihren selbstsüchtig-eigennützigen Bedürfnissen herabwürdigt. Der Internet-Ökonomie nutzt der Gehalt ihr ermöglichter Wissensmehrung über Motivationen, Verhaltensweisen, Neigungen, Bewegungen, Strategien, Sehnsüchte und Schwächen der Kunden bei der (Aufrechterhaltung, bestmöglichen Berechnung von Konstruktionen, Neuimplementation und Kaschierung von) *Ausbeutungs- und Manipulationstechniken* aller Art als *unerschöpfliche Basisquelle* für wirtschaftliche, ökonomische, kulturelle, gesellschaftliche und weltanschauliche Zwecke des Marketing sowie der Vorhersage, Kontrolle und Lenkung von Individuum und Masse. Mit den anderen benannten Implikationen des Digitalismus führen sie, tendenziell antiliberal-präjudizienhaft, zu einer *grundlegenden Veränderung* dessen, was *die kommunikative Konstruktion der Gesellschaft* auch und gerade im Sektor der Politik und des Politischen *auf den Ebenen der gehaltvollen Inhalte, der zwischenmenschlichen Beziehungen und des inneren Gliederungsgefüges* ausmacht.

Zwar kann sie sich dabei auf mancherlei freiwillig-naive Unterstützung der Betroffenen verlassen, ohne daß deswegen ihr Mißbrauch von Vertrauen und Gutmütigkeit gerechtfertigt wäre, doch erfolgen dafür auch außer der verdeckten Informationsabschöpfung *massive Eingriffe in die Psychostrukturen der Informationslieferanten*. Die Erheischung und Einschleifung vereinsamungsintensiver ungeteilter Aufmerksamkeit mit zunehmender Minimierung von Rückzugschancen zulasten (der Intaktheit) etlicher sozialer Humanbeziehungen in Partnerschaften, Familien, Freundeskreisen und Organisationen durch verlockende Verheißungen von (Schein-)Gratifikationen in Form des Zugangs zum Wissen der Welt, zu wahrhaftig und essentiell anmutenden Orientierungen sowie Surrogaten von Gemeinschaftserleben und Aufgehobenheit sichert den *immerwährenden Einblick in verwertbare Nutzerprofile und deren Formatierung*. Die digitalen Techniken geraten zu Kollaborationswerkzeugen für die Auskundschaftung der Konsumenten, nicht aber zu dem, wofür sie gedacht sein sollen: für deren Zugewinn an individueller und gruppenspezifischer Freiheit in der Wissensgesellschaft.

Der *Gegenwert* für die – aus Pragmatismus und Eitelkeit unbedachte – (Selbst-)Preisgabe von Personendaten, wie er in allerlei Dienstleistungen gegeben oder bloß versprochen wird, ist für die Einzelsubjekte als Individuen, Gruppenmitglieder und Gattungswesen zur (letztlich meist primär wieder systemimmanent bleibenden) Selbstertüchtigung *kaum ausreichend für eine Anbahnung und Erweiterung von Mündigkeit oder gar für eine Emanzipation* von irrationalen materiellen Zwängen, intellektuellen Defiziten und verdummenden Ideologien. Denn er ist neben der *Expropriation von Persönlichkeitsmerkmalen* für den Profit anderer gekoppelt mit (der Gefahr) einer latenten wie manifesten *Hörigkeit gegenüber den digitalen Medien der Information und Kommunikation und deren Funktion als Entlastung* von beispielsweise eigenständigen Denkoperationen im zivilgesellschaftlichen Alltag, Ausrechnung finanzieller Transaktionen im Bankenwesen oder Risikoabwägungen staatlicherseits – ein Ausgeliefertsein, dessen Bedrohlichkeit nicht erst bei Hackerangriffen, Ausfall von übergreifend wichtigen Rechenzentren, Supergaus in digital betriebenen Einrichtungen des Militärs oder der Energiewirtschaft und Produktion von Gefahrgütern sowie der Besetzung von Computeranlagen mit infrastruktureller Schlüsselbedeutung durch Terroristen evident und virulent wird.

XX.

Die minimalen Vorzüge der – fälschlich, aber bezeichnenderweise als Demokratisierung gesehenen – Multiplikation von Informationsnutzung oder gunsterweisende Mitwirkung Außenstehender an Selbstwertdefinitionen und Datenbereitstellung für die Konsumenten werden konterkariert durch den um ein Vielfaches größeren *Zugewinn an Macht* derjenigen, die einen Zugriff auf die (Daten der) Konsumenten haben. Damit erlangen *Hacker* unterschiedlicher Couleur mit ihrer relativen technischen Überlegenheit durch Informationsvorsprünge einen Elite-Status und können *ausgebuffte Internetfreaks* sich mit Insiderhaltungen und überdurchschnittlichem digitalen Fachwissen gegenüber Normalpublikum erhaben dünken oder tatsächliche Vorteile sichern.

Nicht weniger problematisch ist die *Delegation von Macht an die Computer* selbst, mit der man sich z.B. in technischen Expertensystemen die Schnelligkeit der digitalen Informationsverarbeitung für die Abkürzung von Entscheidungsprozeduren und zur besseren Berücksichtigung großer Variablenmengen zueigenzumachen versucht, um dadurch weniger ein höheres Maß an Rationalität zu erwirken als Konkurrenten (etwa bei der Ausschaltung von Mitbewerbern, beim ruinösen Wettkampf im Produktionssektor oder der Standortsicherung in der Staatengemeinschaft) überlegen sein zu können. Daß damit auch im Falle humanitärer Aufgabenstellungen digitalisierungsuntaugliche Dimensionen des Menschseins aus existentiell bedeutsamen Erwägungen ausgeblendet oder diese überhaupt entmenschlicht werden, wirft eine Reihe von weiteren Fragen an die Bestimmung legitimer Instanzen des Handelns auf. Und dem *Zeitbedarf demokratischer Prozeduren* kommt die *Beschleunigungsdynamik* erst recht nicht zugute, weil sie zu übereiltem Agieren nach minimalisierter Abwägung und ohne ausreichende Debatte verleitet.

Schon die computerisierte Fahrzeugsteuerung oder Funktionsbeobachtung in Techniksystemen (z.B. Autopilot, Vitalitätskontrolle in Krankenhäusern, Rechtschreibprüfungen, Navigationsgeräte) führt erwiesenermaßen zur *Untergrabung und Minderbewertung von Expertise oder Reflexleistungen* bei den davon entlasteten Menschen. Sie konditioniert sie mit der entstehenden *Abhängigkeit von Software* sowie der Auslagerung von Verantwortung oder Unterbindung nötiger Improvisation gar zu *tätigkeitsreduziert-repetitiven Handlangern in Technik-Gehilfenschaft mit Zuschauerstatus in Passivität*, ohne selbst störunanfällig zu sein oder merkliche Freiräume für höherwertige menschliche Kreativität und Entwicklung von Erfahrungswissen zu schaffen. Sie führen nämlich vor allem zur *Ausdehnung von seelenlosen Techniken*, die weiterer Computerisierung bedürfen und unverzichtbare intellektuelle wie emotionale und handwerkliche *Humanfähigkeiten mit Relevanz für Entscheidungshandeln, Reaktionsvermögen und Orientierungs- oder Recherchekompetenz verkümmern* lassen und anstelle nur der Änderung einzelner Arbeitsbestandteile die Aufgaben sowie deren ethische Momente und die mit ihnen befaßten Menschen selbst verändern. Immerhin sind die Folgen technischen Versagens, die in Katastrophen enden, häufiger und gravierender als diejenigen menschlicher Unzulänglichkeiten durch kognitive Schwächen, die beim ständigen Umgang mit Computern, wie arbeitspsychologisch belegt, systematisch in Nachlässigkeit und Voreingenommenheit führen.

Werden allerdings generell (wichtige Zweige von) Marktmechanismen auf Computer übertragen, stehen damit als *Etablierung von Maschinenherrschaft*, die aber wegen der fortbestehenden Eigentumsverhältnisse nicht Überwindung überflüssiger Herrschaft von Menschen über Menschen bedeutet, als erstes die Zerstörung von Arbeitsplätzen und Abschaffung von Wettbewerb oder der Märkte (durch Schädigung des Mittelstands nicht nur im Bereich des Online-Handels, sondern besonders im Bereich der politischen Ideen, Konzepte, Organisationen und Kader) überhaupt, schließlich über der *Entmündigung und Entrechtung leibhaftiger Menschen* einzelner Gruppenzugehörigkeit die *Abschaffung (der Bewahrung oder Ermöglichung einer) Oberhoheit der Menschheit über die (Humanisierung der) Geschicke der Gattung, der Sozialgebilde und der Einzelsubjekte* zu erwarten. Der darin sich verwirklichende und brutalstmöglich ausagierende *megadigitale Utopismus* ist nicht mehr bloß hypothetisch-virtuell, seit es dazu hat kommen können, daß diejenigen, die – noch dazu ohne jedwede demokratische oder/und moralische Legitimation bzw. wenigstens suprem und superb zu nennende Kompetenzen für verantwortungsbewußtes

Agieren – Verfügungsgewalt über die besten, sichersten, schnellsten und kapazitätsstärksten Riesencomputer haben, einen in *Herrschafts(geheim)wissen* sich ausdrückenden *Vorsprung bei der rechnerischen Antizipation menschlichen Verhaltens und Erfassung kognitiver, emotionaler und agitiver Dispositionen, Absichten und Performanzen* in allen Bereichen von Lebenswelt und System besitzen.

Es wird damit die idealiter vorgesehene oder gepriesene und partiell materialiter verbriefte oder mögliche *Souveränität* der Staatsbürger untergraben oder komplett *zugunsten transnational operierender Kapitalgesellschaften und ihrer Auftraggeber* transferiert. Denen kann und wird es so weiterhin gelingen, *Datenabschöpfung zur wirtschaftlichen oder/und politischen Kontrolle der Menschen* durch das System zugunsten der Machtmehrung Privilegierter zu betreiben anstatt diese demokratiegemäßer Kontrolle durch befugte Menschen zu unterstellen. Die Erfassung reicht in wahrhaft ungeheuerlichen Mengen und Konzentrationen von der einfachen Demoskopie über die Wissensaggregation für Verkaufstaktiken und verdeckte wie angekündigte Audio- und Video-Überwachung an privaten und öffentlichen Orten bis zur Ausspähung von Gedanken, Gesinnungen, Konzepten, Versammlungen, Handlungsweisen, Interaktionen sowie inneren Zuständen oder Befindlichkeiten, Kontakten, Bewegungen, Habitusmerkmalen, Wissensvorräten und Lebensverhältnissen von Einzelpersonen und Gruppen für Zwecke der Industrie- und intergesellschaftlichen wie zwischenstaatlichen Spionage durch Anzapfung, Sammlung, Speicherung, Auswertung und Inbeziehungsetzung analoger, nunmehr auch digitaler Informations- und Kommunikationsusancen unter Zuhilfenahme digitaler Instrumente.

Und die Daten geben selbst schon wieder eine begehrte Ware ab, mit der zu handeln Verkaufsaussichten erweitert, Erpressungsversuche ermöglicht und politisches Hegemoniestreben begünstigt werden – nur drei Varianten der *Erlangung, Ausübung und Ausdehnung von Macht in Ökonomie und Politik*. Daß aber die Überwachung nicht nur zur Veränderung der kommunikativen Grundstruktur und Konstruktion des gesellschaftlichen Ganzen und seiner Teile äußerst fatal beiträgt, sondern die *verbliebenden Reste herkömmlicher Gespräche und Korrespondenzen* minimiert, desavouiert, beirrt, überformt und womöglich unehrlich werden läßt, wird dabei als Effekt der Selbstmäßigung, -kasteiung oder -entfremdung kaum wahrgenommen. Das vernetzte Intelligentwerden von Umgebungstechniken für Home and Garden, Health, Mobility und Leisure Time, am Arbeitsplatz und in Dienststellen aller Art wird das noch zusätzlich eskalieren lassen, auch wenn es als etwas Selbstverständliches wahrgenommen wird.

Vielleicht sind es vor allem die erst in jüngster Zeit bekanntgewordenen Fälle der mittlerweile flächendeckenden (und offensichtlich transnational recht gut vernetzten) *Geheimdienstaktivitäten etlicher Staaten, Großorganisationen und Wirtschaftsunter-*

nehmen innerhalb und außerhalb von Legalität oder mafiösen Strukturen, die es nahelegen, von diesem aktuellen Stand der Entwicklung der elektronischen Informations- und Kommunikationsmedien aus – der noch längst nicht abgeschlossen ist und die Phase der Verwendung von Nanotechnologien mit ungewissem Ausgang noch erst vor sich hat – die *Bewertung von Wesen und Erscheinung des Digitalismus* vorzunehmen. Mindestens aber wird festzuhalten sein, daß in diesem weltgeschichtlich unüberbotenen Ausmaß der *Bespitzelung der Menschen* ein enormes, bereits in Anschlag gebrachtes Potential der *Verletzung, Untergrabung und Zerstörung aller sublimen Freiheitsformen und der Privatsphäre* zu sehen ist. Deren Schaden für Demokratiekultur und ein in ihrem Rahmen würdevolles Leben in Vertrauensverhältnissen ist unabsehbar und kann kaum noch in Schach gehalten oder revidiert werden.

In Zeiten, wo im Suprerrechner-Monopolismus *Sirenenserver und die von ihnen aggregierten Big Data* sich als *megalomanische Steuerungszentren des Systems* mit der Verknüpfung und Hochrechnung ermittelter verstreuter Personendaten zu *Realprofilen in einer auch ansonsten digitalen Spiegelung der Welt* etablieren können, kommt es zu einem enormen, tendenziell totalen *Autonomieverlust* der ohnehin bereits selbstdepotenzierten Subjekte und mit der *Entfunktionalisierung bürgersouveräner Staatskontrolle und staatlicher Souveränität* zur *Auflösung und Translokation des Gewaltmonopols.* Beginnend schon mit der wissenschaftspolitischen Verarbeitung, Zurichtung und Transformation der Informationen aus verdeckter Ermittlung und bei der Digitalisierung analoger Medien führt der Trend zum digitalen Totalitarismus zu einer Zuspitzung jener Abstraktion und Autoritarismusförmigkeit der Herrschaft, wie sie ohnehin bereits seit dem Übergang von persönlicher Abhängigkeit zu Systemloyalität im Gehorsam gegenüber formalen Gesetzen und der Internalisierung zivilisationstypischer Konventionen im Kapitalismus angelegt sind. Im Zusammenschluß von monopolitischen Weltkonzernen des Digitalismus und den administrativen Instanzen der bürokratisch-technokratischen Staatstätigkeit, die allerdings von der Ökonomie prädeterminiert und trotz oder gerade wegen vieler Cultural Lags auf Modernisierungskurs gehalten wird, gerät die *Virtualität der Dystopie eines vom watchingaktiven Big Brother drangsalierten und zusammengepferchten Gemeinwesens* zum *Realisierungsmodus der Zukunft.*

XXI.

Mit seinen *dominanzversessenen Welteroberungs-Ansprüchen* hat der Digitalismus ein *neues Stadium der globalen Risikozivilisation* geschaffen, was vor allem die unvermiedenreversiblen und irreversibel-unvermeidlichen grenzüberschreitenden Nebenwirkungen und Folgen für Intellekt, Gemüt und Leib in ihrer meist destruktiven Konnotation für das Gemeinwesen betrifft. Ungeachtet und vermittels aller noch zu erwartenden weiteren technisch-revolutionären Innovationen erweist sich der *Fortschrittstypus des Digitalismus als strukturkonservativ* dergestalt, daß mit seinen Rationalisierungen von Macht die im Kern fatale Irrationalität von Herrschaft nicht überwunden wird.

Will man damit sich nicht resignativ bescheiden, muß das *Projekt einer systemkritischen Aufklärung der Aufklärung* mehr denn je auf der Tagesordnung aller Diskurse und Aktionen stehen, die sich einer vulgärmaterialistischen Unterminierung der Idee des freien Bürgerwillens, der Unterjochung der Privatsphäre und der partizipationswidrig-technokratischen Machtzuwächse widersetzen und deshalb um einen problematisierend-veränderten Umgang mit der Internetzivilisation, ihren Implikationen und Kontexten bemühen müssen. Denn selbst wenn die gravierendsten der angedeuteten Gefahren gar nicht wahr werden, so liegt doch allein in der virtuellen Bedrohlichkeit – und sei es vermittels einer hysterisch aufgeladenen sicherheitspolitischen *Begründung von Überwachung* mit ihren Szenarien der Projektion von Angriffen und Angreifern auf Schurkenstaaten oder überbetonte Terroristen von innen und außen – ein erschreckendes *Potential der einschüchternd-disziplinierenden Verwandlung von real berechtigter Verunsicherung in neurotische und massenpsychotische Angst* mit negativen Effekten für politisches Selbstbewußtsein und zivilcouragiertes Staatsbürgerdasein, das die Bevölkerung selbst schlechthin zum Sicherheitsrisiko abstempelt. Ein übriges leisten dazu die *Planung, Simulation, Ankündigung und Verwirklichung angeblich entpersonaliserter digitaler Kriege* mit neuester Waffentechnik (wie z.B. elektronische Raketensteuerung, Einsatz von Drohnen und Störung oder Vernichtung von Rechenzentren) auf Schlachtfeldern oder im Cyberspace. Denn sie bedeuten keineswegs einen Bruch mit militärischer Gewalt an und für sich, vermeiden bzw. reduzieren nicht einmal Opfer an Menschen und Material oder erfüllen auch nur näherungsweise Ansprüche an Befriedung und friedenssichernde Maßnahmen mit Durchsetzung sozio-politischer Stabilität, ökonomischer Prosperität und Rechtsstaatlichkeit zugunsten der Prävention asymmetrischer Konflikte und ihrer Eskalation.

Nachdem die *Pandorabüchse* mit Machtanspruch und Machtgebrauch geöffnet wurde, wird sich allerdings die eingeleitete Entwicklungsdynamik nicht mehr rückgängig machen lassen können. Verbote der Digitalisierung, eine Verdrängung des Internetkomplexes oder rigoros-exzessives Abstinenzgebaren gegenüber Computern würden sich angesichts der realiter bestehenden Kräfteverhältnisse und Verfassung der globalisierten Welt ohnehin nicht durchsetzen lassen. Möglichkeiten der Teilhabe am digitalen Weltgeschehen vermittels besonders der WWW-basierten Information und Kommunikation dürfen nicht in simpler Ablehnung und Abstinenz ausgeschlagen oder verweigert werden, weil bereits die vorhandene *Digital Divide* zeigt, daß dadurch soziale Ungerechtigkeiten, ökonomische Verwerfungen und Partizipationsdefizite nur verfestigt oder noch ausgedehnt werden würden. Es kommt daher in produktiv-progressiver Analyse darauf an, *einen anderen als nur praktizistischen Modus Vivendi mit geeigneten Rahmenbedingungen* zu finden, mit denen es ohne Verstrickung in das digitale Weltbild approximativ gelingen könnte, die technischen Möglichkeiten im Zaume zu halten und einer demokratischen Verfügungsgewalt der Menschen zu übereignen.

Überlegungen zu einem *digitalen Humanismus* für eine *humanistische Internetökonomie* sind möglicherweise nicht weitreichend genug, um aus der Verfangenheit in den Technikimmanenzen herauszuführen, die ja nicht durch bloße Zielwandlungen schon zu überwinden sind, sondern struktureller Modifikationen des Umsteuerns für Richtungs- und Habitusänderungen mit besonderer Bereitschaft zu Verzichtsleistungen beim technikfundierten Wirtschaften nach Wachstumsfetischismus bedürfen. Obwohl die mit ihnen einhergehenden Hoffnungen auf eine Optimalisierbarkeit der Netz-Wirtschaft (zunächst noch) ebenfalls im techno-ökonomistischen Optionenset verharren, verweisen sie aber doch auf die Notwendigkeit, nicht nur *aus den inneren Widersprüchen der Materialität des Digitalismus* (etwa in greifbaren Chancen und Gefahren mit ihrer subversiven Nutzung gegen den Komplex oder für seine bereichsweise Aushebelung und Entlarvung), sondern auch im *Widerspruch eines reanimiert-geläuterten Idealismus zu ihm* (etwa der geistigen Vergegenwärtigung von Problemsignaturen und Phantasien des merklichen Wandels) zu tragfähigen Alternativen zu gelangen.

Gleichwohl wird eine *Transformation des Systems der Digitalökonomie* nicht isoliert von einer – vorzugsweise mit Erwägungen zu einer umfassenden Ethik für die Zukunft der Würde der Lebenskultur in der zeitgenössischen technischen Zivilisation zu verbindenden – *Transformation des Ökonomismussystems* mit seiner zweckrationalistisch-profitorientierten Eigentumsordnung, Produktionsweise und Verwertungslogik zu einer postkapitalistischen und nachbürgerlichen Weltgesellschaft gesehen werden dürfen, soll sie nicht in einem höchstens kosmetisch-renovierend verfahrenden statt radikal sanierenden Reparaturbetrieb enden. Denn der Digitalismus ist ja nicht einmal ökologisch unbedenklich, wenn man sich vor Augen führt, in welcher Größenordnung er aus kommerziellem Interesse natürliche Ressourcen verbraucht, mit profitwahrender Externalisierung der Folgekosten Emissionen verursacht und zur Optimierung großindustrieller Naturausbeutung beiträgt, welche direkt wie indirekt die innere Natur des Menschen einschließt.

Politischer Bildung, die nicht an betriebslinder Züchtung humanoider Lemminge einer entpersönlichenden Technokratie interessiert ist, sind damit Aufgabenbereiche benannt, deren Profilierung, Konkretisierung, Kleinarbeitung und Diskussion auf eine *Neubewertung und Aufwertung kultureller Techniken im ursprünglichen Wortsinne der geistigen Kunstfertigkeit, Kreativfähigkeit, Geschicklichkeit und Gewandtheit* hindeutet, wie sie für die *Humanisierung des Daseins* neben und jenseits bloßer Rechenoperationen in binären Codes unabdingbar sind. Die Verweigerung einer maschinellen Optimierung des Menschen verweist auf die Notwendigkeit einer in dezidierter Unterscheidung und Auswahl maximalistisch-optimalen Ausschöpfung, Anreicherung und *Kultivierung nicht-digitaler Zukunftsentwürfe, Aufklärungsprozeduren, Werkzeuge und Medien*, welche den Menschen in seiner dialektisch-komplexen Begabtheit für die *analoge Welterschließung* würdigen und darum auf die *sublime Macht von Reflexionsprozessen* vertrauen.

Gefragt sind damit mentale Kapazitäten, die – wie *Dialektik, Denken in Sinnzusammenhängen, Bedeutungsvergewisserung, unorthodoxe Verknüpfungsleistungen, Ideologiekritik, Empathie und Imagination* – durch mathematische Operationen nicht ersetzbar sind und erst in *demokratisch-kommunikativer Verflüssigung und Vervielfältigung auf humane Weise schöpferisch* werden können. Ihr Hineintragen als Potenz vieler Einzelner und der Vielen im Austausch miteinander in die Informationssuche und Informationsabgabe sowie in die Kommunikation in Social Media steht erst noch am Anfang. Sie muß sich allerdings stets der Korrumpierbarkeit durch die digitalen Verführungen und Eigenlogiken mit ihrer Ausnutzung und Begünstigung ich-schwacher Identitäten bewußt bleiben, deren *Seeleneigenschaften und Personamerkmale* immer häufiger in *reduktionistischer Kompaktheit von iPad-Chroniken* aufgehen, mit deren Datenverwaltung freilich die reflexive Erinnerungsarbeit klassischer Tabula-Skripten in ihrer Bedeutung für Selbstfindung, Tradition, Gewissensbildung und Sozialzugehörigkeit unterboten wird und verlorengeht.

Zugleich innerhalb des Netzes und in immer wieder merklicher Distanz zu ihm bei einem *Leben in sinnlich-konkreter Vielgestaltigkeit nicht-synthetischer Daseinsweisen*, könnte es so vielleicht gelingen, eine *Balance zwischen Teilhabe und Widerstand in sozialer Integration und geistiger Migration zur allmählichen Überwindung der überflüssigen Zwänge* zu finden. Insofern darin eine Abkehr von der herrschenden Modernisierungslogik der Verstetigung technischen Fortschritts zugunsten einer Transzendenz monodimensionaler Daseinsmuster in Lebenswelt und System angezeigt ist, zeigt sich, daß *Demokratie* (vor allem in ihren subtilen Varianten der *Selbstregierung* als Verfügung über sich selbst und des Volkes über die öffentlichen Angelegenheiten) keineswegs schon erläßlich ist, wie die Digitalismuspotentaten weismachen zu wollen nicht müde werden. Sie ist vielmehr der *Obsoleszenz der in der Rationalität des Digitalismus irrationalen Herrschaft* entgegenzusetzen für die Grundierung einer sozial und ökologisch verträglichen Zivilisationsweise, die, anstatt die Menschen Software-Programmen zu unterwerfen oder gleichzumachen, progressiv (zu einer

Besinnung) auf ureigene menschliche Kompetenzen zurückkehrt, um zu einem befriedeten Dasein vordringen zu können.

Im Vor- und Umfeld der großräumigen Systemtransformation sind dabei durchaus *kleinschrittige Vorgänge* denkbar und *kleinformatige Absichten* zu verfolgen. Zu ihnen lassen sich derzeit vorrangig als *demokratische Kontrolle der Kontrolle und Kontrolle der Kontrolleure* beispielsweise umfängliche Regulationen geheimdienstlicher Aktivitäten, um ihretwillen die Wertschätzung von verantwortungsvollen Whistleblower-Aktivitäten und Wikileaks-Portalen im Range von Bestandteilen des Widerstandsrechts der Staatsbürger und der Menschheit überhaupt, eine Durchsetzung strenger Datenschutzauflagen und wirksamer Urheberrechtsschutz, die Sicherstellung von aufgeklärter Freiwilligkeit und Bezahlsystemen zur Honorierung von Datenpreisgabe seitens der Konsumenten, der Ausbau von Einrichtungen zur Wahrung und Verteidigung der informationellen Selbstbestimmung, Auflagen für die Freizügigkeit und Qualitätsbegünstigung der zivilgesellschaftlich fungierenden Social Media im Rahmen des außerordentlichen Verfassungsrangs von Opposition, die strafrechtliche Verfolgung aller menschenrechtsverletzenden Aktivitäten im Netz u.a.m. anführen. Diese und alle anderen Maßgaben wie Maßnahmen stehen im Kontext der Schutz- und Fürsorgepflichten der Nationalstaaten für alle ihre Mitglieder und sind doch nach Lage der Dinge nur in internationalen Übereinkünften zu erarbeiten. Sie könnten und müßten allerdings Unterstützung durch breiten Widerstand gegen alle Folgen der Benachteiligung durch Computermacht – wie z.B. Arbeitsplatzverlust aufgrund von Leistungsvorhersagen oder Stellenstreichungen durch Technisierung und Diskreditierung wegen vorhergesagter oder beobachteter politischer Aktivitäten – finden.

XXII.

Ob es im *Egalisierungsinteresse* liegt, die Digitalisierung analoger Medien und insbesondere von Lesestoffen und Filmkunst voranzutreiben, damit sie im Netz massenhaft verfügbar sind, bleibt allerdings fraglich. Zu sehr besteht dabei – mehr noch als zuvor schon bei der traditionellen Reproduktion von Kunstwerken seit Beginn des technischen Zeitalters – die Gefahr von Auraverlust, verflachender Verfälschung der Originalästhetik und einer Nutzungsgängelung sowie eines Reichtums- und Machtzuwachses primär auf Seiten der Server, die damit Gewinne erzielen. Es bedarf für ihre *Verwahrung, Restaurierung, Vorhaltung und Verwendung unter adäquaten Lernumgebungsmerkmalen* anderer, analogiegerechter Orte und Verfahren entstaubter Musealität, die möglichst so beschaffen sein sollten, daß sie der selbsttätig-meditativen Ergründung sowie personalen Verständigung der Einzelnen über ihre Gehalte entgegenkommen und weitergehende Kommunikationsprozesse zulassen: öffentlich-rechtliche und kommunale Archive, Bibliotheken, Salons, Art House Cinemas, Ideencafés, Debattierclubs, Denk- und Schreibwerkstätten, Akademien, Foren u.a.m. als innerschulische und außerschulische Lernorte. Hinzukommen muß die Einschreibung ins menschliche Gedächtnis und in eines Tages archäologisch neu zu entdeckenden Privatsammlungen, solange sie sonst über dem Digitalismus in Vergessenheit zu geraten drohen oder vernichtet werden.

Dabei geht es nicht zuletzt um eine *Zueignung, Entschlüsselung und Weiterführung des kulturellen Wissenserbes* und der darin repräsentierten vergangenen wie gegenwärtigen Auseinandersetzungen, die im Netz nicht stattfinden (konnten, können und werden) oder dort depotenzierend in eine ungewollte Richtung gelenkt werden. Denn immerhin besteht mittlerweile die andauernd größer werdende Gefahr, daß in den ganz generell schon zur Monopolisierung von Anbietern, Produktsteuerungen, Vertriebsstrukturen und Preisvorgaben tendierenden E-Commerce-Netzen speziell die Standards, Usancen und Regularien für die Lektüre, die inhaltliche wie architektonische Komposition sowie die Publikationswege und Liefergeschwindigkeiten von Büchern nicht zuletzt für die politisch-wissenschaftliche Kommunikation sachlich-fachlicher Provenienz und ihr affine Qualitätsbelletristik in ruinösem Wettbewerb mit Autoren, Verlagen und Buchhandlungen und anderen klassischen Distributoren nach gnadenlos gehandhabter Marktwirtschaftsauffassung diktiert werden.

Für Politische Bildung liegt in dem keineswegs bereits verbrauchten Erbe der analogen Kultur ein unersetzlicher Schatz für die *Patronage und Mehrung von Diskurskultur*. Sie stärker zu würdigen und zu mobilisieren als geläufige Information und Kommunikation mit digitalen Medien, indiziert nicht nur entsprechende Vermittlungsmodi in Didaktik und Unterrichtsverlauf. Erinnern läßt sich mit ihnen auch an die Möglichkeit und Notwendigkeit einer ganz anderen als allgemein üblich gewordenen *Virtualitätsbezüglichkeit*, wie sie nicht zuletzt die schroffe Defensive des Konstruktivismus gegen die Aussicht auf Realitätsnähe und seine Offensive für die mehr diskreditierende als schöpferische Relativierung subjektivistischer Weltdeutungen als Verfehlung der Kernproblematik politikbezogenen Lernens kennzeichnen. Im Blick auf die politische Wirklichkeit kommt es nämlich im Wesentlichen überhaupt nicht auf eine gedanklich-affektive Kopie fotogrammetrisch-positivistischer Enzyklopädismen der konkretistisch-meßbaren Welt an. Entscheidend ist vielmehr die sinnverstehend-gehaltserschließende *Erfassung des schlüsselproblembezogenen Wissens über das Bedeutsam-Allgemeine in seinen maßgeblichen Struktureigenschaften als Politikum*, um darauf Sach- und Werturteile für die Deutung und Bewältigung existentieller Herausforderungen des Gemeinwesens in changierenden normativen und realen Verfassungen gründen zu können.

Zwar besteht via Internet eine gewisse Aussicht, deliberative Demokratie nicht Angelegenheit nur *parternalistischer Besserwisser und Fachleute mit selbstreferentieller Verständigung in elitären analogen Publikationsorganen* sein zu lassen, weil sich Möglichkeiten der *Generierung und Verbreitung argumentativer Geistes- und Verantwortungskultur* erweitern (können). Doch wird es fernerhin einer *beispielgebenden Intellektualität exponierter und außergewöhnlich begabter Einzelner* bedürfen, um, zeitdiagnostisch und nötigenfalls avantgardehaft, entlarvende Kritik, Krisentheorie und Visionen einer besseren Daseinsweise in Negation und Negation von Negation als konkrete Utopie einzufordern, anzuregen, vorzuformulieren oder auch nur bündelnd aufzugreifen, zu ergänzen und zu ermutigen. Damit dank deren Hilfe zur kontroversenträchtigen und integrationsförderlichen Bezeichnung, Einordnung und Bewertung im Blick auf Vergangenheit, Gegenwart und Zukunft die *Zerklüftung der zahllosen Internetöffentlichkeiten* überwunden werden kann, muß die digitale Kommunikation außerdigital vorbereitet, nachbereitet, aufgearbeitet und konterkariert werden. Sonst nämlich läßt sich nicht anbahnen, daß die *Orientierungsverluste in der informationellen Unübersichtlichkeit* dahingehend kompensiert werden, daß das politische Lernen sich auf die *nachdenkliche Entdeckung und Distinktion* von Relevanzen und Irrelevanzen, Vordringlichkeiten und Nebensächlichkeiten, Zielprojekten mit langem Atem und bloß pragmatistisch-technischem Hantieren in den Räumen des Politischen und für Politik konzentrieren kann.

Das *gesellschaftliche Konstrukt*, das diese Wirklichkeit (selbst im Falle der Bestimmung neuronaler Faktoren der Wahrnehmung) als etwas von Menschen in tätiger Auseinandersetzung und Austragung von Interessenkonflikten Geschaffenes darstellt, erweist sich, außer in chaotisch anmutenden gelegentlichen Verhaltenszufälligkeiten, vor allem als *Ergebnis einer diskursiven Konstruktion und deren Materialisierung mit inhärenten und anschließenden Diskursbedarfen*. Insofern dafür dem Bewußtsein in kontroverser Gestalt zugängliche *Objektivationen* in den Diskursmedien und den von ihnen benutzten Quellen vorliegen, ist trotz verbleibender Wahrnehmungs- wie Wahrnehmbarkeitslücken und Deutungsspielräume die Virtualität keineswegs eine Folge der Undurchdringlichkeit von Wirklichkeit für partikularempirische Ausmessung und Kartierung, sondern gebannt, begrenzt und gefeit durch *totalitätsempirisches Anschmiegen an deren essentielle Gehalte in Konstellationen*.

Deren Bestimmung kann und muß selbst bei Neutralitätsgeboten gar nicht objektivistisch erfolgen, sondern hat die Reflexion der Zugänge zu ihnen sowie die darin leitenden Erkenntnis- und Handlungsinteressen als bestandteiliges Kontingenzfeld ausdrücklich einzubeziehen. Das gilt zumal angesichts der in humanistisch-kognitionspsychologischen Ansätzen zugrundegelegten *Äquivalenzen der Struktur- und Strukturierungseigenschaften in Objektwelt und Subjektgefüge*, welche die historische, gegenwartsmateriale und interpersonale Dialektik in

Selbsttätigkeit und Anregungen dafür als ermutigende *Überbrückung* von sozialisatorisch geprägten Abgründen und *Überwindung* alltagsmedial geschaffener Entfremdungen zu aktivieren nahelegen. Sozialwissenschaftlicher Forschung sollte daher erhebliche Zurückhaltung beim Einsatz quantitativ-empirischer Verfahren und bei der Speicherung qualitativer Informationen über Personen geziemen, die ihrerseits als Produktion von Herrschaftswissen für die bildungs- und sonstige politische Steuerung nicht erst mit Online-Befragungen in den Strudel anfechtbarer Auskunftseinholung hineingeraten sind. *Fruchtbarkeit* erlangen können die Äquivalenzen zusammen mit den übrigen Potenzen aber nur, wenn es zu einer Bewußtwerdung der neuen kommunikativen Konfigurationen und Informationsmodalitäten im Ineinandergreifen aller Felder und Konsequenzen der Digitalisierung kommt.

Doch reicht auch diese nicht aus, wenn nicht mit *Aussicht auf eine Bändigung, ein Gegensteuern und die Einrichtung des Zusammenlebens nach anderen Modi* als denen einer digitalisierten kommunikativen Struktur und Konstruktion eine *Förderung vielfältiger Möglichkeiten des Erlebens* hinzukommt. Sie muß *auf die Suche nach einem Wiedererlangen und einer Ausdehnung von Freiheits- und Handlungsspielräumen* jenseits oder neben etablierten medientechnischen Handlungsketten und ihrer Verkomplizierung statt Erleichterung des Daseins zielen, ohne allein darin aufzugehen. Dazu gehören zugunsten breiter gesellschaftlicher Diskurse das *vieldimensionale Verstehen* der digitalen Durchdringung der Welt, die *radikale Infragestellung* des geläufigen Medienverhaltens, die *tiefgründige Reflexion* der Vermittlungszusammenhänge zwischen subjektiven und objektiven Bedürfnissen sowie die *intensive Ventilation* von Gerechtigkeits- und Gleichheitsfragen in ökologischer Verantwortung. Antizipatorisch in den Blick zu nehmen haben sie eine *Zukunft*, für die lebendige Menschen sich unkonditioniert engagieren mögen und die nicht der technologieimmanenten Entwicklungsdynamik überlassen bleibt, sondern diese selbst *humanen Zwecken von Zwecken in Optionenvielfalt und Offenheit* unterwirft. Falls dafür sich zeitgenössische Informations- und Kommunikationsmedien nutzen, verwandeln, unterlaufen und umdrehen lassen – um so besser!

XXIII.

Es ist daher der Virtualität der politischen Kommunikation durchaus erkenntnisintensiv statt in allenfalls halbgebildeter Informiertheit dergestalt zu begegnen, daß die diskursive Konstruktion (des Wissens von) der Realität mit *diskursiven Entschlüsselungen in Rekonstruktion und Dekonstruktion* produktiv erfolgen, dabei bloß subjektivistische Beliebigkeiten des Konstruierens vermeiden oder übersteigen und doch die Anschauungen der Subjekte als aggregattaugliche abhängige und bedingende Elemente diskursiver Materialitätskonstruktionen metakognitiv berücksichtigen kann. Allerdings greift jene didaktische Perspektive einer sich als kommunikativ apostrophierenden Didaktik viel zu kurz, die sich *affirmativ-reproduktiv* mit einer additiven Vermittlung der in den internen und einander ergänzenden Mainstream-Paradigmen der wissenschaftlichen Spiegelung von Politik begnügen.

Für eine *emanzipatorische Anlage* politischen Lernens in Bildung als intransitive Auseinandersetzung bedarf es nicht nur der *Erweiterung des Paradigmenspektrums* über wissenschaftliche Paradigmen und Mainstream hinaus, sondern auch einer individuellen und sozialen Eigentätigkeit der Lernenden im Rahmen projektorientierter diskursiver Konstruktionen ihrer sachlich-fachlich fundierten Haltungen, Wissensbestände und Handlungsentwürfe gemäß nach-denklicher Interessenaufklärung jenseits konsumistisch-rezeptiver Verfahren. Es kann dann Wissen davor bewahrt bleiben, als Kanonstoff zu erstarren und sich der Lernenden zu bemächtigen, jedoch, gerade in der Art seiner Produktion und des Umgangs mit ihm als *Ausschöpfung der Reflexivität der Moderne in ihrer antinomischen Verfassung*, zu einem Mittel der *Ermächtigung der Subjekte* als Individuen, Gruppenmitglieder und Gattungsangehörige geraten, die sich binärer Ausdeutung und anderen fremden Mächten nicht ausliefern, sondern die *Option auf eine doppelte Transformation von Lebenswelt und System* offenhalten.

Mithin kommt es im Kern diskursiver Vorgänge an auf eine *Reaktualisierung der Wirkungsmächtigkeit bedeutungsgebender Akte des Sprechens*, die als rhetorische Kommunikation über eine Verfestigung (zumindest der schlechten Seiten) von Wirklichkeit hinausführen. Leisten können sie das, indem sie nicht die Menschen mit vorgefertigten Realitätsabbildern für Funktionsertüchtigung ausstatten, sondern (wenigstens als Antizipation) Möglichkeiten dafür zu erarbeiten gestatten, daß die Subjekte – statt durch die Bedienung von technischen Gerätschaften für die Wirklichkeit eingeschaltet und auf deren vorherrschende Semantiken justiert zu werden – sich *wirklichkeitsbildend* mit praktischen Konsequenzen, nicht aber praktizistisch in die Prozesse ihrer Bestimmung *einschalten*. Erst eine so sich anbahnende *Oszillation von Signifikation und Resignifikation* birgt die Chance einer Forcierung, Ortung, Tiefenlotung und Dynamisierung der progressiv-produktiven *Spannungsmomente aus Stabilisierung und Unterminierung* disparat vorfindlicher und in Sach- wie Werturteil unterschiedlich betrachteter Sinn-, Ordnungs- und Handlungszusammenhänge der Politik und des Politischen.

Die diskursive Orientierung beinhaltet eine *Ermöglichung von Zitation und Selbstzitation* – zum eigenen Erleben, zum Erleben anderer und zu den transsubjektiven Darlegungen über die existentiell wichtigen Erscheinungen und ihre Wesensgestalt, in denen die aus der

Reziprozität der Strukturäquivalenz erwachsende *Repräsentanz des Objektiven im Subjektiven und umgekehrt* sich artikuliert und darin auftretende Brüche, Nahtstellen, Differenzen und Reibeflächen als bearbeitungsfähig offenbart. Sie erleichtert schon im Lernprozeß mit Aussicht auf späterhin fortgesetzte Anwendungen *performative Äußerungen im und zum Sein*. Dadurch konstituiert sie (die Aussicht auf) eine *Praxis der Kritik*, die für verantwortbare Verknüpfungen und Transformationen von Sein und Bewußtsein unerläßlich ist. Auf dem solchermaßen denkbaren Wege zu einer ich-starken und kollektiv verdichtungsfähigen vollwertig-anspruchsvollen, wiewohl nie zu erzwingenden *politischen Literalität* sind *pädagogische Anregungen* nicht länger belehrungsförmig, aber auch weder beliebig noch bloß indifferent-umgebungsgebend zu handhaben, sondern als *ergebnisoffen-dezidierte, nicht-parteiliche, aber parteinehmende Intervention* im Medium des Vernachlässigten, Vergessenen, Verdrängten, Normabweichenden und Unkonventionellen. Dieses muß selbstredend jeweils zur Disposition gestellt werden (können), doch auch dazu taugen (dürfen), eine Infragestellung des Geläufigen oder Üblichen dort anzustoßen, wo es in den Biographien wie in den Institutionen mit Stereotypisierung, Idealisierung oder Mystifikation unbewußt oder selbstverständlich zwingend geworden ist.

Didaktik ist dann in Professionalität – mit Rücksicht auf psychopolitische Lernvoraussetzungen und unterrichtliche Geschicklichkeitsbelange, vor allem mit erheblichen Vorschüssen auf Mündigkeit – nicht geschäftige Vermittlung der Politik und des Politischen an kundenartige Adressaten. Vielmehr gelingt sie als *sanfte Vermittlung zwischen* Subjekt(lebenswelt) im Systemkontext und (inter-)subjektiv vitalisiertem Herrschaftssystem sowie *aktivierende Anbahnung von* Vermittlungen zwischen tentativ autonomen Lernsubjekten auf dem Wege zum handlungsfähigen Staatsbürger als Souverän.

Ihre *kategoriale Kultur* bezieht sich auf *begriffssprachliche* Verständigungen anhand *kardinaler* Probleme und *kategorischer* Fragestellungen im Dienste der Daseinsproblematisierung, die mit Meßverfahren, Abstimmungen und algorithmisierten Informationen nicht geleistet werden können, sondern einer zwar individuell zu konfundierenden, aber notwendig kollektiven Durcharbeitung in intellektuellen Suchbewegungen bedürfen. Überdies impliziert diskursive Konstruktion einen *demokratischen Prozeß der Verarbeitung von Informationen zu Wissen*, welcher der bewußteinsförderlichen Präsenzform einer in (nach)forschend-(nach)entdeckendem Lernen sich ereignenden Citizen Science mit ihrer Einbeziehung konkreter Einzelner vor Ort jenseits bloß belehrungsförmiger Wissenschaftsorientierung näher ist und sein muß als der auf die Offenheit für anonymisierte professionelle Fans und Laienexperten basierenden Konstruktion von instruktiven Wiki-Artikeln, die ansonsten zeitweilig-bedarfsweise und ihrerseits relativierungsbedürftig, nicht aber monistisch als Medien zurate gezogen werden können.

XXIV.

Es ist mehr als fraglich, ob derart konturierte Politische Bildung durch die gewöhnliche Nutzung der Online-Medien der (modisch nahegelegten) Information und Kommunikation ersetzt oder mit ihrer alleinigen Bevorzugung geleistet werden kann. Doch läßt sich denken, daß mit emanzipatorisch initiierten, sich ereignenden und absetzenden politischen Lernprozessen ein *Korrektiv zu den Gefahrenpotentialen* des Internets im besonderen und des Digitalismus im allgemeinen gedeihen kann. Denn nicht zuletzt erwachsen aus den daraus entstehenden diskursiven Konstruktionen und sie materialisierenden Instanzen wachsamer Öffentlichkeit analog verfahrende *Gatekeeping-Strukturen*, welche die Ein- und Ausfallstore für Machtmißbräuche in den verschiedenen Virtualisierungshorizonten oder andere digitale Verwerfungen und Verwerflichkeiten schützen. Deren Protagonisten sind mit demokratisch legitimierter Einflußnahme auf das Agenda Setting und Discourse Forming zwar keine Heilsbringer, aber doch besser kontrollierte und kritisierbare *Kuratoren* als alle fundamentalistischen Mathematisierer und von ihnen ersonnene entmenschlicht-kalte Techniksysteme oder in deren Gefolge im vorauseilenden Gehorsam selbstransformierte Bildschirmgeschöpfe.

Darin mag ein Plädoyer für die *begründete Tradierung, historische Spezifikation und problemgerechte Auffaltung eines ausdrücklichen Wertkonservatismus* gesehen werden, doch ist dieser wohl weniger problematisch als der Strukturkonservatismus des technokratischen Fortschrittsoptimismus. In einer Weltgesellschaft der Klassenverhältnisse kann man eben nicht sich über Interessendichotomie hinwegsetzen, sondern nur, freilich ohne Gutmenschenanspruch, deutlich Flagge zeigen mit einer den subjektiven und objektiven Ambivalenzen geschuldeten *Antithese*, aus der, weil dem *Humanum* idealiter und materialiter verbunden, aber diskursiv zu prüfen und historisch zu bewähren, *Perspektiven für eine Synthese* jenseits der rauhen Wirklichkeit im Diesseits zu gewinnen sein könnten. Es ist noch unentschieden, ob das in seinen utopischen Gehalten auf Ewigkeit virtuell wird bleiben müssen und realer schlechter Wirklichkeit erliegen wird – oder nicht.

Anmerkung (zur Widmung)

Hans-Ulrich Schilf hat nach einem *Studium* an der Pädagogischen Hochschule Niedersachsen, Abt. Lüneburg, sowie beiden Staatsprüfungen für das Lehramt an Grund- und Hauptschulen erfolgreich zunächst einige Zeit im *Schuldienst* und danach langjährig als crossdisziplinärer *Dozent der Politischen Bildung* für unterschiedliche Besuchergruppen an der international renommierten *Akademie Sankelmark* gewirkt, um – nach anschließender *Bildungsarbeit im Ausland* – noch einmal wieder als *Lehrer* (zuletzt an der Aukrugschule in Aukrug und an der Emil-Nolde-Schule in Büdelsdorf) tätig zu sein. Als *unnaiv-moderner Staatsbürger* und ehrenamtlicher *Website-Gestalter* (für seine Arbeitsstätten und eigenen Reiseberichte) oder als *Mitglied in Sozialen Netzwerken* (wie etwa dem ›fernstudi.net‹ für Lehrende und Lernende) ist er mit dem hier thematisierten Problemfeld aus eigener Anschauung und skeptischer Grundhaltung auf seine Art vertraut, die ihn als einen stets zeitgemäß und adressatenorientiert, nicht aber zeitgeisthörig agierenden Pädagogen und Andragogen ausweist. Politische Bildung vertritt er seit jeher, mit deutlichen historischen Bezügen, als ein *kritisch-aufklärerisches Anliegen im Interesse der Mündigkeit der Betroffenen*, um die er ebenso wie um sein Kollegium in großer verantwortungsbewußter Fürsorglichkeit bemüht ist. Legendär sind seine (z.B. als weltgewandter Segler noch ausgebauten) *kosmopolitischen Beziehungen zum reichhaltigen Kulturleben*, das er – ziemlich gesellig, stets bestens informiert und überaus kommunikationsfreudig, wie er ist – mit literarisch-satirischen Texten aus eigener Feder und aus den *Traditionen der Arbeiterbewegung* sowie mit Liedvortrag in selbständiger Gitarrenbegleitung zu bereichern weiß. Daß ihm die virtuellen Sphären der digitalen Techniken im Zeitalter der Globalisierung ungeachtet seiner Könnerschaft der Handhabung nicht Selbst- oder Lebenszweck sind, mag man deshalb und überdies daran sehen, daß er seit dem Ausscheiden aus dem aktiven Dienst sich noch durch *akademische Qualifikationen im kultur- und sozialwissenschaftlichen Master-Studiengang ›Europäische Moderne: Geschichte und Literatur‹* an der Universität Hagen bewährt hat. Außerdem ist er unter anderem mit einigen *beachtenswerten monographischen Publikationen in Print- und E-Book-Form* – so ›Zur Militarisierung der Männlichkeit in Preußen‹ und zur ›Staatsrechtsphilosophie von Thomas Hobbes im Kontext des Englischen Bürgerkriegs‹ – wie schon früher als Mitautor einer Schrift zum ›Wiederaufbau der SPD nach dem Zweiten Weltkrieg‹ (im Periodikum ›Demokratische Geschichte‹) hervorgetreten. Aus alledem sowie über Jahrzehnte vertrauensvollen Begegnungen erwachsene *berufliche und längst freundschaftliche Kontakte* (besonders zu Fragen der *Sozialen Demokratie* und des *Demokratischen Sozialismus*) zwischen dem Jubilar und dem Autor der vorliegenden Abhandlung, die mit allen guten Wünschen für die Zukunft verbunden ist, werden darum wohl kaum überraschen.

Literatur

Alavi, B. (Hg.) (2010): Historisches Lernen im virtuellen Medium. Heidelberg

Albrecht, J. P. (2014): Finger weg von unseren Daten! Wie wir entmündigt und ausgenommen werden. München

Anders, G. (1985): Die Antiquiertheit des Menschen. 2 Bde., 3. Aufl., München

Anter, A. (2012): Theorien der Macht. Hamburg

Aust, St.; Ammann, T. (2014): Digitale Diktatur. Totalüberwachung, Datenmißbrauch, Cyberkrieg. Berlin

Baab, P. (1996): Neue Technologien als Instrumente der Kulturindustrie: Apersonale Herrschaft und politisches Lernen. In: Claußen/Geißler 1996, 159–171

Baacke, E.; Frech, S.; Ruprecht, G. (Hg.) (2002): Virtuelle (Lern)Welten. Herausforderungen für die politische Bildung. Schwalbach

Baasner, F.; Wertheimer, H.-D. (Hg.) (2014): Ware Mensch – Die Ökonomisierung der Welt. Baden-Baden

Baecker, D. (2014): Neurosoziologie. Ein Versuch. Berlin

Banse, G.; Bartikova, M. (Hg.) (2007): E-Learning? – E-Learning! Berlin

Baumann, Z. (2003): Leben in der flüchtigen Moderne. Frankfurt am Main
Baumann, Z.; Lyon, D. (2013): Daten, Drohnen, Disziplin. Ein Gespräch über flüchtige Überwachung. Berlin
Beck, K. (2014): Soziologie der Online-Kommunikation. Wiesbaden
Becker, J. (2003): Informations- und Kommunikationstechnologien in der Kontrollgesellschaft. In: Widerspruch 23/2, 11–28
Becker, O. (Hg.) (2005a): Medien – Unterricht – Kommunikation. Politische, sozialwissenschaftliche und fachdidaktische Aspekte zur Kontext- und Interdependenzendiskussion. Hamburg
Becker, O. (2005b): ›Kommunikative Kompetenz‹ und ›Menschenbild‹ im ›Medialitätsgefüge‹ Kritischer Politikdidaktik. In: Becker 2005a, 19–124
Berger, P. A.; Kahlert, H. (2004): Alles ›vernetzt‹? Sozialstruktur und Identität in der ›schönen neuen Welt‹ des informationellen Kapitalismus. In: Soziologische Revue 27, 3–11
Berman, M. (2000): Kultur vor dem Kollaps? Wegbereiter Amerika. 3. Aufl., Frankfurt am Main
Besand, A. (2004): Angst vor der Oberfläche. Zum Verhältnis ästhetischen und politischen Lernens im Zeitalter Neuer Medien. Schwalbach
Böhme, J. (2005): E-Learning und der buchkulturelle Widerstand gegen eine Entschulung der Gesellschaft. In: Zeitschrift für Pädagogik 51, 30–44
Bonß, W.; Lau, Ch. (Hg.) (2011): Macht und Herrschaft in der reflexiven Moderne. Weilerswist
Bora, A.; Bröchler, St.; Decker, M. (Hg.) (2007): Technology Assessment in der Weltgesellschaft. Berlin
Borchers, D. (2013): Die digitale Revolution frißt ihre Kinder. In: Der Freitag 24/14, 7
Bradbury, R. (2013): Fahrenheit 451. Neuausg./Neuaufl. Zürich
Breit, G. (2014): Leben online – eine Herausforderung für den Politikunterricht. In: Politische Bildung 47/1, 170–180
Bröckling, U. (2007): Das unternehmerische Selbst. Soziologie einer neuen Subjektivierungsform. Frankfurt am Main
Brucher, R. (2014): Das Narrativ der dissoziativen Identitätsstörung im Kontext ökonomischer Imperative. In: Leviathan 42, 191–218
Brunkhorst, H. (2010): Die Macht des Intellektuellen. In: Aus Politik und Zeitgeschichte 59/10, 32–37
Brynjolfsson, E.; McAfee, A. (2014): The Second Machine Age. Work Progress and Prosperity in a Time of Brillant Technologies. New York
Bublitz, M. (2014): Zerstörung des Allgemeinen? In: Hamburger Lehrerzeitung 67/5–6, 48–51
Bühl, A. (2000): Die virtuelle Gesellschaft des 21. Jahrhunderts. Sozialer Wandel im digitalen Zeitalter. 2. Aufl., Wiesbaden
Büttner, U.; Gotterbarm, M.; Schneeweiss, F.; Seidel, St.; Seiffarth, M. (Hg.) (2014): Diesseits des Virtuellen. Handschrift im 20. und 21. Jahrhundert. Paderborn
Bullwinkel, B.; Probst, L. (2014): Innerparteiliche Willensbildung und Entscheidungsprozesse durch digitale Partizipation. Ein Praxistest des Konzepts der Liquid Democracy. In: Zeitschrift für Parlamentsfragen 45, 382–401

Bultmann, T. (2005): Zur aktuellen Transformation der Wissenssysteme. In: Kaindl, Ch. (Hg.): Kritische Wissenschaften im Neoliberalismus. Marburg, 11–16
Bunia, R. (Hg.) (2014): Formen der Fiktion. Theorie und Geschichte. Paderborn
Bunz, M. (2012): Die stille Revolution. Wie Algorithmen Wissen, Arbeit, Öffentlichkeit und Politik verändern, ohne dabei viel Lärm zu machen. 2. Aufl., Berlin
Camus, A. (1997): Der Mensch in der Revolte. Neuausg., Reinbek
Carr, N. (2013): Surfen im Seichten. Was das Internet mit unserem Hirn anstellt. München
Carr, N. (2014): Die Herrschaft der Maschinen. Was wir verlieren, wenn Computer für uns entscheiden. In: Blätter für deutsche und internationale Politik 59/2, 47–55
Carstensen, T.; Schachtner, Ch,; Schelhowe, H.; Beer, R. (Hg.) (2013): Digitale Subjekte. Praktiken der Subjektivierung im Medienumbruch der Gegenwart. Bielefeld
Carter-Ching, C.; Foley, B. J. (Hg.) (2012): Constructing the Self in a Digital World. Cambridge
Castells, M. (2003): Das Informationszeitalter: Wirtschaft – Gesellschaft – Kultur. 3 Bde., Sonderausg., Opladen
Claußen, B. (1985): Lernen in der Simulation. Sozialkundliches zum ›Tangaland‹-Lernspiel. In: Brinkmann, U.; Otto, G. (Red.): Bildschirm. Faszination oder Information. Velber, 128–131
Claußen, B. (1987a): Computerkultur und Umgang mit Printmedien: Aspekte der Politischen Bildung und ihre Bedeutung für die Schulbibliothek [Allgemeine theoretische Grundlagen – Zentrale unterrichtspraktische Aspekte]. In: Schulbibliothek aktuell 13, 5–21 und 163–185
Claußen, B. (1987b): Politische Bildung im Computerzeitalter. Demokratisch-sozialistische Perspektiven des pädagogischen und andragogischen Umgangs mit neuen Technologien. In: Perspektiven des Demokratischen Sozialismus 4, 46–57
Claußen, B. (2005a): Politische Kultur, das Internet und Bildungsaufgaben im Kontext der Reflexivität von Demokratie und Globalisierung. In: Petsche 2005a, 151–188
Claußen, B. (2005b): Bildung in der globalisierten ›Informations- und Wissensgesellschaft‹: Aufgaben und Perspektiven für Schule und Universität als Kommunikationsorte in der Demokratie. Politische Implikationen medialisierter Sozialisation als Aspekte einer Sozialkritik der ikonischen Virtualisierung. In: Becker 2005a, 307–366
Claußen, B. (2008): Kommunikative Kompetenz und der Umgang mit Schlüsselproblemen in der Informations- und Mediengesellschaft. Demokratietheoretische und fachdidaktische Aspekte Politischer Bildung angesichts der globalen Risikozivilisation. 2. Aufl., Hamburg
Claußen, B. (2010): ›Apparative Macht‹ und ›kommunikative Macht‹ als Rationalitätsfolien der Politischen Kultur im ›technischen Zeitalter‹ – Medialisierung und Medialität herrschaftsbezogener Interaktionen im Lichte Kritischer Demokratietheorie. In: Petsche 2010, 173–189
Claußen, B. (2013): Medienkommunikation – Demokratieentwicklung – Bildungsarbeit. Aspekte technik- und herrschaftskritischer Aufklärung der Politischen Kultur. Hamburg
Claußen, B.; Geißler, R. (Hg.) (1996): Die Politisierung des Menschen. Instanzen der politischen Sozialisation. Opladen

Compagna, D.; Derpmann, St. (Hg.) (2013): Soziologische Perspektiven auf Digitale Spiele. Virtuelle Handlungsräume und neue Formen sozialer Wirklichkeit. Konstanz
Couldry, N. (2012): Media Society, World Social Theory and Digital Media Practice. Cambridge
Cubela, S. (2014): Klasse gemacht! Beiträge zur Aktualität der Klassentheorie. Wien
Czauderna, A. (2014): Lernen als soziale Praxis im Internet. Objektiv-hermeneutische Rekonstruktion aus einem Forum zum Videospiel Pokémon. Wiesbaden
Deiseroth, D.; Falter, A. (Hg.) (2014): Whistleblower in der Sicherheitspolitik. Preisverleihung 2011/2013. Berlin
Dekker, A. (2012): Online-Sex. Körperliche Subjektivierungsformen in virtuellen Räumen. Bielefeld
Demmelhuber, Th. (2013): Neue Medien, Protest und politische Veränderung im Nahen Osten. Überlegungen am Beispiel des Arabischen Frühlings. In: Kneuer 2013, 227–247
Detjen, J.; Sander, W. (2001): Konstruktivismus und Politikdidaktik. Ein Chat-Interview. In: Politische Bildung 34/4, 128–138
Diesberger, C. (2000): Radikal-konstruktivistische Pädagogik als problematische Konstruktion. Eine Studie zum Radikalen Konstruktivismus und seiner Anwendung in der Pädagogik. 2. Aufl., Bern
Dobek-Istrowska, B.; Garlicki, J. (Hg.) (2013): Political Communication in the Era of New Technologies. Frankfurt am Main
Dolata, U.; Schrape, J.-F. (Hg.) (2013): Internet, Mobile Devices und die Transformation der Medien. Radikaler Wandel als schrittweise Rekonfiguration. Berlin
Dorn, Ch. (2014): Social-Media in der Schule. In: Pädagogik 66/2, 50–52
Dussel, E. (2013): Der Gegendiskurs der Moderne. Kölner Vorlesungen. Wien
Dust, M.; Mierendorf, J. (Red.) (2011): ›Der vermessene Mensch‹. Ein kritischer Blick auf Meßbarkeit, Normierung und Standardisierung. Frankfurt am Main
Eckert, S. (2014): Überwacht und ausgespäht. PRISM, NSA, Facebook & Co. Köln
Egger de Campo, M. (2014): Neue Medien – alte ›Greedy Institutions‹. In: Leviathan 42, 7–28
Einspänner-Pflock, J.; Dangh-Anh, M.; Thimm, C. (Hg.) (2014): Digitale Gesellschaft – Partizipationskulturen im Netz. Münster/Berlin
Felsmann, K.-D. (Hg.) (2013): Die vernetzte Welt. Eine Herausforderung an tradierte gesellschaftliche Normen und Werte. München
Ferraris, M. (2014): Die Seele – ein iPad? Basel
Filla, W. (2013): Politische Bildung, E-Learning und Internet. In: Filla, W.: Die Alternative Politische Bildung. Hannover, 38–48
Findeisen, U. W. (2003): Von der Wissensgesellschaft zur Wissenspolitik. Eine neuartige Herausforderung der Bildungsarbeit? In: Praxis Politische Bildung 7, 189–197
Finke, P. (2014): Citizen Science. Das unterschätzte Wissen der Laien. München
Fischbach, R. (2003): Die Phantome der Wissensgesellschaft. In: Widerspruch 22/3, 35–45
Foucault, M. (1969): Wahnsinn und Gesellschaft. Eine Geschichte des Wahnsinns im Zeitalter der Vernunft. Frankfurt am Main
Foucault, M. (2005): Analytik der Macht. Frankfurt am Main

Friedrichs, W. (2014): Perspektiven auf die Veränderung des Wissens. Zukunftsaufgaben für die Didaktik der Politischen Bildung. In: Polis 15/2, 7–9
Friedrichsen, M.; Kohn, R. A. (2013): Digitale Politikvermittlung. Chancen und Risiken interaktiver Medien. Wiesbaden
Fritz, J. (2003): Wie virtuelle Welten wirken. Über die Struktur von Transfers aus der medialen in die reale Welt. In: Fritz/Fehr 2003, 1–18
Fritz, J.; Fehr, W. (Hg.) (2003): Computerspiele. Virtuelle Spiel- und Lernwelten. Bonn
Gerlach, Th. (2003): Die Herstellung des allseits verfügbaren Menschen. Zur psychologischen Formierung des Subjekts im neo-liberalen Kapitalismus. In: Utopie kreativ 11, 1052–1064
Gomez, J. (2014): Die erzählerische Singularität: Geschichten erzählen im digitalen Zeitalter. In: Aus Politik und Zeitgeschichte 61/41–42, 15–21
Greenwald, G. (2014a): Die globale Überwachung. Der Fall Snowden, die amerikanischen Geheimdienste und die Folgen. München
Greenwald, G. (2014b): Die Schere im Kopf. Wie Massenüberwachung jeden Protest im Keim erstickt. In: Blätter für deutsche und internationale Politik 59/6, 47–58
Greiner, A.; Grasse, Ch. (2013): Mein digitales Ich. Wie die Vermessung des Selbst unser Leben verändert und was wir darüber wissen müssen. Berlin
Grüter, Th. (2013): Offline! Das vermeidliche Ende des Internets und der Untergang der Informationsgesellschaft. Heidelberg
Grundmann, R.; Stehr, N. (2011): Macht der Erkenntnis. Berlin
Grunwald, D. J. (2014): Online-gestützte Bildungsangebote als Ergänzungen der Präsenzveranstaltungen. In: Grunwald, D. J.: Ordnungspolitische Bildung als Bestandteil der außerschulischen Erwachsenenbildung. Sankt Augustin, 21–35
Guggenberger, B. (1999): Das digitale Nirwana. Vom Verlust der Wirklichkeit in der schönen neuen Online-Welt. Sonderausg., Reinbek
Hagner, M.; Hörl, E. (Hg.) (2008): Die Transformation des Humanen. Beiträge zur Kulturgeschichte der Kybernetik. Frankfurt am Main
Hansen, M. (2013): Internationale Beziehungen im Cyberspace. Macht, Institutionen und Wahrnehmung. Wiesbaden
Hansen, M. B. (2011): Medien des 21. Jahrhunderts, technisches Empfinden und unsere originäre Umweltbedingung. In: Hörl 2011, 365–409
Harrasser, K. (2013): Körper 2.0. Über die technische Erweiterbarkeit des Menschen. Bielefeld
Harth, Th. (2000): Das Internet als Herausforderung politischer Bildung. Schwalbach
Haug, W.-F. (2003): High-Tech-Kapitalismus. Analysen zu Produktionsweise, Arbeit, Sexualität, Krieg und Hegemonie. Hamburg
Heinze, C. (2012): Mittelalter – Computer – Spiele. Zur Darstellung und Modellierung von Geschichte im populären Computerspiel. Bielefeld
Hepp, A.; Kramp, L. (2014): Der Roboter hat ausgedient. Medien: Die Digitalisierung unserer Kommunikation verändert die Grundfesten der Gesellschaft. Und wir merken es nicht einmal. In: Der Freitag 24/29, 15

Hetzel, A. (2008): Figuren der Selbstantizipation. Zur Performativität der Macht. In: Krause/Röll 2008, 135-152

Hinkelbein, O. (2014): Digitale Integration von Migranten? Ethnographische Fallstudien zur digitalen Spaltung in Deutschland. Bielefeld

Hirschauer, St. (2014): Sinn im Archiv? Zum Verhältnis von Nutzen, Kosten und Risiken der Datenarchivierung. In: Soziologie 43, 300-312

Hörl, E. (Hg.) (2011): Die technologische Bedingung. Beiträge zur Beschreibung der technischen Welt. Bielefeld

Hofmann, J. (2001): Digitale Unterwanderungen: Der Wandel im Innern des Wissens. In: Aus Politik und Zeitgeschichte 50/36, 3-6

Horn, N. (2013): Das Netz als ethische Herausforderung. Öffentlichkeit, Individuum, Technik. In: Politische Studien 64/11-12, 54-62

Jacob, D.; Thomas, M. (2014): Das Internet als Heilsbringer der Demokratie? In: Aus Politik und Zeitgeschichte 63/22-23, 35-39

Jank, M. (2014): Der homme machine des 21. Jahrhunderts. Von lebendigen Maschinen im 18. Jahrhundert zur humanoiden Robotik der Gegenwart. Paderborn

Jelich, F.-J. (2003): Kommunikationsraum Internet – ein Ort politischer Bildung. In: Dewe, B.; Wiesner, G.; Wittpoth, J. (Hg.): Erwachsenenbildung und Demokratie. Bielefeld, 74-82

Jergus, K. (2013): Zitiertes Leben. Zur rhetorischen Inszenierung des Subjekts. In: Mayer/Thompson/Wimmer 2013, 195-213

Junge, T. (2008): Gouvernementalität der Wissensgesellschaft. Politik und Subjektivität unter dem Regime des Wissens. Bielefeld

Kaufmann, J.-C. (2011): Sex@amour. Wie das Internet unser Liebesleben verändert. Konstanz

Keen A. (2015): Das digitale Debakel. Warum das Internet gescheitert ist – und wie wir es retten können. München

Kehlmann, D. (2005): Die Vermessung der Welt. Reinbek

Keller, R. (2014): Wissen in der Perspektive der Diskursforschung. In: Polis 15/2, 10-13

Kern, M. (2007): Über den Verbleib des ›Subjekts‹ in der ›neuen Lernkultur‹. Eine bildungstheoretische Rekonstruktion. Hamburg

Kiefer, F.; Weißeno, G. (Red.) (2001): Politikunterricht im Informationszeitalter. Medien und neue Lernumgebungen. Bonn

Kittler, F.; Ofak, A. (Hg.) (2007): Medien vor den Medien. München

Klein, D. (2014): Doppelte Transformation und ein neues linkes Crossover. In: Perspektiven des Demokratischen Sozialismus 31/1, 109-120

Klingovsky, U. (2009): Schöne neue Lernkultur. Transformationen der Macht in der Weiterbildung: eine gouvernementalitätstheoretische Analyse. Bielefeld

Kneuer, M. (Hg.) (2013): Das Internet. Bereicherung oder Streßfaktor für die Demokratie? Baden-Baden

König, Ch.; Stahl, M.; Wiegand, E. (2014): Soziale Medien – Gegenstand und Instrument der Forschung. Wiesbaden

Korte, K.-R. (2012): Beschleunigte Demokratie: Entscheidungsstreß als Regelfall. In: Aus Politik und Zeitgeschichte 51/7, 21-26

Krause, R.; Röll, M. (Hg.) (2008): Macht. Begriff und Wirkung in der politischen Philosophie der Gegenwart. Berlin

Krauss, H. (1996): Das umkämpfte Subjekt. Widerspruchsverarbeitung im ›modernen‹ Kapitalismus. Berlin

Krützfeld, A. (2014): Deep Web. Die dunkle Seite des Internets. Berlin

Kurbjuweit, D. (2014): Wir werden Bundeskanzlerin. Wie das Internet unsere Identität verändert. In: Der Spiegel 68/24, 130–131

Laaf, M. (2014): Und weg bist du. Klick: Online ist die Aufmerksamkeitsspanne der Leser extrem kurz. Was bedeutet das für Journalisten und Verlage? In: Politische Bildung 47/1, 181–182

Lätzel, M. (2014): Die Logik des Algorithmus. Kulturelle Bildung im Zeitalter digitaler Verflüssigung. In: Kulturpolitische Mitteilungen 36/3, 50–51

de Landtsheer, Ch.; Farnen, R. F.; German, D. B. (Hg.) (2014): E-Political Socialization, the Press and Politics. The Media Government in the USA, Europe and China. Frankfurt am Main

Lanier, J. (2014a): Wem gehört die Zukunft? Du bist nicht der Kunde der Internetkonzerne. Du bist ihr Produkt. Hamburg

Lanier, J. (2014b): Für einen neuen Humanismus. Wie wir der digitalen Entrechtung entkommen. In: Blätter für deutsche und internationale Politik 59/11, 43–58

Lankau, R. (2013): Systemfehler. Oder: Es gibt kein richtiges Leben im digitalen. In: Felsmann 2013, 35–46

Laster, K.; Steinert, H. (2003): Keine Befreiung: Herr und Knecht in der Wissensgesellschaft. In: Zeitschrift für kritische Theorie 9/1, 113–130

Lauffer, J.; Röllecke, R. (Hg.) (2014): Lieben, Liken, Spielen. Digitale Kommunikation und Selbstdarstellung Jugendlicher heute. München

Leggewie, C.; Bieber, Ch. (2001): Interaktive Demokratie. Politische Online-Kommunikation und digitale Politikprozesse. In: Aus Politik und Zeitgeschichte 50/41–42, 37–45

Lehmann, K.; Schetsche, M. (Hg.) (2005): Die Google-Gesellschaft. Vom digitalen Wandel des Wissens. Bielefeld

Leistert, O.; Röhle, Th. (Hg.) (2011a): Generation Facebook. Über das Leben im Social Net. Bielefeld

Leistert, O.; Röhle, Th. (2011b): Identifizieren, Verbinden, Verkaufen. In: Leistert/Röhle 2011a, 7–30

Lenz, Ch.; Spitzer, M. (2014): iPads im Unterricht nutzen? Pro/Contra. In: Pädagogik 66/3, 50/51

Levy, St. (2012): Google Inside. Wie Google denkt, arbeitet und unser Leben verändert. Heidelberg

Lommel, M. (2011): Im Wartesaal der Möglichkeiten. Lebensvarianten in der Postmoderne. Köln

Lonink, G. (2012): Das halbwegs Soziale. Eine Kritik der Vernetzungskultur. Bielefeld

Lovink, G. (2011): Anonymität und die Krise des multiplen Selbst. In: Leistert/Röhle 2011a, 183–198

Lutz, K.; Rösch, E.; Seitz, D. (Hg.) (2012): Partizipation und Engagement im Netz. Neue Chancen für Demokratie und Medienpädagogik. München

Mahler, A.; Schulz, Th. (Hg.) (2014): Digitale Revolution. Wie die Internet-Ökonomie unser Leben verändert. E-Book, Hamburg

Mainzer, K. (2014): Die Berechnung der Welt. Von der Weltformel zu Big Data. München

Marcuse, H. (1994): Der eindimensionale Mensch. Studien zur Ideologie der fortgeschrittenen Industriegesellschaft. Neuausg., München

Marina, J. A. (2011): Die Passion der Macht. Theorie und Praxis der Herrschaft. Basel

Marr, M. (2005): Internetzugang und politische Informiertheit. Zur digitalen Spaltung der Gesellschaft. Konstanz

Martinsen, R. (Hg.) (2014): Spurensuche: Konstruktivistische Theorien der Politik. Wiesbaden

Mayer, R.; Thompson, Ch.; Wimmer, M. (Hg.) (2013): Inszenierung und Optimierung des Selbst. Zur Analyse gegenwärtiger Selbsttechnologien. Wiesbaden

Meckel, M. (2012): Menschen und Maschinen. Wenn Unterschiede unsichtbar werden. In: Aus Politik und Zeitgeschichte 51/7, 33-38

Meier, Ch. J. (2014): Nano. Wie winzige Technik unser Leben verändert. Darmstadt

Metz, M.; Seeßlen, G. (2011): Blödmaschinen. Die Fabrikation der Stupidität. Berlin

Metzges, G. (2012): Politik im Netz der Jedermann-Demokratie. In: Braun, St.; Geisler, A. (Hg.): Die verstimmte Demokratie. Moderne Volksherrschaft zwischen Aufbruch und Frustration. Wiesbaden, 259-268

Misoch, S.; Reinhardt, S. (2014): Offline und online – das sind für Jugendliche keine getrennten Welten. In: Psychologie heute 41/3, 34-35

Möllers, B. (2014): Wahrnehmung und Bedeutung digitaler Bilder bei Jugendlichen. Grundlagen für die Arbeit in der Schule. Heidelberg

Morgenroth, M. (2014): Sie kennen dich! Sie haben dich! Sie steuern dich! Die wahre Macht der Datensammler. München

Morozov, E. (2013): Smarte neue Welt. Digitale Technik und die Freiheit des Menschen. München

Mückenberger, U. (2014): Zeiten der Politik und Zeiten der Medien. In: Aus Politik und Zeitgeschichte 63/22-23, 3-9

Müller, A. (2010): Film und Utopie. Positionen des fiktionalen Films zwischen Gattungstraditionen und gesellschaftlichen Zukunftsdiskursen. Münster/Berlin

Mutschler, H.-D. (Hg.) (1996): Die Virtualisierung der Realität. Radikaler Konstruktivismus und kybernetischer Raum. Frankfurt am Main

Negt, O. (2012): Nur noch Utopien sind realistisch. Politische Interventionen. Göttingen

Neuenhausen, B. (2004): Bildung in der Digitale. Zur Bildungsrelevanz virtueller Welten. Frankfurt am Main

Neuneck, G. (2014): Die neuen Hightech-Kriege? Von der Massen- zur Cyberarmee. In: Blätter für deutsche und internationale Politik 59/8, 35-45

Noble, D. E. (1986): Maschinenstürmer – oder: Die komplizierten Beziehungen der Menschen zu ihren Maschinen. Berlin

Noesselt, N. (2013): Das Internet in China. Public Sphere oder autokratisches Kontrollinstrument? In: Kneuer 2013, 248–277

Notari, M.; Döbli-Honegger, B. (2013): Der Wiki-Weg des Lernens. Gestalten und Begleiten von Lernprozessen mit digitalen Kollaborationswerkzeugen. Bern

Nullmeier, F. (1993): Wissen und Policy-Forschung. Wissenspolitologie und rhetorisch-dialektisches Handlungsmodell. In: Héritier, A. (Hg.): Policy-Analyse. Kritik und Neuorientierung, Wiesbaden, 175–196

Ong, W. J., 1987: Oralität und Literalität. Die Technologisierung des Wortes. Opladen

Orwell, G. (1984): 1984. Neuausg., Frankfurt am Main

Packer, J.; Crofts-Wiley, St. B. (Hg.) (2012): Communication matters. Materialist Approaches to Media, Mobility and Networks. London/New York

Papsdorf, Ch. (2013): Internet und Gesellschaft. Wie das Netz unsere Kommunikation verändert. Frankfurt am Main

Peitraß, M. (2005): ›Leeres Wissen‹ durch E-Learning? Didaktische Aspekte der virtuellen Lernwelten in anthropologisch-medienanalytischer Perspektive. In: Zeitschrift für Pädagogik 51, 61–74

Pentzold, Ch.; Katzenbach, Ch.; Fraas, C. (2014): Digitale Plattformen und Öffentlichkeiten mediatisierter politischer Kommunikation. In: Aus Politik und Zeitgeschichte 63/22–23, 28–34

Petsche, H.-J. (2004): Die Grenzen des Grenzenlosen: Internettechnik als politische Bildungskultur? In: Sozialwissenschaftliche Umschau 3, 100–105

Petsche, H.-J. (Hg.) (2005a): Kultur und/oder/als Technik – zur frag-würdigen Medialität des Internets. Berlin

Petsche, H.-J. (2005b): Was Computer nicht können – einige Gedanken zu philosophisch relevanten Aspekten der Computernutzung mit Blick auf die Allgemeinbildung. In: Petsche, H.-J.: Nüchternschmerz im Irrenhaus. Ortlose Texte am Rande der Philosophie. Hamburg, 23–33

Petsche, H.-J. (2007): Zukunft des Internets. Vision, Utopie und Sorge. In: Bora/Bröchler/Decker 2007, 133–147

Petsche, H.-J. (Hg.) (2010): Topoi der Rationalität. Technizität – Medialität – Kulturalität. Berlin

Petsche, H.-J.; Bartiková, M.; Kiepas, A. (2006): Erdacht, gemacht und in die Welt gestellt. Technikkonzeptionen zwischen Risiko und Utopie. Berlin

Pfeiffer, E. (2005): Zur Geltendmachung ›kommunikativer Kompetenz‹: basale Aspekte am Beispiel des Umgangs mit der ›Rentenpolitik‹ in (Online-)Printmedien. In: Becker 2005a, 127–148

Pleimling, D. (2014): Social Reading – Lesen im digitalen Zeitalter. In: Aus Politik und Zeitgeschichte 61/41–42, 21–27

Pleuger, K. (2012): Des Bürgers neue Stimme. Möglichkeiten der politischen Partizipation in Social Networks. Marburg

Pongratz, L. A. (2009): Untiefen im Mainstream. Zur Kritik konstruktivistisch-systemtheoretischer Pädagogik. Neuausg., Paderborn

Radisch, I. (2014): Brauchen wir Amazon? Der Internetversandhändler diktiert der Welt die Regeln (...). In: Die Zeit 69/30, 37–39

Rau, A. (2010): Psychopolitik. Macht, Subjekt und Arbeit in der neoliberalen Gesellschaft. Frankfurt am Main/New York

Reich, K.; Sehnbruch, L.; Wild, R. (2005): Medien und Konstruktivismus. Eine Einführung in die Simulation als Kommunikation. Münster

Reichert, R. (2014): Big Data. Analysen zum digitalen Wandel von Wissen, Macht und Ökonomie. Bielefeld

Renninger, A.; Shumar, W. (Hg.) (2002): Building Virtual Community. Learning and Change in Cyberspace. Cambridge

Rilling, R. (2000): Internet und politische Bildung. In: Utopie kreativ 11, 1080–1089

Risinger, F. (2014): Using Virtual Field Trips, Music and Art to Teach Social Studies. In: Social Education 78, 143–144

Röll, M. (2013): Zwischen Macht und Herrschaft. In: Neue Politische Literatur 58, 193–199

Roesler-Graichen, M. (2012): Digitales Publizieren: Stand und Perspektiven. In: Aus Politik und Zeitgeschichte 61/41–42, 8–15

Roleff, D. (2012): Digitale Politik und Partizipation: Möglichkeiten und Grenzen. In: Aus Politik und Zeitgeschichte 51/7, 14–20

Rosen, L. (2013): Die digitale Falle. Treibt uns die Technologie in den Wahnsinn? Heidelberg

Rosenbach, M.; Stark, H. (2014): Der NSA-Komplex. Edward Snowden und der Weg in die totale Überwachung. München

Rühle, A. (2010): Ohne Netz: mein halbes Jahr offline. Stuttgart

Schaar, P. (2014): Privatsphäre Menschenrecht. Edward Snowden und die Kontrolle der Macht. In: Blätter für deutsche und internationale Politik 59/7, 61–72

Scherb, A. (2002): Ist eine konstruktivistische Politikdidaktik möglich? Aachen

Scherb, A.; Behr, Th.; Gotschke, T.; Kienel, J.; Müller, A. (2011): Politisches Lernen – virtuelle Entgrenzungen. In: Lange, D. (Hg.): Entgrenzungen. Gesellschaftlicher Wandel und Politische Bildung. Schwalbach, 241–247

Schillo, J. (2010): Vom virtuellen Fortschritt. Das Internet und die außerschulische politische Bildung. In: Praxis Politische Bildung 14, 104–115

Schirach, F. von (2014): Die Kunst des Weglassens. Warum das iPad die Zukunft des Lesens ist. In: Schirach, F. von: Die Würde ist antastbar. München, 117–125

Schliesky, U.; Hoffmann, Ch.; Luch, A. D.; Schulz, S. E.; Borchers, K. C. (2014): Schutzpflichten und Drittwirkung im Internet. Das Grundgesetz im digitalen Zeitalter. Baden-Baden

Schmale, W.; Tinnefeld, M.-T. (2014): Privatheit im digitalen Zeitalter. Köln

Schmidt, J.-H. (2012): Das demokratische Netz? In: Aus Politik und Zeitgeschichte 51/7, 3–8

Schmitt, St. (2014): So leben wir in fünf Jahren. Unsere Umgebung wird digital aufgerüstet – beim Stadtbummel, im Verkehr, auf der Party. Komfortabel oder erschreckend? In: Die Zeit, 69/36, 29–30

Schröder, M. (2012): Die Web-Revolution. Das Internet verändert Politik und Medien. München

Schröder, M. (2013): Generation Facebook? Jugend, Internet und Politik. In: Forum Wissenschaft 26/3, 18–22
Schröder, M.; Schwanebeck, A. (Hg.) (2014): Live dabei – Echtzeitjournalismus im Zeitalter des Internets. Baden-Baden
Schröter, E. (2012): Zur Entstehung der Kontrollgesellschaft im deutschen Bildungssystem. Frankfurt am Main
Schroeter, M. L. (2011): Die Industrialisierung des Gehirns. Eine Fundamentalkritik der kognitiven Neurowissenschaften. Würzburg
Schünemann, D. (2014): Internet und Gesellschaft. In: Soziologische Revue 35, 389-400
Schulze von Glaßer, M. (2014): Das virtuelle Schlachtfeld. Videospiele, Militär und Rüstungsindustrie. Köln
Sennett, R. (1998): Der flexible Mensch. Die Kultur des neuen Kapitalismus. Berlin
Sørensen, E. (2009): The Materiality of Learning. Technology and Knowledge in Education Practice. Cambridge
Sorge, P. (2014): Echtzeitjournalismus in der Kritik. In: Aus Politik und Zeitgeschichte 63/22–23, S, 10–15
Sorgner, St. L.; Innerhofer, J. E. (2013): Hirnschrittmacher für alle! (...) Vorzüge eines digital getunten Körpers. In: Die Zeit 68/20, 49
Spilker, N. (2013): Lebenslanges Lernen als Dispositiv – Bildung, Macht und Staat in der neoliberalen Gesellschaft. Münster
Spitzer M. (2012): Digitale Demenz. Wie wir uns und unsere Kinder um den Verstand bringen. München
Springer, N. (2014): Beschmutzte Öffentlichkeit? Warum Menschen die Kommentarfunktion auf Online-Nachrichtenseiten als öffentliche Toilettenwand benutzen, warum Besucher ihre Hinterlassenschaft trotzdem lesen, und wie die Wände im Anschluß aussehen. Münster/Berlin
Stark, Ch. (2014a): Neoliberalyse. Über die Ökonomisierung unseres Alltags. Wien
Stark, Ch. (2014b): ›Quantified Self‹ – die Vermessung des Selbst. Selbstevaluation – allumfassend, 86.400 Sekunden am Tag, 365 Tage. In: Stark 2014a, 177–185
Steffens, G. (2001): Internet – ein neues Medium politischer Bildung? In: Jahrbuch für Pädagogik 10, 371–382
Stehr, N. (2003): Wissenspolitik. Die Überwachung des Wissens. Frankfurt am Main
Stingel-Voigt, Y. (2013): Soundtracks virtueller Welten – Musik in Videospielen. Glückstadt
Stöcker, Ch. (2012): Governance des digitalen Raumes: aktuelle netzpolitische Brennpunkte. In: Aus Politik und Zeitgeschichte 51/7, 9–14
Strasser, P. (2014): Diktatur des Gehirns. Für eine Philosophie des Geistes. Paderborn
Strecker, D. (2012): Logik der Macht. Zum Ort der Kritik zwischen Theorie und Praxis. Weilerswist
Thiede, W. (2013): Die digitale Freiheit. Morgenröte einer technokratischen Ersatzreligion. Berlin/Münster
Thorweger, J. E. (2011): Politikunterricht und Online-Medien. In: Praxis Politik 7/3, 12–13

Tuschling, A. (2013): Mediale Selbstcodierung zwischen Affekt und Technik. In: Mayer/Thompson/Wimmer 2013, 181-193

Verheyen, N. (2012): Virtuell heißt wirkfähig. Die Facebook-Gemeinde der SPD in kommunikationsgeschichtlicher Perspektive. In: Kruke, A.; Woyke, M. (Hg.): Deutsche Sozialdemokratie in Bewegung 1848 - 1863 - 2013. Bonn, 250-255

Warnick, B.; Heineman, D. S. (2012): Rhetoric Online. The Politics of New Media. 2. Aufl., New York

Weber, P. J. (2005): E-Learning - die mißverstandene Lernkultur. In: Zeitschrift für Pädagogik 51, 45-60

Wellie, B. (2005): Das ›World Wide Web‹ als Medium Politischer Bildung. Analyse und Kritik eines aktuellen Konzeptualisierungs-, Implementations- und ›Anwendungs‹-Beispiels. 2. Aufl., Hamburg

Willnat, L.; Aw, A. (Hg.) (2014): Social Media, Culture and Politics in Asia. New York

Wirth, M. (2013): Wenn man tut, was man nicht sieht. Ein Gespräch über Haupt- und Nebeneffekte zwischen Technikphilosophie und einer Ethik der Informationstechnologie. In: Ethica 21, 99-122

de Witt, C.; Sieber, A. (Hg.) (2013): Mobile Learning. Potentiale, Einsatzszenarien und Perspektiven des Lernens mit mobilen Endgeräten. Wiesbaden

Wolf, S. (2008): Medienwirkungen aus Rezipientensicht. Third-Person-Wahrnehmungen in sozialen Netzwerken. München

Wolling, J. (2009): Onlinenutzung und Einstellungen zur Politik. Ergebnisse einer repräsentativen Panelstudie. In: Marcinkowski, F.; Pfetsch, B. (Hg.): Politik in der Mediendemokratie. Wiesbaden, 337-466

Zorn, I. (2012): Konstruktionstätigkeit mit Digitalen Medien. Boizenburg

VI. BEIGABE

Laudatio
Siegfried Wollgast zum Achtzigsten

Gerhard Banse

Der 27. September 1933 war ein besonderer Tag für die Menschheit: an diesem Tag wurde Siegfried Wollgast geboren. Uns trennen also noch fünf Tage von seinem 80. Geburtstag! Den bereits heute zu feiern steht uns nicht zu, aber ehren und würdigen können wir Siegfried Wollgast, denn in den zurückliegenden fast acht Jahrzehnten wurde aus dem anfänglich noch kleinen Siegfried, aber für seine Mutter bereits ein bedeutender, durch viel Fleiß und Beharrlichkeit ein international anerkannter und geachteter Philosophiehistoriker.

Was aber hat das CultMedia-Netzwerk mit dem Philosophiehistoriker Siegfried Wollgast oder – anders herum gefragt – was hat der Philosophiehistoriker Siegfried Wollgast mit dem CultMedia-Netzwerk zu tun? Zunächst zwei sehr allgemeine Antworten:

1) Für Siegfried Wollgast umfasst die Geschichte der Philosophie nicht nur sein Spezialgebiet, die „Frühaufklärung" (ich werde darauf zurückkommen), sondern reicht bis an die unmittelbare Gegenwart, bis an das „Heute" heran. Insofern interessiert er sich auch für „Aktuelles" – ist das doch morgen schon „Geschichte". Und: Geschichte ist ihm kein Selbstzweck. Er will ihre Aktualität herausfinden und äußert sich deshalb zu Gegenwartsproblemen mit Hinweisen auf ihre Geschichte.
2) Sein Verständnis von Philosophiegeschichte ist immer ein kulturell und medial geprägtes: Philosophie entwickelte und entwickelt sich nicht losgelöst von größeren oder kleineren geistigen Strömungen, vom Hoffen und Sehnen der Menschen, von ihrer Lebensweise und ihren Wertvorstellungen sowie von ihren Handlungspraxen und Kommunikationsmustern. Das alles muss der Philosophiehistoriker berücksichtigen. Und mit Medien hatte es Philosophie von Anfang an zu tun, seien es Tontafeln, Flugschriften, Bücher, Zeitschriften, Briefe u.a. – und neuerdings auch Internetseiten in unterschiedlichster Form. – Was liegt also näher, als in unserem Netzwerk, dass sich sowohl mit Kultur als auch mit (Neuen) Medien beschäftigt, Anregungen zu holen – aber auch zu geben, wie Siegfried Wollgast gerade mit seinen Überlegungen zu „Mediatisierung und Virtualisierung aus philosophiehistorischer Perspektive" eindrucksvoll verdeutlich hat.

Das war aber nicht seine erste Begegnung mit dem Netzwerk, sondern diese liegt fast auf den Tag zwölf Jahre zurück, als das Netzwerk noch *in statu nascendi* war: Vom 23. bis 26. September 2001 fand in Ustroń (Polen) eine polnisch-deutsch-österreichische Tagung statt, an der viele der heute hier Anwesenden teilnahmen, und auf der unser „Fast-Jubilar" mit dem Vortrag „Wandel von Rationalitätsvorstellungen vom 17. bis zum 20. Jahrhundert" seinen Einstand in „unserer" Community gab (vgl. Wollgast 2002). Darüber schrieb Gerhard Zecha in seinem Tagungsbericht: „In einem kühnen Überblick über die Geistesgeschichte Europas wandte er sich vor allem gegen die Dichotomie ‚Rationalität–Irrationalität', in dem er an deren Stelle die Trias ‚Glaube–Liebe–Hoffnung' stellte. Der Aufweis der Vielschichtigkeit dieser Ausdrücke, in der Aufklärungsbewegung oft falsch verstanden oder abhanden gekommen, führte ihn nicht nur zur These ‚Die Aufklärung ist ihre eigene Negation!', sondern auch zur Empfehlung, im Umgang mit der Rationalität einen Mittelweg zwischen der *superbia intellectus* und des *sacrificium intellectus* zu suchen (d.h. einen Mittelweg zwischen Überschätzung und Unterschätzung der Vernunft" (Zecha 2002, 244). 2007 referierte er auf einer Tagung in Salzburg über „Rationalität und Emotionalität in der Philosophiegeschichte" (vgl. Wollgast 2009), 2008 war sein Vortrag hier Potsdam dem Thema „Erkenne Dich selbst! Zum Wesen und Wert von Denken in Aufklärung und Romantik" gewidmet (vgl. Wollgast 2010), und auf der CultMedia-Jahrestagung 2011 in Prag behandelte er Beziehungen von Sach- und Sinnwissenschaften (vgl. Wollgast 2013). Siegfried Wollgast war also im Umfeld des CultMedia-Netzwerks häufig „real" präsent, „virtuell" wohl noch viel öfter! – Insofern steht es unserem Netzwerk nicht nur zu, sondern spricht auch für dessen breiten interdisziplinären Ansatz, das Wirken und das Werk von Siegfried Wollgast im Rahmen dieser Jahrestagung gebührend zu würdigen.

Doch schauen wir noch etwas weiter zurück (vgl. dazu auch Banse et al. 2008; Kürschner 2007). Seine Kindheit verbrachte Siegfried Wollgast in Stieglitz (heute Siedlisko), im ehemaligen Netzekreis. Von 1940 bis 1945 besuchte er die Grundschule in Stieglitz, und in Schönlanke, der Kreisstadt des ehemaligen Netzekreises, die heute Trzianka heißt und im Norden der Wojewodschaft Wielkopolskie (Großpolen) liegt, die Oberschule. Sodann – bedingt durch die Umsiedlung nach dem Krieg – zunächst in Döbbersen (Kreis Hagenow) die Grundschule und dann in Jena. Wichtig für die spätere Arbeit als Philosophiehistoriker war der Besuch des C-Zweiges der Oberschule – auch in Jena – mit erweitertem Griechisch- und Lateinunterricht von 1948 bis 1952. (Er erlernte diese „alten" Sprachen also schon in der DDR, und nicht – wie manche später dachten, da Derartiges in der DDR doch wohl verboten gewesen sei – erst nach der sogenannten „Wende".)Nach dem Abitur studierte er von 1952 bis 1957 Philosophie und Geschichte,zunächst in Jena und dann in Berlin. Zu seinen Lehrern gehörten u.a. Karl Griewank, Wolfgang Harich, Hermann Johannsen, Georg

Klaus, Paul F. Linke und Hugo Preller. Eine Assistentenzeit an der Akademie für Staats- und Rechtswissenschaften in Potsdam-Babelsberg von 1957 bis 1960 (deren Gebäude heute zum Campus Griebnitzsee der Universität Potsdam gehört!) und praktische Tätigkeiten in anderen Bereichen schlossen sich an. Von 1961 bis 1964 wirkte er als Lektor und Leiter des Lektorats Philosophie beim Verlag der Wissenschaften in Berlin. Im Jahre 1964 promovierte er an der Humboldt-Universität zu Berlin bei Hermann Ley (der auch mein „Doktorvater" war) zum Thema „Eine Entwicklungslinie in der deutschen Frühaufklärung (Verbindungen häretischer Bewegungen in Mittel- und Westeuropa zur Nowgoroder-Moskauer Häresie)". Die Beschäftigung mit der Frühaufklärung ließ ihn dann nicht mehr los. Er wurde zu einem anerkannten Spezialisten auf diesem Gebiet – ab 1968 (im Jahr seiner Habilitation mit der Arbeit „Sebastian Franck (1499–1542). Ein Beitrag zu seiner Biographie, seiner Darstellung in der wissenschaftlichen Literatur und zu seinem philosophischen Schaffen") war seine wissenschaftliche Wirkungsstätte dann die Technische Universität in Dresden, wo er zunächst als Wissenschaftlicher Oberassistent, ab 1973 als Hochschuldozent und ab 1976 bis zu seiner Abberufung im Jahr 1992 als Ordentlicher Professor für Geschichte der Philosophie tätig war. 1978 wählte ihn die Sächsische Akademie der Wissenschaften zu Leipzig zu ihrem Ordentlichen Mitglied und seit 1995 gehört er der Leibniz-Sozietät der Wissenschaften zu Berlin an.

In den zurückliegenden viereinhalb Dezennien der „Dresdener Zeit" hat sich Siegfried Wollgast immer mehr als Riese „an Denkkraft, Leidenschaft und Charakter, an Vielseitigkeit und Gelehrsamkeit" (Engels 1962, 312) erwiesen; ein Ausspruch übrigens, den unser „Fast-Jubilar" – auf Kollegen bezogen – sehr gerne benutzt. Es ist sein unermüdlicher Einsatz für seine Fachdisziplin, die Philosophiegeschichte, die Siegfried Wollgast auszeichnet. Er kann stolz auf ein erfolgreiches Wissenschaftlerleben mit wichtigen Forschungsergebnissen zurückblicken, die ich hier nicht im Detail vorstellen kann. Jedoch: Die Breite seines Wirkens ist beeindruckend. Er publizierte zum Pantheismus des 16. Jh.s und zum Wirken von Johannes Kepler. Er edierte allein oder mit Kollegen Arbeiten von Sebastian Franck, Paracelsus, Hermann von Helmholtz, Emil du Bois-Reymond, Valentin Weigel, Agrippa von Nettesheim, Erasmus von Rotterdam, Gabriel Wagner u.a. Eine gewichtige Studie ist Karl Christian Friedrich Krause gewidmet. Das umfangreiche Schriftenverzeichnis von Siegfried Wollgast belegt diese Vielfalt seiner, nicht auf eine historische Epoche beschränkte, doch immer wieder auf sie hinzielende, Beschäftigung mit hervorragenden Denkern der Vergangenheit. „Hauptwerk" ist und bleibt m.E. aber die mehr als 1.000 Druckseiten umfassende „Philosophie in Deutschland zwischen Reformation und Aufklärung 1550 – 1650", erstmals 1988, in der 2. Auflage dann 1993 erschienen.

Quantitativ – und das muss hier als Beleg reichen – bietet sich folgendes Bild: Das Schriftenverzeichnis, das in der Festschrift zum 70. Geburtstag von Siegfried Wollgast abgedruckt ist, verzeichnet u.a.

- 42 Bücher und Broschüren;
- 156 Aufsätze in Büchern;
- 160 Aufsätze in Zeitschriften;
- 111 Rezensionen (vgl. Wollgast 2008).

(Nebenbei: Der Titel der genannten Festschrift „Von Aufklärung bis Zweifel" benennt zum einen das Spezialgebiet des Jubilars, die historischen Wurzeln der Aufklärung aufzudecken, und zeigt zum anderen die Wirkungsbreite seiner Forschungen auf dem Gebiet der Philosophie, Geschichte und Philosophiegeschichte.)

In den vergangenen fünf Jahren sind u.a. hinzugekommen (und das spricht für einen nicht versiegenden Arbeitseifer):

- 3 Bücher;
- 26 Aufsätze in Büchern;
- 11 Aufsätze in Zeitschriften;
- 9 Rezensionen.

Alleine das reicht für manches Wissenschaftlerleben...

Ich lernte Siegfried Wollgast zu Beginn der 1970er Jahre kennen; es muss im Rahmen einer Tagung an der TU Dresden gewesen sein. Ich stand kurz vor der Promotion und ehrfurchtsvoll einem bereits gestandenen Wissenschaftler gegenüber, dessen Arbeitsgebiet – die Geschichte der Philosophie – mir damals Respekt einflößend war (und auch heute noch ist). Einen ganz so schlechten Eindruck kann ich damals wohl nicht hinterlassen haben, denn wenig später bot er mir die Zusammenarbeit mit dem Ziel einer gemeinsamen Publikation an. In der genannten Festschrift für Siegfried Wollgast habe ich darüber wie folgt berichtet: „Die gemeinsamen Arbeiten an dieser Publikation begannen im Jahre 1975. Für mich als gerade Promovierten, der sich mit philosophischen Fragen der Technik und der Technikwissenschaften beschäftigte,[...] war es eine Ehre und zugleich eine Herausforderung, mit einem philosophiehistorisch Ausgewiesenen und wissenschaftspublizistisch Erfahrenen Neuland zu betreten. Gut dreißig Jahre später, als ich Personen dankte, die mich wissenschaftlich gefördert (und gefordert!) hatten, nannte ich auch Siegfried Wollgast, ‚der sich – am Ende wohl nicht ganz erfolglos – auf das Wagnis einließ, mit einem Frisch-Promovierten eine Geschichte der Technikphilosophie zu verfassen'" (Banse 2008, 44[1]).

1 Das „Zitat im Zitat" ist aus Banse 2007, 109.

Damit komme ich zu einem Bereich im Schaffen von Siegfried Wollgast, der in seinem Gesamtwerk vom Inhaltlichen her eigentlich eher „randständig“, aber doch von hoher Relevanz war und ist, den der Technikphilosophie. Vor allem im Zeitraum von 1975 bis 1985 gab es eine intensive philosophische Beschäftigung mit dem „Phänomen“ Technik (vgl. dazu ausführlicher Banse 2008). Das wichtigste Ergebnis daraus war zweifelsohne unsere gemeinsame Publikation „Philosophie und Technik. Zur Geschichte und Kritik, zu den Voraussetzungen und Funktionen bürgerlicher ‚Technikphilosophie‘“ aus dem Jahr 1979. Dieses Buch mit einem Umfang von 315 Seiten und einer Auflagenhöhe von über 1.500 Exemplaren war indes als Taschenbuch mit einem Umfang von etwa 120 bis 150 Seiten geplant! Die Recherchen in Bibliotheken förderte aber immer neues, bis dahin nicht ausgewertetes technikphilosophisches Schrifttum zu Tage. Rückblickend heißt es im Vorwort: „Als wir mit der Arbeit an diesem Buch begannen, meinten wir nicht, auf eine solche Materialfülle zu stoßen. Vor allem unterschätzten wir, in welch starkem Maße sich auch die traditionelle ‚Schul‘philosophie mit philosophischen Problemen der Technik beschäftigt hat. ‚Technikphilosophie‘, so lautet das gängige Urteil, war bzw. ist das Werk einiger Außenseiter in der bürgerlichen Philosophie. Das Gegenteil ist jedoch der Fall. Es wäre auch verwunderlich, sollte gerade ein so lebensbestimmender Faktor wie die Technik außerhalb des Philosophierens gestanden haben“ (Wollgast/Banse 1979, 6f.). Diese erste gemeinsame Buchpublikationen hat es immerhin zum „Klassiker der Technikphilosophie“ gebracht: In den neunziger Jahren des vergangenen Jahrhunderts wurden von den Mitgliedern des Ausschusses „Technik und Philosophie“ des Vereins Deutscher Ingenieure (VDI) die wichtigsten (vor allem deutschsprachigen) Bücher zur Technikphilosophie ausgewählt und rezensiert. Diese Rezensionen bilden den Hauptteil des Buches „Nachdenken über Technik. Die Klassiker der Technikphilosophie“ (Berlin 2000, 2. Aufl. 2002, 3. Auflage im Druck). Eine der vier Rezensionen in diesem Buch, die Publikationen aus der DDR zum Gegenstand haben, macht nun unser „Erstlingswerk“ zum „Klassiker“ der Technikphilosophie (vgl. Kornwachs 2000).

Es folgten noch drei gemeinsam herausgegebene Sammelbände (zuletzt Banse/Wollgast 2013) und eine Vielzahl gemeinsamer Artikel. In diesem Zusammenhang ist es vielleicht nicht ganz uninteressant darauf zu verweisen, dass im o.g. Schriftenverzeichnis von Siegfried Wollgast der Name „Gerhard Banse“ nicht nur häufig als Koautor genannt wird, sondern es ist der Name, der als Ko-Autor (oder auch als Ko-Herausgeber) mit am häufigsten auftritt.

Rückblickend kann ich einschätzen, dass diese Zusammenarbeit für mich eine wichtige Schule war, vor allem in folgenden zwei Hinsichten:

1) Sein enzyklopädisches Wissen über Kultur- und Philosophiegeschichte ist beeindruckend. Kaum wird ein Problem, sei es historisch oder aktuell, angesprochen, verdeutlicht er mit Hinweisen auf bedeutende Denker, kulturelle Leistungen und Bibelzitate dessen

Geschichte und regt damit Lösungen an. Es geht ihm nicht um festgefügte Meinungen oder dogmatisch verfestigten Einschätzungen, sondern um eine tiefere Problemsicht. Wer dem nicht entspricht, setzt sich mindestens „massivem Widerspruch" aus.

2) Mit seiner Akribie, dem exakten Nachweis von Literatur, der genauen Angabe von Quellen, einschließlich der Lebensdaten behandelter Personen, legt er einen Maßstab an seine Arbeiten ebenso wie an die von ihm herausgegebenen Schriften an. Damit hat er schon manchen Autor „überrascht". Oberflächlichkeit ist ihm fremd, Quellensuche ein Bedürfnis. Es war und ist für mich nicht einfach (gewesen), diesem „Qualitätsstandard" immer zu entsprechen.

Diese nun schon Jahrzehnte währende Kooperation hat dazu geführt, dass die Beziehungen zwischen Siegfried Wollgast und mir nicht nur auf das Wissenschaftliche beschränkt blieben, sondern sich auch auf das Private - unter ausdrücklichem Einschluss der Ehefrauen - ausgedehnt haben, mit Gewinn für alle. Dafür mein ganz herzlicher Dank.

Dass Siegfried Wollgast mich im Jahre 1999 für die Zuwahl in die Leibniz-Sozietät vorgeschlagen hat und wir seither im Rahmen dieser Gelehrtengesellschaft für die „selbstlose Pflege und Förderung der Wissenschaften in der Tradition von Gottfried Wilhelm Leibniz im Interesse der Allgemeinheit" - wie es in deren Statut heißt[2] - wirken, sei der Vollständigkeit halber erwähnt, sollte aber hier und heute nicht im Zentrum meiner Würdigung stehen.[3]

Am Ende meiner kurzen Laudatio bleibt mir noch eines: Ich wünsche Dir, lieber Siegfried, Muße und Kraft für die nächsten Jahre: Arbeite weiter, so lange es geht und Du sowohl Spaß daran hast als auch Genugtuung dabei empfindest. Denn: Wissenschaftliche Arbeit ist Dein Leben. Darin hat seit vielen Jahren aber auch Deine Ehefrau Edith einen festen Platz. Und so wünsche ich euch beiden noch viel Gemeinsames, in Dresden, in Berlin, in Potsdam oder an anderen Orten dieser Welt...

Literatur

Banse, G. (2007): Schlussworte. In: Petsche, H.-J.; Krebs, I.; Meinberg, U. (Hg.): Zwischen Utopie und Risiko. Technik-Konzepte im europäischen Integrationsprozess. Berlin, 105–112

2 Vgl. URL: http://leibnizsozietaet.de/ueber-uns/statut/. [01.08.2014].

3 Vgl. dazu näher jedoch mein Glückwunschschreiben als Präsident der Leibniz-Sozietät der Wissenschaften zu Berlin an Siegfried Wollgast zu seinem 80. Geburtstag am 27. September 2013: URL: http://leibnizsozietaet.de/wp-content/uploads/2013/07/Wollgast-13-09-27.pdf. [01.08.2014].

Banse, G. (2008): „Philosophie und Technik" - Drei (nicht nur) retrospektive Blicke. In: Banse, G.; Hörz, H.; Liebscher, H. (Hg.): Von Aufklärung bis Zweifel. Beiträge zu Philosophie, Geschichte und Philosophiegeschichte. Festschrift für Siegfried Wollgast. Berlin, 39-55

Banse, G.; Hörz, H.; Liebscher, H. (2008): Vorwort der Herausgeber. In: Banse, G.; Hörz, H.; Liebscher, H. (Hg.): Von Aufklärung bis Zweifel. Beiträge zu Philosophie, Geschichte und Philosophiegeschichte. Festschrift für Siegfried Wollgast. Berlin, 15-21

Banse, G.; Wollgast, S. (Hg.): Toleranz - gestern, heute, morgen. Beiträge der Oranienburger Toleranzkonferenzen 2002 bis 2011. Berlin

Engels, F. (1962): Dialektik der Natur [1973/1983]. In: Marx, K.; Engels, F.: Werke. Bd. 20. Berlin, 305-570

Kornwachs, K. (2000): Rezension: Siegfried Wollgast und Gerhard Banse: Philosophie und Technik. Zur Geschichte und Kritik, zu den Voraussetzungen und Funktionen bürgerlicher „Technikphilosophie". In: Hubig, Chr.; Huning, A.; Ropohl, G. (Hg.): Nachdenken über Technik. Die Klassiker der Technikphilosophie. Berlin, 394-399

Kürschner (2007): Wollgast, Siegfried. In: Kürschners Deutscher Gelehrten-Kalender. Biobibliographisches Verzeichnis deutschsprachiger Wissenschaftler der Gegenwart. 21. Ausg. Bd. III. München, 4100-4101

Wollgast, S. (2002): Zum Wandel von Rationalitätsvorstellungen vom 17. bis zum 20. Jahrhundert. In: Banse, G.; Kiepas, A. (Hg.): Rationalität heute. Vorstellungen, Wandlungen, Herausforderungen. Münster u.a., 15-39

Wollgast, S. (2008): Siegfried Wollgast - Bibliographie seiner Arbeiten (Stand: 31. März 2008). In: Banse, G.; Hörz, H.; Liebscher, H. (Hg.): Von Aufklärung bis Zweifel. Beiträge zu Philosophie, Geschichte und Philosophiegeschichte. Festschrift für Siegfried Wollgast. Berlin, 435-485

Wollgast, S. (2009): Aspekte von Emotionalität in der Philosophiegeschichte. In: Ganthaler, H.; Neumaier, O.; Zecha, G. (Hg.): Rationalität und Emotionalität. Wien/Münster, 109-124

Wollgast, S. (2010): Erkenne Dich selbst! Zum Wesen und Wert von Denken in Aufklärung und Romantik. In: Petsche, H.-J. (Hg.): Topoi der Rationalität. Technizität- Medialität - Kulturalität. Berlin, 41-61

Wollgast, S. (2013): Gerhard - Technik - Sinnwissenschaften. In: Banse, G.; Hauser, R.; Machleidt, P.; Parodi, O. (Hg.): Von der Informations- zur Wissensgesellschaft. e-Society - e-Partizipation - e-Identität. Berlin, 431-447

Wollgast, S.; Banse, G. (1979): Philosophie und Technik. Zur Geschichte und Kritik, zu den Voraussetzungen und Funktionen bürgerlicher „Technikphilosophie". Berlin

Zecha, G. (2002):Rationalität heute - Vorstellungen, Wandlungen, Herausforderungen. Ustron, Polen, 24.-25. September 2001. Konferenzbericht. In: TATuP - Technikfolgenabschätzung - Theorie und Praxis, Jg. 11, Nr. 1 (März), 143-146

HOMMAGE für Siegfried Wollgast zu seinem achtzigsten Geburtstag

Hans-Otto Dill

Eine *hommage* zum achtzigsten Geburtstag eines so außerordentlich produktiven und kreativen Wissenschaftlers wie Siegfried Wollgast kann, ja muss darin bestehen, dessen Einmaligkeit als wissenschaftliche Persönlichkeit hervorzuheben.

Ich spreche hier weder als alter persönlicher Freund noch als langjähriger Fachkollege: unsere Fächer sind denkbar weit voneinander entfernt, auch geographisch: ich befasse mich als Berliner Hispanist mit modernen lateinamerikanischen Literaten wie dem Dichter Pablo Neruda aus Chile oder dem Romancier Gabriel García Márquez aus Kolumbien, er als Dresdener Philosophiehistoriker mit weisen Denkern der frühen Neuzeit vorwiegend aus Sachsen und Thüringen. Der wissenschaftlichen Berührungspunkte sind da wenig: Wir haben in früherer Zeit des öfteren einen Briefwechsel geführt, in dem es darum ging, dass ich für ihn in Nachschlagewerken Lebensdaten philosophischer Zeit- oder gar Leidens- und Glaubensgenossen der von ihm studierten frühneuzeitlichen mitteldeutschen Theologen und Gelehrten in der Welt der Hispania ausfindig machte, was nicht immer leicht war, da diese meist genau wie ihre deutschen Pendants nicht gerade prominente und vielbeschriebene Vertreter des offiziellen Diskurses waren, eher zu den Rändern des geistigen Lebens der iberischen Welt gehörten und eben deshalb zu den ausländischen Schwerpunkten des wissenschaftlichen Interesses von Siegfried Wollgast gehörten.

Zum zweiten interessierte mich über die Maßen seine intensive und in einer wissenschaftlichen Monographie endende Beschäftigung mit dem in seinem Vaterland fast vergessenen deutschen Philosophen Karl Christian Friedrich Krause, dessen Lehren unter dem Namen Krausismo auf der spanischen Halbinsel und dem lateinamerikanischen Subkontinent jedoch zahlreiche Schüler fanden, und der bis heute zum Grundbestand der an den dortigen Universitäten kommentierten Weltweisen gehört. Persönlich habe ich Herrn Wollgast vor allem in der Berliner Leibniz-Sozietät erleben können, als wortgewaltigen, stilsicheren und kenntnisreichen, zuweilen auch polemischen Redner, dessen Erudition mich beeindruckte.

Er hat auf seinem Fachgebiet in mehr als 40 Jahren ein kaum zu überblickendes Werk geschaffen, das durch seinen in unserem Zeitalter extremen Spezialistentums selten gewordenen Enzyklopädismus oder seinen Eklektizismus besticht – es passt in mein Wollgastbild, dass er diesem verpönten Stil der Stillosigkeit, diesem Opfer des ästhetischen Herrschaftsdiskurses, zumindest onomastisch in seinem Potsdamer Hauptreferat eine positive Wertung zuteil werden ließ. Ich nehme mir die Kompetenz, über den Universalismus von Wollgast zu sprechen, auch als Mitglied der Leibniz-Sozietät, einer nach Programmatik wie Mitgliederbestand interdisziplinären Gelehrtenvereinigung: Interdisziplinarität hat mit Universalismus, mit *universitas litterarum,* mit Enzyklopädismus zu tun, ohne deshalb eklektisch zu sein, weil es Wollgast um Zusammenhänge geht. Ohne sein umfängliches Wissen hätte er nie sein eigenes Fachgebiet bearbeiten können, oder vielmehr forderte ihn sein Spezialfach zum Enzyklopädismus auf.

Ein Alleinstellungsmerkmal Wollgasts in der Philosophiegeschichtsschreibung ist seine Konzentration, heute sagt man Fokussierung, auf die *subjektive Seite der Philosophiegeschichte*, im Gegensatz etwa zu Roland Barthes, dem französischen strukturalistischen Starphilosophen der 1960er Jahre, der das schreibende Subjekt sogar aus der Literaturgeschichte verbannte und diese nur noch als Folge untereinander vernetzter thematisch verwandter Werke unter völliger Absehung von ihren Autoren und deren Namen verstand. Das geht wohl eher nur in den Naturwissenschaften sowie in den Sozial- und Geisteswissenschaften allgemein, also in den von Wollgast weise sogenannten Sachwissenschaften, in denen Sachen, also Objekte über die denkenden und schreibenden Subjekte dominieren.

Marxens *Das Kapital*, Humboldts *Kosmos*, Charles Darwins *Die Entstehung der Arten* annoncieren schon in den Buchtiteln ein abstraktes Thema ohne Bezug zu Personen. Auch in der von Wollgast gemeinsam mit der Theologie als Sinnwissenschaft subsumierten Philosophie ist dies oft der Fall, man denke an Hegels *Phänomenologie des Geistes*, an Ernst Cassirers *Die Philosophie der symbolischen Formen,* an Jean Paul Sartres *Das Sein und das Nichts,* Georg Lukács *Geschichte und Klassenbewusstsein* oder Heideggers *Sein und Zeit. Erste Hälfte.*

Nicht so bei Siegfried Wollgast, dessen Werktitel selten Sachthemen benennen, etwa seine Aufsatzsammlung *Patriotismus, Toleranz und Utopismus.* Doch schon in seiner frühen Publikation von 1972 folgt dem Haupttitel *Der deutsche Pantheismus im 16. Jahrhundert* im Untertitel der Name eines Akteurs der Philosophiegeschichte auf dem Fuße: *Sebastian Franck und seine Wirkungen auf die Entwicklung der pantheistischen Philosophie in Deutschland.* Stets analysiert Wollgast Werk und Wirkung von Personen unter ausführlicher Herbeiziehung ihrer Biographien, etwa in seinen *Paralipomena zur Philosophiegeschichte Deutschlands,* in denen er u.a. Agrippa von Nettesheim, Ehrenfried Walther von Tschirnhaus, Christian Weise, Johann Christoph Adelung behandelt. Sein jüngster Sammelband *Parerga* – dieser heute seltene Titel der wie zuvor seine *Paralipomena* die Hauptwerke deutscher Geistesgeschichte assoziiert – enthält Biographica von Nicodemus

Frischlin, Heinrich Schütz, Jakob Böhme, Martin Opitz, Gottfried Arnold, Sebastian Franck und Karl Goldammer.

Dieses Wollgastsche Überwiegen der Personen über die Themen, der Biographien über die Werke, der Aura über die Sache ist nicht atypisch für die Geschichte der Philosophie, die immer einen personalen Ursprung hat: Geschichtsschreibung ist nie Ontologie, stets Diskurs, Narration, Erzählen von objektiven Geschehen und Verläufen, die nicht sich selber berichten, die keine von den Subjekten autonome Existenz haben, sondern den Historiographen zur Anbindung seiner Theoreme an die Biographien der Protagonisten der Geschichte zwingen.

Wollgast befleißigt sich einer besonderen Forschungs- und Darstellungsmethode, mit der er erfolgreich der schöpferischen Motivation der geschichtsphilosophierenden Subjekte auf die Schliche kommt. Sie besteht darin, dass bei ihm Biographien nicht allein *Vitae*, Abläufe von Lebensdaten, Hochschulstudien und akademischen Karrieren sind, sondern darin, dass er die biographische Recherche bis in ihre letzte notwendige Konsequenz führt. Dieses *non plus ultra* besteht in zuweilen labyrinthischer, barocker, kleinteiliger Erstreckung der jeweiligen Viten auf die kantischen Dimensionen der Zeit und des Raumes, mit einer Detailhaftigkeit, Breite und Vollständigkeit, wofür ich vergleichende Beispiele nur in der monumentalen Wallenstein-Biographie Golo Manns oder den kulturhistorischen Monographien der französischen Annalisten um Maurice Halbwachs sowie der Kulturarchäologie von Michel Foucault finde.

Beispielsweise Wollgasts Kurzvita des aus Dresden stammenden Paracelsus-Biographen Goldammer, in der er angelegentlich dessen privates, persönliches Leben, seine lebensweltliche Wirklichkeit in Raum und Zeit von den Umständen seiner Geburt und seines Sterbens über sein biographisch-biologisches Leben hinaus beschreibt. Zeitlich verlängert sich diese Vita zu einer sich über mehrere Generationen erstreckenden Genealogie, die die geheimsten Wurzeln philosophischen Denkens bis ins zweite und dritte Glied offen legt. Zu dieser Mikroskopie wissenschaftlicher Geschichtsschreibung menschlichen Denkens gehört noch vielmehr die makroskopische Projektion des Einflusses der jeweiligen Geschichts- und Kulturepoche auf das Denken der jeweiligen Subjekte. So weit also reicht für Siegfried Wollgast der temporale Begriff des Historischen.

Zu dieser Zeitlichkeit gehört in schönster Symmetrie auch der *Raum* als gelebter Lebensraum des Philosophen mit seiner Prägung durch die Lokalität in Gegenwart und Vergangenheit. Deshalb erweitert Wollgast seine Biographien lebensweltlich-räumlich auf Wohn- und Geburtshaus, Straße, Stadt, Landschaft, so in der Beschreibung der Straße, in der Goldammer in Dresden wohnte, der Bibliothek, die er benutzte samt ihrem Mobiliar, sowie in der Nennung von Namen und Profession von dessen Vorfahren mitsamt deren Grabstellen auf dem Friedhof. Für ihn als in Dresden lebenden Gelehrten spielt die Stadt an der Elbe mit ihrer einmaligen kultur-geistigen Mikrokultur eine besondere Rolle für Leben und Werk bedeutender Philosophen, und in konzentrischem Kreis ganz Mitteldeutschland, so für den Köstritzer Musikus Heinrich Schütz. Auch Andreas Gryphius, Johann Gottfried Weise und Hoffmann von Hoffmannswaldau verdanken ihr philosophisches Ingenium laut Wollgast neben ihrer durch den Dreißigjährigen Krieg erfahrenen Zeitlichkeit auch ihrem in der Kollektivbezeichnung „schlesische Dichterschule" bezeichneten kulturgeographischen dresdennahen räumlichen Bezug – wobei diese Exkursionen ins Musikalische und Poetische bei dem Universalisten Wollgast keine Seltenheit sind. Andere philosophisch-theologische Landschaften sind für Wollgast der süddeutsch-südwestdeutsche sowie der norddeutsche Raum. Man sollte ihm folgend außer den hauptsächlichen Industrieprodukten und Einwohnerzahlen stets auch die lokaltypische Philosophie- und Theologiegeschichte in die Konversationslexika eintragen.

Blickt man genau hin, so ist in Wollgasts Darstellung ein ganzes räumliches, lokales Geflecht entstanden, das von Personen, von Subjekten wimmelt, aber nicht isoliert, sondern in ihren gegenseitigen Beziehungen dargestellt, so in seiner Arbeit über den Musiker, Textdichter, Rechtsgelehrten und Regionalpolitiker Heinrich Schütz, seine religiös-philosophische und auch künstlerische Verwobenheit und Kooperation mit ganz anderen, aber eben doch verwandten und irgend im Gegensatz zu den Herrschaftsdiskursen stehenden, einen subversiven Diskurs und Umgang pflegenden Geistern: Sozinianer, Rosenkreuzler, Neostoicisten, der Komponist Schein, der Görlitzer Mystiker Jakob Böhme, die Barock-Dichter Paul Fleming, Opitz oder Christian Weise oder der Ostpreußenkreis um Simon Dach. Diese werden ihrerseits in ein Beziehungsgeflecht mit anderen Individuen verwoben, die auch wieder in ihren Hauptcharakteristika, ausgeübten Tätigkeiten, familiären Umständen, eingenommenen Ämtern und ihren akademischen Lehrern und ihrer Verwandtschaft sowie in ihren Dogmen und politischen, religiösen und professionellen Charakteristika beschrieben werden, wozu auch die jeweiligen Gegner mit ihren Charaktermasken und personalen Parametern kommen. Für Wollgast gilt neben der Zeitlichkeit stets das jeweilige lokalkulturelle Raum-Ambiente, nicht als beiläufiges Lokalkolorit, sondern als besonderer geistig-kultureller Humus. Ich wurde mir erst durch Wollgast bewusst, welch reiches geistiges Leben im frühneuzeitlichen Deutschland herrschte.

So spannt er entsprechend seiner Strategie der Subjektivierung ein ganzes Netz der für die jeweilige Region charakteristischen subjektiven Kulturträger auf. Für diese personalen Kernzellen, etwa das umfangreiche „Beziehungsfeld" um Heinrich Schütz, gebraucht er in bewusst kollektivischer Subjektivität die Worte „Lebenskreis" oder „geistiges Umfeld", die unter seiner Feder zu wissenschaftlichen Termini werden.

Doch Subjektivität und Biographie sind nur kognitive Präliminarien für Wollgasts Anliegen, mit dem er fast allein auf weiter Flur dasteht: die Wiederentdeckung und Neubewertung verfemter, verleumdeter, aus der Geschichte des Denkens vertriebener oder auch schlicht vergessener Gestalten. Er ist ein Regisseur, der in dem von ihm inszenierten peripetienreichen Drama der Philosophiegeschichte nicht die im Rampenlicht stehenden, von der herrschenden Philosophiegeschichte privilegierten Gestalten, sondern die im Dunkeln oder Halbdunkel befindlichen, aber für das Gesamtstück mitentscheidenden Nebenfiguren und Chargenrollen ins Licht, das rechte, rückt. Solch scheinbarer Stichwortgeber war beispielsweise der schon von mir genannte Hegelianer Karl Friedrich Christian Krause.

Doch ist es nicht allein philosophiehistorische Gerechtigkeit und enzyklopädische Vollständigkeit, die Wollgasts Feder bei seiner Ergänzung der kanonischen Philosophiegeschichte führten: sondern er systematisiert und initiiert die fällige Neuschreibung der Weltgeschichte der Heterodoxie, ihre Eingliederung in die Geistes- und Kulturgeschichte. Seine Reanimation gilt nicht nur den zu Unrecht Vergessenen, sondern den absichtlich von der Doxa in die Bedeutungslosigkeit gestoßenen, inferiorisierten, beschimpften oder totgeschwiegenen Protest-Denkern. So erging es anfänglich Martin Luther, diesem Protestanten par excellence, der mit der sich in Mittel- und Nordeuropa durchsetzenden evangelischen Konfession zum Vertreter der Orthodoxie und Thomas Müntzer zum eigentlichen Protestanten wurde Aber auch dieser wurde in einer bis zu Ernst Bloch, der politischen Linken und der DDR-Geschichtsschreibung reichenden Filiation zum Vertreter einer neuen Doxa, weshalb sich Wollgast mit anderen wenig bekannten und untersuchten Protestdenkern des 16. Jahrhunderts wie Sebastian Franck und diesem gegenüber ihrerseits heterodoxen zeitgenössischen Denkern wie Frischlin befasst.

Hier bin ich unversehens von der Philosophie- zur Religionsgeschichte gelangt, beides Hauptbestandteile jener von Wollgast Sinnwissenschaften im Unterschied zu den von ihm Sachwissenschaften genannten Sozial- und Naturwissenschaften. Unversehens, aber nicht zufällig, denn infolge der lang andauernden Verschwisterung zwischen beiden Denksphären ist alle von Wollgast untersuchte Dissidenz sowohl theologisch wie auch philosophisch zu verstehen: *notabene* wurde ja auch der atheistische Marxismus als Religion oder Religionsersatz gehandelt. Luther, Philipp Melanchthon, Andreas Rudolf Karlstadt, aber eben auch Müntzer und Franck bedeuten für ihn Proliferationen vordergründig religiöser, aber eben auch philosophischer Heterodoxie. Und wenn man genauer hinsieht, entgehen Wollgast nicht die politischen, sozialen und ökonomischen Hinter- und meist auch Beweggründe der religiösen und philosophischen Fehden.

Siegfried Wollgast hat also eine wesentliche Verlaufsstruktur der Philosophiegeschichte entdeckt: diese besteht keineswegs nur in der von der marxistischen Orthodoxie verabsolutierten, von Wollgast etwas stiefmütterlich behandelten Relation „Bewusstsein" vs. „Sein", und nicht nur in dem Binom *Wissenschaft* vs. *Religion* bzw. *Glauben*, sondern vor allem in der Relation *sinngeschichtliche Dissidenz* vs. *religiöse wie philosophische Orthodoxie* im ewigen Widerspiel beider unter wechselnden historischen Bedingungen. Typisch ist allein schon der Titel eines seiner jüngsten, 666 Seiten dicken Werkes: *Oppositionelle Philosophie in Deutschland.*

Wie erklärt sich, dass Wollgast sich wissenschaftlich weder zur zeitgenössischem Geschichte der philosophischen Dissidenz im Osten noch zu der im Westteil Deutschlands äußerte? Das hat mit seiner Spezialisierung auf spätes Mittelalter und frühe Neuzeit zu tun. Wollgast gehört nicht zu der heutzutage nicht geringen Spezies von Autoren, die auf ihnen unbekanntem Terrain dilettieren. Ich sehe ihn auf metatheoretischer Ebene als einen Wissenschaftler, der nicht nur über Heterodoxien schreibt, sondern selber ein Heterodoxer, Protestant und Ketzer ist, insofern er der Religion und der Emotionalität einen unersetzlichen, ihnen von der ideologischen Obrigkeit der Ex-DDR lange Zeit verweigerten Platz neben der Wissenschaft einräumte, indem er den gegenüber dem Rationalismus von der marxistischen Philosophie vernachlässigten sensualistischen, emotionalen, sogar esoterischen Denktraditionen ihren ihr zustehenden Platz zubilligte. Er ist, gegenüber heute inflationärer Etikettierung des Dissidententums, ein Nonkonformist der Philosophiegeschichtsschreibung in des Wortes wahrster Bedeutung.

Wenn ich eingangs auf Wollgasts Universalismus einging, so hängt dieses auch mit seiner fachlichen Kompetenz als Heterodoxieforscher zusammen: während die Orthodoxien immer monoton sind, aus ihrer Einmütigkeit ihre Existenzberechtigung beziehen, tummeln sich die Querdenker in fast unübersehbarer Vielfalt in der Weltgeschichte des Denkens. Diese Vielfalt konnte der Jubilar nur überblicken, weil er sich einen enzyklopädischen Blick über die Gesamtheit der Heterodoxien und Orthodoxien anschaffte.

Noch ein weiterer Schwerpunkt Wollgastschen Forschens hängt mit seinem Universalismus und seiner Heterodoxieforschung eng zusammen: das Toleranz-Problem, das wie bekannt in den Zwistigkeiten zwischen verschiedenen Religionen, in ihren bis zur Gewaltsamkeit reichenden Differenzen wegen der Interpretation der Lehren der Heiligen Schrift, der Kirchenväter und Religionsstifter und ihrer Abgleichung mit den politischen, rechtlichen, sozialen und ökonomischen Wirklichkeiten, sowie mit den diese reflektierenden Philosophien bis hin zur Theologie der Befreiung seine Ursache hatte. Es ist beiden Sinnwissenschaften inhärent, sowohl der Theologie- wie der Philosophiegeschichte von Augustinus, Francesco de Assisi, Ramon Llull und Bartolomé de las Casas, wie der Aufklärungs- oder Philosophiegeschichte von Pierre Bayle bis zu Voltaire, Gotthold Ephraim Lessing und Friedrich II. Wollgast kam überhaupt aufgrund der Fülle des von ihm untersuchten empirischen Materials auf die Binomie *Sinn- vs. Sachwissenschaften*.

Wahrlich, wer so detailhaft-genau wie er die religiösen und philosophischen Querelen mit ihren für die Opfer oft katastrophalen Folgen kennt, wird zum Kronanwalt der Toleranz. Wollgast war *autor spiritus* und mehrfacher Hauptreferent der alljährlichen Oranienburger Toleranztagungen der Leibniz-Sozietät. Toleranz und Intoleranz sind, wie die jüngsten Nachrichten aus Politik und Gesellschaft zeigen, höchst aktuelle und delikate Materien. Wollgasts so sternenfern scheinende Philosophiegeschichte führt mitten in aktuelle Menschheitsprobleme.

Noch eine letzte, sowohl metaphysische wie extrem irdische Dimension Wollgastscher philosophie- und religionshistorischer Forschung sei hier angeschnitten: das Problem des Todes, besser gesagt die Kultur des Lebens und die Philosophie des Todes als *ars vivendi* und *ars moriendi,* der er einen seiner jüngsten und längsten Texte dediziert. Er handelt von einem Wollgastschen, also anstößigen und ketzerischen Problem: der heutigen Tabuisierung dieser höchsten Stufe von Doxie, des Todes. Er studiert vor dieser Folie das natürliche und insofern menschliche Verhältnis zum Tode in vormoderner Zeit und im außerokzidentalen Raum, also in seinen für Wollgast obligaten räumlich-zeitlichen Koordinaten. Dabei spürt man auch auf diesem Feld die von ihm selbst gesetzten Grenzen seiner Forschung: er beschränkt sich dabei auf Altertum und frühe Neuzeit und die europäische, *in extremis* sogar die deutsche Kultur. Andere Kulturräume und Zeitläufe, also die außerwestliche Welt sowie alternative Vergangenheiten thematisiert er nicht gleicherweise. Aber wer wollte dies einem Wissenschaftler verübeln, der stets skrupulös und aufwändig den mikrokosmischen Humus von Philosophie und Religion untersucht hat, der nie auf ihm nur oberflächlich vertrauten Gebieten wie manche heutigen Philosophen dilettierte.

Ich kann, meine Damen und Herren, meine *hommage* an Siegfried Wollgast nicht besser enden als mit dem Wunsch, er möge in voller Gesundheit und in nie versiegender geistiger Frische auch weiterhin die Rolle eines aufrührerischen Dissidenten, Protestanten, Heterodoxen und Ketzers wider den gedankenträgen und bequemlichen *mainstream* spielen.

Mir fällt abschließend keine treffendere Charakterisierung des Wissenschaftlers Wollgast als angesichts seiner Fokussierung, Wollgast hätte lieber Zentrierung gesagt, also angesichts seiner Zentrierung auf die Nebenfiguren und Nebenschauplätze der Religions- und Philosophiegeschichte auf ihn das Lob anzuwenden, das Walter Benjamin allen Historikern der Nebenhandlungen der Weltgeschichte spendete: Benjamin schrieb in seiner Abhandlung *Über den Begriff der Geschichte*: „Der Chronist, welcher die Ereignisse hererzählt, ohne große und kleine zu unterscheiden, trägt damit der Wahrheit Rechnung, daß nichts, was sich jemals ereignet hat, für die Geschichte verloren zu geben ist."

Mit seiner Erforschung der scheinbar nebensächlichen, hintergründigen, den Humus der Geistesgeschichte ausmachenden angeblich „kleinen“ Denktraditionen wird er weiterhin dazu beitragen, dass auch die kleinen Geschichten neben der großen Geschichte nicht für verloren zu geben sind.

Worte an den zu Ehrenden

Prof. Dr. phil. habil. Siegfried Wollgast zum 80. Geburtstag am 27. September 2013

Gerhard Zecha

Lieber Herr Professor Wollgast, hoch verehrter Jubilar!

Gerne habe ich die Einladung angenommen, an Sie ein herzliches Willkommen im Rahmen der diesjährigen CultMedia-Konferenz zu richten. Es ist uns allen eine große Ehre und mir persönlich eine ganz besondere Freude, dass wir Sie heute unter uns haben. Diese Gelegenheit will ich nützen und laut wie deutlich aussprechen, *wie sehr wir Sie schätzen* und *warum wir das tun.*

Herr Professor Wollgast, Sie haben als Philosoph, als Historiker, als Wissenschaftler, als akademischer Lehrer und als unermüdlich wie fruchtbar arbeitender Forscher uns allen Schätze geschenkt, die wir und die Nachwelt erst im Laufe der Zeit entdecken und verstehen werden. Das wurde heute schon festgestellt, das wurde auch zu Recht aus unterschiedlichen Perspektiven hervorgehoben. Das war gut so, das kann auch gar nicht oft genug dargelegt werden. Denn Sie haben uns durch all die Jahre bis heute Beispiele gegeben, wie die jeweils zutreffenden Aufgaben von Forscher, Lehrer, Wissenschaftler, Historiker und Philosoph vorbildlich, das heißt vor allem: *nachahmenswert,* erfüllt werden können. Das wird weithin erkannt und anerkannt. Die treffenden Titel Ihrer publizierten Studien belegen das eindrucksvoll. Aber es geht Ihnen nicht nur ums Publizieren, es geht und ging Ihnen um die kritische Auseinandersetzung mit der Welt, in der wir leben. Gerade als Historiker zeigen Sie uns, wie und was wir aus der Vergangenheit für heute und für die Zukunft lernen können. Das steht nicht nur auf tausenden Seiten von Forschungsarbeiten, das sind zielgerichtete Versuche, die Welt, in der wir leben, zu verbessern. Ihre Arbeiten sind relevant, Herr Professor Wollgast – sie helfen, unser Dasein zu klären (Aufklärung), zu kommentieren und zu bereichern. Und das sollen auch *wir* tun! Diesen Beispielen zu folgen ist die vornehmste Tätigkeit, der wir uns widmen können und sollen.

Es ist mir bewusst, dass viele unter uns sind, die genau das versuchen und auch mehr oder weniger treffsicher durchführen. Warum aber schätzen wir gerade Sie, Herr Professor, in dieser Hinsicht so sehr? Die Antwort ist klar: Weil Sie zu dem, was Sie für uns, für die Menschen, für die Gesellschaft und Kultur erarbeiten, mit Ihrem Charakter, mit Ihrer Person, mit all Ihren Fähigkeiten und Talenten einstehen. Es ist einfach großartig, dass Sie nicht nur lehren, forschen, Bücher schreiben - nein, Sie meinen das auch wirklich so, wie Sie es tun. Sie schreiben nicht über Opposition, **Sie sind Opposition.** Sie verlangen nicht nur als Philosoph den kritischen Geist, **Sie selbst sind er - der kritische Geist** im 20. und 21. Jahrhundert in unserem Kulturkreis! Sie sind nicht nur seit eh und je interessiert an tieferer Problemsicht und daraus springend an neuer Aufklärung in unserer Zeit: **Sie sind diese Aufklärung in unserer Zeit** - mit wacher Intelligenz, mit hinreißendem Mut, mit überragendem Wissen.

Aufklärung, schreiben Sie einmal, hat immer auch eine religiöse Wurzel. Es hat mich tief beeindruckt auf der ersten Tagung, bei der ich einen Vortrag von Ihnen hören durfte, dass Sie herausgearbeitet und gefordert haben: „Wir brauchen eine neue Aufklärung, die auch Glaube, Hoffnung und Liebe als Grundkomponenten in ihr Kategoriensystem einbezieht. Und diese neue Aufklärung ist nur interdisziplinär realisierbar."[1] Das galt vor 12 Jahren, das gilt ganz besonders für unsere Konferenz in Potsdam 2013 und darüber hinaus!

Als wir vor zwei Jahren in Prag Gerhard Banse aus seinem Berufsleben verabschiedet haben, nützten Sie diese Gelegenheit, Ihrem langjährigen Mitarbeiter, Wegbegleiter und Freund gewissermaßen ein Vermächtnis mitzugeben, das diese Einladung, ja Aufforderung zur Interdisziplinarität mit den Sinnwissenschaften Philosophie und Theologie wiederholt: „Alle auf dieser Welt heute lebenden Menschen sind Zeugen, Betroffene, auch Akteure der Technikentwicklung. Technik bringt stets Neues ... wirklich Gutes wie auch Schlechtes.... [Das] verlangt auch eine Überzeugung, eine Weltsicht, eine Weltanschauung als Grundlage. Sie ist nur den Sinnwissenschaften eigen -anders geht es nicht."[2] Und daran haben Sie sich immer gehalten und dieses Forschungsprogramm beispielhaft durchgeführt.

Vor fünf Jahren, am 27. September 2008, feierten wir Ihren 75. Geburtstag (mit der Festschrift *Von Aufklärung bis Zweifel)*. Sie haben damals - echt Wollgast - neben aller Lobes- und Jubel Stimmung am Rande den Psalmisten zitiert: „Unser Leben währt siebzig Jahre, und wenn es hoch kommt, sind es achtzig. Das Beste daran ist nur Mühsal und Beschwer,

1 Wollgast, S. (2002): „Zum Wandel von Rationalitätsvorstellungen vom 17. bis zum 20. Jahrhundert". In: Banse, G.; Kiepas, A. (Hg.): Rationalität heute. Münster 2002, 35

2 Wollgast, S. (2013): „Gerhard – Technik – Sinnwissenschaften". In: Banse, G.; Hauser, R.; Machleidt, P.; Parodi, O. (Hg.): Von der Informationsgesellschaft zur Wissensgesellschaft. E-Society – e-Partizipation – e-Identität. Berlin, 443

rasch geht es vorbei, wir fliegen dahin.“ (Psalm 90, Vers 10 aus der *Einheitsübersetzung der Heiligen Schrift,* Stuttgart 1980) Ich darf heute daraus zitierend ergänzen (Vers 12): „Unsre Tage zu zählen, lehre uns, o Herr! Dann gewinnen wir ein weises Herz.“

Vielen Dank, lieber und weiser Herr Professor Wollgast!

Abstracts

Gerhard Banse
New Media, Cultural Practices and Identity Formation

Firstly, an overview of the proceedings of the CultMedia network is given in this article, i.e. an overview of the results with respect to identity formation in the context of cultural practices conditioned by so-called „new media". Secondly, some conceptual preconditions and theoretical results regarding „new media", culture or culturalism and identity are presented. This will also shed light upon some „gaps", i.e. insufficient or missing aspects of this issue. Thirdly, the question of plagiarism as a possible area for future research will be discussed.

Heiko Christians
Mediatization and Virtualization from a Cultural Historic Point of View

The commonplace understanding of virtuality often refers to its potential to create spaces of possibility that are similar to real spaces. This topic or „heraldry" of virtuality points to the rather problematic dimensions of the concept: Virtual space is an artificial (symbolic) alternative to natural environments. It is rather inconsistent and hence reduces the responsibility of every individual. Often reduced to a technical factitiousness, virtuality serves as a catalyst for cultural critiques of military, entertainment industry and general consumerism dominance and individual alienation. In contrast, the paper addresses virtuality rather in analogy to the human capacity of imagination – a plasmatic space of scenes and images that are processed and rejected. Virtuality therefore is not in opposition to real forms of life, but a condition for it – the use of virtual technique and the practices within virtual spaces become important.

Bernhard Claußen
Political Learning and the Power of Virtuality. With online media of information and communication to an expansion of civic development and didactical attractiveness or to a repressive loss of the perception of reality and autonomy?

Virtuality is generally an inherent element of information and communication in and about politics and respective media, and imperative for meaningful common understanding.

It is neither principally obsolete or to be discarded nor a sign of computer civilization alone. Risks and opportunities relevant to power, in particular for political learning and related didactics, invariably originate from the characteristic specifications of virtuality's structural configuration and perception as means of a precise and adequate penetration of reality and civic participation. In the internet age subsequent exemplifications undergo consolidation and intensification with new severe measures of a regressive and repressive problem escalation. A profound analysis of the explication of contrary paths of development demands an approach update by including a perspective critical to prevailing rule and theory of democracy with a focus on its forms, profiles and consequences as complexion. An emancipatory-interested consideration of economic contexts of contradictory dynamics of and between life-world and system-world with their socialisational significance for the free and democratic search of identity as subject constitution and community formation promotes a sceptical view of digital technology and thus a better exploration of cultural tendencies and potencies.

Julius Erdmann
Self-Expression, Self-Assertion, Self-Communication? Individual Pictorial Signs in Social Network Sites as Means of Online Visual Self-Mediatization

Pictorial signs that are published by individuals in Social Network Sites (e.g. individual photographs, graphics, caricatures, cartoons as well as shared institutional pictures) are source, product and medium of identity and self construction. However, they are not only semiotic means of self-expression, but also refer to the technical and collective dimensions of mediatization of the personal self. Following the individuation theory of Simondon, the paper analyzes these technical, collective and signifying dimensions through Bitstrips cartoons, internet memes and personal photography on the Social Network Facebook. It will thus indicate the intersections and limitations between technical interfaces, the networked community and the individual member in order to extend the notion of self-expression.

Bruno Gransche, Dirk Hommrich
The Mise-en-scène of the Futures: The Virtual Projects of Brain-Based Education and Consumer Genetics

This paper explores the staging of brain research, especially of brain-based education, and genetics, particularly consumer genetics, using two different meanings of virtuality. It shows that both the popularization and the *mise-en-scène* of science and technology are based upon virtual realities respectively virtual actualities, which are not necessarily produced by means of software. The staging of brain research and genetics also comprises languages, pictures, media and techniques that are relatively independent from computational entities or 'computer realities'. The article describes brain-based education as well as consumer genetics as virtual projects that affect possible perceptions of probable futures. It concludes that nowadays public understanding of science depends on the comprehension of virtual realities. For the sake of technology education as well as future literacy the authors address the challenge of *virtuality literacy*.

Gerd Grübler
The Broadcasts of the Brain. On the Virtualization of Reality in the Neurosciences

Brain research has become a popular issue both in the academic field and in the wider public. This has led to a permanent presence of 'neuro' issues in the media. Therein, several rather fictitious roles are ascribed to the brain, as for instance performing as an agent who makes plans and realizes his intentions by the execution of actions. Seen this way, the brain is the actual leader and master of the human being. On the basis of imaging procedures the brain has also become an issue of aesthetic interest or is held to be the very core of creative art production itself. Finally, as the reality behind reality the brain stands for transcendence and the 'higher truth'. All these aspects point to classical philosophical problems and raise the question what the 'mission' of the neurosciences themselves concerning metaphysics and the future human development actually might be.

Rüdiger Heimgärtner
Moral Issues in the Context of the Internet – Reflections on the Impact of Cultural Horizons and Ethical Traditions on Internet Use

The question of whether the ethical attitude towards different cultures has improved along with the use of the Internet is investigated in this paper. First, the relationship between culture and information systems is analyzed. Applying intercultural philosophy and considering the use of information systems in the cultural context helps to address the cultural diversity. It is clear that both cultural ethics and information ethics play a role in the consideration of cultural aspects in the design of human-machine systems. After considering the basic ethical issues in the information society, the presentation of intercultural information ethics in the context of the Internet is pursued to finally shed light on the impact of culturally shaped ethics upon Internet usage. The results are exemplified and discussed using examples from the Internet. In summary, future challenges and ideas worth pursuing are presented.

Andrzej Kiepas
Medialization of Communicative Rationality in the Culture of the Real Virtuality

The acceptance of communication as an essence of culture is connected with the acceptance of the role of communication processes, as well as the factors of cultural change had been with the acceptance of the medium as a cultural framework. The rationality of communication grows on certain grounds which according to J. Habermas link to a specific unity of the world images, intentions and acceptable values. The article shows how a growing culture of images has many features similar to the earlier culture of speech, and what the anthropological consequences in medialization of culture through the development of new media are.

Marco Lentzsch, Norman Reßut, Irene Krebs
Interconnected Life – Extension of Cultural Participation for Visually Impaired and Blind People

Something that was only intended for a small, privileged part of the population at the beginning of the 90s rapidly develops into a medium of daily use for everybody - the World Wide Web. Today it is hard to imagine life without the various possible uses of information, communication, business and entertainment that resulted from it. As a consequence, there is nothing that cannot be found since the demand determines the offer - people live online. (Faulstich 2004, 433-436) Nevertheless the question how access to these media is implemented has to be asked again and again, because the web is to be „open“ for every individual with a different state of knowledge and heterogeneous technical prerequisites. During the further development of this offer, those segments of the population are frequently „forgotten“ who depend on special technical aids as well as special accommodation, particularly when receiving data. With the premise of facilitating people's equal participation in social life and, at the same time, raising everybody's quality of life, accessibility is an important prerequisite for participating in economic, social and cultural life. This paper wants to emphasize this aspect of accessibility, especially for visually impaired and blind people.

Petr Machleidt
Who is the Winner and who is the Loser in the Virtual World of New Media

The field of virtual reality is very relevant for most people, mainly because of the possibilities that it offers for the future. Though at present we proceed only *per partes*, it is not unthinkable that in a few years it will be possible to live in a new „perfect“ world of virtual reality. The virtual world is a place where more or less real feelings can be experienced by living a real second life. This apt term is also the name of probably the most popular virtual world ever – Second Life. Like in the real world, you can win and lose. Welcome to Second Life!

Tadeusz Miczka
Infoactivism as the Basis of Communicational Reversal

In my considerations I am developing and documenting the following thesis of H. Jenkins: „people take the media into their own hands – provide a dialogue with the mass media, create their own network communities, they learn to think, work and process the culture in new ways. [...] We do not talk about interactive media technologies any more. We talk about the „culture of participation“. I am interested in those ways and forms of participation in the culture of communication, that cause that the past *flaneur*, a typical *newbie* and the average network user – *lurker*, evolve to a maker, creator, or another type of „activist“ or „engaged activist“. I am interested especially in the evolution of Internet communication consequences for cultural and everyday social life. When the *terra internetica* increasingly penetrates into the a real world, experience starts playing a smaller role in the media users behavior. Therefore, one of the most important questions, which a researcher of such, leading to communication breakthrough, processes must ask, is: what does the experience replace? It seems to me that daily Internet communication rituals, or the peculiar *cyberseeking* definitely do, but only these?

Karel Mráček
Popularisation of R&D Results in New Media: Opportunities, Effects and Problems

This contribution is oriented to growing attention given by science and research institutions to popularisation and mediatisation of their aims and results. It shows a broader social context of these activities, especially connected with problems of R&D financing. New expectations in the area of popularisation of research results and its PR are with respect to target groups often connected with new media (Internet, social networks, viral marketing, etc.), in the context of searching more effective approaches to research marketing and to creation of a suitable media mix. However, necessary attention is given as well to evaluation of effects and perception of possible risks connected with using of new media in this area. Concrete knowledge is based mainly on analyses realised in the CR.

Hans-Joachim Petsche
What Really is Virtualization?

As a starting point three findings that problematize the comprehension of „virtual" are being presented:

Platon's cave allegory can not only be understood as an epistemological or ontological model of the virtual, but it also characterizes virtuality as a staged reality, appearing as a surrogate of the original reality.

Victor Klemperers LTI offers a delicate analysis how language can impose a virtual structure onto a reality thus rendering this reality itself virtual.

With the growing importance of the „internet of things" an informational structure is imprinted on things themselves. They communicate and interact with us, blurring the lines between virtuality and reality.

Going back to the definition of virtual by Charles Sander Peirce, the term virtual is clearly distinguished from the terms potentiality, possibility, fiction, simulation and model. The uncertain outcome of a life in staged virtualities urges for alertness and resistance.

Annely Rothkegel
Pictures in Web Communication: Information and/or Emotion

We cannot imagine web communication without any pictures. Whatever the source might be – wikis, websites, contacts in social media – they all profit of pictures of different kinds supplementing some text materials or even replacing them. Whereas texts usually are connected with information, pictures are considered to be associated with emotions. I question this assumption by investigating the specific role of pictures in web communities. In analogy to the text-linguistic concept of communicative actions I develop some scheme of categories for the analysis of properties of pictures and their informative as well as emotive potential. On the basis of this scheme I specify communities of communication such as knowledge communities, communities of experiences and communities of resources.

Sonja Ruda
Communication on Safety and Risk in Difficult Road Traffic Situations. Commentaries in a Blog

The communication on safety and risk in road traffic is of utmost relevance to society and is thus frequently carried out, e.g. in road safety education programmes, in the media and between road users. Though there are safety rules and measures, road users are time and again faced with difficult situations which may lead to a traffic conflict. Using a pragmalinguistic analysis of blog commentaries, this study attempts to answer the following questions: How do bloggers express their opinions about certain road traffic situations? How do they interpret safety and risk? How are risks and safety or technology safety communicated, e.g. by means of rules? The objective is to develop a model of safety communication in road traffic.

Tomasz Stępień
Spaces and Theories of Media: Between Philosophy, Culture and Architecture

Nowadays, the changes of culture and society are characterised by concepts of space (spacing), which also defined two main fields of discourse concerning culture in the last two decades: the theories of media and the development of new architectonic forms. Therewith is opened a new interdisciplinary discourse based on the question: How far is it possible to substantiate the changes of society as the signature of our time? The starting point of the presented metatheoretical analysis is the endeavour or wrestling for a definition of the phenomenon of culture characterised at the same by philosophers' discomfort (Kroeber/Kluckhohn 1952; Hilckman 1967). I find a way to explore the specificity of cultures in 'forms' and 'languages' of architecture and media, with new technologies of mediatisation. The phenomenon of space hereby appears as an integrated part of the present discourse inside the humanities, and is with the sequence of 'turns' an expression of the inherent dynamic of the changes. Therefore, the aim is to develop a philosophy of space and spatialisation, which oscillates between cultural anchoring and suspension and focuses on culture theories. In this manner, culture appears as a colourful collage with different and often antagonistic motives expressed by architecture and media.

Mariola Sułkowska-Janowska
Some Remarks on the Trans-philosophy of Picture

It is assumed that one of the most important events in human history is the appearance of literacy in place of orality. It also marked the beginning of the philosophical tradition of

Western thinking as well as, in consequence, of the self-consciousness of homo sapiens. It seems that today we are facing another turning point: homo sapiens transforms into homo videns. Since the perception of pictures replaced thinking, the intelligent human being has been dethroned by the mindless telekid (G. Sartori).

In the article I analyze the abovementioned problem and give some thought to the question of the influence of this transformation on a new quality of philosophical thinking. Are we dealing with a new state of our mind, the 'pictural' one (compare Havelock's idea of the Homeric state of mind)? If yes, in what context should we consider the new state of mind? Shall we somehow include new categories such as transversality, trans-thinking, trans-rationality or trans-philosophy? Moreover, what are the consequences of the transformation? Is it a chance or rather a symptom of a deep crisis, a crisis that G. Sartori called „the crisis of human mind and cognitive abilities"?

Nicanor Ursua
Futuristic Visions and Desirable Futures: Pragmatical Perspectives

In the history of human thought there has always existed an abundance of ideas and visions about the future. These visions often build on the idea and the realization of 'technological convergence' (i.e., the so-called NBIC: nanoscience and nanotechnology, biotechnology, information and communication sciences and cognitive science). They influence our thought patterns in a new way and act on the future of human development itself: a future that represents the fulfillment of some techno-optimistic dreams, for others an apocalyptic nightmare. The dynamics and the development of Converging Technologies (CT) together with their possible implementation in the future require a critical philosophical, epistemological, social and ethical reflection in order to allow the participation in emerging technoscience.

Mariusz Wojewoda
Role Models in Mass Media – An Ethical Reflection

The transformation of mass media leads to new forms of communication, and for millions of users it is not only a space to receive information, but also a place to express their views and lifestyles. The impact of mass media on social imagination changes the way people understand public space itself. However, there are no recognized authorities and the lack of trust in politicians and institutions make role models compete for social preferences and imagination. Analyzing the importance of some role models in mass media, I reach into the philosophical concepts of Emmanuel Mounier (Hercules, Narcissus), Alasdair MacIntyre (the aesthete, the leader-manager, the therapist) and Zygmunt Bauman (the stroller, the vagabond, the tourist, the player) in order to see how these models are realized in modern mass media. Ethical reflection allows a critical assessment of the destructive effects of these models on social imagination.

Magdalena Wołek
To Decline an Audience

One could write an antique tragedy in the vein of Euripides, a novel with the flair of Tolstoy or a magnificent opera à la Verdi just as one could compose a piece such as *4'33"* by Cage or create ready-made art like Duchamp, supposing that these works would display a structural and artistic perfection similar to those created by the original masters. They will not, however, be an antique tragedy, a classic novel or a romantic opera.

This is because art theories have in common the fact that they mostly focus on the structure and content of a work: in short, theories consider how and from what a piece was created. However, what makes a work „antique" or „classic" is not found strictly within its formal features. For this reason, I attempt to understand art through the lens of its historical perception models. Beginning with early Modernism, art bears two contradictory tendencies. On the one hand, there is an ever-increasing tendency to disregard the audience (its experiences and expectations in particular), and on the other hand, there is a growing number of emergent mediums that artists can use to communicate.

Siegfried Wollgast
Mediatization and Virtualization from the Standpoint of the History of Philosophy

Time is a fundamental philosophical category. Its contours are profoundly shaped by the tension between available time and time upon which demands are made, a tension which has become more acute with the development of mass media and the processes of mediatization and virtualization. The negative consequences of such tension, but, above all, accounts of them in the history of philosophy from Plato and Aristotle about Immanuel Kant to Henri Bergson and Edmund Husserl, are examined. Also, or precisely because of this tension between the components of time and their consequences, society's return to a position of enlightenment is considered impossible. A solution is proposed by recommending the adoption of eclecticism and the theoretical view of the world which gives rise to it. Spirit of the times and utopia are evaluated.

Antje Zapf, Denny Klauder
The Internet – Medium for Shaping Cultural Space

When considering space, which has been ignored in sociology for a long time, there is lately perceptible a process of reorientation from an objectivistic to an epistemological point of view. For the sociological publications of the past twenty years that means that the social practices concerning the categorical creation of the social world are being discussed including their basic social structures and their physical and material consequences. Various social processes result in new debates surrounding the concept of space. Real as well as virtual space influence the constitution of this concept. The Internet offers lots of functions on multiple levels, which tend to be disbanded in real social spaces. Therefore, new potentials for acting are established, which supports the individuals in organizing their own lives. Moreover, the Internet, as the basis of many different manners of communication, supports the development of lots of networks and communities. Each user has to develop his or her own particular way of handling the mass of opportunities. On the one hand this causes a growth of liberty and openness, but on the other hand feelings of uncertainty and overtaxing could be negative consequences as well. This shows that the organization of humans in virtual societies always proceeds in various processes of socialization. Because of those new connections between several networks it seems quite obvious to look at network relationships above social and spatial borders, but human beings have to transfer these virtual relations into the real world as the virtual world is not a replacement for real life. Consequently, the virtual world only fulfils the role as an addition to social space. In reference to the eleventh thesis about Feuerbach stated by Karl Marx it is possible to draw the conclusion: Although players in the virtual world have created this new addition to social space, it is more important to influence the real social life.

Bogdan Zeler
„New Media“ – „New Politics“

This paper discusses the changes taking place in political communication under the influence of the Internet and new information and communication technologies (ICT). They are associated with new opportunities for access to information and protection (Wiki Leaks), conduct marketing activities of the political (presidential campaign in 2012 in the U.S.), expanded blogosphere, perceived as a political image building. In this type of communication a new quality is brought by social media (especially Twitter) which are the site of a new relationship between politicians and society and often shape policy practices.

Urszula Żydek-Bednarczuk
Changes in Communicative Behaviour in New Media

Social communities are seriously changing communicative behaviour. Comparing traditional real-life conversation and its determinants with conversations in social portals, it is easy to notice general changes in function, content and form of utterance. Virtualization and mediatisation are the main causes of communicative changes. The decentralised character of communication is creating a sense of membership of the global community of net users, and this emerging globalhood has essential meaning for the evolution of culture. It is indicated from the media and cultural analysis point of view that people use subjective ways of organising knowledge, called folksonomy (in opposition to taxonomy) by the users; it is characteristic for the age of redundancy. Folksonomy seems to be a system that organises unaware, intersubjective and daily contents. One can indicate here meaningful transformations in communicative behaviour and about creating de Kerckove's connective intelligence.

Autorinnen und Autoren

Banse, Gerhard; Professor Dr. sc. phil. Professor e.h.; Präsident der Leibniz-Sozietät der Wissenschaften zu Berlin; Berliner Zentrum Technik & Kultur; Berlin, Deutschland
praesident@leibnizsozietaet.de / gerhard.banse@partner.kit.edu

Christians, Heiko; Prof. Dr. phil. habil; Universität Potsdam, Institut für Künste und Medien; Potsdam, Deutschland
heikochristians@t-online.de

Claußen, Bernhard; Prof. em. Dr. phil. habil.; Universität Hamburg, Sektion Didaktik der Sozialwissenschaften; Hamburg, Deutschland
Bernhard.Claussen@uni-hamburg.de

Dill, Hans-Otto; Prof. em. Dr. phil. habil; Mitglied der Leibniz-Sozietät der Wissenschaften zu Berlin; Pillauerstr. 5, 10243 Berlin, Deutschland
ho.dill@leibnizsozietaet.de

Erdmann, Julius; M.A.; Universität Potsdam, Institut für Romanistik, Professur Kulturen romanischer Länder; Potsdam, Deutschland
julius.erdmann@uni-potsdam.de

Gransche, Bruno; M.A.; Fraunhofer-Institut für System- und Innovationsforschung ISI – Foresight; Karlsruhe, Deutschland
bruno.gransche@isi.fraunhofer.de

Grübler, Gerd; Dr. phil., Dr. rer. medic.; Technische Universität Dresden, Philosophische Fakultät, Institut für Philosophie; Dresden, Deutschland
gerd.gruebler@tu-dresden.de

Heimgärtner, Rüdiger; Dr. phil.; Intercultural User Interface Consulting (IUIC); Undorf, Deutschland
ruediger.heimgaertner@iuic.de

Hommrich, Dirk; M.A.; Helmut-Schmidt-Universität, Fakultät für Geistes- und Sozialwissenschaften; Hamburg, Deutschland
hommrich@hsu-hh.de

Kiepas, Andrzej; Prof. Dr. habil.; Schlesische Universität, Institut für Philosophie; Hochschule für Management des Arbeitsschutzes Katowice; Katowice, Polen
andrzej.kiepas@us.edu.pl

Klauder, Denny; M.A.; Universität Potsdam, Wirtschafts- und Sozialwissenschaftliche Fakultät, Modelle und Methoden der Datenerhebung; Potsdam, Deutschland
Denny.Klauder@gmx.de

Krebs, Irene; Prof. Dr.-Ing.; Brandenburgische Technische Universität Cottbus-Senftenberg, Lehrstuhl Industrielle Informationstechnik; Cottbus, Deutschland
krebs@iit.tu-cottbus.de

Lentzsch, Marc; B.Sc.; Brandenburgische Technische Universität Cottbus-Senftenberg, Lehrstuhl Industrielle Informationstechnik; Cottbus, Deutschland
norman.lentzsch@tu-cottbus.de

Machleidt, Petr; PhDr., PhD.; Akademie věd České republiky, Kabinet pro výzkum vědy, techniky a společnosti při Filosofickém ústavu [Akademie der Wissenschaften der Tschechischen Republik, Zentrum für Wissenschafts-, Technik- und Gesellschaftsstudien beim Institut für Philosophie]; Prag, Tschechische Republik
machleidt@post.cz

Miczka, Tadeusz; Prof. Dr. habil.; Schlesische Universität Katowice, Institut für Kulturwissenschaften und Interdisziplinäre Studien; Katowice, Polen
tmiczka@interia.pl

Mráček, Karel; Ing. CSc.; Vereinigung der Forschungsorganisationen; Akademie der Wissenschaften der Tschechischen Republik, Zentrum für Wissenschafts-, Technik- und Gesellschaftsstudien beim Institut für Philosophie; Prag, Tschechische Republik
mracek@avo.cz

Petsche, Hans-Joachim; Prof. Dr. phil. habil.; Universität Potsdam, Institut für Philosophie; Potsdam, Deutschland
petsche@uni-potsdam.de

Reßut, Norman; B.Sc.; Brandenburgische Technische Universität Cottbus-Senftenberg, Lehrstuhl Industrielle Informationstechnik; Cottbus, Deutschland
norman.ressut@tu-cottbus.de

Rothkegel, Annely; Prof. em. Dr. phil.; Stiftung Universität Hildesheim, Institut für Übersetzungswissenschaft und Fachkommunikation (Gastprofessur); Hildesheim, Deutschland
annely.rothkegel@uni-hildesheim.de

Ruda, Sonja; Dr. phil.; Wolfsburg, Deutschland
sonja-ruda@t-online.de

Stępień, Tomasz; Dr. phil.; Technische Universität Wrocław, Studium für Geisteswissenschaften; Wrocław, Polen
tomasz.stepien@pwr.wroc.pl

Sułkowska-Janowska, Mariola; Prof. Dr. phil.; Schlesische Universität Katowice, Institut für Philosophie; Katowice, Polen
mariola.sulkowska@us.edu.pl

Ursua, Nicanor; Prof. Dr., Dr.; Universität Baskenland, Abteilung für Philosophie; San Sebastián, Spanien
nicanor.ursua@ehu.es

Wojewoda, Mariusz; Dr. habil.; Schlesische Universität Katowice, Institut für Philosophie, Lehrstuhl für Ethik; Katowice, Polen
mariusz.wojewoda@us.edu.pl

Wolek, Magdalena; Dr. phil.; Schlesische Universität Katowice, Institut für Philosophie; Katowice, Polen
magdalena.wolek@us.edu.pl

Wollgast, Siegfried; Prof. Dr. phil. habil.; Mitglied der Leibniz-Sozietät zu Berlin; Holbeinstraße 141, 01309 Dresden, Deutschland

Zapf, Antje; Dr. phil.; Universität Potsdam, Wirtschafts- und Sozialwissenschaftliche Fakultät Modelle und Methoden der Datenerhebung; Potsdam, Deutschland
zapf@uni-potsdam.de

Zecha, Gerhard; Prof. Dr. phil.; Universität Salzburg, Kultur- und Gesellschaftswissenschaftliche Fakultät, Fachbereich Philosophie; Salzburg, Österreich
gerhard.zecha@sbg.ac.at

Zeler, Bogdan; Prof. Dr. habil.; Uniwersytet Śląski, Instytut Nauk o Kulturze i Studiów Interdyscyplinarnych (Schlesische Universität Institut für Kulturwissenschaften und Interdisziplinäre Studien); Katowice, Polen
bogdanzeler@gazeta.pl

Żydek-Bednarczuk, Urszula; Prof. Dr. phil. habil.; Schlesische Universität Katowice, Institut für Kulturwissenschaften; Katowice, Polen
bednarczuk@us.edu.pl; amonity2@gazeta.pl

Die Reihe *e-Culture*

Ausführliche Informationen zur Reihe finden Sie im Internet unter:
http://www.trafoberlin.de/reihe_e-culture.de

Band 1
Banse, G. (Hg.): „Neue Kultur(en) durch neue Medien (?). Das Beispiel Internet", 2005, 183 S., ISBN 3-89626-225-4, 18,80 EUR
Infos unter: http://www.trafoberlin.de/3-89626-225-4.htm

Band 2
Dornik, W.: „Erinnerungskulturen im Cyberspace. Eine Bestandsaufnahme österreichischer Websites zu Nationalsozialismus und Holocaust", 2005, 284 S., zahlr. Abb., ISBN 3-89626-479-6, 29,80 EUR
Infos unter: http://www.trafoberlin.de/3-89626-479-6.html

Band 3
Petsche, H.-J. (Hg.): „Kultur und/oder/als Technik – zur frag-würdigen Medialität des Internets ", 2005, 232 S., zahlr. Abb., ISBN 3-89626-523-7, 21,80 EUR
Infos unter: http://www.trafoberlin.de/3-89626-523-7.html

Band 4
Eckardt, M.: „Medientheorie vor der Medientheorie. Überlegungen im Anschluß an Georg Klaus", 2007, 105 S., Abb., ISBN 3-89626-393-5, 16,80 EUR
Infos unter: http://www.trafoberlin.de/3-89626-393-5.html

Band 5
Kiepas, A. / Zydek-Bednarczuk, U. (Hg.): „Informationsgesellschaft und Kultur. Internet – Globale Kommunikation – Identität", 2006, 154 S., ISBN 3-89626-571-7, 17,80 EUR
Infos unter: http://www.trafoberlin.de/3-89626-571-7.html

Band 6
Ursua, N. / Metzner-Szigeth, A. (Hg.): „Netzbasierte Kommunikation, Identität und Gemeinschaft", 2006, 407 S., zahlr. Abb., ISBN 3-89626-629-2, 39,80 EUR
Infos unter: http://www.trafoberlin.de/3-89626-629-2.html

Band 7

Fleissner, P. / Romano, V. (Eds.): „Digitale Medien – neue Möglichkeiten für Demokratie und Partizipation? Proceedings zweier Workshops in Madrid 2004 und Wien 2005“, 2006, 242 S., ISBN 3-89626-553-9, 21,80 EUR

Infos unter: http://www.trafoberlin.de/3-89626-553-9.html

Band 8

Banse, G. / Bartiková, M. (Hg.): „e-learning? – e-learning!“, 2006, 200 S., zahlr. Abb., ISBN 3-89626-630-6, 19,80 EUR

Infos unter: http://www.trafoberlin.de/3-89626-630-6.html

Band 9

Galántai, Z. / Petsche, H.-J. / Várkonyi, L. (Hg.): „Internet Security. Facetten eines Problems“, 2006, 172 S., zahlr. Abb., ISBN 3-89626-631-4, 18,80 EUR

Infos unter: http://www.trafoberlin.de/3-89626-631-4.html

Band 10

Banse, G. (Hg.): „Visionen der Informationsgesellschaft 2016“, 2008, 184 S., zahlr. Abb., ISBN 3-89626-632-2, 19,80 EUR

Infos unter: http://www.trafoberlin.de/3-89626-632-2.html

Band 11.1

Petsche, H.-J. / Zapf, A. / Köhler, T.: „Die neuen Medien und die kulturelle Vielfalt Europas. Eine empirisch-vergleichende Erhebung unter Studierenden Deutschlands, Polens Spaniens, Tschechiens und Ungarns. 1. Halbband: Konzeptioneller Ansatz und ausgewählte Ergebnisse“, 2007, 146 S., ISBN 978-3-89626-731-0, 16,80 EUR

Infos unter: http://www.trafoberlin.de/978-3-89626-731-0.html

Band 11.2

Petsche, H.-J. / Zapf, A. / Köhler, T.: „Die neuen Medien und die kulturelle Vielfalt Europas. Eine empirisch-vergleichende Erhebung unter Studierenden Deutschlands, Polens Spaniens, Tschechiens und Ungarns. 2. Halbband: Vergleichende Darstellung der Erhebungsdaten“, 2007, 281 S., 978-3-89626-735-3, 26,80 EUR

Infos unter: http://www.trafoberlin.de/978-3-89626-731-0.html

Band 12

Revermann, C. (Hg.): „Europäische Wissensgesellschaft - Potenziale des eLearning“, 2009, 220 S. zahlr. Abb., ISBN 978-3-89626-707-8, 22,80 EUR
Infos unter: http://www.trafoberlin.de/978-3-89626-707-8.html

Band 13

Banse, G. / Wieser, M. / Winter, R. (Hg.): „Neue Medien und kulturelle Vielfalt. Konzepte und Praktiken“, 2009, 351 S., ISBN 978-3-89626-922-5, 34,80 EUR
Infos unter: http://www.trafoberlin.de/978-3-89626-922-5.html

Band 14

Hauser, R.: „Technische Kulturen oder kultuvierte Technik? Das Internet in Deutschland und Russland“, 2010, 462 S., zahlr. Abb. u. Tab., ISBN 978-3-89626-889-1, 42,80 EUR
Infos unter: http://www.trafoberlin.de/978-3-89626-889-1.html

Band 15

Petsche, H.-J. (Hg.): „Topoi der Rationalität. Technizität - Medialität - Kulturalität. Beiträge der internationalen Tagung 26.–28. September 2008 in Potsdam“, 2010, 228 S., zahlr. Abb. u. Tab., ISBN 978-3-89626-877-8, 24,80 EUR
Infos unter: http://www.trafoberlin.de/978-3-89626-877-8.html

Band 16

Banse, G. / Krebs, I. (Hg.): „Kulturelle Diversiät und Neue Medien. Entwicklungen - Interdependenzen - Resonanzen“, 2011, 406 S., zahlr. Abb. u. Tab., ISBN 978-3-89626-897-6, 39,80 EUR
Infos unter: http://www.trafoberlin.de/978-3-89626-897-6.htm

Band 17

Banse, G. / Hauser, R. / Machleidt, P. / Parodi, O. (Hg.): „Von der Informations- zur Wissensgesellschaft. e-Society – e-Partizipation – e-Identität“, 2013, 467 S., zahlr. Tab. und Abb., ISBN 978-3-86464-029-2, 39,80 EUR
Infos unter: http://www.trafoberlin.de/978-3-86464-029-2.html

Band 18

Belyová, L.: „Kulturelle Faktoren qualitätsorientierter Unternehmensstrategien unter sicherheitsrelevanten Aspekten", 2013, 223 S., 80 Tab. und Grafiken, ISBN 978-3-86464-032-2, 29,80 EUR

Infos unter: http://www.trafoberlin.de/978-3-86464-032-2.html

Band 20

Banse, Gerhard / Rothkegel, Annely (Hg.): „Neue Medien: Interdependenzen von Technik und Kommunikation", 2015, 335 S., zahlr. Abb. und Tab., ISBN 978-3-86464-073-5, 39,80 EUR

Infos unter: http://www.trafoberlin.de/978-3-86464-073-5.html

Weitere Bände in Planung